公司律师业务进阶系列

合同审查精要与实务指南

（第二版）

合同起草审查的基础思维与技能

雷霆◎著

ESSENCE FOR

CONTRACT REVIEW

AND

GUIDANCE FOR PRACTICE

法律出版社
LAW PRESS·CHINA
北京

图书在版编目(CIP)数据

合同审查精要与实务指南：合同起草审查的基础思维与技能/雷霆著. --2版. --北京：法律出版社，2022
（公司律师业务进阶系列）
ISBN 978-7-5197-6350-3

Ⅰ.①合… Ⅱ.①雷… Ⅲ.①合同法-中国-指南
Ⅳ.①D923.65

中国版本图书馆 CIP 数据核字(2022)第007595号

合同审查精要与实务指南(第二版)
——合同起草审查的基础思维与技能
HETONG SHENCHA JINGYAO YU SHIWU ZHINAN(DI-ER BAN)
—HETONG QICAO SHENCHA DE JICHU SIWEI YU JINENG

雷 霆 著

策划编辑 冯雨春 李沂蔚
责任编辑 李沂蔚
装帧设计 李 瞻

出版发行 法律出版社
编辑统筹 法律应用出版分社
责任校对 朱海波
责任印制 刘晓伟
经　　销 新华书店

开本 710毫米×1000毫米 1/16
印张 39.75 **字数** 712千
版本 2022年1月第2版
印次 2022年1月第1次印刷
印刷 三河市兴达印务有限公司

地址:北京市丰台区莲花池西里7号(100073)
网址:www.lawpress.com.cn
投稿邮箱:info@lawpress.com.cn
举报盗版邮箱:jbwq@lawpress.com.cn

销售电话:010-83938349
客服电话:010-83938350
咨询电话:010-63939796

书号:ISBN 978-7-5197-6350-3
定价:168.00元

凡购买本社图书,如有印装错误,我社负责退换。电话:010-83938349

Preface 第一版序

自学习和应用合同法已逾20年,笔者深知“契约自由”是合同法的灵魂和生命。契约自由的核心是任何人只能被他所同意的义务约束。契约虽然是当事人双方意思表示一致的产物,但这种“一致”一旦形成,便成为独立于双方当事人的异化物,任何一方均无权改变这个曾经是自己意志的产物,而应当遵守它,故各国合同法均规定:依法成立的契约,在当事人之间具有相当于法律的效力。如果一方当事人违反它,就会受到法律的制裁。此外,契约自由意味着没有任何一方可以将自己的意志任意强加于对方,契约的达成往往是当事人间博弈和妥协的结果。这在企业合同谈判、撰写和审查中体现得尤其明显。

作为一名公司律师或企业法律顾问,在进行合同业务审查时,首先,需要考虑的是合同的目的和商业价值,尽力去促成交易;其次,还需要考虑各方的商业和法律风险;最后,合同利益的公平和平衡无疑是当然之义。在实践中,合同审查业务已经形成了一整套的制度、流程和审查理念、原则和方法。为了公司律师或企业法律顾问在日常工作中有一本合同审查业务的工具书或参考书,笔者应法律出版社的邀请,欣然撰写本书,希望将自己的经验、教训和一些心得体会与读者进行分享。

本书分为三篇。第一篇主要介绍了合同管理和合同审查基础的相关内容。在本篇中,读者可以了解到一个企业集团是如何组织和管理合同业务的,还可以关注到合同审查基本理念、原则及审查流程,以及合同文本审查之外的一些事项。例如,合同当事人主体资格的审查、合同形式的选择、合同订立的法律风险管控以及合同框架结构和通用条款的审查等。第二篇主要介绍了企业日常工作中经常会遇到的分类合同审查业务。在本篇,主要从分类合同的基本概念、原理出发,介绍分类合同的框架结构后,对分类合同的核心条款进行详细解读,并通过实例和司法裁判来诠释合同的审查和修订。第三篇主要介绍了企业通常会涉及的一些特殊、重大合同的审查。这些合同包括股权转让协议、保密协议、中外合营企业合同、知识产权类许可合同、PPP项目合同以及合同的涉税及发票条款审查等内容。为了避免重复,有关资本交易合同审查的更为详尽的内容,读者可以参阅作者另外一本拙作《资本交易法律文书精要详解及实务指南》(法律出版社 2015 年版)。

尽管市面上有关合同审查的书籍众多,但笔者认为,本书尤其具有如下三个方面的特点:

- **在介绍合同法原理和规定的基础之上,从商业交易和商业模式为出发点,采用实际案例和示例条款的方式来介绍如何进行合同审查和修订。全面诠释合同风险识别、审查要点以及一些特殊注意事项。**
- **将合同审查业务与司法实践紧密结合起来。在司法案例(特别是最高人民法院的公报案例、指导案例以及各高级人民法院的裁判案例)的基础之上,总结与合同审查相关的裁判规则,以之对合同条款拟定和审查提供借鉴。**
- **在最新的法律法规变化(例如,外商投资企业法规的修订、公司法司法解释四)的基础上,结合合同业务审查实践,介绍在合同条款中如何反映这些新的变化和新的要求。**

应该说,本书是笔者对最新合同法规、公司法规、司法解释以及相关规范性文件的研究、理解、总结和探索,错误和不妥之处在所难免。读者在实务工作中一定要以法律法规为准,避免理解和执行出现偏差和错误。我也非常欢迎各位专家、学者、律师或法律顾问、企业管理人员、财税专业人士不吝赐教,对本书内容的错误和不足之处给予批评和指正!

雷　霆

2018 年 2 月于成都

Preface 第二版序

2018年6月,《合同审查精要与实务指南》一书付梓。自该书出版以来,受到公司(企业)集团、律所、投行、管理咨询等各界法务、财税、咨询人士的广泛关注,获得了好评,亦收获了批评和意见,在此表示由衷的感谢。

《民法典》于2020年5月28日审议通过,并已于2021年1月1日起施行,这是我国法律"里程碑"式的事件,《民法典》改变了我们日常生活的同时,也改变了我国民法的制度体例,对合同法律制度亦影响深远。在新的法典面前,法务人士如何重新理解和构建合同起草、审查工作,如何面对新法对合同业务的变化、影响和挑战,这是笔者在出版社邀请修订本书时欣然接受并开启工作的主要原因。在《民法典》出台将近一年后,笔者完成了第二版的稿件,在保留第一版特点、风格和内容的基础上,第二版存在如下重大变化:

- **在结构体例上作出了重大调整**。从合同法律业务的逻辑上,将全书重构为两册。第一册包含"合同起草、审查的基础思维"和"合同起草、审查的基本技能"两篇十五章,按照基础思维和基本技能两大逻辑主线来组织。前者包含四章,主要介绍合同法律业务的基础思维,构建了合同起草、审查工作的"2+8"逻辑模型,介绍了《民法典》合同法律制度的体例、逻辑和衔接适用以及全面合同管理的相关内容;后者包含十一章,主要介绍合同法律业务的步骤、方法、写作技巧,以及合同主体、合同订立、合同结构、合同通常条款审查等基本技能层面的内容。第二册包含"典型合同起草、审查精要与实务"和"非典型合同起草、审查精要与实务"两篇二十一章,按照《民法典》合同编典型合同分编的结构体例,划分典型合同与非典型合同分别排列,结构体例更为清晰。前者包含十三章,涵盖了《民法典》典型合同分编的绝大部分典型合同;后者包含八章,纳入了营销类合同、市场(广告)类合同、股权转让(并购)类合同、外商投资类合同等非典型性合同。经过调整后,全书由原一册二十五个专题变为两册三十六章。

- **依据《民法典》及最新司法解释、司法判例展开撰写**。主要体现为如下几个方面:一是第一册第Ⅰ篇新增"《民法典》合同法律制度:体系、逻辑与衔接适用"一章;二是第二册第Ⅰ篇新增"借款合同""保证合同""保理合同""合伙合同"四类典型合同;三是第二册第Ⅱ篇新增"股权代持协议"一章,并将原"合营合同"依据《外商投资法》及司法解释修改为"外商投资合同";四是本套书各章完全按照新法进行撰写,精选了大量最新司法判例和裁判规则,更为准确、详尽,反映了最新的法律和司法实践,称之为一套从"合同"入手学些"合同法"的书籍亦不为过。
- **与合同起草、审查法律实务契合度更高、逻辑性更强**。相较于第一版,本套书在总结实务经验的基础上,在第一册第Ⅰ篇开篇归纳总结了"2+8"的基础思维模型,起到"提纲挈领"的作用,新增了《民法典》合同法律制度的介绍;在第一册第Ⅱ篇新增了合同起草、审查的基本步骤与方法、合同条款的写作技能两章;在合同对方选择方式中新增了拍卖、挂牌、竞争性谈判(磋商)和单一来源采购等方式;在合同订立风险管控疑难部分中增加了国有资产交易合同、独立报批条款、"合同+订单"模式、"主合同+配套合同"以及"倒签合同"等内容;将原合同通用条款审查折分为三章,分别介绍序言条款、合同正文通用条款和合同结尾与用印,更为详尽,结合司法裁判案例和规则,有助于合同的起草和审查。
- **全书配以大量的图例、表格,可视化效果更佳**。在保持第一版特点、风格的基础上,本套书增加了更多的总结图例和表格,用以展示法律规定、司法解释和实务要点,可视化程度更高;另外,通过大量的合同示范、参考条款的分析和修订,在了解、熟悉商业模式的基础上,展示了如何运用法律知识、方法技巧起草、审查、修订合同,可以称之为一套图解合同起草审查的书籍。

在本套书写作期间,感谢我的家人对我的大力支持,尤其感谢法律出版社的冯雨春老师、李沂蔚老师不厌其烦地提出写作思路、修改建议,没有你们的包容、理解和支持,本套书不会顺利地付梓。应该讲,本套书是笔者基于对《民法典》合同法律制度、最新司法解释、相关规范性文件以及司法判例的研究、理解、总结和探索,错误和不妥之处在所难免。读者在实务工作中一定要以法律法规为准,避免理解和执行出现偏差和错误。我也非常欢迎各位专家、学者、律师或法律顾问、企业管理人员、财税专业人士不吝赐教,对本套书内容的错误和不足之处给予批评和指正!

雷 霆

2021年12月于成都

缩略语表

序号	简称	全称
	一、法律法规	
1	《民法典》	《中华人民共和国民法典》(2020年5月28日第十三届全国人民代表大会第三次会议通过,自2021年1月1日生效施行)
2	《民法通则》(2009年修正)	《中华人民共和国民法通则》(主席令第18号,被《民法典》于2021年1月1日废止)
3	《民法总则》	《中华人民共和国民法总则》(主席令第66号,被《民法典》于2021年1月1日废止)
4	《担保法》	《中华人民共和国担保法》(主席令第50号,被《民法典》于2021年1月1日废止)
5	《合同法》	《中华人民共和国合同法》(主席令第15号,被《民法典》于2021年1月1日废止)
6	《物权法》	《中华人民共和国物权法》(主席令第62号,被《民法典》于2021年1月1日废止)
7	《外商投资法》	《中华人民共和国外商投资法》(主席令第26号,自2020年1月1日生效施行)
8	《中外合资经营企业法》	《中华人民共和国中外合资经营企业法》(全国人大常委会委员长令第7号,2016年9月3日第十二届全国人民代表大会常务委员会第二十二次会议第三次修正,被《外商投资法》于2020年1月1日废止)
9	《中外合作经营企业法》	《中华人民共和国中外合作经营企业法》(主席令第4号,2017年11月4日第十二届全国人民代表大会常务委员会第三十次会议第四次修正,被《外商投资法》于2020年1月1日废止)
10	《外资企业法》	《中华人民共和国外资企业法》(主席令第39号,2016年9月3日第十二届全国人民代表大会常务委员会第二十二次会议第二次修正,被《外商投资法》于2020年1月1日废止)

续表

序号	简称	全　称
11	《城市房地产管理法》(2019 年修正)	《中华人民共和国城市房地产管理法》(主席令第 32 号,2019 年 8 月 26 日第十三届全国人民代表大会常务委员会第十二次会议第三次修正)
12	《土地管理法》(2019 年修正)	《中华人民共和国土地管理法》(主席令第 32 号, 2019 年 8 月 26 日第十三届全国人民代表大会常务委员会第十二次会议第三次修正)
13	《仲裁法》(2017 年修正)	《中华人民共和国仲裁法》(主席令第 76 号,2017 年 9 月 1 日第十二届全国人民代表大会常务委员会第二十九次会议第二次修正)
14	《立法法》(2015 年修正)	《中华人民共和国立法法》(主席令第 20 号,2015 年 3 月 15 日第十二届全国人民代表大会第三次会议修正)
15	《涉外民事关系法律适用法》	《中华人民共和国涉外民事关系法律适用法》(主席令第 36 号)
16	《民事诉讼法》(2017 年修正)	《中华人民共和国民事诉讼法》(主席令第 71 号,2017 年 6 月 27 日第十二届全国人民代表大会常务委员会第二十八次会议第三次修正)
17	《政府采购法》(2014 年修正)	《中华人民共和国政府采购法》(主席令第 14 号,根据《全国人民代表大会常务委员会关于修改〈中华人民共和国保险法〉等五部法律的决定》于 2014 年 8 月 31 日修正)
18	《招投标法》(2017 年修正)	《中华人民共和国招标投标法》(主席令第 86 号,根据《全国人民代表大会常务委员会关于修改〈中华人民共和国招标投标法〉、〈中华人民共和国计量法〉的决定》于 2017 年 12 月 27 日修正)
19	《招投标法实施条例》(2019 年修订)	《中华人民共和国招标投标法实施条例》(国务院令第 709 号,根据 2019 年 3 月 2 日《国务院关于修改部分行政法规的决定》第三次修订)
20	《拍卖法》(2015 年修正)	《中华人民共和国拍卖法》(主席令第 24 号,2015 年 4 月 24 日第十二届全国人民代表大会常务委员会第十四次会议第二次修正)
21	《矿业权转让办法》(2014 年修订)	《探矿权采矿权转让管理办法》(国务院令第 653 号,根据 2014 年 7 月 29 日《国务院关于修改部分行政法规的决定》修订)
22	《电子签名法》(2019 年修正)	《中华人民共和国电子签名法》(主席令第 29 号,2019 年 4 月 23 日第十三届全国人民代表大会常务委员会第十次会议第二次修正)
23	《建筑法》(2019 年修正)	《中华人民共和国建筑法》(主席令第 29 号,全国人大会常委会《关于修改〈中华人民共和国建筑法〉等八部法律的决定》于 2019 年 4 月 23 日修订)

续表

序号	简称	全　称
24	《城乡规划法》(2019年修正)	《中华人民共和国城乡规划法》(主席令第29号,2019年4月23日第十三届全国人民代表大会常务委员会第十次会议第二次修正)
25	《建设工程质量管理条例》(2019年修订)	《建设工程质量管理条例》(国务院令第714号,2019年4月23日《国务院关于修改部分行政法规的决定》第二次修订)
26	《建设工程勘察设计管理条例》(2017年修订)	《建设工程勘察设计管理条例》(国务院令第687号,2017年10月7日《国务院关于修改部分行政法规的决定》第二次修订)
27	《公司法》(2018年修正)	《中华人民共和国公司法》(主席令第15号,2018年10月26日第十三届全国人民代表大会常务委员会第六次会议第四次修正)
28	《公司登记管理条例》(2016年修订)	《中华人民共和国公司登记管理条例》(国务院令第666号,2016年2月6日《国务院关于修改部分行政法规的决定》第三次修订)
29	《公示暂行条例》	《企业信息公示暂行条例》(国务院令第654号)
30	《法人登记管理条例》(2019年修订)	《中华人民共和国企业法人登记管理条例》(国务院令第709号,2019年3月2日《国务院关于修改部分行政法规的决定》第四次修订)
31	《个人独资企业法》	《中华人民共和国个人独资企业法》(主席令第20号,自2000年1月1日生效施行)
32	《合伙企业法》	《中华人民共和国合伙企业法》(主席令第55号,中华人民共和国第十届全国人民代表大会常务委员会第二十三次会议于2006年8月27日修订)
33	《乡镇企业法》	《中华人民共和国乡镇企业法》(主席令第76号)
34	《企业国有资产法》	《中华人民共和国企业国有资产法》(主席令第5号)
35	《商业银行法》(2015年修正)	《中华人民共和国商业银行法》(主席令第34号,2015年8月29日第十二届全国人民代表大会常务委员会第十六次会议第二次修正)
36	《保险法》(2015年修正)	《中华人民共和国保险法》(主席令第26号,2015年4月24日第十二届全国人民代表大会常务委员会第十四次会议修正)
37	《民办教育促进法》(2018年修正)	《中华人民共和国民办教育促进法》(主席令第24号,2018年12月29日第十三届全国人民代表大会常务委员会第七次会议第三次修正)

续表

序号	简称	全　称
38	《海商法》	《中华人民共和国海商法》(主席令第64号)
39	《消费者权益保护法》(2013年修正)	《中华人民共和国消费者权益保护法》(主席令第7号,2013年10月25日第十二届全国人民代表大会常务委员会第五次会议第二次修正)
40	《律师法》(2017年修正)	《中华人民共和国律师法》(主席令第76号,2017年9月1日第十二届全国人民代表大会常务委员会第二十九次会议第三次修正)
41	《食品安全法》(2021年修正)	《中华人民共和国食品安全法》(主席令第81号,被《全国人民代表大会常务委员会关于修订《中华人民共和国食品安全法》的决定》于2015年10月1日修订)
42	《固体废物污染环境防治法》(2020年修订)	《中华人民共和国固体废物污染环境防治法》(主席令第43号,中华人民共和国第十三届全国人民代表大会常务委员会第十七次会议于2020年4月29日修订)
43	《专利法》(2020年修正)	《中华人民共和国专利法》(主席令第55号,2020年10月17日第十三届全国人民代表大会常务委员会第二十二次会议第四次修正)
44	《著作权法》(2020年修正)	《中华人民共和国著作权法》(主席令第62号,2020年11月11日第十三届全国人民代表大会常务委员会第二十三次会议第三次修正)
45	《商标法》(2019年修正)	《中华人民共和国商标法》(全国人大常委会令第10号, 2019年4月23日第十三届全国人民代表大会常务委员会第十次会议第四次修正)
46	《著作权法实施条例》(2013年修订)	《中华人民共和国著作权法实施条例》(国务院令第633号,被《国务院关于修改〈中华人民共和国著作权法实施条例〉的决定》于2013年3月1日修订)
47	《反垄断法》	《中华人民共和国反垄断法》(主席令第68号,自2008年8月1日起实施)
48	《广告法》(2021年修正)	《中华人民共和国广告法》(主席令第81号,被《全国人民代表大会常务委员会关于修改〈中华人民共和国道路交通安全法〉等八部法律的决定》于2021年4月29日修订)
49	《反不正当竞争法》(2019年修正)	《中华人民共和国反不正当竞争法》(主席令第29号,2019年4月23日第十三届全国人民代表大会常务委员会第十次会议修正)

续表

序号	简称	全　称
50	《税收征管法》(2015年修正)	《中华人民共和国税收征收管理法》(主席令第23号,2015年4月24日第十二届全国人民代表大会常务委员会第十四次会议修正)
51	《发票管理办法》(2019年修订)	《中华人民共和国发票管理办法》(国务院令第709号,2019年3月2日《国务院关于修改部分行政法规的决定》第二次修订)
52	《证券法》(2019年修订)	《中华人民共和国证券法》(主席令第37号,中华人民共和国第十三届全国人民代表大会常务委员会第十五次会议于2019年12月28日修订通过)
53	《电信条例》(2016年修订)	《中华人民共和国电信条例》(国务院令第666号,2016年2月6日《国务院关于修改部分行政法规的决定》第二次修订)
54	《道路运输条例》(2019年修订)	《中华人民共和国道路运输条例》(国务院令第709号,2019年3月2日《国务院关于修改部分行政法规的决定》第三次修订)
	二、司法解释及政策文件	
1	《时间效力司法解释》	《最高人民法院关于适用〈中华人民共和国民法典〉时间效力的若干规定》(法释〔2020〕15号)
2	《婚姻家庭编司法解释(一)》	《最高人民法院关于适用〈中华人民共和国民法典〉婚姻家庭编的解释(一)》(法释〔2020〕22号)
3	《物权编司法解释(一)》	《最高人民法院关于适用〈中华人民共和国民法典〉物权编的解释(一)》(法释〔2020〕24号)
4	《建设工程司法解释(一)》	《最高人民法院关于审理建设工程施工合同纠纷案件适用法律问题的解释(一)》(法释〔2020〕25号)
5	《担保制度司法解释》	《最高人民法院关于适用〈中华人民共和国民法典〉有关担保制度的解释》(法释〔2020〕28号)
6	《贯彻实施民法典会议纪要》	《最高人民法院关于印发〈全国法院贯彻实施民法典工作会议纪要〉的通知》(法〔2021〕94号)
7	《九民纪要》	《最高人民法院关于印发〈全国法院民商事审判工作会议纪要〉的通知》(法〔2019〕254号)
8	《民通意见》	《最高人民法院关于贯彻执行〈中华人民共和国民法通则〉若干问题的意见(试行)》(法(办)发〔1988〕6号,于2021年1月1日废止)
9	《担保法司法解释》	《最高人民法院关于适用〈中华人民共和国担保法〉若干问题的解释》(法释〔2000〕44号,于2021年1月1日废止)
10	《合同法司法解释(一)》	《最高人民法院关于适用〈中华人民共和国合同法〉若干问题的解释(一)》(法释〔1999〕19号,于2021年1月1日废止)

续表

序号	简称	全　称
11	《合同法司法解释(二)》	《最高人民法院关于适用〈中华人民共和国合同法〉若干问题的解释(二)》(法释〔2009〕5 号,于 2021 年 1 月 1 日废止)
12	《建设工程司法解释》(2004 年)	《最高人民法院关于审理建设工程施工合同纠纷案件适用法律问题的解释》(法释〔2004〕14 号,于 2021 年 1 月 1 日起废止)
13	《建设工程司法解释(二)》(2018 年)	《最高人民法院关于审理建设工程施工合同纠纷案件适用法律问题的解释(二)》(法释〔2018〕20 号,于 2021 年 1 月 1 日起废止)
14	《仲裁法司法解释》(2008 年调整)	《最高人民法院关于适用〈中华人民共和国仲裁法〉若干问题的解释》(法释〔2006〕7 号,2008 年调整)
15	《买卖合同司法解释》(2012 年)	《最高人民法院关于审理买卖合同纠纷案件适用法律问题的解释》(法释〔2012〕8 号)
16	《买卖合同司法解释》(2020 年修正)	《最高人民法院关于审理买卖合同纠纷案件适用法律问题的解释》(法释〔2020〕17 号,2020 年 12 月 23 日最高人民法院审判委员会第 1823 次会议修正)
17	《商品房买卖合同司法解释》(2020 年修正)	《最高人民法院关于审理商品房买卖合同纠纷案件适用法律若干问题的解释》(法释〔2020〕17 号,于 2021 年 1 月 1 日实施)
18	《民事诉讼证据规定》(2019 年修正)	《最高人民法院关于民事诉讼证据的若干规定》(法释〔2019〕19 号)
19	《民事诉讼法司法解释》(2020 年修正)	《最高人民法院关于适用〈中华人民共和国民事诉讼法〉的解释》(法释〔2020〕20 号,2020 年 12 月 23 日最高人民法院审判委员会第 1823 次会议修正)
20	《外商投资企业纠纷司法解释(一)》(2010 年)	《最高人民法院关于审理外商投资企业纠纷案件若干问题的规定(一)》(法释〔2010〕9 号,于 2021 年 1 月 1 日起废止)
21	《外商投资企业纠纷司法解释(一)》(2020 年修正)	《最高人民法院关于审理外商投资企业纠纷案件若干问题的规定(一)》(法释〔2020〕18 号,2020 年 12 月 23 日最高人民法院审判委员会第 1823 次会议修正)
22	《外商投资法司法解释》	《最高人民法院关于适用〈中华人民共和国外商投资法〉若干问题的解释》(法释〔2019〕20 号)
23	《网络司法拍卖司法解释》	《最高人民法院关于人民法院网络司法拍卖若干问题的规定》(法释〔2016〕18 号)
24	《互联网法院审理案件规定》	《最高人民法院关于互联网法院审理案件若干问题的规定》(法释〔2018〕16 号)

续表

序号	简称	全　称
25	《矿业权纠纷司法解释》(2020年修正)	《最高人民法院关于审理矿业权纠纷案件适用法律若干问题的解释》(法释〔2020〕17号,2020年12月23日最高人民法院审判委员会第1823次会议修正)
26	《民间借贷司法解释》(2015年)	《最高人民法院关于审理民间借贷案件适用法律若干问题的规定》(法释〔2015〕18号,2020年12月23日被最高人民法院审判委员会第1823次会议第二次修正)
27	《民间借贷司法解释》(2020年修正)	《最高人民法院关于审理民间借贷案件适用法律若干问题的规定》(法释〔2020〕6号,于2021年1月1日实施)
28	《民间借贷司法解释》(2020年第二次修正)	《最高人民法院关于审理民间借贷案件适用法律若干问题的规定》(法释〔2020〕17号,2020年12月23日最高人民法院审判委员会第1823次会议第二次修正)
29	《房屋租赁合同司法解释》(2020年修正)	《最高人民法院关于审理城镇房屋租赁合同纠纷案件具体应用法律若干问题的解释》(法释〔2020〕17号,2020年12月23日最高人民法院审判委员会第1823次会议修正)
30	《融资租赁合同司法解释》(2020年修正)	《最高人民法院关于审理融资租赁合同纠纷案件适用法律问题的解释》(法释〔2020〕17号,2020年12月23日最高人民法院审判委员会第1823次会议修正)
31	《建筑物区分所有权司法解释》(2020年修正)	《最高人民法院关于审理建筑物区分所有权纠纷案件适用法律若干问题的解释》(法释〔2020〕17号,2020年12月23日最高人民法院审判委员会第1823次会议修正)
32	《技术合同司法解释》(2020年修正)	《最高人民法院关于审理技术合同纠纷案件适用法律若干问题的解释》(法释〔2020〕19号,2020年12月23日最高人民法院审判委员会第1823次会议修正)
33	《侵犯商业秘密司法解释》	《最高人民法院关于审理侵犯商业秘密民事案件适用法律若干问题的规定》(法释〔2020〕7号,自2020年9月12日起施行)
34	《不正当竞争司法解释》(2020年修正)	《最高人民法院关于审理不正当竞争民事案件应用法律若干问题的解释》(法释〔2020〕第19号,2020年修正)
35	《独立保函司法解释》(2020年修正)	《最高人民法院关于审理独立保函纠纷案件若干问题的规定》(法释〔2020〕18号,2020年12月23日最高人民法院审判委员会第1823次会议修正)
36	《新冠肺炎指导意见(一)》	《最高人民法院印发〈关于依法妥善审理涉新冠肺炎疫情民事案件若干问题的指导意见(一)〉的通知》(法发〔2020〕12号,自2020年4月16日起施行)

续表

序号	简称	全　　称
37	《新冠肺炎指导意见(二)》	《最高人民法院印发〈关于依法妥善审理涉新冠肺炎疫情民事案件若干问题的指导意见(二)〉的通知》(法发〔2020〕17 号,自 2020 年 5 月 15 日起施行)
38	《公司法司法解释(一)》(2014 年修正)	《最高人民法院关于适用〈中华人民共和国公司法〉若干问题的规定(一)》(法释〔2014〕2 号,2014 年 2 月 17 日最高人民法院审判委员会第 1607 次会议修正)
39	《公司法司法解释(二)》(2020 年修正)	《最高人民法院关于适用〈中华人民共和国公司法〉若干问题的规定(二)》(法释〔2020〕18 号,2020 年 12 月 23 日最高人民法院审判委员会第 1823 次会议第二次修正)
40	《公司法司法解释(三)》(2020 年修正)	《最高人民法院关于适用〈中华人民共和国公司法〉若干问题的规定(三)》(法释〔2020〕18 号,2020 年 12 月 23 日最高人民法院审判委员会第 1823 次会议第二次修正)
41	《公司法司法解释(四)》(2020 年修正)	《最高人民法院关于适用〈中华人民共和国公司法〉若干问题的规定(四)》(法释〔2020〕18 号,2020 年 12 月 23 日最高人民法院审判委员会第 1823 次会议修正)
42	《公司法司法解释(五)》(2020 年修正)	《最高人民法院关于适用〈中华人民共和国公司法〉若干问题的规定(五)》(法释〔2020〕18 号,2020 年 12 月 23 日最高人民法院审判委员会第 1823 次会议修正)
43	《商标纠纷司法解释》	《最高人民法院关于审理商标民事纠纷案件适用法律若干问题的解释》(法释〔2020〕19 号)
44	《婚姻法司法解释(二)》	《最高人民法院关于适用〈中华人民共和国婚姻法〉若干问题的解释(二)》(法释〔2003〕19 号)
45	《物权法司法解释(一)》	《最高人民法院关于适用〈中华人民共和国物权法〉若干问题的解释(一)》(法释〔2016〕5 号)
	三、国际公约及其他文件	
1	《联合国国际贸易中应收账款转让公约》	United Nations Convention on the Assignment of Receivables in International Trade
2	《联合国国际货物销售合同公约》	The United Nations Convention on Contracts for the International Sale of Goods(CISG)
3	《国际商事合同通则》	Principles of International Commercial Contracts(PICC)
4	《欧洲合同法原则》	The Principles of European Contract Law(PECL)
5	《统一商法典》	The Uniform Commercial Code(UCC)
6	《联合国动产担保立法指南》	UNCITRAL Legislative Guide on Secured Transactions(LGST)

Contents 简　目

第Ⅰ篇　合同起草、审查的基础思维

第Ⅱ篇　合同起草、审查的基本技能

Contents 目 录

第Ⅰ篇 合同起草、审查的基础思维

第Ⅰ篇

合同起草、审查的基础思维

本篇概览

在公司(企业)集团法务工作中,公司律师或法律顾问最主要的工作(没有之一)就是各类合同的起草、审查业务。在日常工作中,合同起草、审查人员可能会面临成百上千的各类合同。如何有效管理这些合同,如何起草、审查这些合同,是公司(企业)有效防范法律风险最为重要的防线之一。尽管起草、审查合同已经总结出很多步骤、方法、技能与技巧,但基础的、核心的东西还是合同起草、审查的基本思维问题。任何一位合同法律人士都有必要对公司(企业)合同起草、审查的基本思维、法务工作的基础以及全面合同管理工作进行了解。本篇包括如下4章:

- **合同起草、审查工作的基础模型:"2+8"模型。本章从合同起草、审查工作的基础模型着手,从"两个层面、八个维度"对合同法务人员开展工作提出了要求。"两个层面"是指思维层面("道"的层面)和基本技能层面("术"的层面);"八个维度"分别是指思维层面的四个维度(合同的基本目的、基本理念、基本原则、基本功能)和基本技能层面的四个维度(合同法律知识体系,合同起草、审查的基本步骤,合同起草、审查的基本方法,合同起草、审查的辅助技能)。**
- **《民法典》合同法律制度:体系、逻辑与衔接适用。《民法典》及其配套司法解释的颁布施行、相关司法解释的修正,重构了我国合同法律制度的体系,但其内在的法律逻辑并未实质改变。本章包含三个部分:一是《民法典》合同法律制度的体系;二是合同法律制度及其逻辑框架;三是《民法典》时代新旧合同法律的衔接适用。合同法律人士从全局、整体上把握这些内容,对合同起草、审**

查具有提纲挈领式的意义。

- **全面合同管理:法律风险管控流程。合同是企业经营活动的载体,是合同法务人员的工作对象。现代企业普遍施行全面合同管理制度,其支柱之一就是对合同业务的法律风险进行全流程管控。本章从全面合同管理制度的介绍出发,进入合同法律风险识别与控制这样的核心内容,最后介绍了合同法律风险控制的难点与实务注意事项。**
- **全面合同管理:合同业务体系与管控制度。全面合同管理制度的另一支柱就是合同业务体系的构建与合同管控制度体系的建设。本章也围绕这两个方面分别介绍了企业合同业务体系(如合同业务的分类)和企业合同管控制度体系(如基本制度、具体制度及适用指南或指引三个层面的建设)。**

本篇的主要目的在于,为公司(企业)集团的合同法务人士,尤其是刚从事此类工作的法务人士提供一套快速入门并可持续提升的思维模型,这是其一。其二,民法典时代的合同法律制度体系、逻辑与衔接适用的介绍,是合同法务人士专业知识的基础,不可或缺。其三,公司(企业)集团施行全面合同管理已经是现代企业管理制度重要的一部分,所谓合同审查的关键在合同之外,讲的就是这个道理。

第1章 合同起草、审查工作的基础模型："2 +8"模型

内容概览

关于合同起草、审查工作如何开展，"一千个人眼中就有一千个哈姆雷特"。尽管如此，毫无疑问的是，它本身仍然存在内在的、共性的基本逻辑。笔者在多年实践的基础上，总结出合同起草、审查的"2 +8"思维体系模型，对于初入门的合同法务人士具有较强的指引意义；有一定经验的合同法务人士，也可以借鉴并对照提升。本章包含如下内容：

- 合同起草、审查的"2 +8"基础模型
- 合同起草、审查的思维层面
- 合同起草、审查的基本技能层面

第一节 合同起草、审查的"2 +8"基础模型

在长期的合同起草、审查工作实务中，笔者总结出了合同起草、审查相关思维体系的"2 +8"思维模型及其训练方法，无论是对初入行者，还是对有经验者，皆具有"提纲挈领"的作用。

一、合同起草、审查的概念与意义

合同起草亦称合同草拟，一般是指把交易当事方的意思表示草拟反映为合同，即通过草稿形式大致去撰写合同，并通过书面或电子版等方式记载相关的合同内容。合同起草不是一蹴而就的事情，而是合同当事方反复磋商并记录的过程。

合同审查就是按照法律法规以及当事人的约定对合同的格式、主体和内容，通

过检查、核对、分析等方法进行审核的所有程序。在合同审查中,要审查合同是否成立或者如何成立、是否生效或者如何生效、有无效力待定或者无效的情形、合同权利义务是否终止或者如何终止,相应的合同约定或者条款会产生什么样的法律后果,以及会产生什么样的民事法律关系等。

合同起草、审查是合同正式签订之前的必经程序,是从法律等多方面为企业合同把关的必然要求。它是企业合同管理部门和相关部门的一项重要日常工作。对于经营管理比较健全的企业而言,合同一般会经过业务经办部门、技术部门、财务和/或税务部门和法律部门的审查,各部门各司其职,从不同角度去审查合同的不同方面。合同审查不仅要审查合同的合法性、真实性,还要根据企业的具体情况,确保企业签订的合同选择最佳的方式,获得好的效益,实现签订合同的目的。

二、合同起草、审查的"2 +8"模型概述

经过总结、提炼,笔者认可的一个可以用于指导合同起草、审查法务工作的模型:"2 +8"体系模型,具体模型见图 1 –1。

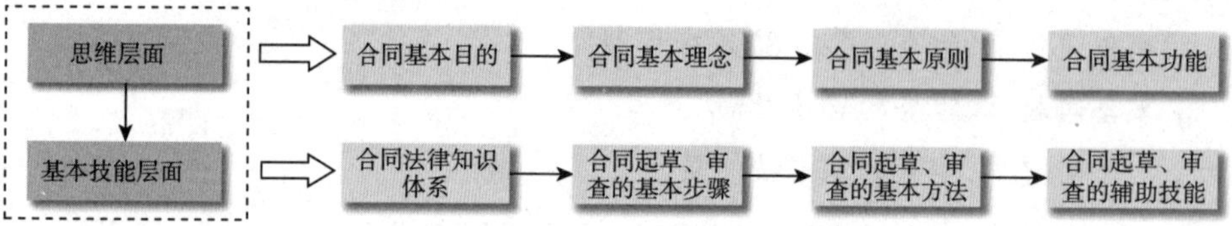

图 1 –1　合同起草、审查的"2 +8"模型

根据图 1 –1 模型,所谓合同起草、审查的"2 +8"模型包括如下"两个层面、八个维度"主要内容:

- 思维层面("道"的层面):思维层面主要是指合同起草、审查人员应当具备的基本思维能力或理念。包括如下四个维度:
  - 合同的基本目的
  - 合同的基本理念
  - 合同的基本原则
  - 合同的基本功能

需要说明的是,合同起草、审查思维层面的四个维度的边界并非非常清晰,有些会存在一些继承和交叉。例如,合同的目的主要包括促成交易和防范风险两个目的。在促成交易之目的基础上,可以衍生出"商业思维"的理念、"遵从合同目的和基本功能"的理念;在防范风险之目的的基础上,可以衍生出"合法性"与"当事

人需求"兼顾的理念、"博弈与妥协"的理念等。

- 基本技能层面（"术"的层面）：基本技能层面主要是指合同起草、审查人员应当具备的基本技能。包括如下四个维度：
  - 合同法律知识体系
  - 合同起草、审查的基本步骤
  - 合同起草、审查的基本方法
  - 合同起草、审查的辅助技能

应该讲，合同起草、审查的基本技能层面主要包括与合同法律本身相关的基本技能、合同起草审查相关技能、其他辅助技能三个方面。第一个方面主要是指合同法律知识体系的构建（合同基本法律制度，例如《民法典》总则编、合同编以及涉及担保制度的编章，《公司法》《证券法》《民事诉讼法》等；相关司法解释和司法政策；判例研究与司法裁判规则）；第二个方面主要是指合同起草、审查的基本步骤和基本方法，以及合同写作技能等；第三个方面主要是指合同起草、审查中需要法务人员具有的其他辅助技能[如法律法规、司法案例检索技能，合同起草、审查指南或指引的总结、汇编能力，以及合同可视化技能（如 Microsoft Office、Microsoft Visio 以及思维导图 MindManager 等）]。在本书中，笔者将对第二个方面进行详细介绍（参见本书第 5 章"合同起草、审查的基本步骤与方法"和第 6 章"合同条款的写作技能"），而第一、三两个方面则穿插于本书各篇章中。

第二节　合同起草、审查的思维层面

概括地讲，合同起草、审查的思维层面，实际就是在合同起草、审查中需要秉承的大局观、整体观以及基本理念，或者说是在基本思维方式、基本逻辑层面上从基础、核心、整体上认识合同起草、审查的基本目的、基本理念、基本原则和基本功能等（谓之为合同起草、审查的"道"），进而在实际操作层面明确合同起草、审查需要关注或具备的基本技能，如合同起草的基本步骤和基本方法等（谓之为合同起草、审查的"术"）。据此，合同起草、审查的思维层面的模型可以进一步细化如图 1 -2：

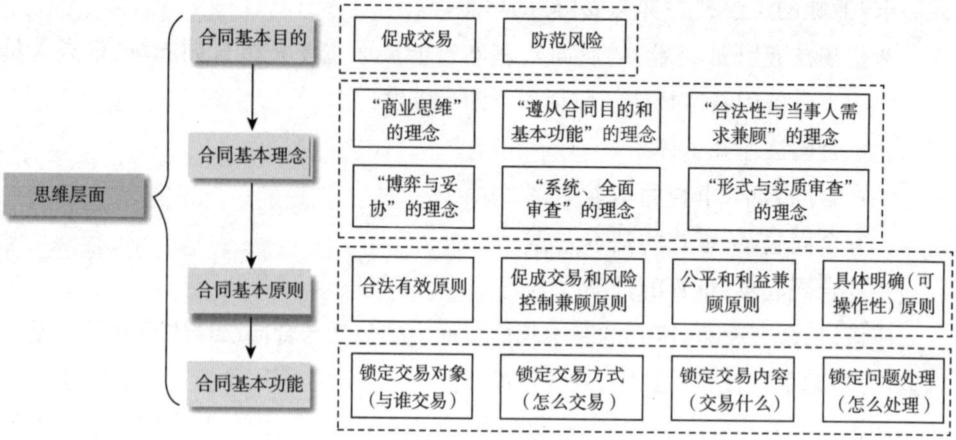

图1-2　合同起草、审查思维层面的模型

一、合同的基本目的

合同的基本目的主要涵盖两个方面:促成交易之目的和防范风险之目的。

(一)促成交易之目的

无论何种情形下,公司律师或法律顾问起草、审查合同的首要目的都在于促成交易(而非否决交易),这也是最基本之目的,与《民法典》合同编促成交易(尽量促使合同成立、生效)之立法宗旨和目的相一致。具体而言:

第一,尽管促成交易可以说是公司律师或法律顾问的"终极目的",但并不意味着对所有的交易,公司律师或法律顾问都要说"Yes";当交易明显违反法律法规强制性规定或者对当事人存在较大的不可避免或不可规避(找不到可变通、可替代的方案或途径)之风险时,也要说"No"。

第二,在交易合法的前提下,公司律师或法律顾问就需要进一步思考如何促成该交易(合同)合法成立并生效。尤其需要关注的是,《民法典》第483条规定:"承诺生效时合同成立,但是法律另有规定或者当事人另有约定的除外。"第490条规定:"当事人采用合同书形式订立合同的,自当事人均签名、盖章或者按指印时合同成立。在签名、盖章或者按指印之前,当事人一方已经履行主要义务,对方接受时,该合同成立。法律、行政法规规定或者当事人约定合同应当采用书面形式订立,当事人未采用书面形式但是一方已经履行主要义务,对方接受时,该合同成立。"第502条规定:"依法成立的合同,自成立时生效,但是法律另有规定或者当事人另有约定的除外。依照法律、行政法规的规定,合同应当办理批准等手续的,依照其规定。……"因此,一般情况下,合同成立即生效,但法律另有规定或当事人另有约定的除外。例如,《探矿权采矿权转让管理办法》(2014年修订)第10条第3款规定:"批准转让的,转让合同自批准之日起生效。"另外,当事人之间还可以设定附生效条件的合同或者附生效期限的合同。

第三,明确合同各当事方之间的具体权利义务。概括地讲,就是用法律语言将整个交易过程,以及整个交易过程中各当事方应当享有的权利和应当承担的义务予以固定或固化(书面化)。如此,才能使得合同在履行阶段尽量避免争议或纠纷。

(二)防范风险之目的

除促成交易之目的外,公司律师或法律顾问起草、审查合同的另外一个主要目的就是防范风险。实质就是需要开展风险识别、风险评估、确定风险应对策略(风险规避、风险转移、风险缓解和风险承受等)以及风险应对措施。具体而言:

第一,风险识别是合同风险防范的前提。在这一阶段,事实上应当对所有的风险进行识别,但对于公司律师或法律顾问而言,主要识别的是法律风险。需要说明的是,法律风险的识别包含两个方面的内容:一是根据现行有效的法律法规的强制性规定,识别交易(合同)中存在的法律风险。例如,合同定金不得超过主合同标的额的20%;一般动产质权需要交付质物才能设立等。二是根据类似交易(合同)以及司法裁判规则,识别交易(合同)中可能存在的法律风险。这方面对公司律师或法律顾问就提出了对以往类似合同法律风险的总结、归纳、整理以及对司法裁判规则进行研究的更高要求。传统意义上的合同起草、审查工作是一个非诉法律事务,但现在已经演变为需要研究诉讼业务了,特别是现行有效的法律法规无规定或规定不明确的领域。

第二,在风险识别的基础上,应对识别出的风险进行分析和评估。在这一阶段,需要对识别出的所有风险进行分类和排序。在此仅介绍法律风险的分析和评估。例如,法律风险通常包括合同订立风险(如合同主体风险、合同客体风险)和合同履行风险(如对方的履约诚信和履约能力)。在评估该等法律风险对公司的影响时,通常从两个维度来进行:一是对公司利益(损失)的影响程度;二是发生的可能性(概率)。实践中,各类合同示范文本的条款和处理措施通常就反映了这类交易中常见的风险汇总(风险清单)。

第三,在风险分析和评估的基础上,公司应有针对性地确定风险应对策略。风险应对策略包括四类基本策略:风险规避、风险转移、风险缓解和风险承受。例如,某些风险对当事方的影响属于影响程度非常大,一旦发生就可能导致非常大的损失,但发生的概率较小(如货物运输中毁损、灭失的风险发生可能性较小)。

第四,在风险应对策略确定后,就可以有针对性地选择具体的风险控制措施。例如,在货物买卖和运输交易中,就可以考虑采取风险缓解或控制(如货物承运商要求明确责任限额)或者风险转移(如合同中明确风险的转移时点为货交承运人即转移,或者合同中明确约定购买财产保险)的风险应对措施。实践中,通常在某类交易的风险清单的基础上,可以整理出对应的风险应对策略和具体的应对措施清单以供选择。

二、合同起草、审查的基本理念

合同起草、审查的基本理念主要包括六个方面的内容:“商业思维”的理念、“遵从合同目的和基本功能”的理念、“合法性与当事人需求兼顾”的理念、“博弈与妥协”的理念、“系统、全面审查”的理念和“形式与实质审查”的理念。

(一)“商业思维”的理念

“商业思维”的理念强调的是合同的起草、审查业务并非纯粹是一个合同法律事务。签订与履行合同首先是商业经济行为,是为了达成交易目的、实现交易利益,从商业角度安排交易内容和程序。合同只是确保达成交易目的、交易利益最大化并交易风险最小化的辅助手段,只是将交易目的和交易利益予以“固化”,从而可以得到法律保护,并建立交易行为的基本规则和秩序。因此,这就要求合同起草、审查人员首先必须充分与业务经办人员进行沟通,了解和把控合同背后的交易目的、交易模式、交易事项、实现方式以及可能的商业、法律风险。实践中,切忌在未与业务部门和经办人员进行充分沟通的情况下,“一头扎进”合同条款中进行单纯的法律审查。这也意味着,一名合格的公司律师或法律顾问应当了解拟起草、审查的合同所涉行业、商业的基本情况和规律,不能“闭门造车”,其对执业的领域(既包括所涉部门法领域,也包括可能所涉的行业领域)应是相当熟悉的。只有这样,才能真正做好合同的起草和审查工作。

(二)“遵从合同目的和基本功能”的理念

在进行合同起草、审查时,公司律师或法律顾问需要时刻牢记合同的目的和合同的四项基本功能。合同目的,是指合同各方通过合同的订立和履行最终所期望获得的利益或者达成的状态,并恰当地控制交易(合同)的各类风险。而合同的四项基本功能则是指锁定交易的对象(与谁交易)、锁定交易内容(交易什么)、锁定交易方式(怎么交易)和锁定问题处理(怎么处理)。合同的目的和四项基本功能决定了合同起草、审查的方向、方法和途径。

(三)“合法性与当事人需求兼顾”的理念

合同起草、审查需要坚持“合法性”的底线,这是最低层次的要求。当然还需要兼顾合同当事人的需求。实际上,合同起草、审查业务的起点就是了解和理解当事人的需求,并根据客观的实际情况控制合同的内容及表述方式,在保证交易目的顺利实现的同时,实现当事人合法利益的最大化及风险的最小化,而不仅仅是在满足合法性的前提下完成所有工作。

(四)“博弈与妥协”的理念

实践中,合同各方都有自己的目标和需求,但是合同的达到以及能否达到一方的目的或者是否公平并不完全取决于合同谈判和合同的“理想化”审查,还会受到双方的经济地位、掌握的资源、交易的愿望以及迫切程度等因素的影响。因此,在合同审查时还需要明白合同的签订和履行既是当事人的博弈和妥协,也是理想与现实的妥协。

(五)“系统、全面审查”的理念

需要注意的是,合同审查不应仅围绕合同正文部分进行审查,合同的正式及非正式附件以及其他与合同相关的内容也必须审查。正式附件是指合同明确载明的附件,而非正式附件(亦称隐含附件)主要是指与合同相关的产品说明书、质量保证书、往来函件等。其他与合同相关的内容主要包括合同的交易目的、交易利益,实现交易目的的要素及程序,商业模式是否合适、便于操作,以及法律安排是否足以维护交易利益和安全,等等。

(六)“形式与实质审查”的理念

合同起草、审查需要外在形式审查和内在实质审查的统一。首先,合同需要讲究外在形式。通常需要注意合同版面(版心的位置、行间距、首行缩进)、合同架构[以合理的架构(层级、顺序)表述合同内容]、合同表述(标准的语体、规范的语言、明确的主体、前后一致的称谓)等方面。其次,合同还需要讲究内在实质。通常内在实质审查是指依据法律法规的规定,对合同内容的合法性、合规性、完备性、明确性、严谨性等方面的审查。该项审查是合同审查工作的核心内容,它对合同风险的控制、合同目的的实现具有至关重要的作用。合同内在实质审查目的是保证合同内容合法合规、有效,合同权利义务约定明确,有利于合同履行以及风险的事前控制。

三、合同起草、审查的基本原则

实务中,不同的合同起草、审查人员对合同起草、审查的基本原则有各自不同的理解,但一般而言,合同起草、审查需要坚持的基本原则包括合法有效原则、促成交易和风险控制兼顾原则、公平和利益兼顾原则、具体明确(可操作性)原则。

(一)合法有效原则

起草、审查合同的合法有效性应当特别注意《民法典》总则编第 6 章"民事法律行为"的相关规定(第 143 条至第 157 条)、合同编通则分编第 3 章"合同的效力"的相关规定(第 502 条至第 508 条)以及一些特别法的相关规定。例如,《民法典》第 143 条规定:"具备下列条件的民事法律行为有效:(一)行为人具有相应的民事行为能力;(二)意思表示真实;(三)不违反法律、行政法规的强制性规定,不违背公序良俗。"因此,合同合法有效性问题,事实上包括三个方面的内容:一是合同主体是否适格;二是合同主体的意思表示是否真实;三是合同内容、合同形式及程序是否合法。原则上,只要不违背我国法律法规强制性或禁止性规定以及公序良俗,合同的有效性就能得到保障。

(二)促成交易和风险控制兼顾原则

合同起草、审查人员在进行合同起草、审查时,还需要考虑促成交易和风险控制兼顾的原则。因为合同谈判和签订是有成本的,如果不存在不可调和的根本性矛盾,应尽量促成交易,这也与合同是当事人博弈和妥协的结果相一致。此外,在促成交易的前提下,合同起草、审查人员也需要注意控制合同的风险(尤其是重大风险),并及时提示合同业务的决策者存在何种风险以及可能带来的不利后果。

(三)公平和利益兼顾原则

所谓合同的公平性,是指合同双方权利与义务要相对平衡。不存在只有权利而没有义务的合同,一方享受了权利,就必须承担相应的义务。过分强调一方权利、忽略合同相对方利益的合同草案,要么得不到签署,要么变成"显失公平"。所谓利益兼顾,是指合同双方在公平性基础之上,兼顾对方合同目的和合同利益的实现,其实这也是公平性的体现。

(四)具体明确(可操作性)原则

合同起草、审查的具体明确(可操作性)原则要求合同的条款齐备、权利和义务明确并具有可操作性(“可落地性”)。如果合同文本对交易的内容反映不够明确、清晰或者缺少必要的条款(“必备条款”),将会使合同文本不能真实、完整反映交易的实质和内容,给将来的合同履行以及法律救济埋下隐患,产生不必要的争议或纠纷。依据《民法典》第470条第1款的规定,合同一般包括下列条款:当事人的姓名或者名称和住所,标的,数量,质量,价款或者报酬,履行期限、地点和方式,违约责任以及解决争议的方法。另外,《民法典》合同编典型合同分编还对一些典型合同的合同内容进行了特别的规定,需要关注。例如,《民法典》第736条第1款规定,融资租赁合同的内容一般包括租赁物的名称、数量、规格、技术性能、检验方法,租赁期限,租金构成及其支付期限和方式、币种,租赁期限届满租赁物的归属等条款。

四、合同的基本功能

合同的四项基本功能是指锁定交易对象(与谁交易)、锁定交易方式(怎么交易)、锁定交易内容(交易什么)和锁定问题处理(怎么处理)。

(一)锁定交易对象(与谁交易)

合同的首要基本功能就是要锁定交易的对象(与谁交易)。该功能主要体现在合同的主体条款上。在起草、审查合同时,首先,要关注交易对象是否具备与合同合法有效成立相适应的主体资格(如是否具有完全民事行为能力);其次,还应对交易对象的基本信息予以充分的描述,以确定交易对象身份的唯一性,避免无法确定交易对象,导致出现争议时无法确定被告而救济不能;最后,在涉及多个不同类型的交易对象时,应分别详尽地描述,处理好合同中的代称(简称)和统称。

(二)锁定交易方式(怎么交易)

在锁定了交易对象之后,接下来需要明确的是采取何种方式(模式、途径)与对方进行交易,这一点应建立在与业务部门及其经办人员(甚至公司高级管理人员)充分沟通了解商业目的、商业模式的基础之上。应当讲,锁定交易方式(怎么交易)对合同具有实质性的影响,它将直接决定合同当事方(与谁交易)、合同的有效性及可行性,以及合同交易的类型等。例如,在一个并购交易中,收购方的商业目的是取得对目标公司的实质经营性资产和业务的控制。在选择如何实现交易时,通常就存在股权收购和资产收购两种交易方式。公司律师或法律顾问应当结合商业目的、目标公司的情况(如负债情况、人员情况等)、交易成本、交易风险等因素考虑交易的方式。

(三)锁定交易内容(交易什么)

在确定交易对象、交易方式后,需要进一步锁定交易内容(交易什么),这是合同最核心的基本功能。所谓交易内容(交易什么),在法律层面主要涉及的就是合同的标的条款。例如,在货物买卖合同中,标的条款应当明确货物的情况,减少双方对货物数量、质量及相关权利义务的争议。例如,通常情况下需要约定货物的品牌、品名,规格型号,数量(固定数量、以发货通知单为准、以实际验收数量为准以及数量浮动等),包装,配套服务(安装、调试和培训等)以及质量标准等。

(四)锁定问题处理(怎么处理)

合同基本功能中的问题处理(怎么处理)也是非常关键的功能。这主要涉及合同条款中的违约责任、违约救济条款。公司律师或法律顾问在起草、审查违约责任、违约救济条款时,首先,应根据合同(交易)的具体需要而具体设置,尤其需要根据交易过程假设可能出现的违约情形进行设置,但通常只需要关注可能出现的主要的、重大的、对当事人的利益影响较大的违约情形,而不必“面面俱到”,毕竟合同的谈判、缔结是有成本的;其次,应针对不同的违约情形设置不同的违约救济措施。类似地,只需针对重要的、影响较大的违约行为设置违约救济措施,而对其他次要的违约行为,用一般的违约责任兜底条款涵盖即可。

第三节　合同起草、审查的基本技能层面

如前所述,合同起草、审查基本模型的另外一个重大的层面就是基本技能层面。这主要是从“术”的角度来阐述问题。基本技能层面主要包括四大维度的内容:合同法律知识体系,合同起草、审查的基本步骤,合同起草、审查的基本方法和合同起草、审查的辅助技能。具体模型参见图1-3:

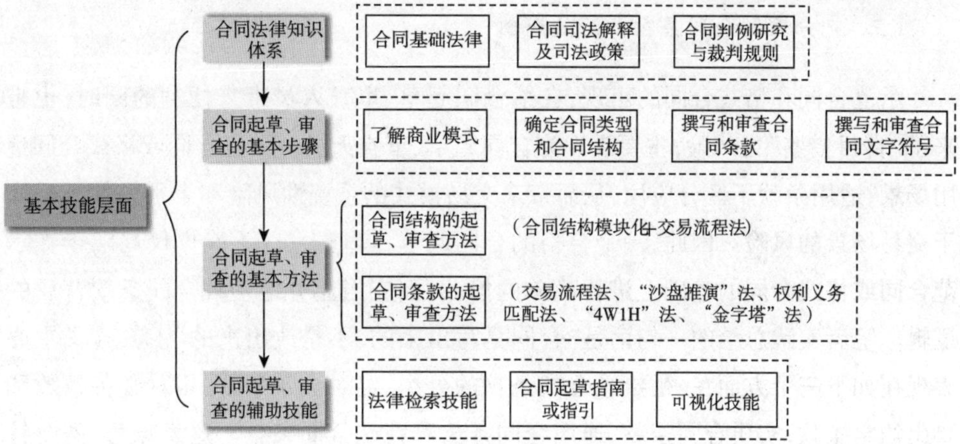

图1－3　合同起草、审查基本技能层面的模型

一、合同法律知识体系的构建

对于合同起草、审查的律师、法律顾问而言，应当具备构建合同法律知识体系的能力。按笔者的经验，该体系可包括"三个方面、九个要点"。

（一）基础法律知识体系

与合同起草、审查相关的基础法律知识体系至少应关注如下三个方面的要点：一是熟悉并掌握《民法典》总则编、合同编、物权编（尤其是担保物权制度），《公司法》《民事诉讼法》等基础法律，并在此基础上构筑知识体系；二是熟悉并掌握相关的司法解释以及各层级的司法政策（如最高人民法院的民商会议纪要、各地方法院出台的具体司法指导意见等）；三是研究与合同相关的典型司法判例和裁判规则，并收集、汇总和整理成适用指南或指引（一句谚语是"功夫在课堂之外"）。

（二）合同的类型化、标准化

在合同起草、审查实务工作中，已经呈现出类型化、标准化的特点，主要表现为：一是商业目的要求合同细分化、类型化（体现为各类典型合同、非典型合同的示范文本库）；二是商业模式、商业逻辑在合同框架结构上的体系化、标准化（如各类交易合同文本的框架结构在逐步总结完善中已经标准化）；三是合同及其条款的标准化、格式化（如很多合同条款已经具有完善的标准化的语句、语法文字表述）。公司律师或法律顾问作为起草、审查人员应该充分了解和熟悉各类标准化、格式化趋势下的合同示范文本适用场景、合同框架结构和合同条款的撰写和修改。

(三)充分理解合同条款背后的逻辑

示范合同和格式合同的出现,在给合同起草、审查人员带来便利的同时,也带来了"盲目借鉴"之风险,主要表现为合同起草、审查人员对示范合同或格式合同适用场景、适用条款不区分应用,从而带来交易模式的系统性风险和个别条款不适用于交易场景的风险。因此,一个合格的合同起草、审查人员,不能仅仅局限于在示范合同或格式合同的基础上进行简单的修改,而应当充分地理解合同条款背后的逻辑。笔者实践总结的一句话是"合同是写出来的,不是改出来的"。其含义主要表现在如下三个方面:一是熟悉合同条款的分类:绝对必备条款、相对必备条款和自由约定条款;实质合同条款、通用合同条款和特殊合同条款。这意味着,需要针对不同的合同条款,花费不同的起草、审查精力。二是了解合同条款反映了什么交易环节、交易事项以及相应的风险。这意味着需要了解该条款的目的和意义,要明白解决什么样的问题。三是明白典型合同条款是如何组织、撰写的,学习典型的合同条款撰写技能。

二、合同起草、审查的基本步骤

概括地讲,合同起草、审查的基本步骤包括四个:了解和熟悉商业(交易)模式、确定合同类型和合同结构、撰写和审查合同条款以及撰写和审查合同文字符号。限于本章篇幅,笔者在此仅作简要介绍,具体内容详见本书第5章"合同起草、审查的基本步骤与方法"。

(一)了解和熟悉商业(交易)模式

所谓商业(交易)模式,是指合同当事人为了实现交易目的而采取的交易方式(途径)和交易安排的总括,即合同当事人如何进行交易("交易什么"和"怎么交易")。交易模式决定了合同的法律性质(合同类型)、整体思路、合同框架结构、主要条款内容、双方权利义务以及履行方式等。因此,任何合同的起草和审查都必须以此为出发点,否则容易陷入合同文本的简单起草和审查"陷阱"中。

(二)确定合同类型和合同结构

在了解、理解和把控商业(交易)模式后,就需要确定合同类型(可能是某典型合同,也可能是某非典型合同)和合同结构。在确定合同结构方面,其主要的目的在于确保主要的交易流程(节点)都能在合同条款中得以清晰、明确地体现或反映,即要求合同条款齐备,避免出现遗漏。这是其一。其二,在合同条款齐备的前提下,还需要审查合同条款之间的逻辑性。这种逻辑性主要体现在合同条款的先后顺序以及表述方式上。

实务中,我们对于合同结构的确定方法主要有两种:一是遵从类似于《民法典》第470条规定的合同条款顺序(当事人的姓名或者名称和住所,标的,数量,质量,价款或者报酬,履行期限、地点和方式,违约责任以及解决争议的方法)来组织合同结构,这样的组织方式可以作为所有合同结构组织的基本原则;二是结合本书所述的"交易流程法"来组织合同结构。所谓"交易流程法",就是按照交易实施和推进的关键节点来组织合同结构,通常适用于多个合同当事方、多种法律关系交织、交易环节众多的交易场景。有关具体的实例,请读者参阅本书第5章"合同起草、审查的基本步骤与方法"。

(三)撰写和审查合同条款

如前所述,撰写和审查合同条款并不是第一步应开展的工作,只有在对交易模式和合同结构进行了确定之后,才可进入合同条款的具体撰写和审查,这是合同起草和审查工作的核心内容。需要说明的是,合同条款撰写和审查的基本要求在于合同条款的合法有效性和条款内容的清晰、明确,具有可操作性。只要满足了这两个基本要求,至于合同条款具体如何撰写和审查则涉及的是如何撰写条款和审查条款的技巧问题。

(四)撰写和审查合同文字符号

撰写和审查合同文字符号,应当是合同起草、审查的最后一步,其作用在于保障合同条款的准确性、严谨性。其基本的要求在于:适用法言法语,尽量适用封闭式表述,表述措辞无歧义,前后表述统一、规范以及标点、符号适用准确、规范等。

三、合同起草、审查的基本方法

在确定商业(交易)模式以及合同类型之后,需要直接面对的问题就是确定合同的结构和合同条款,在这一阶段我们需要掌握一些合同起草、审查的基本方法。在实践中,主要包括起草、审查合同结构的基本方法和起草、审查合同条款的基本方法两个方面。限于本章篇幅,笔者在此仅作简要介绍,具体内容详见本书第5章"合同起草、审查的基本步骤与方法"。

(一)合同结构起草、审查的基本方法

对于合同结构的拟定、安排和审查,基本涉及两个方面:一是了解合同结构的基本模块(合同序言、合同正文和合同尾部)①,其中,合同正文部分通常又可细分为几个子模块(如交易标的及其交付模块、价款及其支付安排模块、所有权和风险分摊模块、违约责任和违约救济模块以及其他配套模块等)②;二是在基本维持合同主要模块的逻辑顺序不变的前提下,采用交易流程法对正文部分的交易条款按照交易流程来进行组织。实务中,我们通常会利用可视化的工具(如 Microsoft Visio)将整个交易流程中的核心关注节点以及可能发生的事项予以明确,作为拟定合同结构的参照。

(二)合同条款起草、审查的基本方法

如前所述,合同条款的起草、审查是合同工作中最重要、最核心的一步。故此,掌握其基本的方法就显得尤为重要了。从实践来看,常用的方法包括如下几种:

第一,交易流程法与"沙盘推演"法。这两种方法都可以结合交易流程(过程)的主要、关键节点和交易事项来对合同条款内容进行组织,就像"沙盘推演"一样,假想出现什么样的情形,要如何处理。这两种方法都是解决需要什么条款以及条款的具体内容如何组织等问题的。如前所述,交易流程法还可用于合同结构的组织和确定。

第二,"权利义务匹配"法。顾名思义,对于绝大多数双务合同而言,合同一方的权利通常就是合同另一方的义务,因此在合同条款拟定时通常需要将双方的权利义务进行匹配。该方法是用来解决合同具体条款内容撰写问题的,与后述的"4W1H"法不同的是,其主要是站在双方权利、义务匹配、配对的视角,来组织合同条款内容。例如,在股权收购合同中,收购交易的双方往往根据交易的推进关键节点,匹配性的规定收购方和出让方的权利和义务。

第三,"4W1H"法。所谓"4W1H"是指:

WHO:何人,包括两个方面的内容,即权利义务的主体(谁具体享有此项权利和谁具体承担此项义务)和对象("向谁"),前者更为重要。需要说明的是,其中的WHO 并不限于合同当事方(如甲方、乙方),也可能是合同相关方,还可能是需要

① 有关合同结构的具体内容,请读者参阅本书第 11 章"合同的结构与主要条款概览"。

② 有关合同正文通用条款审查的具体内容,请读者参阅本书第 14 章"合同通用条款的审查:正文通用条款"。

指明的合同某一方下面的具体负责履行的人员。

WHERE：何地，在哪里履行。

WHEN：何时，履行时间或期限。

WHAT：标的或具体的对象、范围。

HOW：怎么做，质量标准、验收标准等。

从合同语言表述的角度，也可以理解为，凡是涉及具体权利义务的表述，应尽量表述清楚上面这几个要素。因此，该方法可以用来解决合同条款中各方具体权利义务的约定问题。

第四，"金字塔"法。所谓"金字塔"法，是指合同条款写作中一种层次化、结构化的思考、组织技术，可以用于结构化的写作过程。此种方法主要是用来解决合同条款内容的结构层次和组织的问题。其核心的逻辑在于两点：一是一段话、一句话尽量只表达一个意思；二是把所有的意思（表现为段落、句子）按层次和逻辑组织好。

四、合同起草、审查的辅助技能

除了上述合同起草、审查的基本技能外，实践越来越要求合同法律师或法律顾问具备一些辅助技能。主要包括法律检索的技能，归纳拟定合同起草、审查指南或指引的技能以及交易（合同）可视化的技能。

（一）法律检索的技能

在法律实践中，当然也包括合同法律实践，一名合格的律师或法律顾问必须具备的一项辅助技能（甚至应当说，这是一项核心的基本技能）就是法律检索。主要表现为法律法规、司法案例、合同示范库的检索与查询。例如，我们应当熟悉常用的法规和案例库检索工具（如"威科先行法律信息库""无讼""法信""把手"等法规和案例检索工具），能够通过各种检索方法（如路径法、关键字法、法条法等）的单独或综合运用，准确地找到自己想要找到的司法类案。

（二）归纳拟定合同起草、审查指南或指引的技能

无须多说，很多合同法律师或法律顾问通常都会手持一些合同起草、审查的指南或指引工具书籍，这是"外引"的部分；另外，合同法律师或法律顾问还应当学会就某一领域的具体合同起草、审查进行归纳、总结并撰写指南或指引，这是"内引"的部分。这是合同法律师或法律顾问应当具备的基本技能之一。

(三)交易(合同)可视化的技能

尽管交易(合同)通常可以用文字来表述,但用图表这样的“可视化”方式来进行展示,无疑更简单、明了、易懂,尤其是从大局、整体上对交易(合同)进行把握方面具有无可否定的优势。这是其一。其二,在对司法案例和裁判规则进行研究时,采用可视化的技术对案件基本事实、交易过程进行描述,无疑可以快速、简洁地归纳案情和裁判规则,具有便于把握主要事实和事后“回顾”的优势。实践中,应熟练掌握的一些常用可视化工具包括 Microsoft Office、Microsoft Visio 以及 MindManager 等。

第2章 《民法典》合同法律制度:体系、逻辑与衔接适用

内容概览

随着《民法典》自2021年1月1日生效施行,原《合同法》《物权法》《担保法》等与民商事合同相关的法律被废止,那么如何认知并适用《民法典》的合同法律制度,就需要对《民法典》合同法律制度的体系(体例)进行了解和把握,这是其一。其二,尽管《民法典》废止了原《合同法》,但合同法律制度及其内在的逻辑框架本身并未发生实质变化,从全局上、整体上去把握其内在的、背后的逻辑,对从事合同起草、审查的法律人士具有提纲挈领式的作用。其三,最高人民法院紧随《民法典》出台的《最高人民法院关于适用〈中华人民共和国民法典〉时间效力的若干规定》(法释〔2020〕15号)对新旧法的衔接适用作出了明确规定,涉及了合同法律如何衔接适用这一首要问题,了解新旧法时间效力以及新法的变化是当然之义。本章包含如下内容:

- 《民法典》合同法律制度的体系
- 合同法律制度及其逻辑框架
- 《民法典》时代新旧合同法律的衔接适用

第一节 《民法典》合同法律制度的体系

什么是《民法典》及其合同法律制度的体系性?为什么律师或公司法律顾问在起草、审查合同业务中需要了解这一问题?概言之,所谓《民法典》的体系性,是指各项民事法律规范按照一定的、内在的逻辑性,有机地结合在一起,使整部法典形成系统的、完整的体例结构。在这样的体例结构下,其核心的目的在于,你需要找到具体的法律依据及其适用或者请求权基础。在这过程中,就很有必要了解和熟悉《民法典》及其合同法律制度的体系性(必须具有《民法典》的体系性思维)。《民

法典》及其合同法律制度的体系结构如图2-1。

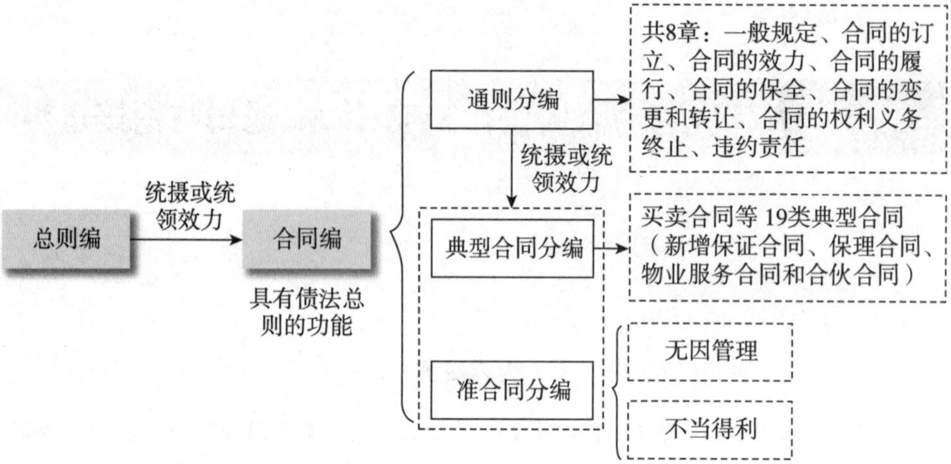

图2-1 《民法典》合同法律制度的体系结构

一、《民法典》的体例结构概述

我国《民法典》采纳了总分结合的编纂体例,立法者把各分则编具有共同特征的法律规范群归纳起来,然后从中抽象出一般规则,再把这些一般规则按照一定的逻辑整合为协调的制度,最后形成《民法典》总则编。立法者借用数学逻辑的概念,将这种从具有共同性的法律规范群中抽象出一般规则的立法技术称为"提取公因式"(亦称"潘德克顿体系")。"潘德克顿体系"两大重要的工具就是归纳和抽象,这种归纳和抽象方法贯穿于《民法典》始终。例如,《民法典》从合同行为、物权行为等进一步抽象归纳出民事法律行为这一概念,对民事法律行为进一步抽象出"意思表示"这一概念。基于这种归纳和抽象的立法技术,总则编对于各分则编而言具有统摄或统领效力(或者讲总则编和各分则编具有一般法和特别法的关系)。这种效力主要体现为如下两点:

第一,《民法典》总则编具有统摄或统领效力,其规定是一般性的规定,各分则编的有关规定则是特别规定。各分则编可以承接总则编的一般规定,并在此基础上作出具体性、适用性的规定或者特别规定。例如,缔结合同是民事法律行为,涉及合同效力时,《民法典》总则编有关民事法律行为效力的规定(《民法典》总则编

第6章“民事法律行为”第143–160条)就可以适用①,但合同编有特别规定的除外(如《民法典》第497条“格式条款”、第506条“免责条款”)。再如,总则编规定的一般诉讼时效为3年(《民法典》第188条第1款),而合同编例外地承认国际货物买卖合同和技术进出口合同诉讼时效为4年(《民法典》第594条)。总则编规定诉讼时效起算点是权利人知道或者应当知道权利受到损害以及义务人之日(《民法典》第188条第2款);而合同编典型合同分编则规定,一般保证的债权人在保证期间届满前对债务人提起诉讼或者申请仲裁的,从保证人拒绝承担保证责任的权利消灭之日②起,开始计算保证债务的诉讼时效;连带责任保证的债权人在保证期间届满前请求保证人承担保证责任的,从债权人请求保证人承担保证责任之日起,开始计算保证债务的诉讼时效(《民法典》第694条)。

第二,各分则编可以呼应总则编设立的制度前提,作出补充性的规定,从而实现制度的完整性。《民法典》总则编对于民事主体制度、民事法律行为制度、民事责任制度等作出了清晰的规定,《民法典》各分则编对于上述制度不应作重复的规定,相应制度可以直接适用总则编的规定,但各分则编基于特定的法律关系可以予以补充性的规定。例如,《民法典》总则编规定了完善的民事主体制度,如民事主体的权利能力和行为能力;对于民事法律行为的可撤销和无效等情形予以详细规定等。而针对上述制度,各分则编可直接适用。再如,《民法典》合同编将委托合同、合伙合同设为典型合同,回答了总则编规定的委托代理的发生原因、非法人组织合伙关系如何成立的问题。《民法典》总则编规定“法人章程或者法人权力机构对法定代表人代表权的限制,不得对抗善意相对人”(《民法典》第61条第3款)。而合同编通则分编则进一步明确了超越代表权限订立合同的效力:法人的法定代表人或者非法人组织的负责人超越权限订立的合同,除相对人知道或者应当知道其超越权限外,该代表行为有效,订立的合同对法人或者非法人组织发生效力(《民法典》第

---

① 《民法典》第508条规定:“本编对合同的效力没有规定的,适用本法第一编第六章的有关规定。”与《合同法》的规定相比较,例如其第52条【合同的无效】被删除,统摄适用于《民法典》总则编第6章“民事法律行为”有关民事法律行为效力的规定。

② 原《担保法司法解释》第28条规定:“一般保证中,债权人依据生效法律文书对债务人的财产依法申请强制执行,保证债务诉讼时效的起算时间按照下列规则确定:(一)人民法院作出终结本次执行程序裁定,或者依照民事诉讼法第二百五十七条第三项、第五项的规定作出终结执行裁定的,自裁定送达债权人之日起开始计算;(二)人民法院自收到申请执行书之日起一年内未作出前项裁定的,自人民法院收到申请执行书满一年之日起开始计算,但是保证人有证据证明债务人仍有财产可供执行的除外。一般保证的债权人在保证期间届满前对债务人提起诉讼或者申请仲裁,债权人举证证明存在民法典第六百八十七条第二款但书规定情形的,保证债务的诉讼时效自债权人知道或者应当知道该情形之日起开始计算。”

504条)。

综上所述,在处理合同法律适用(合同纠纷案件)时,应首先考虑在《民法典》合同编的典型合同分编中查找是否存在与该合同有关的特别规定。若有,则优先适用该特别规定;反之,才能适用合同编通则分编的规定。只有在合同编通则分编没有特别规定时,才能适用总则编关于民事法律行为与代理的一般规定。例如,典型合同分编“融资租赁合同”一章就融资租赁合同无效的情形和后果作了特别规定,应优先适用该规定,若无法找到依据再适用合同编通则分编以及总则编的相关规定。

当然,有时问题可能会更为复杂,如所要处理的合同纠纷不是一个因典型合同引起的纠纷,而是非典型(无名)合同引起的纠纷;再如,所要处理的合同纠纷虽然是因典型合同引起的纠纷,但《民法典》并未将处理该合同纠纷的特别规则全部规定于该典型合同一章,而是要求适用与其有关的其他典型合同的规定。如《民法典》在“建设工程合同”一章中规定“本章没有规定的,适用承揽合同的有关规定”(《民法典》第808条),这是因为,建设工程合同是一种特殊的承揽合同,《民法典》虽然将其作为典型合同予以单独规定,但也根据总分的思路,先规定承揽合同,再规定建设工程合同,且明确规定了二者在法律适用上的相互关系。至于因非典型(无名)合同引起的纠纷,依民法通说,应优先适用与其最为类似的典型合同的特别规定。如果没有特别规定,再适用合同编通则分编的规定以及总则编关于民事法律行为和代理的一般规定。此外,无论是典型合同还是非典型合同,依据《民法典》第646条的规定,在没有关于该合同的特别规定时,如果该合同是有偿合同,还应在适用合同编通则分编之前,优先参照适用《民法典》关于买卖合同的规定。有关合同法律适用的逻辑框架图如图2-2。

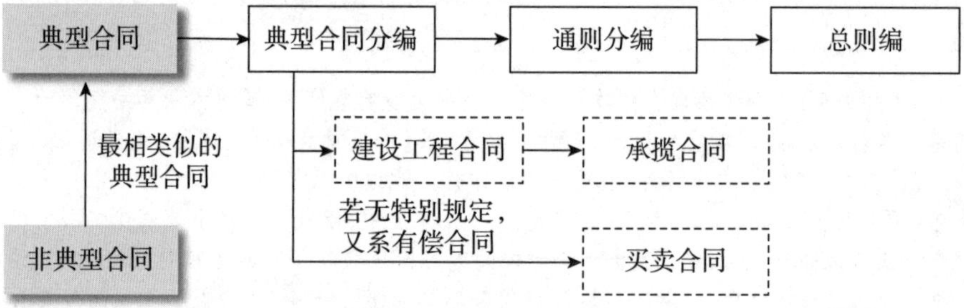

图2-2　合同法律适用的逻辑框架

二、《民法典》合同编的体例结构概述

就《民法典》合同编而言,其包括“通则”“典型合同”“准合同”三个分编。其中,通则分编对典型合同分编、准合同分编具有统摄或统领效力。通则分编主要是对原《合同法》总则部分的更新和完善;典型合同分编则在原《合同法》分则部分的基础上增加了四类典型合同,并对部分典型合同规则作出了修改;准合同分编则在不采纳债法总则的背景下纳入无因管理和不当得利,细化和扩充了原《民法通则》和《民法总则》中关于无因管理和不当得利的规则。

(一)合同编具有债法总则的功能

我国《民法典》的分则体系设计并未采纳传统大陆法系国家的民法典体系,也没有设置债法总则,而是从中国实际情况出发,保持了合同法总则体系的完整性和内容的丰富性。但为避免债法总则功能的缺失,合同编的规范在一定程度上发挥了债法总则的功能。这一处理模式可以有效简化法律规则,有利于法律适用的便利,也有利于保护合同法总则的完整性,实现统摄债之规则的功能。但采纳此种模式,必须要明确合同编中究竟哪些规范可以应用到非因合同产生的债之关系,合同编中关于债的履行、合同的保全、合同的变更和移转、合同的权利义务终止等有关规则可以适用于非合同之债。①《民法典》合同编一共分为三个分编,共计526条,其中新增了70个法条,在这新增的70个法条中,将近1/3涉及债的分类(如选择之债、连带之债等)以及不当得利、无因管理等债的规则,第三分编则具体规定了不当得利之债和无因管理之债的规则,这实际上是使合同编尤其是合同编通则分编发挥了债法总则的功能。对此,《民法典》也作出了相应的具体安排。具体表现为:

首先,通过设置准合同分编的方式,将无处安身的无因管理和不当得利纳入合同编。

其次,更重要的是,通过《民法典》第468条②的规定,将合同编通则分编的规定适用于非合同之债。该条属于指引性规定,对非因合同产生的债可以适用合同编通则的有关规定作出了指引性规定。

---

① 参见王利明:《论民法典合同编发挥债法总则的功能》,载《法学论坛》2020年第4期。

② 《民法典》第468条规定:“非因合同产生的债权债务关系,适用有关该债权债务关系的法律规定;没有规定的,适用本编通则的有关规定,但是根据其性质不能适用的除外。”

再次，将一些债法总则制度隐藏于合同编通则分编，如连带之债、选择之债等[①]与债法总则相关的制度，都在合同编通则分编中予以规定。

最后，对一些用词作了修改，试图区分债权债务和合同权利义务。有不少在合同法中被称为"合同权利义务"的表述，在《民法典》中，都变成了"债权债务"。用"债权债务"来替代"合同权利义务"，也是为了使合同编通则分编能发挥债法总则的作用，而不仅仅是适用于合同之债。甚至可以这么说，运用"债""债权""债务"等表述的，原则上都可以适用于非因合同产生的债；而如果规定的是合同权利义务，则要根据《民法典》第 468 条规定的"根据其性质不能适用的除外"这一判断原则，具体进行判断。

（二）合同编通则、典型合同和准合同分编的功能

首先，合同编通则分编共 8 章 132 条，包括一般规定、合同的订立、合同的效力、合同的履行、合同的保全、合同的变更和转让、合同的权利义务终止、违约责任等合同基本制度，对合同的一般性问题作出了全面、系统的规定。合同编通则分编主要具有如下几个方面的功能：

一是落实《民法典》总则编的有关规定。如《民法典》总则编将诚信原则作为民法的基本原则（《民法典》第 7 条）。合同编将诚信原则贯穿到合同的各个环节[如《民法典》第 500 条（先合同义务）、第 509 条第 2 款（合同履行中的附随义务）、第 509 条第 3 款、第 619 条（绿色原则）以及《民法典》第 558 条（后合同义务）]。

二是《民法典》合同编通则分编删除了与《民法典》总则编重复、冲突的内容。如合同编通则分编删除了原《合同法》第 1 章对平等、自愿、公平、诚信、守法和不得损害社会公共利益等原则的规定。因为这些内容在《民法典》总则编第 4 条至第 8 条已经作了规定，合同编没有必要再重复。又如，合同编通则分编删除了原《合同法》关于合同效力的大量规定（如《合同法》第 52 条）。因为《民法典》总则编第 6 章第 3 节对民事法律行为的效力等已经作出规定，合同编通则分编没有必要再作重复性规定。

三是《民法典》合同编通则分编第 2 章"合同的订立"的有关规则，对《民法典》总则编的相关内容进行了指引性规定。如《民法典》总则编第 137 条对意思表示的生效时间所作的规定、第 141 条对意思表示的撤回规则所作的规定，均适用于合同

---

① 例如，在通则分编第 4 章"合同的履行"中规定债的分类。主要包括"金钱之债"（第 514 条）、"选择之债"（第 515 条）、"按份之债"（第 517 条）、"连带之债"（第 518—521 条）、"第三人履行之债"（第 522—523 条）、"第三人代为履行"（第 524 条）。

的要约、承诺。但是，因为合同编中要约、承诺规则体系较为复杂，从有利于对制度的理解与适用的角度，有必要保持要约、承诺规则体系的完整。因此，合同编通则分编在将要约和承诺的生效时间、撤回规则删除的同时，采用了指引性表述，直接指引到《民法典》总则编第137条对意思表示的生效时间的规定、第141条对意思表示撤回规则的规定。

其次，合同编典型合同分编对各类典型合同进行了规定。典型合同就是立法者在对社会生活中各类典型的交易类型深刻观察的基础上，将其一方当事人的主给付义务按照交付标的物转移所有权、交付标的物转移使用权、提交工作成果、提供劳务等典型的给付义务加以类型化、具体化，从而确定为各类典型合同中一方当事人的主给付义务，而对于其相对人的主给付义务（除赠与合同这一无偿合同外）则统一规定为给付金钱，从而对各类典型合同加以法律上的界定，并在此基础上结合具体交易类型对当事人的主义务、从义务、附随义务等进行规定。这些规范原则上是任意性规定，在当事人没有相反约定的情况下，自动订入合同，从而指引和便利当事人进行交易；也为最相类似的非典型合同提供了可供参照适用的规范。需要注意的是，典型合同分编除将原《合同法》既有的15类有名合同纳入之外，还结合社会生活中的需要，将原《担保法》中规定的保证合同纳入进来①，此外，还新增了三类典型合同（保理合同、物业服务合同和合伙合同）。保理合同旨在推动保理行业健康发展，助力缓解中小微企业融资难、融资贵等问题；物业服务合同则致力于破解小区治理难题，切实保护业主权利，为规范物业服务、解决物业纠纷提供了坚实的制度保障；而合伙合同则为商事合伙组织体之外的民事合伙行为提供了基本遵循，也为实践中普遍存在的各类共同行为的法律调整提供了指引。需要说明的是，法律没有明文规定的非典型合同适用合同编通则的规定，并可以参照适用最相类似典型合同的规定（《民法典》第467条第1款）。

最后，在形式意义上的债法缺失的情况下，《民法典》合同编增加了准合同分编，对无因管理和不当得利这两类制度进行了全面规定，原则上承认在法律没有特别规定的前提下对准合同适用合同编通则。

---

① 原《担保法》规定的各类担保方式，分别由物权编和合同编分担。担保物权部分，纳入物权编；而保证作为独立的合同类型被纳入合同编典型合同分编；定金则被纳入合同编通则分编。

第二节　合同法律制度及其逻辑框架

尽管《民法典》采用体系化的方法以"总则编""合同编"以及其他编涉及合同的部分条款取代了原《合同法》,但原《合同法》的框架结构和规定基本保留在"合同编"中,并未作根本性、颠覆性的改变。故此,合同法律制度及其逻辑框架并未也不可能予以改变。就起草、审查合同的律师或法律顾问而言,总结和掌握《民法典》合同法律制度蕴含的法律关系的内在逻辑,是其开展工作的理论基石,有必要对此进行介绍和回顾。

一、合同的生命周期与法律逻辑框架概述

合同的生命周期,是指从当事方产生缔结合同(合约)的意向开始至合同终止、争议解决完毕的全过程。从合同法律制度逻辑框架来看,合同的生命周期主要包括四个阶段:合同成立(订立、缔结)阶段、合同生效阶段、合同履行阶段以及合同终止阶段。有关合同的生命周期与法律逻辑框架如图2-3。

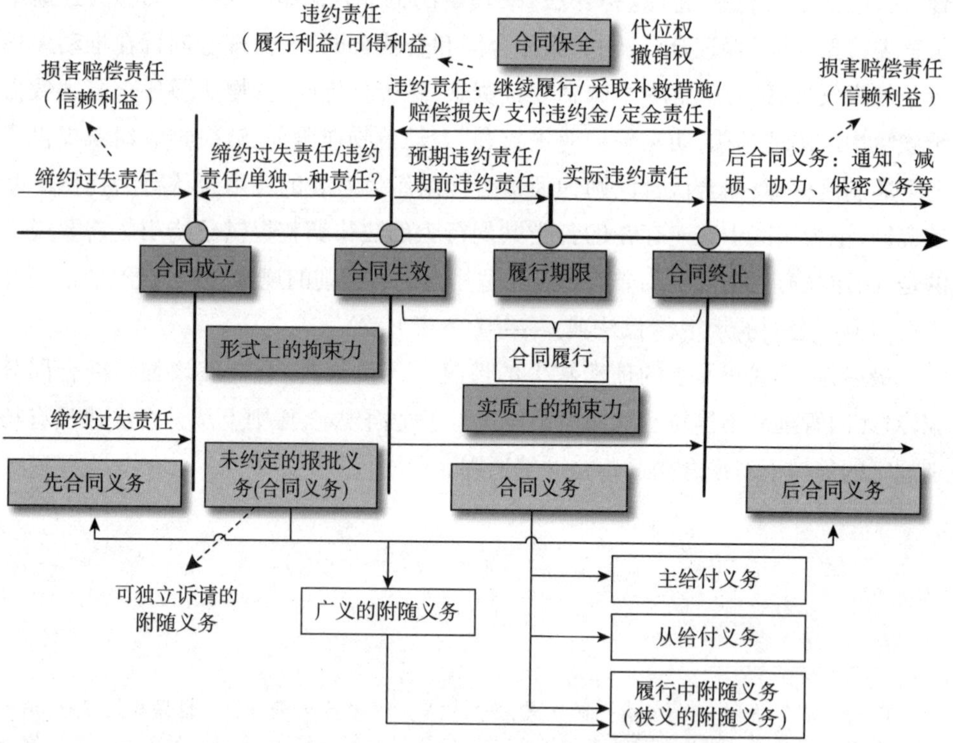

图2-3　合同的生命周期与法律逻辑框架

从图2-3中可以看出,就合同当事方需要承担的义务而言,可以从不同的维度进行分类:一是按照义务的地位、从属性(独立性)和可诉性,分为主义务(主给付义务)、从义务(从给付义务)和附随义务;二是按照不同的合同阶段来划分,分为先合同义务、合同义务(不真正义务)和后合同义务。就合同当事方违反义务需要承担的法律责任而言,按照不同的合同阶段来划分,可以分为缔约过失责任(违反先合同义务之损害赔偿责任)、违约责任(违反合同义务之预期违约责任、实际违约责任)和损害赔偿责任(违反后合同义务之独立责任)。

还需要特别注意的是,在图2-3中,合同成立至合同生效的期间,合同当事一方违反义务(如违反"报批义务"条款),需要承担什么样的法律责任,这无论是在理论界或是实务届都是存在争议且值得深入思考的问题。①

二、"合同义务群"理论

在我国原《合同法》制定过程中,引入了所谓的"合同义务扩张理论",即在原有"合同义务"(亦称"给付义务",包括主给付义务和从给付义务)之外,增加规定了"先合同义务"(原《合同法》第42条、第43条)、"附随义务"②(原《合同法》第60条)、"后合同义务"(原《合同法》第92条),这些义务皆属于法定义务。合同约定义务和法定义务构成了一个合同义务的系列,有的学者称其为"合同义务群"。③

在《民法典》中,由于没有单设债编,而是设立了合同编,将无因管理和不当得利作为准合同列入合同编,并设立侵权责任编。对于债,学者提出了债之关系上的义务群,包括给付义务(分为主给付义务和从给付义务、原给付义务和次给付义

① 有关"报批条款"独立性的相关内容,请读者参阅本书第10章"合同订立的法律风险管控:疑难问题"第6节。

② 学理上,附随义务可分为广义的附随义务和狭义的附随义务。广义的附随义务包括先合同义务、合同履行中的附随义务、后合同义务。这种附随义务涉及合同的订立、履行、变更和终止的整个过程。狭义的附随义务是指合同履行过程中,为协助实现主给付义务,遵循诚实信用原则,根据合同的性质、目的和交易习惯而履行的通知、协助、保密等义务。后者排除了先合同义务与后合同义务,理由在于这三者在义务功能、违反义务的责任等方面存在较大的差异。

③ 参见梁慧星:《读条文 学民法》(第2版),人民法院出版社2017年版,第204-205页。

务①)、附随义务、不真正义务②。③ 所谓"债之关系上的义务群",在《民法典》合同编中实际就集中体现为"合同义务群"。这些义务,在《民法典》中均有体现。例如,附随义务(《民法典》第509条)、不真正义务之减损义务④(《民法典》第591条)以及不真正义务之告知义务(《民法典》第621条第1、2款、第893条)。

笔者将上述的"债之关系上的义务群"("合同义务群")总结如图2-4所示。

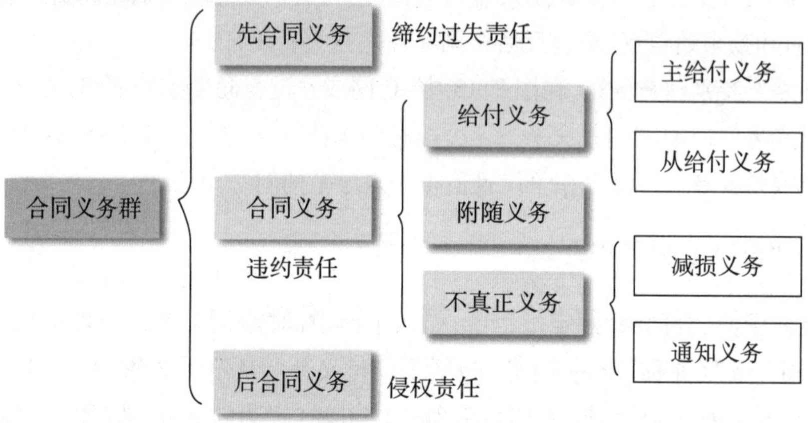

图2-4　合同义务群分类

① 原给付义务,又称第一次给付义务,是指合同上原有的义务。次给付义务是由原给付义务的给付不能、给付迟延或者不完全给付而产生的损害赔偿义务,或者是由于合同解除所产生的恢复原状义务。次给付义务是由于行使同时履行抗辩权,或者是由于违约行使解除权的结果。

② 不真正义务亦称减轻损害的义务,是指合同相对人不得请求义务人履行,义务人违反亦不会发生损害赔偿责任,而仅使负担此义务者遭受权利减损或丧失后果的义务,理论上也称间接义务。不真正义务的理论根据是诚信原则。法律上设置这一义务的目的,在于尽量减少由违约所造成的损失,实现合同公平和公正的目标;平衡合同双方当事人的利益,尽量避免社会财富不必要损失和浪费,保障社会财富不断积累。例如,《民法典》第591条第1款规定:"当事人一方违约后,对方应当采取适当措施防止损失的扩大;没有采取适当措施致使损失扩大的,不得就扩大的损失请求赔偿。"第621条第1、2款规定:"当事人约定检验期限的,买受人应当在检验期限内将标的物的数量或者质量不符合约定的情形通知出卖人。买受人怠于通知的,视为标的物的数量或者质量符合约定。当事人没有约定检验期限的,买受人应当在发现或者应当发现标的物的数量或者质量不符合约定的合理期限内通知出卖人。买受人在合理期限内未通知或者自收到标的物之日起二年内未通知出卖人的,视为标的物的数量或者质量符合约定;但是,对标的物有质量保证期的,适用质量保证期,不适用该二年的规定。"

③ 参见王泽鉴:《民法概要》,中国政法大学出版社2003年版,第165页。

④ 减损义务所指的损害是指受损害方自身的损害,对这种义务的违反不得让违约方赔偿其损失,而是其自担损失,此与一般法定义务违反的后果不相同,故称"不真正义务"。

(一)合同义务(主义务、从义务和附随义务)

主义务,也叫主给付义务,是指合同关系中固有的、必备的、自始确定的、能够决定合同类型的基本义务。例如,在买卖合同中,出卖人的主给付义务就是交付标的物并转移所有权,买受人的主给付义务便是支付价款。

从义务,即从给付义务,是指在主给付义务之外、不具有独立意义的、只能辅助主给付义务发挥功能的义务。它的目的不在于决定合同的类型,但为完全满足给付上利益所必需,且债权人可以独立诉请债务人履行。例如,在不动产买卖合同中,出卖人所负将不动产的产权证书交付于买受人的义务。

附随义务(此处是指狭义的附随义务),是指合同当事人在合同履行过程中,除了履行合同约定的义务,同时还负有不损害当事人固有利益以及促进合同目的更好实现的义务,具体包括履行通知、减损、协助、保密义务等。附随义务是根据诚信原则产生的,具有不确定性,是随着合同实际履行情况不断发生变化的义务。例如,《民法典》第785条规定,承揽人应当按照定作人的要求保守秘密,未经定作人许可,不得留存复制品或者技术资料。因此,承揽人的保密义务属于承揽合同的附随义务。

(二)先合同义务和后合同义务

如前所述,广义的附随义务除了包括狭义的附随义务(合同履行中的附随义务)外,还包括先合同义务和后合同义务。

所谓先合同义务,是指在订立合同过程中,合同生效之前所发生的,应由合同双方当事人各自承担的法律义务。它是建立在民法诚实信用、公平原则基础上的一项法律义务,是诚实信用、公平原则的具体化。先合同义务主要包括合同当事人之间的互相保护、通知、保密、协作及禁止欺诈等义务(《民法典》第500条、第501条)。

所谓后合同义务,是指合同关系消灭后,合同双方当事人依诚实信用原则依法应负有某种作为或不作为义务,以维护给付效果,或协助对方处理合同终了的善后事务的合同附随义务。后合同义务主要包括合同当事人根据交易习惯履行通知、协助、保密等义务(《民法典》第558条)。①

① 关于违反后合同义务应该承担什么样的责任以及该责任性质为何,学者存在不同的观点。主要包括合同责任说、缔约过失责任说和侵权责任说。比较而言,侵权责任说更具有说服力,笔者也持此种观点。因为后合同义务主要是侵权责任法上的保护、保密等义务,而不应成为合同法上的义务。

后合同义务与先合同义务虽然都是基于诚实信用原则产生的义务,都是在无合同关系情况下,因特定主体之间存在一种信任关系而应向对方承担的义务。性质上看两者都属于广义的附随义务,但他们的区别也是显而易见的:先合同义务发生在合同订立过程中,合同有效成立前,属缔约阶段的义务;而后合同义务发生在合同权利义务终止之后,即发生在合同效力消失之后。可以说先合同义务是法律对缔约当事人之间信任关系的确认和保护,后合同义务是法律对当事人之间的信任关系保护的继续和延伸。

需要说明的是,最高人民法院《贯彻实施民法典会议纪要》第10条明确:当事人一方违反《民法典》第558条规定的通知、协助、保密、旧物回收等义务,给对方当事人造成损失,对方当事人请求赔偿实际损失的,人民法院应当支持。

可见,违反后合同义务的损害赔偿责任仅限于当事人的实际损失,不包括预期利益或期待利益。

三、合同的成立与生效

(一)合同的成立与缔约过失责任

所谓合同的成立,是指合同双方或多方当事人对合同的主要条款达成合意。合同成立制度旨在解决合同是否存在的问题,合同的成立是合同履行、变更、终止、解释等制度的前提,也是认定合同效力的基础,如果合同根本没有成立,那么确认合同有效和无效的问题也就无从谈起。此外,合同的成立也是区分违约责任与缔约过失责任的重要标志。在合同成立以前,因合同关系不存在,则因一方的过失造成另一方信赖利益受损属于缔约过失责任而不属于违约责任范畴。只有在合同成立以后,一方违反义务才构成对合同义务的违反并应负违约责任。

(二)合同的生效与违约责任

依据《民法典》第502条第1款“依法成立的合同,自成立时生效,但是法律另有规定或者当事人另有约定的除外”之规定,依法成立的合同,自成立时生效。故在一般情况下,合同一经成立便生效,合同成立的时间也就是合同生效的时间,因此合同成立的时间可以成为判断合同生效时间的标准。但第502条第1款的但书“但是法律另有规定或者当事人另有约定的除外”亦表明,也存在一些合同的成立时间和生效时间是不同的。例如,《民法典》第502条第2款规定,依照法律、行政法规的规定,应当办理批准等手续才生效的合同;合同当事人约定附条件生效(如合同的“先决条款”约定某方需要完成报批才生效)或附期限生效的合同。再如,效力待定的合同虽已成立,但其效力处于不确定状态。在合同生效的前提下,当事人不履行其所负的义务或者履行义务不符合约定时,法律会通过对违约方进行制裁的方式(违约责任),使得遭到违反的合同内容得以履行,让当事人之间被破坏的利益分布得到再平衡,继而使合同目的得以实现。

(三)合同的拘束力:形式拘束力和实质拘束力

依据《民法典》第465条第1款的规定:“依法成立的合同,受法律保护。”所谓受法律保护,是指依法成立的合同对当事人具有法律拘束力。当事人应当按照约定履行自己的义务,不得擅自变更或者解除合同,任何一方违反合同,都应当依法承担违约责任。合同的拘束力主要体现在对当事人的拘束力上,具体体现为权利(合同的权利包括请求和接受债务人履行债务的权利,以及在一方不履行合同时获得补救的权利、诉请强制执行的权利等)、义务(当事人应当按照法定和约定的义务履行合同)和责任(违约责任)三个方面。

通常情况下,合同产生形式拘束力的同时也产生实质拘束力,除非法律规定或者当事人约定延缓事由。在理论届和实务届存在较大争议的是合同成立至合同生效期间,合同具有何种拘束力,以及若当事方违反约定义务到底构成什么样的责任。主要存在三种观点:缔约过失责任、违约责任和单独一种责任。例如,实务中需要经过报批才生效的合同,在批准程序完成之前,合同并未生效。此时,负有报批义务的一方未履行报批义务,则其应负何种责任?学说和实务届通说认为此时合同仅具有形式上的拘束力,即在合同成立后、生效前,亦具有独特或特有之效力,即形式拘束力①,与合同生效后之效力不同。一般认为,合同之生效,系依意思表示之内容而发生法律效果,此即所谓合同之意定效果,亦称为合同之实质拘束力。

《民法典》第502条第2款规定:“依照法律、行政法规的规定,合同应当办理批准等手续的,依照其规定。未办理批准等手续影响合同生效的,不影响合同中履行报批等义务条款以及相关条款的效力。应当办理申请批准等手续的当事人未履行义务的,对方可以请求其承担违反该义务的责任。”首次明确了合同中“报批义务”

---

① 这些独特或特有之效力通常包括:(1)附停止条件或始期之行为,在条件成就或始期到来之前,可发生提前保护之效力(参见《民法典》第159条所称条件成就或不成就之拟制);(2)可发生批准等行为义务[参见原《合同法司法解释(二)》第8条所称之缔约过失责任;《民法典》第502条第2款所称批准系合同之生效要件,但不影响其中报批义务条款的效力(亦可参见《外商投资企业纠纷司法解释(一)》第1条)];(3)当事人亦得负有保护义务(参见《民法典》第501条所称之保密义务);(4)发生形成权,如效力待定合同之追认权、撤销权等(参见《民法典》第171条、第503条等)。

条款以及相关条款的独立效力。申言之,学理上认为,合同效力有形式拘束力与实质效力之分,形式拘束力指当事人不能任意撤销、变更甚至解除合同的效力,实质效力则是指基于合同本身而在当事人间发生的权利义务关系。[①] 合同的形式拘束力源于合同的成立,而实质效力则源于合同的生效。我国《民法典》第465条就是关于形式拘束力的规定。在一般情况下,合同或者有效成立,或者无效不成立,区别形式拘束力和实质拘束力并无太多实际益处。但在合同已经成立,因约定生效条件未成就、约定期限未届满,或者未办理审批手续等原因未生效的情况下,区别形式拘束力与实质效力就有其积极意义。只有着眼于前述区分,才能准确理解未经批准的合同的效力。具体来说,一是具有形式拘束力。未生效合同已经依法成立,双方当事人非经协商或具有法定事由,不得任意撤销、变更或解除合同。换言之,如果具有法定事由,另一方可以请求人民法院撤销合同。二是不具有实质效力。合同未生效属于欠缺生效要件的合同,有别于有效合同,一方直接请求另一方履行合同或者承担合同约定的违约责任,法院不应予以支持。三是可以通过办理批准手续促成合同生效。未生效合同仍有通过办理批准手续而生效的可能,故也不同于无效合同。当事人直接请求确认合同无效的,法院亦不应予以支持。[②]

实务中,如果当事人在合同中明确约定了报批义务,此时报批义务属于合同义务当无疑问。即便当事人未在合同中对报批义务作出约定,基于诚信原则,当事人也负有报批义务。但问题是,此时报批义务究竟属于合同义务还是先合同义务?有一种观点认为,报批义务属于先合同义务,因为原《合同法司法解释(二)》第8条[③]将当事人怠于履行报批义务的行为,认定为属于《合同法》第42条第3项规定的"其他违背诚实信用原则的行为"。而《民法典》第502条是有关缔约过失责任的规定,违反的是缔约阶段基于诚信原则产生的先合同义务,因此报批义务属于先合同义务。但先合同义务一般能实际履行,且其对应的损害赔偿责任在性质上也属于缔约过失责任。而《民法典》规定了报批义务及相关条款独立生效,还规定了

---

① 王泽鉴:《债法原理》,中国政法大学出版社2001年版,第193页。

② 最高人民法院民法典贯彻实施工作领导小组主编:《中华人民共和国民法典合同编理解与适用(一)》,人民法院出版社2020年版,第296页。

③ 原《合同法司法解释(二)》第8条规定:"依照法律、行政法规的规定经批准或者登记才能生效的合同成立后,有义务办理申请批准或者申请登记等手续的一方当事人未按照法律规定或者合同约定办理申请批准或者未申请登记的,属于合同法第四十二条第(三)项规定的'其他违背诚实信用原则的行为',人民法院可以根据案件的具体情况和相对人的请求,判决相对人自己办理有关手续;对方当事人对由此产生的费用和给相对人造成的实际损失,应当承担损害赔偿责任。"

违约责任,这些规定显然超出了先合同义务的范畴。就此而言,我们认为,即便合同没有规定报批义务,报批义务也属于基于诚信原则产生的可以独立请求的附随义务,属于合同义务的范畴。因为合同义务除了主给付义务外,还包括基于诚信原则而产生的附随义务以及不真正义务,这些义务构成一个义务群,其中附随义务又包括可以独立诉请的附随义务以及不可独立诉请的附随义务两类,报批义务属于其中能够独立诉请的附随义务,其功能在于促进主给付义务的实现。①

四、合同的履行

合同的履行,是指债务人依据合同约定或法律规定作出给付的行为。合同必须得到履行是"合同严守"原则的题中应有之义。合同履行是实现合同订立目的的基本途径。违约责任制度设立的宗旨和目的就是保证合同的履行,合同保全制度也是为了保障合同债权的实现,而合同的担保是促使合同履行、保障债权实现的法律制度。总之,合同的履行是合同关系从产生到消亡过程的中心环节,合同履行制度是整个合同制度中最核心的制度。② 从时间轴上看,合同的履行是一个连续进行的完整过程,按照发生时间的先后顺序,它由三个阶段构成,包括执行合同义务的准备阶段、具体合同义务的执行阶段和合同义务执行的善后阶段,所对应的分别为"先合同义务"、"合同义务"和"后合同义务"。

(一)合同的违约制度

违约行为(breach of contract)即违反合同约定的行为,包括明示的约定和默示的约定。违约行为有多种分类方式,其中一种依违约行为发生在履行期限届满之前或之后,可以分为预期违约(anticipatory breach of contract)和实际违约(actual breach of contract)。而违约行为导致的后果即是违约方将承担违约责任。

违约责任,全称为违反合同的民事责任。从违约方来看,违约责任是不履行合同义务或者履行合同义务不符合约定时应承担的继续履行、采取补救措施、赔偿损失等的义务或责任(《民法典》第577条)。从非违约方来看,违约责任是当事人一方不履行合同义务或者履行合同义务不符合约定时,另一方享有的要求继续履行、采取补救措施、赔偿损失的权利(《民法典》第186条、第579—580条、第582条)。

---

① 参见最高人民法院民法典贯彻实施工作领导小组主编:《中华人民共和国民法典合同编理解与适用(一)》,人民法院出版社2020年版,第300-301页。

② 参见王利明:《合同研究》,中国人民大学出版社2015年版,第3-5页。

1. 预期违约及其责任

预期违约,是指履行期限届满之前,因一方拒绝履行债务所产生的违约。这一制度体现在《民法典》第578条的规定中“当事人一方明确表示或者以自己的行为表明不履行合同义务的,对方可以在履行期限届满前请求其承担违约责任”。依据该规定,预期违约还可进一步细分为明示预期违约和默示预期违约。明示的预期违约,是指合同债务人以明确的意思表示且无正当理由拒绝履行合同的义务,其中不可抗力、行使抗辩权等不构成明示的预期违约。默示的预期违约,是指合同债务人用其行为表示将不履行合同的义务。一般情况下,默示的预期违约包括债务人履行义务的能力有缺陷;债务人的信用有严重缺陷;在付款期到来之前转移财产以逃避债务;债务人在准备履行合同或履行合同中的行为表明他将不会或不能履行合同义务等。预期违约制度的确立基础在于,债务人公然、彻底地抛弃整个合同。现代合同法之所以承认预期违约,并非仅仅为了保护非违约方的利益,还为了减少不必要的社会浪费。

对于预期违约而言,因为债务人拒绝履行义务发生在合同约定的期限届满之前,合同实际约定的履行期限尚未届满,所以,有约必守原则应得到遵守,债务人不会因为拒绝履行而直接确定承担违约责任。只有在债权人接受了债务人的拒绝履行,即依据《民法典》第563条第1款第2项“在履行期限届满前,当事人一方明确表示或者以自己的行为表明不履行主要债务”以及第565条的规定,以预期拒绝履行为由通知债务人解除合同时,债务人才会由此承担责任。《民法典》第578条中的“可以”一词,即旨在表明,债权人也可以不接受债务人的拒绝履行,期待债务人“回心转意”,等到履行期限届满之后再要求其承担违约责任。

2. 实际违约及其责任

实际违约,是指履行期届满不履行合同或者履行合同不符合约定的行为。《民法典》第577条对此进行了规定:“当事人一方不履行合同义务或者履行合同义务不符合约定的,应当承担继续履行、采取补救措施或者赔偿损失等违约责任。”依据该规定,实际违约还可进一步细分为不履行合同义务和履行合同义务不符合约定。

不履行合同义务又称不履行或不给付。履行合同义务不符合约定又称不完全履行。不履行是指债务人未依债的本旨为给付以满足债权人合同目的的状态,通常包括履行不能、拒绝履行。不完全履行是指债务人虽然履行了债务,但其履行债务不符合合同的约定或法律的规定。与履行不能、拒绝履行相比,不完全履行虽然履行不完全,但尚有履行行为,而前者则属于没有履行行为的消极状态。不完全履行主要包括如下几种情形:

(1)从效果上看,包括履行在质量上不完全,即履行给付标的物在质量上有瑕疵["瑕疵给付"(标的物本身有瑕疵)和"加害给付"(加害给付是指因债务人交付的标的物有缺陷而造成他人的人身、财产损害的给付行为。加害给付会导致违约责任与侵权责任的竞合)];履行在数量上不完全,即履行给付标的物在数量上不足("部分给付")。

(2)从时间上看,履行在期限上不完全,是指债务人能够履行,但未在合同约定的履行期限内履行("迟延履行",又称"逾期履行")。

(3)其他不完全履行,包括履行地点或履行方法不当等。

(二)合同的保全制度

《民法典》将内含于原《合同法》第4章"合同的履行"中合同保全规定(《合同法》第73—75条)单列为合同编第5章"合同的保全"。合同的保全(或债的保全),又称责任财产的保全,是指法律为防止债务人的财产不当减少或者应当增加而未增加,并因此给债权人的债权带来损害,所确立的一种法律制度。合同的保全包括代位权(《民法典》第535—537条)和撤销权(《民法典》第538—542条)两种制度。

代位权,是指因债务人怠于行使其到期债权而对债权人造成损害的,债权人以自己之名义代债务人行使债务人对第三人的债权的权利(《民法典》第535条)。撤销权,是指债务人滥用其财产处分权而对债权人造成损害的,债权人请求撤销债务人行为的权利(《民法典》第538—539条)。

五、合同的终止

合同的终止,也称合同的消灭。合同终止可以分为广义的终止和狭义的终止,广义的终止既包括合同关系向未来的消灭,也包括合同关系溯及既往的消灭(原《合同法》第91条[①])。而狭义的终止指合同关系消灭,仅向将来发生效力,当事人

---

① 原《合同法》第91条规定:"有下列情形之一的,合同的权利义务终止:(一)债务已经按照约定履行;(二)合同解除;(三)债务相互抵销;(四)债务人依法将标的物提存;(五)债权人免除债务;(六)债权债务同归于一人;(七)法律规定或者当事人约定终止的其他情形。"我国《合同法》第6章标题所使用的"终止"是从广义上理解的。从狭义上理解,终止只是与解除相对应的、使合同不再对将来发生效力的、导致合同消灭的事由。在大陆法系国家,基本上都区分了是否具有溯及力,没有溯及力的称为终止,有溯及力的称为解除。而我国《合同法》没有直接使用"终止"的概念,其将解除分为两类,即有溯及力的解除和没有溯及力的解除,其中没有溯及力的解除就相当于大陆法系国家的"终止"。我国原《合同法》第97条规定:"合同解除后,尚未履行

不负有恢复原状的义务。

《民法典》第557条列举了债权债务终止及合同解除的事由。其规定为:“有下列情形之一的,债权债务终止:(一)债务已经履行;(二)债务相互抵销;(三)债务人依法将标的物提存;(四)债权人免除债务;(五)债权债务同归于一人;(六)法律规定或者当事人约定终止的其他情形。合同解除的,该合同的权利义务关系终止。”与原《合同法》第91条相比较,本条在体例上进行了修改,将合同解除后的后果单列为第2款,同时将第1款中的“合同的权利义务终止”修改为“债权债务终止”。

上述修改表明,我国借鉴了大陆法系国家的立法思路,即采取狭义的合同终止论,将合同终止和合同解除相区分。关于合同终止与合同解除的区别,在《合同法》制定之时就有过争论,主张两者应加以区分的理由为:合同终止与合同解除都是使合同债权债务消灭的事由,两者效力和适用范围不同。合同终止是使继续性的合同关系自始消灭的行为;而合同解除是使合同权利义务自始消灭的行为。①合同终止既可适用于违约的情形,也可以适用于非违约的情形;而合同解除性质上是对违约的一种补救,是一种特殊的合同责任。②

原《合同法》制定后,学者对《合同法》第91条中“合同的权利义务终止”的用语提出批评,认为债法总论上的债权债务消灭,其着眼点是单个债务或债权的消灭,例如债务人依法将标的物提存,其对应的债务终止,但债权并不消灭;而合同法总论上的合同债权债务侧重的是合同债权与合同债务之间的牵连。因此,合同权利义务的消灭,指的是合同关系的消灭,是合同权利义务关系全体的消灭,主要是合同的解除。故不应笼统适用“合同的权利义务终止”的概念,将单个债权债务的消灭和合同整体权利义务的消灭混在一起,学者建议将债的消灭原因与合同消灭原因分别规定。③《民法典》第557条将债权债务终止和合同解除分别加以规定,故第1款采用的是“债权债务终止”的措辞;第2款则限定于合同解除的情形,规定合同解除的后果是导致合同权利义务关系的整体消灭,故使用“合同的权利义务关系

的,终止履行;已经履行的,根据履行情况和合同性质,当事人可以要求恢复原状、采取其他补救措施,并有权要求赔偿损失。”可见,我国原《合同法》也没有严格区分解除和终止。也就是说,合同的解除是一个狭义的概念,是终止合同效力并可能产生溯及力的一类终止事由。

① 参见王利明:《合同法研究》(第2卷)(修订版),中国人民大学出版社2011年版,第251页。

② 参见最高人民法院民法典贯彻实施工作领导小组主编:《中华人民共和国民法典合同编理解与适用(一)》,人民法院出版社2020年版,第595页。

③ 参见韩世远:《合同法总论》(第4版),法律出版社2018年版,第641-642页。

终止”的措辞,在逻辑体系和用语上更为严密规范。①

需要特别说明的是,依据《民法典》第567条规定:“合同的权利义务关系终止,不影响合同中结算和清理条款的效力。”这意味着合同中结算和清理条款继续有效。合同中约定的结算条款,是指在履行价款给付义务后,当事人之间的货币结算。所谓清理条款,是指合同终止后如何处理合同遗留问题(既包括债权债务关系的清理,还包括诸如适用法律、诉讼管辖等法律纠纷的解决机制)的约定。另外,依据《民法典》第558条规定:“债权债务终止后,当事人应当遵循诚信等原则,根据交易习惯履行通知、协助、保密、旧物回收等义务。”也就是说,债权债务终止后,合同当事人之间还可能发生后合同义务。

第三节 《民法典》时代新旧合同法律的衔接适用

《民法典》已于2021年1月1日正式施行,但随之带来的一个非常重要的问题就是在其施行前发生的法律事实以及持续至《民法典》施行后的法律事实(法律事件和法律行为)如何衔接与适用法律。

我国对于民事法律溯及力问题并无法律层面的统一规范,多为单行法、具体司法解释等规范。尽管《立法法》(2015年修正)旨在公法领域与私法领域具体语境尚存差异,但通常认为《立法法》(2015年修正)第93条“法律、行政法规、地方性法规、自治条例和单行条例、规章不溯及既往,但为了更好地保护公民、法人和其他组织的权利和利益而作的特别规定除外”的规定,仍然确立了民事法律领域“法不溯及既往兼有利”之基本原则,也称之为“从旧兼有利”之基本原则。

为配合《民法典》的施行,最高人民法院于2020年12月14日审议通过了《时间效力司法解释》,自2021年1月1日起施行。《时间效力司法解释》在前述基本原则基础之上,建立了时间效力适用的具体适用规则和衔接适用规则,明确了“有利溯及”“空白溯及”等例外原则。就本书主题所涉领域(合同法领域)而言,还进一步明确了相关合同法律事项的具体适用和衔接适用规则。②《时间效力司法解释》整体逻辑框架参见图2-5。

① 参见最高人民法院民法典贯彻实施工作领导小组主编:《中华人民共和国民法典合同编理解与适用(一)》,人民法院出版社2020年版,第595页。

② 除非特别提及,本章仅就《时间效力司法解释》所涉基本原则和与合同法领域相关的具体适用规则和衔接适用规则展开讨论。

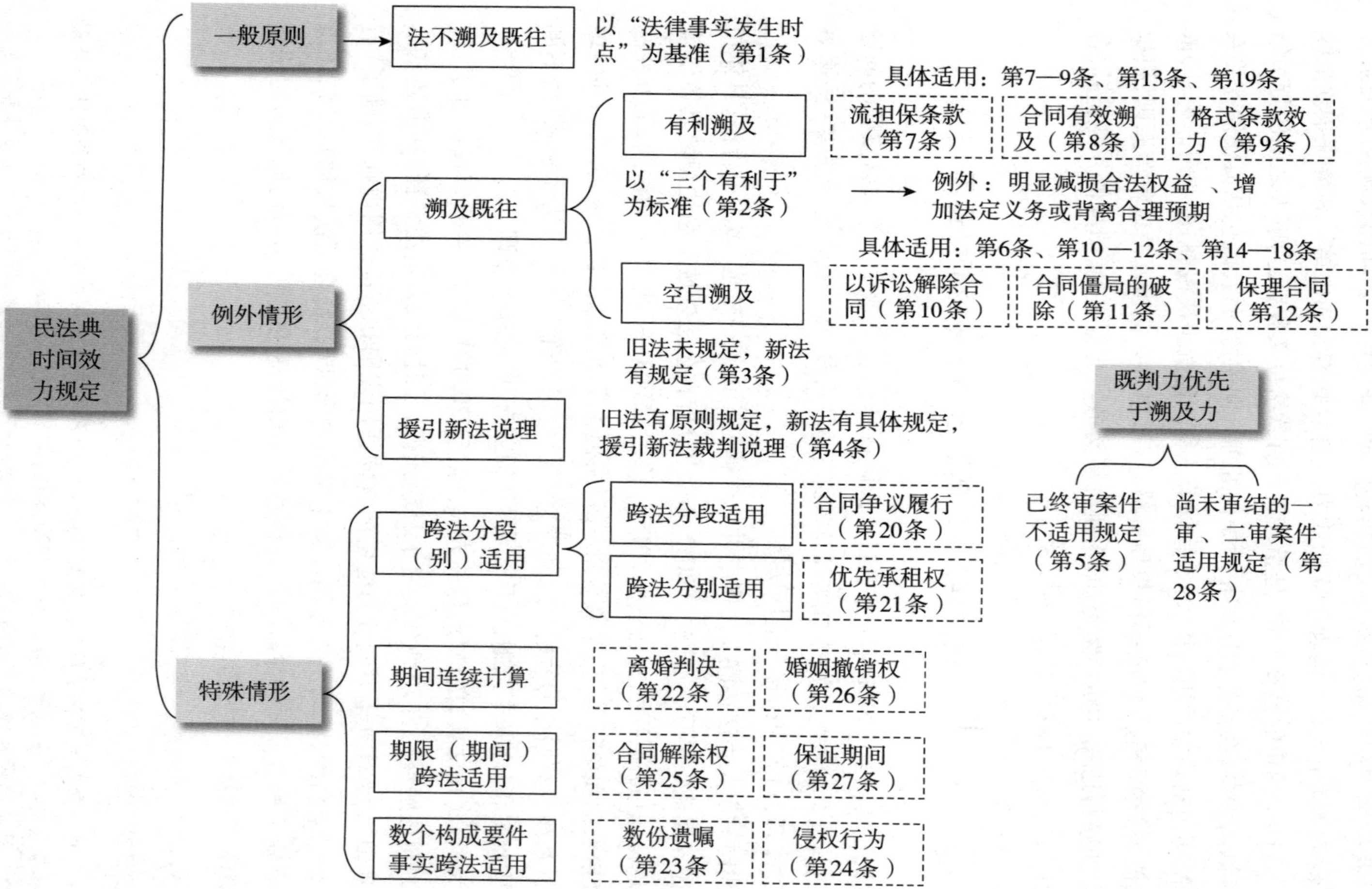

图2-5 民法典时间效力司法解释框架

注：涉及合同法领域的规定共包括10条：具体适用的第7—12条；衔接适用的第20—21条、第25条、第27条。

一、"法不溯及既往"的一般原则

《时间效力司法解释》第1条规定"民法典施行后的法律事实引起的民事纠纷案件,适用民法典的规定。民法典施行前的法律事实引起的民事纠纷案件,适用当时的法律、司法解释的规定,但是法律、司法解释另有规定的除外。民法典施行前的法律事实持续至民法典施行后,该法律事实引起的民事纠纷案件,适用民法典的规定,但是法律、司法解释另有规定的除外。"其确立了适用新旧法律的"法不溯及既往"①的一般原则。有关规则适用参见图2-6:

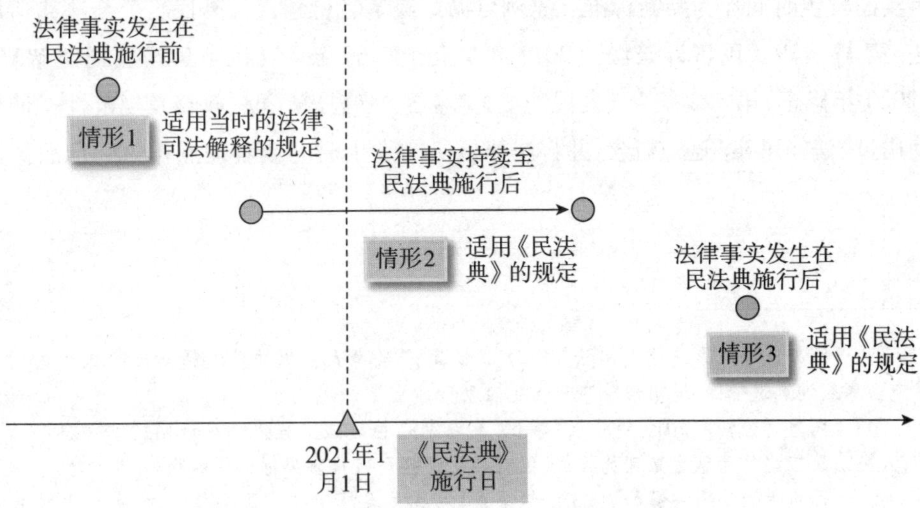

图2-6 民法典时间效力的适用(法不溯及既往)

从图2-6可以看出,《时间效力司法解释》第1条规定的"法不溯及既往"一般原则是以"法律事实发生时点"为基准点,对《民法典》适用的时间效力进行了原则性规定,需要注意的是,"但是法律、司法解释另有规定的除外"保留了这一原则有限例外规定的空间。

法律事实,也称民事法律事实,是指依法能够引起民事法律关系产生、变更或消灭的客观现象。法律事实的发生时间不同于纠纷的发生时间和起诉时间,法律事实发生时间通常早于纠纷发生时间和起诉时间。关于以什么为依据作为是否适用民法典的判断基准,主要存在以下三种意见:以民事关系发生时间为基准、以行

---

① "法不溯及既往"原则,是指新的法律不适用于在其施行前发生的法律事实(事件和行为),这一原则是一项世界上通行的法律适用原则。该原则是维护法律本身及法律秩序的安定性,是保护原有法秩序下个体信赖利益的必然要求。

为或事件发生时间为基准和以法律事实发生时间为基准。《时间效力司法解释》第1条采纳了第三种意见。其理由是:“第一,民事关系的发生时间不宜作为判断是否适用民法典的基准。民事关系是平等民事主体间的权利义务关系,这本身就是法律评价后的概念,而对于是否能够形成民事关系,其前提就需要明确是适用新法还是旧法进行评价。以民事关系的产生时间作为判断标准,势必会出现新法适用过宽,进而冲击法不溯及既往原则的现象。第二,行为和事件在外延上是否包括状态存在争议,逻辑上可能存在不周延,而法律事实既涵盖了行为和事件,还可以包括行为、事件之外的其他事项,如状态、期间经过等,较为全面、稳妥。第三,以法律事实的发生时间作为判断标准有先例可循。经笔者检索,《涉外民事关系法律适用法》第37条①、《民事诉讼法》(2017年修正)第69条②、《民事诉讼法司法解释》(2020年修正)第522条③、《九民纪要》第4条④等法律、司法解释及规范性文件均使用过‘法律事实’这一概念,并将法律事实的发生时间或者地点作为确定法律适

① 《涉外民事关系法律适用法》第37条规定:“当事人可以协议选择动产物权适用的法律。当事人没有选择的,适用法律事实发生时动产所在地法律。”

② 《民事诉讼法》(2017年修正)第69条规定:“经过法定程序公证证明的法律事实和文书,人民法院应当作为认定事实的根据,但有相反证据足以推翻公证证明的除外。”

③ 《民事诉讼法司法解释》(2020年修正)第522条规定:“有下列情形之一,人民法院可以认定为涉外民事案件:(一)当事人一方或者双方是外国人、无国籍人、外国企业或者组织的;(二)当事人一方或者双方的经常居所地在中华人民共和国领域外的;(三)标的物在中华人民共和国领域外的;(四)产生、变更或者消灭民事关系的法律事实发生在中华人民共和国领域外的;(五)可以认定为涉外民事案件的其他情形。”

④ 《九民纪要》第4条【民法总则的时间效力】规定:“根据‘法不溯及既往’的原则,民法总则原则上没有溯及力,故只能适用于施行后发生的法律事实;民法总则施行前发生的法律事实,适用当时的法律;某一法律事实发生在民法总则施行前,其行为延续至民法总则施行后的,适用民法总则的规定。但要注意有例外情形,如虽然法律事实发生在民法总则施行前,但当时的法律对此没有规定而民法总则有规定的,例如,对于虚伪意思表示、第三人实施欺诈行为,合同法均无规定,发生纠纷后,基于‘法官不得拒绝裁判’规则,可以将民法总则的相关规定作为裁判依据。又如,民法总则施行前成立的合同,根据当时的法律应当认定无效,而根据民法总则应当认定有效或者可撤销的,应当适用民法总则的规定。

在民法总则无溯及力的场合,人民法院应当依据法律事实发生时的法律进行裁判,但如果法律事实发生时的法律虽有规定,但内容不具体、不明确的,如关于无权代理在被代理人不予追认时的法律后果,民法通则和合同法均规定由行为人承担民事责任,但对民事责任的性质和方式没有规定,而民法总则对此有明确且详细的规定,人民法院在审理案件时,就可以在裁判文书的说理部分将民法总则规定的内容作为解释法律事实发生时法律规定的参考。”

用的依据。”①本条第2款中的法律事实是指在《民法典》施行前已经发生且已完成的法律事实，针对的应是非持续性合同；而第3款的规定针对的是持续性的法律事实，将具有持续性且跨越《民法典》实施前后的法律事实等同于第1款中“民法典施行后的法律事实”，从而适用《民法典》的规定，但仍赋予个别特殊持续性法律事实例外适用的权利，并明确了例外情形的适用必须基于法律、司法解释的规定。在合同法领域适用的场景下，结合《时间效力司法解释》第20条规定②，“持续性法律事实”对应的合同应是“法律规定或合同双方当事人约定该合同的履行持续至民法典施行后”的合同，而不能简单地等同于以解除合同是否有溯及力为划分依据的继续性合同和一时性合同。③

对前述图2－6的具体介绍如下：

第一，对于情形1（《时间效力司法解释》第1条第2款），由于系民法典施行前的法律事实引起的民事纠纷案件，适用当时的法律、司法解释的规定。例如，在感知集团有限公司、刘某与上海润良泰物联网科技合伙企业（有限合伙）合同纠纷管辖民事裁定书［上海市高级人民法院（2021）沪民辖终7号］中，上海市高级人民法院认为：

争议焦点一，协议管辖能否附条件。首先，从形式上看，案涉《合作框架协议》签订于2015年3月，时间在民法典施行前。《时间效力司法解释》第2条规定，民法典施行前的法律事实引起的民事纠纷案件，当时的法律、司法解释有规定，适用当时的法律、司法解释的规定。《九民纪要》第1条规定，因民法总则施行后暂不废止民法通则，在此之前，民法总则与民法通则规定不一致的，根据新的规定优于旧的规定的法律适用规则，适用民法总则的规定。因此，本案应适用民法总则的相关规定。

第二，对于情形3（《时间效力司法解释》第1条第1款），由于系民法典施行后的法律事实引起的民事纠纷案件，适用民法典的规定。这是民法典施行后对其效

---

① 最高人民法院民法典贯彻实施工作领导小组办公室（郭锋、陈龙业、贾玉慧、程立武）：《最高人民法院关于适用〈中华人民共和国民法典〉时间效力的若干规定》的理解与适用，载《人民司法》2021年第10期。

② 《时间效力司法解释》第20条规定：“民法典施行前成立的合同，依照法律规定或者当事人约定该合同的履行持续至民法典施行后，因民法典施行前履行合同发生争议的，适用当时的法律、司法解释的规定；因民法典施行后履行合同发生争议的，适用民法典第三编第四章和第五章的相关规定。”需要说明的是，第20条规定实际是第1条第3款规定的例外。

③ 参见卜庆峰、王夏（江苏省丰县人民法院）：《合同视角下适用〈民法典〉时间效力问题》，载《审判研究》（2021年3月2日）。

力的当然解释,不存疑义,无须过多论述。

第三,对于情形2(《时间效力司法解释》第1条第3款),由于系民法典施行前的法律事实持续至民法典施行后,该法律事实引起的民事纠纷案件,适用民法典的规定。对于跨越民法典施行前后的持续性法律事实,实践中应正确把握。民事法律事实可按其发生的形态分为瞬间性法律事实(或一时性法律事实)和持续性法律事实,瞬间性法律事实发生的时间是一个点,持续性法律事实发生的时间是一条不断延伸的线。例如,一次性交付行为就属于瞬间性法律事实,而持续一定时间的行为就是持续性法律事实。持续性法律事实不同于重复发生的相同法律事实,持续性法律事实是一个法律事实,而重复发生的相同法律事实是多个法律事实。例如,侵权人在一定时间内大量生产侵害专利权人专利的产品,这些侵权行为并非一个持续性的侵权法律事实,而是批量的、间隔很短的反复性侵权法律事实。在如何区分瞬间性法律事实和持续性法律事实方面,基于法律事实是指依法能够引起民事法律关系产生、变更或消灭的客观现象之定义,笔者赞同应结合法律关系的构成要件来判断是否存在持续性法律事实,即所谓的"构成要件意义上的法律事实"观。对于瞬间完成的法律事实,法律关系是一时性的,可根据法律关系消灭的时间节点判断法律适用问题。持续性法律事实系长时间、连续或定期存在,并产生法律后果的事实,结合法律关系理论应这样理解:法律关系构成要件的成就发生在旧法的时间效力范围,但法律关系持续至新法适用开始,或者部分构成要件的成就发生在旧法的适用期,部分又发生在新法开始发生效力之后。合同法律关系的构成要件系存在合同双方主体、意思表示真实、经过承诺和要约阶段、不违反法律的强制性规定等。如一个合同订立在《民法典》发生效力前,合同权利义务关系持续至《民法典》施行后;或合同的构成要件之一要约发生在《民法典》发生效力前,承诺发生在《民法典》发生后。这类合同则是跨越《民法典》的持续性法律事实。例如,原告诉请被告支付房屋租金。原被告签订租赁合同、被告未支付房屋租金、原告未及时维修租赁房屋均是涉案法律事实。这些法律事实中,引起纠纷的法律事实是被告未及时支付租金。同时,被告未支付租金亦系违约法律事实,将违约行为认定为法律事实,则该法律事实是因被告未支付租金的法律事实引起,则被告未支付租金这一法律事实则是属于构成要件意义上的法律事实,应以此法律事实发生的时间节点认定法律适用。显然,不能以被告未支付租金的违约法律事实的持续性时间节点来判断是否适用《民法典》。

在李某、郑州腾煌酒店管理有限公司民间借贷纠纷二审民事判决书[河南省郑州市中级人民法院(2021)豫01民终2216号]中,法院查明的事实为:出借人李某向一审法院起诉请求腾煌公司、林某、于某偿还借款本金及截至实际还款之日的利息。法院查明事实如下：2018年10月2日，林某、于某、腾煌公司出具《借条》一份，载明：腾煌酒店管理有限公司（林某、于某）因资金周转，于2018年10月2日向李某借到现金30万元整，月利率贰分，月结利息6000元整。林某在借款人一栏签名，腾煌公司在借款人与日期上盖有公章。在借款日期与公章下面有于某签名。法院认为：

李某与腾煌公司、林某之间的民间借贷事实发生于2018年10月2日，李某提交的涉案《借条》并未记载还款时间，现李某提起诉讼属于"民法典施行前的法律事实持续至民法典施行后，该法律事实引起的民事纠纷案件"之情形，故，根据《时间效力司法解释》第1条第3款之规定，本案应适用《民法典》《民间借贷司法解释》（2020年第二次修正）之规定予以审理。

在邓某与乐山新平耀贸易有限责任公司、乐山亚鑫实业有限公司民间借贷纠纷一审民事判决书[四川省乐山市中级人民法院（2020）川11民初197号]中，法院认为：

关于亚鑫公司是否应当承担保证担保责任。依照《时间效力司法解释》第1条第3款"民法典施行前的法律事实持续至民法典施行后，该法律事实引起的民事纠纷案件，适用民法典的规定，但是法律、司法解释另有规定的除外"以及第28条"本规定自2021年1月1日起施行。本规定施行后，人民法院尚未审结的一审、二审案件适用本规定"的规定，本案民间借贷逾期还款的法律事实持续至民法典施行后，并且保证责任从主债务履行期限届满之日即2020年5月18日开始持续，因此本案保证责任法律适用应当适用《民法典》。

在邹某与高某、威海市广德行房地产经纪有限公司房屋租赁合同纠纷一审民事判决书[山东省威海火炬高技术产业开发区人民法院（2021）鲁1091民初56号]中，法院认为：

《时间效力司法解释》第1条第3款规定，民法典施行前的法律事实持续至民法典施行后，该法律事实引起的民事纠纷案件，适用民法典的规定，但是法律、司法解释另有规定除外。本案的法律事实系涉案房屋租赁合同的履行期限持续至民法典施行后，故该案应适用民法典的规定。《民法典》第580条规定，当事人一方不履行非金钱债务或者履行非金钱债务不符合约定的，对方可以请求履行，但是有下列情形之一的除外：（一）法律上或者事实上不能履行；（二）债务标的不适于强制履行或者履行费用过高；（三）债权人在合理期限内未请求履行。有前款规定的除外情形之一，致使不能实现合同目的，人民法院或者仲裁机构可以根据当事人的请求终止合同权利义务关系,但是不影响违约责任的承担。2020 年年初开始,新冠肺炎疫情暴发,持续时间较长、疫情反复出现,影响范围广,考虑到疫情的影响,被告高某租赁的涉案房屋长期处于闲置状态,如果持续闲置对双方当事人的利益都将造成损害,依照公平和诚实信用原则及民法典的相关规定,被告高某要求解除租赁合同的反诉请求,本院予以支持。

二、“法不溯及既往”原则的例外与具体适用

《时间效力司法解释》第 2 条至第 5 条规定在“法不溯及既往”基本原则的基础上,规定了三种例外原则:“有利溯及”、“空白溯及”和“援引新法说理”,并在具体适用和衔接适用方面进行了特别规定。

(一)“有利溯及”例外原则及其具体适用

与合同法领域相关的“有利溯及”例外原则及其具体适用规则参见图 2－7:

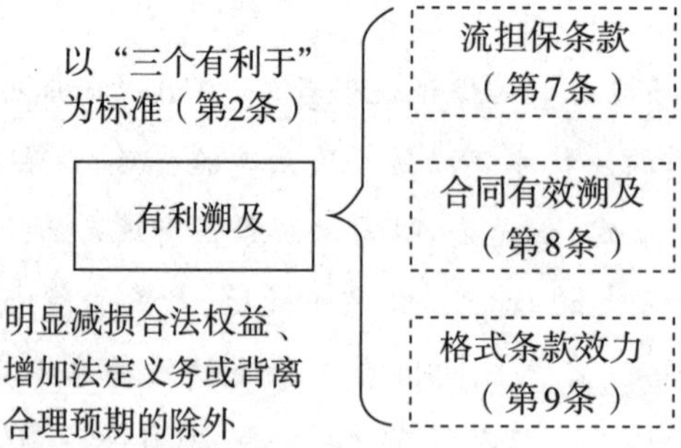

图 2－7　民法典时间效力的适用(“有利溯及”原则)

1.“有利溯及”例外原则

《时间效力司法解释》第 2 条规定:“民法典施行前的法律事实引起的民事纠纷案件,当时的法律、司法解释有规定,适用当时的法律、司法解释的规定,但是适用民法典的规定更有利于保护民事主体合法权益,更有利于维护社会和经济秩序,更有利于弘扬社会主义核心价值观的除外。”本条规定明确了“有利溯及”的例外原则,即《民法典》施行前的法律事实引起的民事纠纷案件,当时的法律、司法解释有规定的,适用当时的规定;但适用《民法典》的规定符合三个“更有利于”标准的,适用《民法典》的规定。这意味着《时间效力司法解释》在有利溯及标准的把握上,根据《立法法》和《民法典》的规定,将更有利于保护民事主体合法权益、更有利于维护社会和经济秩序、更有利于弘扬社会主义核心价值观的“三个更有利于”作为判断有利溯及的标准,并以符合诚实信用、公序良俗和日常生活经验法则的要求作

为判断合理预期的基准。同时，《时间效力司法解释》明确了对于背离当事人合理预期的新增规定，不能溯及适用。

在刘某与卢某租赁合同纠纷二审民事判决书[新疆维吾尔自治区高级人民法院(2021)新40民终496号]中，法院认为：

关于卢某与刘某签订的租赁合同效力问题，一审法院适用《房屋租赁合同司法解释》(2009)第15条的规定，并结合本案查明的事实认定卢某与刘某签订的租赁合同自2018年7月31日之前合法有效，之后的部分无效，但2020年修正后的《房屋租赁合同司法解释》对第15条进行了删除。《时间效力司法解释》第2条规定："民法典施行前的法律事实引起的民事纠纷案件，当时的法律、司法解释有规定，适用当时的法律、司法解释的规定，但是适用民法典的规定更有利于保护民事主体合法权益，更有利于维护社会和经济秩序，更有利于弘扬社会主义核心价值观的除外。"第8条规定："民法典施行前成立的合同，适用当时的法律、司法解释的规定合同无效而适用民法典的规定合同有效的，适用民法典的相关规定。"《民法典》第717条规定："承租人经出租人同意将租赁物转租给第三人，转租期限超过承租人剩余租赁期限的，超过部分的约定对出租人不具有法律约束力，但是出租人与承租人另有约定的除外。"本案中，承租人卢某将案涉房屋转租给刘某，承租人卢某经过出租人同意(一审法院已对出租人同意转租进行了阐述，在此不再赘述)，将租赁物转租给次承租人刘某。由此，在转租行为下，产生出租人新疆新闻出版广电局632台和承租人卢某之间的租赁合同、承租人卢某与次承租人刘某之间的租赁合同双重法律关系。根据上述法律规定，应当认定承租人卢某与次承租人刘某签订的租赁合同合法有效，转租超期部分对出租人新疆新闻出版广电局632台不具有法律约束力。

在张某与南通市远通房地产开发有限公司房屋买卖合同纠纷二审民事判决书[江苏省南通市中级人民法院(2020)苏06民终4038号]中，法院认为：

根据有关证据，远通公司设置的样板房北侧是有采光井的，采光井作为消费者购房的重要考虑因素，影响到其是否购买房屋。虽然双方合同中约定出卖人所修建的样板间/样板区/示范单位仅作风格展示和参考之用，对出卖人没有约束力，不属于合同范围，不作为交付标准；有关商品房的结构、空间、功能系统、装修、配置标准等以双方在本合同中约定的范围为准，但远通公司提供的合同中上述条款属于格式条款。对于格式条款，我国民法典规定，提供格式条款的一方应当遵循公平原则确定当事人之间的权利和义务，并采取合理的方式提示对方注意免除或者减轻其责任等与对方有重大利害关系的条款，按照对方的要求，对该条款予以说明。提供格式条款的一方未履行提示或者说明义务,致使对方没有注意或者理解与其有重大利害关系的条款的,对方可以主张该条款不成为合同的内容。此外,民法典还规定了提供格式条款一方不合理地免除或者减轻其责任、加重对方责任、限制对方主要权利;排除对方主要权利的,格式条款无效。本院需要说明的是,虽然双方当事人在订立案涉合同时,民法典尚未施行,但根据最高人民法院的相关规定,民法典施行前的法律事实引起的民事纠纷案件,当时的法律、司法解释有规定,适用当时的法律、司法解释的规定,但是适用民法典的规定更有利于保护民事主体合法权益,更有利于维护社会和经济秩序,更有利于弘扬社会主义核心价值观的除外。尽管以签订合同时有效的我国合同法而言,亦有格式条款的相关规定,但本案中适用民法典的规定,更有利于保护民事主体合法权益,更有利于维护社会和经济秩序,更有利于弘扬社会主义核心价值观。因此,本院在本案中依法确定适用民法典的上述相关规定,远通公司不能以合同中存在约定为由排除样板房作为双方缔约的依据。

样板房的采光井给消费者带来直观的体验,是双方缔结合同的重要依据。根据有关规定,房地产开发企业销售商品房时设置样板房的,应当说明实际交付的商品房与样板房是否一致,未作明确说明的,实际交付的商品房应当与样板房一致。因此,如果样板房房型构造与实际交付的房屋存在差异,房地产开发企业应当以明确的方式予以告知,但诉讼过程中,远通公司并没有举证证明其已经将此种差异明确告知了购房者。虽然双方的合同中没有明确标注案涉房屋北侧存在采光井,但书面合同中没有明确标注并不等于可以不设置或少设置采光井。根据有关规定,出卖人就商品房开发规划范围的房屋以及相关设施所作的说明和允诺具体确定,并对商品房买卖合同的订立以及房屋价格的确定有重大影响的,构成要约。开发商设置的样板房实际就是对房屋房型等所作的具体、确定的说明。样板房所展示的采光井应当视为当事人对房型结构的约定,应作为双方合同的组成部分。

本院需要指出的是,在日常生活中,鲜有房地产开发企业在购房者签订房屋买卖合同时为其提供足够的机会和时间细看购房合同,在样板房与实际交付的房屋有重大差异的情况下,房地产开发企业应当在签订合同时或者之前向购房者予以明确说明,而非催促购房者尽快在合同上签字。

本院认为,远通公司提供的房屋缺少采光井属于违约行为。本案不能以双方的合同中并没有明确标注采光井;也不能以双方在合同中约定样板房不作为交房依据为由免除远通公司责任。案涉房屋缺少采光井,的确给购房人造成一定的影响。鉴于本案中购房者张某并不要求解除合同,本院根据案涉房产价值等因素酌情判决远通公司赔偿张某损失人民币10万元。

2.“有利溯及”原则的具体适用

依法理，有利溯及改变了当事人的预期，因为这种改变更加有利于当事人，所以允许溯及适用。《时间效力司法解释》第二部分“溯及适用的具体规定”中第7条、第8条和第9条涉及合同法领域“有利溯及”原则的具体适用规则。参见表2-1：

表2-1 “有利溯及”原则在合同法领域的具体适用

有利溯及的具体适用	简要评析
第7条 民法典施行前，当事人在债务履行期限届满前约定债务人不履行到期债务时抵押财产或者质押财产归债权人所有的，适用民法典第四百零一条和第四百二十八条的规定	依据原《物权法》第186条【流押条款】、第211条【流质条款】的规定，流担保条款无效；而《民法典》第401条【流押条款】、第428条【流质条款】则仅规定只能依法就抵押（质押）财产优先受偿，显然新的规定已经有条件地修正了原《物权法》的规定。关于流担保条款的效力问题，立法者认为应当交由法律行为规则调整，适用《民法典》第143—157条的规定。只要不害及抵押人（出质人）的其他债权人，法律自无干预的必要。即使对抵押财产（质押财产）的估价偏低，不利于抵押人（出质人），只要抵押人（出质人）不主张撤销，也应该承认该以物抵债协议/流押条款（代物清偿协议/流押条款）的效力。① 但亦存在不同的观点，最高院认为：从条文表述看，流担保条款仍然是无效的，因为如果流担保条款是有效的，则抵押权人（质权人）就可直接根据约定享有抵押财产（质押财产）的所有权，而不是只能依法就抵押财产优先受偿。但另一方面，《民法典》并未沿袭原《物权法》关于流押的表述，而是认为流押条款仍会产生依法就抵押财产优先受偿的法律效果，而非归于无效。从解释论上说，应当认为无效的流担保条款已经转化为有效的清算型担保（归属型清算或处分型清算）。② 但在其对流质条款的论述中，则又采纳了与“流质条款并非无效”不同的观点③

---

① 参见崔建远：《中国民法典释评：物权编》（下卷），中国人民大学出版社2020年版，第401条、第428条释评。

② 参见最高人民法院民法典贯彻实施工作领导小组主编：《中华人民共和国民法典物权编理解与适用》（下），人民法院出版社2020年版，第1071-1072页。

③ 参见最高人民法院民法典贯彻实施工作领导小组主编：《中华人民共和国民法典物权编理解与适用》（下），人民法院出版社2020年版，第1183-1184页。

续表

有利溯及的具体适用	简要评析
第8条　民法典施行前成立的合同，适用当时的法律、司法解释的规定合同无效而适用民法典的规定合同有效的，适用民法典的相关规定	合同效力体现的是国家对当事人意思自治的干预。当新法规定合同有效或者更有可能使得合同成为有效合同时，此时适用新法更加尊重当事人的意思自治。《时间效力司法解释》第8条抽象规定了合同效力的有利溯及适用（也可称为"有效溯及"），实践中要结合具体情形加以适用。例如，《民法典》第717条①关于转租合同效力的规定改变了《关于审理城镇房屋租赁合同纠纷案件具体应用法律若干问题的解释》（法释〔2009〕11号）第15条②的规定，属于本条规定的情况；再如，《民法典》第502条③关于履行报批等义务条款效力的规定改变了原《合同法司法解释（一）》第9条④的规定，也应予溯及适用

① 《民法典》第717条规定："承租人经出租人同意将租赁物转租给第三人，转租期限超过承租人剩余租赁期限的，超过部分的约定对出租人不具有法律约束力，但是出租人与承租人另有约定的除外。"

② 《最高人民法院关于审理城镇房屋租赁合同纠纷案件具体应用法律若干问题的解释》第15条规定："承租人经出租人同意将租赁房屋转租给第三人时，转租期限超过承租人剩余租赁期限的，人民法院应当认定超过部分的约定无效。但出租人与承租人另有约定的除外。"

③ 《民法典》第502条规定："依法成立的合同，自成立时生效，但是法律另有规定或者当事人另有约定的除外。依照法律、行政法规的规定，合同应当办理批准等手续的，依照其规定。未办理批准等手续影响合同生效的，不影响合同中履行报批等义务条款以及相关条款的效力。应当办理申请批准等手续的当事人未履行义务的，对方可以请求其承担违反该义务的责任。依照法律、行政法规的规定，合同的变更、转让、解除等情形应当办理批准等手续的，适用前款规定。"

④ 原《合同法司法解释（一）》第9条规定："依照合同法第四十四条第二款的规定，法律、行政法规规定合同应当办理批准手续，或者办理批准、登记等手续才生效，在一审法庭辩论终结前当事人仍未办理批准手续的，或者仍未办理批准、登记等手续的，人民法院应当认定该合同未生效；法律、行政法规规定合同应当办理登记手续，但未规定登记后生效的，当事人未办理登记手续不影响合同的效力，合同标的物所有权及其他物权不能转移。合同法第七十七条第二款、第八十七条、第九十六条第二款规定所列合同变更、转让、解除等情形，依照前款规定处理。"

续表

有利溯及的具体适用	简要评析
第9条　民法典施行前订立的合同,提供格式条款一方未履行提示或者说明义务,涉及格式条款效力认定的,适用民法典第四百九十六条的规定	《民法典》第496条①的规定相较于原《合同法》第39条②及《合同法司法解释(二)》第9条③的规定,主要的修改体现在如下两个方面:一是"未履行提示说明义务"时,格式条款从"可撤销"变为"不成为合同内容";二是"格式条款提供方的提示说明义务范围"从"免除或限制其责任的条款"扩大至"免除或者减轻其责任等与对方有重大利害关系的条款"。故此,《民法典》的这些变化加强了对格式条款相对方的保护

对于"有利溯及"例外原则在"流担保条款"效力中的具体适用,在姜某与吴江市景腾建筑装饰工程有限公司、徐某荣等民间借贷纠纷一审民事判决书[江苏省苏州市吴江区人民法院(2020)苏0509民初12822号]中,法院认为:

2017年6月15日,姜某作为甲方(出借人、抵押权人),景腾公司、徐某荣、肖某作为乙方(借款人),陈某、徐某凤作为丙方(抵押人、保证人)签订《抵押借款合同》(编号:20170615),约定:其一,如果丙方未能按照上述约定的付款期限按时足额支付款项,甲方有权宣布借款提前到期,合同终止,并要求乙方丙方归还全部的借款本息。甲方主张要求实现债权的所有费用以丙方抵押房产价值为限。在房屋所有权归甲方所有之后,本合同范围的各方债权债务关系终止。其二,房屋所有权归甲方所有后,若丙方要赎回房屋,与甲方协商并经甲方同意后,补偿甲方相应的经济损失,可进行赎回,所产生的费用全部由丙方承担。2017年6月23日,双方就上述抵押物办理抵押登记手续,不动产登记证书编号为苏(××)吴江区不动产证明第××号,登记的担保债权数额为396.6万元。

---

① 《民法典》第496条规定:"格式条款是当事人为了重复使用而预先拟定,并在订立合同时未与对方协商的条款。采用格式条款订立合同的,提供格式条款的一方应当遵循公平原则确定当事人之间的权利和义务,并采取合理的方式提示对方注意免除或者减轻其责任等与对方有重大利害关系的条款,按照对方的要求,对该条款予以说明。提供格式条款的一方未履行提示或者说明义务,致使对方没有注意或者理解与其有重大利害关系的条款的,对方可以主张该条款不成为合同的内容。"

② 原《合同法》第39条规定:"采用格式条款订立合同的,提供格式条款的一方应当遵循公平原则确定当事人之间的权利和义务,并采取合理的方式提请对方注意免除或者限制其责任的条款,按照对方的要求,对该条款予以说明。格式条款是当事人为了重复使用而预先拟定,并在订立合同时未与对方协商的条款。"

③ 原《合同法司法解释(二)》第9条规定:"提供格式条款的一方当事人违反合同法第三十九条第一款关于提示和说明义务的规定,导致对方没有注意免除或者限制其责任的条款,对方当事人申请撤销该格式条款的,人民法院应当支持。"

关于抵押担保,案涉抵押借款合同第7条约定“甲方主张要求实现债权的所有费用以丙方抵押房屋价值为限。在房屋所有权归甲方所有之后,本合同范围内的各方债权债务关系终止”,该条款应认定为流押条款,根据《时间效力司法解释》第7条、《民法典》第401条的规定,双方就抵押财产已办理抵押登记手续,姜某依法就抵押财产享有优先受偿权。抵押财产折价或者拍卖、变卖后,不足部分,应由景腾公司、徐某荣、肖某清偿。景腾公司、徐某荣关于尚欠借款本息以抵押房产价值为限,姜某放弃对超出房屋价值部分债权追偿的抗辩意见,缺乏事实及法律依据,本院对此不予采信。肖某、陈某、徐某凤未到庭参加诉讼,视为放弃相关诉讼权利。

对于“有利溯及”例外原则在“合同有效溯及”中的具体适用,在郭某模、张某传租赁合同纠纷二审民事判决书[广东省广州市中级人民法院(2021)粤01民终1616号]中,法院认为:

《时间效力司法解释》第1条第2款规定:“民法典施行前的法律事实引起的民事纠纷案件,适用当时的法律、司法解释的规定,但是法律、司法解释另有规定的除外。”第8条规定:“民法典施行前成立的合同,适用当时的法律、司法解释的规定合同无效而适用民法典的规定合同有效的,适用民法典的相关规定。”《民法典》第717条规定:“承租人经出租人同意将租赁物转租给第三人,转租期限超过承租人剩余租赁期限的,超过部分的约定对出租人不具有法律约束力,但是出租人与承租人另有约定的除外。”本案中,引发各方发生纠纷的租赁合同的签订和履行均发生在《民法典》施行前,故本案应适用当时的法律及司法解释的规定。但对于转租期限超过承租人剩余租赁期限部分的合同效力,民法典对此有新的规定,依据上述法律和司法解释,涉案《商铺租赁协议》中租期从2021年6月1日至2022年2月19日部分的约定并非无效,但对出租人不具有法律约束力。

对于“有利溯及”例外原则在“格式条款效力”中的具体适用,在雷某与深圳市径腾投资发展有限公司商品房预售合同纠纷一审民事判决书[广东省深圳市宝安区人民法院(2020)粤0306民初36669号]中,法院认为:

有关合同附件五第6条第1、4项约定的效力认定,《时间效力司法解释》第9条规定,“民法典施行前订立的合同,提供格式条款一方未履行提示或者说明义务,涉及格式条款效力认定的,适用民法典第四百九十六条的规定。”《民法典》第496条规定,“格式条款是当事人为了重复使用而预先拟定,并在订立合同时未与对方协商的条款。采用格式条款订立合同的,提供格式条款的一方应当遵循公平原则确定当事人之间的权利和义务,并采取合理的方式提示对方注意免除或者减轻其责任等与对方有重大利害关系的条款,按照对方的要求,对该条款予以说明。提供格式条款的一方未履行提示或者说明义务,致使对方没有注意或者理解与其有重大利害关系的条款的,对方可以主张该条款不成为合同的内容”。

结合本案,被告依据合同附件五第6条第1、4项约定提出免责抗辩,原告则主张上述约定为无效格式条款。本院具体分析如下:(1)《深圳市房地产买卖合同(预售)》附件五第6条对合同第9条、第10条、第11条作了补充和变更,该条款是被告作为出卖人为重复使用而单方事先拟定、未与买受人协商的定型化条款,买受人只有附和该条款方能成立合同,故上述约定符合格式条款的构成特征,应认定为格式条款。附件五第6条第1、4项条款主要约定,被告未在约定交付期限前将合同第10条约定的《深圳市建设工程竣工验收备案(回执)》等文件交付原告,原告未在《收楼意见书》中明确提出异议,视为被告已交付约定文件。该两项条款实际免除了被告限期交付文件及承担相应违约责任的义务,应认定为属于免除出卖人主要责任的格式条款。(2)依照法律规定,格式条款提供方应当采取合理的方式提请对方注意免除其责任的条款,并对格式条款予以说明。在司法实践中,按照民事诉讼证据规则,提供格式条款的一方应就其已尽合理提示及说明义务负担举证责任,然而判断履行提请注意义务是否充分,则主要参考“文件外形”的评价,如提供格式条款的一方对格式条款中免除或者限制其责任的内容,在合同订立时采用足以引起对方注意的文字、符号、字体等特别标识,并按照对方的要求对该格式条款予以说明的,则应被认定构成“合理的方式”。本案合同附件五第6条第1、4项条款的具体内容并无足以引起原告注意的加黑、标粗、斜体或放大等文字上的特殊标识,被告举示的证据也无法证实其在订立合同时已就该条款进行提示、说明且该提示、说明已达充分、合理的程度。故,被告应当负担举证不能的不利后果,本院认定被告作为免责格式条款的提供方未尽合理提示说明义务,有关合同附件五第6条第1、4项条款应认定不成为合同内容,不发生法律效力。被告依据该两项条款,主张免除其交付《深圳市建设工程竣工验收备案(回执)》的义务及违约责任,缺乏法律依据。(3)本案《深圳市房地产买卖合同(预售)》的其他约定条款,系买卖双方的真实意思表示,未违反法律、行政法规的禁止性规定,应当认定为合法、有效,对原被告双方均具有法律拘束力,双方均应按照合同约定全面履行各自的义务。

类似的案件还可参见上海寻梦信息技术有限公司、刘某明网络购物合同纠纷二审民事裁定书[湖南省娄底市中级人民法院(2021)湘13民辖终12号]。

(二)“空白溯及”原则及其具体适用

与合同法领域相关的“空白溯及”例外原则及其具体适用规则参见图2-8:

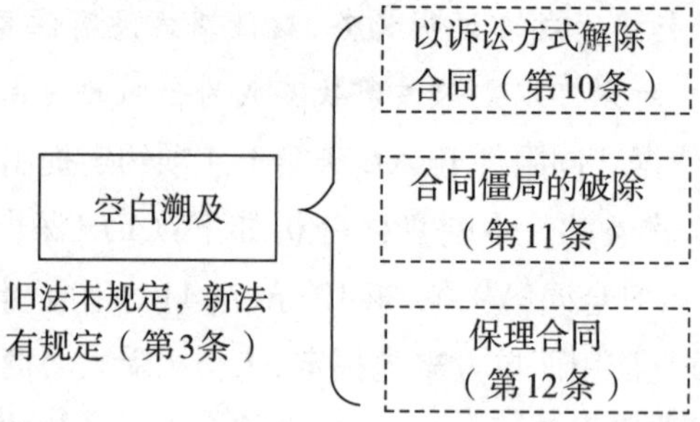

图2-8　民法典时间效力的适用(“空白溯及”原则)

1.“空白溯及”例外原则

《时间效力司法解释》第3条规定:“民法典施行前的法律事实引起的民事纠纷案件,当时的法律、司法解释没有规定而民法典有规定的,可以适用民法典的规定,但是明显减损当事人合法权益、增加当事人法定义务或者背离当事人合理预期的除外。”本条主要规定了民法典新增规定的适用规则。新增规定的溯及适用是在长期审判实践和一系列司法解释基础上发展而来的溯及适用类型,有学者称之为“空白溯及”。例如,原《合同法司法解释(一)》第1条规定,合同法实施以前成立的合同发生纠纷起诉到人民法院,当时没有法律规定的,可以适用合同法的有关规定。

第3条的“新增规定”主要指法律规则层面的新增。例如,《民法典》合同编关于债权债务的一般规定(如第517—521条)、关于债务加入的规定(第552条)、关于以诉讼、仲裁方式解除合同(第565条第2款)、关于违约方解除合同的规定(第580条第2款)、关于保理合同的规定(《民法典》典型合同分编第16章)等,即属于第3条所调整的范围。而表面上是语句或者文字表述上的新增,实际上是法律规范的要件、法律后果等的增加的规定,属于修改了原有法律规定的“改变规定”,不属于第3条所调整的范围。第3条主要从弘扬社会主义核心价值观的角度列举了若干条新增规定的溯及适用,除本条明确的新增规定溯及适用的具体情形外(详见后文),其他符合第3条规定情形的新增规定也可以溯及适用。例如,在上诉人江苏兴宇控股集团有限公司与被上诉人中交三航局第二工程有限公司等定期租船合同纠纷案二审民事判决书[上海市高级人民法院(2020)沪民终613号]中,法院认为:

关于三航二公司的法律地位。兴宇公司主张三航二公司通过与兴宇公司、鲲海公司签订三方协议加入涉案租赁船舶协议中,成为租船合同的当事人。三航二公司认为,三方协议约定三航二公司系第三方代为履行,其并未加入涉案租船合同。本院认为，根据《时间效力司法解释》第3条“民法典施行前的法律事实引起的民事纠纷案件，当时的法律、司法解释没有规定而民法典有规定的，可以适用民法典的规定……”。故依照《民法典》第552条，第三人与债务人约定加入债务并通知债权人，或者第三人向债权人表示愿意加入债务，债权人未在合理期限内明确拒绝的，债权人可以请求第三人在其愿意承担的债务范围内和债务人承担连带债务。本案中，三航二公司是否加入债务及三航二公司愿意承担的债务范围应当根据三方协议的具体约定内容进行判断。

在上海贵灵实业集团有限公司、张某进与袁某丰民间借贷纠纷二审民事判决书[上海市高级人民法院(2020)沪民终423号]中，法院认为：

袁某丰在二审中主张对旭宁股权行使担保物权，由于旭宁股权作为担保设立时，当时的法律、司法解释对此种担保物权没有规定，依照《时间效力司法解释》第3条“民法典施行前的法律事实引起的民事纠纷案件，当时的法律、司法解释没有规定而民法典有规定的，可以适用民法典的规定，但是明显减损当事人合法权益、增加当事人法定义务或者背离当事人合理预期的除外”以及《民法典》第388条关于“担保合同包括抵押合同、质押合同和其他具有担保功能的合同”的规定，本院认为《和解协议》第2条关于旭宁股权的约定属于民法典规定的“其他具有担保功能的合同”，是非典型担保中的让与担保。《和解协议》关于“若贵灵公司在期限之前未能偿还所有借款及利息，则袁某丰有权自行处置该股权”的约定，不违反流质条款的禁止性规定，故各方之间通过契约方式设定的股权让与担保，未违反法律、行政法规的禁止性规定，应为合法有效。袁某丰现参照股权质押的规定，请求对该股权折价或者变卖、拍卖，以所得价优先受偿，与法不悖，本院予以支持。张某进为涉案债权提供连带保证，涉案债权属于既有物的担保又有人的担保，因各方对于担保人承担担保责任的顺序未有约定，故袁某丰应先就旭宁股权的担保实现债权，张某进对旭宁股权仍不足清偿债权部分承担连带保证责任，张某进在承担保证责任后，有权向贵灵公司追偿。

此外，第3条还规定了“空白溯及”例外原则的例外规定，即明显减损当事人合法权益、增加当事人法定义务或者背离当事人合理预期的，仍然不能溯及适用，避免严重损害当事人的权益和预期。例如，《时间效力司法解释》第21条前半句规定“民法典施行前租赁期限届满，当事人主张适用民法典第七百三十四条第二款规定的，人民法院不予支持”。而《民法典》第734条第2款规定：“租赁期限届满，房屋承租人享有以同等条件优先承租的权利。”此款规定为新增的一款规定。

2.“空白溯及”例外原则的具体适用

《时间效力司法解释》第二部分“溯及适用的具体规定”中第10条、第11条和

第12条涉及合同法领域"空白溯及"例外原则的具体适用规则。参见表2-2:

表2-2 "空白溯及"原则在合同法领域的具体适用

空白溯及的具体适用	简要评析
第10条　民法典施行前,当事人一方未通知对方而直接以提起诉讼方式依法主张解除合同的,适用民法典第五百六十五条第二款的规定	依据原《合同法》第96条,当事人依照原《合同法》第93条第2款(约定解除权)、第94条(法定解除权)规定主张解除合同的,应当通知对方。原《合同法》未明确当事人能否以诉讼方式解除合同,但根据"举轻以明重"原则,实务中有判例认可以诉讼方式解除合同的,合同解除时点为起诉状副本送到对方时①或判决生效之日② 依据本条规定,《民法典》施行前,当事人未通知对方而直接以提起诉讼方式主张解除合同,人民法院确认该主张的,合同自起诉状副本送达对方时解除,明确了司法实践中的争议
第11条　民法典施行前成立的合同……有民法典第五百八十条第一款第一项、第二项、第三项除外情形之一,致使不能实现合同目的,当事人请求终止合同权利义务关系的,适用民法典第五百八十条第二款的规定	依据原《合同法》第110条,当事人一方不履行非金钱债务或者履行非金钱债务不符合约定,对方可以要求履行,但是有该条第1、2、3项情形之一的除外。但对于违约方此时能否解除合同尚无明确规定,实务中判例多认为违约方无解除权③,但亦有支持的判例④ 《九民纪要》第48条【违约方起诉解除】⑤曾经就此作出规定,但其规定的适用条件比较严格 依据《时间效力司法解释》第11条,《民法典》施行前,当事人一方不履行非金钱债务或者履行金钱债务不符合约定,对方可以要求履行,但有《民法典》第580条第1款第1项、第2项、第3项除外情形之一,致使不能实现合同目的的,人民法院或仲裁机构可以根据当事人的请求终止合同权利义务关系

① 参见乔某晓与北京乾元恒安投资有限公司、牛某股权转让纠纷上诉案[北京市高级人民法院(2014)高民终字第730号]。

② 参见中国铝业股份有限公司重庆分公司、中国铝业股份有限公司招标投标买卖合同纠纷二审民事判决书[最高人民法院(2017)最高法民终722号]。

③ 参见解某与王某财股权转让纠纷二审民事判决书[最高人民法院(2015)民二终字第392号];蚌埠宝龙置业有限公司、安徽雅豪工贸有限责任公司房屋租赁合同纠纷再审审查与审判监督民事裁定书[最高人民法院(2017)最高法民申1897号]。

④ 参见新宇公司诉冯某梅商铺买卖合同纠纷案[江苏省南京市中级人民法院(2004)宁民四终字第470号],载《最高人民法院公报》2006年第6期(总第116期)]、梁某、徐某云买卖合同纠纷再审审查与审判监督民事案[浙江省高级人民法院(2017)浙民申45号]。

⑤ 《九民纪要》第48条规定:违约方不享有单方解除合同的权利。但是,在一些长期性合同如房屋租赁合同履行过程中,双方形成合同僵局,一概不允许违约方通过起诉的方式解除合同,有时对双方都不利。在此前提下,符合下列条件,违约方起诉请求解除合同的,人民法院依法予以支持:(1)违约方不存在恶意违约的情形;(2)违约方继续履行合同,对其显失公平;(3)守约方拒绝解除合同,违反诚实信用原则。人民法院判决解除合同的,违约方本应当承担的违约责任不能因解除合同而减少或者免除。

续表

空白溯及的具体适用	简要评析
第12条 《民法典》施行前订立的保理合同发生争议的,适用民法典第三编第十六章的规定	原《合同法》并未对保理合同进行规定,而《民法典》典型合同分编第16章则新增了保理合同的规定。故此,本条规定明确,《民法典》施行前订立的保理合同发生争议,适用《民法典》第3编第16章的规定

对于"空白溯及"例外原则在"以诉讼方式解除合同"中的具体适用,在吴某燕与新疆禾木房地产开发有限公司房屋租赁合同纠纷二审民事判决书[新疆维吾尔自治区伊犁哈萨克自治州阿勒泰地区中级人民法院(2021)新43民终46号]中,法院认为:

关于吴某燕与禾木公司之间的房屋租赁合同(口头协议)应否解除。吴某燕与禾木公司之间的房屋租赁合同(口头协议)系一年期的短期房屋租赁合同,案涉房屋位于喀纳斯景区贾登峪处,双方约定吴某燕租赁案涉房屋用于从事快餐经营活动,该经营活动是依托阿勒泰地区喀纳斯景区旅游进行的餐饮服务活动,新冠肺炎疫情的发生以及本地区的疫情防控措施,确实对其经营活动造成了直接性和连续性的影响,导致其从事餐饮经营的合同目的无法有效实现,吴某燕也以其行为明确表示不愿意继续租赁案涉房屋,吴某燕虽不享有单方解除合同的权利,但其并不存在恶意违约的情形,受疫情及疫情防控措施的影响,如若让其继续履行合同,对其也显失公平,故,双方之间的房屋租赁合同(口头协议)应予解除。对于禾木公司认为房屋租赁合同(口头协议)不应解除的意见,本院不予采信。对于案涉合同解除的时间。根据《时间效力司法解释》第10条"民法典施行前,当事人一方未通知对方而直接以提起诉讼方式依法主张解除合同的,适用民法典第五百六十五条第二款的规定"以及《民法典》第565条第2款"当事人一方未通知对方,直接以提起诉讼或者申请仲裁的方式依法主张解除合同,人民法院或者仲裁机构确认该主张的,合同自起诉状副本或者仲裁申请书副本送达对方时解除"的规定,吴某燕在未明确通知禾木公司解除合同的情况下,以提起诉讼的方式依法主张解除其与禾木公司之间的房屋租赁合同(口头协议),禾木公司于2020年9月18日收到起诉状副本,因本院确认双方之间的房屋租赁合同(口头协议)解除,案涉房屋租赁合同(口头协议)应于2020年9月18日解除。一审法院未明确合同解除的时间有误,本院予以纠正。

根据《时间效力司法解释》第1条第2款"民法典施行前的法律事实引起的民事纠纷案件,适用当时的法律、司法解释的规定,但是法律、司法解释另有规定的除外”以及第10条“民法典施行前，当事人一方未通知对方而直接以提起诉讼方式依法主张解除合同的，适用民法典第五百六十五条第二款的规定”的规定，案涉房屋租赁法律关系发生在《民法典》施行前，除合同解除适用《民法典》以外，本案适用《民法典》施行前的法律、司法解释。

在云南省物流投资集团有限公司与楚雄鸿鑫商业经营管理有限公司、张某梅房屋租赁合同纠纷一审民事判决书［云南省楚雄市人民法院（2020）云2301民初5385号］中，法院认为：

关于《商业用房租赁经营合同》解除的问题。2015年1月22日，新储物流甸尾公司与被告鸿鑫公司签订的《商业用房租赁经营合同》约定若被告逾期15天未支付租金，新储物流甸尾公司有权解除合同。2020年4月1日，新储物流甸尾公司、鸿鑫公司、物流投资公司签订《三方协议》，新储物流甸尾公司将《商业用房租赁经营合同》项下的合同权利义务转让给物流投资公司，则在被告鸿鑫公司欠付租金符合《商业用房租赁经营合同》约定时，原告物流投资公司有权按合同约定行使合同解除权。依据《时间效力司法解释》第10条规定：“民法典施行前，当事人一方未通知对方而直接以提起诉讼方式依法主张解除合同的，适用民法典第五百六十五条第二款的规定”以及《民法典》第565条第2款：“当事人一方未通知对方，直接以提起诉讼或者申请仲裁的方式依法主张解除合同，人民法院或者仲裁机构确认该主张的，合同自起诉状副本或者仲裁申请书副本送达对方时解除”的规定被告鸿鑫公司2020年7月24日向原告物流投资公司发出“关于与贵公司之间《商业用房租赁经营合同》履行事宜的函”要求原告15日内行使合同解除权，本案因被告鸿鑫公司欠付租金导致合同解除，原告物流投资公司于2020年11月6日提起诉讼主张解除合同，被告鸿鑫公司于2020年11月16日签收本案起诉状副本，故本院认定《商业用房租赁经营合同》自2020年11月16日解除。

对于“空白溯及”例外原则在“合同僵局的破除”中的具体适用，在何某怡与中山市维塔斯健身有限公司石岐岐港分公司、中山市维塔斯健身有限公司教育培训合同纠纷一案民事一审判决书［广东省中山市第一人民法院（2021）粤2071民初245号］中，法院认为：

本案系服务合同纠纷。何某怡与维塔斯公司签订的《私教协议书》及《会籍申请表》是双方真实意思表示，内容及形式均没有违反法律法规的强制性规定，合同合法有效，双方当事人均应恪守履行。何某怡主张维塔斯石岐岐港分公司要求购买私教课程必须办理会员卡属于强制消费、捆绑性消费。本院认为，购买私教课程必须办理会员卡属于维塔斯公司的经营策略，且在何某怡购买私教课程前维塔斯石岐岐港分公司已明确告知该规定，若何某怡对此规定有异议，可自行选择是否购买私教课程，何某怡的主张依据不足。既然何某怡自主选择了购买私教课程及会员卡，而维塔斯公司或维塔斯石岐岐港分公司并未出现未能提供服务等违约情形，何某怡要求解除合同属于单方违约。根据《时间效力司法解释》第11条"民法典施行前成立的合同，当事人一方不履行非金钱债务或者履行非金钱债务不符合约定，对方可以请求履行，但是有民法典第五百八十条第一款第一项、第二项、第三项除外情形之一，致使不能实现合同目的，当事人请求终止合同权利义务关系的，适用民法典第五百八十条第二款的规定"，以及《民法典》第580条"当事人一方不履行非金钱债务或者履行非金钱债务不符合约定的，对方可以请求履行，但是有下列情形之一的除外：(一)法律上或者事实上不能履行；(二)债务的标的不适于强制履行或者履行费用过高；(三)债权人在合理期限内未请求履行。有前款规定的除外情形之一，致使不能实现合同目的的，人民法院或者仲裁机构可以根据当事人的请求终止合同权利义务关系，但是不影响违约责任的承担"之规定，且因健身私教服务不适于强制履行，本院对于何某怡关于解除其与维塔斯公司签订的《私教协议书》及《会籍申请表》的诉讼请求予以支持。

根据《会籍申请表》的约定，如出现会员的原因导致解除，会员需承担会员卡原办理价格的30%的违约金，依照前引法律规定，维塔斯公司应在扣除违约金后向何某怡返还办卡费411.6元(588元×70%)。对于何某怡已支付的私教课程费，虽然《私教协议书》载明私教课程一经售出概不退款，也不可转为他用，但鉴于该费用属于培训服务费，现维塔斯公司并未实际向何某怡提供培训服务，且何某怡不同意继续履行合同，维塔斯公司应向何某怡全额退还该项费用3600元。

对于"空白溯及"例外原则在"保理合同"中的具体适用，在远东国际融资租赁有限公司与上海海寓公寓管理有限公司、上海景闳远寓公寓管理有限公司等其他合同纠纷一审民事判决书[上海市浦东新区人民法院(2020)沪0115民初59865号]中，法院认为：

本案系保理合同纠纷，根据《时间效力司法解释》，应当适用《民法典》关于保理合同的规定。

在辽宁鑫烈商业保理有限公司与张某霞合同纠纷一审民事判决书[成都高新技术产业开发区人民法院(2021)川0191民初70号]中，法院认为：

案涉《商业保理合同》《整形美容手术消费单》《分期付款协议》均系各方当事人的真实意思表示，且不违反法律、行政法规的强制性规定，合法、有效，各方均应依约定履行己方义务。依据《时间效力司法解释》第12条："民法典施行前订立的保理合同发生争议的,适用民法典第三编第十六章的规定”以及《民法典》第 761 条“保理合同是应收账款债权人将现有的或者将有的应收账款转让给保理人,保理人提供资金融通、应收账款管理或者催收、应收账款债务人付款担保等服务的合同。”案外人瑞熙门诊部将该应收账款债权及相关从权利转让给鑫烈保理公司,由鑫烈保理公司提供资金融通、应收账款管理或催收等保理服务,双方已构成保理合同关系。

最后,需要说明的是,《时间效力司法解释》主要从弘扬社会主义核心价值观的角度列举了若干条新增规定的溯及适用,除其明确的新增规定溯及适用的具体情形外,其他符合其第 3 条规定情形的新增规定也可以溯及适用。

(三)“援引新法说理”原则

《时间效力司法解释》第 4 条规定:“民法典施行前的法律事实引起的民事纠纷案件,当时的法律、司法解释仅有原则性规定而民法典有具体规定的,适用当时的法律、司法解释的规定,但是可以依据民法典具体规定进行裁判说理。”本条规定了“援引新法说理”原则,即在旧法仅有原则规定而民法典有具体、细化规定时,民法典的具体规定可作为裁判说理依据,增加裁判的正当性、合理性。但是,不能将民法典的细化规定作为裁判依据进行援引,主要原因是:细化规定是在原有法律、司法解释规定的基础上进行的规定,对于民法典施行前的法律事实引起的民事纠纷案件,人民法院在进行具体裁判时是有旧法可依的,如果直接将民法典的细化规定作为裁判依据进行援引,则会导致此类条款的溯及适用,不符合法不溯及既往基本精神。

在纪某与潘某民间借贷纠纷一审民事判决书[舒兰市人民法院(2021)吉 0283 民初 420 号]中,法院认为:

合法的借贷关系受法律保护。被告在原告纪某处借款属实,且出具欠据,双方之间借贷关系合法有效。原告纪某要求被告潘某偿还借款本金的诉讼请求不违反法律规定。同时,被告经传票传唤未到庭,视为放弃质证权利,故对原告要求被告潘某偿还借款本金的诉讼请求,本院予以支持。本案的法律事实发生在民法典施行前,依据《时间效力司法解释》第 4 条,依据民法典具体规定进行裁判。

关于原告主张被告支付利息的诉讼请求,依据《民间借贷司法解释》(2020 年修正)第 26 条“出借人请求借款人按照合同约定利率支付利息的,人民法院应予支持,但是双方约定的利率超过合同成立时一年期贷款市场报价利率四倍的除外。前款所称‘一年期贷款市场报价利率’,是指中国人民银行授权全国银行间同业拆借中心自2019年8月20日起每月发布的一年期贷款市场报价利率"之规定,结合本案,原告的诉讼请求符合法律规定,故原告的该项诉讼请求本院予以支持。

三、衔接适用的具体规定

《时间效力司法解释》第三部分"衔接适用的具体规定"第20条至第27条,主要对持续性的履行行为采取分段适用新旧法律的规则,因民法典施行前履行发生争议的,适用当时规定;因民法典施行后履行发生争议的,适用民法典规定,即所谓的"分段(别)适用"原则或者"各管各"原则。就合同法领域的适用而言,第20条和第21条是对特殊性的持续性法律事实(持续性合同)的规定。第25条和第27条分别系对合同解除权的行使期限、保证期间跨越《民法典》施行前后的适用,实质上是将"期间"作为一个重要的法律事实,从而判断法律行为的效力的发生和消灭。与合同法领域相关的衔接适用的具体规则参见图2-9:

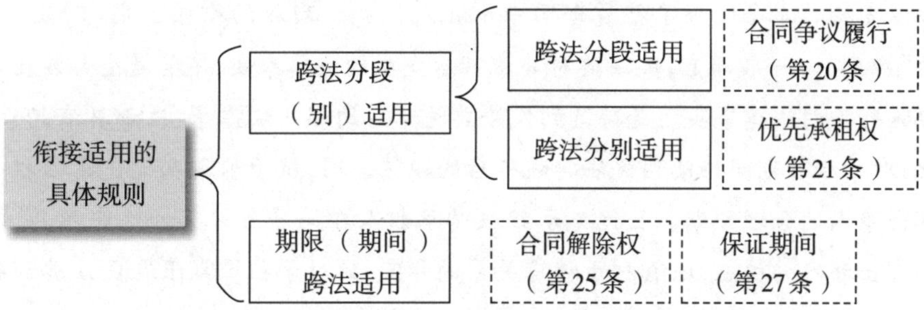

图2-9 涉及合同法领域的衔接适用的具体规则

(一)持续性法律事实(持续性合同)跨法适用

《时间效力司法解释》第20条规定:"民法典施行前成立的合同,依照法律规定或者当事人约定该合同的履行持续至民法典施行后,因民法典施行前履行合同发生争议的,适用当时的法律、司法解释的规定;因民法典施行后履行合同发生争议的,适用民法典第三编第四章和第五章的相关规定。"本条明确了跨法合同履行行为分段适用新旧法律的规则(跨法"分段适用"原则),即合同履行跨越民法典施行之日,民法典对其施行后发生的包括合同履行行为在内的全部法律事实具有法律约束力,而对于民法典施行前的履行行为,根据法不溯及既往原则,仍应适用当时法律、司法解释的规定。分段适用新旧法律的规则本质上是以法律事实的发生时间为标准确定法律的适用,既严格遵循了法不溯及既往原则,也使民法典施行后的履行行为得到新法保护,比全部从旧或者全部从新更为科学、合理。

在荆州市古城国有投资有限责任公司、湖北金控融资租赁有限公司融资租赁合同纠纷二审民事判决书[湖北省高级人民法院(2020)鄂民终588号]中,法院认为:

根据《时间效力司法解释》第28条关于该规定施行后人民法院尚未审结的二审案件适用本规定之规定,本案应适用该规定。该规定第20条规定,"民法典施行前成立的合同,依照法律规定或者当事人约定该合同的履行持续至民法典施行后,因民法典施行前履行合同发生争议的,适用当时的法律、司法解释的规定……"。本案所涉合同及当事人因履行合同产生的争议均发生于2021年1月1日之前,根据上述规定,本案二审适用当时的法律、司法解释进行审理。

《时间效力司法解释》第21条规定:"民法典施行前租赁期限届满,当事人主张适用民法典第七百三十四条第二款规定的,人民法院不予支持;租赁期限在民法典施行后届满,当事人主张适用民法典第七百三十四条第二款规定的,人民法院依法予以支持。"本条明确了租赁合同中承租人优先承租权的衔接适用(跨法"分别适用"原则)。一般而言,民法典对其施行后发生的法律事实,不管是全部发生在民法典施行后的法律事实还是持续到民法典施行后的部分法律事实,都具有约束力。因此,对于租赁期间持续到民法典施行后的租赁合同,赋予承租人优先承租权并不破坏当事人的合理预期。且优先承租权是承租人在同等条件下的优先承租,不仅不损害出租人的权益,还有利于租赁关系的稳定,故对于租赁期限在民法典施行后届满的租赁合同应赋予承租人优先承租权。

在利川市都亭街道办事处林业站与利川市利民公共交通有限公司租赁合同纠纷一审民事判决书[湖北省利川市人民法院(2020)鄂2802民初6076号]中,法院认为:

根据《时间效力司法解释》第1条第2款"民法典施行前的法律事实引起的民事纠纷案件,适用当时的法律、司法解释的规定,但是法律、司法解释另有规定的除外"以及第21条"民法典施行前租赁期间届满,当事人主张适用民法典第七百三十四条第二款规定的,人民法院不予支持……"。本案属租赁合同纠纷案件,合同已于2018年7月5日届满,故本案应当适用《合同法》及相关司法解释的规定。

(二)期限(期间)跨法适用

《时间效力司法解释》第25条规定:"民法典施行前成立的合同,当时的法律、司法解释没有规定且当事人没有约定解除权行使期限,对方当事人也未催告的,解除权人在民法典施行前知道或者应当知道解除事由,自民法典施行之日起一年内不行使的,人民法院应当依法认定该解除权消灭;解除权人在民法典施行后知道或者应当知道解除事由的,适用民法典第五百六十四条第二款关于解除权行使期限的规定。”本条对合同解除权行使期限的衔接适用作了明确规定。民法典施行前的法律、司法解释并没有对解除权行使期限进行统一规定,仅仅是《合同法》第 95 条第 2 款规定:“法律没有规定或者当事人没有约定解除权行使期限,经对方催告后在合理期限内不行使的,该权利消灭。”而《民法典》第 564 条第 2 款则规定了 1 年的行使期限。为保护当事人基于原有法律形成的合理预期,在对方当事人未催告的情况下,即使解除权人在民法典施行前知道或者应当知道解除事由,有关解除权行使期限亦应以民法典施行之日起算方为妥当,而不应以民法典施行前当事人知道或者应当知道之日起算。一般而言,新法基于填补空白,明确规定了权利行使期间的,一般均以新法施行之日作为行使期限的起算点,符合司法实践经验,有利于充分保护当事人预期。当然,对于民法典施行后当事人知道或者应当知道解除事由的,适用民法典的规定,自当事人知道或者应当知道解除事由之日起算。具体适用参见图 2-10:

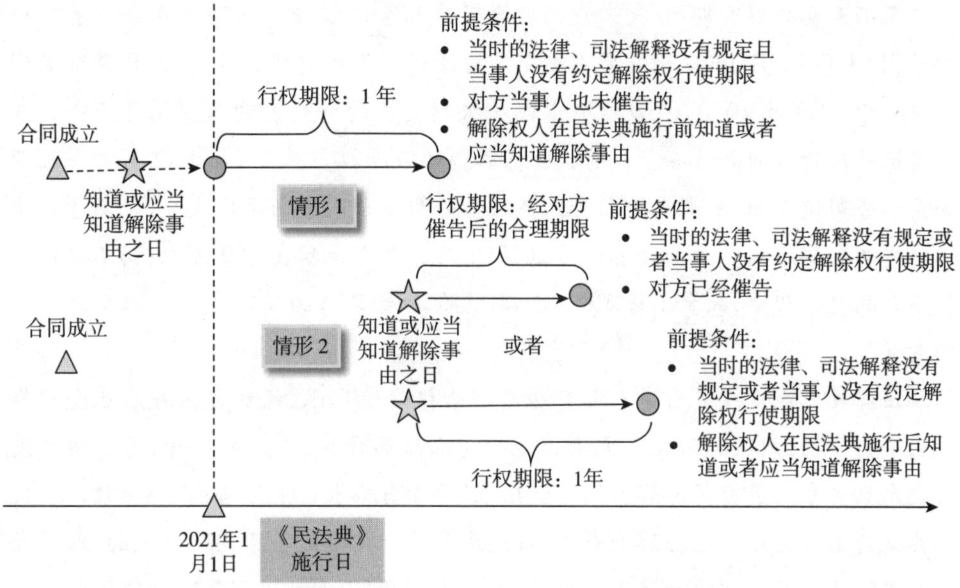

图 2-10 合同解除权的衔接适用具体规则

在北京西山天泰体育发展有限公司与北京金石腾飞投资管理中心房屋租赁合同纠纷二审民事判决书[北京市第一中级人民法院(2021)京 01 民终 489 号]中,法院认为:

依法成立的合同,受法律保护。金石管理中心与西山天泰公司之间的《水库房屋租赁合同书》,意思表示真实,内容不违反国家法律、行政法规的强制性规定,受法律保护。民事法律行为可以附条件,附解除条件的民事法律行为,自条件成就时失效。民事法律行为所附条件是独立于民事法律行为以外的、发生与否并不确定的事实。当事人可以约定一方解除合同的事由,解除合同的事由发生时,解除权人可以解除合同。当事人约定的解除合同的事由是指违反合同约定义务达到一定程度的违约行为。对比法律对民事法律行为所附条件与当事人约定的解除合同事由的不同规定可知,《水库房屋租赁合同书》第7条有关乙方逾期60天未交纳租金及违约金则合同立即终止的约定,前半句约定的是解除合同的事由,后半句的意思是解除合同的事实发生时合同立即解除。我国法律规定,当事人一方主张解除合同的,应当通知对方。合同自通知到达对方时解除。从该法律规定可知,以通知的方式行使解除权是法律的强制性规定,故《水库房屋租赁合同书》第7条中有关合同立即终止的约定违反了法律的强制性规定,不产生合同立即解除的法律后果,但是该约定不影响双方有关解除合同事由之约定的效力,解除合同的事由发生时,解除权人取得解除合同的权利。

西山天泰公司逾期60天未交纳租金及违约金的解除合同事由在金石管理中心于2014年10月16日承继黑石头公司的权利义务之前就已经发生,但是金石管理中心于2014年10月16日承继出租人权利义务的行为表明其同意与西山天泰公司继续履行合同并放弃了此前出租人取得的解除权。至2014年12月16日,西山天泰公司逾期60天未交纳租金及违约金的解除合同事由再次发生,金石管理中心取得约定解除权。西山天泰公司2017年两次共交付租金150万元,尚不足以清偿当时的欠付租金,故金石管理中心收取欠付租金的行为不构成对已取得解除权的放弃。

法律没有规定或者当事人没有约定解除权行使期限,经对方催告后在合理期限内不行使的,该权利消灭。民法典施行前成立的合同,当时的法律、司法解释没有规定且当事人没有约定解除权行使期限,对方当事人也未催告的,解除权人在民法典施行前知道或者应当解除事由,自民法典施行之日起一年内不行使的,人民法院应当依法认定该解除权消灭。法律、司法解释没有规定租赁合同解除权的行使期限,本案中金石管理中心与西山天泰公司没有约定解除权的行使期限,西山天泰公司未提供证据证明其曾经催告金石管理中心行使解除权,故金石管理中心2020年6月17日起诉时,解除权并未消灭。

当事人一方未通知对方,直接以提起诉讼的方式依法主张解除合同,人民法院确认该主张的,合同自起诉状副本送达对方时解除。金石管理中心未通知西山天泰公司行使解除权，直接于2020年6月17日以提起诉讼的方式依法主张解除合同，起诉状副本于2020年7月15日送达西山天泰公司。对金石管理中心有关享有解除权的主张，本院予以确认，金石管理中心与西山天泰公司之间的《水库房屋租赁合同书》于2020年7月15日解除。金石管理中心起诉要求解除其与西山天泰公司之间的《水库房屋租赁合同书》，本院予以支持，并对合同解除的时间予以明确。

在王甲与王乙合同纠纷二审民事判决书［江苏省常州市中级人民法院(2020)苏04民终4678号］中，法院认为：

王乙与王甲签订的《股权代持协议书》及《补充协议》是当事人的真实意思表示，不违反法律法规的强制性规定，应属合法有效。一方面，根据《补充协议》的约定，如逸恒公司在2016年4月30日前未能上市，王乙可选择退出本次合作或选择自动延期一年，并另行签署延期合同；如选择自动退出，由王甲全额退还本金，收益部分按照同期市场一年定期利率计算。此约定应属作为投资方的王乙与王甲进行的"对赌"。其后，因逸恒公司未能按约在规定的时间内上市，故王乙可行使选择权，在无证据证明双方另行签署延期合同的前提下，王乙选择退出合作的实质即意味着不再向逸恒公司投资，《股权代持协议书》无存在之必要，亦随之解除。王甲认为王乙退出合作、解除协议、返还本息应在合理期限内行使，王乙直至2019年8月27日提起本案诉讼已经超过法律时效期间。根据《时间效力司法解释》第25条"民法典施行前成立的合同，当时的法律、司法解释没有规定且当事人没有约定解除权行使期限，对方当事人也未催告的，解除权人在民法典施行前知道或者应当知道解除事由，自民法典施行之日起一年内不行使的，人民法院应当依法认定该解除权消灭；解除权人在民法典施行后知道或者应当知道解除事由的，适用民法典第五百六十四条第二款关于解除权行使期限的规定"。案涉协议是在民法典施行前成立，当时未有法律规定或协议约定王乙行使解除权的相应期限，王甲亦未催告，故王甲关于时效期间已过的主张不能成立，本院不予采信。

在丁某来、李某熙合同纠纷二审民事判决书［辽宁省大连市中级人民法院(2021)辽02民终363号］中，法院认为：

上诉人主张依据《民法典》第564条规定被上诉人已过解除权行使期限一节，依据《时间效力司法解释》第25条"民法典施行前成立的合同，当时的法律、司法解释没有规定且当事人没有约定解除权行使期限，对方当事人也未催告的，解除权人在民法典施行前知道或者应当知道解除事由，自民法典施行之日起一年内不行使的，人民法院应当依法认定该解除权消灭；解除权人在民法典施行后知道或者应当知道解除事由的，适用民法典第五百六十四条第二款关于解除权行使期限的规定"。

当知道解除事由的,适用民法典第 564 条第 2 款关于解除权行使期限的规定。”案涉合同于民法典施行前成立,当时的法律、司法解释没有规定解除权行使期限,双方合同亦未明确约定解除权行使期限,被上诉人在民法典施行之前即提起本案诉讼主张解除合同,故不应适用民法典第 564 条关于解除权行使期限的规定。本院对上诉人该节上诉主张不予支持。

《时间效力司法解释》第 27 条规定:“民法典施行前成立的保证合同,当事人对保证期间约定不明确,主债务履行期限届满至民法典施行之日不满二年,当事人主张保证期间为主债务履行期限届满之日起二年的,人民法院依法予以支持;当事人对保证期间没有约定,主债务履行期限届满至民法典施行之日不满六个月,当事人主张保证期间为主债务履行期限届满之日起六个月的,人民法院依法予以支持。”本条对保证期间确定的衔接适用作出了明确规定。由于保证期间属于不变期间(《民法典》第 692 条第 1 款),且民法典对当事人对保证期间没有约定或者约定不明确的,将保证期间统一为主债务履行期限届满之日起六个月(《民法典》第 692 条第 2 款),这显然改变了原《担保法》及其司法解释中约定不明确时保证期间为 2 年的规定(《担保法》第 25 条第 1 款、第 26 条第 1 款、《担保法司法解释》第 32 条第 2 款)。本条规定在民法典施行前成立的保证合同,保证期间约定不明确(或没有约定),若主债务履行期限届满至民法典施行之日不满二年(或不满六个月)的,适用旧法规定,即成立在民法典施行前的保证合同就保证期间约定不明确(或没有约定)的事实发生在民法典施行之前,但保证期间消灭的事实发生在民法典施行之日之后的(保证期间跨法),适用旧法规定。具体适用参见图 2-11:

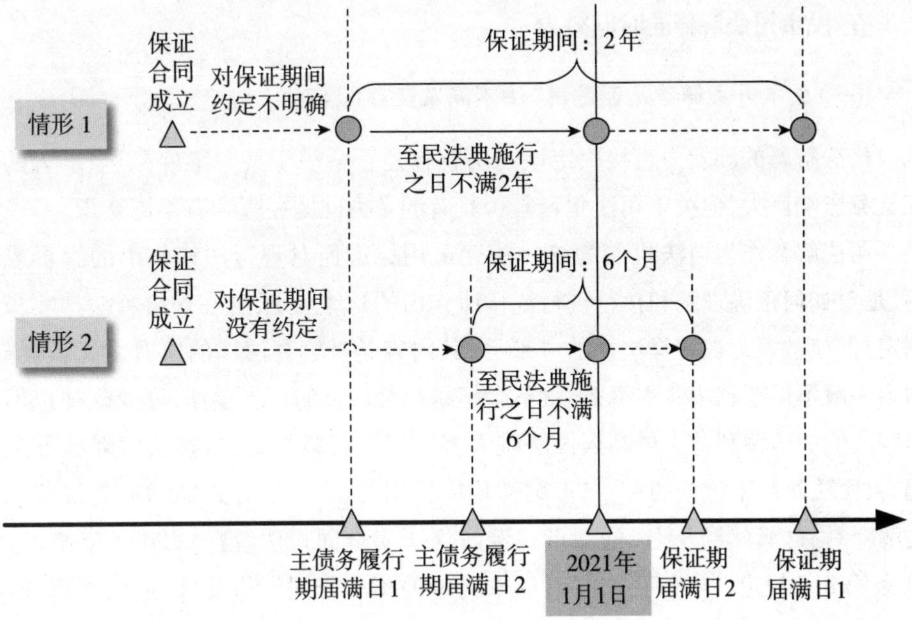

图2-11 保证期间的衔接适用具体规则

四、"既判力优先于溯及力"原则

既判力是指民事判决实质上的确定力、拘束力。《时间效力司法解释》第28条第2款"本规定施行后,人民法院尚未审结的一审、二审案件适用本规定"以及第5条"民法典施行前已经终审的案件,当事人申请再审或者按照审判监督程序决定再审的,不适用民法典的规定"规定明确了裁判的既判力优先于溯及力的原则,民法典施行前已经终审的案件,当事人申请再审或者按照审判监督程序决定再审的,不适用民法典的规定。民法典施行前已经终审的案件,不得适用民法典的规定推翻已经生效的判决。

例如,在中辉建设集团有限公司、戴某根建设工程施工合同纠纷再审审查与审判监督民事裁定书[最高人民法院(2021)最高法民申66号]中,最高人民法院认为:

根据《时间效力司法解释》第5条的规定,本案系民事申请再审案件,应当围绕当事人主张的再审事由是否成立进行审查。在本案中应适用以前的法律规定和司法解释,而不能适用民法典的规定。

五、民事司法解释的时间效力

(一)民事司法解释是否适用“法不溯及既往”原则

司法解释的溯及力直接决定该司法解释是否适用于某一案件,对当事人的权利义务影响巨大,但关于司法解释是否具有溯及力问题一直存有不同认识。

司法解释作为司法机关为统一法律适用标准而对现行法律作出的解释或释明,是对如何正确理解和执行现行法律所作出的具体规定,虽在被解释法律实施后制定,但应被视为被解释法律的一部分,其内容是被解释法律的应有之义,解释的内容一般不得超越法律本身,也就不会超越社会成员的正当预期,溯及既往也不会损害人们的信赖利益。最高人民法院大多数司法解释规定,自司法解释施行之日起,人民法院尚未审结的一、二审案件均应适用,这一规定方式实际上是认可了司法解释具有“天然溯及力”的观点。例如,《买卖合同司法解释》(2020 年修正)第 33 条第 2 款规定:“本解释施行后尚未终审的买卖合同纠纷案件,适用本解释;本解释施行前已经终审,当事人申请再审或者按照审判监督程序决定再审的,不适用本解释”;《商品房买卖合同司法解释》(2020 年修正)第 24 条规定:“本解释自 2003 年 6 月 1 日起施行。《城市房地产管理法》施行后订立的商品房买卖合同发生的纠纷案件,本解释公布施行后尚在一审、二审阶段的,适用本解释。《城市房地产管理法》施行后订立的商品房买卖合同发生的纠纷案件,在本解释公布施行前已经终审,当事人申请再审或者按照审判监督程序决定再审的,不适用本解释。《城市房地产管理法》施行前发生的商品房买卖行为,适用当时的法律、法规和《最高人民法院关于审理房地产管理法施行前房地产开发经营案件若干问题的解答》。”另外,还需要注意的是,所有的司法解释都确立了“再审排除条款”,其目的在于保持已审结案件的既判力。

(二)被废止民事司法解释的时间效力

对于被废止司法解释的时间效力,最高人民法院《相关负责人就首批民法典配套司法解释答记者问》(2020 年 12 月 30 日)对此进行了明确:

司法解释被废止后,该司法解释不再适用于废止决定施行后发生的法律事实。也就是说,自废止决定施行之日,即 2021 年 1 月 1 日后发生的法律事实引起的民事纠纷案件,人民法院不得再适用被废止的司法解释。至于 2021 年 1 月 1 日前的法律事实引起的民事纠纷案件,仍然要适用当时的法律和司法解释。但是,符合上面提到的溯及适用民法典例外情形的除外。

(三)被修订民事司法解释的时间效力

如前所述,正是由于司法解释属于对现行法律的解释,是现行法律的一部分,因此对于被修订司法解释的时间效力应从属于被解释法律的适用而适用。例如,对于新旧买卖合同司法解释(法释〔2012〕8号和法释〔2020〕17号)而言,若应适用《民法典》之前的旧法(如《合同法》《物权法》)的,则应适用法释〔2012〕8号旧版司法解释;若应适用《民法典》,则应适用法释〔2020〕17号新版司法解释。

(四)新增司法解释的时间效力

对于新增司法解释而言,有的司法解释直接规定了施行时间;有的司法解释在规定了施行时间的基础上,还原则规定以司法解释施行时,案件是否已经受理或者审结为时间效力标准,不以案件所涉法律事实发生时间为准。

(五)创制性司法解释的时间效力

尽管司法解释是对既有法律所作之解释,而我国的司法解释,在一定程度上还起到填补立法空白的作用,例如《民间借贷司法解释》有关利率保护标准的规定即是如此,至少在现阶段承担着填补立法空白的作用,按照"法不溯及既往"的普遍原则,民事法律行为的当事人不应被将来的、不确定的法律规范,影响其在设定民事权利义务时的合法信赖利益。再如,《担保制度司法解释》亦包含了一些创制性的、非典型性担保的实体法规定。就此,最高人民法院法官撰文明确了这样的创制性司法解释的时间效力问题的适用原则。具体如下:①

关于时间效力问题。本解释是根据民法典制定的,尽管本解释自2021年1月1日起施行,但根据民法典时间效力的司法解释,如果民法典的规定具有溯及力,则针对该规定的司法解释也应被赋予溯及既往的效力。编纂民法典并非制定一部新的法律,民法典的大部分内容来自原九部被废止的法律。对于民法典完全继受原九部法律的情形,如果待决案件应当适用原九部法律,本解释的有关规定也应可以在裁判说理时作为依据加以援引,但应区分是广义的法律解释还是狭义的法律解释:狭义的法律解释是针对法律有规定但理解有分歧而作的解释;广义的法律解释则不仅包括狭义的法律解释,也包括制定法漏洞的填补。在司法解释旨在填补制定法漏洞的情形下,因带有规则创制的性质,为保护当事人的合理预期,不宜将

① 参见林文学、杨永清、麻锦亮、吴光荣:《"关于非典型担保"及"附则"部分重点条文解读》,载《人民法院报》2021年2月25日,第7版。

此类解释溯及至对原法律的理解。以上市公司对外提供担保为例,虽然本解释第9条制定的依据是公司法第16条,且公司法并未修改或者废止,但由于公司法第16条并无关于上市公司提供担保的特别规定,因此本解释关于上市公司对外提供担保的规定属广义的法律解释,如果适用于本解释施行之前的担保行为,将背离当事人合理预期,故不应赋予其溯及既往的效力。也就是说,本解释第9条①仅适用于2021年1月1日后发生的担保行为。

例如,在众泰汽车股份有限公司与南京奥特佳公司新能源科技有限公司保证合同纠纷二审民事判决书[江苏省南京市中级人民法院(2020)苏01民终11165号]中,二审法院归纳的本案争议焦点之一是诉争担保关系是否有效,如系无效,众泰股份公司应否及如何承担赔偿责任。法院对此说理道:

关于第二个争议焦点,本院认为,根据《时间效力司法解释》第1条第2款规定,民法典施行前的法律事实引起的民事纠纷案件,适用当时的法律、司法解释的规定,但是法律、司法解释另有规定的除外。第2条规定,民法典施行前的法律事实引起的民事纠纷案件,当时的法律、司法解释有规定,适用当时的法律、司法解释的规定,但是适用民法典的规定更有利于保护民事主体合法权益,更有利于维护社会和经济秩序,更有利于弘扬社会主义核心价值观的除外。第4条规定,民法典施行前的法律事实引起的民事纠纷案件,当时的法律、司法解释仅有原则性规定而民法典有具体规定的,适用当时的法律、司法解释的规定,但是可以依据民法典具体规定进行裁判说理。本案中,诉争法律事实发生在民法典施行之前,关于公司为他人提供担保的效力问题,公司法、担保法及相关司法解释已有明确规定,且本案并无法律规定应当适用民法典的其他情形,故本案依法应当适用当时的法律、司法解释的规定。

上市公司属于公众公司,其为他人提供的合规担保应是经内部程序决策并进行信息披露。未经内部决策和信息披露的违规担保则会损害股东和潜在股东的利益,影响证券市场的健康发展,应属无效。本案中,众泰股份公司属于上市公司,在案证据未体现众泰股份公司为诉争主债务提供担保进行内部决策和信息披露,根

---

① 《担保制度司法解释》第9条规定:"相对人根据上市公司公开披露的关于担保事项已经董事会或者股东大会决议通过的信息,与上市公司订立担保合同,相对人主张担保合同对上市公司发生效力,并由上市公司承担担保责任的,人民法院应予支持。相对人未根据上市公司公开披露的关于担保事项已经董事会或者股东大会决议通过的信息,与上市公司订立担保合同,上市公司主张担保合同对其不发生效力,且不承担担保责任或者赔偿责任的,人民法院应予支持。相对人与上市公司已公开披露的控股子公司订立的担保合同,或者相对人与股票在国务院批准的其他全国性证券交易场所交易的公司订立的担保合同,适用前两款规定。"

据《公司法》和《九民纪要》第22条①规定，该担保关系应属无效，即《担保协议书》中关于众泰股份公司为诉争主债权本息提供担保的内容无效。众泰股份公司该项上诉意见能够成立，本院予以确认，一审判决该项认定意见错误，依法应予纠正。

从上述判例可以看出，由于诉争法律事实发生在《民法典》施行之前，应适用当时的法律规定和司法政策，根据《九民纪要》第22条的规定，由于上市公司众泰股份公司未进行内部决策和信息披露，则直接认定担保关系无效（"效力判断"原则），而并非原《担保法司法解释》第9条②所规定的"效果归属"原则（将《公司法》第16条解释为效果归属规范，而不是效力判断规范）。

---

① 《九民纪要》第22条规定："债权人根据上市公司公开披露的关于担保事项已经董事会或者股东大会决议通过的信息订立的担保合同，人民法院应当认定有效。"

② 原《担保法司法解释》第9条第1款规定："担保人因无效担保合同向债权人承担赔偿责任后，可以向债务人追偿，或者在承担赔偿责任的范围内，要求有过错的反担保人承担赔偿责任。"

第3章 全面合同管理:法律风险管控流程

内容概览

企业经营活动离不开合同,合同是将前者固化的重要载体,也是公司律师或法律顾问面对最多的工作对象,如何对合同进行全面过程管理是一个优秀公司律师或法律顾问必备的基本功之一。合同管理一般经过合同筹划、调查、初步确定合同对象、谈判、拟定合同文本、审核、正式签署、履行、变更或转让、解除或终止、纠纷处理、归档保管、执行评价等环节。总体上,可以将合同管理流程概括为四个阶段:合同前期准备阶段、合同订立与签署阶段、合同履行阶段与合同履行后管理阶段。这些阶段都存在诸多的法律风险需要公司律师或法律顾问予以关注。本章包含如下内容:

- 全面合同管理概述
- 合同法律风险识别与控制
- 合同法律风险控制的难点与注意事项

第一节 全面合同管理概述

一、企业合同管理的含义与内容

企业合同管理,也称全面合同管理或全流程合同管理,它是一项全员参与的、全流程管控的系统性工程。不同的企业、不同的人对于合同管理的含义有不同的理解,但大致而言,企业合同管理是指企业对自身涉及的合同的谈判(磋商)、订立、履行、变更、解除、转让、终止以及审查、监督、控制等一系列行为的总称。合同管理必须是系统性的、全流程的、动态化的管控。

尽管企业合同管理的内容可以从不同的维度进行解读,但实践中主要包括两个维度:一是全面(或全流程)管理的维度。它可以视为从合同初始筹划、调查、初步确定合同对象、谈判、拟定合同文本、审核、正式签署、履行、变更或转让、解除或终止、纠纷处理、归档保管、执行评价等环节的全流程管理。二是业务体系和管控制度的维度。它可以视为在企业各业务(营业)活动进行分类体系的基础上,配套建立合同管理制度(包括合同示范库)的全业务管理。本章将集中介绍前一维度,后一维度的介绍将在下一章进行。

二、企业合同全流程管理

企业合同全流程管理总体上可以概括为四个阶段:合同前期准备阶段、合同订立与签署阶段、合同履行阶段与合同履行后管理阶段。

鉴于本书专注的领域为公司律师或企业法律顾问合同业务的审查精要与法律事务,所以本书主要涉及的是合同前期准备阶段和合同订立与签署阶段的内容,对于合同履行阶段和合同履行后管理阶段仅在需要时做适度的关注。有关合同管理的全流程与本书框架结构参见图3-1。

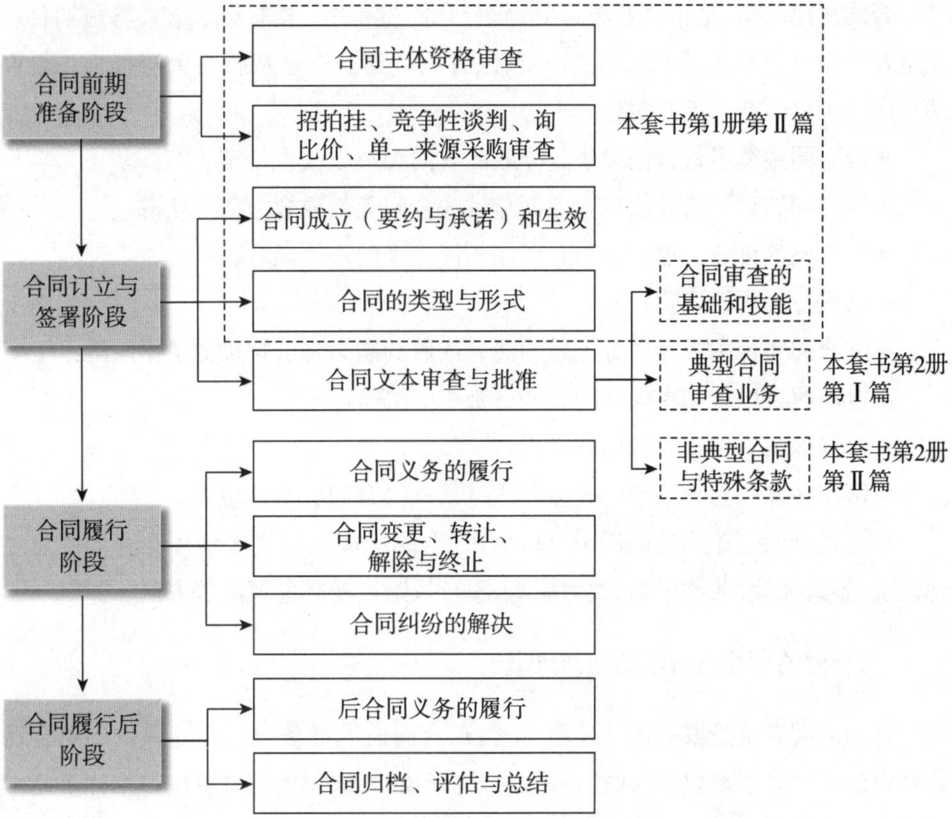

图3-1　合同全流程管理框架

在图 3－1 中,合同前期准备阶段主要涉及的法律事项是合同当事人的主体资格审查、招拍挂、竞争性谈判(磋商)、询比价和单一来源采购业务审查;合同订立与签署阶段主要涉及的法律事项是合同成立(要约和承诺)和生效、合同类型和形式的选择(口头、书面或默示)以及合同文本审查与批准;在合同履行阶段主要涉及的法律事项是合同义务的履行,合同的变更、转让、解除与终止以及合同纠纷的解决;在合同履行后管理阶段则主要涉及合同随附义务(后合同义务)的履行,合同存档、保存以及合同事后评估、总结等。

第二节　合同法律风险识别与控制

合同法律风险识别是合同风险管理的核心和基础,需要识别合同管理全流程中现实的或潜在的对合同业务造成损失的重大影响因素。根据合同全流程管理,依次在合同前期准备阶段、订立和签署阶段、履行阶段和履行后管理阶段识别合同法律风险。

合同法律风险,是指企业在订立、履行合同过程中,未来实际结果与预期目标发生差异而导致企业必须承担法律责任,并因此给企业造成损失的可能性。合同法律风险主要包括以下几类:

- 因合同主体不符合法律规定导致的合同无效或效力待定状态;
- 因合同签订不符合法定程序而导致的合同无效或效力待定状态;
- 因合同签订条款遗漏、不当、考虑不周带来的法律风险;
- 缔约过失法律风险;
- 在合同履行中因相对方无履约能力或履约能力降低带来的法律风险;
- 合同履行中合同主体和内容变更带来的法律风险;
- 因诚信缺失导致的合同欺诈;
- 国家法律法规政策变动或金融危机带来的合同法律风险等。

从上述合同法律风险的例子可以看出,合同法律风险主要集中在合同签订主体风险、签订风险、条款风险、效力风险、履行风险以及其他风险等方面。

一、合同前期准备阶段的法律风险

合同前期准备阶段的法律风险,是指在合同前期准备过程中存在的不符合法律规定的风险。主要包括:在初步确定合同对象时,未识别不具有法律主体资格或者不具备履约能力的风险;在谈判过程中,对合同涉及的权利义务等核心内容以及关键细节忽略或不当让步存在的风险；合同草拟文本内容和条款不合理、不严密、不完整、不明确或者表述不清晰的风险以及先合同义务风险等。

一个“耳熟能详”的有关合同交易主体资格的例子就是“腾讯与老干妈”之争。前期腾讯公司状告老干妈公司，请求冻结其千万资产，其间事件几经反转，最终贵阳市公安局双龙分局发布警情通报指出，该纠纷系不法人员冒充老干妈公司市场经营部经理，与深圳腾讯公司签订合作协议，出现腾讯公司起诉的“乌龙”事件。从这一事件可以看出，在合同成立之前，对合同交易对象主体资格的审查是多么重要。

【例3-1】 合同法律风险管理认识误区：忽视合同签订前的“先合同义务”

在合同管理中，很多业务人员甚至一些律师或法律顾问都认为，合同还没有签订，当事人之间并不存在合同关系，不存在什么合同权利义务和法律风险。但在某些情形下，这是一个合同法律风险管理的误区，因为他们显然忽略了一个重要的合同法概念，即“先合同义务”。

先合同义务又称“前合同义务”或“先契约义务”，是指在合同订立过程中，合同成立生效之前所发生的，应由合同双方当事人各自承担的法律义务。它是建立在民法诚实信用、公平原则基础上的一项法定义务，是诚实信用、公平原则的具体化。其主要包括合同缔结人之间的互相保护、通知、协作、保密及欺诈禁止等义务。如果一方当事人不履行义务，即使没有建立合同关系，给对方造成损失的，也应承担法律责任。比如，《民法典》第500条规定的“缔约过失责任”、第501条规定的“保密义务”。一个忽视“先合同义务”的实践例子是，在一项并购交易中，收购方与目标公司经过多次磋商，了解了对方的部分商业秘密，即使日后双方并没有建立合同关系，也应该为对方保守商业秘密。如果一方当事人没有尽到保密义务，泄露了商业秘密，给对方造成了损失，则过失方应承担赔偿责任。当然，在实践中，收购方与目标公司之间的保密义务往往会通过签署《保密协议》或者收购方单方出具《保密承诺书》的方式来进行明确，以将先合同义务转化为正式的合同义务或单方允诺。

二、合同订立与签署阶段的法律风险

合同订立与签署阶段的法律风险，是指在合同订立与签署阶段存在的不符合法律规定的风险。主要包括：合同谈判、成立（要约和承诺）、生效过程中的法律风险；合同类型和形式选择（口头、书面或默示）的法律风险；无权限或超越权限签订

合同的法律风险(表见代理、表见代表);合同文本选择、条款谈判拟定中的风险;合同用印管理的法律风险等。

【例3-2】　合同法律风险管理认识误区:选择合同范本,万事大吉

在合同管理中,合同业务经办人员往往希望有一套合同范本来作为谈判签订合同的基础,这是一个良好的开始,无可厚非。但实践中对合同范本(示范)本身存在一个更大的误区——要借鉴合同范本(示范),但绝不能仅仅依赖它,或者讲合同谈判本身是一个商业谈判,要按照商业逻辑和业务本身的特点来进行,而合同范本(示范)只是一个可供参照的标准文本,尽管它可能是对此类商业活动经验的归纳和总结。因此,正确的做法是,根据商业活动的实际,在合同范本(示范)的基础上,进行具体的调整和增补,千万不能有"选择合同范本,万事大吉"的想法。例如,一个笔者亲历的案例是,采购部门选择了一份设备采购合同范本,但在实际合同谈判中,对合同违约责任条款,业务经办人员没有进行详细的谈判,完全依赖于范本提供的违约责任条款,遗漏了设备采购中一些重要情形下违约责任的约定。

三、合同履行阶段的法律风险

合同履行阶段的法律风险,是指在合同履行阶段存在的不符合法律规定的风险。主要包括未适当履行合同义务的风险;合同变更、转让的法律风险;合同解除、终止过程中的法律风险以及合同纠纷处理不当的风险等。

【例3-3】　合同法律风险管理认识误区:只要经债权人同意的,债务人就可转移全部或部分合同义务给第三人

在合同管理中,还经常会遇到这样一个认识误区,即根据《民法典》合同编通则分编的相关规定,只要经债权人同意,债务人就可转移全部或部分合同义务给第三人。诚然,根据《民法典》第551条第1款"债务人将债务的全部或者部分转移给第三人的,应当经债权人同意"的规定,这是一个一般适用的原则。但是,在某些特定的情形下,并不是债权人同意转移就可转移的,因为其他法律规定可能不允许转移。例如,在建筑工程施工合同中,即便发包方、承包方都同意转移合同义务,但建筑工程相关法律禁止非法转包和违法分包。如果仅凭发包方和承包方同意就将一个建设工程项目转移给没有资质的第三方,或者没有参加投标而能够中标的第三方,仍属非法转包。因此,需要在实践中谨慎审查合同义务的转移,避免"擅自转让合同"导致的法律纠纷。

四、合同履行后管理阶段的法律风险

合同履行后管理阶段的法律风险,是指在合同履行完毕或终止后管理过程中存在的风险。主要包括合同随附义务(后合同义务)的履行风险、合同归档及保管过程中存在的风险;在合同履行情况评价中存在的风险等。

【例3-4】 合同法律风险管理认识误区:货物已经交付、款项已经结清等主给付义务已经履行完毕,不需要再关注该合同

在合同管理中,一个经常出现而又非常严重的认识误区是,在传统的货物买卖等合同中,合同约定的标的货物已经交付、相关款项已经结清,合同似乎已经履行完毕,企业对该合同不再关注。这一认识误区在于,交付合同标的物或支付合同款项可能仅仅是合同主给付义务,但有些合同随附义务或者后合同义务可能还要持续几年甚至更长的时间。例如,在技术许可协议中,技术许可权和相应技术文件、技术服务已经交付,相应的合同价款也已经结清,但后续还可能涉及知识产权保护和保密、技术支持、性能保证等义务。显然,这样的技术许可协议在主给付义务履行完毕后不能将其"束之高阁"或不管不顾。其原因在于,诸如后续的维护、知识产权的保护和保密等随附义务还需要继续遵从。

第三节 合同法律风险管控的难点与注意事项

一、合同法律风险管控的难点

对于企业而言,合同法律风险管控存在的最主要问题在于三个方面:法律风险意识、合同管理制度和合同管理人员的业务素质。

首先,企业人员法律风险意识很难提升。现实中,很多企业的经营管理不规范,导致企业人员法律风险意识淡薄,订立合同流于形式,对合同条款内容不进行仔细审查和明确约定,导致合同难以履行或引发纠纷,留下合同隐患。然而,企业员工,尤其是企业高级管理人员的合同风险意识往往又是最难提升的,它并非通过一两堂法律风险培训就可以解决问题的,需要在企业经营管理过程中通过一系列的制度、流程和方法来潜移默化地提升全员的法律风险意识。

其次,企业合同管理制度(流程)缺失或不健全,导致管理流程和内部控制缺失或流于形式。合同管理制度(流程)是企业内部控制和风险管理的重要组成部分,公司员工(尤其是公司管理层)的法律风险意识淡薄、经验主义、管理惰性等容易导致合同管理制度、流程的建立和完善得不到重视或流于形式。

最后,法律风险具有潜伏性、隐蔽性,需要高素质的专业人员进行识别、评估和防范。企业的法律风险存在于企业设立、运营、终止的整个过程中,无论哪个环节出现问题,都可能给企业、投资人、管理者带来极大的损失甚至是毁灭性的打击。这些专业人员不但需要具备一定专业技术知识、经营管理知识,还需要具备一定的法律知识。此外,还对他们自身的职业操守、道德情操提出了要求。

二、合同法律风险管控的注意事项

站在一个企业(公司)集团进行全面合同管理的视角,合同法律风险管控通常需要注意如下事项:建立和完善合同管理制度和流程,合同的招投标、竞争性谈判(磋商)、询比价和单一来源采购,合同的拟定、审查和批准,合同的履行管理,合同纠纷管理,合同用印和存档管理以及客户信用管理等。

(一)建立和完善合同管理制度和流程

一个企业(公司)集团经营业务复杂、组织机构繁多,为了能够控制合同法律风险,需要将相关的合同管理制度和流程内置于企业各项经营管理活动中,或者纳入企业各项管理制度和工作流程中。通过规章制度来规范各部门、各岗位在合同风险防范中的职责,建立和完善合同风险管理制度体系。例如,建立和完善《合同管理制度》《合同审查审批权限》《授权委托书证管理规定》《法律纠纷处理管理制度》等。再如,对于公司的律师或法律顾问,可以建立相应的合同管理指南或指引,将国家法律、法规、部门规章和企业政策、标准、规范、规章、制度等细化为合同管理部门、管理人员、业务经办人员的行为指南,对其职权职责、管理流程等明晰分解,各司其职、各尽其责。

(二)完善招拍挂、竞争性谈判、询比价和单一来源采购的管理

根据企业(公司)具体情况,建立招拍挂、竞争性谈判(磋商)、询比价和单一来源采购制度,即根据业务类型、标的金额、风险程度等因素,建立从上到下的三级制度。对于业务性质复杂、标的金额大、风险程度高的项目(如建设工程项目、涉外经济合同等),需要采取招标方式进行,企业也需通过投标来订货、通过招标来采购。因此,企业必须完善招标、投标管理,成立相应领导小组、工作小组,制定管理规章,

对标书的制作、购买、标的的保密、评标、答辩、开标、中标等依法作出具体规定,同时将合同管理延伸到签约之前。对于业务性质简单、标的金额小、风险低的项目,可以采取单一来源采购的方式选择合同对方,在保证风险可控的情况下,提高企业的运营效率。在这两种方法之间,还可以选择采用竞争性谈判(磋商)、询比价的方式来选择对方,既避免招投标的繁重和高昂的成本,也可使风险可控。因此,建立和完善询比价和单一来源采购程序也是题中应有之义。

(三)合同的拟定、审查和批准

作为合同管理制度中最为重要的基本制度之一,企业应该建立和完善合同文本拟定、审查、审核和批准制度。企业常用的合同文本,可以根据具体的业务类型和实际情况,事先拟定好“合同范本”,建立适用于企业自身的合同范本库。此外,针对业务和合同内含的风险,可以建立分类、分级审查、审核和批准制度,确保防控高风险、高损失领域。这需要建立一支由业务部门、技术部门、财务(税务)、法律、人力资源等部门的专业人员组成的合同评审团队来予以支撑。

(四)合同履行管理

显然,仅对合同的拟定、审查和批准进行管控还远远不够,合同的履行管理亦非常重要。合同的履行管理主要是管理合同按时按质按量履行,并履行附随义务(通知、协助、保密等);遇合同内容不明确从而影响到履行时,应及时协商补充;审查合同主体、内容的变更;依法行使先履行抗辩权、同时履行抗辩权、不安抗辩权以及代位权、撤销权等权利;办理债权债务转移、委托收款等事宜。

(五)合同纠纷管理

企业强化合同管理虽可避免很多合同纠纷,但并不能完全排除合同纠纷的产生。建立企业合同纠纷调处制度,需要明确纠纷处理的原则、纠纷具体负责机构和基本程序等。遇到合同纠纷,先由经办部门与对方协商解决,企业法律事务部门积极配合,给予帮助和指导;协商不成需申请仲裁或提起诉讼的,一律移交企业法律事务部门,由其决定自行办理还是外聘律师办理,在法律人员的指导下,由经办部门负责提供证据材料。企业法律事务部门应注意诉讼时效和对外委托案件的考核。

(六)合同用印和存档管理

在合同用印方面,需要注意合同专用章的管理。主要包括签订合同必须使用合同专用章;合同专用章由专人使用、保管;合同专用章应由合同归口管理部门刻制、编号、发放、备案;合同专用章刻制的申请、审批手续;遗失补刻和交还程序;对滥用合同专用章或合同专用章管理不善的责任者的处理等。

在合同存档管理方面,必须制定严格的归档制度,妥善保管合同档案。合同依法签订后,承办人员要将合同正本上交本单位合同管理人员保管,自留副本备用,必要时抄送、抄报有关部门;合同管理人员对生效合同要编号登记,逐个建立档案,与合同有关的文书也要附在合同卷内归档,包括合同附件,往来信件、电报、电传、传真、电子数据交换、电子邮件以及送货、提货、托运、验收等有关凭证,货物销售发票,货款托收、承付凭证,有关财务单据,产品的质量标准、封样、样品或鉴定报告等。

(七)客户信用管理

企业要"做大做强",肯定要依托忠诚的客户群和可靠的供应商。客户和供应商的价值高低,最重要的判别标准之一就是其信用程度,而信用程度的高低,直接关系到合同法律风险的大小和有无。因此企业有必要建立客户信用管理和评价制度,分类、分级拟定交易条件,控制赊购幅度和应收账款、质量保证金余额等,规避不必要的风险。譬如,建立"合格供应商目录制度""黑名单制度"等。

(八)实现合同管理的信息化

通过信息化手段(系统)来实现全面合同管理,无疑可以更好地"屏蔽"掉一些人为的失误或干扰因素。就此而言,全面合同管理的每个环节,都应嵌入信息化,用技术手段控制合同管理风险。合同管理信息系统采用模块化设计,将各项功能通过模块的设置来实现,整个系统应包括合同订立管理、合同履行管理、履约评价管理、合同查询统计、合同监管、标准文本管理、应用与系统管理、系统接口等模块,各模块功能既相互独立,又相互联系,共同构成一个有机整体。

三、合同审查和批准流程

在前文介绍合同法律风险管控的流程时,着重介绍了其中的一个重要环节就是合同审查、审核、批准流程,这是合同法律风险管控的核心之一。在此,对其主要的流程进行简要介绍。概括地讲,合同审查、审核、批准流程通常包括合同文本的草拟和提报、合同经办部门审查业务风险、财税部门审查财税风险、法务部门审查法律风险、上级领导审核或审批、签订合同和合同登记存档等环节。

(一)合同文本的草拟和提报

合同文本的草案既可以是公司律师或企业法律顾问自行草拟而成,也可能是合同对方提供的文本,但无论如何,在提交企业内部审查流程之前,双方的合同谈判人员都应该就基本目的、原则、具体的权利和义务初步达成一致,没有原则性分歧。

对于企业内部自行草拟的合同文本的,需要注意如下工作内容:(1)收集草拟合同文本所必需的相关信息。例如,谈判的合作备忘录、纪要、函件以及协商的结果、框架协议等;查找合同示范库以及存档合同,公司以前是否存在相同或类似合同,作为合同文本起草的基础。(2)拟定合同框架和结构。根据双方谈判的交易要点,确定合同的框架结构。(3)在已确定的框架结构的基础上,拟定具体的合同条款。(4)合同文本草拟完成后,可以事先征询相关联合审查部门意见并予以调整后,提交审批。

(二)合同经办部门审查业务风险

在合同文本草拟并经合同双方初步确认之后,合同经办部门的负责人应当对文本草案进行全面的业务风险审查。审查的内容包括但不限于:(1)审核是否符合公司经营计划:是否执行本公司的有关计划或集团公司的有关计划及规定。(2)审核是否经过合同选择程序:合同的对方是否按公司制度要求进行了考评选择;是否按本制度要求进行了招标、询价和评标、比价。(3)审核合同的外在质量和业务内容:合同标的名称、规格、型号、数量是否准确;有关技术、质量的约定是否明确并提请有关部门确认;价格及付款方式是否合理、明确;对履行期限、交付地点、包装及运输等是否有明确的约定;是否存在应约未约或约而不明的事项。(4)评价风险防范措施:合同条款中是否对可能出现的风险采取了必要的防范和应对措施。

(三)财税部门审查财税风险

业务部门审查完毕之后,应提交财税部门进行财税风险审查。审查的内容包括但不限于:(1)审核是否符合公司经营计划和预算。(2)审核价格条款和付款条件:价格是否明确、价款结算期限和付款方式是否得当;赊销或预付款条款是否符合公司的制度规定。(3)审核税费条款:涉税内容是否明确、合法;合同履行中有关费用的约定是否明确、合理等。

(四)法务部门审查法律风险

在财务部门审查完毕之后,应提交法务部门进行法律风险审查。审查的内容包括但不限于:(1)审核合法性:当事人是否有签订和履行合同的民事权利能力和行为能力;合同内容是否符合法律规定和公司制度要求;合同定性及适用法律是否正确;关于合同成立和生效的约定是否合法准确。(2)审核严密性:合同应具备的条款是否齐备;双方的权利和义务约定是否具体、明确;是否有意思不明、责权不清、前后矛盾的情况;对违约责任、争议的解决方式和管辖的约定是否得当。(3)审核可行性:合同双方特别是对方是否具备履行合同的能力和条件;预计取得的利益和可能存在的风险;合同不能正常履行时可能遭受的损失;对可能发生的风险是否有防避措施等。

一般地,公司律师或法律顾问对合同文本提出修改意见后,相关业务经办人员应根据修改意见对合同文本进行修改,保证合同的合法性、严密性和可行性。

(五)上级领导审核或审批

在经过合同业务部门、财税部门和法务部门审核之后,应根据公司制度的要求报请上级领导审核或审批。

(六)签订合同

合同的签订就是使合同具备法律效力的过程。在签订合同时,需要注意如下三个方面的工作内容:一是确认合同文本,即对最终磋商达成的合同文本进行最终的确认,以避免签订的合同出现差错;二是在签订合同前,需要明确签署人具备法定的代表权或者具有合法的授权;三是合同书文本准确、份数符合要求,用印符合要求。

(七)合同的登记和存档

很多企业在合同签署之后,认为就已经完成了整个合同审批管理工作,其实不然,合同的登记和存档也非常重要。具体而言,需要关注如下几个方面:

第一,合同管理部门应充分利用信息化手段,定期对合同进行统计、分类和归档,详细登记合同的订立、履行和变更、终结等情况,合同终结应及时办理销号和归档手续,以实行合同的全过程封闭管理。

第二,建立合同文本统一分类和连续编号制度,以防止或及早发现合同文本的遗失。

第三,加强合同信息安全保密工作,未经批准,任何人不得以任何形式泄露合同订立与履行过程中涉及的国家秘密或商业秘密。

第四,规范合同管理人员职责,明确合同流转、借阅和归还的职责权限以及审批程序等。

第4章 全面合同管理:合同业务体系与管控制度

内容概览

企业全面合同管理除了对合同谈判、缔结、履行等全流程进行管理外,还可以站在企业业务活动和体系的维度来对其进行审视。企业合同业务一般可以从业务性质和类型进行划分,也可以按照职能体系进行划分,并配之以相关的管理制度和流程。对企业合同管理制度(流程)而言,通常包括三个层面:基本制度、具体制度以及适用指南或指引。最后,企业(特别是企业集团)一般都会建立自己的合同范本(示范)库,便利于开展合同签订和管理工作。本章包含如下内容:

- 企业合同业务体系
- 企业合同管控制度体系

第一节 企业合同业务体系

一、企业合同业务的分类

合同是企业经营管理和相关业务活动的固定化、书面化,其反映的内容实际还是商业逻辑和业务本质。因此,一个企业集团的合同业务体系应该是从业务本身开始构建的。一个常见的合同业务分类体系是按照业务进行三级分类。其中,第一级分类可以按照企业是购买并支付价款还是销售并收取价款来进行,原则上可以划分为三类:购买类、销售类和其他综合类。参见图4-1:

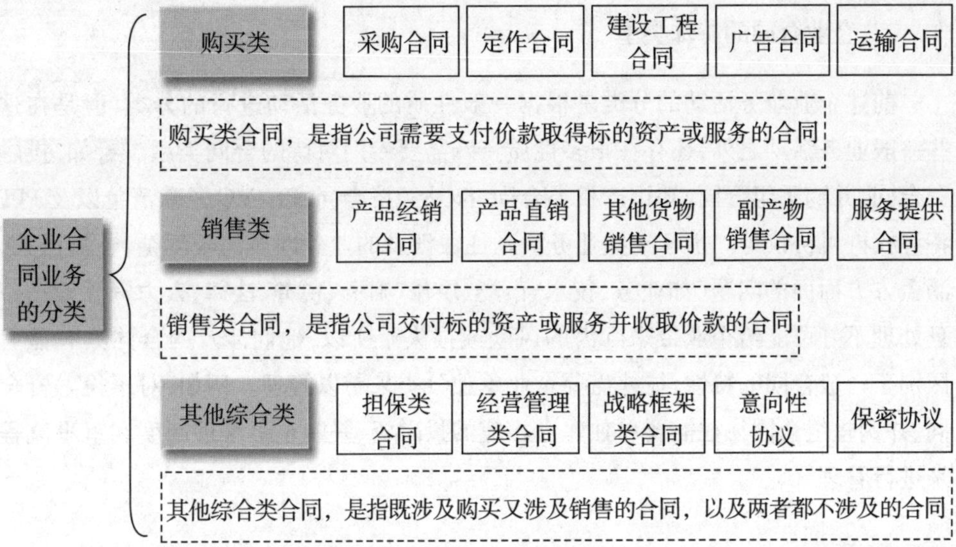

图4-1　企业合同业务的分类

在图4-1中,购买类合同,是指公司需要支付价款取得标的资产或服务的合同。在购买类合同下还可以根据企业的具体情况进一步细分二级类型。例如,采购合同(物料采购合同、设备采购合同、服务购买合同)、定作合同(加工定作合同、商标印制合同、包装物定作或购买合同、促销品定作或购买合同)、建设工程合同(建设施工工程合同、安装工程合同)、广告合同(广告策划、制作、发布合同)、运输合同等。销售类合同,是指公司交付标的资产或服务并收取价款的合同。类似地,其下也可以根据企业的具体情况进一步细分二级类型。例如,产品经销类合同、产品直销类合同、副产物销售合同、其他货物销售合同、财产转让合同以及服务提供合同等合同。其他综合类合同,是指既涉及购买又涉及销售的合同,以及两者都可能不涉及的合同或意向性协议等。其下还可以细分为担保类合同、经营管理类合同、战略框架类合同①、意向性协议(谅解备忘录)②以及保密协议等。

---

① 战略框架类合同或协议通常是有关合作的原则性规定,并无实质性权利义务条款。尽管构成合同,但通常不具有实质性的拘束力。

② 尽管严格意义上,意向性协议(谅解备忘录)可能没有法律约束力,但仍然纳入了合同管理的范畴,其原因有二:一是尽管其整体不具有法律约束力,但并非意味着其部分条款就没有法律约束力(如保密条款、排他条款、争议解决条款等);二是意向性协议(谅解备忘录)若处理不好,很可能会构成预约合同甚至本约合同。

二、企业合同的特殊类型

前述企业业务活动的分类是根据一般性质的业务活动进行的分类,但是在这些一般业务活动之外,还存在很多性质特殊需要专门对待的合同类型。譬如,投融资合同、并购重组合同、知识产权类合同、涉外经济合同、PE/VC 条款清单以及 PPP 特许权许可协议等。由于这些业务活动往往涉及的业务性质比较复杂,金额巨大,涵盖方方面面的问题(如业务、技术、市场、质量、财务、税务、法律、人力资源等),一旦处理不好可能给企业带来巨大的风险或损失。所以,他们涉及的合同具有显著区别于一般合同的特性,往往需要企业单独分类来予以管理。例如,对于投融资合同、并购重组合同往往需要单独建立相应的投融资、并购重组管理制度和审批流程来进行管理。

第二节　企业合同管控制度体系

企业合同管控制度体系总体上可以划分为三个层面:第一个层面是合同管理的基本制度;第二个层面是合同管理的配套具体制度;第三个层面是合同管理业务的实施办法、业务指南或指引。参见图 4－2:

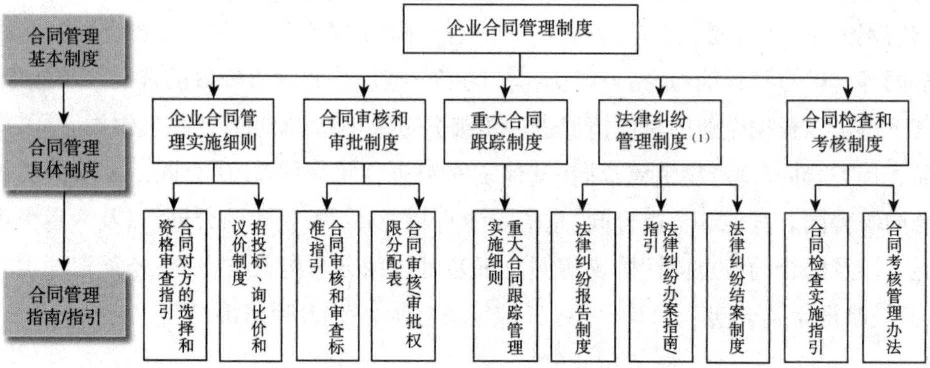

图 4－2　企业合同管控制度体系

注:(1)法律纠纷管理制度适用于公司所有的业务引发的纠纷,当然也包括合同纠纷。

一、企业合同管理的基本制度

企业集团在合同管理方面需要一个提纲挈领的基础制度来总览合同整体管理工作。这样的制度,我们一般称之为经济合同管理制度(劳动合同一般单独制定基本制度)。经济合同管理制度一般规定合同管理的基本原则、总览程序、各种基本

要求。通常包括如下内容:

• 总则:包括合同管理的宗旨、目的以及基本管理原则。

• 合同的订立:包括一般规定、合同对方的资格能力、合同对方的履约能力、合同形式、合同文本的审查和批准以及用印生效。

• 合同的履行:包括一般规定、合同业务部门和合同经办人、检验和验收、接受和交付、结算以及存档。

• 合同的变更、解除、转让和诉讼:包括合同变更、解除、转让的形式、程序和责任,以及发起和应对合同诉讼的程序和批准等。

• 检查、调查和责任:包括对合同管理工作的检查权、出现合同损失事件时的调查权以及相应的责任追究等。

• 附则:包括术语定义、生效执行以及解释权等。

当然,根据行业和企业的不同,经济合同管理制度还可能包括其他内容。例如,有关知识产权合同、涉外合同的特别章节等。

二、企业合同管理的具体制度

在确立了合同管理的基本制度之后,有必要在此基础之上建立更为具体的可操作的具体制度。这些制度因行业、企业的不同而有所不同,但通常包括经济合同管理实施细则、经济合同审核和审批制度、重大合同跟踪制度、法律纠纷管理制度以及合同管理检查和考核制度等。

(一)经济合同管理实施细则

经济合同管理实施细则是对经济合同管理制度有关规定的进一步细化。例如,对于基本制度规定的“合同的订立”中的“合同对方的资格能力”可能会进行细分规定。譬如,对于基本制度规定,销售类合同无论是初始签订还是续签的均应适当考评合同对方的资格能力。但实施细则还进一步规定了例外情形。对下述合同,在续签时可以不再对合同对方的资格能力进行考评:(1)现款现货且未授予合同对方独家经销权的经销合同;(2)现款现货且公司无投入的直销合同;(3)现款现货的废旧物资销售合同。再如,基本制度规定,公司的职能部门、生产车间、办事处等不得以自己的名义对外签订经济合同。实施细则进一步明确,公司的职能部门、生产车间、办事处等不得以自己的名义对外变更合同,出台奖励政策、促销方案、价格调整方案等。

(二)经济合同审核和审批制度

经济合同审核和审批制度是对公司经济合同审核和审批的流程以及职能部门和人员的职责、权力和责任进行明确的制度。通常,该制度对合同进行分类,然后再对合同审批原则、审批层级和权限以及审批流程进行规定,而且往往会将合同审批表以及合同审核/审批权限分配表作为制度的附件。比如,在职责分配上常用的一种划分方式如下:

- 合同业务部门经理的职责:对合同的内容是否执行本公司的有关计划或集团公司的有关计划及规定合同标的名称、规格、型号、数量是否准确,有关技术、质量的约定是否明确并提请有关部门确认,价格及付款方式是否合理、明确,履行期限、交付地点、包装及运输等是否有明确的约定进行审核,并审查合同内容是否按本制度要求进行了招投标、询价和评标、比价,是否存在应约未约或约而不明的事项,是否执行本制度和其他有关业务的事项。
- 财务部/税务部经理的职责:负责对价款结算期限和付款方式是否得当,赊销或预付款条款是否符合本制度规定,涉税内容与条款是否明确、合法,合同履行中有关费用的约定是否明确、合理,价格是否明确和其他相关事项进行审查。
- 法律顾问的职责:除负责对合同的形式进行审查外,还负责对表明合同对方资格能力的资料,合同条款是否完备、是否符合法律规定和本制度要求,合同定性及适用法律是否正确;内容是否有意思不明、责权不清、前后矛盾的情况,违约责任、争议的解决方式和管辖的约定是否得当,合同成立和生效的约定是否合法准确,可能发生的风险是否有防范措施,合同订立的方式和程序是否符合本制度进行审查。

(三)重大合同跟踪管理制度

重大合同跟踪管理制度要解决的是重大合同履行跟踪、监督的问题。应该讲,无论一份合同签订得再完美,但是履行不好,这样的合同也毫无价值。因此,重大合同跟踪履行无疑有其价值。该制度主要从重大合同的界定,重大合同履行报告的内容、方式以及程序方面进行明确,确保重大合同的履行能够得到监控,防范重大合同履行风险。

(四)法律纠纷管理制度

法律纠纷管理制度实际涵盖合同法律纠纷在内的企业集团所有的法律纠纷。

该制度主要针对企业作为当事人或第三人通过仲裁、诉讼等方式解决的各类案件。该制度对各单位/部门的职责，法律纠纷案件的处理，重大法律纠纷案件报告/备案，法律纠纷案件的日常管理、总结、评估以及奖惩等内容进行明确规定。尤其是对合同法律纠纷按照级别、性质、金额等可以划分层级管理。例如，对于知识产权合同、涉外经济合同以及涉税案件等，往往由集团公司法律部门进行处理。

（五）合同管理检查和考核制度

合同管理检查和考核制度要规范的是合同管理部门对合同业务部门签订、履行合同的情况进行检查和考核的制度。例如，就合同检查而言，可以对合同检查的方式、范围、内容以及奖惩等进行明确。合同考核制度分为两个方面：一是对合同业务部门的考核，也包括前述的合同检查结果的考核；二是对合同管理部门（包括公司律师、法律顾问）审核、审查合同以及履行其他合同管理职责进行的考核。

三、企业合同管理的指南或指引

如图 4－2 所示，合同管理制度的第三个层面是合同管理的指南或指引层面。这一层面对工作的实际开展更具有指导价值。比如，在合同前期的管理工作中，“合同对方的选择和资格审查指引”和“招拍挂、竞争性谈判（磋商）、询比价和单一来源采购制度”就是需要重点予以规范的领域；再如，在合同的签订阶段，“合同审核标准和指引”和“合同审批权限分配”有利于公司法律顾问开展审查和审批工作。总之，这一层面的指南或指引可以更为细化，甚至可以是某一细分业务的具体指引。例如，针对单一来源采购或独家谈判的合同，有必要明确其适用的业务和范围以及具体的特别审批通道，以解决不适合招投标、竞争性谈判（磋商）和询比价的情形。举一个实际例子，某些设备仅有 1—2 家公司可以提供，显然不能开展招投标，尽管其可能涉及金额巨大，也只能采用单一来源采购或比价的方式进行。

四、企业合同示范库的建设

实践中，几乎所有的企业（集团）都会根据业务的具体需要而建立自己的合同示范（范本），形成自己的合同示范库。每次草拟一份新的合同时，只需要在合同库中筛选出与目前的业务相同或相类似的范本，然后根据不同业务性质和需要、不同的标的和谈判确定的规则进行修订和增补即可。显然，合同示范文本的有效应用，可以在订立合同时明确各自的权利义务，引导合同各方规范签订合同，大大提高合同签约效率和履约率，有效减少合同争议的发生，有利于合同的全面履行。

但是,我们也应注意到合同示范(范本)的另一面。它可能导致合同业务部门甚至法务人员对主动“撰写”合同不够重视,也可能造成其撰写能力的不足或下降。此外,长期依赖合同范本,也可能导致在实际谈判、协商合同中,受到范本的限制,形成思维惯性,遗漏或缺失某些应当考虑的事项或情形,从而给企业带来潜在的法律风险。

第Ⅱ篇

合同起草、审查的基本技能

本篇概览

本篇是合同起草、审查的基本技能篇。合同法务人员仅有合同起草、审查的基础思维尚不足够，要开展具体的工作还需要掌握合同起草、审查的基本技能。这些基本技能既涉及工作开展的基本步骤与方法，也涉及合同类型与形式、合同对方的选择方式及合同订立的法律风险管控，还涉及合同的结构、通常条款的审查等具体工作。本篇包括如下4个部分，共计11章：

- **合同起草、审查的基本步骤、方法与写作技能。本部分包括第5章和第6章。第5章介绍了合同起草、审查的基本步骤与方法。基本步骤包括四个：了解和熟悉商业（交易）模式、确定合同类型和合同结构、撰写和审查合同条款以及撰写和审查合同文字符号。基本方法包括起草、审查合同结构的基本方法和起草、审查合同条款的基本方法两个方面。第6章介绍了合同条款写作的基本要求（"全面、准确"要求、"结构化、简洁性"要求和"正式、规范化"要求）、基本方法（合同条款的结构法、合同条款的句法和合同条款的词法）与其他注意事项（如代称的写法、期限和日期的写法、数字的写法、标点符号的用法等）。**
- **合同类型、形式与合同对方的选择方法。本部分包括第7章至第10章。第7章介绍了合同类型（典型合同与非典型合同）与形式（书面、口头与默示）的选择；第8章介绍了合同对方的选择方式[招拍挂、竞争性谈判（磋商）、询价和单一来源采购等]；第9章和第10章分别介绍了合同订立的法律风险管控的基本部分（要约与承诺、合同成立与生效和合同的撤销）和疑难部分（意向性协**

议、预约合同、招投标合同、国有资产交易合同、独立报批条款、格式条款、“合同＋订单”模式、“主合同＋配套合同”以及倒签合同等)。

- **合同的结构与合同的主体。本部分包括第11章和第12章。第11章介绍了合同的基本结构(标题、序言、正文、结尾及附件)、条款的分类(必备条款与非必备条款等)与主要条款概述;第12章介绍了民事主体概述、自然人主体及其审查、法人主体及其审查、非法人组织及其审查以及合同主体资格审查中的常见疑难问题。**
- **合同通用条款的审查。本部分包括第13章至第15章。第13章介绍了合同序言条款(合同首部、合同鉴于条款);第14章介绍了合同正文中的通用条款(分为定义和释义,合同变更、转让、解除与终止,广义的争议解决,其他杂项以及合同解释、效力条款5大板块23个通用条款);第15章介绍了合同的尾部与盖章(合同签署栏、合同附件及合同的盖章)。**

本篇涵盖了合同起草、审查的基本技能的四大部分,遵从合同起草、审查的步骤、方法与写作技能、合同类型与形式选择、合同主体选择、合同结构与主体直至合同本身通常条款的审查的“逐步递进”的业务逻辑顺序,尤其是合同的结构与通用条款的审查两个部分更是合同法务人员具体开展工作的核心基本技能。

第5章 合同起草、审查的基本步骤与方法

内容概览

在本书第1章"合同起草、审查的基础模型:'2+8'模型"中,笔者曾经简要介绍了合同起草、审查的基本步骤和方法。在本章,笔者将在基本步骤(方法)的逻辑框架基础之上,结合实务要点和实践案例,对其进行详细介绍,以期对合同法律师或法律顾问从事合同起草、审查工作有所助益。本章包含如下内容:

- 合同起草、审查的基本步骤
- 合同起草、审查的基本方法

第一节 合同起草、审查的基本步骤

如本书前述,合同起草、审查的基本步骤包括四个:了解和熟悉商业(交易)模式、确定合同类型和合同结构、撰写和审查合同条款以及撰写和审查合同文字符号。一个较为常见、通用的基本步骤的逻辑框架如图5-1所示:

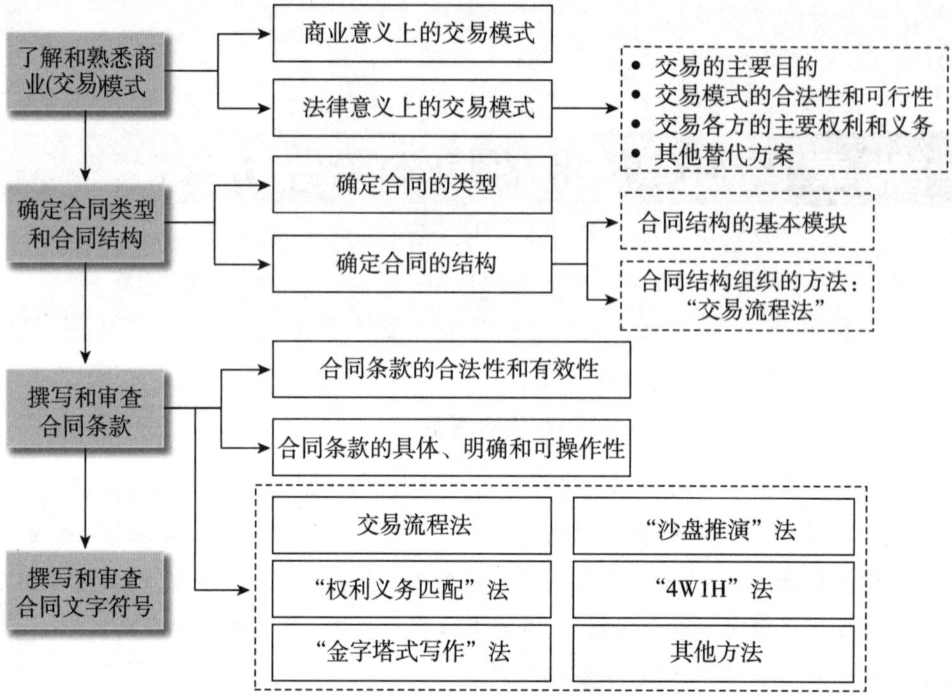

图 5－1　合同起草、审查基本步骤的逻辑框架

需要说明的是，图 5－1 虚框中的六种方法并非仅局限于撰写和审查合同条款，其中的交易流程法、“沙盘推演”法也可以适用于合同整体结构和整体条款的组织安排。

一、了解和熟悉商业（交易）模式

（一）商业（交易）模式或结构的重要性

资深的合同法律师或法律顾问经常对新入行的同事讲的一句话是“你缺乏的不是法律专业知识，而是行业和交易经验”，对于新入行的同事，这句话的含义在于，在从事合同起草、审查时，一个不好的习惯就是“埋头”扎入合同文本或条款的起草或审查中；而最棘手且他们恰恰缺乏的是对交易所涉的行业和交易本身的认知。例如，在起草或审查建设工程施工合同时，他们可能从来没有接触过这样的行业，对这一行业的监管、施工、管理及其法律风险并不了解，甚至是“一片空白”，如此他们很难做好这一合同的起草或审查工作。因此，合同法律师或法律顾问从了解和熟悉商业模式（或称之为“交易模式”“交易结构”）开启起草、审查合同工作，无疑是一个良好的习惯。

需要强调的是，某种意义上，此处的商业或交易模式从商业和法律的不同视角具有不同的含义：

第一，站在企业或业务人员的视角，此处的商业或交易模式并非一个法律专业术语，而更多的是指，他们计划投入何种资源，通过何种途径、方法、方式或渠道，想要达成何种目的或回报（考虑的主要是商业因素）。需要注意的是，业务人员考虑问题可能更多是从商业目的角度，其计划或设计的商业或交易模式很可能存在实施障碍。

第二，站在律师或法律顾问的视角，商业或交易模式更多的是指法律意义上的"交易模式"或"交易结构"。就此而言，"交易模式"的含义是，交易各方通过合同（可能是一份合同或是多份关联合同）体现出来的、各方主要权利义务安排的大致架构（考虑的主要是法律因素）。当律师或法律顾问起草、审查合同的交易结构时，需要考虑的因素有：

- 交易各方的主要交易目的
- 该交易模式合法与否及其可行性
- 若合法、可行，交易各方最主要的权利义务
- 是否有其他可替代的交易结构模式

可见，交易结构是律师或法律顾问站在整体视角、法律视角对合同（及其所对应的交易）的设计和安排。

【例5-1】　了解和熟悉交易模式（结构）：资产并购或股权收购

例如，在一个分公司并购项目中，收购方甲公司计划向乙公司收购其所属的一个分公司（独立经营和核算）。该分公司拥有不动产、动产（涉及抵押等权利负担）、一些专利技术和其他债权债务、人员等。公司律师在审查资产并购合同时，发现了一些问题，如资产的权利负担、人员可能存在一些劳动法方面的遗留问题等。若继续采取收购资产并接收人员的并购方案，收购方可能面临较大的法律风险，但这一笔收购对收购方而言在商业上是有益的甚至是必不可少的。在此交易中，公司律师在了解商业模式并进行评估后认为：

（1）收购方（甲公司）本次交易的主要目的在于获得标的分公司的实质经营性资产及其营业；出让方（乙公司）本次交易的主要目的在于业务转型（或剥离非主业资产）并获得现金。

（2）采取资产并购模式是合法的，但在可行性上存在一些实质障碍。例如，资产上存在抵押等权利负担；人员存在劳动法方面的遗留问题等。因此，即便要采取

此方式进行交易,仍然需要进一步与抵押权人、员工及劳动部门进行协商并寻求解决方案,涉及的成本较高。

(3)采取资产并购模式的成本(尤其是税收成本),经过测算将是巨大的,可能会影响并购后的目的效果和整合效果。

(4)可以考虑采取其他替代方案来处理。例如,与乙公司及其股东协商,能否先由乙公司对该分公司进行公司分立操作,将分公司转变为子公司,待分立完成后,收购方再与其股东进行股权收购交易。

最后,收购方、出让方及其股东经过协商采取了“公司分立+股权并购”的间接交易方式。

从上例可以看出,交易模式(结构)对合同的类型、形式等均存在直接的、重大的影响。因此,公司律师或法律顾问在未对交易模式(结构)进行充分了解和评估之前,就直接进入合同的审查程序并不恰当。

(二)涉及交易模式或结构需要考虑的基本因素

实践中,在考虑交易模式是否可行以及是否有其他替代方案时,通常需要从如下几个方面进行考虑:

- 交易目的是什么,可能的交易模式或方式。取得标的的方式是取得所有权或是取得控制(使用权)即可,交易是否可以采取合作、合资的方式进行(“头脑风暴”法,先不考虑是否可行,尽量列举可能的交易模式或方式以实现交易目的)。
- 交易是否合法。交易模式或方式是否存在主体资质上、法律上的重大限制。若存在,则需要考虑其他替代方案。
- 与谁交易。可以是在标的公司层面直接交易,也可以是在标的公司的控制人(如公司的股东)层面进行交易,这决定了是直接资产交易或是间接的股权交易。
- 谁对外交易。某些情形下,可能基于法律法规的规定或隔离风险的考虑,新设收购主体或利用既存公司主体来进行交易(业界通常称为“三角并购交易”)。
- 是否存在分割或组合交易的空间。例如,实践中通常会采取的股权代持、限售股的远期交易、股权收益权转让创新交易模式等。
- 考虑交易风险和交易成本。例如,实践中设计交易模式或方案时,通常会评估交易的各类风险,以及收益与风险的大小;测算交易成本,尤其是重大交易的税收成本影响。

最后需要强调的是,有些时候在遵从合法性的前提下,尽量满足商业或交易目的是根本,因此某些交易风险或成本是可以“容忍”或“承受”的,这在一定程度上取决于交易各方的风险偏好和采取的风险应对策略。

二、确定合同类型和合同结构

在理解并确定了交易模式或结构后，随之就需要确定合同类型（可能是某典型合同，也可能是非典型合同，或者混合合同）和合同的结构。

（一）确定合同类型

《民法典》合同编典型合同分编列举了19类典型合同（有名合同），这是在总结日常生活经验的基础上归纳抽象出来的法律规则，在某种意义上规定了某些交易模式或结构，可以供交易各方选择。但实践中，仅仅这些典型合同类型并不足以满足交易的需要，所以诸多的非典型合同（无名合同）应运而生。例如，VIE结构、资产收益权转让、股权让与担保融资、ABS/ABN（资产证券化/资产票据化）以及其他一些交易模式。此时，合同名义的类型并不重要，而应当关注合同的实质。

（二）确定合同结构

在确定合同结构方面，其主要目的在于确保主要的交易流程（节点）都能在合同条款中得以清晰、明确地体现，即要求合同条款齐备，避免出现遗漏。这是其一。其二，在合同条款齐备的前提下，还需要审查合同条款之间的逻辑性。这种逻辑性主要体现在合同条款的先后顺序、冲突性以及表述方式上。

如本书前述，实务中，我们对于合同结构的确定方法主要包括两种：一是遵从类似于《民法典》第470条规定的合同条款顺序（当事人的姓名或者名称和住所，标的，数量，质量，价款或者报酬，履行期限、地点和方式，违约责任以及解决争议的方法）来组织合同结构，这样的组织方式可以作为所有合同结构组织的基本原则；二是结合所谓的交易流程法来组织合同结构，就是按照交易实施和推进的关键节点来组织合同结构，通常适用于多个合同当事方、多种法律关系交织、交易环节众多的交易场景。需要特别说明的是，这一方法是建立在合同结构“三大模块”（合同首部、合同正文和合同尾部）的基础之上的，并且主要针对“合同正文”中的“交易条款”模块部分，其他的“配套”条款或“通用”条款在较为固定和典型的条款上作出调整即可。具体内容详见本章后文。

三、撰写和审查合同条款

在确定交易模式和合同结构之后，律师或法律顾问才可进入合同条款的具体撰写或审查中。实际撰写或审查合同条款有如下两个基本要求:一是合同条款的合法性和有效性;二是合同条款的约定具体、明确,具有可操作性。

(一)合同条款的合法性和有效性

合同起草、审查的首要目的在于保证合同条款的合法性和有效性,这是底线要求。实践中,需要注意的是,依据《民法典》及相关法律的规定,法律上合同整体和合同个别条款的效力其实是两个层面的事:一是合同的整体无效;二是合同的个别条款无效,但不影响其他条款的效力。合同整体无效是指合同本身存在法律①规定的无效情形而整体受到法律的否定;而合同个别条款无效则是指合同中的个别条款因违反法律强制性规定而不产生法律效力,但合同的其他条款继续有效。对于前者,需要在确定交易模式或结构时就应当解决;对于后者,则在起草或审查合同具体条款时予以解决。

尤其需要注意的是,"合同个别条款无效并不导致其他条款无效"不应绝对化。若该个别条款系影响合同目的的条款或核心条款,其无效仍然可能导致合同整体无效。其原因在于,合同目的条款或核心条款与合同其他条款具有不可分性和紧密的牵连关系,该条款无效导致合同目的无法实现的,其不能成为相对独立的合同无效部分,该条款无效应导致合同整体无效。例如,在亚洲证券有限公司与湖南省青少年发展基金会、长沙同舟资产管理有限公司委托理财合同纠纷案[最高人民法院(2009)民二终字第1号]②中,最高人民法院认为:

本案二审争议焦点为委托理财合同的效力,监管合同的效力,亚洲证券的责任形式、范围以及青基会收取的470万元高额收益是否要抵扣其理财本金问题。

(1)关于保底条款的效力。

本案委托理财协议所约定的年10%的固定回报率属于保底条款。尽管该保底条款是资金委托管理协议双方以意思自治的形式对受托行为所设定的一种激励和制约机制,但该条款致使双方民事权利义务严重失衡,既不符民法上委托代理的法律制度构成,亦违背民法的公平原则。为此,本院认定本案委托理财协议中所涉保底条款无效。

---

① 此处的法律主要是指《民法典》总则编第6章"民事法律行为"第3节"民事法律的效力"的规定、合同编有关合同效力的规定(如第506条、第586条第2款、第705条第1款等)以及其他特别法有关合同效力的规定。

② 参见宋晓明主编:《最高人民法院商事审判裁判规范与案例指导(第二卷)》(2011年卷),法律出版社2011年版,第145-153页。

(2)关于委托理财协议的效力。

虽然我国《合同法》第五十六条规定:“合同部分无效,不影响其他部分效力的,其他部分仍然有效”①,但在本案订有保底条款的委托理财合同中,保底条款与合同其他内容条款不具有可分性,其并非可以独立分离出来的合同部分,而是与合同其他部分存在紧密的牵连关系。

就本案中委托理财协议之缔约目的而言,委托人青基会除期待委托资产本金的安全外,尚期待高达10%的固定收益回报率。

因此可以说,若没有保底条款的存在,当事人双方尤其是委托人通常不会签订委托理财合同;在保底条款被确认无效后,委托人的缔约目的几乎丧失;若使合同其他部分继续有效并履行,不仅违背委托人的缔约目的,而且几无履约意义,将导致极不公平合理之结果。

有鉴于此,本院认为,保底条款应属本案中委托理财协议之目的条款或核心条款,不能成为相对独立的合同无效部分,保底条款无效应导致委托理财协议整体无效。原审判决认定委托理财协议有效属适用法律不当。亚洲证券关于委托理财协议无效的主张,本院予以支持。

最后,除了需要关注法律法规、司法裁判规则外,为保证合同条款的法律效力,还需要关注规章、政策以及其他政府规范性文件。例如,对于违反规章时合同的效力,《九民纪要》第31条规定:“违反规章一般情况下不影响合同效力,但该规章的内容涉及金融安全、市场秩序、国家宏观政策等公序良俗的,应当认定合同无效。人民法院在认定规章是否涉及公序良俗时,要在考察规范对象基础上,兼顾监管强度、交易安全保护以及社会影响等方面进行慎重考量,并在裁判文书中进行充分说理。”

此司法指导意见表明在“该规章的内容涉及金融安全、市场秩序、国家宏观政策等公序良俗的”,应当认定合同无效。其上位法依据在于《民法典》第153条第2款规定:“违背公序良俗的民事法律行为无效。”一般意义上的“公序良俗”包括“公共秩序”和“善良风俗”两个方面,此处应主要指“公共秩序”方面。例如,在上海市高级人民法院2019年第三批(总第九批)参考性案例之第78号参考性案例“杉浦

① 参见《民法典》第156条规定:“民事法律行为部分无效,不影响其他部分效力的,其他部分仍然有效。”

立身诉龚某股权转让纠纷案”①中,法院认为:

1. 判断法律法规以外的其他规则是否构成证券市场公共秩序性规则时,应从规则保护证券市场利益的社会整体性、规则制定发布的主体、程序以及公众知晓度和认同度等方面进行综合考量认定。

2. 上市公司在证券发行过程中如实披露股份权属情况,禁止发行人的股权存在隐名代持,属于证券市场的公共秩序性规则。行为人违反该公共秩序性规则,签订隐名代持证券发行人股权协议的,应被认定为无效。

3. 股权代持协议被认定为无效,投资收益不宜适用恢复原状的,应根据公平原则,在充分考虑对投资收益的贡献程度以及对投资风险的承受程度等情形下进行合理分配;当事人主张以标的股票变现所得返还投资款并分配收益的,符合意思自治原则,可予支持。

对于违反“政策”②是否构成违背“公序良俗”,按照最高人民法院民二庭的观点,应当区分处理:③

一是要区分政策的层级与种类。政策有党中央的政策、国家政策、部门政策和地方政策之别,党中央的政策指的是党中央、中共中央办公厅等下发的各种“红头文件”,国家政策是指国务院、国务院办公厅以及各部委联合下发的各种“红头文件”,如中国人民银行、中国证券监督管理委员会、中国银行保险监督管理委员会等联合下发的《关于规范金融机构资产管理业务的指导意见》,就属于国家政策的范畴。一般来说,违反党中央的政策、国家政策的合同,可以认定构成违反公序良俗。而违反部门政策、地方政策如违反各地有关“限购”政策的合同,一般不宜以违背善良风俗为由认定合同无效。在此特别需要注意的是,前述政策不包括司法政策。司法政策是指司法解释以外的诸如会议纪要、领导讲话、指导性意见等各种政策,不能直接作为裁判依据进行援引,但可以作为法官具体分析法律适用时的理由。

二是要区分政策的不同法律意义。缔约时各种政策已经存在,此时考察是否

① 类似的案例还可参见:杨某国、林某坤股权转让纠纷再审审查与审判监督民事裁定书[最高人民法院(2017)最高法民申 2454 号]、福建伟杰投资有限公司、福州天策实业有限公司营业信托纠纷二审民事裁定书[最高人民法院(2017)最高法民终 529 号]、上海佳晔茯清股权投资基金管理有限公司与魏某骥委托理财合同纠纷二审民事判决书[上海金融法院(2018)沪 74 民终 120 号]等。

② 此处的“政策”主要是指各类“红头文件”,不是通常所说的公共政策,因为公共政策就相当于公序良俗或者社会公共利益,违反的结果是导致合同无效。

③ 参见最高人民法院民事审判第二庭编著:《〈全国法院民商事审判工作会议纪要〉理解与适用》,人民法院出版社 2019 年版,第 258 页。

违反政策主要是考察是否构成违背善良风俗,从而是否应当认定合同无效的问题。缔约时政策尚未出台,缔约后出台的,此时违反政策就不是考察合同是否无效的问题,而是要考察是否构成情事变更,从而因素变更或者解除合同的问题。

三是要区分政策的规范对象。在考察违反政策是否违背善良风俗时,也要考察政策的规范对象究竟是禁止从事某类交易行为,还是对某一方主体的资格进行限制,或者是某一类交易的场所、时间、数量等进行限制,从而参照适用前述有关违反规章是否违背善良风俗的判断规则来进行相应的判断。

(二)合同条款的具体、明确和可操作性

合同起草、审查的另外一个目的在于保证合同条款具体、清晰和明确,具有可操作性。换言之,确保合同各方能够按照合同条款的约定来履行各自的义务,最终实现合同目的。下面以买卖合同条款为例来进行简要介绍。

在一份货物买卖交易中,公司律师在起草、审查“货物价款及支付安排”条款时,通常从如下三个方面来考虑:

- 价款金额的确定。是单纯的货物价款还是包含运费、保险、装卸费等在内的全面价款;是固定价款还是可变动、可调整价款(是否存在价款调整机制);是不含税价款还是含税价款,是否包含税率调整机制(交易适用税率发生变化时如何调整);最后还需要仔细核对金额的大小写是否准确等。
- 价款支付安排。付款的主体是谁,是否存在第三方代为付款的情形;付款的条件是什么(是否享有拒绝付款的权利,是否存在货物质量异议期);什么时候付款;付款的方式是什么(一次性分款还是分期付款);发票如何开具,是否作为付款的前提条件;延迟付款如何处理(如延迟付款是否享有拒绝发货权、合同是否有相应的延迟付款的违约责任条款)等。
- 与其他条款的衔接和协调。尽管是在起草或审查价款及支付安排条款,但还是会涉及与合同其他条款的衔接和协调问题。例如,与货物验收、质量异议期条款的衔接,与违约责任条款的衔接等。

最后需要提醒的是,起草、审查合同需要明确站位和立场。上例若是站在卖方(收款方)的立场来考虑,可能就尽量会考虑一次性付款的方式、考虑先款后票方式、减轻延迟付款的法律后果等。反之,则可能考虑分期付款的方式、考虑先票后款方式、加重保证对方延迟付款的措施条款等。

四、撰写和审查合同文字符号

撰写和审查合同文字符号,应当是最后一步,其作用在于保障合同条款的准确

性、严谨性和规范性。其基本的要求在于:适用法言法语,尽量适用封闭式表述,表述措辞无歧义,前后表述统一、规范以及标点、符号适用准确、规范等。笔者将在下一章对此进行详细介绍,在此不再详述。

第二节 合同起草、审查的基本方法

在确定商业(交易)模式或结构以及合同类型之后,直接面临的问题就是如何确定合同的结构和合同条款,在这一阶段我们需要掌握一些合同起草、审查的基本方法。在实践中,主要涉及起草、审查合同结构的基本方法和起草、审查合同条款的基本方法两个方面。

一、合同结构起草、审查的基本方法

对于合同结构的拟定、撰写和审查,基本涉及两个方面:一是了解合同结构的基本模块(合同序言、合同正文和合同尾部),其中合同正文部分通常又可细分为几个子模块(例如交易标的及其交付模块、价款及其支付安排模块、所有权和风险分摊模块、违约责任和违约救济模块以及其他配套模块等);二是在基本维持合同主要模块的逻辑顺序不变的前提下,采用交易流程法对正文部分的交易条款按照交易流程来进行组织。实务中,我们通常会利用可视化的工具将整个交易流程中的核心关注节点以及发生的事项予以明确,作为拟定合同结构的参照。

(一)合同结构的基本模块

在介绍依据交易流程法对合同正文“交易条款”进行组织之前,有必要先来大致介绍一下合同结构的基本模块。[①] 通常而言,一份完整的合同应包括如下三个模块:

- 合同序言:包括合同首部、鉴于条款等;
- 合同正文:包括定义与释义条款、交易条款、特殊条款以及其他配套、通用条款;
- 合同尾部:包括附件与签章。

本书此处所指的合同结构的起草、审查主要限于合同正文中“交易条款”如何组织以及与其他条款的衔接。

---

① 有关合同结构模块的详细介绍,请读者参阅本书“第 11 章 合同的基本结构与主要条款概览”。

（二）合同结构的组织方法："交易流程法"

"交易流程法"的应用颇广，具体应用可以采取"关键节点时间轴图"＋"合同结构表"两个工具。

1. 关键节点时间轴图

所谓"关键节点时间轴图"系笔者在实践工作（无论是非诉或是诉讼）中经常采用的一种方式。简言之，该方法就是通过可视化的方法（这涉及到本书第1章所述的基本辅助技能中的图形可视化的能力），将整个交易按照正常的时间推进顺序（这是人们最通常的思考流程），选取主要的、重大的交易关键节点，并标注各方主要的交易事项（权利义务），可能的风险点以及应对处理措施或方法，直至交易的终结及后续处理。这种方法尤其适用于大型、复杂的交易，可以让律师或法律顾问把握交易整体、交易关键事项，不会出现遗漏。这些重大的交易事项往往可能按照时间顺序组织在合同正文条款中的"交易条款"部分中，从而实现合同交易结构的完整、有序。下面以股权转让（收购）交易为例来进行说明。

【例5－2】　"关键节点时间轴法"在股权转让（并购）交易中的应用

以通常的股权转让（并购）交易为蓝本，一个可视化的"关键阶段时间轴"图例如图5－2。

从图5－2可以看出，对于一个股权转让（并购）交易而言，其核心的几个关键节点是定价基准日、股权交割日、管理权移交日以及或有负债发生日等。因此，在合同正文"定义"条款、"交易条款"模块部分，就需要相应地考虑：

（1）在定义条款中，对定价基准日、股权交割日、管理权移交日以及"过渡期"（定价基准日与股权交割日之间的期间）进行准确定义。

（2）在通常的"标的公司、标的资产及价款"之后，往往会出现两个重要的条款："过渡期安排"条款和"陈述与保证"条款。前者是为了解决过渡期监管事项、损益归属以及"重大不利变化"的问题；后者是为了解决若出现违背陈述和保证的事项以及重大不利变化事项时，如何处理的问题。

（3）针对管理权（或称之为实际运营权）移交，应单列一个"管理权移交"条款，并明确移交时间、移交前提条件、移交内容以及不能完成移交时的处理方法等。

（4）针对实际交割之后，可能出现的或有负债，应单设"或有负债"条款。明确或有负债的确认、赔偿责任期间、责任豁免以及如何赔偿等事项。

最后，还需要在合同正文条款中考虑"交易的先决条件"或"生效条件"，因为

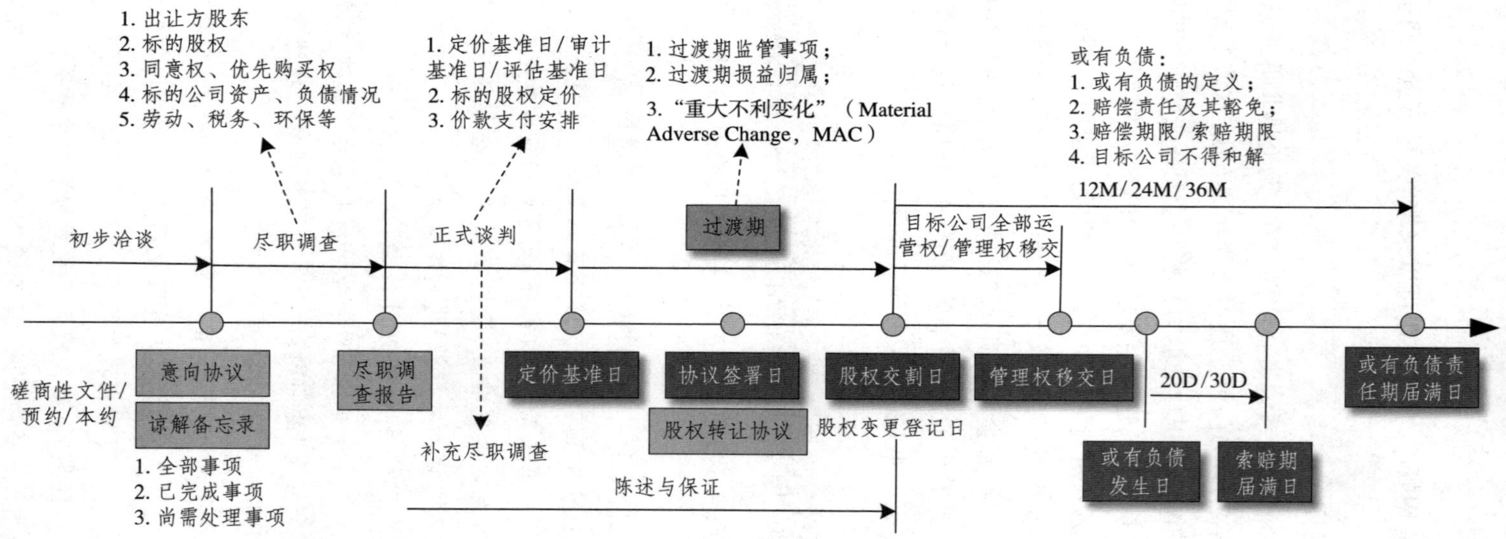

图5–2　股权并购交易关键阶段时间轴

很多大型并购重组交易需要内外部的批准、审批等程序,否则可能导致合同不生效或者效力待定,影响整个交易的进行。

从上例可以看出,案例所涉的条款(事项)都是股权转让(并购)交易所特有的,一般的交易(甚至于简单的股权转让交易)并不涉及。通过梳理整个交易的关键节点以及该节点的交易事项,可以很清晰地看到交易合同起草、审查的要点所在,既有文本条款是否有所遗漏,也就一目了然了。

2. 合同结构表

如果说"关键节点时间轴图"系律师或法律顾问了解交易模式或结构整体的方法,则"合同结构表"这一方法则是将关键节点与合同结构(条款)安排结合起来并予以细化的工具。在实践应用中,这两个工具的使用通常是交叉并行的,而非割裂的。一个"合同结构表"的参考模板如表5-1:

表5-1 确定合同条款组织的工具:"合同结构表"

交易阶段(关键节点)	交易各方			条款	说明
	甲方(收购方)	乙方(出让方)	其他方(目标公司)		
股权定价基准日	标的股权价值确认	目标公司审计、评估	定义条款;标的公司、标的股权条款	列明定价基准日、股权作价及价款支付安排等	
过渡期	甲方的权利	乙方配合义务	监管事项、损益归属以及重大不利变化	过渡期安排条款	列明具体的监管事项、损益归属、重大不利变化规则等
股权交割	甲方的权利	乙方配合义务	目标公司办理变更	股权交割条款	列明目标公司记载股东名称、修订章程及办理登记的义务,乙方协助办理
管理权移交	……	……	……	管理权移交	列明管理权移交先决条件、移交事项等
或有负债	……	……	……	或有负债条款	……
……	……	……	……	……	……

在应用"合同结构表"时,需要注意如下事项:

(1)"合同结构表"的应用主要涉及的是合同结构中的"正文条款"模块中的"交易条款"部分,但也可能会涉及序言条款中的"鉴于条款"。例如,涉及重大的前期的意向性协议、谅解备忘录的介绍就应纳入鉴于条款中。

(2)合同正文条款中的"保证交易进行"的条款,如违约责任、不竞争、通知、变更、解除与终止等通常不受影响;再如,其他"通用"条款,如保密、法律适用于管辖、生效等条款亦不受影响。

(3)此方法适用于主要的、重大的交易阶段(环节)或关键节点,无须将所有的环节或节点都纳入进来,也没有必要。

据此,一个大致的股权转让(并购)交易合同的结构如表5-2所示:

表5-2　股权转让合同的结构

结构	具体条款	说　明
术语定义和释义部分	1. 定义和释义	本条对本协议中使用的特定术语进行定义,对协议解释规则进行明确
目标公司、标的资产及价款	2. 目标公司 3. 标的股权 4. 价格 5. 价款支付	本部分对股权转让或收购的目标公司、标的股权进行明确;对标的股权的收购价款的确定及其支付安排进行约定
陈述与保证	6. 陈述与保证	本条对出让方和受让方的承诺和保证事项进行约定
协议签署后及交割事项	7. 协议签署后事项 8. 过渡期安排 9. 目标公司交割事项及交割先决条件	本部分协议签署后事项主要对协议签署后进一步的尽职调查事项等作出约定;过渡期安排对股权定价基准日与交割日之间的过渡期事项进行约定;目标公司交割条款主要约定进行交割必须满足的先决条件、期限以及对如何具体交割等事项进行约定
保证交易事项进行的约定条款	10. 违约责任及赔偿 11. 不竞争 12. 通知 13. 费用及开支 14. 变更、解除及终止	本部分主要对合同的履行提供保障。譬如,违约责任及赔偿条款、合同变更、解除及终止条款。除此之外,为便于信息送达,还会涉及通知条款以及费用、开支的约定等
其他杂项条款	15. 保密 16. 继任人及受让方 17. 生效 18. 放弃及可分割性 19. 管辖法律及争议解决 20. 其他条款	本部分主要涵盖了保密条款,当事方的继任人以及受让方等,还包括非常重要的生效条款、法律适用、管辖以及争议解决等

最后,需要说明的是,这样的"交易流程法"是动态的,并非固定的,可能在合同起草、审查中还会进行动态调整。这是其一。其二,在实务中,基于经验和总结,针

对某项具体交易的关键节点时间轴和合同结构表，可能已经是成型的东西，此时，律师或法律顾问的工作量就将极大地减轻，只需要在此基础上开展工作即可。这也告诉我们，在日常工作中不是交易完成就完事了，后期的归纳、总结也非常重要。

二、合同条款起草、审查的基本方法

律师和法律顾问进行合同条款的起草、审查工作，需要掌握一些基本的方法。从实践来看，主要包括交易流程法、"沙盘推演"法、"权利义务匹配"法、"4W1H"法以及"金字塔"法。大致的适用参见表5-3：

表5-3　合同条款起草、审查的基本方法

方法	适用情形	适用要点
交易流程法	按照交易流程确定合同结构（哪些条款）以及条款内部的组织顺序	关注主要交易阶段（关键节点）的"分支"流向
"沙盘推演"法	主要适用于条款内部的组织，以及各相关条款之间的衔接安排	假想交易会出现何种情形，并设置如何处理的安排
"权利义务匹配"法	主要适用于条款内部的组织，以及各相关条款之间的衔接安排	按照交易流程将双方的权利义务从时间顺序和匹配上进行"环环相扣"式的组织和安排
"4W1H"法	可以适用于任何条款的具体组织和安排，尤其是单个条款语言逻辑上的组织	从"何人""何时""何地""做什么"以及"如何做"五个维度来组织和安排
"金字塔"法	该方法主要适用于合同具体条款内部的结构化组织	核心的逻辑在于两点：一是一段话、一句话尽量只表达一个意思；二是把所有的意思（表现为段落、句子）按层次和逻辑组织好

下面对上述方法的具体适用进行介绍。

（一）交易流程法与"沙盘推演"法

尽管从较为宏观层面看，交易流程法经常被用于合同结构的组织和确定（主要是合同整体条款的安排），但并不排除将它用于合同条款之间以及条款内部的具体组织安排。例如，在货物买卖交易中，通常会按照货物交易流程来组织合同整体条款（如"货物标的—价款及支付安排—发货—运输—验收—付款"），但在组织撰写或审查某一或某些具体条款（如"价款及支付安排"条款、质量瑕疵条款、违约责任条款）时，也不妨采用交易流程的思维方法来进行组织。例如：

- 付款的条件:买方验收货物、确认无质量瑕疵;卖方开具发票
- 付款的时间:货物验收合格且收到发票后[ ]日内支付
- 付款的方式:银行转账、一次性支付
- 违约责任:质量瑕疵、延迟付款

需要采用交易流程法思考的是,对于每个交易环节或关键节点,都可能存在流程"分支"("是/否"两种可能)。律师或法律顾问在撰写或审查合同条款时,既需要考虑"是"(正常履行)的情况下如何处理,还需要考虑"否"(对方违约、情势变化)的情况下如何处理。从而使得在任何情形下都可以在合同中找到相应的处理结果。例如,在上例中,付款的前提条件若满足"是",则将触发买方的付款义务;若不满足"否",则买方享有先履行抗辩权(拒绝付款的权利)以及触发瑕疵异议条款。若买方在规定时间内付款,则属于正常履行"是";反之,则将触发延迟付款的违约责任条款。

"沙盘推演"法与交易流程法相比较,其本质是一样的,即需要同时考虑正常交易和非正常交易(违约、情势变更等特殊情况)两种路径的"推演"。在正常交易的情况下,合同的约定应该明确在此阶段交易正常履行的情形下,下一阶段或下一步骤将推进什么交易;在非正常交易的情况下,合同应当有相应的救济措施("应急预案")。

应该讲,交易流程法与"沙盘推演"法这两种方法都是结合交易流程(过程)的主要、关键节点和事项,就像"沙盘推演"一样,假想出现什么样的情形,又如何处理。其都是用来解决需要什么条款以及条款的具体内容的。

(二)"权利义务匹配"法

"权利义务匹配"法(也有称为"双扣合理论"①),顾名思义,对于绝大多数双务合同而言,合同一方的权利通常就是合同另一方的义务,因此,在合同条款拟定时通常需要将双方的权利义务进行匹配。该方法是用来解决具体条款内容的组织和安排,与后述的"4W1H"法不同的是,其主要是站在双方权利、义务匹配、配对的角度来组织条款内容。此处的"匹配"意味着两层含义:一是双方的权利义务"环环相扣",即应将双方的义务设置为步步为营地推进,大体上后面的义务以前面对方的义务为前提,合理安排,避免过分失衡。这些步骤安排往往体现在合同履行的时间、期限上的先后顺序上面。二是权利义务与责任相匹配,即不履行义务时应承

① 何力、常金光等:《合同起草审查指南:三观四步法》(第3版),法律出版社2021年版,第42-43页。

担相应的法律责任。例如,在股权收购合同中,收购交易的双方往往根据交易的推进关键节点,匹配性的规定收购方和出让方的权利义务与责任。表5-4是一个简约的例子:

表5-4　"权利义务匹配"法在股权转让合同中的应用

阶段或节点	甲方(收购方)	乙方(出让方)及目标公司
协议生效日	生效日后[　]个工作日内支付第一笔价款(20%)	—
股权内部登记	—	乙方及目标公司修改公司章程、将甲方记载于股东名册
	记载日后[　]个工作日内支付第二笔价款(20%)	—
"最终对价"确认日	—	乙方签署文件确认最终对价
	确认日后[　]个工作日内支付第三笔价款(至最终对价的60%,扣减前两笔价款)	—
股权外部登记(交割日)	—	乙方及目标公司办理完毕股权变更登记
	交割日后[　]个工作日内支付第三笔价款(30%)	—
管理权移交日	—	乙方及目标公司向甲方移交管理权(完整经营权)
	移交日后[　]个工作日内支付第四笔价款(30%)	—
或有负债担保期届满日	—	乙方确认或有负债(若有)
	未发生或有负债或者发生后经扣除后,支付余款	—

由上可以看出,通过"权利义务匹配"法,基本可以做到合同当事方的公平、对等,控制双方的交易风险,避免过度失衡。此外,还需要注意的是,限于篇幅,此表中并未进一步延伸罗列若出现违约的情形时,相应的救济措施(资金托管、担保条款、违约责任条款、合同解除或终止条款等),在实务中需要进一步加以补充和完善。

(三)"4W1H"法

在合同起草、审查中应用的"4W1H"法其实来源于实践中广泛运用的

“5W1H”分析法(“六何分析法”),即何人(Who)、何时(When)、何地(Where)、何事(What)、为何(Why)和如何(How)。用一句话来概括就是:“何人在何时、何地如何做何事以及为何要做此事。”但在合同起草、审查阶段实际基本已经确定交易将要进行,一般来说并不需要去专门写明“为何”要做此事(但在大型、复杂的交易中,往往会在“鉴于”条款中写明“为何”,即有关交易背景和交易目的的介绍,其目的在于合同发生争议时,便于解释)。因此,将为何(Why)这一因素去除后就演变为所谓的“4W1H”法。具体而言:

WHO:何人,包括两个方面,即权利义务的主体(谁具体承担此项义务)和对象(“向谁”),前者更重要。需要说明的是,其中的 WHO 并不限于合同当事方(如甲方、乙方),也可能是合同相关方,还可能是需要指明的合同某一方下面具体负责履行的人员。

WHEN:何时,履行时间或期限。

WHERE:何地,在哪里履行。

WHAT:标的,或具体的对象、范围。

HOW:怎么做,质量标准、验收标准等。

从合同语言表述的角度,也可以理解为,凡是涉及具体权利义务的表述,尽量说清楚上面这几个要素。因此,该方法用来解决具体条款中各方的具体权利义务的约定。一个简单的例子如下:

甲方(WHO)应于 2019 年 10 月 1 日(WHEN)前向乙方(WHO)交付设备(WHAT)。

甲方交付设备地点是:……(WHERE)

设备应符合附件 1 约定的性能标准。(HOW)

(四)“金字塔”法

合同起草、审查中的“金字塔”法实际是借鉴了商业活动中的“金字塔式写作”原则或“金字塔原理”[①](Pyramid Principles),归根结底它是合同条款写作中的一种层次化、结构化的思考、组织技术,可以用于结构化的写作过程。此种方法主要是用来解决合同条款内容的结构层次和组织。其核心的逻辑在于两点:

一是一段话、一句话尽量只表达一个意思。其意味着,尽量避免在一段话或一

① [美]芭芭拉·明托:《金字塔原理:思考、表达和解决问题的逻辑》,南海出版社 2010 年版。“金字塔式写作”源于 Barbara Minto 在麦肯锡早期的研究工作,是一项层次性、结构化的思考、沟通技术,可以用于结构化的写作过程。

句话中表达多重意思、多种权利义务，一个长段或一个长句叫审查人或阅读者很难“一目了然”，影响了阅读的效率和效果。

二是把所有的意思（表现为段落、句子）按层次和逻辑组织好。这层逻辑意味着在合同整体结构方面，需要按照条款的性质、类型，合理地安排前后顺序；在合同具体条款层面，则需要按照逻辑层次结构合理地安排语句，而不是用一个复杂的、难以看懂的长段落或长句来表达。

有关“金字塔式写作”方法的运用实例，详见本书第6章“合同条款的写作技能”。

第6章 合同条款的写作技能

内容概览

毫无疑问，在确定了交易模式、合同类型、合同结构之后，需要做的就是合同条款的具体起草或审查工作。对合同法律师或法律顾问而言，此时就是考验合同写作基本技能的时候了，对于那些具有良好习惯并掌握了合同写作技能的合同法律师或法务人员而言，撰写或审定合同条款将“事半功倍”。本章包含如下内容：

- 合同条款写作的基本要求
- 合同条款写作的基本方法
- 合同条款写作的其他注意事项

第一节　合同条款写作的基本要求

合同条款的写作无疑是合同法律实务中的“基本功之基本功”。事实上，即便是让有多年合同起草和审查经验的合同法律师或法律顾问总结一套合同条款写作的基本原则（要求）、基本方法，也不是一件轻松的事，尽管他们总可以零散地谈及一些要点或注意事项。

就笔者的经验而言，合同条款写作的思想无非涵盖于三项基本要求之下。这三个基本要求可以用图6－1来予以展现：

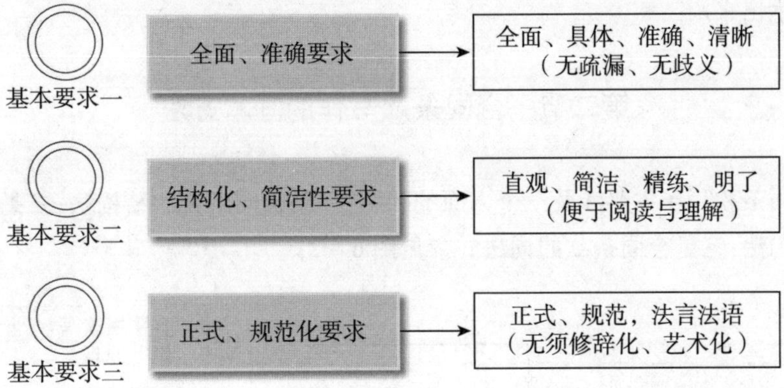

图6-1 合同条款写作的基本原则

第一个层面的基本要求——“全面、准确”要求，意味着合同条款需要准确、清晰、具体，无遗漏、无歧义。这是最起码的要求，也是基础性的要求。因为合同是用来固化交易的，必须达到“把事情讲清楚”的程度，而要达到这一程度，至少应当全面、准确、清晰、具体，不存在重大的疏漏、歧义。甚至于，合同条款表述存在重复、冗余等情况，但只要保持“同一性”（不存在前后冲突、矛盾），且有利于准确全面地界定各方的权利义务的，也并非不可接受。实务中，最怕的情况是，合同条款有所疏漏或者存在理解歧义。

第二个层面的基本要求——“结构化、简洁性”要求，意味着合同毕竟是一个正式、规范的法律文件，若能在不影响“把事情讲清楚”的前提下，也应追求结构、层次清晰，语言表述直观、简洁、精练、明了。因为这既有利于阅读者阅读理解、沟通修改，也便于合同的履行及争议的解决。实务中，最常见的例子就是，用一个复杂、冗长的长段或长句来表述多种法律事项（或权利义务），让人很难阅读理解，更毋论沟通和修改了。

第三个层面的基本要求——“正式、规范化”要求，意味着首先合同表述的语言风格应当是正式、规范的书面语言风格，接近于“法言法语”（尽量使用法律上已有的专门术语或者行业、业界的习惯用语）；其次，合同条款语言无须进行修饰、修辞，更不能艺术化（强调表达的客观、中性）。

从上述三个基本要求可以看出，他们构成合同条款写作要求的整体，密不可分，但也存在某种程度上的递进：要求一是首要的、基础性的要求（“把事情讲清楚”）；要求二更为拔高一点（“简洁地把事情讲清楚”）；要求三则是一个资深的合同法律师的要求（规范、简洁地把事情讲清楚）。这些基本要求尽管谈来比较抽象，但实实在在影响着合同条款的起草和审查工作，因为合同条款写作的基本方法就由此衍生出来。

第二节 合同条款写作的基本方法

合同条款写作主要涉及三个方面的问题:一是合同条款的结构法;二是合同条款的的句法;三是合同条款的词法。参见图6-2:

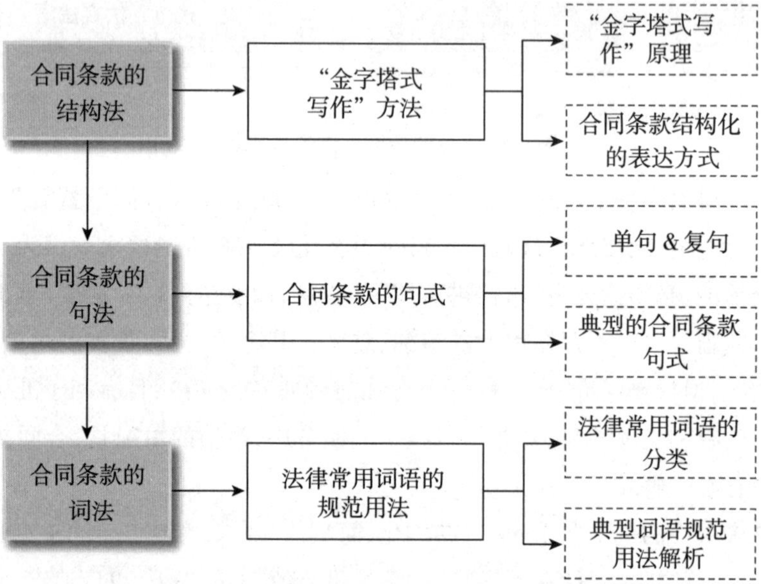

图6-2 合同条款写作的思维逻辑框架

从图6-2可以看出,这三个方面的问题具有"自上而下""从大到小"的思维逻辑结构。

一、合同条款的结构法

合同条款写作的首要问题其实与合同整体结构的首要问题是一样的,即首先需要考虑某一合同条款的结构安排问题,区别在于前者是更为微观的层面,而后者是更为宏观的层面。实务中,在写作较为复杂的法律事项(权利义务)时,最常用的方法就是所谓的"金字塔式写作"法。

(一)"金字塔式写作"原则及合同写作中的应用

在日常生活中,我们与人交流叙述事情的最核心要求就是"把事情讲清楚",合同条款写作亦是如此。因此,在叙述一件事情的时候,为了让别人抓住重点或要点,需要将结论放在最开始的位置。讲了结论之后,再说得出结论的原因或理由,这样有主有次,有论点也有论据,不但叙述很清晰,也会更让人信服。这种“先结论后解释”(自上而下、层层推理)的叙述法被形象地称为“金字塔式”的叙事法,也被称为“金字塔原理”。①

应该讲,“金字塔原理”既是表达和写作的方法(过程),同时又是思考与解决问题的逻辑方法(过程)。在写作领域应用时,“金字塔原理”又被称为“金字塔式写作”原则。但在合同写作领域应用时,并不能机械地照搬“金字塔式写作”的一切原理,应当作适当的调整与修改。图6-3是笔者思考后的一个调整模型。

在图6-3模型中,将“金字塔”原理应用于合同写作领域时,作了如下的一些适度调整:

第一,在第一层级(A),在一般应用时,“金字塔”原理要求——“一篇文章的结构必定只支持一个思想,并出现在文章开头(结论先行)”,但在合同写作时,应调整为一个条款只(或至少做到尽量)叙述一个法律事项(权利义务),并出现在条款的开头。此处的条款开头包括两个层面的意思:一是若可以,尽量给一个合同条款加上条款标题。如“通知条款”(表明该条款是约定合同当事人有关法律事宜通知、法律文件送达的法律事项)。二是在合同中的某一“条”(或者条中的某一“款”)的主干部分只(至少做到尽量)叙述一个法律事项(权利义务)。例如,在“通知条款”的主干部分进行总体叙述:“甲乙双方就合同中涉及各类通知、协议等文件以及就合同发生纠纷时相关文件和法律文书送达时的送达地址及法律后果作如下约定:……。”显然,在这种情形下,第一个层级(A)并非某个事物的结论,而是总体对需要约定的法律事项的叙述。

第二,在第二层级(B、C),调整后的思路同样包含了两层含义:其一,第一层级的法律事项统摄第二层级的法律事项(权利义务);其二,第二层级的法律事项统摄第三层级的法律事项(权利义务)。换言之,可以理解为下一层级的法律事项(权利义务)是上一层级的法律事项(权利)的细分事项或细分情形。例如,在前例“通知条款”中,其第1款约定了合同双方的送达地址(B1);第2款约定了适用的法律事项或文书的范围(B2);第3款约定了地址变更时应履行通知义务(B3);第4款

① “金字塔原理”源于Barbara Minto在麦肯锡早期的研究工作,是一项层次性、结构化的思考、沟通技术,可以用于结构化的写作过程(参见《金字塔原理:思考、写作和解决问题的逻辑》)。我们知道金字塔的形状是上面尖下面宽的三角棱柱体(每个面是三角形),“金字塔原理”式的叙事法是说,我们在叙事、写作时,要在最开头(金字塔的塔尖位置),提出全文的主旨和结论,然后层层分解,一层层地去解释上层的结论,直至最后,所有的基础要点(也就是金字塔的塔底位置),都可以解释得很清楚。这也是“金字塔原理”称谓的来源。

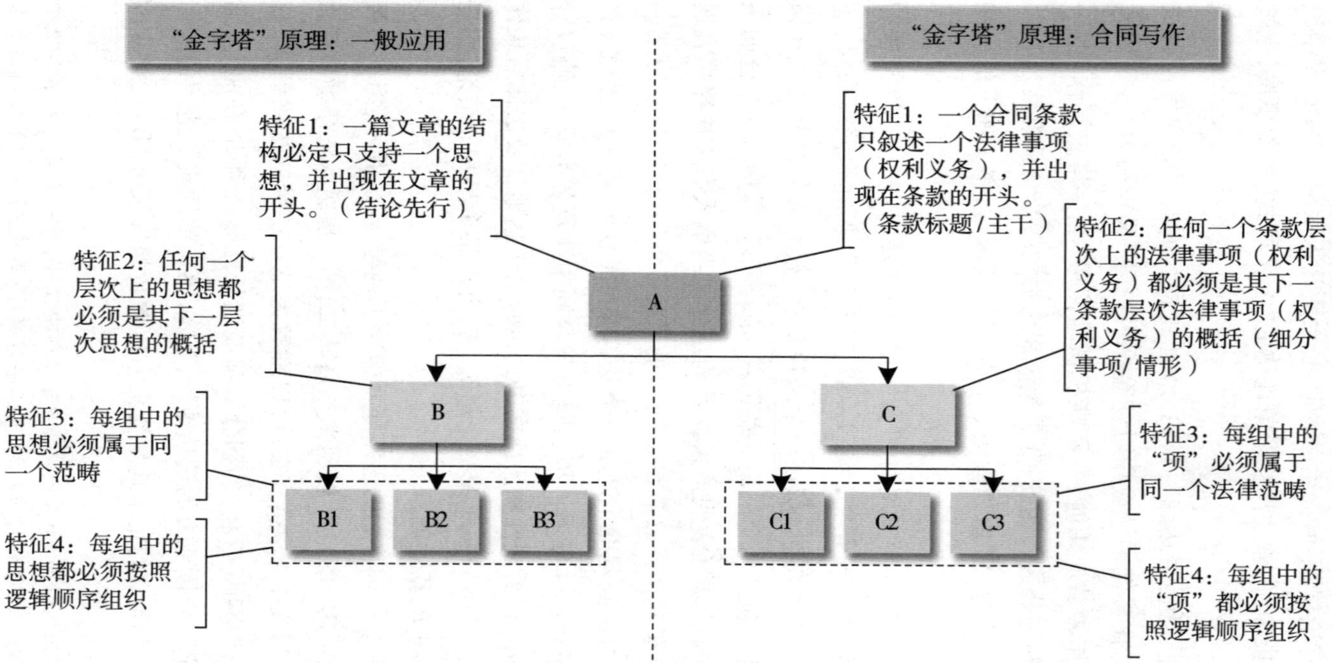

图 6－3 “金字塔式写作”原则的结构模型①

① 参见何力、常金光等:《合同起草审查指南:三观四步法》(第 3 版),法律出版社 2021 年版,第 365 页,图 5－1“金字塔式写作”的四个特征。笔者对此进行了改写和增补。

约定了送达及其法律后果(B4)等。

第三,在第三层级(B1、B2、B3;C1、C2、C3),调整后的思路亦包含两个方面的含义:其一,该层级(图中的“每组”)的法律“项”(可能是更细分的法律事项或情形)必须属于同一法律范畴。例如,在前例“通知条款”中,其下辖的第1款、第2款、第3款和第4款都属于通知和送达项下的事项。其二,该层级(图中的“每组”)的法律“项”必须按照逻辑顺序组织。例如,按照习惯,第1款先约定了送达地址;第2款约定了适用范围;第3款约定了地址的变更;第4款约定了送达的确认及其法律后果,这样层层递进。

事实上我们可以发现,这样的“金字塔式写作”原则并非一个“新鲜”的东西,只不过我们没有主动地将它总结出来并应用于合同的写作,但在立法技术层面毫无疑问早已在应用其原理和精神了。试举两例:

例1:

《民法典》的体例

第一编 总则

第一章 基本规定

第二章 自然人

第一节 民事权利能力和民事行为能力

第二节 监护

……

第三章 法人

……

第二编 物权

第一分编 通则

第一章 一般规定

第二章 物权的设立、变更、转让和消灭

……

……

例2:

《民法典》第570条

有下列情形之一,难以履行债务的,债务人可以将标的物提存:

(一)债权人无正当理由拒绝受领;

(二)债权人下落不明;

（三）债权人死亡未确定继承人、遗产管理人，或者丧失民事行为能力未确定监护人；

（四）法律规定的其他情形。

标的物不适于提存或者提存费用过高的，债务人依法可以拍卖或者变卖标的物，提存所得的价款。

总体上看，“金字塔式写作”原则是一个结构化的逻辑思维方式，其层次化、结构化的表达方式符合前述合同条款写作的基本原则，可以让合同条款简洁、明了，提高起草的效率和效果。

（二）“金字塔式写作”原则的应用实例

下面通过一个大家非常熟悉的“通知条款”来展示“金字塔式写作”方法在合同写作中的应用。

【例6-1】“金字塔式写作”原理在合同条款撰写中的应用

原条款	修订后条款
[X]通知条款 甲乙双方就合同中涉及各类通知、协议等文件以及就合同发生纠纷时相关文件和法律文书送达时的送达地址及法律后果作如下约定： …… X.3 一方的送达地址需要变更时应当履行通知义务，通过以书面形式写就并盖章的方式向对方进行通知。在仲裁及民事诉讼程序时当事人地址变更时应当向仲裁机构、法院履行送达地址变更通知义务； X.4 一方未按前述方式履行通知义务，双方所确认的送达地址仍视为有效送达地址，当事人提供或者确认的送达地址不准确、送达地址变更后未及时依程序告知对方和法院、当事人或指定的接收人拒绝签收等原因，导致法律文书未能被当事人实际接收的，邮寄送达的，以文书退回之日视为送达之日；直接送达的，送达人当场在送达回证上记明情况之日视为送达之日；<u>履行送达地址变更通知义务的，以变更后的送达地址为有效送达地址</u>。对于上述当事人在合同中明确约定的送达地址，法院进行送达时可直接邮寄送达，即	[X]通知条款 甲乙双方就合同中涉及各类通知、协议等文件以及就合同发生纠纷时相关文件和法律文书送达时的送达地址及法律后果作如下约定： …… X.3 <u>送达地址的变更</u> 一方的送达地址需要变更时应当履行通知义务，通过以书面形式写就并盖章的方式向对方进行通知。在仲裁及民事诉讼程序时当事人地址变更时应当向仲裁机构、法院履行送达地址变更通知义务。 X.4 <u>送达及其法律后果</u> X.4.1 一方未按前述方式履行通知义务，双方所确认的送达地址仍视为有效送达地址；<u>履行送达地址变更通知义务的，以变更后的送达地址为有效送达地址</u>。 X.4.2 当事人提供或者确认的送达地址不准确、送达地址变更后未及时依程序告知对方和法院、当事人或指定的接收人拒绝签收等原因，导致法律文书未能被当事人实际接收的： (a)邮寄送达的，以文书退回之日视为送达之日； (b)直接送达的，送达人当场在送达回证上记

续表

原条款	修订后条款
使当事人未能收到法院邮寄送达的文书，由于其在合同中的约定，也应当视为送达； ……	明情况之日视为送达之日。 X.4.3 对于上述当事人在合同中明确约定(或变更后)的送达地址，法院进行送达时可直接邮寄送达，即使当事人未能收到法院邮寄送达的文书，由于其在合同中的约定(或已变更)，也应当视为送达。 ……

评析：在上例中，第X.3款约定送达地址变更时的通知义务；第X.4款约定的是送达及其法律后果。但第X.4款的主要问题是使用一个长段表述了多种情形、多重法律后果，让审查者或阅读者读起来"晦涩难懂"，甚至前后表述上逻辑不自洽，容易引发理解分歧，不符合"金字塔式写作"原则。

修改后的条款采用了分情形、层次化(结构化)的写作方式，整款显得更为清晰、明了，具有层次感，阅读感就较为良好了，虽然在语句文字上几乎没有修改。具体如下：

1. 单列第三层级的第X.4.1条款，明确约定未按约定方式履行通知义务时的法律后果，并将原"履行送达地址变更通知义务的，以变更后的送达地址为有效送达地址"整合在本条款中。原表示采用"；"紧跟在送达日的确定表述之后，让人有些"莫名其妙"，前后逻辑并不自洽。

2. 单列第三层级的第X.4.2条款，约定在送达地址不准确；送达地址变更时，未适当履行通知义务(包括未履行通知义务或不当履行通知义务)以及拒绝签收时，送达日的确定。

3. 单列第三层级的第X.4.3条款，将法院按照合同约定送达地址或变更后的地址送达，即便未实际送达也视为送达。

(三)合同条款结构化的表达方式

在"金字塔式写作"原则的指导之下，具体组织合同条款的结构，并用适当的表达方式来具体表达出来，也是非常重要的基本功。实务中，最主要的几种表达方式包括：正向表达、反向排除、概括表达和列举表达。

需要说明的是，这些表达方式既可以单用，也可以混合适用(尤其是涉及各种法律事项或权利义务的合同条款)，这是其一。其二，这些表达方法并不冲突，也不存在所谓的不能共用问题，它们仅仅是阐述的角度不同而已。其适用要点参见表6-1：

表 6-1　合同条款的表达方式

表达方式	适用情形
正向表达	最为常见、使用频率很高(也是大家最为习惯的)的表达方式。常采用概括表达来进行,也可能采用"概括表达+列举表达"的组合来进行
反向排除	通常作为正向表达的补充,尤其是需要从"概括表达"中排除某些特定项目或特定情形时可以结合适用
概括表达	概括表达也是使用频率很高的表达方式,其主要是将法律事项的本质、内涵、内容、共同特性等通过概述性的语言简明地表达出来,是所谓的"面"的层次
列举表达	列举表达通常作为概括表达的补充,特别是概括表达比较抽象、不具体时,通常采用列举各个法律事项、各种法律情形(至少是主要的、重大的事项或情形)的方式予以补充,是所谓的"点"的层次

对于上述四种表达方式,可以概括为:正向表达和反向排除,是正和反的配合,或者是互斥的关系;概括表达和列举表达,是面和点的关系。

此外,在应用上述表达方式撰写合同条款时,还需要注意的是,正向表达可能仅采用概括表达来进行,也可能采用"概括表达+列举表达"的组合来进行,这是其一。其二,反向排除作为单独表达并非不可以,它往往适用于正向表达(概括表达)较难定义或阐述清楚,以及列举表达不太容易穷尽或者尽管可以列举但不足够具体而反向排除事项则可以较易穷尽的情形。下面笔者用一个保密信息的客体定义的条款来进行说明。

【例 6-2】　保密信息条款:正向定义(概括表达+列举表达)+反向排除

X	保密条款
X.1	保密信息
X.1.1	保密信息,系指一方直接或间接向另一方以口头或书面或其他方式披露的与工作有关的、标示为"秘密"的所有信息。包括但不限于: (a)文件、协议、记录和笔记; (b)电传、电报、数据电文; (c)编辑、研究报告; (d)其他信息。

续表

X.1.2	虽有第X.1.1条款规定,但保密信息不包括如下信息: (a)披露之时已经进入公共领域的信息; (b)披露之后非因信息接受方违反本保密义务而为公众所知晓的信息; (c)披露之时已为信息接受方拥有的信息; (d)披露之后由不承担保密义务的第三方披露给信息接受方的信息; (e)根据适用的法律、证券交易所法规或政府命令、法令或法规条例要求信息接受方披露的信息,但信息接受方应尽力在披露前迅速书面通知信息披露方。
…	……

评析:本例中的"保密信息"条款采取了"正向定义(概括表达+列举表达)+反向排除"的混合表达方式来对保密信息进行界定。其中:

第X.1.1条款采用了正向表达的方式来界定保密信息,同时也表现为概括表达(保密信息系指,一方直接或间接向另一方以口头或书面或其他方式披露的与工作有关的、标示为"秘密"的所有信息)和列举表达[包括但不限于:(a)文件、协议、记录和笔记;……]相结合的方式。

第X.1.2条款在正向定义的基础上,将需要排除在保密信息之外的信息,采用反向排除的表达方式予以明确。

二、合同条款的句法

(一)什么是合同条款的句法?

"句法"("句法结构")在语言学上是指研究句子的各个组成部分和它们的排列顺序,即词、词组(短语)组成句子的结构,其研究的对象就是句子(可以分为单句和复句)。例如,"主语+谓语+宾语"("主谓宾")就是最常见的一种句法结构。在合同条款的句子中,通常采用长单句和复句来进行表达,因为它们可以提供更为充分的信息,可以更充分地表意。

1. 合同条款中的长单句

长单句是由词语或短语构成,比普通单句有更多的句子成分、更复杂的结构、更多的信息,但句中没有分句的单句。在长单句中,主语、谓语、宾语构成了权利义务的基本框架,定语、状语、补语使权利义务更为具体、明确("主谓宾定状补")。而要包含如此多的信息,合同自然需要大量使用长单句。由于合同中一般采用陈述句,其句子成分比较齐全而且多由短语构成。尤其是其辅助句子成分,甚至采用结构复杂的多层定语、多层状语,增加了句子的篇幅。例如:

在收到乙方具体的模具加工任务联系单后,甲方必须以自身的技术力量及设备,按照乙方所提交的技术参数、质量标准、工期要求等履行合同。

在上句中,核心的句法结构是“甲方履行合同”(这是一个最基本的主谓宾结构的单句),但通过在句首增加表示时间的状语(在接到乙方具体的模具加工任务联系单后)、在谓语(履行)前增加表示条件的状语(必须以自身的技术力量及设备,按照乙方所提交的技术参数、质量标准、工期要求等)限定了甲方的义务,使得合同条款的句子变长、变复杂,但更为精准、明确、具体。

尽管如此,长单句由于比较长、比较复杂,如果运用不当,则可能导致前后连贯性差,容易引发歧义,这是其一。其二,也不便于阅读、理解和修改。因此,需要把握句子“主干”或核心的句法结构的完整、清晰;此外,要尽量避免前后的语法错误,甚至出现权利义务错位。故此,必要时,可以按照“金字塔式写作”原则将长单句转换为结构化的短句。

2. 合同条款中的复句

复句由两个或两个以上意义相关,结构上互不作句子成分的分句组成。分句是结构上类似单句而没有完整句调的语法单位。复句中的各个分句之间一般有停顿,书面上用逗号、分号或冒号表示;复句前后有隔离性语音停顿,书面上用句号、问号、叹号或省略号结束。语法上指能分成两个或两个以上相当于单句的分段的句子。在合同条款撰写中,复句也是使用频率很高的句子,尤其是表达多个法律事项或权利义务时。例如:

若在本合同履行期间乙方严格履行了本合同约定义务且该部分合同履约保证金有剩余的,自工程验收或竣工验收合格之日起 15 天内由甲方将剩余部分不计息支付给乙方。

这是一个合同条款中比较常见的条件复句,但有些时候附加的条件很多,在一个单一的复句下很难表达时,通常会将其转换为结构化的条款。例如:

在以下先决条件获满足,且按买卖双方另行约定的时间(“交割日”)及方式,买方和卖方同意完成目标公司完整运营权的交割:

(1)在卖方配合下,买方申报的包括本协议项下的交易已经通过经营者集中审查申报,但如果有任何条件及限制包括在有关批准之内:

(a)买方有权基于其自身合理的商业判断以决定接受该等条件或限制;

(b)卖方有权基于其自身合理的商业判断以决定接受该等条件或限制。

(2)在买卖双方的配合下,目标公司申报股东变更已经获得所必需的中国政府部门的批准或备案。

(3)目标公司已经完成了企业法人营业执照变更登记,买方已被登记为持有目标公司[ ]%股权的股东。

(4)买方已经取得因股权转让所需的国家外汇管理局及其各地分支机构批准并备案境外投资者转让所得资金汇出境内和外汇转股变更登记信息表。

需要注意的是,在复句转换时,一般不建议使用超过三层以上的结构,因为缩进的结构太多,其实也会带来阅读上的不便利。

(二)典型的合同条款句式

在研究合同条款的句式时,一些合同法律师总结了一些典型句式或常见句式。例如,高云在其《思维的笔迹(上):法律人成长之道》中总结了"文句四要素"法;何力、常金光等在其《合同起草审查指南:三观四步法》中总结了合同典型句式的"三三制"结构;吴江水律师在其《完美的合同:合同的基本原理及审查与修改》中也总结了合同的常用句式(否定句、被动句、但书等法律语言句式)。这些方法总结得各有特点,但总体思路无非语言语法中的"主谓宾定状补"句法结构在法律文书写作的具体应用罢了。限于篇幅,在此仅作简要介绍。

1."文句四要素"法

在法律文书写作方面,西方著名的法律作家乔治·库德(George Coode)曾于1843年发表论文《论立法的表达或书面法律的语言》(On legislative expression, or the language of the written law),首次提出了法律文句的"库德四要素"概念 。他认为,每一文句应当包括如下四种要素:

- 对法律对象的描述;
- 对法律行为的阐述;
- 描述限制该法律行为的情况;
- 法律行为的运行情况的条件。

中外语言规范存在较大差异,"库德四要素"并不适用于我国的法律文书写作。根据我国司法实践,提炼后的"法律文句四要素"写作原则,可以适用于日常的法律文书写作当中。

这个原则的核心意思是,一个标准的法律文句应当包括如下四个要素:

主体+条件+行为+对象

参见如下几个典型的例子:

<u>乙方</u>	<u>承担</u>	<u>本合同所述标的债权转让过程中发生的</u>	如下	<u>费用</u>。
主体	行为	条件		对象

若乙方存在本合同7.1条所述情形之一者，　甲方有权　解除　本协议。

条件　主体　行为　对象

甲方　仅在向甲方付清全部转让对价款后　方有权向　乙方　提出　协助要求。

主体　条件　主体　行为　对象

(1)主体,包括了行为的实施主体和接受主体,例如合同中的双方。

(2)条件,指主体、行为或者对象的具体情况,包括了无条件、有条件、除外条件以及假设性条件总共四类条件,例如某些特定事实、特定行为、特定范围、期限、时间等。

(3)行为,指发生在主体之间的、可以衡量和判断的具体行动,包括主动行动、被动行为和默示共三类,例如货物或文件移交、款项支付、声明陈述、通知签发、文件签收等。

(4)对象,指行为所指向的对象,例如双方签订的合同、移交的货物、支付的货款、发出的通知等。

在行文当中,四要素的排列位置和顺序,可能会因陈述的需要,灵活调换位置,或者因为简略而被省略。①

2."三三制"结构法

在《合同起草审查指南:三观四步法》一书中,何力律师等总结了典型句式的"三三制"结构:第一个"三",是指该典型句式由"条件成分+基本句+补充成分"三个板块组成;第二个"三",是指基本句由"主体+性质+行为",即"谁+有权/有义务+做什么"三个板块组成。上面说的成分在语法中,有可能是一个分句,也可能是个状语。也就是说,上述划分的依据主要是实质内容结构,而不是语法。条件成分有可能放在基本句的后面(后置条件),此时仍作为"条件成分"的一种形式。②参见如下条款:

甲方收到客户支付的首笔货款后三日内,甲方应向乙方支付提成,但该客户不属于乙方客户时除外。其中:

第一个"三",是指"甲方收到客户支付的首笔货款后三日内"(条件成分)+"甲方应向乙方支付提成"(基本句)+"但该客户不属于乙方客户时除外"(补充成

① 参见高云:《思维的笔迹(上):法律人成长之道》,法律出版社2013年版,第190-191页。

② 参见何力、常金光等:《合同起草审查指南:三观四步法》(第3版),法律出版社2021年版,第374-376页。

分)。需要说明的是,此处的条件成分,意指“在什么情况下”,可能是时间、期限条件(如:××后三日内),也可能是其它性质的前提条件(如:未经甲方同意)。条件成分一般放在基本句前面,但有时也放在基本句的后面。条件可以是单条件,此时条件可以细分为肯定条件(如“假设式”“期限式”“无论式”“否则式”)和否定条件(“除非式”);也可以是多条件,此时条件可以细分为“同时符合式”、“选择式”和“比较式”。此处的“补充成分”并非必然是汉语语法意义上的“补语”,而是指在合同表达习惯上,常常在句式的后面增加、补充的分句。其内容一般是对基本句中某一成分的补充、完善说明。

第二个“三”,是指“甲方”(主体)+“应”[性质(有权/有义务)]+“向乙方支付提成”(行为)。需要说明的是,主体部分有可能直接是“人”,即以某一方为主语,直接表示某一方的权利义务,也可能是以“物/权利”等为主语,间接描述权利义务。“性质”就是指这究竟是权利还是义务。权利可以放弃、可以不行使,而义务必须履行,否则即为违约。因此“性质”部分最重要的就是要明确界定是权利还是义务。权利的关键字是“有权、可以”或“享有××权利”,义务的关键字是“应该、必须、不得”等。这里的“行为”不是指日常意义上的“行为动作”,而是指一个具体的权利义务内容,可能是一种行为,也可能是一种权益,或是对某一事项的说明。“行为”部分重要的是:尽可能具体、明确地说明权利义务的具体内容。

还需要强调的是,实务中的合同句式可能会比最典型的“三三制”结构略为简单。例如:

(1)仅有基本句。如甲方自行承担物业费用。

(2)条件+基本句。如甲方收到客户支付的首笔货款后三日内,甲方应向乙方支付提成。

部分条件也可能放在基本句后面,变成“基本句+后置条件”的结构。例如,租赁房屋使用过程中发生的费用均由承租方承担,除非双方另有约定。

(3)基本句+补充成分。如甲方应在与客户签约的三日内向乙方支付提成,提成应按签约金额的3%计算。

作为一个正常句子,至少应该有基本句板块,因为基本句才是一个完整的句子。

笔者认为,典型的“条件成分+基本句+补充成分”句式,除非是单条件成分、单补充成分,否则这样的句式会很难用一个复句来表达;即便可以表达出来,也较难进行阅读、理解和修改。故此,此种情形下,通常会将其按照结构化、分层次的思路进行表达。

3."偏正式结构"句式及其引发的歧义

实务中,汉语表述或表达容易引发歧义的很多,但"偏正式结构"句式[①]却是最容易引发歧义而不自知的句式之一,主要体现的情形见表6-2:

表6-2 "偏正式结构"句式表述引发的歧义

原条款	引发的歧义	修订后条款
甲方应向乙方提供最新技术信息	甲方应提供的是"关于技术的信息"还是"技术+信息"不清楚	甲方应向乙方提供最新的技术和信息
甲方负责提供原料和设备的检验	甲方的检验义务究竟是单指设备,还是原料和设备都包含,不够明确	甲方负责原料的提供和设备的检验,或者甲方负责对原料和设备进行检验
若两个以上公司的员工未被告知……	到底是"两个以上公司"还是"两个……员工"	若公司的两个以上的员工未被告知……
本合同签订后30日内,乙方向甲方下达订单,支付货款	下达订单的时间与付款时间是否都受"签订后30日内"的限定,不够明确	本合同签订后30日内,乙方向甲方下达订单,并支付货款

上面这些"偏正式结构"(前三个例子都是"定中结构"引发的歧义;最后一个例子是"状中结构"引发的歧义)可以通过调整句子结构、调整表述方式、增加修饰语等方式来消除歧义。但比较难的在于,撰写人或者审查人要能对"偏正式结构"保持一定敏感,知道这种结构极容易出现歧义,能够发现其中的歧义。发现歧义之后,消除歧义反倒是简单的事情。

三、合同条款的词法

(一)合同条款中法律常用词语的分类

汉语的词汇、词语无穷无尽,合同条款中的词汇、词语亦是如此,重要的词汇、词语繁多,如何应用又与日常用语略有不同。实务中,一方面需要关注合同条款中经常使用的重要词汇、词语(短语);另一方面需要注重"法言法语",通常可以参考《立法技术规范(试行)(一)》(法工委发〔2009〕62号)、《立法技术规范(试行)

① "偏正式结构"是由修饰语和中心语组成的、结构成分之间有修饰与被修饰关系的短语。该句式前偏后正,"偏"修饰、限制"正"。偏正结构有两种:(1)定中结构:修饰词语是定语,被修饰词语是中心词语(在句子中可充当主语或者宾语);(2)状中结构:修饰词语是状语,被修饰词语是中心词语(在句子中可充当谓语)。

(二)》(法工委发〔2011〕5号)中的法律常用词语规范。在此基础上,可以将合同条款中常用词语总结为三大类,具体分类见表6-3:

表6-3　合同条款中法律常用词语分类

类　别		常用词语
第1类:具有明确含义的常用法律词语(短语)	1.1　表达权利义务的词语	如“应当,必须”“不得,禁止”**“有权,可以”“负责”**“承担,负担”等
	1.2　表达关系的关联词	如**“和,以及,或者”“和/或”**“并且,及,以及”“包括”**“包括但不限于”**“指”“仅限于”等
	1.3　表达转折关系的关联词	如“但是,但”“然而”“可是,只是,仅仅是”等
	1.4　表达排除、例外关系的词语或短语	如“除……外,除……以外”
	1.5　援引法律或其他依据的词语	如**“依照,按照,参照”“依据,根据”**“就”“关于”等
	1.6　表达制定、约定的词语	如“规定”“制定,制订”“约定”等
	1.7　规范年龄、时间、期限、尺度、重量等本身及其数量关系的词语	如**“以上,以下,以内,不满,超过”“日,工作日”**等
第2类:容易混淆误用或模糊不清的词语(短语)	2.1　与担保相关的词语	如“定金、订金、押金、保证金、质保金”“担保、抵押、质押、保证”等
	2.2　与债权债务、财税相关的词语	如“账,帐”“缴纳,交纳”“抵销,抵消”等
	2.3　与合同签订、履行相关的词语	如**“签订、签定”**“中止、解除,终止”
	2.4　与具体行为相关的词语	如**“作出,做出”**“批准,核准”“注销,吊销,撤销”
	2.5　与法律主体、财产权利的设置相关的词语	如“权力,权利”“设定,设立”“股权,股份,股票”“财产份额”“基金份额”“出资,投资”“合伙”等
	2.6　含义模糊不清的词语,多见于副词和形容词	如“立即,马上,尽快,第一时间”“重大,重要”“恶意,故意”“一般,原则”“合理,适当”等
	2.7　带有主观要件的词语	如“恶意、故意”“擅自”“拒绝”等
第3类:其他常用词语	—	如**“其”**(代词),“视为……”“代理”“违法,非法”“会同,商”“公布,发布,公告”“谋取,牟取”等

(二)合同条款中法律常用词语的规范用法

限于篇幅,笔者将选取表6-3中日常工作中最常犯错、误用、引起混淆的部分词语进行介绍。

1."有权,可以"与"负责"

在合同条款中经常会使用"有权""可以",主要用来表述某人或某组织享有什么权利。这两个词基本可以等用,既然是权利,就可以行使也可以不行使。而"负责"则一般用于表述义务、责任、负担等,有时也用"承担"来表述义务。例如:

甲方代表或监理单位发现乙方采购并使用不符合设计或合同要求的材料时,有权要求乙方负责更换、拆除或重新采购,并由乙方承担因此发生的费用,延误的工期不予顺延。

设备达到交货地点后的卸车由乙方负责,卸车费由乙方承担。

2."和,以及,或者"与"和/或"

首先,"和"用于连接并列句子成分,其前后成分无主次之分,互换位置后在语法意义上不会发生意思变化,但是在法律表述中应当根据句子成分的重要性、逻辑关系、先后顺序或者用语习惯排序。例如:

甲方应在安排好设备安装场地、做好安装准备之后,以发货通知单形式通知乙方到货时间,乙方应根据甲方通知的时间将设备运至指定地点,以保证设备得以及时交付、验收和安装。

其次,"以及"或"及"用于连接并列句子成分,其前后成分有主次之分,前者为主,后者为次,前后位置不宜互换。例如:

甲方转让给乙方的标的股权是甲方在目标公司的真实出资,是甲方合法拥有的股权,且具有完全的处分权。该等股权未被人民法院冻结、拍卖,没有设置任何质押、担保以及其他可能影响乙方或第三人利益的权利负担。

再次,"或者"表示一种选择关系,一般只指其所连接的句子成分中的某一部分。例如:

若不可抗力事件导致的延迟超过连续[　]天,协议各方应通过友好协商的方式解决本协议未来履行的事宜,或者任何一方可以通过书面通知的方式送达另一方终止本协议。

最后,"和/或"是合同条款中经常使用的一个连接词,也是较难理解和应用的一个连接词。其表示前后成分的关联可以是并列关系,也可以是选择关系。其中的"/"相当于"或",意指选择。采用"和/或"的表述实际是将多种由"和""或"连

接的情形组合在一起表达,可以使得句子显得精练、简洁。例如:

本合同正文中和/或合同附件中就同一事项或同一违约行为的约定不一致的,甲方有权选择适用。

上述例子实际可以具体解释为如下三种情形:

情形1(表示并列关系,正文与附件不一致):本合同正文中和合同附件中就同一事项或同一违约行为的约定不一致的,甲方有权选择适用。

情形2、3(表示选择关系,正文内部不一致或者附件内部不一致):本合同正文中或合同附件中就同一事项或同一违约行为的约定不一致的,甲方有权选择适用。

3."包括但不限于"

"包括但不限于"属于合同条款中的常用短语,表示前面的成分包括后面所列举的成分,但不限于后面所列举的成分,即作扩张解释。

就一方权利而言,通常可以考虑使用"包括但不限于",因为作扩张解释时更为有利;但就一方义务或责任而言,若随便使用"包括但不限于"则对己不利了,此时可以使用"包括"或者使用"仅限于"的反向表述。例如:

卖方合法拥有本协议项下之目标股权,并享有完全的占有、使用、支配、处分及收益的权利,具有以其自身名义转让目标股权的权利能力和行为能力,目标股权无任何瑕疵,未在任何时间以任何形式设定质押及/或其他任何性质之权利限制(包括但不限于担保、诉讼、仲裁、权属争议、权利主张等)或作出任何有关给予设立任何权利限制的协议或承诺。

需要提请注意的是,若使用"包括"时,还需要查明合同"释义"条款的有关约定。因为有些合同的"释义"条款中会将"包括"解释为"包括但不限于"。例如,约定为"协议中'包括'应解释为'包括但不限于'"。故一般不建议在"释义"中作这样的解释,推荐的做法是解释"包括"一语具有"含"的含义,并采用"包括……,但……除外"的句式来对需要排除的事项进行排除(后面的但书部分)。

4."依照,按照,参照"与"依据,根据"

对于"依照,按照,参照",以法律法规作为依据的,一般用"依照";"按照"一般用于对约定、章程、规定、份额、比例等的表述;"参照"一般用于没有直接纳入法律调整范围,但是又属于该范围逻辑内涵自然延伸的事项。有关例子如下:

国务院和地方人民政府依照法律、行政法规的规定,分别代表国家对国家出资企业履行出资人职责,享有出资人权益。

投保人可以按照合同约定向保险人一次支付全部保险费或者分期支付保险费。

本法第二条规定的用人单位以外的单位,产生职业病危害的,其职业病防治活动可以参照本法执行。

对于"依据,根据",类似于"依照,按照",一般"依据"的是法律法规或其他规定,"根据"的是事实或事物。

5."以上,以下,以内,不满,超过"

"以上,以下,以内,不满,超过"这些词语用来规范年龄、期限、尺度、重量等数量关系。涉及以上、以下、以内、不满、超过的规定时,一般情况下"以上、以下、以内"均含本数,"不满、超过"均不含本数。例如,《民法典》第1259条规定:民法所称的"以上""以下""以内""届满",包括本数;所称的"不满""超过""以外",不包括本数。但这仅适用于民法领域。在商法下(如《公司法》)或其他单行法下,是否仍然需要适用这一规定,仍存在争议。因此,建议在合同的"释义"条款中对这些用语进行定义(是否包含本数),或者在具体条款中使用"××及以上"或"××以上(含××)"的表述,以避免引起争议。

至于实践中合同约定的"以前""之前"等是否包含本数的争议,详见后文有关时间、期限的写法部分。

6."日,工作日"

"日"和"工作日"在法律时限中的区别是:"日"包含节假日,"工作日"不包含节假日。对于限制公民人身自由或者行使权力可能严重影响公民、法人和其他组织的其他权利的,应当用"日",不用"工作日"。因此,若合同当事人关于履行期限或期间欲排除节假日的,应采用"工作日"或"营业日"的表述。

7."签订、签定"

"签订"和"签定"基本可以混用,常见的习惯表述是"签订"(如《民法典》第221条、第491条);"签定"的表述较为少见,但也并非不可[如原《外资企业法》(2016年修正)第12条]。笔者建议一般使用"签订"。

8."作出、做出"

"作出"与"做出"在使用中常常区分不清楚。根据《立法技术规范(试行)(二)》(法工委发〔2011〕5号)的解释:"作出"多与决定、解释等词语搭配使用;"做出"多与成绩等名词词语搭配使用。有关示例如下:

农村土地承包仲裁委员会对回避申请应当及时作出决定,以口头或者书面方式通知当事人,并说明理由。(《农村土地承包经营纠纷调解仲裁法》第29条第1款)

最高人民法院、最高人民检察院作出的属于审判、检察工作中具体应用法律的

解释,应当自公布之日起三十日内报全国人民代表大会常务委员会备案。(《各级人民代表大会常务委员会监督法》第31条)

对在社会主义建设中做出显著成绩的残疾人,对维护残疾人合法权益、发展残疾人事业、为残疾人服务做出显著成绩的单位和个人,各级人民政府和有关部门给予表彰和奖励。(《残疾人保障法》第13条)

国务院和沿海地方各级人民政府应当加强对海岛保护的宣传教育工作,增强公民的海岛保护意识,并对在海岛保护以及有关科学研究工作中做出显著成绩的单位和个人予以奖励。(《海岛保护法》第7条第1款)

但上述的解释尚不足以区分两者的所有用法。依笔者的经验,两者还存在如下区别:

"作出"通常表示主观愿望,具有抽象性。"作出"的主语多为组织,所表述语义多是对他人进行指示或提出要求。比如,"作出规定""作出选择""作出战略部署""作出指示""作出决策""作出判断""作出处罚"等。

"做出"通常表示具体事务,具有客观性。"做出"的主语多为具体的人,所表述语义一般不对他人作出指示或提出要求,多是某个具体的人做出了某项事情、事务。比如,"做出回答""做出贡献""做出成绩""做出榜样""做出高难动作"等。

9. "其"

在现代汉语语境中,"其"作第三人称代词,相当于"他(他们)""它(它们)",在合同条款中其实使用是比较频繁的。需要注意的是,在使用时应避免出现指代不明的情况。例如:

甲方发现乙方或其客户不遵守本协议第[ ]条约定的渠道管理要求的,有权要求其采取本协议第[ ]条约定的措施。

上述条款中的两个"其"(特别是第二个"其")到底是指谁存在争议,改为"甲方发现乙方或乙方客户不遵守本协议第[ ]条约定的渠道管理要求的,有权要求乙方采取本协议第[ ]条约定的措施"更为妥当。

第三节 合同条款写作的其他注意事项

除了本章第一、二节所述的合同条款写作的基本要求和基本方法之外,实务中还存在一些其他的注意事项。

一、合同条款中代称的写法

关于合同条款中代称(又称为别称、简称等)的使用,通常存在两种情形:一是对于合同当事方或其他相关第三方的代称;二是对特定事物、事项、日期等的代称。

(一)合同当事方等主体代称的写法

首先,在合同的首部,需要写明合同当事方,为简便合同表达和阅读,一般会对合同当事方设定一个简称或别称。例如,将某当事方称为“甲方”,另一方称为“乙方”;在英文合同中,则用“Party A”和“Party B”来代称。一般情况下,拟定合同方习惯将自己一方拟定为“甲方”或“Party A”。在确定简称时,应在合同第一次出现该当事人名称时设定,这样可以保证需要使用该当事人名称时,可以以该简称替代,保证简称的作用和合同的严谨性。设定简称的格式一般是括号内用双引号突出显示。

其次,根据合同(交易)的性质以及当事人的身份,并不需要一概设定为“甲方”和“乙方”。例如,在产品买卖合同中,可以设定为“卖方”和“买方”;租赁合同的双方可以设定为“出租方”和“承租方”;股权转让合同的双方可以设定为“出让方”和“受让方”;商标许可使用合同的双方可以设定为“许可方”和“被许可方”等。但一旦选定,应在整个合同中统一使用,切忌前后不一致,不能某些条款使用“甲方”和“乙方”,而在另外一些条款使用“卖方”和“买方”。

再次,在使用代称或别称时,一定要小心使用法定术语作为代称或别称。例如,除非一方当事人在法定上就是承包人,否则不要将“承包人”作为其别称。同样,除非你想让一方当事人成为法定上的代理人,否则不要称其为“代理人”。因为“代理”一词在法律上具有特定含义(参见《民法典》总则编第7章“代理”),对各当事人的权利义务具有实质影响。甚至于合同当事方为了避免双方之间的关系被误解为“代理”,在合同中还采纳“双方非代理关系”的专门条款。

最后,在合同表述中还可能对任何一方或所有的合同当事方规定权利和义务,此时,可以在首部条款中增加如下的条款:上述签约方单独称为“一方”或统称为“各方”。

(二)特定事物、事项或日期等代称的写法

在合同中可能会出现对特定事物(如股权转让中的“标的股权”)、事项(如股权并购中“通过经营者集中审查申报”)或日期(如股权并购中的“定价基准日”“交割日”“过渡期”)赋予代称或别称的情况。例如:

通过经营者集中审查申报,系指商务部及/或反垄断局根据《反垄断法》《国务院关于经营者集中申报标准的规定》及相关法律法规,就本协议项下交易及有关关联公司股权转让签发或视作签发或同意的批文、确认书或不反对书(包含有任何条件及限制)。

(三)合同条款中赋予代称的方法

实践中,在合同条款中赋予代称的方法通常有两种:

一种方法是,若某种特定用语需要界定的含义较为简单,不存在较大争议,使用数量较少时,可以直接在该用语第一次出现的条款中赋予代称或简称。例如:

××有限责任公司(以下简称"目标公司"),系依据中华人民共和国法律注册成立的有限公司……。

另一种方法是,若某种特定用语需要界定的含义较为复杂,使用数量较多时,应在合同正文部分开始时单列第一条"定义和释义"条款(若该条款太过冗长,也可作为合同附件处理),将合同中特定用语或术语予以特别定义。一般是在大型复杂的工程项目、投融资、并购重组合同中使用该方法。

事实上,上面两种方法在合同中甚至是可以混用的,并不互斥。

二、合同条款中引用法律名称的表述

依据《立法技术规范(试行)(一)》(法工委发〔2009〕62号)的规定,引用法律名称的表述规则如下:

第一,引用具体法律时,所引用法律的名称用全称加书名号。例如,商业银行的组织形式、组织机构适用《中华人民共和国公司法》。

第二,引用《中华人民共和国宪法》时,不用全称,也不加书名号,直接表述为"宪法"。

三、合同条款中条款标题、小标题、副标题的写法

实务中,英文合同需要详细区分使用合同的标题(title)、条款标题(headings)、副标题(sub-heading)和小标题(subtitle),中文合同虽越来越倾向采用阿拉伯数字编排合同条款序号但合同的各类标题如何撰写仍然是中文合同不可回避的问题。尽管合同的各类标题通常在"释义"条款中被解释为"本协议所有的标题、题目、索引、副标题、小标题仅为方便阅读而加入,概不限制、改变或影响本协议的诠释和执行"。

在撰写合同及其条款的标题时,需要把握的基本原则是:第一,清晰、明确地表明所述条款的主旨(主题)或内容是什么(通俗地讲就是告诉阅读者本条款做什

么);第二,精练、简短。标题的用语不宜过长,通常不超过10字,否则就成为一个短句了。例如:

X	标的股权的转让对价	条款标题(headings)
X.1	转让对价 ……	副标题(sub-heading)
X.2	对价的调整 ……	副标题(sub-heading)
X.2.1	对价调整的前提条件 ……	小标题(subtitle)
X.2.2	对价调整的方法 ……	小标题(subtitle)
X.3	最终对价 ……	副标题(sub-heading)

四、合同条款中期限、日期、时间的写法

几乎可以讲,任何一份合同中都涉及期限、日期、时间的表述,这些表述对合同当事各方具有重要的意义,是界定各方权利义务的"时间分界线"。若这些表述处理不当,很可能引发纠纷。在司法实践中,关于期限是否包含"本数"的争议并不少见(详见后文)。

(一)期限的规范写法

合同条款中的期限主要是指义务方的履行期限,但有时也指权利的行使期限。对于这样的履行期限,可以没有起点(因为至少可以是从合同生效之日起视为起点),但绝不能没有终点。例如:

……,乙方应在验收货物之后支付货款。

……,乙方应在验收货物之后立即支付货款。

在上述第一个条款中,表述为"验收货物之后"支付货款,但不知道"之后"是多久,也就是说,没有规定乙方履行"支付货款"这一义务的截止时间。尽管依据《民法典》第510条(可以协议补充或协议不成的,按照合同相关条款或者交易习惯确定)、第511条第4项(履行期限不明确的,债务人可以随时履行,债权人也可以随时请求履行,但是应当给对方必要的准备时间)的规定尚有补救的空间,但总会引发争议,而这种情况其实是可以在早期预防的。在上述第二个条款中,尽管加

入了“立即”的表述，但“立即”是多长时间，是当天还是三天内，还是在合理的时间内，仍然存在争议。这其实涉及合同条款中使用了具有模糊含义的词语的问题。因此，适当的表述是“验收货物之后[ ]天内支付货款”。

除了前文所述的“以内”“以外”“不满”“超过”等有关期限的表述外，实践中，合同当事人往往还使用“以前”“之前”这样的表述，它们是否包含本数并未在合同中予以定义或明确，容易引发争议。因此，建议律师或法律顾问在合同中的“释义”条款中对这些法律法规没有明确规定的用语进行定义（是否包含本数），以避免争议。

在魏某生与李某龙股权转让纠纷上诉案[最高人民法院（2005）民一终字第39号]①中，最高人民法院认为：

《民法通则》第155条规定：“民法所称的‘以上’、‘以下’、‘以内’、‘届满’，包括本数；所称的‘不满’、‘以外’，不包括本数。”对于“以前”是否包括本数，民事法律和司法解释没有明文规定。如双方所提交的证据中一些规定、规章的表述，对“以前”的解释，既有包括本数的理解，又有不包括本数的理解，但通常“以前”与“以内”相近，“以后”与“以外”相近。从民事判决通常所确定的履行期限的解释来看，在某期日前履行也包括在该期日当天履行。因此，就本案所涉2003年8月31日前支付的约定而言，应当包括本数。

在齐河投资控股集团有限公司、山东五征集团有限公司买卖合同纠纷二审民事判决书[山东省日照市中级人民法院（2020）鲁11民终674号]②中，法院认为：

对于保证期限，《中华人民共和国民法总则》第二百零五条③规定，民法所称的“以上”“以下”“以内”“届满”，皆包括本数。按照比较解释法，“之前”与“以内”相近，故“之前”应当包含本数。

但是，从司法实践来看，“××年×月×日或之前”这种表述，法院通常结合该约定及交易习惯认定为不包含本数。例如，在洪某房屋买卖合同纠纷二审民事判决书[广东省珠海市中级人民法院（2014）珠中法民三终字第514号]中，法院认为：

---

① 类似的案件还包括：中国人寿保险股份有限公司黑龙江省分公司、黑龙江烟草工业有限责任公司人身保险合同纠纷二审民事判决书[黑龙江省哈尔滨市中级人民法院（2019）黑01民终3662号]。

② 类似的案件还包括：马某琴与王某波等民间借贷纠纷二审民事判决书[北京市第一中级人民法院（2015）一中民（商）终字第6886号]。

③ 《民法总则》第205条规定，民法所称的“以上”“以下”“以内”“届满”，包括本数；所称的“不满”“超过”“以外”，不包括本数。

双方在《房地产买卖合同》中约定双方须于2013年1月31日或之前办理过户递件手续,在办理过户递件手续前3个工作日内办理完毕全部银行按揭申请手续,在办理过户递件手续前3个工作日内买方须将本合同约定的总房款减去已交定金、欲申请贷款的总金额或银行出具的贷款承诺书、意向书等文件(以下简称贷款文书)记载金额的结果进行多退或少补作为应付的首期款支付给卖方。根据该约定的内容及二手房交易的习惯,该约定除了约定办理过户递件手续的具体时间外,尚包含了双方对于支付首期款和办理过户递件手续的履行顺序约定,即先支付首期款再办理过户递件手续,如果办理过户递件手续前3个工作日包含当日,则该约定将造成支付首期款和办理过户递件手续可能同日履行,没有明显的先后履行顺序,这显然不符合双方当事人约定的本意及二手房交易习惯。而且根据《房地产买卖合同》1.1条款"若卖方于2013年1月2日或之前签署本合同并对上述款项以定金名义签收后……"及2.1.2.3条款中"买、卖双方须于2013年1月31日或之前办理完相关税费缴纳和签署《珠海市二手房买卖合同(适用于二手楼买卖)》,并办理过户递件手续……"的内容,双方在合同中关于包含当日的约定的表述均为"某某日或之前"。洪某及证人梁某主张中介方世华公司对该合同有最终解释权,并没有相关证据证明,因此洪某主张"办理过户递件手续前3个工作日"包括"当日"依据不足,宋某健主张"前3个工作日"不包含"当日"于法有据,应予以采纳,原审法院对此认定正确,本院予以维持。

最后,在设备购买交易(尤其是进口设备采购)中,往往规定卖方的质量保证期为设备验收合格之日的次日起算的某个期限(如12个月),但最迟不超过设备到达买方之日的次日起某个最长期限(如18个月)。例如:

乙方保证本合同项下的设备在正确安装、使用和维修的情况下,质量保证期为设备自本合同第[ ]条约定的质量验收合格之日的次日起[12]个月,但不超过设备到达甲方之日的次日起[18]个月;整套设备或个别部件换货的,换货部分的质量保证期自换货部分经甲方质量验收合格之日起重新计算。

上述条款显然平衡了买卖双方之间的利益,对于卖方而言,最长质保期的设置可以有效促使买方及时验收、安装和调试(若有),并出具验收合格证明书;否则若因买方的原因迟迟无法验收合格的话,卖方的质保义务将极大地延长,不符合卖方的利益。当然,对于买方而言,这样的条款也难说不公,因为他完全可根据安装调试期条款和违约责任条款主张退货或索赔。因此,这样的条款已经成为进口设备采购合同的标准条款之一。

(二)日期的规范写法

在撰写日期时,有些合同会采用"×月×日"的表述,良好的习惯是写明"××年×月×日",尽管可以根据合同的生效之日来推定是哪一年,但有时候合同的生效时间本身也可能不确定。例如,合同的有效期表述为"××年×月×日至××年×月×日"。

另外,实务中有观点认为,若合同中约定的与权利义务相关的时间、期限与合同签订时间相关(如约定"本合同签订后30日内支付合同总价款的20%"),有必要在合同中直接明确合同的签订时间(无论是在合同的首部还是在合同的尾部),例如"本合同签订于××年×月×日",这样即使实际签署时间在该约定签订时间之后,也不影响合同按照约定的签订时间成立生效。其实这一做法在合同法实践中早就存在,但这样的做法能否得到支持呢?在某科贸公司与某化工公司买卖合同纠纷案[北京市第二中级人民法院(2005)二中民终字第10273号]①中:

2004年7月17日,化工公司将购销合同传真给科贸公司,约定了产品名称、型号、数量、价款、供货期限,并注明签订时间为当日。其后,科贸公司加盖公章后回传。同年7月19日,化工公司加盖公章后将合同传真给科贸公司。科贸公司依约定支付40万元定金。2005年,因化工公司以涨价为由拒绝履行,化工公司诉请双倍返还定金。法院认为:

科贸公司将加盖公章的购销合同传真给化工公司的行为是要约,化工公司在加盖公章后再次将购销合传真给科贸公司的行为构成承诺,该承诺作出时间亦为本案合同签订时间。科贸公司将定金汇往化工公司账户,并未违反约定或构成迟延。化工公司不履行购销合同构成违约,判决化工公司双倍返还定金。

在王某喜合同纠纷再审审查与审判监督民事裁定书[最高人民法院(2018)最高法民申3713号]中,法院查明:《业务处理协议》开篇第一行载明"本业务处理协议由以下双方于2007年11月6日签署",协议第4条"协议的生效与变更"第1款约定"本协议自双方签字盖章之日起生效"。最高人民法院认为:

《业务处理协议》载明,协议由双方于2007年11月6日签署。该协议第四条约定,如果银河公司未在本协议签署之日八个工作日内一次性全部支付给王某喜4245.63万元,则王某喜方所作出的陈述与保证不再生效。2007年11月20日,王某喜指定的账户收到银河公司支付的4245.63万元。王某喜方主张,该协议签署

① 参见《北京世纪恒昌科贸有限公司诉北京欧凯门化工有限公司一般买卖合同案(合同的订立)》(陈贵民),载《中国审判案例要览》(2006民:112)。

日期是协议载明的2007年11月6日,银河公司超过了协议约定的支付期限,故其作的陈述与保证不再生效。但银河公司提供的《用印审核单》显示,该协议的用印审核在2007年11月12日才完成。该《用印审核单》系银河公司内部审批文件,系银河公司单方形成,其证明力弱于双方共同签署形成的《业务处理协议》,但仍可以作为证据使用。原判决结合经鉴定为传真原件的《划款指令》《承诺函》的内容,认定银河公司签署该《业务处理协议》的时间为2007年11月12日,不属于认定基本事实缺乏证据证明。银河公司在2007年11月12日签署该协议,2007年11月13日按照王某喜方指定的账户发出划款通知单,11月20日,王某喜方指定的账户收到约定款项,在约定期限内完成支付行为。王某喜关于原判决认定基本事实缺乏证据证明的申请理由不成立。

从上述案件可以看出,即便合同约定了签订时间,但若根据双方要约、承诺时间(签章的先后顺序)能够确定合同的承诺生效时间的,仍然应以实际签署的时间为准,而非合同约定的签订时间。此外,以合同签订时间作为义务履行期限起算点的,笔者认为,其履行期限应相应延长。当然,这些案例是在原《合同法》下进行判决的,应该有其合理性。因为原《合同法》第25条仅规定:"承诺生效时合同成立。"①第26条第1款第1句规定:"承诺通知到达要约人时生效。"第32条规定:"当事人采用合同书形式订立合同的,自双方当事人签字或者盖章时合同成立。"

但在《民法典》施行之后,其第483条规定,"承诺生效时合同成立,但是法律另有规定或者当事人另有约定的除外"。该条款相较原《合同法》第25条增加了但书部分"但是法律另有规定或当事人另有约定的除外",这是否意味着,即便合同当事人实际签署时间在合同约定签订时间之后,也仍然可以适用该但书部分规定而认定合同成立生效时间为合同约定签订时间呢?笔者倾向于认为,尽管有第483条但书的规定,但《民法典》第490条第1款第1句规定"当事人采用合同书形式订立合同的,自当事人均签名、盖章或者按指印时合同成立",这一规定是第483条的特别规定("法律另有规定的除外"),况且书面合同书形式订立合同的,以最后一方签章日为合同成立日,其实也与承诺生效时间保持一致。故此,实务中前述做法在《民法典》时点仍然充满不确定性,尚有待司法解释或者司法实践明确。

(三)时间的规范写法

在合同中,较少会涉及具体时间的表述,但常见的是"……时""……同时"这

① 《民法典》第483条规定:"承诺生效时合同成立,但是法律另有规定或者当事人另有约定的除外。"

样的表述。例如：

乙方在按本合同第[ ]条约定的时间将本合同项下设备运达到货地点后，乙方应指派人员在设备到达的同时与甲方一同根据本合同第[ ]条的相关约定对设备及各组成部件的种类、规格/型号、数量、生产厂家/品牌、外观、包装进行初步检验；如乙方不能按时到达现场交接的，乙方同意以甲方初验结果为准。

乙方按本条第[ ]款约定采购的材料、元件、器材、构件和辅助设备等，在设备进入安装现场前一天通知甲方准备查验，并在进入安装现场时向甲方出示产品合格证、检验单，且应按甲方的要求进行检验或试验，不合格的退回，检验或试验费用由乙方承担。

尽管从理论上讲，上述条款的"同时"或"时"并不存在真正的同时，肯定存在时间上的先后顺序，但这样的条款表述要表明的是对方应在"相对短的时间内"及时处理，前后的时间差并不明显。当然，视情况而定（如事实上双方协商一致），第一个例子也可以调整为"……到达后[2]天内"等表述。

五、合同条款中数字的规范写法

依据《立法技术规范（试行）（一）》（法工委发〔2009〕62 号）的规定，数字的使用遵从如下规则：

第一，序数词、比例、分数、百分比、倍数、时间段、年龄、人数、金额，以及表示重量、长度、面积等计量数值的数字，均用汉字数字表述。当然这一规则在合同中并非一定要严格遵循（例如，对于序数词、比例、分数、百分比、倍数、时间段、年龄、人数等），若能如此处理当然是最好的，但也会使得整个合同条款显得不直观且烦琐、不精练。实务中，通常对其中的"金额""面积"等涉及合同权利义务关键的数字时，通常会采取大小写同时载明的方式来处理，避免小写数字被篡改的可能。

第二，公历年、月、日，统计表中的数字，需要精确到小数点后的数字，法律条文中"目"的序号等，均用阿拉伯数字表述。例如：

承运人对货物的灭失或者损坏的赔偿限额，按照货物件数或者其他货运单位数计算，每件或者每个其他货运单位为 666.67 计算单位。

六、合同条款中标点符号的用法

（一）合同条款中使用的标点符号概述

汉语言中的标点符号分为点号、标号、符号三大类。点号表示口语中不同长短的停顿；标号表示书面语言中词语的性质或作用；符号是具有代表意义的标识，用

来指称和代表一定对象。点号、标号和符号分别包括:

点号(7种):句号(。)、问号(?)、叹号(!)、逗号(,)顿号(、)、分号(;)和冒号(:);

标号(10种):引号(“ ”‘ ’)、括号〔( ) [ ] { } 〕、破折号(——)、省略号(……)、着重号(.)、书名号(《 》〈 〉)、间隔号(·)、连接号(—)和专名号(____)、分隔号(/);

符号(8种):注释号(*)、隐讳号(×)、虚缺号(□)、分隔号(/)、标识号(▲或●)、代替(~)、连珠号(……)、箭头号(→)。

但是,上述汉语言中的标点符号并非都会在合同中得以使用,像点号中的问号(?)、叹号(!)几乎没有使用的空间,这是由合同语言基本使用陈述句(保持客观、中性,不带有感性色彩)所决定的。因此,在合同中使用的标点符号通常包括:

点号:句号(。)、逗号(,)、顿号(、)、分号(;)、冒号(:);

标号:引号(“ ”)、括号〔( ) [ ] { } 〕、书名号(《 》)、分隔号(/)。其中引号(“ ”)在定义术语或者指定代称时通常会用到;括号〔( ) [ ] { } 〕中的小括号[()]是使用最多的,通常用来对前面词语进行注释说明或补充说明。而中括号一般在已经使用了小括号的前提下若仍需要适用括号时使用;大扩号通常只有在合同条款中约定了数学公式或计算算式时才可能涉及;书名号通常在合同条款中援引法律法规或特定法律文件时使用;分隔号(/)在表达选择关系时会用到(如“和/或”)。

符号:在合同条款中几无应用之余地,但合同附件涉及技术资料、图纸等的除外。

(二)合同条款中标点符号的规范用法

在撰写法律文书(包括合同条款)时,我们一般按照《标点符号用法》(GB/T 15834-2011)撰写,必要时可以结合《立法技术规范(试行)(一)》(法工委发〔2009〕62号)的规则适用。实务中,部分常见的不规范使用标点符号的情形参见表6-4:

表6-4 部分常见标点符号不规范用法

标点符号	不规范用法	规范用法
书名号、引号	多个书名号或引号并列时使用顿号分隔。如:本协议中的“以上”、“之前”不包含本数	本协议中的“以上”“之前”不包含本数①
分号	并列项最后一项使用分号。如: 若出现如下情形之一的,甲方有权解除合同: (1)情形1; (2)情形2; (3)情形3; ……	若出现如下情形之一的,甲方有权解除合同: (1)情形1; (2)情形2; (3)情形3。 ……
括号	同一形式的括号套用。如: 为本协议之目的,转让方及目标公司在此明确其已经完成披露的事件、情况、信息和资料包括但不限于: (a)公司资料:转让方及目标公司的重大合同、协议(股东(投资)协议、增资协议、转股协议等)、章程、营业执照以及其他公司证照资料等; ……	为本协议之目的,转让方及目标公司在此明确其已经完成披露的事件、情况、信息和资料包括但不限于: (a)公司资料:转让方及目标公司的重大合同、协议[股东(投资)协议、增资协议、转股协议等]、章程、营业执照以及其他公司证照资料等; ……
句号	合同中表格后的说明文字、附件名称结尾处错误使用句号或分号。如: 附件:1. 名称1; 2. 名称2。	附件名称后不用任何标点符号 附件:1. 名称1 2. 名称2

需要补充说明的是,无论是英文合同,还是适用阿拉伯数字、字母编排条款的中文合同,都可能涉及外文标点符号中的“下脚点”(.)符号。如,“1.2”“A.”等。在实务中,容易误用的表述形式是“1、”“A、”。

此外,若一个句子主语和谓语都比较长时,主语和谓语之间应加逗号(,)。例如,全国人民代表大会常务委员会、国务院、中央军事委员会、最高人民法院、最高人民检察院、全国人民代表大会各专门委员会,可以向全国人民代表大会提出法律

---

① 需要说明的是,依据《立法技术规范(试行)(一)》(法工委发〔2009〕62号)“4. 法律适用关系条款”中“《中华人民共和国××法》、《中华人民共和国×× 法》、《中华人民共和国××法》与本法的规定不一致的,适用本法”的示例,我们可以看到在某些法律中会有中间用顿号的条款。例如,《民法典》第1259条、第1260条。所以,在书名号之间使用顿号也无不可。因为,从法律文件效力层次来看,法工委发〔2009〕62号术语的效力层次显然比《标点符号用法》(GB/T 15834-2011)这一推荐性国标更高。

案,由主席团决定列入会议议程。另外,在对术语进行定义时,被定义的术语与解释部分通常也会用逗号(,)或冒号(:)隔离开来。例如,“定价基准日,是指……”或“定价基准日:系指……”。若一个句子内部有多个并列词语的,各个词语之间用顿号(、),用“和”或者“以及”连接最后两个并列词语。例如,国家保护公民的合法的收入、储蓄、房屋和其他合法财产的所有权。

最后,关于“签字盖章”“签字、盖章”[①]的认定问题,这直接影响了合同的成立生效。在司法实践中,对于“签字盖章”等同于“签字或盖章”并无太多争议。[②] 但对“签字、盖章”如何认定,则存在相互冲突的判例。最高人民法院曾经在个案中认定“签字、盖章”等于“签字+盖章”。[③] 需要注意的是,最高人民法院也在其他个案中认定“签字、盖章”等于“签字或盖章”。[④] 有鉴于此,笔者建议在合同条款撰写时,应明确表述为“签字或盖章”或“签字并盖章”,不建议使用“签字、盖章”或“签字/盖章”之类的表述,以免产生争议。[⑤]

七、合同条款中表格的规范用法

实务中,表格也经常会在合同条款中出现。在一些合同中(如货物买卖合同、股权转让合同、股东出资协议、增资协议等),通常会使用表格来表述货物的要素、目标公司的股权结构等。适当地使用表格可以使得要表述的对象要素完整、准确、具体,予以特定化,避免引发争议。例如:

在本合同项下甲方向乙方购买货物的名称、品种、规格、单位、原产地或生产厂家等详见下表:

---

① 笔者也注意到《民法典》第490条第1款“当事人采用合同书形式订立合同的,自当事人均签名、盖章或者按指印时合同成立。在签名、盖章或者按指印之前,当事人一方已经履行主要义务,对方接受时,该合同成立”中使用的是“签名、盖章”的措辞,但此款的“签名、盖章”解释为“签名或盖章”并无争议。这是否意味着未来最高人民法院的司法态度可能会有所转变或统一?尚有待观察。

② 参见北京大有克拉斯家具商城与中国机床总公司、北京牡丹园公寓有限公司进口代理合同纠纷再审民事裁定书[最高人民法院(2013)民申字第72号]。

③ 参见浙江顺风交通集团有限公司与深圳发展银行宁波分行借款合同纠纷上诉案[最高人民法院(2005)民一终字第116号]。

④ 参见中国铁路物资广州有限公司与何某战、湖南力邦物流有限公司等买卖合同纠纷、保证合同纠纷申请再审民事裁定书[最高人民法院(2014)民申字第1767号]。

⑤ 更多有关“签字、盖章”的内容,请读者参阅本书第15章“合同通用条款的审查:尾部与盖章”。

序号	名称	品种	规格	单位	原产地/生产厂家	备注

注：……

再如：

截至本协议签署日，目标公司的股权结构如下：

股东名称/姓名	认缴出资额	出资比例	出资方式	出资时间	实缴出资额
合计					

注：……

需要说明的是，在合同中使用表格，主要适用于如下情形：(1)标的物众多，或者其特征因素众多。典型的例子是货物或设备采购合同。(2)必须对股权结构进行整体的表述。典型的例子是股东出资协议或增资协议。(3)涉及的当事人或者合伙人众多。典型的例子是有限合伙协议中有限合伙人众多，可以在附件中采用表格明确。(4)涉及分期付款安排的情形。典型的例子是股权转让协议或资产转让协议。(5)涉及工程项目或类似项目，需要明确项目进度与时间节点。典型的例子是建设工程施工合同或技术开发(软件设计)合同等。

此外，使用表格的主要注意事项包括：(1)被描述对象要素(特征)齐备、具体，达成"锁定"对象之目的；(2)必要时，对于表格中的某些专门事项或术语，可以在表格下添加注释予以解释或说明；(3)表格中应当不留空白行或空白格，可以在制定时删除空白行，也可以采用划线的方法划除空白行、空白格，以避免套打的风险。

八、合同条款中公式的规范用法

最后，我们再来谈谈公式在合同条款中的规范用法。当合同中涉及价款(费用)、收益比例或金额、赔偿标准等事项时，有时候会采用特定的计算公式来确定，此时采用数学公式或者文字表述的公式，相对于纯文字的描述可以更为清晰、直观。例如：

违约金的计算方式：

违约金金额＝乙方收到的促销服务费总额×(1.1－合同期间甲方实际总销

量/合同期间乙方承诺总销量)

其中:

乙方收到的促销服务费总额指本协议第[ ]条约定的固定促销服务费和随量促销服务费之和

合同期间甲方实际总销量指按本协议第[ ]条确定的销量

合同期间乙方承诺总销量指本协议第[ ]条约定的销量

从上述条款中的公式可以看出,一般情形下合同中的公式采用文字直接予以表述,而不采用字母替代,但公式特别复杂或较长或较多嵌套的情况除外。在公式下方,还需要对公式中的各项目进行描述和定义,切忌认为公式中的各项目能理解并无争议这样"先入为主"的思维。

第 7 章 合同类型与形式的选择

内容概览

合同法律风险不仅需要从合同的主体、内容等方面加以控制，还应对当事人选择的合同类型和合同形式的法律风险进行管理。合同类型，是指根据一定的分类标准，按照合同的主要内容和性质对合同进行分类。学界对合同存在很多分类标准，最主要的两种是有偿和无偿、有名和无名之分类。合同形式，是指当事人合意的外在表现形式，是合同内容的载体。合同形式可以采取书面形式，也可以采用口头形式和其他形式。法律、法规规定采用书面形式的，应当采用书面形式。当事人约定采用书面形式的，也应当采用书面形式。此外，在实践中，还需要特别注意合同的默示形式。本章包含如下内容：

- 合同类型的选择
- 合同形式的选择

第一节　合同类型的选择

合同的类型亦称为合同的种类或合同的分类，按照不同的标准，合同可以有多种分类。如，典型（有名）和非典型（无名）、单务和双务、有偿和无偿、诺成和实践、要式和不要式、一时性和继续性、束己与涉他、确定与射幸、预约和本约，等等。本节所述合同类型是按照典型（有名）和非典型（无名）来进行总体分类的。

一、合同分类概述：典型合同和非典型合同

依照法律是否已经明确合同的名称来分类，合同可以分为有名合同和无名合同。有名合同是法律已经确定名称的合同，又称为典型合同；无名合同是在法律上尚未确定名称的合同，又称为非典型合同。

(一)典型合同(有名合同)

《民法典》合同编典型合同分编规定了19类典型合同(其中包括新增的保证合同、保理合同、物业服务合同和合伙合同四类)。典型合同分编对这些典型合同按照财产权移转[财产所有权转让、财产使用权许可、具有担保功能的合同(保证合同、保理合同)]、提供劳务或服务(完成工作交付成果、提供服务或劳务)和合作合同(合伙、技术合作开发合同)的逻辑顺序排列了分编各章的顺序。具体分类见图7-1。

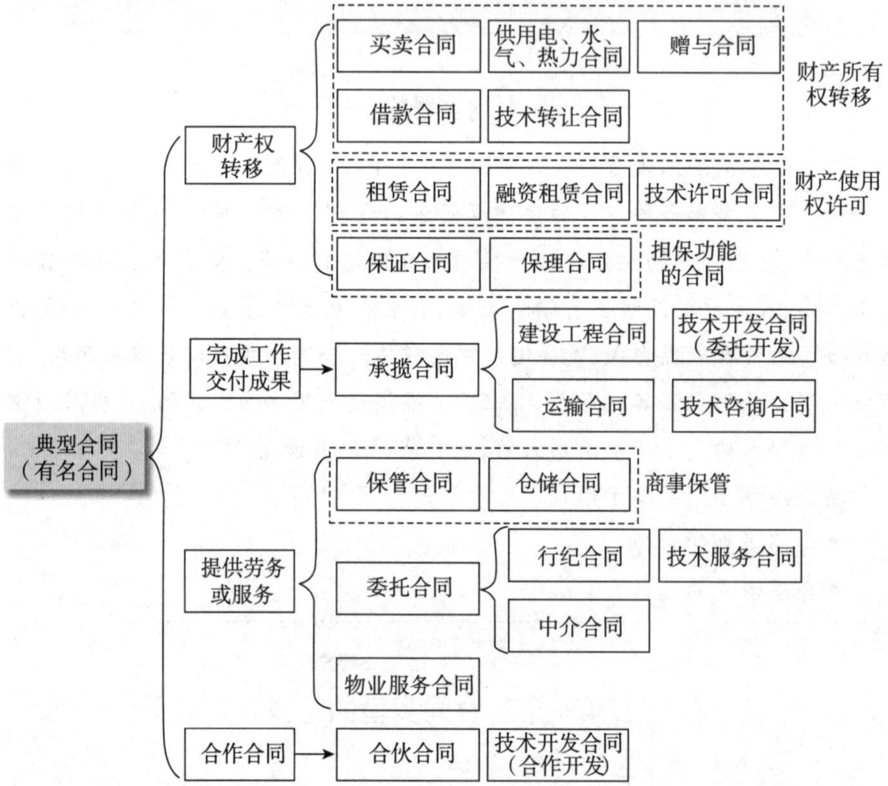

图7-1 民法典典型合同分类

注:(1)此处将"供用电、水、气、热力合同"纳入财产权转移类合同在于,传统的买卖合同通常用于规范有形物的转移,不包括知识产权等财产权的转移,但供用电、气、水、热力合同从性质上看,也属于广义的买卖合同,这是因为其中的一方也要移转标的物的所有权,另一方支付相应的对价,只不过标的物是无形物(供水除外)。

(2)尽管存在一定争议,但此处将"保证合同"和"保理合同"纳入财产权转移类合同在于:一是两者在承担法律责任时都可能面临移转财产权的后果(尤其是"保理合同",其从外观形式上可以被视为应收账款债权的转移合同);二是两者都属于具有担保功能的合同,且保理合同还兼具融资的性质,属于一种混合法律关系的合同,故可以把它们单列出来。

(3)《民法典》典型合同分编单列了"技术合同"一章,但技术合同本身可以再进行细分。如,技术转让合同,可纳入财产所有权转移之类型;技术许可合同,可纳入财产使用权许可之类型;技术委托开发合同和技术咨询合同,可纳入承揽合同之类型;技术服务合同,可纳入委托合同之类型;技术合作开发合同,可作为合伙合同的特殊形态而纳入合作合同之类型。

需要特别说明的是，在图7-1中，笔者将“技术合同”分解为技术开发、转让、许可、咨询和服务五类合同（《民法典》第843条）。事实上，技术合同是这些相关合同的总称，不是指某一种合同，而是技术交易市场中的合同群。以对典型合同予以定性或区分的常规方法看，技术合同名下的各种合同，虽然不乏特殊性，但完全可归入承揽、委托、买卖、合伙等合同类型中。

除《民法典》规定的典型合同（有名合同）之外，特别法上还规定了一些有名合同，即《民法典》之外的法律、行政法规和司法解释规定的有名合同。如《保险法》规定的保险合同、《信托法》规定的信托合同、《合伙企业法》规定的合伙协议以及《旅游法》规定的旅游服务合同等。

（二）非典型合同（无名合同）

非典型合同（无名合同）是指，法律法规明确规定的典型合同（有名合同）之外的合同，即法律上尚未确定一定名称与规则的合同。《民法典》尊重当事人意思自治，允许当事人在不违反法律强制性规范、不违背社会公德的情况下，自行约定合同内容。由于现实生活参差多态，并非所有的合同约定都严格符合法律中关于有名合同的类型，因此就出现了无名合同。

无名合同的类型划分，目前学界尚存在争议，但基本可以划分为以下三种：

第一，纯无名合同。这是最狭义的无名合同，即合同内容和有名合同毫无关联的合同。第二，混合合同，是指合同的构成是由两个以上的有名合同条款，或有名合同条款与无名合同条款结合所成立的合同。第三，对向联立合同，是指两个以上的有名合同或有名合同与无名合同不失个体独立存在而相结合的合同。

二、合同类型的选择

在了解了法律对合同类型的分类之后，对于遇到的合同应适用何种合同类型，合同法律师或法律顾问应当有清醒的认识，并作出恰当的选择。其总体的选择原则是：若合同主要内容符合典型合同的，以典型合同为准；若合同内容主要为非典型合同的，则不应选择典型合同。在实务中，需要着重关注如下几点：

第一，站在合同法律实务的视角，合同类型选择的关键阶段其实是本书前述的“交易模式”“交易结构”确定阶段。例如，在交易模式上选择了股权转让交易而不是资产交易，则其合同其实不是《民法典》明确规定的任何一类典型合同，而是非典型合同，但并不妨碍我们将其命名为“股权转让合同”。再如，在某大型设备的购买交易中，若发现此交易实质上还包括一方因融资的需要而引入融资方，则表面形式上的设备买卖合同(适用《民法典》规定的买卖合同(有名合同)在其实质上具有了“融物、融资”性质,其还包括融资租赁关系,故此交易可以变更为“买卖合同+融资租赁合同”(非典型合同分类中的对向联立合同)。

第二,在选择了某些典型合同类型后,还需要进一步进行细分选择。例如,在建设工程施工合同中,根据计价模式的不同,还可能分为总价固定合同、单价固定合同以及预决算合同等类型。再如,在总体选择为技术合同类型时,还需要进一步选择是技术开发合同、技术服务合同等。

第三,在实务中,有些合同的主要内容(性质)有时难以区分,如承揽合同和劳务合同,雇佣合同和劳务合同,承揽合同、委托合同、劳务合同和服务合同等。这些合同都需要根据合同的基本特征和主要内容,具体加以比较和分析。对于那些典型合同之外的一般服务合同(非典型合同),为了防止当事人之间在合同中被确认构成代理或雇佣关系,从而彼此之间不承担连带责任或补充赔偿责任,律师或法律顾问在合同中往往会采用“独立关系”条款来明确合同各方之间不构成合伙、代理、雇佣关系,从而避免承担共同责任、连带责任或补充赔偿责任等。

第二节　合同形式的选择

一、合同形式概述

(一)合同形式的概念与类别

合同的形式,又称合同订立的形式,是当事人合意的表现形式。具体而言,是指订立合同的当事人各方协商一致而成立的合同的外在表现方式。一方面,合同的形式反映着当事人双方一致同意的合同的内容,是当事人双方意思表示一致的外在表现;另一方面,只有通过合同的形式,才能证明合同的客观存在,合同的内容也才能为他人所知晓。从合同法的历史发展看,合同的形式明显地表现出合同从重形式到重意思的变化规律。这是在交易安全允许的前提下,合同适应不断发展的社会经济越来越强烈地要求交易便捷的结果。当然,重意思不等于完全否定形式。法律难以评价纯粹内心的意思,只有当意思以一定形式表现出来,能被人们把握和认定时,法律才能准确地评价。所以,在任何社会,合同的形式都不可或缺。

我国现行法律对合同形式的态度,主要体现在《民法典》第 135 条和第 469 条规定中。第 135 条规定:“民事法律行为可以采用书面形式、口头形式或者其他形式;法律、行政法规规定或者当事人约定采用特定形式的,应当采用特定形式。”第

469条规定:“当事人订立合同,可以采用书面形式、口头形式或者其他形式。书面形式是合同书、信件、电报、电传、传真等可以有形地表现所载内容的形式。以电子数据交换、电子邮件等方式能够有形地表现所载内容,并可以随时调取查用的数据电文,视为书面形式。”故《民法典》对合同形式,以不要式为原则,以要式为例外。

综上所述,合同形式的分类可以总结为图7-2:

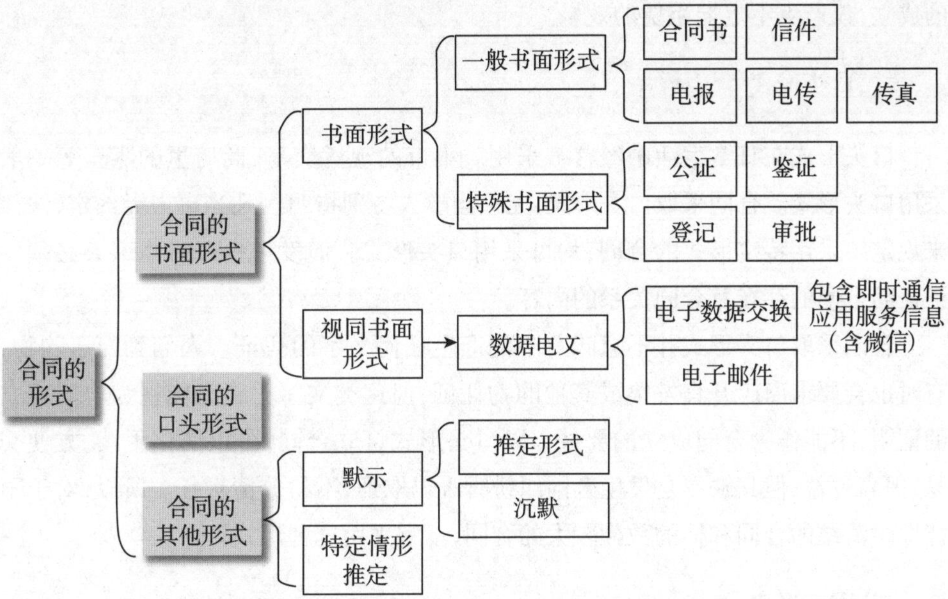

图7-2　合同的形式

注:公证、鉴证、登记和审批是否归入特殊书面形式存在一定的争议。

(二)未采用特定形式对合同成立的影响

作为不要式原则之例外,一些法律规定了合同应当采用特定形式或者当事人约定采用特定形式。因此,若违反规定或约定,则应认定合同不成立。但依据《民法典》第490条的规定:“当事人采用合同书形式订立合同的,自当事人均签名、盖章或者按指印时合同成立。在签名、盖章或者按指印之前,当事人一方已经履行主要义务,对方接受时,该合同成立。法律、行政法规规定或者当事人约定合同应当采用书面形式订立,当事人未采用书面形式但是一方已经履行主要义务,对方接受时,该合同成立。”这就是所谓合同的欠缺“因履行而治愈”。① 虽然违反规定或约

① 此处的“履行”应仅理解为“履行的提交”。一方当事人提交履行,说明他是按照合同义务的要求而行为;对方接受可表明其对合同的肯定,基于与英美“禁反言”法理相似的原理,受领方不得再反悔。

定形式,合同原则上不成立,但当事人一方已履行合同主要义务或者根据当事人双方的意思或者其他行为可以认定形式要求已被取消的,可认定合同成立。尽管如此,也存在特殊情况,如《民法典》第 707 条规定,“租赁期限六个月以上的,应当采用书面形式。当事人未采用书面形式,无法确定租赁期限的,视为不定期租赁”。故在此场合,书面形式并非合同成立的必备要件,未采用书面形式,并不影响合同的成立,仅产生不定期租赁的效果。

二、口头形式

口头形式在日常生活中经常被采用。集市的现货交易、商店里的零售等一般采用口头形式。合同采取口头形式,无须当事人特别指明。凡当事人无约定,法律未规定须采用特定形式的合同,均可采用口头形式。但发生争议时当事人必须举证证明合同的存在及合同关系的内容。

合同采取口头形式并不意味着不能产生任何文字的凭证。人们到商店购物,有时也会要求商店开具发票或其他购物凭证,但这类文字材料只能视为合同成立的证明,不能作为合同成立的要件。以口头形式订立合同,可以简化手续、方便交易、提高效益,但其缺点是发生合同纠纷时难以取证,不易分清责任。所以,对于不能即时清结的合同和标的数额较大的合同,不宜采用这种形式。

三、书面形式

(一)书面形式概述

书面形式,是指以文字等有形方式表现当事人所订立的合同的形式。合同书以及任何有形地记载当事人要约、承诺和权利义务内容的形式,都是合同的书面形式的具体表现。《民法典》第 469 条第 2 款规定:“书面形式是合同书、信件、电报、电传、传真等可以有形地表现所载内容的形式。”这是关于书面形式的规定。第 3 款规定:“以电子数据①交换、电子邮件等方式能够有形地表现所载内容,并可以随时调取查用的数据电文②,视为书面形式。”这是关于视为书面形式的规定。这一规定是《民法典》新修订的地方,与原《合同法》第 11 条“书面形式是指合同书、信

① 参见《民事诉讼法司法解释》(2020 年修正)第 116 条第 2 款规定:“电子数据是指通过电子邮件、电子数据交换、网上聊天记录、博客、微博客、手机短信、电子签名、域名等形成或者存储在电子介质中的信息。”

② 参见《电子签名法》(2019 年修正)第 2 条第 2 款规定:“本法所称数据电文,是指以电子、光学、磁或者类似手段生成、发送、接收或者储存的信息。”

件和数据电文(包括电报、电传、传真、电子数据交换和电子邮件)等可以有形地表现所载内容的形式”的规定有所不同,系借鉴《电子签名法》(2019年修正)的规定①。

书面合同必然由文字凭据组成,但并非一切文字凭据都是书面合同的组成部分。成为书面合同的文字凭据,必须符合以下要求:有某种文字凭据;当事人或其代理人在文字凭据上签字或盖章;文字凭据上载有合同权利义务。除了最常见的合同书形式以外,其他的常见书面合同的表现形式有以下几类:

• 表格合同。它是当事人双方合意的内容及条件主要体现为一定表格上的记载,能全面反映当事人权利义务的简易合同。表格合同及其附件、有关文书、通用条款,组成完整的合同。

• 车票、保险单等合同凭证。它们不是合同本身,其功能在于表明当事人之间已存在合同关系。合同凭证是借以确认双方权利义务的一种载体。虽然双方的权利义务并未完全反映在合同凭证上,但因法律及有权机关制定的规章已有明确规定,因而可以确认合同凭证标示双方的权利义务关系。

• 合同确认书。《民法典》第491条第1款规定:“当事人采用信件、数据电文等形式订立合同要求签订确认书的,签订确认书时合同成立。”

书面形式的最大优点是合同有据可查,发生纠纷时容易举证,便于分清责任。因此,对于关系复杂的、重要的合同,最好采取书面形式。

在我国,除了上述普通书面形式之外,有观点认为还存在特殊书面形式。特殊书面形式是指除文字表述协议内容之外,合同还须经过公证、鉴证、审批、登记等手续。关于公证、鉴证、登记、审批是否属于合同的书面形式范畴,抑或是否属于合同的生效要件,尚存一些争议。原《合同法司法解释(一)》第9条第1款规定:“依照合同法第四十四条第二款②的规定,法律、行政法规规定合同应当办理批准手续,或者办理批准、登记等手续才生效,在一审法庭辩论终结前当事人仍未办理批准手续的,或者仍未办理批准、登记等手续的,人民法院应当认定该合同未生效;法律、行政法规规定合同应当办理登记手续,但未规定登记后生效的,当事人未办理登记

---

① 参见《电子签名法》(2019年修正)第4条规定:“能够有形地表现所载内容,并可以随时调取查用的数据电文,视为符合法律、法规要求的书面形式。”第5条规定:“符合下列条件的数据电文,视为满足法律、法规规定的原件形式要求:(一)能够有效地表现所载内容并可供随时调取查用;(二)能够可靠地保证自最终形成时起,内容保持完整、未被更改。但是,在数据电文上增加背书以及数据交换、储存和显示过程中发生的形式变化不影响数据电文的完整性。”

② 《合同法》第44条第2款规定:“法律、行政法规规定应当办理批准、登记等手续生效的,依照其规定。”

手续不影响合同的效力,合同标的所有权及其他物权不能转移。"因此在学理上,有观点认为不应当将它们作为特殊的书面形式,只是合同生效的要件。此外,《民法典》第469条(《合同法》第44条第2款、第11条)的表述并未将公证、鉴证、登记、审批列入合同的书面形式范畴。[①] 但最高人民法院的观点是:一般认为,公证、鉴证、审批、登记等属于特殊的书面形式,是在采用书面形式的基础上,再经过某种法定手续予以证明或者认可。一般把这种形式认为是合同的生效要件,而非成立要件。法理上认为合同成立是当事人合意的体现,而公证、鉴证、审批、登记属于当事人之外的因素,体现为国家法律对当事人意思自治的限制和干预,这些不属于合同成立要件的范畴,而属于效力评价的体系。根据《民法典》第502条第2款的规定:"依照法律、行政法规的规定,合同应当办理批准等手续的,依照其规定。未办理批准等手续影响合同生效的,不影响合同中履行报批等义务条款以及相关条款的效力。应当办理申请批准等手续的当事人未履行义务的,对方可以请求其承担违反该义务的责任。"故,审批属于效力要件。[②]

(二)合同书形式

依据《民法典》第469条第2款的规定,合同书形式是正式的书面形式的一种,是双方意思表示最全面最有效的体现方式。其他书面形式还包括会议纪要、单方函件、双方确认或核对文件等。一个典型的完备合同书形式的合同包括如下六个部分:封页和目录、标题、前言、正文、结尾及附件。

合同的封页和目录部分并非每份合同所必需,但是在重大工程项目、投融资、并购重组等重大合同中通常会存在,原因在于这些合同一般比较复杂而冗长,封页和目录可以让阅读者一目了然,寻找到自己想要寻找的内容。合同标题的主要作用在于表明合同的性质和目的,如果封页中存在标题,在合同正文开始部分并不必然需要写明合同标题。重大合同的序言部分通常包括首部和前言。合同的首部列明了合同的性质以及合同的各方,和前言部分一起对合同的相关背景进行介绍。合同正文条款部分是整个合同的核心,具体的正文条款在不同合同中会有所变化,但其中的部分条款也呈现为"通用"条款而相对比较稳定。结尾部分主要是合同的

---

① 合同的公证是指国家公证机关对合同的真实性和合法性所作的公证证明。合同的鉴证是指合同管理机关对合同真实性和合法性依法作出的证明。合同的审批是指根据法律或主管机关的规定,由主管机关或部门对合同加以审核批准。合同的登记是指由主管机关进行登记。

② 参见最高人民法院民法典贯彻实施工作领导小组主编:《中华人民共和国民法典合同编理解与适用(一)》,人民法院出版社2020年版,第55页。

签字部分，有的合同在正文之后就是签字页，然后才是附录和附件，而有的合同将签字页置于合同的最后部分，即在附录和附件之后。笔者将在本书后续章节中对这些结构部分分别进行介绍。

（三）电子形式

1. 电子合同的书面形式

如前所述，传统的合同形式主要有两种，口头形式和书面形式。口头形式是指当事人采用口头或电话等直接表达的方式达成的协议。而书面形式是指当事人采用非直接表达方式即文字等方式来表达协议的内容。我国早在《合同法》时期就已经将传统的书面合同形式扩大到数据电文形式。这些规定吸收保留在《民法典》合同编通则分编中。依据《民法典》第469条的规定，书面形式包括合同书、信件、电报、电传、传真等可以有形地表现所载内容的形式。以电子数据交换、电子邮件等方式能够有形地表现所载内容，并可以随时调取查用的数据电文，视为书面形式。也就是说，不管合同采用什么载体，只要可以有形地表现所载内容（数据电文还要求可以随时调取查用），即视为符合法律对"书面"的要求。

为更好判定是否构成"视为书面形式"，有必要对"数据电文""电子数据""即时通信信息"等概念进行区分。

第一，《电子签名法》（2019年修正）第2条第2款规定："本法所称数据电文，是指以电子、光学、磁或者类似手段生成、发送、接收或者储存的信息。"第4条规定："能够有形地表现所载内容，并可以随时调取查用的数据电文，视为符合法律、法规要求的书面形式。"《民事诉讼法司法解释》（2020年修正）第116条第2款规定："电子数据是指通过电子邮件、电子数据交换、网上聊天记录、博客、微博客、手机短信、电子签名、域名等形成或者存储在电子介质中的信息。"由此可见，数据电文是指以电子、光学、磁或者类似手段生成的信息；而电子数据是指形成或者存储在电子介质中的信息。因此，数据电文包含电子数据。

第二，《民事诉讼证据规定》（2019年修正）第14条规定："电子数据包括下列信息、电子文件：（一）网页、博客、微博客等网络平台发布的信息；（二）手机短信、电子邮件、即时通信、通讯群组等网络应用服务的通信信息；（三）用户注册信息、身份认证信息、电子交易记录、通信记录、登录日志等信息；（四）文档、图片、音频、视频、数字证书、计算机程序等电子文件；（五）其他以数字化形式存储、处理、传输的能够证明案件事实的信息。"《即时通信工具公众信息服务发展管理暂行规定》（国家互联网信息办公室2014年8月7日发布实施）第2条第2款第1句规定："本规定所称即时通信工具,是指基于互联网面向终端使用者提供即时信息交流服务的应用。"由此可得,电子数据包括即时通信应用服务信息。

第三,《腾讯微信软件许可及服务协议》第2.1条规定:本服务内容是指腾讯向用户提供的跨平台的通讯工具(以下简称微信),支持单人、多人参与,在发送语音短信、视频、图片、表情和文字等即时通讯服务的基础上,同时为用户提供包括但不限于关系链拓展、便捷工具、微信公众账号、开放平台、与其他软件或硬件信息互通等功能或内容的软件许可及服务。由此可得,即时通信工具包括微信。

综上所述,合同书面形式、数据电文、电子数据、即时通信信息和微信之间的关系,见图7-3:

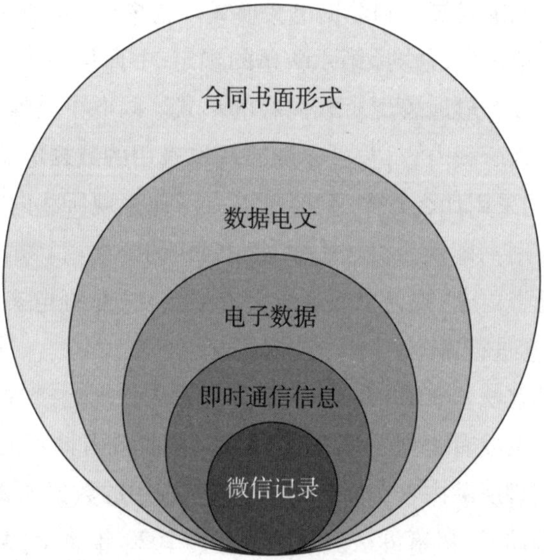

图7-3　合同书面形式、数据电文、电子数据、即时通信信息、微信记录的关系

在厘清了上述关系之后,让我们来讨论合同书面形式的两个实务问题。

(1)视听资料是否属于书面形式

值得探讨的是,关于视听资料,如录音录像资料,究竟是口头形式,还是书面形式?一些学者认为,它们仍然是口头形式。其理由是,视听资料仍然是对口头形式的记载,而且其并没有"书写"的特点,因此,归入口头形式更为妥当。但也有一些学者将其归入书面形式的范畴。[①] 笔者倾向于认为,存储在电子介质中的视听资料属于电子数据的一种,而电子数据属于数据电文,只要满足"能够有形地表现所

① 参见朱广新:《合同法总则研究》,中国人民大学出版社2018年版,第180页。

载内容,并可以随时调取查用"的要求,则属于书面形式。其理由如下:

第一,《民事诉讼法司法解释》(2020年修正)第116条第1款规定:"视听资料包括录音资料和影像资料。"第3款规定:"存储在电子介质中的录音资料和影像资料,适用电子数据的规定。"由此可得,存储在电子介质的视听资料适用电子数据的规定。

第二,如前所述,电子数据属于数据电文。

因此,只要视听资料满足"能够有形地表现所载内容,并可以随时调取查用"的要求,则属于书面形式。

(2)微信记录是否属于书面形式

如前所述,微信记录属于数据电文。依据《民事诉讼证据规定》(2019年修正)第15条"当事人以视听资料作为证据的,应当提供存储该视听资料的原始载体。当事人以电子数据作为证据的,应当提供原件。电子数据的制作者制作的与原件一致的副本,或者直接来源于电子数据的打印件或其他可以显示、识别的输出介质,视为电子数据的原件"的规定,微信记录是可以构成书面形式的,只不过在作为证据使用时,应当提供原件,这就要求重要的微信记录必须在手机上进行收藏。

在孙某与济南云之南餐饮管理有限公司等合同纠纷一审民事判决书[济南市槐荫区人民法院(2016)鲁0104民初4403号]中,法院认为:

《合同法》第11条明确规定合同书面形式包括合同书、信件和数据电文(包括电报、电传、传真、电子数据交换和电子邮件)等可以有形地表现所载内容的形式。被告杨某采用微信方式向原告孙某发出要约,并按杨某指定的账户向其汇出10万元款项,账户虽为案外人的,但孙某完成了对杨某付款的承诺,故双方以数据电文形式形成的借款合同成立,被告杨某作为借款人应向原告孙某偿还该借款。

2. 电子合同的成立

电子合同作为合同的一种特殊形式,只要其符合现行法律中有关合同成立的要件,则其也应具有法律效力。

(1)电子合同的要约邀请和要约

在传统的商业交易中,要约邀请与要约比较容易作出判断。在电子商务活动中,从事电子交易的商家在互联网上发布广告的行为到底应该视为要约邀请还是要约?这是一个非常重要却一直存在争议的问题。由于互联网的特点就在于它能够以低廉的成本提供广泛的信息,这就使得网络广告的发展速度惊人。这些网络广告是否都是要约邀请或要约?有人主张应将其视为要约邀请,因为这些广告是向不特定的多数人发出的。也有人主张应视为要约,因为这些广告所包含的内容是具体确定的,并涵盖了合同的主要内容。此外,还有人倾向于根据不同的情况分别予以解决,他们根据交易的性质将电子交易分为三类:销售实物、销售软件和网上服务。这种观点主张在第一类交易中,网络广告一般应视为要约邀请,而在后两类交易中,网络广告一般应视为要约。

笔者认为,较之前两种观点,第三种观点有一定的可取之处,但也有其局限性。因为,虽然电子商务是一种新型的交易模式,但其与传统商业活动的区别只是使用的媒介不同,其法律特征应当是相同的,因此应从交易对象的种类出发,而不是以当事人的意思表示来区分要约邀请与要约,否则其结果必然是不准确的。所以,对于要约邀请和要约的区分问题,仍应依据《民法典》第 472 条、第 473 条和第 491 条第 2 款“当事人一方通过互联网等信息网络发布的商品或者服务信息符合要约条件的,对方选择该商品或者服务并提交订单成功时合同成立,但是当事人另有约定的除外”①的规定予以解决。具体而言,若在网页上登载的信息包括商品的名称、图片、价格以及购买的有效时间等,应认定为要约;如果商品的信息不完整,例如商家为了吸引顾客,发布新产品的信息等,则属于要约邀请。

《民法典》第 491 条第 2 款确立了一个通过互联网等信息网络来订立合同的规则。也就是说,如果是通过互联网等信息网络的形式订立的合同,一般是受要约人选择商品或服务,并提交订单时合同成立,以订单提交的时间来确定合同成立的时间,而非其他时间点(如付款成功或者其他时间)。当然该款也规定了一个但书条款(当事人另有约定的除外),如当事人虽然是通过电子互联网的形式订立合同,但是可以在合同中约定,合同最终成立的时间点,不是提交订单时,而是付款之时,或者是发出货物确认的电子邮件或货物发出等其他时间,如果另有约定的话也应尊重当事人的意思表示。需要提请注意的是,《电子商务法》第 49 条第 2 款还规定,“电子商务经营者不得以格式条款等方式约定消费者支付价款后合同不成立;格式条款等含有该内容的,其内容无效”。显然,该款的规定适用于所谓的“经营者—消费者”(“B2C”)模式。此种情况下,更为保护消费者的权益。尽管《民法典》第 491 条第 2 款借鉴了《电子商务法》第 49 条第 1 款的规定,但考虑到需要针对民事合同与商事合同提供一个统一的规范(既指向“B2C”模式,也指向“B2B”模式),《民法典》没有采纳《电子商务法》第 49 条第 2 款的规定。

---

① 参见《电子商务法》第 49 条第 1 款:“电子商务经营者发布的商品或者服务信息符合要约条件的,用户选择该商品或者服务并提交订单成功,合同成立。当事人另有约定的,从其约定。”

(2)电子合同的承诺

承诺又称为接受或接盘,依据《民法典》第479条的规定,“承诺是受要约人同意要约的意思表示”。要约经受要约人承诺,表明当事人之间达成协议,合同即宣告成立。通过网络作出承诺,一般是针对网络上发出的要约而作出的。承诺人既可以电子邮件的形式,也可以点击的方式作出承诺。如果仅仅只是在网上进行谈判,而在现实中通过面对面的签约或以电话电报等方式作出承诺,则仍然属于一般合同订立中的承诺,而不是在订立电子合同中所作出的承诺。

网上承诺既不以口头的方式作出,也不以一般的书面形式作出,其特殊性在于承诺人必须借助计算机和网络才能作出承诺。意思表示构成承诺应具备以下几个要件:一是承诺须由受要约人作出;二是承诺须向要约人作出;三是承诺的内容须与要约的内容一致;四是承诺须在承诺期限内作出。笔者认为,对于电子合同的承诺也应符合上述要件。

《民法典》第480条规定:“承诺应当以通知的方式作出;但是,根据交易习惯或者要约表明可以通过行为作出承诺的除外。”第484条规定:“以通知方式作出的承诺,生效的时间适用本法第一百三十七条的规定。承诺不需要通知的,根据交易习惯或者要约的要求作出承诺的行为时生效。”而第137条第2款规定:“以非对话方式作出的意思表示,到达相对人时生效。以非对话方式作出的采用数据电文形式的意思表示,相对人指定特定系统接收数据电文的,该数据电文进入该特定系统时生效;未指定特定系统的,相对人知道或者应当知道该数据电文进入其系统时生效。当事人对采用数据电文形式的意思表示的生效时间另有约定的,按照其约定。”可见,我国《民法典》合同编对数据电文形式的要约和承诺的生效仍然坚持了“到达主义”的一般原则。笔者认为,对于电子商务来说,采取“到达主义”原则更为适宜,因为英美法所采取的“投邮主义”(mail - box rule)原则①不利于确定电子合同成立的地点,因为法律的一般规则是“承诺生效的地点为合同成立的地点”②,而在电子合同的情形下,若采用“投邮主义”或“发信主义”将很难确定承诺人在何地作出的承诺。在经营者发布的网络信息构成要约的情形下,《民法典》第491条第2款“选择该商品或者服务并提交订单成功时合同成立”的规定仍然坚持了“到

① 所谓投邮主义,又称“发信主义”,是英美法确定承诺生效时间的一种原则。根据这一原则,在以书信、电报作出承诺时,只要受要约人把书信投入邮局信箱或把电报交到电报局发出,承诺立即生效,合同即告成立。

② 《民法典》第492条规定:“承诺生效的地点为合同成立的地点。采用数据电文形式订立合同的,收件人的主营业地为合同成立的地点;没有主营业地的,其住所地为合同成立的地点。当事人另有约定的,按照其约定。”

达主义”,这是因为在电子信息时代,几乎不需要任何“时间”,承诺就可以到达要约人指定的特定系统。另外,该款强调“成功时”显然也排除了因信息系统故障等原因导致购买人虽然提交了订单但并未成功的情形。

此外,在大多数电子商务中,提交订单与付款行为往往是同时发生的,但是如果二者分开,相对方在提交订单未付款的情况下,也应当认为相对方已作出承诺的意思表示,合同在提交订单时已成立,支付价款仅能作为合同是否履行的判断。因此立即付款不应被视为合同成立所附条件,除非经营者在发布商品或服务信息时已明确作出竞价或限量的表示(这种情况属于《民法典》第 491 条第 2 款的“另有约定”)。

事实上,早在《民法典》施行之前,实践中针对电子合同何时成立以及是否构成格式条款等问题的案件就已经大量出现了,以下就是一个典型的案例。

【例7-1】 夏某诉亚马逊卓越擅自删除订单案①

【裁判要旨】

亚马逊公司未就使用条件的格式条款以合理的方式提请消费者注意,特别是没有在消费者提交订单之前予以明确提示,故亚马逊公司关于“使用条件”的相关条款应视为没有订入合同,当然也不应对消费者发生效力。

【基本案情】

2012 年 9 月 5 日,在亚马逊中国网站举办的名表促销活动中,夏某以 396 元的价格订购了两块依波表、一块海鸥表,下单时约定货到支付余款。当天上午 9 时许,夏某陆续收到亚马逊公司的订单确认邮件,其中一款海鸥表显示有货,另两块依波表显示缺货,但表示一旦确认发货日期,将会向夏某发货。然而 9 月 8 日,夏某收到亚马逊邮件通知,称其购买的三块手表因不能采购到货,无法为夏某发货,并在没有通知夏某的情况下,直接将订单删除。

【法院审判】

北京朝阳区人民法院认为,本案争点在于亚马逊公司在网站中公布的“使用条件”是否对双方发生拘束力;亚马逊公司与夏某之间买卖合同是否已经成立,亚马逊公司是否应当承担继续履行合同的责任。

关于争点一,法院认为:亚马逊在其公司经营的网络中公布的“使用条件”系亚

① 参见夏某诉亚马逊卓越擅自删除订单案[北京市朝阳区人民法院(2013)朝民初字第 2145 号]。

马逊公司未与相对人协商的、预先设定的、不允许相对人对其内容作出变更的格式条款。格式条款虽有避免重复订立提高效率的优势，但提供商品或服务的一方在拟定格式条款时，往往会利用自己的优势地位，将一些有利于自己的免责条款或限责条款订入合同，影响合同当事人之间的利益平衡。因此，法律对于此类格式条款订入合同有明确的要求，进行了严格的规制，规定提供格式条款的一方应当采取合理的方式提请对方注意免除或者限制其责任的条款，按照对方的要求对该条款予以说明。

本案中亚马逊网站的"使用条件"规定，仅在亚马逊网站向消费者发出送货确认的电子邮件通知已将该商品发出时，双方之间的合同才成立，排除了其商品陈列系要约以及消费者基于要约进行承诺的权利，其实质和后果是赋予了亚马逊公司单方决定是否发货的权利并免除了亚马逊公司不予发货的违约责任，但这是对消费者基于一般的消费习惯所认知的交易模式的重大改变，因而对消费者的合同利益会产生实质的影响，亚马逊网站对此应当作出合理的、充分的提示，提醒消费者注意该项特别约定，并判断选择是否从事此项交易。但从查明的事实看，亚马逊网站并未尽到提请注意的义务。从注册环节来看，亚马逊网站并未要求注册用户必须阅读并同意其"使用条件"；从页面展示来看，"使用条件"的相关链接位于网站最下端，且需点击链接才能查看，不易被消费者辨识；从检查订单环节看，亚马逊公司以加粗的字体显示产品型号、订购数量、送货地址、付款方式等，却仅以普通字体提示"使用条件"，且该处"使用条件"亦不是链接按钮，而是在页面下方以色度较暗的字体显示，不易被消费者注意，故消费者在亚马逊网站无须阅读"使用条件"即可完成选择商品并购买的全过程。

因此，法院认为，因亚马逊公司未就使用条件的格式条款以合理的方式提请消费者注意，特别是没有在消费者提交订单之前予以明确提示，故亚马逊公司关于"使用条件"的相关条款应视为没有订入合同，当然也不应对消费者发生效力。

关于争点二，法院认为：认定合同是否成立，应当遵循《合同法》关于合同成立的一般规则进行判断，即对双方是否完成了要约和承诺的交易行为予以认定。要约是向对方作出的希望与其订立合同的意思表示，承诺是受要约人同意要约的意思表示。通常情况下，要约应当内容具体确定，并且表明经受要约人的承诺，要约人即受意思表示的约束。受要约人一旦承诺，双方即完成合意。亚马逊公司将其待售商品的名称、型号、价款等详细信息陈列于亚马逊网站，内容明确具体，与商品标价陈列出售具有同一意义，根据法律规定和一般交易观念判断，当符合要约的特性。消费者通过网站在其有库存或者其允许的状态下自由选购点击加入购物车，并在确定其送货、付款信息之后确认订单,应当视为进行了承诺。亚马逊公司在消费者提交订单之后向消费者发出的订单确认邮件中的提示系双方达成合意后的通知,不发生排除合意的法律效力。故本院认为本案中亚马逊公司与夏某之间的合同已经成立,对于亚马逊公司关于双方之间合同未成立的答辩意见不予采信。因夏某订购的三块手表属种类物,且亚马逊公司未能提交其不能继续采购到货的证据,故亚马逊公司关于该三块手表不能采购的答辩意见本院不予采信。亚马逊公司应当向夏某交付其订购的三块手表,夏某亦应在收货同时向亚马逊公司交付剩余货款。

最终,法院判决亚马逊公司继续履行该合同,向夏某交付其订购的三块手表。

亚马逊中国"删除订单案"曾经在2013年引发社会极大的热议,并入选了"2013—2014年度中国十大电子商务领域典型法律案例"。在该案之前,于2012年,"当当网"删除订单的案例中,法院认定该案两笔订单因当当尚未发货,合同不成立所以没有支持原告消费者诉请。而在本案中,亚马逊网站公布的"使用条件"中同样有跟当当网类似的约定,即只有网站发出发货确认的电子邮件,买卖合同才算成立。在此情形下,法院却作出了支持消费者诉请的判决,不能不说是一个进步,同时也成为相似案件再次入选该年度十大典型案件的理由。

在本案判决中,法院审理后认为,亚马逊网站关于"使用条件"的规定,是对消费者基于一般的消费习惯所认知的交易模式的重大改变,对消费者的合同利益会产生实质的影响,亚马逊网站对此应当作出合理的、充分的提示,提醒消费者注意该项特别约定。亚马逊公司未就"使用条件"的格式条款以合理的方式提请消费者注意,特别是没有在消费者提交订单之前予以明确提示,因此认定亚马逊公司关于"使用条件"的相关条款应视为没有订入合同,当然也不应对消费者发生效力。显然,法院并未对"使用条件"的格式条款直接认定为无效,而是因网站没有对这一格式条款进行充分提示而裁定不予适用(没有订入合同)。

此外,法院基于本案的事实,认定网站上公布的具体明确的待售商品信息构成要约,原告的订单构成承诺,双方的买卖合同已经成立。这是因为,被告网站上公布的待售商品信息具体明确,符合要约的内容特征,也具备合同成立的基本内容。依据原《合同法司法解释(二)》第1条的规定,当事人对合同是否成立存在争议,人民法院能够确定当事人名称或者姓名、标的和数量的,一般应当认定合同成立。而被告在其网站上公布了本案涉及三块手表的品牌、型号、数量、单价、价款支付方式、送货方式等商品信息,内容具体明确,符合要约的基本特征,也具备合同成立的基本内容。另外,被告发布待售商品信息的目的是希望他人与其订立合同,符合要约的意思表示特征。因此,被告发布商品具体信息的行为,是希望和他人订立买卖合同的要约,原告的订单是同意按照被告发布信息购买的意思表示,是对被告要约的同意,是承诺,原告订单提交之时,合同即告成立并生效,双方应当按照合同的内容予以履行。这一判决,首次明确认定购物网站上公布具体明确的待售商品信息构成要约,消费者一旦提交订单即构成承诺,合同即告成立,将网购合同是否成立的决定权赋予了消费者,这对于在一定程度上遏制购物网站在消费者提交订单后,随意擅自删除订单侵害消费者权益行为的发生具有积极的意义。

最后,还需要提请注意的是,法院并没有直接认定"使用条件"(通知商品发货之后,双方订购合同才成立)的格式条款无效,依据为原《合同法》第40条规定,"格式条款具有本法第五十二条和第五十三条规定情形的,或者提供格式条款一方免除其责任、加重对方责任、排除对方主要权利的,该条款无效"。因此,格式条款具有符合原《合同法》第52条和第53条规定情形的,或者提供格式条款一方免除其责任、加重对方责任、排除对方主要权利的,该条款才无效。从本案来看,法院考虑了实践中当当、亚马逊等B2C电商的特殊商业模式,这类电商并非直接的产品厂家,它的模式是由消费者驱动的购买方式,即先行收集消费者购买需求(订单),再根据需求向厂商定货。必须承认,在电商经济理论中,这是一种有效率的商业模式,因此有存在的合理性,如果法院贸然将其特殊条款认定无效,将从根本上动摇这一商业模式的基础。不难想象法院似乎在新型商业模式和消费者权益保护之间陷入了两难境地,因此本案采取了一个"迂回"的做法,即认定电商没有尽到充分提示和说明的义务,该格式条款应视为"没有订入合同"。在《民法典》施行之后,其第496条第2款"采用格式条款订立合同的,提供格式条款的一方应当遵循公平原则确定当事人之间的权利和义务,并采取合理的方式提示对方注意免除或者减轻其责任等与对方有重大利害关系的条款,按照对方的要求,对该条款予以说明。提供格式条款的一方未履行提示或者说明义务,致使对方没有注意或者理解与其有重大利害关系的条款的,对方可以主张该条款不成为合同的内容"之规定就吸收了司法实践的有益经验,将学理和司法实践上的"未订入合同"规则纳入进来。

《民法典》施行之后,也存在类似的案例(目前大多处于一审完成阶段)。如周某淏与浙江绿森电子商务有限公司网络购物合同纠纷一审民事判决书[辽宁省锦州市凌河区人民法院(2020)辽0703民初2078号]中,法院认定的事实和裁判如下:

原告周某淏系消费者,被告浙江绿森电子商务有限公司系网络电商经营者。2020年8月6日,原告得知被告经营的绿森商城里有购买茅台酒优惠活动,即登录绿森商城APP发现购买茅台飞天53度500ML酱香型茅台酒满15,000元可优惠1000元。同日原告在被告运营的绿森商城APP下单购买2019年生产茅台飞天53度500ML酱香型白酒8瓶,并付款16,192元,(订单编号:××××××××××××××××××××××××××)。后被告未按时发货,原告曾多次联系被告客服人员,但被告始终未予发货。2020年9月25日原告通过被告绿森商城APP对其订单申请退款,取消该笔交易,被告绿森商城客服人员通过系统短信回复原告,显示已收到原告提交的退款申请,商城设置了72小时系统自动退款,如果5个工作日没有退款成功,请与客服中心联系。庭审中,原告称与被告客服中心联系,告知其最长7个工作日内完成退款,但被告至今亦未将退款返还给原告。

本院认为,依法成立的合同,自成立时生效。当事人应当按照约定全面履行自己的义务。本案中,原告根据被告在其经营的绿森商城购物平台上发布的信息,选择商品、提交订单、支付价款后,双方之间的网络购物合同成立,合法有效,应受法律保护。但被告未按约定履行合同,及时发货,已构成违约。在原告选择申请退款,被告也同意退款并承诺最长7个工作日内完成退款后,至今不予退款,故被告应承担违约责任。原告主张被告退还货款16,192元的诉讼请求,具有事实和法律依据,本院依法予以支持。

类似的案例还有匡某与桂林源本食品有限公司网络购物合同纠纷一审民事裁定书[湖南省醴陵市人民法院(2021)湘0281民初440号]。在该案中,法院经审查认为:

本案系信息网络买卖合同纠纷。本案中,原告通过网络平台向被告购买相关产品,订单提交成功时合同成立。

(3)意思表示的撤回和撤销

意思表示的撤回,是指在意思表示到达对方之前或与之到达对方的同时,表意人又向对方发出通知以否认前一意思表示效力的行为。在《民法典》合同编中,意思表示的撤回包括要约的撤回和承诺的撤回。两大法系对要约和承诺的撤回均是认可的,但意思表示撤回的条件因各国法律的分歧而有所不同。所谓要约的撤回,是指要约人在发出要约后,在要约到达受要约人之前或之时取消要约。《民法典》第475条规定:“要约可以撤回。要约的撤回适用本法第一百四十一条的规定。”第141条规定:“行为人可以撤回意思表示。撤回意思表示的通知应当在意思表示到达相对人前或者与意思表示同时到达相对人。”所以,在一般要约中,要约人可以在要约生效以前撤回其要约,而且对此撤回行为不承担任何责任。同时,《民法典》第485条规定:“承诺可以撤回。承诺的撤回适用本法第一百四十一条的规定。”所以,承诺人亦可在承诺生效之前撤回其承诺,而不承担任何责任。但是对于电子合同的订立而言,要约人在发出要约后或者承诺人在发出承诺后,通常是不可能撤回的。因为网络文件的传输速度非常快,要约或承诺一旦发出,就可以立即进入收件人的计算机系统,发出和收到的时间仅相差几秒或几乎没有时间差异。所以,在电子商务活动中,要约和承诺一般是不能撤回的(除非出现极端的情况,如计算机信息系统出现障碍或出现网络堵塞)。要约和承诺的撤回只能适用于其他非直接对话的订约方式。

意思表示的撤销是指意思表示到达对方之后,对方作出答复之前,表意人又向对方发出通知以否认前一意思表示效力的行为。在《民法典》合同编中,意思表示的撤销仅指要约的撤销,而承诺则没有撤销的问题,因为承诺并不存在要求对方给予答复的问题。所谓要约的撤销,是指要约人在要约到达受要约人并生效以后,在受要约人作出承诺之前,将该项要约取消,从而使要约的效力归于消灭。对于要约的撤销,大多数国家原则上是允许的,但同时规定有些要约是不可撤销的。美国法认为,要约原则上可以在受要约人接受要约前撤销,除非要约人在函件中保证该要约将保持有效且此种保证条款载于受要约人所提供的表格上并经受要约人另外签名,此种要约可以在3个月内不可撤销。德国法认为,要约在要约的有效期或合理期限内不可撤销,除非要约中有不受拘束的语句。希腊、瑞士、巴西等国的法律中亦有类似的规定。我国《民法典》第476条规定:"要约可以撤销,但是有下列情形之一的除外:(一)要约人以确定承诺期限或者其他形式明示要约不可撤销;(二)受要约人有理由认为要约是不可撤销的,并已经为履行合同做了合理准备工作。"第477条规定:"撤销要约的意思表示以对话方式作出的,该意思表示的内容应当在受要约人作出承诺之前为受要约人所知道;撤销要约的意思表示以非对话方式作出的,应当在受要约人作出承诺之前到达受要约人。"对于电子合同订立过程中要约是否可以撤销的问题,应当根据具体情况来确定。在电子数据交换(Electronic Data Interchange,EDI)交易过程中,发出一项要约后在一般情况下是不可能撤销的。因为EDI交易过程更类似于股票交易的自动撮合过程,即要约和承诺条件都是自动迅速完成的。尽管在EDI交易中,要约的撤销十分困难,但是我们并不能否认在电子网络的某些环境下撤销要约的可能性。同时,在未使用EDI订约的情况下,如要约人以电子邮件的方式发出一份要约,而受要约人并未马上作出承诺,那么要约人完全可以撤销其要约,但前提是要约人撤销其要约的通知在受要约方答复之前到达对方。总之,应该根据不同的传递方式作出具体的判定。

(四)必须采用书面形式的合同

根据《民法典》的规定,法律、行政法规规定采用书面形式的,应当采用书面形式。因此,依据《民法典》《著作权法》《专利法》《商标法》《招投标法》《海商法》等法律规定,必须采用书面形式的合同主要有如下53类,见表7-1:

表7-1　必须采用书面形式的合同

类型	法律法规条款	条款规定
建设用地使用权出让合同	《民法典》第348条第1款	通过招标、拍卖、协议等出让方式设立建设用地使用权的,当事人应当采用书面形式订立建设用地使用权出让合同。
建设用地使用权处置合同	《民法典》第354条	建设用地使用权转让、互换、出资、赠与或者抵押的,当事人应当采用书面形式订立相应的合同……
居住权合同	《民法典》第367条第1款	设立居住权,当事人应当采用书面形式订立居住权合同。
地役权合同	《民法典》第373条第1款	设立地役权,当事人应当采用书面形式订立地役权合同。
抵押合同	《民法典》第400条第1款	设立抵押权,当事人应当采用书面形式订立抵押合同。
质押合同	《民法典》第427条第1款	设立质权,当事人应当采用书面形式订立质押合同。
借款合同	《民法典》第668条	借款合同应当采用书面形式,但是自然人之间借款另有约定的除外。 借款合同的内容一般包括借款种类、币种、用途、数额、利率、期限和还款方式等条款。
保证合同	《民法典》第685条	保证合同可以是单独订立的书面合同,也可以是主债权债务合同中的保证条款。 第三人单方以书面形式向债权人作出保证,债权人接收且未提出异议的,保证合同成立。
租赁合同	《民法典》第707条	租赁期限六个月以上的,应当采用书面形式。当事人未采用书面形式,无法确定租赁期限的,视为不定期租赁。
融资租赁合同	《民法典》第736条第2款	融资租赁合同应当采用书面形式。
保理合同	《民法典》第762条第2款	保理合同应当采用书面形式。
建设工程合同	《民法典》第789条	建设工程合同应当采用书面形式。

续表

类型	法律法规条款	条款规定
委托监理合同	《民法典》第796条	建设工程实行监理的，发包人应当与监理人采用书面形式订立委托监理合同……
技术开发合同	《民法典》第851条第3款、第4款	技术开发合同应当采用书面形式。当事人之间就具有实用价值的科技成果实施转化订立的合同，参照适用技术开发合同的有关规定。
技术转让合同/技术许可合同	《民法典》第863条第3款	技术转让合同和技术许可合同应当采用书面形式。
物业服务合同	《民法典》第938条第3款	物业服务合同应当采用书面形式。
细胞、组织、器官、遗体捐献合同	《民法典》第1006条	完全民事行为能力人有权依法自主决定无偿捐献其人体细胞、人体组织、人体器官、遗体。任何组织或者个人不得强迫、欺骗、利诱其捐献。 完全民事行为能力人依据前款规定同意捐献的，应当采用书面形式，也可以订立遗嘱。 自然人生前未表示不同意捐献的，该自然人死亡后，其配偶、成年子女、父母可以共同决定捐献，决定捐献应当采用书面形式。
夫妻财产归属合同	《民法典》第1065条第1款	男女双方可以约定婚姻关系存续期间所得的财产以及婚前财产归各自所有、共同所有或者部分各自所有、部分共同所有。约定应当采用书面形式。没有约定或者约定不明确的，适用本法第一千零六十二条、第一千零六十三条的规定。
离婚协议	《民法典》第1076条第1款	夫妻双方自愿离婚的，应当签订书面离婚协议，并亲自到婚姻登记机关申请离婚登记。
外国人收养子女协议	《民法典》第1109条第2款	外国人在中华人民共和国收养子女，应当经其所在国主管机关依照该国法律审查同意。收养人应当提供由其所在国有权机构出具的有关其年龄、婚姻、职业、财产、健康、有无受过刑事处罚等状况的证明材料，并与送养人签订书面协议，亲自向省、自治区、直辖市人民政府民政部门登记。
房地产转让合同	《城市房地产管理法》第41条	房地产转让，应当签订书面转让合同……
房屋租赁合同	《城市房地产管理法》第54条	房屋租赁，出租人和承租人应当签订书面租赁合同……

续表

类型	法律法规条款	条款规定
商品房销售合同	《城市房地产开发经营管理条例》第 27 条	商品房销售，当事人双方应当签订书面合同……
前期物业服务合同	《物业管理条例》第 21 条	在业主、业主大会选聘物业服务企业之前，建设单位选聘物业服务企业的，应当签订书面的前期物业服务合同。
农村土地承包经营合同	《农村土地承包法》第 22 条第 1 款	发包方应当与承包方签订书面承包合同。
土地经营权流转合同	《农村土地承包法》第 40 条第 1 款	土地经营权流转，当事人双方应当签订书面流转合同。
政府采购合同	《政府采购法》第 44 条	政府采购合同应当采用书面形式。
著作财产权转让合同	《著作权法》第 27 条	转让本法第十条第一款第五项至第十七项规定的权利[①]，应当订立书面合同。
专有著作权许可使用合同	《著作权法实施条例》第 23 条	使用他人作品应当同著作权人订立许可使用合同，许可使用的权利是专有使用权的，应当采取书面形式，但是报社、期刊社刊登作品除外。
转让专利申请权或专利权合同	《专利法》第 10 条第 3 款	转让专利申请权或者专利权的，当事人应当订立书面合同，并向国务院专利行政部门登记，由国务院专利行政部门予以公告。专利申请权或者专利权的转让自登记之日起生效。
专利实施许可合同	《专利法》第 12 条	任何单位或者个人实施他人专利的，应当与专利权人订立实施许可合同，向专利权人支付专利使用费。被许可人无权允许合同规定以外的任何单位或者个人实施该专利。
商标转让合同	《商标法》第 42 条第 1 款	转让注册商标的，转让人和受让人应当签订转让协议，并共同向商标局提出申请……
招投标签订的合同	《招投标法》第 46 条第 1 款	招标人和中标人应当自中标通知书发出之日起三十日内，按照招标文件和中标人的投标文件订立书面合同。招标人和中标人不得再行订立背离合同实质性内容的其他协议。
劳动合同	《劳动法》第 19 条	劳动合同应当以书面形式订立……

续表

类型	法律法规条款	条款规定
信托合同	《信托法》第8条	设立信托,应当采取书面形式。 书面形式包括信托合同、遗嘱或者法律、行政法规规定的其他书面文件等。 采取信托合同形式设立信托的,信托合同签订时,信托成立。采取其他书面形式设立信托的,受托人承诺信托时,信托成立。
合伙协议	《合伙企业法》第4条	合伙协议依法由全体合伙人协商一致,以书面形式订立。
个人独资企业委托管理协议	《个人独资企业法》第19条第2款	投资人委托或者聘用他人管理个人独资企业事务,应当与受托人或者被聘用的人签订书面合同,明确委托的具体内容和授予的权利范围。
船舶所有权转让合同	《海商法》第9条第2款	船舶所有权的转让,应当签订书面合同。
民用航空器所有权转让合同	《民用航空法》第14条第2款	民用航空器所有权的转让,应当签订书面合同。
民用航空器租赁合同	《民用航空法》第26条	民用航空器租赁合同,包括融资租赁合同和其他租赁合同,应当以书面形式订立。
通用航空经营合同	《民用航空法》第148条	通用航空企业从事经营性通用航空活动,应当与用户订立书面合同,但是紧急情况下的救护或者救灾飞行除外。
保险合同	《保险法》第13条第1款、第2款	投保人提出保险要求,经保险人同意承保,保险合同成立。保险人应当及时向投保人签发保险单或者其他保险凭证。 保险单或者其他保险凭证应当载明当事人双方约定的合同内容。当事人也可以约定采用其他书面形式载明合同内容。
包价旅游合同	《旅游法》第58条第1款	包价旅游合同应当采用书面形式……
包价旅游接待委托合同	《旅游法》第69条第2款	经旅游者同意,旅行社将包价旅游合同中的接待业务委托给其他具有相应资质的地接社履行的,应当与地接社订立书面委托合同……
委托拍卖合同	《拍卖法》第42条	拍卖人应当对委托人提供的有关文件、资料进行核实。拍卖人接受委托的,应当与委托人签订书面委托拍卖合同。
广告合同	《广告法》第30条	广告主、广告经营者、广告发布者之间在广告活动中应当依法订立书面合同。

续表

类型	法律法规条款	条款规定
慈善捐赠协议	《慈善法》第39条第1款	慈善组织接受捐赠,捐赠人要求签订书面捐赠协议的,慈善组织应当与捐赠人签订书面捐赠协议。
仲裁协议	《仲裁法》第16条第1款	仲裁协议包括合同中订立的仲裁条款和以其他书面方式在纠纷发生前或者纠纷发生后达成的请求仲裁的协议。
船舶转让合同	《海商法》第9条第2款	船舶所有权的转让,应当签订书面合同。
船舶抵押合同	《海商法》第12条第2款	船舶抵押权的设定,应当签订书面合同。
航次租船合同	《海商法》第43条	承运人或者托运人可以要求书面确认海上货物运输合同的成立。但是,航次租船合同应当书面订立。电报、电传和传真具有书面效力。
定期租船合同/光船租赁合同	《海商法》第128条	船舶租用合同,包括定期租船合同和光船租赁合同,均应当书面订立。
海上拖航合同	《海商法》第156条	海上拖航合同应当书面订立……

注:①根据《著作权法》第10条规定,第5项至第17项规定的权利是指复制权、发行权、出租权、展览权、表演权、放映权、广播权、信息网络传播权、摄制权、改编权、翻译权、汇编权以及应当由著作权人享有的其他权利。

四、其他形式

《民法典》第140条规定:“行为人可以明示或者默示作出意思表示。沉默只有在有法律规定、当事人约定或者符合当事人之间的交易习惯时,才可以视为意思表示。”因此有观点认为合同订立的其他形式主要是指默示形式。默示的意思表示,可以是行动,也可以是沉默,但必须都可以间接推知其外观意思。简单地说,默示的意思表示包括“推定形式”与“沉默”两种。在不赞同公证、鉴证、登记和审批构成特殊书面形式的观点下,也有将其归入其他形式范畴之内的观点。还有观点认为,其他形式还包括混合形式,即混合合同或者合同部分内容采用书面形式,其余部分采用口头形式。① 本书不采纳后面两种观点。默示的具体分类见图7-4:

① 参见韩世远:《试论合同的形式》,载《杭州师范学院学报(社会科学版)》2002年第2期。

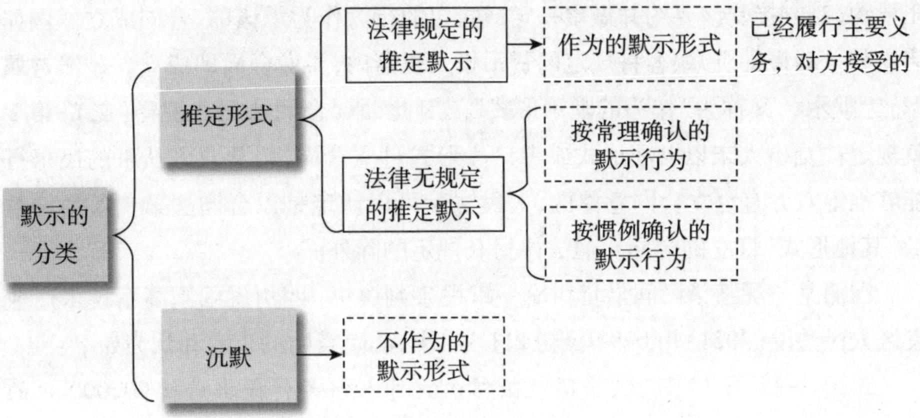

图7－4　默示的具体分类

（一）推定形式

推定形式又可以分为法律规定的推定默示和法律无规定的推定默示，后者还可以分为按常理确认的默示行为和按惯例确认的默示行为。所谓常理，也就是在一定行业职业范围内，一般人应具有的常识性知识。所谓惯例，是指人们在长期的民商事活动中逐渐形成的一些现实的交往方式或习惯并在一定的范围内被视为规则。

1. 法律规定的推定默示

《民法典》第490条规定："当事人采用合同书形式订立合同的，自当事人均签名、盖章或者按指印时合同成立。在签名、盖章或者按指印之前，当事人一方已经履行主要义务，对方接受时，该合同成立。法律、行政法规规定或者当事人约定合同应当采用书面形式订立，当事人未采用书面形式但是一方已经履行主要义务，对方接受时，该合同成立。"可以看出，《民法典》规定的默示形式，亦称为推定形式或意思实现①形式，是指当事人未用语言、文字表达其意思表示，仅用行为向对方发

① 需要说明的是，《民法典》第480条规定："承诺应当以通知的方式作出；但是，根据交易习惯或者要约表明可以通过行为作出承诺的除外。"该规定中的但书部分被认为是对承诺无须通知的情形的规定。《民法典》第484条第2款规定："承诺不需要通知的，根据交易习惯或者要约的要求作出承诺的行为时生效。"这一规定被视为中国法下"意思实现"的法律依据。所谓意思实现是指，无须向要约人表示的承诺。也就是说，承诺的意思必须通过某种方式表达出来，亦即必须使意思显示于外部，但受要约人无须针对要约人表达或显示其承诺意思，承诺意思也无须达到要约人那里。意思实现的特征在于：其一，承诺无须通知；其二，受有严格限制，要求是根据交易习惯或者根据要约人预先的声明；其三，合同自出现认定承诺意思的事实或行为时（承诺意思实现时）成立。学说上，有观点认为，意思实现是一种不需要受领的意思表示（"广义的承诺"），

出要约,对方接受该要约并做出一定或指定的行为作为承诺的,合同成立。例如商店安装自动售货机,顾客将规定的货币投入机器内,买卖合同即成立。显然这属于"行为默示",又称为"作为的默示形式"。对此,原《合同法司法解释(二)》第2条就规定:"当事人未以书面形式或者口头形式订立合同,但从双方从事的民事行为能够推定双方有订立合同意愿的,人民法院可以认定是以合同法第十条第一款中的'其他形式'订立的合同。但法律另有规定的除外。"

在蒲某与阮某华民间借贷纠纷一审民事判决书[四川省绵阳高新技术产业开发区人民法院(2021)川0792民初211号]中,法院查明的事实和认为如下:

2020年11月11日,被告通过微信向案外人何某科提出借款70,000元的请求,何某科因自己暂无资金出借给被告,遂将被告的借款请求告知原告,原告当即表示同意并通过手机银行向被告转款70,000元,何某科也随即将原告转款的银行电子回单转发给被告。此后,被告既未向原告返还借款,也未向何某科返还借款。

本院认为,被告虽是向何某科提出借款请求,但其在收到何某科发送的转款凭证电子回单时,已清楚知晓借款实际是由原告向其交付的事实,且其对此也未提出任何异议。由此可见,原、被告已以实际行为表明了建立借款合同关系的意愿,故依照《中华人民共和国民法典》(以下简称民法典)第四百九十条第二款"法律、行政法规规定或者当事人约定合同应当采用书面形式订立,当事人未采用书面形式但是一方已经履行主要义务,对方接受时,该合同成立"和《最高人民法院关于审理民间借贷案件适用法律若干问题的规定》第九条第二项"以银行转账、网上电子汇款等形式支付的,自资金到达借款人账户时"规定,双方虽未依照法律规定签订书面借款合同,也应认定原、被告已于借款交付时自愿订立借款合同……

2. 法律无规定的推定默示

对于按常理确认的默示行为,所谓常理,也就是在一定行业职业范围内,一般人应具有的常识性知识。例如,四川某县蔬菜公司接到北方某菜场要求代发10万公斤青芹菜的电报要约,要约中明确了标的、数量、价款、运输方式、履行地点等内容,但对青芹菜在运输过程中应加多少冰予以冷藏未明示。蔬菜公司收到该要约后,按照要约内容向菜场发出青芹菜10万公斤,因青芹菜中所加冰的量不足,致使青芹菜变质,该菜场拒付大部分货款,引起纠纷。诉讼中,蔬菜公司强调菜场的要约中并未对应加多少冰作出要求,因此不承担责任。而根据常理或惯例,作为专门

有别于作为需要受领的意思表示的"狭义的承诺"。就此而言,若采广义的"默示的承诺",则意思实现属于默示的承诺(《民法典》第480条后句、第484条第2款);若采狭义的"默示的承诺",则意思实现因无须通知,要约人无实际受领而被排除在默示的承诺之外。故,就此意义讲,《民法典》第490条所规定的并非"意思实现"。

从事蔬菜北运的专业公司,应非常明确蔬菜运输的常规要求,虽然菜场未对蔬菜应加多少冰予以明示,但可以根据从事该行业的人共知的常识及行业惯例,推定蔬菜公司对这一常理的默示。

所谓惯例,是指人们在长期的民商事活动中逐渐形成的一些现实的交往方式或习惯并在一定的范围内被视为规则。《民法典》第510条规定:"合同生效后,当事人就质量、价款或者报酬、履行地点等内容没有约定或者约定不明确的,可以协议补充;不能达成补充协议的,按照合同相关条款或者交易习惯确定。"这即是所谓的"按惯例确认的默示行为"。原《合同法司法解释(二)》对什么是"交易习惯"进行了明确,其第7条规定:"下列情形,不违反法律、行政法规强制性规定的,人民法院可以认定为合同法所称'交易习惯':(一)在交易行为当地或者某一领域、某一行业通常采用并为交易对方订立合同时所知道或者应当知道的做法;(二)当事人双方经常使用的习惯做法。对于交易习惯,由提出主张的一方当事人承担举证责任。"目前,仍然可以参考该规定的精神来认定"交易习惯"。

【例7-2】 李某林与潘某林煤矿转让合同纠纷再审案①

【裁判要旨】

当事人双方签订的煤矿转让协议中,未明确承担办理扩界资源费用的一方,之后又未达成一致意见,可以将同类交易中的惯常交易习惯、特定行业的交易惯例以及法律、行政法规等规定作为确定双方当事人之间权利义务关系的默示条款。依据相关规定及案件的实际情况,由变更后的登记人承担办理扩界资源的费用更符合交易习惯和国家相关政策的,则应由其缴纳相应费用。

【最高人民法院审判】

最高人民法院认为,综合本案全部案件事实看,不能认定转让人李某林负有支付办理扩界资源费用的义务。首先,《煤矿转让协议书》并未明确约定由李某林办理扩界及承担办理扩界资源的费用。《合同法》第61条规定,合同生效后,当事人就质量、价款或者报酬、履行地点等内容没有约定或者约定不明确的,可以协议补充;不能达成补充协议的,按照合同有关条款或者交易习惯确定。合同条款有明示条款,也有默示条款。在双方当事人没有明确约定又无法协商一致的情况下,同类交易中的惯常交易习惯、特定行业的交易惯例以及法律、行政法规等对相关领域的

---

① 参见李某林与潘某林煤矿转让合同纠纷再审民事判决书[最高人民法院(2013)民提字第17号]。

明确规定等,应当作为确定双方当事人之间权利义务关系的默示条款。

本案中,首先,在双方没有对办理扩界资源的费用明确约定由谁承担的情况下,认定由变更后的采矿权人缴纳,符合交易习惯和国家相关政策的规定。其次,《煤矿转让协议书》所涉及的内容除双方均认可的2.3万吨原有资源外,根据一审法院依法委托鉴定机构根据潘某林提供的鉴定材料作出的鉴定意见,案涉机械设备及两座井口的评估值为3,983,297元。而且,根据双方一致认可,扩界后的新界资源亦由潘某林使用。而《煤矿转让协议书》约定的转让价格为450万元。故认定后续办理扩界资源的费用亦由李某林缴纳,不符合当事人的本意和公平原则。最后,根据《矿产资源开采登记管理办法》第15条的规定,变更矿区范围的,采矿权人应当在采矿许可证有效期内,向登记管理机关申请变更登记。办理变更矿区范围的主体应为采矿权人。故将《煤矿转让协议书》第3条约定的"李某林负责协助潘某林办理有关证件变更手续"理解为将原采矿权变更登记到潘某林名下,更符合本案实际情况。从案涉协议的实际履行情况来看,潘某林也自认,所有新界扩界手续实际均由其自行办理。而且,根据《矿产资源开采登记管理办法》第9条的规定,国家实行采矿权有偿取得的制度。采矿权使用费,按照矿区范围的面积逐年缴纳,标准为每平方公里每年1000元。李某林作为转让人,负担转让后实际逐年缴纳的资源使用费,于法无据。根据谁主张谁举证的原则,潘某林对应由李某林承担办理扩界资源费用的主张,应提供证据。在其未能提供充分证据证明李某林负有上述义务的情况下,应承担相应的不利后果。原判决仅依据有利害关系人的证人证言和案涉采矿许可证变更登记前李某林缴纳相关费用的行为,即推定李某林负有缴纳扩界资源费用的义务,证据不足,本院予以纠正。案涉《煤矿转让协议书》合法有效,潘某林应按照协议约定,支付欠付李某林的转让款242.50万元及利息。

在本案中,法院认为,双方当事人签订的《煤矿转让协议书》中未明确约定由谁承担办理扩界资源的费用,亦未协商一致达成补充协议,因此可以将合同有关条款或者交易习惯认定为默示条款,以确定双方当事人之间权利义务关系。据此,在双方未对办理扩界资源的费用明确约定由谁承担的情况下,认定由变更后的采矿权人缴纳,符合交易习惯和国家相关政策的规定。因此,应由受让人承担办理扩界手续的费用。

(二)沉默形式

除推定形式之外,还需要注意的是"沉默"形式。沉默形式,又称"不作为的默示形式",是指依据法律规定、当事人约定或者符合当事人之间的交易习惯时,从表

意人单纯的不作为(既不表示同意,也不表示反对)推理确定其意思的表示形式。“沉默”具有如下法律特征:

第一,行为人没有进行任何积极的行为;

第二,从其沉默不语的“行为”可以推断出行为人的内在意思;

第三,在通常情况下,沉默不能作为意思表示的形式,只有在法律有明文规定、当事人有约定或者符合当事人之间的交易习惯的情况下,才可以用作意思表示的形式;

第四,是以消积的不作为表达某种意思的方式。

因此,默示的意思表示,特定情况下,可以是依沉默的默示,称为“有表示效果的沉默”。例如,某甲与某乙一向有约定,在某甲向某乙发出要约后,某乙的沉默构成承诺,现某甲向某乙发出要约,某乙未予答复,这一沉默可构成意思表示的表达。我国《民法典》第140条规定:“行为人可以明示或者默示作出意思表示。沉默只有在有法律规定、当事人约定或者符合当事人之间的交易习惯时,才可以视为意思表示。”因此,沉默形式只有在有法律规定、当事人约定或者符合当事人之间的交易习惯时,才可以视为意思表示。如《民法典》第145条第2款(“相对人可以催告法定代理人自收到通知之日起三十日内予以追认。法定代理人未作表示的,视为拒绝追认……”)、第171条第2款(“相对人可以催告被代理人自收到通知之日起三十日内予以追认。被代理人未作表示的,视为拒绝追认……”)就属于关于效力待定民事法律行为的拒绝沉默追认。《民法典》第621条第1款(“当事人约定检验期限的,买受人应当在检验期限内将标的物的数量或者质量不符合约定的情形通知出卖人。买受人怠于通知的,视为标的物的数量或者质量符合约定”。)就属于关于买受人怠于通知的沉默。

【例7-3】 单纯沉默只有在法律有规定或者当事人双方有约定或有交易习惯的情况下,才可以视为意思表示

【基本案情】

2015年4月2日甲公司向乙公司传真发出一份要约,要约内容为:“我司预出售大豆100斤,单价为2元一斤,并说明如若乙公司在10天内不予答复,则说明乙公司愿意与甲公司订立合同。”甲公司即于2015年4月15日送货上门。乙公司未予答复,甲公司送货上门遭拒,遂诉至法院。

【法院审判】

法院审理认为,根据最高人民法院《关于贯彻执行〈中华人民共和国民法通

则〉若干问题的意见(试行)》第66条的规定,不作为的默示只有在法律有规定或者当事人双方有约定的情况下,才可以视为意思表示。因此如果事先没有约定,也没有习惯做法,而仅仅由要约人在要约中规定如果不答复就视为承诺于法无据。甲公司要约中说明的乙公司的单纯沉默可以作为承诺方式没有法律根据,据此判决甲公司败诉,甲乙公司没有合同关系。

尽管上述案件系依据原《民通意见》作出的判决,但《民法典》第140条的规定表明,在当前《民法典》的时代下,这一裁判仍然具有价值。

类似的一些关于沉默的案例,还可参见沈阳国际汽车城开发有限公司、抚顺中通建设(集团)有限公司建筑安装分公司建设工程施工合同纠纷再审审查与审判监督民事裁定书[最高人民法院(2018)最高法民申549号]。在该案中,最高人民法院认为:

《中华人民共和国民法总则》第一百四十条规定:“行为人可以明示或者默示作出意思表示。沉默只有在有法律规定、当事人约定或者符合当事人之间的交易习惯时,才可以视为意思表示。”建设工程合同司法解释第二十条规定:“当事人约定,发包人收到竣工结算文件后,在约定期限内不予答复,视为认可竣工结算文件的,按照约定处理。承包人请求按照竣工结算文件结算工程价款的,应予支持。”根据上述法律规定,中通公司与汽车城公司签订的《补充协议》系双方真实意思的表达,约定默示行为方式来表达认可竣工文件的意思表示,不违反法律规定,合法有效。本案中,2011年4月27日中通公司(乙方)与汽车城公司(甲方)签订《补充协议》,其中甲乙双方对工程竣工结算事宜约定:“双方约定甲方审核竣工结算文件期限为45天,即甲方收到乙方工程结算报告及工程结算文件资料后,45天内予以答复并审定完成,且据此按约定额度支付结算工程款。双方约定甲方收到工程结算报告及结算文件资料超过45天,而在约定45天期限内不予答复,视为甲方认可乙方提交的结算文件资料和工程结算总值,即乙方提交的工程结算总值自动生效:甲方按此工程结算总值支付工程款。从第46天起为逾期付款,甲方逾期付款按月息2%承担其利息。双方约定,甲方逾期付款超过60天,甲方抵押、出售、转让、拍卖该工程及房屋所得,乙方优先受偿。”在中通公司依约向汽车城公司交付了工程结算报告及相关结算资料后,汽车城公司未在约定期限内进行回复,没有提出异议,汽车城公司亦未提交证据证明双方此后曾对工程造价进行核算。据此,二审法院对中通公司交付的工程结算报告及相关结算资料予以采信正确。

第8章 合同对方的选择方式
——“招拍挂”、竞争性谈判(磋商)、询价和单一来源采购

内容概览

企业选择合同对方有多种方式,但总体上可以划分为四大类别:“招拍挂”、竞争性谈判(磋商)、询价和单一来源采购。如何正确适用这些方式,减少采购成本、提高采购效率并防范其中的法律风险是非常重要的事情。公司律师或法律顾问在这些采购过程中应发挥重要作用。限于篇幅,本章在介绍操作流程时,将以招投标为例进行介绍。本章包含如下内容:

- 合同对方的选择方式
- “招标投标”的主要法律实务
- “招拍挂”的若干法律疑难问题

第一节 合同对方的选择方式

一、合同对方选择方式概述

在实务中,企业选择合同的对方通常包括如下四种方式:“招拍挂”(招标、拍卖和挂牌)、竞争性谈判(磋商)、询价和单一来源采购。就竞争性大小而言,“招拍挂”是竞争性最高的方式(拍卖是一种完全的竞争方式,招标是一种不完全的竞争方式,而挂牌则介于两者之间);竞争性谈判(磋商)、询价逐步次之;单一来源采购则没有任何竞争性。见图8-1:

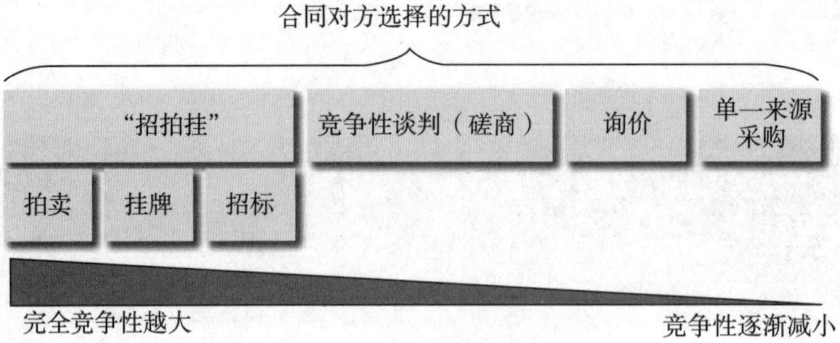

图 8-1　合同对方选择方式的竞争性

在实践中,企业往往首先考虑依据法律法规(如《招投标法》《拍卖法》等)的法定情形以及企业内部规章制度规定的法定情形之外的其他情形,必须进行“招拍挂”;其次,在“招拍挂”无须或无法进行的情况下,退一步采用竞争性谈判(磋商);再次之,采用询价或单一来源采购。单一来源采购则属于唯一的没有竞争性的采购方式,通常其适用应受到严格的限制。

二、“招拍挂”的概念、异同与适用情形

“招拍挂”实际就是“招标”、“拍卖”和“挂牌”的统称,这三者都是通过向不特定的社会公众或特定对象发布公告或通知,通过公开性竞争缔约机制进行标的物(土地使用权、房地产、动产、股权等)交易的方式。三者既有联系,也有区别。具体见表 8-1:

表 8-1　招标、拍卖和挂牌的异同

项目	招标	拍卖	挂牌
底价是否公开	不公开	不公开	公开
底价由谁确定	招标委员会	拍卖委员会	委托人
报价方式与次数	投标书;一次性报价	举牌;可多次报价	交易中心电脑报价终端报价;可多次报价
竞买(投)人数	≥2 人	≥2 人	≥1 人
公告期限	≥20 日	≥20 日	≥20 日,挂牌时间不得少于 10 日

续表

项目	招标	拍卖	挂牌
优点	不完全的竞争方式：一次报价，评标委员会进行评标，有价高（低）者得，也有综合评分最高者得等方式	完全的竞争方式：允许多次报价，有利于竞拍人理性决策和竞争；价高者得，操作简便，便于竞买	竞争度介于前两者之间：挂牌时间长，且允许多次报价，有利于竞卖人理性决策和竞争；价高者得，操作简便，便于竞买
缺点	一次报价，容易流标	竞争明显，易产生较高溢价	竞争明显，易产生较高溢价

首先，招标是企业向不特定的社会公众发布招标公告或者向特定对象发出招标通知，在诸多投标人中选择最满意的投标人并与之订立合同的行为。招投标是合同订立过程中要约与承诺的变异形式，其显著特点是将竞争机制引入合同订立的过程。通过招投标活动，企业可以选择实力强、信誉高的合作对象；投标人可以公平公正地参与市场竞争，承接合同，实现营利目的。

其次，拍卖是指出让人发布拍卖公告，由竞买人在指定时间、地点进行公开竞价，根据出价结果确定标的资产受让人的行为。

最后，挂牌是指出让人发布挂牌公告，按公告规定的期限将拟出让标的资产的交易条件在指定的产权交易所（中心）挂牌公布，接受竞买人的报价申请并更新挂牌价格，根据挂牌期限截止时的出价结果或者现场竞价结果确定标的资产受让人的行为。

三、竞争性谈判（磋商）的概念、异同与适用情形

竞争性谈判和竞争性磋商主要应用于政府采购领域，其适用依据主要是《政府采购法》（2014 年修正）、《政府采购非招标采购方式管理办法》（财政部令第 74 号）和《政府采购竞争性磋商采购方式管理暂行办法》（财库〔2014〕214 号）。前两者对竞争性谈判方式的适用情形及操作程序作了详细规定；后者对竞争性磋商进行了规范。尽管如此，很多大型企业集团（特别是国有控股集团）在其内部采购制度中，仍然借鉴了政府采购中的这两项制度，形成了自己的企业竞争性谈判和竞争性磋商制度，将其作为招拍挂制度的有益补充。

竞争性谈判和竞争性磋商在实务中也是最容易混淆的两种方式。概括地讲，竞争性谈判是指采购人或者采购代理机构直接邀请 3 家及以上符合条件的供应商就采购货物、工程和服务事宜进行谈判，供应商按照谈判文件的要求提交响应文件和最后报价，采购人从谈判小组提出的成交候选人中确定成交供应商的采购方式。

竞争性磋商是指采购人或者采购代理机构通过组建竞争性磋商小组（以下简称磋商小组）与符合条件的供应商就采购货物、工程和服务事宜进行磋商，供应商按照磋商文件的要求提交响应文件和报价，采购人从磋商小组评审后提出的候选供应商名单中确定成交供应商的采购方式。两者都具有如下基本特点：一是可以缩短准备期，能使采购项目更快地发挥作用；二是减少工作量，省去了大量的开标、投标工作，有利于提高工作效率，减少采购成本；三是供求双方能够进行更为灵活的谈判或磋商；四是能够激励供应商自觉将高新技术应用到采购产品中，同时能转移采购风险。两者的区别和联系见表 8 – 2：

表 8 – 2　竞争性谈判和竞争性磋商的异同

<table>
<tr><th>项目</th><th>竞争性谈判</th><th>竞争性磋商</th></tr>
<tr><td rowspan="2">适用范围</td><td>（1）招标后没有供应商投标或者没有合格标的，或者重新招标未能成立的
（2）技术复杂或者性质特殊，不能确定详细规格或者具体要求的
（3）非采购人所能预见的原因或者非采购人拖延造成采用招标所需时间不能满足用户紧急需要的
（4）因艺术品采购、专利、专有技术或者服务的时间、数量事先不能确定等原因不能事先计算出价格总额的
（5）按照招投标法及其实施条例必须进行招标的工程建设项目以外的采购工程</td><td>（1）购买服务项目
（2）技术复杂或者性质特殊，不能确定详细规格或者具体要求的
（3）因艺术品采购、专利、专有技术或者服务的时间、数量事先不能确定等原因不能事先计算出价格总额的
（4）市场竞争不充分的科研项目，以及需要扶持的科技成果转化项目
（5）按照招投标法以及其实施条例必须进行招标的工程建设项目以外的政府采购工程建设项目</td></tr>
<tr><td colspan="2">竞争性谈判和竞争性磋商各有五种适用情形，其中有三种是相同的</td></tr>
<tr><td rowspan="2">评审方法</td><td>谈判小组从质量和服务均满足采购文件实质性要求的供应商中，按照最后报价由低到高的顺序提出 3 名以上成交候选人，并编写评审报告。采购人从评审报告提出的成交候选人中，根据质量和服务均能满足采购文件实质性要求且最后报价最低的原则确定成交供应商</td><td>磋商小组采用综合评分法对提交最后报价的供应商的响应文件和最后报价进行综合评分，根据综合评分情况，按照评审得分由高到低顺序推荐 3 名以上成交候选供应商，并编写评审报告。采购人从评审报告提出的成交候选供应商中，按照排序由高到低的原则确定成交供应商</td></tr>
<tr><td colspan="2">竞争性谈判采用“最低价成交法”，谁价格最低谁成交；竞争性磋商采用“综合评分法”，谁得分高谁成交。这也是两者最本质的不同</td></tr>
<tr><td>初始参与供应商</td><td>不少于 3 家。但招标项目因供应商不足（两家）废标后，经批准可与该两家进行竞争性谈判</td><td>不少于 3 家</td></tr>
</table>

续表

项目	竞争性谈判	竞争性磋商
最终报价供应商	除公开招标转竞争性谈判项目外，提交最后报价的供应商不得少于3家	除市场竞争不充分的科研项目、需要扶持的科技成果转化项目以及购买服务项目（含政府和社会资本合作项目）外，提交最后报价的供应商不得少于3家
程序差异	两种方式在澄清修改期限、响应期限、文件发售期限等程序方面存在差异（具体内容略）	

需要说明的是，业界普遍认为两者最大的、本质的区别在评审方法方面，即在“竞争报价”阶段，竞争性谈判采用的是“最低价成交法”，而竞争性磋商则采用的是类似于公开招标的“综合评分法”。具体而言：

第一，竞争性谈判的评审方法是谈判小组所有成员集中与单个供应商分别进行谈判，并在规定的时间内进行二轮报价以及最终报价，然后采购人从谈判小组提出的成交候选人中选出最符合采购需求、质量和服务相对等且报价最低的供应商作为成交供应商，并将最终结果告知所有参加谈判的未成交的供应商。

第二，竞争性磋商的评审方法是磋商小组所有成员集中与单个供应商分别进行磋商，在明确采购需求之后，要求所有参与供应商进行最终报价，最后按照磋商文件规定的各项评审因素进行量化指标评审，得分最高的供应商即为中标候选供应商。

因此，两者之间就评审方法而言，可以理解为谈判比较直接，谁价格低谁就中标，前提是符合谈判文件的要求，没有实质性偏离，那么一轮结束，再也没有商量的余地。但是磋商稍微复杂，要制定详细的综合评分要求，要打分，最后未必是最低价中标，而且磋商的过程中，投标单位可选择价格调整策略，整体的评标过程还是稍微复杂的。就此可以分析出，谈判更直接更简单，因此它在时间上也相对快速，竞争性谈判比竞争性磋商在时间上相对更短、更加灵活。

四、询价、单一来源采购的概念与适用情形

（一）询价的概念与适用情形

询价是实务中使用很频繁的一种采购方式，又称为询比价，即俗称的“货比三家”，通常是指询价小组根据采购需求，从符合相应资格条件的供应商名单中确定不少于3家的供应商并向其发出询价单让其报价，由供应商一次报出不得更改的报价，然后询价小组在报价的基础上进行比较，并确定最优供应商的一种采购方式。

《民法典》第 473 条第 1 款规定:“要约邀请是希望他人向自己发出要约的表示。拍卖公告、招标公告、招股说明书、债券募集办法、基金招募说明书、商业广告和宣传、寄送的价目表等为要约邀请。”因此,实践中采购人向对方发出的询价文件通常属于要约邀请。供应商向采购人发出的回复文件则属于要约,采购人最终确定供应商并在回复文件上签章发回属于承诺。

询价采购适用于那些规格、标准统一,现货货源充足且价格变化幅度小的货物或服务,其以价格作为供应商评估选择的主要标准。

(二)单一来源采购的概念与适用情形

单一来源采购也称为直接采购,业界也俗称“向单一对象的议价”,是指采购人向唯一供应商进行采购的方式,该采购方式的最主要特点是没有竞争性。因此,采购方处于不利的地位,有可能增加采购成本,并且在采购过程中容易滋生索贿受贿现象,所以各企业或公司一般对这种采购方法的使用规定了严格的适用条件和程序。例如,单一来源采购方式通常适用于下列情形之一:

- 采购项目有特殊要求,且只能从唯一供应商处采购的;
- 发生不可预见的紧急情况,且不能从其他供应商处采购的;
- 需要向原供应商采购工程、货物或者服务,否则将影响施工或者功能配套要求的。

第二节　“招标投标”的主要法律实务

一、招投标法的适用范围

《招投标法》(2017 年修正)第 2 条规定:“在中华人民共和国境内进行招标投标活动,适用本法。”该规定说明,《招投标法》(2017 年修正)适用于所有在中国境内进行的招标投标活动,不仅包括本法列出的必须进行的招标活动,而且包括当事人自愿采用招投标模式进行的招标投标活动。具体而言,从主体上讲,包括政府机构、国有企事业单位、集体企业、私人企业、外商投资企业以及其他非法人组织等的招投标;从项目资金来源上讲,包括利用国有资金、国际组织或外国政府贷款及援助资金、企业自有资金、商业性或政策性贷款、政府机关或事业单位列入财政预算的消费性资金进行的招投标;从采购对象上讲,包括货物、工程和服务的招投标采购。

二、必须招标的范围及其例外

(一)必须招标的范围

1. 必须招标的范围的一般规定

《招投标法》(2017年修正)第3条第1款规定了必须招标的范围:"在中华人民共和国境内进行下列工程建设项目包括项目的勘察、设计、施工、监理以及与工程建设有关的重要设备、材料等的采购,必须进行招标:(一)大型基础设施、公用事业等关系社会公共利益、公众安全的项目;(二)全部或者部分使用国有资金投资或者国家融资的项目;(三)使用国际组织或者外国政府贷款、援助资金的项目。"《招投标法实施条例》(2019年修订)第2条规定:"招标投标法第三条所称工程建设项目,是指工程以及与工程建设有关的货物、服务。前款所称工程,是指建设工程,包括建筑物和构筑物的新建、改建、扩建及其相关的装修、拆除、修缮等;所称与工程建设有关的货物,是指构成工程不可分割的组成部分,且为实现工程基本功能所必需的设备、材料等;所称与工程建设有关的服务,是指为完成工程所需的勘察、设计、监理等服务。"

2. 必须招标的工程项目的规定

《必须招标的工程项目规定》(国家发展和改革委员会令第16号,自2018年6月1日起施行,以下简称16号令)废止了原《工程建设项目招标范围和规模标准规定》(国家发展计划委员会令第3号,以下简称3号令),大幅缩小必须招标的工程项目范围。具体变化见表8-3:

表8-3 必须招标的工程项目新旧规定对比

项目	3号令	16号令
国有资金投资或国家融资	第4条:使用国有资金投资项目的范围包括: (一)使用各级财政预算资金的项目; (二)使用纳入财政管理的各种政府性专项建设基金的项目; (三)使用国有企业事业单位**自有**资金,并且国有资产投资者**实际拥有控制权的项目**。 第5条:国家融资项目的范围包括: (一)使用国家发行债券所筹资金的项目; (二)使用国家对外借款或者担保所筹资金的项目; (三)使用国家政策性贷款的项目; (四)国家授权投资主体融资的项目; (五)国家特许的融资项目。	第2条:全部或者部分使用国有资金投资或者国家融资的项目包括: (一)**使用预算资金200万元人民币以上,并且该资金占投资额10%以上的项目**; (二)使用国有企业事业单位资金,并且**该资金占控股或者主导地位的项目**。

续表

项目	3号令	16号令
国际组织或外国政府贷款、援助资金	第6条:使用国际组织或者外国政府资金的项目的范围包括: (一)使用世界银行、亚洲开发银行等国际组织贷款资金的项目; (二)使用外国政府及其机构贷款资金的项目; (三)使用国际组织或者外国政府援助资金的项目。	第3条:使用国际组织或者外国政府贷款、援助资金的项目包括: (一)使用世界银行、亚洲开发银行等国际组织贷款、援助资金的项目; (二)使用外国政府及其机构**贷款、援助资金**的项目。
关系社会公共利益、公众安全的基础设施、公用事业项目	第2条:关系社会公共利益、公众安全的基础设施项目的范围包括: (一)煤炭、石油、天然气、电力、新能源等能源项目; (二)铁路、公路、管道、水运、航空以及其他交通运输业等交通运输项目; (三)邮政、电信枢纽、通信、信息网络等邮电通讯项目; (四)防洪、灌溉、排涝、引(供)水、**滩涂治理、水土保持、水利枢纽等水利项目**; (五)道路、桥梁、地铁和轻轨交通、污水排放及处理、垃圾处理、地下管道、公共停车场等城市设施项目; (六)生态环境保护项目; (七)其他基础设施项目。 第3条:关系社会公共利益、公众安全的公用事业项目的范围包括: (一)供水、供电、供气、供热等市政工程项目; (二)科技、教育、文化等项目; (三)体育、旅游等项目; (四)卫生、社会福利等项目; (五)商品住宅,包括经济适用住房; (六)其他公用事业项目。	第4条:**不属于本规定第二条、第三条规定情形的大型基础设施、公用事业等关系社会公共利益、公众安全的项目**,必须招标的具体范围由国务院发展改革部门会同国务院有关部门按照确有必要、严格限定的原则制订,报国务院批准。

续表

项目	3号令	16号令
附属勘察、设计、施工、监理及有关重要设备、材料等的采购	第7条:本规定第二条至第六条规定范围内的各类工程建设项目,包括项目的勘察、设计、施工、监理以及与工程建设有关的重要设备、材料等的采购,达到下列标准之一的,必须进行招标: (一)施工单项合同估算价在200万元人民币以上的; (二)重要设备、材料等货物的采购,单项合同估算价在100万元人民币以上的; (三)勘察、设计、监理等服务的采购,单项合同估算价在50万元人民币以上的; (四)单项合同估算价低于第(一)、(二)、(三)项规定的标准,但项目总投资额在3000万元人民币以上的。	第5条:本规定第二条至第四条规定范围内的项目,其勘察、设计、施工、监理以及与工程建设有关的重要设备、材料等的采购达到下列标准之一的,必须招标: (一)施工单项合同估算价在400万元人民币以上; (二)重要设备、材料等货物的采购,单项合同估算价在200万元人民币以上; (三)勘察、设计、监理等服务的采购,单项合同估算价在100万元人民币以上。 同一项目中可以合并进行的勘察、设计、施工、监理以及与工程建设有关的重要设备、材料等的采购,合同估算价合计达到前款规定标准的,必须招标。

从表8-3新旧规定可以看出:

第一,缩小必须招标项目的范围。在原3号令时代,全部或部分使用国有资金投资或者国家融资的项目,是指一切使用国有资金进行的建设项目,不论其在总投资中所占比例大小,都属于依法必须招标的范围。但16号令将《招投标法》(2017年修正)第3条第1款第2项规定的"全部或者部分使用国有资金或者国家融资的项目",限定为"使用预算资金200万元人民币以上,并且该资金占投资额10%以上的项目"以及"使用国有企业事业单位资金,并且该资金占控股或者主导地位的项目",此次明确了"部分"的含义,增强了可操作性。

此外,国家发展改革委办公厅《关于进一步做好〈必须招标的工程项目规定〉和〈必须招标的基础设施和公用事业项目范围规定〉实施工作的通知》(发改办法规〔2020〕770号,以下简称770号通知)第1条"准确理解依法必须招标的工程建设项目范围"第1项"关于使用国有资金的项目"明确:

16号令第二条第(一)项中"预算资金",是指《预算法》规定的预算资金,包括一般公共预算资金、政府性基金预算资金、国有资本经营预算资金、社会保险基金预算资金。第(二)项中"占控股或者主导地位",参照《公司法》第二百一十六条关于控股股东和实际控制人的理解执行,即"其出资额占有限责任公司资本总额百分之五十以上或者其持有的股份占股份有限公司股本总额百分之五十以上的股东;

出资额或者持有股份的比例虽然不足百分之五十,但依其出资额或者持有的股份所享有的表决权已足以对股东会、股东大会的决议产生重大影响的股东”;国有企业事业单位通过投资关系、协议或者其他安排,能够实际支配项目建设的,也属于占控股或者主导地位。项目中国有资金的比例,应当按照项目资金来源中所有国有资金之和计算。

第二,明确了不属于全部或部分国有资金和国际贷款、援助资金的大型基础设施、公用事业等关系社会公共利益、公众安全的项目必须招标的具体范围。16 号令第 4 条仅仅原则性规定了前述项目必须招标的具体范围由国务院发展改革部门会同国务院有关部门按照确有必要、严格限定的原则制订,报国务院批准。发展改革委《关于印发〈必须招标的基础设施和公用事业项目范围规定〉的通知》(发改法规〔2018〕843 号,以下简称 843 号通知)对此进行了明确。其附件《必须招标的基础设施和公用事业项目范围规定》第 2 条规定:

不属于《必须招标的工程项目规定》第二条、第三条规定情形的大型基础设施、公用事业等关系社会公共利益、公众安全的项目,必须招标的具体范围包括:

(一)煤炭、石油、天然气、电力、新能源等能源基础设施项目;

(二)铁路、公路、管道、水运,以及公共航空和 A1 级通用机场等交通运输基础设施项目;

(三)电信枢纽、通信信息网络等通信基础设施项目;

(四)防洪、灌溉、排涝、引(供)水等水利基础设施项目;

(五)城市轨道交通等城建项目。

与原 3 号令第 2 条的规定相比较,843 号通知上述规定中的第 1 项、第 2 项、第 3 项、第 4 项范围与原 3 号令第 2 条规定第 1 项、第 2 项、第 3 项、第 4 项基本相同,差别在于 843 号通知第 2 项将“其他”交通运输基础设施项目限定为“A1 级通用机场等”交通运输基础设施项目;第 4 项删除了“滩涂治理、水土保持、水利枢纽等”列举项目。将第 5 项从“道路、桥梁、地铁和轻轨交通、污水排放及处理、垃圾处理、地下管道、公共停车场等城市设施项目”概括缩减简为“城市轨道交通等城建项目”;删除了原第 6 项“生态环境保护项目”和兜底的第 7 项“其他基础设施项目”。此外,770 号通知整体删除了原 3 号令的第 3 条“关系社会公共利益、公众安全的共用事业项目”范围的规定。故此,原规定的“供水、供电、供气、供热等市政工程项目”“科技、教育、文化等项目”“体育、旅游等项目”“卫生、社会福利等项目”“商品住宅,包括经济适用住房”等项目不再强制要求必须招标。

第三,将必须招标项目的规模标准提高了一倍。16 号令第 5 条将与必须招标项目相关的勘察、设计、施工、监理以及与工程建设有关的重要设备、材料等的采购活动必须招标的限额(合同估算价)标准提高了一倍。具体为:将施工的招标限额由200万元人民币提高到400万元人民币;将重要设备、材料等货物采购的招标限额由100万元人民币提高到200万元人民币;将勘察、设计、监理等服务采购的招标限额由50万元人民币提高到100万元人民币。同时,删除了"单项合同估算价低于第(一)、(二)、(三)项规定的标准,但项目总投资额在3000万元人民币以上的"的规定。

需要注意的是,根据发改委价格司的问题解答,上述规定的"400万元人民币以上"包含本数400万元,并类推适用于其他几项规定。其解答如下:①

咨询:400万元的建设工程项目是否必须公开招标?

《必须招标的工程项目规定》2018年第16号令第五条规定:"本规定第二条至第四条规定范围内的项目,其勘察、设计、施工、监理以及与工程建设有关的重要设备、材料等的采购达到下列标准之一的,必须招标:(一)施工单项合同估算价在400万元人民币以上……"

请问:必须招标的条件中,施工单价合同估算价是否包含400万元人民币?还是必须大于400万元人民币?

您好,"施工单项合同估算价在400万元人民币以上"包括400万元人民币。感谢您对发展改革工作的关心和支持!

答复单位:法规司(答复时间:2021/2/19)

此外,发改委还明确,若单项采购未达到16号令第5条规定规模标准的,招标人可以自主选择采购方式,无须强制招标。其解答如下:②

咨询:400万元以下建设工程类是否可以直接发包?

国家发改委发的16号令规定:400万元以上的建设工程项目必须公开招标,但400万元以下的工程项目如何发包,没有规定。

问:招标人是否可以直接发包,或者按财政采购的有关法律规定,采用竞争性谈判和竞争性磋商等方式发包?

您好,《进一步做好〈必须招标的工程项目规定〉和〈必须招标的基础设施和公用事业项目范围规定〉实施工作的通知》(发改办法规〔2020〕770号)规定,《必须

---

① 参见:https://www.ndrc.gov.cn/hdjl/lyxd/202103/t20210311_1269345.html,2021年3月31日访问。

② 参见:https://www.ndrc.gov.cn/hdjl/lyxd/202102/t20210208_1267113.html,2021年3月31日访问。

招标的工程项目规定》(2018 年第 16 号令,以下简称 16 号令)第二条至第四条及《必须招标的基础设施和公用事业项目范围规定》(发改法规规〔2018〕843 号)第二条规定范围的项目,其施工、货物、服务采购的单项合同估算价未达到 16 号令第五条规定规模标准的,该单项采购由采购人依法自主选择采购方式,任何单位和个人不得违法干涉;其中,涉及政府采购的,按照政府采购法律法规规定执行。感谢您对发展改革工作的关心和支持!

答复单位:法规司(答复时间:2021/1/25)

在上述解答中提及的 770 号通知第 2 条"规范规模标准以下工程建设项目的采购"明确:

"16 号令第二条至第四条及 843 号文第二条规定范围的项目,其施工、货物、服务采购的单项合同估算价未达到 16 号令第五条规定规模标准的,该单项采购由采购人依法自主选择采购方式,任何单位和个人不得违法干涉;其中,涉及政府采购的,按照政府采购法律法规规定执行。国有企业可以结合实际,建立健全规模标准以下工程建设项目采购制度,推进采购活动公开透明。"

关于 16 号令第 2 条第 1 项与第 5 条第 1 项竞合时如何适用,发改委予以了明确,即适用第 5 条第 1 项规定。其解答如下:①

咨询:关于必须招标的工程项目范围界定

根据中华人民共和国国家发展和改革委员会令第 16 号令《必须招标的工程项目规定》,第二条(一)使用预算资金 200 万元人民币以上,并且该资金占投资额 10% 以上的项目属于必须招标范围。第五条(一)施工单项合同估算价在 400 万元人民币以上的必须招标。请问如果某一改扩建项目总投资 360 万元,资金来源全部为预算资金,仅有一个施工合同,施工合同额 310 万元。如果按照第二条(一)条款,该项目属于必须招标范围,按照第五条(一)按施工合同额未在必须招标限额以上,那么该项目施工是否在必须招标范围内?

您好,《进一步做好〈必须招标的工程项目规定〉和〈必须招标的基础设施和公用事业项目范围规定〉实施工作的通知》(发改办法规〔2020〕770 号)规定,《必须招标的工程项目规定》(2018 年第 16 号令,以下简称 16 号令)第二条至第四条及《必须招标的基础设施和公用事业项目范围规定》(发改法规规〔2018〕843 号)第二条规定范围的项目,其勘察、设计、施工、监理以及与工程建设有关的重要设备、材料等的单项采购分别达到 16 号令第五条规定的相应单项合同价估算标准的,该

---

① 参见:https://www.ndrc.gov.cn/hdjl/lyxd/202102/t20210208_1267107.html,2021 年 3 月 31 日访问。

单项采购必须招标;该项目中未达到前述相应标准的单项采购,不属于16号令规定的必须招标范畴。您所咨询的项目施工单项合同估算价为310万元人民币,在400万元人民币以下,不属于16号令规定的必须招标范畴。感谢您对发展改革工作的关心和支持!

答复单位:法规司(答复时间:2021/1/19)

在上述解答中提及的770号通知第1条"准确理解依法必须招标的工程建设项目范围"第2项"关于项目与单项采购的关系"明确:

16号令第二条至第四条及843号文第二条规定范围的项目,其勘察、设计、施工、监理以及与工程建设有关的重要设备、材料等的单项采购分别达到16号令第五条规定的相应单项合同价估算标准的,该单项采购必须招标;该项目中未达到前述相应标准的单项采购,不属于16号令规定的必须招标范畴。

尽管如此,针对总承包招标的规模标准如何确定,《房屋建筑和市政基础设施项目工程总承包管理办法》(建市规〔2019〕12号)第8条规定:"建设单位依法采用招标或者直接发包等方式选择工程总承包单位。工程总承包项目范围内的设计、采购或者施工中,有任一项属于依法必须进行招标的项目范围且达到国家规定规模标准的,应当采用招标的方式选择工程总承包单位。"770号通知对此进行了进一步的明确,即只要有任何一项合同估算价达到16号令第5条规定相应标准的,则整个总承包发包应当招标。其第5项"关于总承包招标的规模标准"规定如下:

对于16号令第二条至第四条规定范围内的项目,发包人依法对工程以及与工程建设有关的货物、服务全部或者部分实行总承包发包的,总承包中施工、货物、服务等各部分的估算价中,只要有一项达到16号令第五条规定相应标准,即施工部分估算价达到400万元以上,或者货物部分达到200万元以上,或者服务部分达到100万元以上,则整个总承包发包应当招标。

770号通知第1条"准确理解依法必须招标的工程建设项目范围"第3项"关于招标范围列举事项"明确:

依法必须招标的工程建设项目范围和规模标准,应当严格执行《招标投标法》第三条和16号令、843号文规定;法律、行政法规或者国务院对必须进行招标的其他项目范围有规定的,依照其规定。没有法律、行政法规或者国务院规定依据的,对16号令第五条第一款第(三)项中没有明确列举规定的服务事项、843号文第二条中没有明确列举规定的项目,不得强制要求招标。

770号通知第1条"准确理解依法必须招标的工程建设项目范围"第4项"关

于同一项目中的合并采购"明确:

16号令第五条规定的"同一项目中可以合并进行的勘察、设计、施工、监理以及与工程建设有关的重要设备、材料等的采购,合同估算价合计达到前款规定标准的,必须招标",目的是防止发包方通过化整为零方式规避招标。其中"同一项目中可以合并进行",是指根据项目实际,以及行业标准或行业惯例,符合科学性、经济性、可操作性要求,同一项目中适宜放在一起进行采购的同类采购项目。

(二)必须招标范围的例外

《招投标法》(2017年修正)第66条规定了必须招投标的例外情形,《招投标法实施条例》(2019年修订)第9条又规定了可以不进行招标的情形,这些具体情形如下:

- 涉及国家安全、国家秘密、抢险救灾或者属于利用扶贫资金实行以工代赈、需要使用农民工等特殊情况,不适宜进行招标的项目,按照国家有关规定可以不进行招标;
- 需要采用不可替代的专利或者专有技术;
- 采购人依法能够自行建设、生产或者提供;
- 已通过招标方式选定的特许经营项目投资人依法能够自行建设、生产或者提供;
- 需要向原中标人采购工程、货物或者服务,否则将影响施工或者功能配套要求;
- 国家规定的其他特殊情形。

三、必须招标未招标的法律后果

(一)必须招标未招标的行政责任

在行政法律领域,依据《招投标法》(2017年修正)第49条的规定:"违反本法规定,必须进行招标的项目而不招标的,将必须进行招标的项目化整为零或者以其他任何方式规避招标的,责令限期改正,可以处项目合同金额千分之五以上千分之十以下的罚款;对全部或者部分使用国有资金的项目,可以暂停项目执行或者暂停资金拨付;对单位直接负责的主管人员和其他直接责任人员依法给予处分。"另外,依据《房屋建筑和市政基础设施工程施工招标投标管理办法》第50条的规定:"应当招标未招标的,应当公开招标未公开招标的,县级以上地方人民政府建设行政主管部门应当责令改正,拒不改正的,不得颁发施工许可证。"这些法律后果是从行政责任角度出发的，即项目主体应招未招，行政监督管理部门可以进行的行政监管、处罚措施，也就是行政领域的法律后果。

（二）必须招标未招标的民事责任

在民事法律领域，依据《最高人民法院关于审理建设工程施工合同纠纷案件适用法律问题的解释（一）》[以下简称《建设工程司法解释（一）》][①]第1条规定："建设工程施工合同具有下列情形之一的，应当依据民法典第一百五十三条第一款的规定，认定无效：……（三）建设工程必须进行招标而未招标或者中标无效的。……"而《民法典》第153条第1款规定："违反法律、行政法规的强制性规定的民事法律行为无效。但是，该强制性规定不导致该民事法律行为无效的除外。"相对于原《建设工程司法解释》（法释〔2004〕14号）第1条第3项规定而言，并无实质变化。

在司法实践中，这一项规定的适用主要涉及两个方面的争议：一是按照签订建设工程施工合同时的法律规定建设工程属于必须招标的项目，而未进行招标，若按起诉时的法律规定其不再属于必须招标的项目的，如何认定施工合同的效力；二是对于法律规定的"必须进行招标"的界定。

对于第一个争议问题，在江苏云阳集团有限公司、江苏银康泰信医疗管理有限公司建设工程施工合同纠纷二审民事判决书[安徽省高级人民法院（2018）皖民终449号]中，对于跨越16号令和843号通知的建设施工合同的效力如何认定进行了判决：

关于涉案《建设工程施工合同补充协议书》的效力问题。2012年3月10日，泰信公司与云阳公司签订《建设工程施工合同》，约定由云阳公司施工郎溪县中医院一期建设工程门急诊综合楼和住院综合楼施工图纸内土建、安装及内、外装饰。2013年3月8日，双方签订《建设工程施工合同补充协议书》，约定由云阳公司施工涉案工程土建、消防、水电、外装饰。银康泰信公司虽然表示对《建设工程施工合同补充协议书》不知情，但其未对合同上银康泰信公司变更前的"江苏泰信医药发展有限公司"的印章的真实性提出异议，对该补充协议书的真实性应予认定。2018年6月1日起施行的《必须招标的工程项目规定》规定必须招标的工程项目包括全部或者部分使用国有资金投资或者国家融资的项目，使用国际组织或者外国政府

① 依据最高人民法院《关于废止部分司法解释及相关规范性文件的决定》（法释〔2020〕16号，自2021年1月1日起施行），《建设工程司法解释》（法释〔2004〕14号）、《建设工程司法解释（二）》（法释〔2018〕20号）和最高人民法院《关于建设工程价款优先受偿权问题的批复》（法释〔2002〕16号）自2021年1月1日起废止。

贷款、援助资金的项目以及不属于该规定第二条、第三条规定情形的大型基础设施、公用事业等关系社会公共利益、公众安全的项目。2018年6月6日起施行的《必须招标的基础设施和公用事业项目范围规定》明确不属于《必须招标的工程项目规定》第二条、第三条规定情形的大型基础设施、公用事业等关系社会公共利益、公众安全的项目,必须招标的具体范围包括:(一)煤炭、石油、天然气、电力、新能源等能源基础设施项目;(二)铁路、公路、管道、水运,以及公共航空和A1级通用机场等交通运输基础设施项目;(三)电信枢纽、通信信息网络等通信基础设施项目;(四)防洪、灌溉、排涝、引(供)水等水利基础设施项目;(五)城市轨道交通等城建项目。依据新规定,本案项目已不属于必须招投标工程。本案合同虽然签订于上述两规定之前,但在确定合同效力时应当遵循"鼓励交易、尽量确认合同效力有效"、"从旧兼从轻"的原则,参照《最高人民法院关于适用〈中华人民共和国合同法〉若干问题的解释(一)》第三条的规定"人民法院确认合同效力时,对合同法实施以前成立的合同,适用当时的法律合同无效而适用合同法合同有效的,则适用合同法",一审认定《建设工程施工合同补充协议书》合法有效不违反法律的规定。银康泰信公司、郎溪县中医院上诉称该补充协议书无效的理由,本院不予采信。因《建设工程施工合同》、《建设工程施工合同补充协议书》均系当事人真实意思表示,《建设工程施工合同补充协议书》签订在《建设工程施工合同》之后,且该补充协议书明确约定二者冲突之处,补充协议优先。因此,在确定双方的权利义务时,遵循补充协议优先,《建设工程施工合同补充协议书》无约定时,可以适用《建设工程施工合同》的约定。

尽管上述案例发生在《民法典》施行之前,但《时间效力司法解释》第8条规定:"民法典施行前成立的合同,适用当时的法律、司法解释的规定合同无效而适用民法典的规定合同有效的,适用民法典的相关规定。"其规定与原《合同法司法解释(一)》第3条的规定并无实质区别,因此在《民法典》施行之后仍然具有参考价值。

另外,在重庆建工集团股份有限公司、毕节市天厦房地产开发有限公司建设工程施工合同纠纷二审民事判决书[最高人民法院(2020)最高法民终430号]①中,

① 类似的案件还可参见郴州盛名房地产开发有限公司、福建成森建设集团有限公司建设工程施工合同纠纷二审民事裁定书[最高人民法院(2020)最高法民终286号],唐山德誉房地产开发有限公司、何某军建设工程施工合同纠纷二审民事判决书[最高人民法院(2020)最高法民终566号]和西安城苑房地产实业有限公司、中天建设集团有限公司建设工程施工合同纠纷二审民事判决书[最高人民法院(2020)最高法民终846号]等。

最高人民法院认为：

2011年2月20日，毕节博泰与重庆建工签订《建设工程施工合同》，约定由重庆建工承建毕节博泰开发的环城东路陈家祠堂搬迁安居用房项目，并约定了工期、价款、支付方式、结算等事宜。合同签订后重庆建工进场施工。2016年1月14日，建设单位、监理单位、施工单位、勘察单位、设计单位对案涉工程一期进行竣工验收，该工程被评定为合格工程，同意使用。2017年7月12日，天厦公司作为甲方、毕节博泰作为乙方、重庆建工作为丙方签订《三方协议》，天厦公司对毕节博泰应支付的工程款承担保证责任。2018年11月2日，毕节博泰对案涉工程二期的工程质量进行验收，该工程被评定为合格工程。后因工程款事宜产生纠纷，重庆起诉要求毕节博泰、天厦公司共同向重庆建工支付工程款。

最高人民法院认为，本案所涉《建设工程施工合同》签订于2011年2月20日。根据国家发展计划委员会2000年5月1日发布的《工程建设项目招标范围和规模标准规定》第三条第五项之规定，本案项目属于必须招标的项目。但国家发展和改革委员会制定并于2018年6月1日起施行的《必须招标的工程项目规定》对必须招标的工程项目作出了新的规定，案涉项目不再属于必须招标的项目。本院认为，“法不溯及既往”是法律适用的一般原则，但该原则具有适用上的例外，在新法能更好地保护公民、法人和其他组织的权利和利益时，则应具有溯及力。关于合同效力的认定，就是“法不溯及既往”的典型例外情形。根据促进交易的原则，合同法具有肯定合同效力的倾向。对于“根据合同签订时法律应认定为无效的合同”，如果“纠纷发生时法律承认其效力”的，人民法院应认可合同的效力。本案《建设工程施工合同》系毕节博泰与重庆建工真实意思表示，不存在损害国家、集体、第三人利益或者社会公共利益的情形，一审判决适用2018年6月1日起施行的《必须招标的工程项目规定》认定合同有效，有利于保护交易，符合诚信原则，本院予以确认。毕节博泰、中京博泰、天厦公司关于案涉相关合同无效的意见不能成立，本院不予支持。

对于第二个问题，在中扶建设有限责任公司、德化金龙置业有限公司建设工程施工合同纠纷二审民事判决书［最高人民法院（2017）最高法民终766号］①中，最高人民法院认为：

关于案涉建设工程施工合同效力问题。《中华人民共和国招标投标法》第三条规定，在中华人民共和国境内的大型基础设施、公用事业等关系社会公共利益、公

---

① 类似的案件还可参见黔东南州兴源建筑工程有限责任公司、黔东南州欣黔投资开发有限责任公司建设工程施工合同纠纷二审民事判决书［最高人民法院（2017）最高法民终933号］。

众安全的项目施工,必须进行招标。《工程建设项目招标范围和规模标准规定》第七条进一步明确了施工单项合同估算价200万元以上或者施工单项合同估算价虽低于200万元,但项目总投资额在3000万元以上关系社会公共利益、公众安全的公用事业项目进行施工,必须进行招标。德化县金龙中心城项目包括了总建筑面积71,793.34m^2的安置房,工程总造价超过2亿元,属于关系社会公共利益、公众安全的重大项目,依据上述法律规定,必须进行招标。但金龙公司在未履行公开招标程序的情况下,即确定由中扶公司进场开始垫资施工。后金龙公司虽补办了招标手续,中扶公司中标,但双方均确认该招标投标程序仅是为办理相关证件而进行的形式意义上的招投标。因此,一审法院依据《最高人民法院关于审理建设工程施工合同纠纷案件适用法律问题的解释》第一条关于建设工程必须进行招标而未招标或者中标无效的,建设工程施工合同应认定无效的规定,认定双方当事人就案涉工程签订的建设工程施工合同及补充协议均无效,并无不当。中扶公司关于案涉工程招投标程序合法,双方签订的建设工程施工合同及补充协议有效的上诉主张,于法无据。

四、招标的方式

依据《招投标法》(2017年修正)第10条的规定,招标分为公开招标和邀请招标。公开招标,是指招标人以招标公告的方式邀请不特定的法人或者其他组织投标。邀请招标,是指招标人以投标邀请书的方式邀请特定的法人或者其他组织投标。必须招标的项目中,除法律法规明确要求采用公开招标方式的项目外,其他项目均可以采用邀请招标方式进行招标。对于企业自行组织的招标而言,一般采用邀请招标方式。

(一)必须公开招标的项目

首先,依据《国务院关于〈必须招标的工程项目规定〉的批复》(国函〔2018〕56号),原3号令于2018年6月1日起废止,因此原3号令第9条第1款“依法必须进行招标的项目,全部使用国有资金投资或者国有资金投资占控股或者主导地位的,应当公开招标”也相应废止。但《招投标法实施条例》(2019年修订)第8条第1款规定:“国有资金占控股或者主导地位的依法必须进行招标的项目,应当公开招标;但有下列情形之一的,可以邀请招标:(一)技术复杂、有特殊要求或者受自然环境限制,只有少量潜在投标人可供选择;(二)采用公开招标方式的费用占项目合同金额的比例过大。”因此,结合16号令第2条第2项的规定,除属于例外情形之外,国有资金占控股或者主导地位的项目仍然需要公开招标。

其次,对于工程建设项目,《工程建设项目施工招标投标办法》第11条第1款亦规定:"依法必须进行公开招标的项目,有下列情形之一的,可以邀请招标:(一)项目技术复杂或有特殊要求,或者受自然地域环境限制,只有少量潜在投标人可供选择;(二)涉及国家安全、国家秘密或者抢险救灾,适宜招标但不宜公开招标;(三)采用公开招标方式的费用占项目合同金额的比例过大。"

最后,《招投标法》(2017年修订)第11条规定:"国务院发展计划部门确定的国家重点项目和省、自治区、直辖市人民政府确定的地方重点项目不适宜公开招标的,经国务院发展计划部门或者省、自治区、直辖市人民政府批准,可以进行邀请招标。"因此,国家重点项目和省级重点项目中,属于必须招标的项目范围的,原则上应采用公开招标方式进行招标,但是如果有不适宜公开招标的情形,经国家发改委、省级政府批准,可以采用邀请招标方式进行招标。

(二)可以采用邀请招标的项目

如上所述,必须采用公开招标的项目中,有以下情形的可以进行邀请招标:一是技术复杂、有特殊要求或者受自然环境限制,只有少量潜在投标人可供选择;二是采用公开招标方式的费用占项目合同金额的比例过大;三是涉及国家安全、国家秘密或者抢险救灾,适宜招标但不宜公开招标(限于工程建设项目);四是国家重点项目和省级重点项目,属于必须招标的项目范围的,分别经国家发改委、省级政府批准。

五、律师在招投标中的主要工作

(一)招投标活动的前期准备工作

为了保证企业招标投标活动的顺利进行,在招标开始之前,公司律师或法律顾问可以协助招标人做好准备工作。根据《招投标法》(2017年修正)第9条的规定:"招标项目按照国家有关规定需要履行项目审批手续的,应当先履行审批手续,取得批准。招标人应当有进行招标项目的相应资金或者资金来源已经落实,并应当在招标文件中如实载明。"可见,一般在招投标工作开始之前,最主要的两项工作就是履行审批手续并取得批准和落实资金来源。概括地讲,应做好的准备工作如下:

• 判断拟招标项目是否属于必须招标范围。必须招标的范围集中于工程建设项目,而且是建设项目全过程的招标,包括从勘察、设计、施工、监理到设备材料的采购。如前所述,必须招标项目具体包括:大中型基础设施、公用事业等关系社会公共利益、公众安全的项目;全部或部分使用国有资金投资或者国家融资的项目;使用国际组织或外国政府贷款、援助资金的项目;法律或国务院规定的其他必须招标的项目。

• 对于招标项目按照国家有关规定需要履行项目审批手续的,在招标前应当先履行审批手续,取得批准。根据现行的投融资管理体制,属于必须招标范围的项目,以及法律、国务院规定必须招标的其他项目,大多需要经过国务院或国务院有关部门的审批。

• 招标人必须有进行招标项目的相应资金或者资金来源已经落实。在企业内部,相关项目的立项和资金预算和来源已经经过有权机构的审批或批准。

• 对于重点项目进行邀请招标的,必须经过批准。只有对那些不适宜公开招标的重点项目,如在某些特定情况下,由于项目技术复杂或有特殊要求、涉及专利保护、受自然资源或环境限制、新技术或技术规格事先难以确定等,可供选择的具备资格的投标单位数量有限,实行公开招标不适宜或不可行,经国务院发展计划部门或者省、自治区、直辖市人民政府批准,才可以进行邀请招标。但进行邀请招标,必须取得有关部门的批准,招标人不得擅自决定。

• 帮助招标人选择招标代理机构。招标代理机构必须具备从事招标代理业务的条件:有从事招标代理业务的营业场所和相应资金;有能够编制招标文件和组织评标的相应专业力量;有符合条件可以作为评标委员会成员人选的技术、经济等方面的专家库。同时,招标代理机构必须具备相应的资格。从事工程建设项目招标代理业务的招标代理机构,其资格由国务院或者省、自治区、直辖市人民政府的建设行政主管部门认定,从事其他招标代理业务的招标代理机构,其资格认定的主管部门由国务院规定。

• 对于必须招标的项目,招标人具有编制招标文件和组织评标的能力。自行办理招标事宜的,必须向有关行政监督部门备案。

(二)对投标人的资格审查

由于投标人的能力直接关系到项目的质量,所以招标人必须对投标人进行资格审查。一般来说,资格审查可以分为资格预审和资格后审。一般投标单位较多的情况下(如 10 个以上),采用资格预审方式,投标单位较少情况下(如 5 个以下),采用资格后审方式。

1. 对投标人的资格预审

资格预审是在投标前对知悉招标人公布的招标项目且有可能愿意参加投标竞

争的潜在投标人所进行的资格审查。是否进行资格预审以及资格预审的要求和标准,招标人应在招标公告或投标邀请书中载明。这些要求和标准应平等地适用于所有的潜在投标人,招标人不得规定任何并非客观上合理的标准、要求或程序,限制或排斥潜在投标人,也不得规定歧视某一(某些)潜在投标人的标准、要求或程序。①

在招标实践中,招标人经常采用专门的资格预审程序,并且专门发布资格预审公告或资格预审通知(资格预审文件)。资格预审文件一般包括以下内容:招标人的名称和地址;招标项目的性质和数量;招标项目的地点和时间要求;获取资格预审文件的办法、地点和时间;对资格预审文件收取的费用;提交资格预审申请书的地点和截止时间;资格预审的日程安排。

根据《招投标法实施条例》的相关规定,还需要注意如下几点:

• 招标人应当按照资格预审公告规定的时间、地点发售资格预审文件。资格预审文件发售期不得少于5日。招标人发售资格预审文件的费用应当限于补偿印刷、邮寄的成本支出,不得以营利为目的。

• 招标人应当合理确定提交资格预审申请文件的时间。依法必须进行招标的项目提交资格预审申请文件的时间,自资格预审文件停止发售之日起不得少于5日。

• 资格预审应当按照资格预审文件载明的标准和方法进行。国有资金占控股或者主导地位的依法必须进行招标的项目,招标人应当组建资格审查委员会审查资格预审申请文件。资格审查委员会及其成员应当遵守招标投标法和本条例有关评标委员会及其成员的规定。

• 招标人可以对已发出的资格预审文件或者招标文件进行必要的澄清或者修改。澄清或者修改的内容可能影响资格预审申请文件或者投标文件编制的,招标人应当在提交资格预审申请文件截止时间至少3日前,或者投标截止时间至少15日前,以书面形式通知所有获取资格预审文件或者招标文件的潜在投标人;不足3日或者15日的,招标人应当顺延提交资格预审申请文件或者投标文件的截止时间。

• 资格预审结束后,招标人应当及时向资格预审申请人发出资格预审结果通知书。未通过资格预审的申请人不具有投标资格。通过资格预审的申请人少于3

---

① 《招投标法》(2017年修正)第20条规定,招标文件不得要求或者标明特定的生产供应者以及含有倾向或者排斥潜在投标人的其他内容。此外,《招投标法实施条例》(2019年修订)第32条以列举加兜底的方式对于不合理的排斥或限制行为作出了规定。

个的,应当重新招标。

在具体进行资格预审时,应特别关注如下几个方面的问题:

• 投标人的经营资格。进行审查时,需要查阅投标人的营业执照并审核相关记载事项,以及特定的经营资质。

• 安全生产许可证问题。根据国家有关法律法规规定,作为投标人的建筑施工企业必须具备安全生产许可证,且在有效期范围内,无法提供安全生产许可证或安全生产许可证已过有效期或安全生产许可证被吊销的,均不能参加投标,即使参加投标其中标也无效。

• 关于建造师资格及其他专业人员资格问题。依据住建部的有关规定,担任施工项目经理必须具备建造师资格,因此在资格审查时必须审核投标人拟担任项目经理的投标人建造师资格,并应特别注意建造师资格级别和类别。例如,在钢结构建筑工程招标资格审查时,投标人提供的建造师资质为机电工程资质,而非建筑工程资质,则其不符合招标要求。

• 关于联合体投标。《招投标法》(2017 年修正)第 31 条第 1 款规定"两个以上的法人或者其他组织可以组成一个联合体,以一个投标人的身份共同投标。"《工程建设项目施工招标投标办法》第 42 条第 1 款、《工程建设项目货物招标投标办法》第 38 条第 1 款作了相同的规定。《建筑法》(2019 年修正)第 27 条则从承包的角度规定,"大型建筑工程或者结构复杂的建筑工程,可以由两个以上承包单位联合共同承包。共同承包的各方对承包合同的履行承担连带责任。两个以上不同资质等级的单位实行联合共同承包的,应当按照资质等级低的单位的业务许可范围承揽工程"。对于两个以上法人或者其他组织组成一个联合体,以一个投标人的身份投标的,联合体各方应当具备承担招标项目的相应能力。国家有关规定或者招标文件对投标人资格条件有规定的,联合体各方均应当具备规定的资格条件。由同一专业的单位组成联合体的,按照资质等级较低的单位确定联合体的资质等级。

2. 对投标人的资格后审

资格后审是在投标后(一般在开标后)对投标人进行的资格审查,重点审查投标人是否具备承担招标项目的能力。依据《招投标法实施条例》第 20 条的规定,招标人采用资格后审办法对投标人进行资格审查的,应当在开标后由评标委员会按照招标文件规定的标准和方法对投标人的资格进行审查。国家有关规定或者招标文件对投标人资格条件有规定的,投标人应当具备规定的资格条件。比如水利部等专业管理部门对承揽重大建设项目就有一系列规定,要求参加国家重点建设项目的投标人,必须达到甲级资质,当投标人参加这类招标时就必须具有相应的资质要求。

需要注意的是，采用资格后审，特别是在参与投标单位较少情况下，可能造成在开标资格审查阶段发现投标人不具备投标资格而成废标，使得投标人不足3家被迫重新选择投标人的局面，给招标工作带来困难。即使因一些投标废标但符合3名投标人开标要求，也可能产生废标的投标人是项目建设能力很强的单位，而该投标人只是由于对资质的一时疏忽而造成招标投标失败，这对投标人是教训，对招标人也是损失。因此，公司律师或企业法律顾问应当在项目招标阶段及时提醒招标人开展资格预审工作，通过资格预审，可以筛选潜在的投标人，缩小投标人范围，减轻招标活动中无谓的人力物力损耗，提高效率，加快招标进度。

总体而言，无论是资格预审还是资格后审，都是主要审查潜在投标人或投标人是否符合下列条件：具有独立订立合同的权利；具有适当履行合同的能力（包括专业技术资格和能力、资金、设备和其他物质设施状况、管理能力、经验、信誉和相应的工作人员）；以往承担类似项目的业绩情况；没有被责令停业、财产接管、冻结财产的状态；在最近几年内（如最近两年内）没有实施与骗取合同有关的犯罪或严重违法行为。

（三）招投标相关法律文件的审查

在招标投标过程中，招标人要制作许多法律文件，对于其中重要的文件，公司律师或法律顾问应帮助起草或审查。

1. 招标公告

依据《招投标法》（2017年修正）第16条的规定，招标人采用公开招标方式的，应当发布招标公告。依法必须进行招标的项目的招标公告，应当通过国家指定的报刊、信息网络或者其他媒介发布。招标公告应当载明招标人的名称和地址、招标项目的性质、数量、实施地点和时间以及获取招标文件的办法等事项。

招标公告的主要目的是发布招标信息，使那些感兴趣的投标人知悉，前来购买招标文件，编制投标文件，并参加投标。因而招标公告应对招标人和招标项目进行描述，使潜在投标人在掌握这些信息的基础上，根据自身情况，作出是否购买招标文件并投标的决定。一般来讲，招标公告应具备下列内容：

- 招标人的名称和地址，以及对招标人情况的简单描述；
- 招标项目的性质、数量、实施地点和时间（在性质部分应介绍该项目是属于基础设施、公用事业项目，或使用国有资金投资的项目，或利用国际组织或外国政府贷款援助资金的项目，是土建工程招标还是设备采购招标，或勘察设计、科研课

题等服务性质的招标);

- 获取招标文件的办法,指发售招标文件的地点、负责人、收费标准、招标文件的邮购地址及费用;
- 招标人或招标代理机构的开户行及账号等。

2. 投标邀请书

依据《招投标法》(2017 年修正)第 17 条的规定:“招标人采用邀请招标方式的,应当向三个以上具备承担招标项目的能力、资信良好的特定的法人或者其他组织发出投标邀请书。投标邀请书应当载明本法第十六条第二款规定的事项。”而第 16 条第 2 款的规定是:“招标公告应当载明招标人的名称和地址、招标项目的性质、数量、实施地点和时间以及获取招标文件的办法等事项。”

依据上述规定,对于招标人采用邀请招标方式的,招标人必须向每一个特定的法人或者其他组织送发投标邀请书。投标邀请书必须具备招标公告的内容,当然也可以增加其他资料,比如招标人对招标文件收取的费用、支付招标文件费用的货币和方式、招标文件所用的语言、希望或要求供应货物的时间或竣工时间或提供服务的时间表等。

3. 招标文件

依据《招投标法》(2017 年修正)第 19 条的规定,招标人应当根据招标项目的特点和需要编制招标文件。招标文件应当包括招标项目的技术要求、对投标人资格审查的标准、投标报价要求和评标标准等所有实质性要求和条件以及拟签订合同的主要条款。国家对招标项目的技术、标准有规定的,招标人应当按照其规定在招标文件中提出相应要求。招标项目需要划分标段、确定工期的,招标人应当合理划分标段、确定工期,并在招标文件中载明。第 20 条规定,招标文件不得要求或者标明特定的生产供应者以及含有倾向或者排斥潜在投标人的其他内容。

根据上述规定,招标文件是招标人向供应商或承包商发出的,向其提供编写投标文件所需要的资料,并向其通报招标投标将依据的规则和程序等内容的书面文件。招标文件中的内容大致可分为如下三类:

- 关于编写和提交投标文件的规定;
- 关于对投标人资格审查的标准,以及投标文件的评审标准和方法;
- 关于合同的主要条款,其中主要是商务性条款,有利于投标人了解中标后签订的合同的主要内容,明确双方各自权利和义务。

其中技术要求、投标报价要求和主要合同条款等内容是招标文件的关键内容,统称实质性要求。

一般来讲，招标文件至少应包括下列内容：

- 投标人须知；
- 招标项目的性质、数量；
- 技术规格；
- 投标价格的要求及其计算方式；
- 评标的标准和方法；
- 交货、竣工或提供服务的时间；
- 投标人应当提供的有关资格和资信证明文件；
- 投标保证金的数额或其他形式的担保；
- 投标文件的编制要求；
- 提供投标文件的方式、地点和截止时间；
- 开标、评标、定标的日程安排；
- 主要合同条款。

需加注意的是，招标文件中不得要求或标明特定的生产供应者，也不得有倾向或者排斥潜在投标人的其他内容。例如，《工程建设项目施工招标投标办法》第26条第2款就规定，招标文件中规定的各项技术标准均不得要求或标明某一特定的专利、商标、名称、设计、原产地或生产供应者，不得含有倾向或者排斥潜在投标人的其他内容。如果必须引用某一生产供应者的技术标准才能准确或清楚地说明拟招标项目的技术标准时，则应当在参照后面加上“或相当于”的字样。

4. 中标通知书

依据《招投标法》(2017年修正)第45条的规定，中标人确定后，招标人应当向中标人发出中标通知书，并同时将中标结果通知所有未中标的投标人。中标通知书对招标人和中标人具有法律效力。中标通知书发出后，招标人改变中标结果的，或者中标人放弃中标项目的，应当依法承担法律责任。

所谓中标通知书，是指招标人在确定中标人后，向中标人发出通知，通知其中标的书面凭证。中标通知书的内容应当简明扼要，只要告知招标项目已经由其中标，并确定签订合同的时间、地点即可。中标通知书主要内容应包括：中标工程名称、中标价格、工程范围、工期、开工及竣工日期、质量等级等。对所有未中标的投标人也应当同时给予通知。投标人提交投标保证金的，招标人还应退还这些投标人的投标保证金。

5. 书面合同

依据《招投标法》(2017年修正)第46条的规定，招标人和中标人应当自中标通知书发出之日起30日内,按照招标文件和中标人的投标文件订立书面合同。招标人和中标人不得再行订立背离合同实质性内容的其他协议。招标文件要求中标人提交履约保证金的,中标人应当提交。因此,书面合同是将招标文件和投标文件的规定条件和条款以书面形式固定下来。招标文件和投标文件是签订合同的依据,该合同的内容必须以招标文件和投标文件为基础,不得要求投标人承担招标文件以外的任务,或修改投标文件的实质性内容,更不能背离合同实质性内容另外签订协议,否则该合同将违背招标投标的原旨,应归于无效。

那么,什么是前述规定中的"合同实质性内容"呢?就建设工程合同而言,早在《全国民事审判工作会议纪要(2011年)》的第23条就规定:"招标人和中标人另行签订的改变工期、工程价款、工程项目性质等中标结果的约定,应当认定为变更中标合同实质性内容;中标人作出的以明显高于市场价格购买承建房产、无偿建设住房配套设施、让利、向建设方捐款等承诺,亦应认定为变更中标合同的实质性内容。建设工程开工后,发包方与承包方因设计变更、建设工程规划指标调整等原因,通过补充协议、会谈纪要、往来函件、签证等形式变更工期、工程价款、工程项目性质的,不应认定为变更中标合同的实质性内容。"此外,该纪要第24条第2款还规定,对建设工程施工合同中有关违反工程建设强制性标准,任意压缩合理工期、降低工程质量标准的约定内容,应认定为无效。该约定被认定为无效后,依据原《建设工程司法解释》相关规定处理。后原《建设工程司法解释(二)》第1条规定:"招标人和中标人另行签订的建设工程施工合同约定的工程范围、建设工期、工程质量、工程价款等实质性内容,与中标合同不一致,一方当事人请求按照中标合同确定权利义务的,人民法院应予支持。招标人和中标人在中标合同之外就明显高于市场价格购买承建房产、无偿建设住房配套设施、让利、向建设单位捐赠财物等另行签订合同,变相降低工程价款,一方当事人以该合同背离中标合同实质性内容为由请求确认无效的,人民法院应予支持。"目前新的《建设工程司法解释(一)》第2条规定保留了原《建设工程司法解释(二)》第1条的规定,并无变化。

6. 书面报告

依据《招投标法》(2017年修正)第47条的规定,依法必须进行招标的项目,招标人应当自确定中标人之日起15日内,向有关行政监督部门提交招标投标情况的书面报告。

7. 招标代理合同

依据《招投标法实施条例》(2019年修订)第14条的规定:"招标人应当与被委托的招标代理机构签订书面委托合同,合同约定的收费标准应当符合国家有关规定。”因此，招标人委托招标代理机构代理招标的，必须与招标代理机构签订招标代理合同，约定双方的权利义务。该合同应包括委托招标事项、委托招标范围、双方享有的权利和义务以及违约责任等。

（四）招投标程序的合法性审查

整个招标投标活动都必须严格按照《招投标法》（2017 年修正）、《招投标法实施条例》（2019 年修订）以及相关规章规定的程序进行。为了确保招投标程序合法，公司律师或企业法律顾问可以帮助招标人重点把握如下几个方面的问题。

1. 招标公告依法发布

如前所述，依法必须进行招标项目的招标公告，应在国家指定的报刊、信息网络或者其他媒介上发布。招标公告应当载明招标人的名称和地址、招标项目的性质、数量、实施地点和时间以及获取招标文件的办法等事项。

2. 招标文件的澄清和修改

依据《招投标法》（2017 年修正）第 23 条的规定，招标人对已发出的招标文件进行必要的澄清或者修改的，应当在招标文件要求提交投标文件截止时间至少 15 日前，以书面形式通知所有招标文件收受人。该澄清或者修改的内容为招标文件的组成部分。第 24 条规定，招标人应当确定投标人编制投标文件所需要的合理时间；但是，依法必须进行招标的项目，自招标文件开始发出之日起至投标人提交投标文件截止之日止，最短不得少于 20 日。《招投标法实施条例》（2019 年修订）第 21 条规定，招标人可以对已发出的招标文件进行必要的澄清或者修改。澄清或者修改的内容可能影响投标文件编制的，招标人应当在投标截止时间至少 15 日前，以书面形式通知所有招标文件的潜在投标人；不足 15 日的，招标人应当顺延提交投标文件的截止时间。据此应注意如下几点：

- 招标文件发出以后，无论出于何种原因，招标人可以对发现的错误或遗漏，在规定时间内主动地或在潜在投标人提出问题进行解答时，澄清或修改。

- 招标文件的澄清和修改，应在投标截止时间至少 15 日前书面通知所有招标文件的潜在投标人，如果不足 15 日的，招标人应当顺延提交投标文件的截止时间。补充修改、澄清内容作为招标文件的组成部分。

- 招标人应当确定投标人编制投标文件所需要的合理时间。但是，依法必须进行招标的项目，自招标文件开始发出之日起至投标人提交投标文件截止之日止，最短不得少于 20 日。

3. 按规定开标以及废标的认定

开标应当在招标文件确定的提交投标文件截止时间的同一时间公开进行；开

标地点应当为招标文件中预先确定的地点;开标由招标人主持,邀请所有投标人参加,开标时由投标人或者其推选的代表检查所有投标文件的密封情况,也可以由招标人委托的公证机构检查并公证,经确认无误后,由工作人员当众拆封,宣读投标人名称、投标价格和投标文件的其他主要内容;开标过程应当记录,并存档备查。

需要注意的是,在开标时,如果发现有如下情形之一的,应宣布投标书废标:(1)投标书未密封;(2)无单位和法定代表人或委托代理人的印鉴;(3)未按招标文件规定格式填写,字迹模糊,辨认不清或内容不全的;(4)逾期送达的,但对于非因投标人的过失而在开标前未送达的,招标机构可考虑接受该迟到的投标书;(5)未按照招标文件要求提交投标保证金的;(6)联合体投标未附联合体各方共同投标协议的;(7)其他应予废标的情形。

4. 评标的相关事宜

首先,必须确保评标委员会成员组成合法。依据《招投标法》(2017 年修正)第 37 条的规定,依法必须进行招标的项目,其评标委员会由招标人的代表和有关技术、经济等方面的专家组成,成员人数为 5 人以上的单数,其中技术、经济等方面的专家不得少于成员总数的 2/3,与投标人有利害关系的人不得进入相关项目的评标委员会,已经进入的必须更换。评标委员会成员的名单在中标结果确定前应当保密。其次,评标应当在严格保密的情况下进行。任何单位和个人不得非法干预、影响评标的过程和结果。评标委员会应当按照招标文件确定的评标标准和方法,对投标文件进行评审和比较,设有标底的应当参考标底。评标委员会完成评标后,应当向招标人提出书面评标报告,并推荐合格的中标候选人(或根据授权直接确定)。在评标中,还需要特别注意的事宜包括:

• 投标文件的澄清。依据《招投标法》(2017 年修正)第 39 条规定,“评标委员会可以要求投标人对投标文件中含义不明确的内容作必要的澄清或者说明,但是澄清或者说明不得超出投标文件的范围或者改变投标文件的实质性内容。”因此,若发现投标文件的内容含义不明确、不一致或明显打字(书写)错误或纯属计算上错误的,招标人应通知投标人作出澄清或说明,以确认其正确的内容。

• 禁止招标人进行实质性内容的谈判。依据《招投标法》(2017 年修正)第 43 条的规定,在确定中标人前,招标人不得与投标人就投标价格、投标方案等实质性内容进行谈判;但在招标人确定中标之前,需要就某些非实质性问题,如具体交付工具的安排、调试、安装人员的确定、某一技术措施的细微调整等,与投标人交换看法并进行澄清,不在禁止之列。

• 否决所有投标及重新招标。依据《招投标法》(2017 年修正)第 42 条的规定，评标委员会经评审，认为所有投标都不符合招标文件要求的，可以否决所有投标。依法必须进行招标的项目的所有投标被否决的，招标人应当依照本法重新招标。否决所有的投标一般存在两种情况：一是缺乏有效的竞争，如投标不满3家；二是大部分或全部投标文件不能被接受。

5. 中标的相关事宜

在中标阶段，需要特别关注的事宜包括：

• 评标中标期限：评标中标期限亦称为投标有效期，是指从投标截止日起到公布中标之日止的一段时间。一般惯例为90—120天。

• 依据《招投标法》（2017年修正）第33条的规定："投标人不得以低于成本的报价竞标，也不得以他人名义投标或者以其他方式弄虚作假，骗取中标。"第41条规定："中标人的投标应当符合下列条件之一：（一）能够最大限度地满足招标文件中规定的各项综合评价标准；（二）能够满足招标文件的实质性要求，并且经评审的投标价格最低；但是投标价格低于成本的除外。"

需要强调的是，依据《全国民事审判工作会议纪要（2011年）》第24条的规定，对按照"最低价中标"等违规招标形式，以低于工程建设成本的工程项目标底订立的施工合同，应当依据《招投标法》第41条第2项的规定认定无效。

需要注意的是，原《建设工程司法解释》第2条曾规定："建设工程施工合同无效，但建设工程经竣工验收合格，承包人请求参照合同约定支付工程价款的，应予支持。"但这一规定在《建设工程司法解释（一）》中并未保留，新司法解释第6条仅规定："建设工程施工合同无效，一方当事人请求对方赔偿损失的，应当就对方过错、损失大小、过错与损失之间的因果关系承担举证责任。损失大小无法确定，一方当事人请求参照合同约定的质量标准、建设工期、工程价款支付时间等内容确定损失大小的，人民法院可以结合双方过错程度、过错与损失之间的因果关系等因素作出裁判。"这一新规表明，建设工程施工合同无效后，发包人应向承包人折价补偿。依据《民法典》第157条的规定"民事法律行为无效、被撤销或者确定不发生效力后，行为人因该行为取得的财产，应当予以返还；不能返还或者没有必要返还的，应当折价补偿。有过错的一方应当赔偿对方由此所受到的损失；各方都有过错的，应当各自承担相应的责任。法律另有规定的，依照其规定。"因此，建设工程施工合同无效后，承包人与发包人之间主要产生两项法律后果：一是返还依据合同取得的财产，或者在不能返还或者没有必要返还财产情况下，折价补偿；二是如果当事人因建设工程施工合同无效遭受损失，有过错的一方赔偿对方因此所受到的损失，如果双方都有过错，则应各自承担相应的赔偿责任。建设工程是特定物，用途具有专属性,不易变现。建设工程对于发包人而言价值很高,且工程附属于土地使用权之上,因此建设工程施工合同无效后,不宜判决发包人向承包人返还财产。依据《民法典》第 157 条的规定,发包人应当向承包人折价补偿。至于原《建设工程司法解释》第 2 条规定确定了在建设工程施工合同无效,但建设工程经竣工验收合格情况下的一种建设工程折价补偿方式,即将建设工程施工合同所约定的建设工程价款作为建设工程折价后的价款。笔者认为,由于原《建设工程司法解释》第 2 条规定是合同无效法律后果的应有之义,并且司法实践中一直存在误导性观点和声音,认为该条规定是将无效合同作有效处理,因此新司法解释未保留该条规定,但同时基于《民法典》第 157 条,规定了折价补偿,以公平保护双方当事人权益。

6. 中标无效的情形

根据《招投标法》(2017 年修正)的相关规定,中标无效的情形主要包括如下六种:招标代理机构存在违法行为[《招投标法》(2017 年修正)第 50 条]、招标人存在泄露标底等情况[《招投标法》(2017 年修正)第 52 条]、串通招投标[《招投标法》(2017 年修正)第 54 条]、违法就实质性内容进行谈判[《招投标法》(2017 年修正)第 55 条]和违法确定中标人[《招投标法》(2017 年修正)第 57 条]。有关具体介绍详见后文。

7. 不得规避招标和虚假招标

根据《招投标法》(2017 年修正)第 4 条的规定,任何单位和个人不得将依法必须进行招标的项目化整为零或者以其他任何方式规避招标。化整为零是把达到法定强制招标限额的项目切割为几个小项目,每个小项目的金额均在法定招标限额以下,以此达到逃避招标的目的。

在邀请招标中,招标人有可能故意邀请一些不符合条件的法人或者其他组织作为其内定中标人的陪衬,搞虚假招标。为防止这种现象的发生,应当对邀请招标的对象所具备的条件作出限定,即向不少于 3 家的法人或其他组织发出投标邀请书,而且该法人或其他组织资信良好,具备承担招标项目的能力。

第三节　“招拍挂”的若干法律疑难问题

除了上一节所述的招标投标的主要法律事项外,在“招拍挂”中还存在另外一些法律疑难问题。

一、资产"挂牌"转让的法律适用问题

在交易所或交易中心的资产挂牌出让中，交易所规则或公告一般规定：若仅征集到一家合格意向受让方，则按照挂牌价与受让方报价孰高原则采取协议方式直接签约；若征集到两家及以上合格意向受让方，则采用网络竞价（如集中竞价）的方式或采用拍卖方式确定受让方。在这样确定受让方时，尤其是仅征集到一家合格意向受让方时，将采用协议受让的方式，则此时是适用《拍卖法》（2015 年修正）还是适用一般的合同法律规定，司法实践中存在争议。主流的观点认为，若仅征集到一家合格意向受让方时，应适用合同法律的一般规定；若征集到两家及以上合格意向受让方，采用网络竞价（如集中竞价）的方式或采用拍卖方式确定受让方的，若无特别规定，则可适用《拍卖法》（2015 年修正）的一般规定。

在北京产权交易所有限公司（以下简称北交所）、天津市津圣渤雅投资有限责任公司（以下简称津圣渤雅公司）与中海石油投资控股有限公司（以下简称中海油公司）股权转让纠纷二审民事判决书[北京市第二中级人民法院（2017）京 02 民终 6179 号]中，有关案情如下：

北交所公告的转让条件包括：意向受让方在获得受让资格确认后 3 个工作日内，需交纳 751 万元保证金到北交所指定账户。挂牌期满，如只产生一家符合条件的意向受让方，则采取协议方式成交，该交易保证金转为交易价款的一部分；如产生两家或两家以上符合条件的意向受让方，则进入竞价程序，该交易保证金转为竞价保证金。后津圣渤雅公司作为唯一意向受让方被确定为受让方，但其拒绝与中海油公司签署《产权交易合同》。本案中，中海油公司称，其与津圣渤雅公司之间已经就富岛大酒店 55% 股权的转让达成了一致的意思表示，双方之间的股权转让合同已经成立，但基于津圣渤雅公司未按照约定签署《产权交易合同》，故要求解除双方之间的股权转让合同关系。

北京市第二中级人民法院认为，本案应适用《合同法》的相关规定。根据《产权转让公告》中关于交易条件的内容"意向受让方同意自被确认为最终受让方后 3 个工作日内与转让方签署《产权交易合同》，并在合同生效后 3 个工作日内支付剩余交易价款到北交所指定账户"，以及《产权交易合同》文本中所约定的"本合同自甲乙双方的授权代表签字或盖章之日起生效"的内容可知，签署书面的《产权交易合同》系中海油公司和津圣渤雅公司就富岛大酒店 55% 股权转让合同订立之成立及生效要件，现在双方之间并未签订书面《产权交易合同》的情况下，中海油公司和津圣渤雅公司之间的股权转让合同并未成立，且根据涉案项目现在已经停牌的实

际情况,中海油公司主张终止与津圣渤雅公司之间的交易关系的事实已经实际发生,无须通过判决再行确认,但因股权转让合同未成立,故亦不存在解除双方之间股权转让合同的情形。故对于中海油公司要求解除其与津圣渤雅公司之间的买卖合同关系的主张,法院不予支持。

在青海红鼎房地产有限公司与青海省国有资产投资管理有限公司确认合同有效纠纷二审民事判决书[最高人民法院(2015)民二终字第351号]①中,最高人民法院认为:

关于应否适用拍卖法问题,本院认为,网络竞拍是拍卖的一种特殊形式,在其有特别规定时依其规定,在无特别规定时,可以适用《拍卖法》的一般规定。

在董某荣、乐山产权交易中心有限公司拍卖合同纠纷二审民事判决书[四川省乐山市中级人民法院(2017)川11民终1031号]中,法院认为:

关于本案案由是否应为拍卖合同纠纷的问题。原告董某荣主张本案案由应为合同纠纷,而不应是拍卖合同纠纷,其理由是本案的交易方式是网络竞价,既没有具有资质的拍卖企业组织拍卖活动,也没有拍卖师主持拍卖活动,本案的交易行为不符合《中华人民共和国拍卖法》第二条规定,不应确定为拍卖合同纠纷。该院认为,《中华人民共和国拍卖法》第三条规定,"拍卖是指以公开竞价的形式,将特定物品或者财产权利转让给最高应价者的买卖方式"。根据本案查明的事实,涉案标的峨眉山龙门洞电站由其产权人乐电峨眉山分公司委托被告乐山产权交易中心转让,转让方式为不设保留价的增价式网络竞价,被告乐山产权交易中心发布了《竞价公告》、《交易须知》,经过了网上公开竞价的形式,将涉案标的转让给作为最高应价者的原告董某荣,本案中,既有履行拍卖人职责的乐山产权交易中心,也有委托人乐电峨眉山分公司,还有竞买人董某荣,符合拍卖法律关系的要件。《中华人民共和国合同法》第一百七十五条规定"拍卖当事人的权利义务以及拍卖程序等,依照有关法律、行政法规的规定",本案属于在网络竞拍过程中产生的纠纷,网络竞拍系拍卖的一种特殊形式,在其有特别规定时依其规定,在无特别规定时,可适用《中华人民共和国拍卖法》的一般规定,因其在拍卖过程中产生的纠纷,故案由应为拍卖合同纠纷。至于《中华人民共和国拍卖法》第二条"本法适用于中华人民共和国境内拍卖企业进行的拍卖活动"规定,应属管理性规范,不属于效力性强制性规定,被告乐山产权交易中心虽不具有拍卖人资质,但其作为依法设立的产权交易机构,通过网络拍卖国有资产不违反法律、行政法规的效力性强制性规定,其拍卖活

① 案件来源:《最高人民法院公报》2017年第3期(总第245期)。

动合法有效。在拍卖法律关系中，被告乐山产权交易中心应是本案适格被告，故被告乐山产权交易中心主张其不是本案适格被告的主张不成立，本院不予支持。

二、非必须招投标项目选择招投标是否应当使用招投标法

在以招投标方式订立合同时，合同法律属于一般法，而招投标法则属于特别法，应当优先适用招投标法的规定。而依据招投标法，招投标包括必须招投标与非必须招投标，招投标法规范必须招标项目以及行为，这一点毫无疑问。但是对于非必须招投标项目，业主或发包人又自愿选择招标方式订立合同，是否受到招投标法的约束，存在争议。司法实践中存在如下两种观点：

观点一：不论是否属于必须招标的项目，只要当事人自愿选择招标方式订立合同，就应当受招投标法的约束。其理由是，《招投标法》（2017年修正）第2条规定："在中华人民共和国境内进行招标投标活动适用本法。"故此，只要是在中国境内的招投标活动都适用招投标法，其并未单独指出，只有必须招投标的项目才适用本法。且从招投标法的其他规定进行体系解释来看，招投标法包括必须招投标与非必须招投标，只是《招投标法》（2017年修正）对必须招投标有更严格的规定，这种立法体例说明，非必须招投标也受招投标法的约束。

在成都利尔药业有限公司、四川永发建筑工程集团有限责任公司建设工程施工合同纠纷二审民事判决书[四川省高级人民法院（2019）川民终447号]中，法院认为：

一审法院认为：案涉利尔公司新厂厂区工程本身不属于必须招标的工程项目，但利尔公司实际上组织了招标投标活动，根据《中华人民共和国招标投标法》第二条"在中华人民共和国境内进行招标投标活动，适用本法"之规定，该招投标活动应受《中华人民共和国招标投标法》的调整。利尔公司主张与永发公司之间不是招投标而是通过磋商方式订立合同，与一审法院查明的永发公司多次向利尔公司递交投标文件，利尔公司还向永发公司发出中标通知书的事实不符，一审法院对该抗辩理由不予采信。

二审法院认为：关于2012年3月2日《建设工程施工合同》的效力问题。利尔公司上诉主张涉案工程不是真正意义的招投标，不应适用招投标法。对此本院认为，2011年10月8日，永发公司通过转账向利尔公司缴纳了10万元的"都江堰厂区土建部分工程投标保证金"。《成都利尔药业都江堰生产基地（土建、钢建）工程投标企业签到表》显示，包括永发公司在内的7家施工企业代表在该表上签字签到。《成都利尔药业工程开标比选会签到表》显示，包括永发公司在内的四家施工

企业代表在该表上签字签到,开标时间为2012年2月3日。利尔公司自己一审中提交的证据证明本案合同不是利尔公司所称“整个过程均是由利尔公司与永发公司进行双向谈判”,利尔公司未严格按《中华人民共和国招标投标法》规定的程序进行招投标并不能成为不适用该法的理由。一审法院认定本案合同当事人选择了招投标方式就要受《中华人民共和国招标投标法》约束,案涉合同因违反《中华人民共和国招标投标法》而无效的认定正确,本院予以维持。利尔公司该项上诉主张不能成立,本院不予支持。

类似地,在黑龙江新陆建筑工程集团有限公司、林口县华邦房地产开发有限公司建设工程施工合同纠纷再审审查与审判监督民事裁定书[最高人民法院(2019)最高法民申4527号]中,最高人民法院认为:

《中华人民共和国招标投标法》第二条规定:“在中华人民共和国境内进行招标投标活动,适用本法。”该条规定并未区分依法必须招标的工程项目和非必须招标的工程项目的招标投标活动,因此,凡是在中华人民共和国领域内发生的招标投标活动均应符合《中华人民共和国招标投标法》的规定。

观点二:非必须招标项目选择招投标方式订立合同,无须恪守招投标法的规定,或者讲非必须招投标项目的招投标行为违反招投标法,不构成违法。

在湖南雷锋建设有限公司与优利德科技(中国)有限公司建设工程施工合同纠纷申诉、申请民事裁定书[广东省高级人民法院(2016)粤民申5697号]中,法院认为:

案涉工程不属于强制进行招投标的工程,优利德公司通过自行组织招投标并经考察审核后确定案涉工程由雷锋建设公司承包。优利德公司该工程的招投标程序没有按照《招投标法》的规定实施,属于未进行实质意义的招投标活动。由于案涉工程不属于法律规定必须招投标的工程项目,优利德公司也未严格按照《招投标法》的规定进行案涉招投标活动,前合同不属于《最高人民法院关于审理建设工程施工合同纠纷案件适用法律问题的解释》第二十一条规定的备案的中标合同。双方签订前合同并备案后,又另行签订后合同并明确约定双方权利义务以该份合同为准,属于当事人意思自治的范围,没有违反法律法规强制性规定,后合同应为双方的真实意思表示,根据自愿原则,应以双方当事人实际履行的合同为准,因此案涉工程应以后合同作为结算依据,二审判决并无不当。

显然,在该案中,法院认为非必须招投标项目尽管采用了招投标的形式,但并未进行实质意义的招投标活动,且案涉工程不属于法律规定必须招投标的工程项目,故此,不构成违反招投标法,因此生效裁定并未进一步判断该行为是否导致投标无效、中标无效、合同无效。

笔者赞同第一种观点,需要特别说明的是,在(2016)粤民申5697号案中,法院其实并非简单地不认可非必须招投标项目采用了招投标的形式亦应受招投标法约束的观点。其裁判的前提是该项目并未严格按照《招投标法》的规定进行案涉招投标活动,属于未进行实质意义的招投标活动。

三、"招拍挂"的合同成立问题

在"招拍挂"中,合同什么时候成立一直是学界和司法实践中争议不休的焦点之一。以招投标为例来进行说明,拍卖和挂牌程序上尽管略有差异,但基本情况类似。

观点一:中标通知书发出后,合同尚未成立。其理由在于,《民法典》第469条第1款规定:"当事人订立合同,可以采用书面形式、口头形式或者其他形式。"第490条第1款第1问规定:"当事人采用合同书形式订立合同的,自当事人均签名、盖章或者按指印时合同成立。"《招投标法》(2017年修正)第46条亦要求招标人和投标人订立书面合同。因此,中标通知书发出后,双方尚未签订书面合同,双方之间的合同关系并未成立,一方拒绝签订合同应承担缔约过失责任。

观点二:中标通知书发出后,合同成立并生效。在此观点看来,招标人发出招标公告或投标邀请书属于要约邀请,投标人提交投标书属于要约,而后经评选程序最终确定中标候选人,招标人向中标供应商发出中标通知书则属于承诺。至此,合同已经依法成立并生效,对招标人和中标人具有法律效力,一方拒绝签订合同应承担违约责任。

观点三:中标通知书发出后,合同成立未生效。该观点认为,依据《民法典》第789条规定:"建设工程合同应当采用书面形式。"因此,中标通知书即使已经发出甚至已经送达中标方,因双方尚未订立书面合同,双方之间的合同成立而未生效。依据《民法典》第500条的规定,拒绝签订合同的一方有违诚实信用原则,应承担缔约过失责任。

观点四:中标通知书发出后,预约合同成立。该观点认为,中标通知书发出后招标投标合同并未成立,因为招标投标合同作为法定的要式合同,必须具有法定形式才得以成立,招标投标活动完成后,招投标双方当事人之间成立预约合同,作为本约的招标投标合同应在书面合同签订之时才成立生效。但因为招标人与中标人之间存在的预约合同的效力,双方必须根据招标投标的内容签订书面的合同。从最高人民法院曾经公开发布的《建设工程司法解释(二)》(征求意见稿)第4条两种意见来看,第二种意见实际上是将中标通知书的发出视作预约合同成立且生效。第一种意见则认为是本约合同成立且生效。

笔者赞同上述观点二,即发包人的招标公告相当于订立合同的要约邀请,而投标人的投标相当于要约,发包人发出中标通知书相当于承诺。中标通知书发出后,合同成立并生效,任何一方拒绝签订合同均属违约,应当承担违约责任,法律规定要求采用书面形式,并非要求一定要通过"书面合同书"的方式来缔结合同,而《招投标法》(2017 年修正)第 46 条要求订立书面合同仅是对合同的书面确认。有关此问题更为详尽的讨论,请读者参阅本套书第 2 册"第 5 章　建设工程合同起草、审查精要与实务"。

四、"招拍挂"中"投标或交易保证金"的法律性质

关于"招拍挂"中"投标或交易保证金"的法律性质也是一个学界和实务界争议非常大的问题。主要存在如下几种观点:

观点一:"投标或交易保证金"性质上属于"立约定金"。其主要理由是,《招投标法实施条例》(2019 年修订)第 35 条第 2 款规定,投标截止后投标人撤销投标文件的,招标人可以不退还投标保证金。第 74 条规定,中标人无正当理由不与招标人订立合同,在签订合同时向招标人提出附加条件,或者不按照招标文件要求提交履约保证金的,取消其中标资格,投标保证金不予退还。此外,原《担保法司法解释》第 115 条规定,当事人约定以交付定金作为订立主合同担保的,给付定金的一方拒绝订立主合同的,无权要求返还定金;收受定金的一方拒绝订立合同的,应当双倍返还定金。据此,"投标或交易保证金"具有作为订立主合同担保、违约方需承担定金罚则等特征,其法律性质应为立约定金。

观点二:"投标或交易保证金"性质上属于"违约金"。该观点的前提是其认为招投标活动本身是合法成立的合同行为。因为投标人实际交纳投标保证金或出具诚信投标承诺书,这表明其已自愿接受招标文件各项规定的约束,双方当事人已经达成合意即合同。因此,没收投标保证金属于依招标文件、诚信投标承诺书或诚信合同的约定而产生的合同责任。

观点三:"投标或交易保证金"性质上属于"质押担保"或"金钱质押"。其主要理由是:第一,投标保证金通常由保证金专户保存,其权利已经特性化。招标人在提供投标保证金之后,如投标人在投标有效期内撤销投标书,中标后拒签合同或拒交履约保证金时,招标人有权没收该笔投标保证金。因此,保证金担保权人对保证金的支配,无须他人意思或行为之介入,即可获得实现。第二,担保物权系以确实

优先支配担保物之交换价值为内容,以确保债务之清偿为目的,故学者称之为价值权。投标保证金完全符合担保物权价值权的特征,投标保证金在交付招标人之后,由招标人占有和控制,直接支配了保证金的交换价值。并且投标保证金一般专户保存,已属特定,招标人无权对投标保证金擅自挪用,牟取己利。第三,投标保证金是对传统担保物权从属性的坚持。一方面,投标保证金的出现,是为了维护招标投标关系、保证招投标活动的顺利进行,并随投标文件提交给招标人,目的是保证招投标活动的顺利进行,具有功能上的从属性;另一方面,投标保证金作为投标文件即要约的一部分,本身就体现着从属性的特征。第四,投标保证金是一种质押担保。投标保证金只是在标的和处分方式上存在特殊之处,其他特征几乎与质押相一致。并且这种特殊性并不影响质押担保的性质。原《担保法司法解释》第85条规定:"债务人或者第三人将其金钱以特户、封金、保证金等形式特定化后,移交债权人占有作为债权的担保,债务人不履行债务时,债权人可以以该金钱优先受偿。"

观点四:"投标或交易保证金"性质上属于一种非典型性担保。其主要理由是,投标保证金是依当事人约定而创设,其实质是意定的非典型担保物权。

观点五:"投标或交易保证金"性质上属于非定金性质的"缔约的担保"。司法实践中,也有模糊化处理其性质的案例,仅是依据交易所规则或公告的要求直接扣除保证金(缔约过失责任)。

笔者倾向于赞同观点五。理由是,不论是立约定金、金钱质押、违约责任等观点皆存在或多或少的缺陷。例如,在视为立约定金时,无法很好地解释定金罚则中"双倍返还"的问题,其实质是一个单项的定金;视为金钱质押时,不能很好地解释在主合同尚未成立时,质押合同的单独存在。尽管司法实践告诉我们,担保合同可以先予主合同的成立而成立,但在投标人拒绝签订书面合同或者中标无效时,招标人有权扣除保证金的情形下,就无法解释从合同成立的合法性了;类似地,在视为违约责任时,无法很好地解释合同未成立生效时,如何将保证金作为违约金处理的正当性;在视为一种非典型性担保时,同样不能很好地解决保证金从属性问题。对于将保证金视为基于合约意定的承担"缔约过失责任"的一种"责任形式",能够较好地避免其法律性质争议,有利于解决争议。

五、"投标保证金"超过2%的限额是否有效

实践中,招标文件中约定的"投标保证金"超过招标项目估算价的2%,在投标人出现招标文件约定的情况时,招标人主张没收投标保证金。投标人认为,招标文件中约定的“投标保证金”超过2%比例限定,违反《招投标法实施条例》(2019年修订)第26条“投标保证金不得超过招标项目估算价的2%”、《工程建设项目施工招标投标办法》第37条第2款规定“投标保证金不得超过项目估算价的百分之二,但最高不得超过80万元人民币”以及《工程建设项目勘察设计招标投标办法》第24条第1款“招标文件要求投标人提交投标保证金的,保证金数额不得超过勘察设计估算费用的百分之二,最多不超过十万元人民币”的规定,约定无效,招标人不能没收投标保证金,由此产生争议。

在司法实践中,法院对此的观点比较统一和明确,即《招投标法实施条例》(2019年修订)第26条规定的2%限额并非效力性强制性规定。例如,在上海万鼎建设有限公司与平阳县公共资源交易中心、平阳县腾蛟镇第一小学招标投标买卖合同纠纷二审民事判决书[浙江省温州市中级人民法院(2015)浙温商终字第1257号]①中,法院认为:

关于诉争保证金条款是否有效的问题。《中华人民共和国合同法》第五十二条第(五)项的“强制性规定”指的是法律、行政法规中的效力性规定。如果法律、行政法规没有明确规定违反其规定导致合同无效,则不能以《中华人民共和国合同法》第五十二条第(五)项的规定认定合同无效。上诉人所称的《中华人民共和国招标投标法实施条例》第三十五条及《工程建设项目施工招标投标办法》第八十一条均非效力性规定,故违反该些规定并不导致诉争保证金条款无效,上诉人上诉称保证金条款无效的理由不能成立,本院不予支持。

尽管该案是《民法典》生效施行之前的案例,但《民法典》在此问题上的规定并未实质性改变原《合同法》及其司法解释的规定,其体现在《民法典》第153条第1款“违反法律、行政法规的强制性规定的民事法律行为无效。但是,该强制性规定不导致该民事法律行为无效的除外”的规定中。

六、无效的招投标行为

依据《招投标法实施条例》(2019年修订)第81条:“依法必须进行招标的项目的招标投标活动违反招标投标法和本条例的规定,对中标结果造成实质性影响,且不能采取补救措施予以纠正的,招标、投标、中标无效,应当依法重新招标或者评标”以及《建设工程司法解释(一)》第1条:“建设工程施工合同具有下列情形之一的,应当依据民法典第一百五十三条第一款的规定,认定无效:(一)承包人未取得

---

① 类似的案件还可参见湖北金龙药业有限公司、杭州益扬净化设备有限公司建设工程施工合同纠纷二审民事判决书[湖北省汉江市中级人民法院(2017)鄂96民终516号]。

建筑业企业资质或者超越资质等级的；（二）没有资质的实际施工人借用有资质的建筑施工企业名义的；（三）建设工程必须进行招标而未招标或者中标无效的。承包人因转包、违法分包建设工程与他人签订的建设工程施工合同，应当依据民法典第一百五十三条第一款及第七百九十一条第二款、第三款的规定，认定无效”的规定，我国立法以及司法解释中对招投标中涉及的无效分为四类：招标无效、投标无效、中标无效和施工合同无效。

（一）招标无效的情形

招标无效是指招标投标活动的全部环节无效。招标被确认无效的，依法必须招标的项目的招标人应当重新招标。依据《招投标法》（2017年修正）和《招投标法实施条例》（2019年修订）的规定，招标无效可以分为三种情形：招标方式违法、招标程序违法和招标行为违法。见表8－4：

表8－4　招标无效的情形

分类	情形	法条
招标方式违法	应当公开招标的项目，却未经批准擅自邀请招标	《招投标法实施条例》（2019年修订）第8条、第11条
招标程序违法	不在国家指定媒体发布资格预审公告和招标公告	《招投标法实施条例》（2019年修订）第15条
	资格预审（招标）文件确定的提交资格预审申请（投标）文件的时限不符合法定要求	《招投标法实施条例》（2019年修订）第17条
	在资格预审文件、招标文件发售、澄清、修改的时限上不符合法定要求	《招投标法实施条例》（2019年修订）第16条、第21条
招标行为违法	在不同媒体发布的同一招标项目的公告内容不一致	《招投标法实施条例》（2019年修订）第15条
	不按照资格预审文件载明的标准和方法进行资格预审，或者资格审查委员会的组建不符合法定要求	《招投标法实施条例》（2019年修订）第18条
	招标人或者招标代理机构限制、排斥潜在投标人	《招投标法实施条例》（2019年修订）第24条、第32条
	招标人或者招标代理机构向他人透露已获取招标文件的潜在投标人的名称、数量或者可能影响公平竞争的有关招标投标的其他情况，或者泄露标底	《招投标法》（2017年修正）第22条第1款、第52条

续表

分类	情形	法条
	招标人或者招标代理机构与投标人串通	《招投标法实施条例》(2019年修订)第39条、第40条、第41条
	招标代理机构在所代理的招标项目中投标或者代理投标	《招投标法实施条例》(2019年修订)第13条

上述违法行为,如果在投标截止前发现的,责令改正并顺延投标截止时间;如果在投标截止后被发现和查实,且对中标结果造成执行影响的,招标无效。

招标被确认无效的,依法必须招标项目的招标人应当重新招标。投标被确认无效的,在评标过程中,相关投标应当被否决;在中标候选人公示阶段,应当取消其中标资格;已发出中标通知书的,中标无效。中标被确认无效的,按照《招投标法》第64条"应当依照本法规定的中标条件从其余投标人中重新确定中标人或者依照本法重新进行招标"的规定处理。

(二)投标无效的情形

投标无效是指投标环节或投标行为无效。在评标过程中,相关投标应当被否决;在中标候选人公示阶段,应当取消中标资格;已发出中标通知书的,中标无效。见表8-5:

表8-5　投标无效的情形

分类	情形	法条
投标主体不合格	招标人和投标人存在利害关系可能影响招标公正性	《招投标法实施条例》(2019年修订)第34条第1款
	单位负责人为同一人或者存在控股、管理关系的不同单位,不得参加同一标段投标或者未划分标段的同一招标项目投标	《招投标法实施条例》(2019年修订)第34条第2款
	资格预审后联合体增减、更换成员	《招投标法实施条例》(2019年修订)第37条第2款
	联合体各方在同一招标项目中以自己名义单独投标或者参加其他联合体投标	《招投标法实施条例》(2019年修订)第37条第3款
	投标人不再具备资格预审文件、招标文件规定的资格条件或者其投标影响招标公正性	《招投标法实施条例》(2019年修订)第38条

续表

分类	情形	法条
投标行为违法	串通投标	《招投标法实施条例》(2019年修订)第39条、第41条
	视为串通投标	《招投标法实施条例》(2019年修订)第40条
	以他人名义投标的弄虚作假行为	《招投标法实施条例》(2019年修订)第42条
	发生合并、分立、破产等重大变化不再具备原资格条件或投标影响公正性	《招投标法实施条例》(2019年修订)第38条
	向招标人或者评标委员会成员行贿	《招投标法实施条例》(2019年修订)第51条
	受到财产被查封、冻结或者被责令停产停业、吊销营业执照、取消投标资格等处罚的其他违法行为	

上述违法行为导致投标无效的认定须符合行为、结果和不能纠正3个条件。

(三)评标无效的情形

评标无效是指评标环节无效,可能重新组织评标,而不会导致重新组织招投标活动。可分为评标主体不合格和评标委员会成员的行为违法两大类。参见表8-6:

表8-6 评标无效的情形

分类	情形	法条
评标主体不合格	依法被更换的评标委员会成员作出的评审结论无效	《招投标法实施条例》(2019年修订)第48条
	违法确定或者更换评标委员会成员做出的评审结论无效	《招投标法实施条例》(2019年修订)第70条
	评标委员会成员有违法行为责令改正或取消资格被更换导致评审结论无效	《招投标法实施条例》(2019年修订)第70条、第71条
评标委员会成员的行为违法	(1)应当回避而不回避 (2)擅离职守 (3)不按照招标文件规定的评标标准和方法评标 (4)私下接触投标人 (5)向招标人征询确定中标人的意向或接受任何单位或个人明示或暗示提出的倾向或排斥特定投标人的要求 (6)对依法应当否决的投标不提出否决意见 (7)暗示或者有道投标人作出澄清、说明或者接受投标人主动提出的澄清、说明 (8)其他不客观、不公正履行职务的行为	《招投标法实施条例》(2019年修订)第70条、第71条

上述违法行为的违法后果,按照不同情况分别处理:

第一,如果在中标通知书发出前发现并被查实的,责令改正,重新评标,即原评审结论无效重新评审。评审的结果可能推翻前评审意见,也可能维持原评审意见。如果评审主体合格、程序合法,重新评审意见对招标人、投标人有约束力。

第二,如果在中标通知书发出后发现并查实,且对中标结果造成实质性影响的,中标无效。在这种情况下,由监督部门直接认定其中标无效。

第三,需要说明的是,凡是导致招标无效、投标无效的行为,如果是在中标通知书发出后被查实且影响中标结果的,中标无效。

(四)中标无效的情形

中标无效是指中标结果无效。中标被确认无效的,可以由招标人在评标委员会推荐的符合条件的其他中标候选人中,重新确定中标人,而并非必然重新组织评标或重新招标。可分为招标人(或招标代理机构)的违法行为所导致的中标无效和投标人的违法行为所导致的中标无效。见表8-7:

表8-7　中标无效的情形

分类	情形	法条
招标人(或招标代理机构)的违法行为	招标代理机构存在违法行为	《招投标法》第50条
	招标人存在泄露标底等情况	《招投标法》第52条
	违法就实质性内容进行谈判	《招投标法》第55条
	违法确定中标人	《招投标法》第57条
投标人的违法行为	投标人串通投标	《招投标法》第53条
	投标人弄虚作假骗标	《招投标法》第54条

根据表8-7规定,中标无效的六种情形具体介绍如下:

第一,招标代理机构存在违法行为。招标代理机构违反本法规定,泄露应当保密的与招投标活动有关的情况和资料,或者与招标人、投标人串通损害国家利益、社会公共利益或者他人合法权益的行为影响中标结果的。[《招投标法》(2017年修正)第50条]

第二,招标人存在泄露标底等情况。招标人向他人透露已获取招标文件的潜在投标人的名称、数量或者可能影响公平竞争的有关招投标的其他情况,或者泄露标底的行为影响中标结果的。[《招投标法》(2017年修正)第52条]

第三,串通招投标。投标人相互串通投标,投标人与招标人串通投标的,投标

人以向招标人或者评标委员会行贿的手段谋取中标的。[《招投标法》(2017年修正)第53条]

第四,投标人弄虚作假骗标。投标人以他人名义投标或者以其他方式弄虚作假,骗取中标的。[《招投标法》(2017年修正)第54条]

第五,违法就实质性内容进行谈判。依法必须进行招标的项目,招标人违反本法规定,与投标人就投标价格、投标方案等实质性内容进行谈判的行为影响中标结果的。[《招投标法》(2017年修正)第55条]

第六,违法确定中标人。招标人在评标委员会依法推荐的中标候选人以外确定中标人的,依法必须进行招标的项目在所有投标被评标委员会否决后自行确定中标人的。[《招投标法》(2017年修正)第57条]

从上述六种情形来看,导致中标无效的情形还可以另外分为两大类:一是违法行为直接导致的中标无效,如第三、四、六种情形;二是只有在违法行为影响了中标结果时,中标才无效,如第一、二、五种情形。

如果中标无效,但尚未签订书面合同的,招标人依照法律规定的中标条件从其余投标人中重新确定中标人;没有符合规定条件的中标人的,招标人应重新进行招标。如果已经签订书面合同的,依据《民法典》的相关规定,应恢复原状、赔偿损失,并重新确定中标人或重新招标。

【例8-1】 违法就实质性内容进行谈判,建设工程施工合同无效①

【基本案情】

2009年5月11日,卓达公司(甲方)与海洲公司(乙方)签订《卓达香水海B3地块启动区·英伦湾工程施工补充协议书》。该补充协议约定了海洲公司施工工程的范围。

2009年6月30日,卓达公司发布《施工招标文件》。2009年7月22日,海洲公司中标,取得承包卓达公司开发的英伦湾39#-59#和80#-82#住宅楼、会所及钟塔楼施工资格。2009年7月31日,卓达公司作为工程发包人与作为工程承包人海洲公司签订《建设工程施工合同》。合同签订后,海洲公司进场施工。后因合同履行问题诉至法院,本案的争议之一就是合同的效力问题。

---

① 参见南海海洲建设集团有限公司与威海卓达房地产开发有限公司建设工程施工合同纠纷二审案[最高人民法院(2015)民一终字第344号]。

【法院裁判】

海洲公司虽然通过公开招投标的形式取得了承包权,但双方在招投标前就涉案工程项目的工程价款、开竣工日期、质量标准、工程款支付、违约责任等承发包事项的实质性内容进行了具体磋商,并已于2009年5月11日签订了《卓达香水海B3地块启动区·英伦湾工程施工补充协议书》。卓达公司与海洲公司上述行为违反了《招投标法》第43条"在确定中标人前,招标人不得与投标人就投标价格、投标方案等实质性内容进行谈判"、第55条"依法必须进行招标的项目,招标人违反本法规定,与投标人就投标价格、投标方案等实质性内容进行谈判的,给予警告,对单位直接负责的主管人员和其他直接责任人员依法给予处分。前款所列行为影响中标结果的,中标无效"的强制性规定。因此,卓达公司与海洲公司于2009年5月11日签订的《卓达香水海B3地块启动区·英伦湾工程施工补充协议书》和2009年7月31日签订的并经备案的《建设工程施工合同》均应认定为无效。

(五)施工合同无效的情形

依据《建设工程司法解释(一)》第1条:"建设工程施工合同具有下列情形之一的,应当依据民法典第一百五十三条第一款的规定,认定无效:(一)承包人未取得建筑业企业资质或者超越资质等级的;(二)没有资质的实际施工人借用有资质的建筑施工企业名义的;(三)建设工程必须进行招标而未招标或者中标无效的。承包人因转包、违法分包建设工程与他人签订的建设工程施工合同,应当依据民法典第一百五十三条第一款及第七百九十一条第二款、第三款的规定,认定无效。"显然,其中之一就是建设工程必须进行招标而未招标或者中标无效的。

实践中,必较难把握的是建设工程施工合同整体无效还是部分条款无效,即部分条款违反招投标法、招投标法实施条例中的强制性规定导致其无效的问题。限于篇幅,在此仅作一些简单介绍。主要的处理原则如下:①

第一步:判别违法原因。合同主体(主要是承包人主体)资质、能力违法的,合同整体无效;属于其他违法原因的,则首先假定合同部分无效,然后进行第二步。

第二步:判别违法事项涉及的合同内容与其他内容的可分性(可分性难以判别的,可提示争议各方进一步举证可分或不可分的事实)。不可分的,合同整体无效;可分的,则进行第三步。

① 参见曹文衔:《施工合同整体无效与部分无效的判别》,载微信公众号"天同诉讼圈|建工衔评"2020年8月6日。

第三步：判别去除无效部分后的合同剩余部分内容对当事人合同目的的可实现性和公平合理性。当事人的合同目的仍能通过合同剩余部分内容公平合理地实现的，合同部分无效，合同整体仍有效；否则合同整体无效。

第9章 合同订立的法律风险管控:基础问题

内容概览

实践中,合同的订立是一个相互协商、讨价还价、相互妥协的过程。用法律术语来讲,就是一个要约、承诺,以及反复要约和承诺的过程。企业的合同法律风险管控不仅要控制合同文本的风险,也需要对文本以外的合同事务,特别是合同订立过程的风险进行有效的管控,尤其需要关注《民法典》及相关司法解释的新规定的影响。本章是这部分内容的基础部分。本章包含如下内容:

- 合同订立中的要约与承诺
- 合同的成立与生效
- 合同的撤销

第一节 合同订立中的要约与承诺

合同的订立又称缔约或合同的缔结,是当事人为设立、变更、终止民事权利义务关系而进行协商、达成协议的过程。《民法典》第464条第1款规定的“合同是民事主体之间设立、变更、终止民事法律关系的协议”与原《合同法》第2条“合同是平等主体的自然人、法人、其他组织之间设立、变更、终止民事权利义务关系的协议”的规定相比较,并无实质变化,只是将“平等主体的自然人、法人、其他组织”概括为“民事主体”以及将“民事权利义务关系”修改为“民事法律关系”。

既然合同为一种设立、变更、终止民事法律关系的协议,就须由当事人各方意思表示一致即合意才能成立。当事人为达成协议,相互为意思表示进行协商到达成合意的过程也就是合同的订立过程。《民法典》第471条规定的“当事人订立合同,可以采取要约、承诺方式或者其他方式”与原《合同法》第13条“当事人订立合同，采取要约、承诺方式”的规定相比较，增加了“其他方式”①，但订立合同的主要方式仍然是要约和承诺，即当事人为要约和承诺的意思表示均为合同订立的程序。

一、要约与要约邀请

《民法典》第472条规定：“要约是希望与他人订立合同的意思表示，该意思表示应当符合下列条件：（一）内容具体确定；（二）表明经受要约人承诺，要约人即受该意思表示约束。”按此规定，要约在性质上是一种意思表示，其内容是邀请对方和自己订立合同，但仅仅邀请对方和自己订立合同尚不足以成为要约。要约是以和对方订立合同为目的、向对方开列欲订立的合同条款并等待对方接受的法律行为。其要件包括：（1）须有和别人订立合同的内容、意思，也就是说，要约须以和对方订立合同为目的；（2）内容要具体确定，以便承诺人能不对要约作任何增加、变更直接承诺；（3）须由特定的要约人向特定的受要约人发出，但此点实践中有例外，如自动售货机、自选商场标明价格的商品没有注明非卖品、陈列品的，属于对不特定人发出的要约；（4）要约须到达受要约人。

与“要约”相区分的一个概念是“要约邀请”。依据《民法典》第473条第1款前句规定：“要约邀请是希望他人向自己发出要约的表示。”它和要约都是与订立合同有关的意思表示。但要约以邀请对方和自己订立合同为目的，要约邀请则以邀请对方向自己发出要约为目的；对要约的接受构成承诺，对要约邀请的接受只构成要约；要约是法律行为，要约人发出要约后受要约的约束，一旦要约被对方接受，合同即告成立，要约邀请通常不产生法律上的权利义务关系。两者性质不同，法律后果也不一样，实践中将要约认定为要约邀请，或将要约邀请认定为要约，势必对当事人的权利义务发生重大影响。因为追求交易快捷等原因，实践中当事人意思表示的性质往往缺乏明示，而要约和要约邀请的界限实际上也比较模糊，这就使得一些与订立合同有关的意思表示的性质难以界定。事实上，要约和要约邀请存在如下几个主要区别：

（1）根据法律规定进行区分，即如果法律规定某行为为要约邀请或要约，应依其规定处理。如《民法典》第473条第1款后句规定：“拍卖公告、招标公告、招股说

---

① 何为“其他方式”，通常的理解包括“交叉要约”（例如证券交易所的集中竞价模式）、商业谈判签订书面合同书、“招拍挂”、意思实现以及悬赏广告（悬赏广告是否属于合同订立的其他方式存在很大的争议，笔者赞同单方允诺说）。

明书、债券募集办法、基金招募说明书、商业广告和宣传、寄送的价目表等为要约邀请。”①

(2)根据当事人的意愿区分。如果当事人在其订约提议中申明“以我方最后确认为准”,就表明其不愿受对方承诺的约束,因而属于要约邀请。商店在其展示的服装上标示“六折出售”字样及价格,则为要约,如标明为“样品”,则为要约邀请。

(3)根据订约提议的内容是否包含了合同的主要条款加以确定。《民法典》第472条第1项规定,要约的内容要具体确定。因此,要约的内容必须具体、明确、全面。全面就要求必须具备合同的全部必要条款。例如,一份订单只包含有采购货物的名称、规格,没有数量,不可能成为要约。

(4)依交易习惯,尤其是特定当事人之间的交易习惯确定。例如,出租车开亮空车灯,行业惯例通常视为向不特定人发出要约,而非要约邀请,因此乘客上车只需告诉司机目的地即可,无须另行协商。② 两个当事人在以往的交易中形成固定的交易习惯,则可能一方“需要300吨”的电报也可以构成要约。

(5)看行为人是以与对方订立合同为目的还是以邀请对方向自己发出要约为目的。这是法律上区分要约和要约邀请的最主要方法。因为目的属于主观范畴,很难作为客观的认定标准,《民法典》专门规定了一项制度使行为人在行为时将其主观目的反映于外部,这就是第472条第2项规定,要约必须“表明经受要约人承诺,要约人即受该意思表示约束”。按此规定,凡是表意人未明确(不论其表述方式如何)表示其是一项要约的,一律推定为要约邀请。实践中商业广告注明“限售30套”“先到先得”,或注明有效期的,通常视为已经“表明经受要约人承诺,要约人即受该意思表示约束”。相反,如意思表示上载有“仅供参考”“须以我公司最后确认为准”“配置、价格如有变化,恕不另行通知”等字样,则肯定表示表意人不受该意思表示约束,不构成要约。

需要特别说明的是,对于“悬赏广告”是要约抑或要约邀请,原《合同法司法解释(二)》曾作出了规定。其第3条规定:“悬赏人以公开方式声明对完成一定行为的人支付报酬,完成特定行为的人请求悬赏人支付报酬的,人民法院依法予以支

① 与原《合同法》第15条规定的“寄送的价目表、拍卖公告、招标公告、招股说明书、商业广告等为要约邀请”相比较,《民法典》第473条第1款增加了“债券募集办法”“基金招募说明书”“商业宣传”等要约邀请形式。另外,《民法典》第473条第2款还规定:“商业广告和宣传的内容符合要约条件的,构成要约。”

② 关于出租车开亮空车灯是否构成要约,存在一些争议。也有观点认为,这属于要约邀请,乘客上车及告知目的地构成要约,而司机按下计价器则属于承诺。

持。但悬赏有合同法第五十二条规定情形的除外。”前述司法解释的规定被吸纳于《民法典》第499条，该条规定：“悬赏人以公开方式声明对完成特定行为的人支付报酬的，完成该行为的人可以请求其支付。”尽管如此，这一规定是否表明了“悬赏广告”就是要约，仍然存在争议。①

二、要约撤回和撤销

要约的撤回，是指在要约发生法律效力之前，要约人使其不发生法律效力而取消要约的行为。《民法典》第475条规定：“要约可以撤回。要约的撤回适用本法第一百四十一条的规定。”而第141条规定：“行为人可以撤回意思表示。撤回意思表示的通知应当在意思表示到达相对人前或者与意思表示同时到达相对人。”

要约的撤销，是指在要约发生法律效力之后，要约人使其丧失法律效力而取消要约的行为。《民法典》第476条规定：“要约可以撤销……”第477条规定：“撤销要约的意思表示以对话方式作出的，该意思表示的内容应当在受要约人作出承诺之前为受要约人所知道；撤销要约的意思表示以非对话方式作出的，应当在受要约人作出承诺之前到达受要约人。”为了保护当事人的利益，《民法典》第476条还规定了有下列情形之一的，要约不得撤销：(1)要约人以确定承诺期限或者其他形式明示要约不可撤销；(2)受要约人有理由认为要约是不可撤销的，并已经为履行合同做了合理准备工作。

要约的撤回与要约的撤销的区别在于：

(1)从表现形式上看，要约撤回发生在要约到达(或刚刚到达)受要约人之前，而要约撤销则发生在要约已经到达受要约人，受要约人尚未发出承诺通知之前。两者的实质区别在于：前者是在要约尚未生效(或刚刚生效)时发生；而后者则是在要约生效后，受要约人发出承诺通知之前发生。

(2)对于要约不得撤销的第二类情形，特别要求受要约人不仅要“有理由认为

---

①　关于“悬赏广告”的问题，历来存在两种观点：一种观点认为，悬赏广告属于单方行为，可以引发单方允诺之债，只要悬赏人发出广告的意思表示，悬赏广告即告成立。行为人按照悬赏广告完成一定行为不是针对要约作出的承诺，而是履行悬赏广告确定的义务。悬赏人发出广告即受其约束，不管完成行为的人是否知道悬赏广告，都不影响其报酬请求权，不会产生承诺的效力问题。另一种观点认为，悬赏广告属于要约，可以引发合同之债。该观点认为悬赏广告本质上是悬赏人向不特定的行为人公开作出的要约，行为人按照悬赏广告的要求完成一定行为即为承诺，此时在悬赏人与行为人之间成立契约，行为人获得报酬请求权。但要约说无法合理解释的是，为什么无意思联络的人甚至无民事行为能力或限制民事行为能力的人完成了一定行为之后都可以请求悬赏人支付报酬。

要约不可撤销”,而且“已经为履行合同做了准备工作”,两个并列条件缺一不可。

三、承诺与承诺的撤回

(一)承诺的概念与撤回

《民法典》第485条规定:“承诺可以撤回。承诺的撤回适用本法第一百四十一条的规定。”而第141条规定:“行为人可以撤回意思表示。撤回意思表示的通知应当在意思表示到达相对人前或者与意思表示同时到达相对人。”

因此,承诺撤回是指承诺人在承诺生效前或生效同时有权取消承诺。其是受要约人(承诺人)在发出承诺之后并且在承诺生效之前或生效同时采取一定的行为将承诺取消,使其失去效力。根据“到达主义”原则,受要约人发出承诺通知后可以将其撤回,只要撤回的通知早于或者同时与承诺通知到达要约人。

(二)逾期承诺及其法律效力

需要注意的是,《民法典》第486条规定:“受要约人超过承诺期限发出承诺,或者在承诺期限内发出承诺,按照通常情形不能及时到达要约人的,为新要约;但是,要约人及时通知受要约人该承诺有效的除外。”①第487条规定:“受要约人在承诺期限内发出承诺,按照通常情形能够及时到达要约人,但是因其他原因致使承诺到达要约人时超过承诺期限的,除要约人及时通知受要约人因承诺超过期限不接受该承诺外,该承诺有效。”②这两条规定是有关“逾期承诺”的规定。所谓“逾期承诺”,又称延迟承诺或者超期承诺,是指受要约人在承诺期限经过之后作出的承诺。承诺期限与承诺的发出与到达的关系。见表9-1:

表9-1　“逾期承诺”的情形及法律效力

情形	承诺发出	承诺到达	法律效力
1	承诺期内发出	承诺期内达到	承诺生效
2	承诺期内发出	通常情况下不能及时在承诺期内到达	新要约(第486条),但要约人及时通知受要约人该承诺有效的除外

① 原《合同法》第28条规定:“受要约人超过承诺期限发出承诺的,除要约人及时通知受要约人该承诺有效的以外,为新要约。”

② 原《合同法》第29条规定:“受要约人在承诺期限内发出承诺,按照通常情形能够及时到达要约人,但因其他原因承诺到达要约人时超过承诺期限的,除要约人及时通知受要约人因承诺超过期限不接受该承诺的以外,该承诺有效。”

续表

情形	承诺发出	承诺到达	法律效力
3	承诺期内发出	通常情况下能够及时在承诺期内到达,但因其他原因延迟	承诺生效(第487条),但要约人及时通知受要约人因承诺超过期限不接受该承诺的除外
4	承诺期后发出	承诺期后到达	新要约(第486条),但要约人及时通知受要约人该承诺有效的除外

根据表9-1,具体介绍如下:

第一,对于第一种情形,承诺在期限内到达要约人,为期限内承诺,明显不属于逾期承诺。

第二,对于第四种情形,受要约人超出承诺期限作出承诺,到达要约人时自然也已超出了要约所确定的承诺期限,即便承诺到达了要约人也不能当然地认为合同成立,但要约人及时通知受要约人该承诺有效的除外。这是一种最典型的逾期承诺情形,《民法典》第486条(原《合同法》第28条)即明确规定了该种情形为逾期承诺(新要约)。

第三,对于第二种情形,受要约人虽然在期限内发出承诺,但是按照通常情形,该承诺不能及时在期限内到达要约人的情形存在一定特殊性。原《合同法》第28条并未规定此种情形为逾期承诺。由于在学理和审判实践中,均认为此种情形也属于逾期承诺(新要约),故此次《民法典》增加了该种情形,明确规定为逾期承诺,填补了原有漏洞。但"要约人及时通知受要约人该承诺有效的除外"意味着:尽管认定逾期承诺不发生承诺的效力主要是出于对要约人利益的保护,商事交易中,也可能出现承诺逾期,但市场情势并未发生大的变化,要约人依然希望以原有条件与受要约人订立合同。此时,如果要求逾期承诺一律视为新要约,则要约人必须对其再行承诺后合同才能成立,徒然增加了法律关系的不确定性。因此,如果要约人收到逾期承诺后,认可该逾期承诺的效力,及时通知受要约人该逾期承诺有效,从尊重当事人意思及促进交易的角度,应当认定该逾期承诺具有承诺的法律效力,双方当事人之间合同成立。

第四,对于第三种情形,不属于逾期承诺。因为受要约人在期限内发出通知,并且预留了合理期间,按照通常情形,该承诺应当在期限内及时到达要约人。而承诺通知因其他原因逾期到达,受要约人并不知道这种情形,按照其合理预期,合同已经生效,可能受要约人还为合同的履行在做准备。此时,法律赋加以要约人承担通知义务,如果要约人不愿意接受该承诺,应当及时通知受要约人。如果要约人怠于通知,则该承诺有效,合同成立。

第二节　合同的成立与生效

一、合同成立与生效的关系

合同的成立是指合同订立过程的完成,也即主体对合同的基本内容达成一致意见。合同的生效则指依法成立的合同为使其具有法律所赋予的约束力而产生的效力。合同的成立与否属于事实判断问题,其着眼点在于判断合同是否存在,而合同的有效与否则是法律价值判断问题,其着眼点在于判断合同是否符合法律的精神和规定,能否发生法律上的效力。判断合同是否成立,其结果只能是成立或不成立的事实,而判断合同是否有效,其结果则有无效、生效或未生效、效力待定、可撤销等多种情形。

《民法典》第502条规定:"依法成立的合同,自成立时生效,但是法律另有规定或者当事人另有约定的除外。依照法律、行政法规的规定,合同应当办理批准等手续的,依照其规定。未办理批准等手续影响合同生效的,不影响合同中履行报批等义务条款以及相关条款的效力。应当办理申请批准等手续的当事人未履行义务的,对方可以请求其承担违反该义务的责任。依照法律、行政法规的规定,合同的变更、转让、解除等情形应当办理批准等手续的,适用前款规定。"因此,合同的成立是合同生效的逻辑前提,合同只有在成立后才谈得上进一步衡量其是否生效的问题。考察合同的生效,首先就必须考察该合同是否成立。合同虽已成立,但是否生效有待于进一步的判断。① 比如,《民法典》第155条规定:"无效的或者被撤销的民事法律行为自始没有法律约束力。"因此,合同的生效与成立既是有联系又是有所区别的两个事件,生效不能脱离成立而独立存在。通常情况下,合同的成立和生效是一致的。但对于无效的合同或者被撤销的合同,由于无所谓生效时间,因此必然从合同成立之日起就没有法律约束力。

需要注意的是,若合同未成立,则当事人要承担的责任就是缔约过失责任,所谓缔约过失责任,是指在合同订立过程中,一方因违背其依据诚实信用原则所应尽

---

① 合同成立后是否生效,主要分为以下几种情况:(1)大多数合同成立即生效,也即合同成立与合同生效是在同一时间;(2)合同成立后永远不生效,也即无效合同;(3)合同成立后效力处于悬空状态,是否生效要看合同成立时缺乏的生效要件后来能否得到补正,即效力待定的合同;(4)合同成立后并不立即生效,生效时间视所附期限何时到来,即附始期的合同;(5)合同成立后并不立即生效,能否生效,要视所附条件能否实现而定,即附延缓或停止条件的合同;(6)合同成立后并不能立即生效,只有完成了应当办理的批准手续后才生效。在实践中,区分合同成立与合同生效有助于正确处理有关的纠纷。

的义务,而致另一方遭受信赖利益损失,其应承担的民事责任。当事人承担的赔偿范围只限于信赖利益损失。所谓信赖利益损失,主要是指一方实施某种行为后,足以使另一方对其产生信赖(如相信其会订立合同),并因此而产生了一定的费用,后因对方违反诚信原则使该费用不能得到补偿,且通常认为仅限于直接损失,而不包括间接损失。若合同已生效,则当事人要承担的责任就是违约责任。所谓违约责任,也称为违反合同的民事责任,是指合同当事人因不履行合同义务或者履行合同义务不符合约定,而向对方承担的民事责任。其包括继续履行、赔偿损失、支付违约金及适用定金罚则等。当事人承担的赔偿范围为实际遭受的全部损失,不仅包括现有直接损失,而且包括可得利益损失。

二、合同的效力

(一)合同的有效

所谓合同的有效或称之为有效合同,是指依照法律的规定成立并在当事人之间产生法律约束力的合同。从《民法典》合同编的相关规定来看,并未对合同的有效规定统一的要件,但依据《民法典》总则编第 143 条规定:"具备下列条件的民事法律行为有效:(一)行为人具有相应的民事行为能力;(二)意思表示真实;(三)不违反法律、行政法规的强制性规定,不违背公序良俗。"因此,前述三个条件是民事行为能够合法的一般准则,当然也应适用于当事人签订合同这种民事法律行为。所以,合同的有效应当也具备前述三个条件。此外,《民法典》第 469 条第 1 款规定:"当事人订立合同,可以采用书面形式、口头形式或者其他形式。"第 490 条第 1 款前句规定:"当事人采用合同书形式订立合同的,自当事人均签名、盖章或者按指印时合同成立。"因此,若法律、行政法规或当事人约定采用书面形式的,只有具备书面形式的条件时合同才能生效。第 502 条第 1 款、第 2 款前句规定:"依法成立的合同,自成立时生效,但是法律另有规定或者当事人另有约定的除外。依照法律、行政法规的规定,合同应当办理批准等手续的,依照其规定。"因此,只要"依法"成立,且满足法律要求的生效要件的,则为有效合同。

(二)合同的无效

《民法典》合同编通则分编删除了原《合同法》第 52 条"合同无效"的规定,而代之以在总则编第 6 章"民事法律行为"第 3 节"民事法律行为的效力"中统一规定。主要涉及第 144 条、第 146 条、第 153 条和第 154 条。此外,《民法典》合同编通则分编还对格式条款的效力(第 497 条)和免责条款的效力(第 506 条)作出了规定。具体见表9-2：

表9-2 《民法典》实施前后合同无效规则的对比

原《合同法》	《民法典》	简评
第52条第1项：一方以欺诈、胁迫的手段订立合同，损害国家利益。	第132条：民事主体不得滥用民事权利损害国家利益、社会公共利益或者他人合法权益。 第534条：对当事人利用合同实施危害国家利益、社会公共利益行为的，市场监督管理和其他有关行政主管部门依照法律、行政法规的规定负责监督处理。	删除了"一方以欺诈、胁迫的手段订立合同，损害国家利益"这一无效情形
第52条第2项：恶意串通，损害国家、集体或者第三人利益。	第154条：行为人与相对人恶意串通，损害他人合法权益的民事法律行为无效。	恶意串通是当事人为实现某种目的进行串通，共同订立民事法律行为，造成他人合法利益受损害的违法行为
第52条第3项：以合法形式掩盖非法目的。	第146条第1款：行为人与相对人以虚假的意思表示实施的民事法律行为无效。 第153条第1款：违反法律、行政法规的强制性规定的民事法律行为无效。但是，该强制性规定不导致该民事法律行为无效的除外。 第154条：行为人与相对人恶意串通，损害他人合法权益的民事法律行为无效。	《民法典》将原《合同法》第52条第3项关于"以合法形式掩盖非法目的"无效的规定，承继和改造为三个规范：第146条("通谋虚伪行为无效")；第153条第1款("违反法律、行政法规的强制性规定的民事法律行为无效")；第154条("行为人与相对人恶意串通，损害他人合法权益的民事法律行为无效")
第52条第4项：损害社会公共利益。	第153条第2款：违背公序良俗的民事法律行为无效。	公序良俗包括公共秩序与善良风俗
第52条第5项：违反法律、行政法规的强制性规定。	第153条第1款：违反法律、行政法规的强制性规定的民事法律行为无效。但是，该强制性规定不导致该民事法律行为无效的除外。	该规定采取了民事法律行为效力认定上区分效力性强制性规范和管理性强制性规范的立场

根据表9-2，具体介绍如下：

第一，对于原《合同法》第52条第1项，《民法典》删除了该项规定，取消了对特殊主体的保护。原《合同法》第52条第1项规定中的"国家利益"一词含糊不清，究竟包含什么主体、什么内容存在争议，长期以来颇受诟病。例如，我国大部分的国有企业属于国家出资，任何损害国有企业利益的行为都容易等同于损害国家利益，这就特别容易造成将国有企业利益视为国家利益，将国有企业作为特殊主体进行特殊保护。就此，《民法典》第4条明确规定："民事主体在民事活动中的法律地位一律平等。”因此,尽管该项规定被删除了,但保护国家利益的立法目标并未改变。为此,《民法典》采纳了如下两项规定:(1)《民法典》第132条规定禁止性原则:民事主体不得滥用民事权利损害国家利益、社会公共利益或者他人合法权益。(2)《民法典》第534条规定强调了行政执法:对当事人利用合同实施危害国家利益、社会公共利益行为的,市场监督管理和其他有关行政主管部门依照法律、行政法规的规定负责监督处理。

第二,对于原《合同法》第52条第2项,由《民法典》第154条予以替代。该条规定:“行为人与相对人恶意串通,损害他人合法权益的民事法律行为无效。”实际上只是把“国家、集体或者第三人”这一用语改为了“他人”。所谓“恶意串通”,是指当事人为实现某种目的进行串通,共同订立民事法律行为,造成他人合法利益受损害的违法行为。就此而言,需要满足如下条件时,合同才被认定为无效:一是当事人出于恶意;二是当事人之间相互串通;三是损害了国家、集体或第三人利益。由于其行为具有明显的不法性,因此应当认定无效。

第三,对于原《合同法》第52条第3项,《民法典》删除了该项规定。该项规定的表述是“以合法形式掩盖非法目的”。其中,“以合法形式”,在概念上可以理解为是“伪装行为”;而“非法目的”,在概念上不够精准,所指范围较为宽泛。根据这样的表达,所谓的“非法目的”,应当有狭义与广义、直接与间接的区分,一是狭义或直接的“非法目的”,如违反法律规定的行为。这就导致与第5项“违反法律、行政法规的强制性规定”发生交叉竞合。二是广义或间接的“非法目的”,如损害他人合法利益的行为。这就导致与第2项“恶意串通,损害国家、集体或者第三人利益”发生交叉竞合。故此,《民法典》对第3项规定进行了承继和改造。见表9-3:

表9-3 《民法典》对“以合法形式掩盖非法目的”的承继和改造

<table>
<tr><td rowspan="3">原《合同法》</td><td colspan="3">有下列情形之一的,合同无效:……(3)以合法形式掩盖非法目的……</td></tr>
<tr><td rowspan="2">伪装行为</td><td colspan="2">非法目的</td></tr>
<tr><td>狭义非法</td><td>广义非法</td></tr>
<tr><td rowspan="2">《民法典》</td><td>通谋虚伪</td><td>违法行为</td><td>损害行为</td></tr>
<tr><td>第146条第1款:行为人与相对人以虚假的意思表示实施的民事法律行为无效。</td><td>第153条第1款:违反法律、行政法规的强制性规定的民事法律行为无效。但是,该强制性规定不导致该民事法律行为无效的除外。</td><td>第154条:行为人与相对人恶意串通,损害他人合法权益的民事法律行为无效。</td></tr>
</table>

在此特别说明的是,《民法典》第146条通谋虚伪的规定沿用了原《民法总则》第146条的规定,该条包含虚假表示行为(第1款)和隐藏行为(第2款),虚假表示行为无效,隐藏行为则要根据与民事法律行为效力及其他与法律行为效力有关的规定来具体判断。在中国民生银行股份有限公司南昌分行、上海红鹭国际贸易有限公司票据追索权纠纷二审民事判决书[最高人民法院(2017)最高法民终41号]中,最高人民法院认为:

三方虽然明知本案票据项下无真实交易关系,但出于不同真实目的,相互合谋实施了该票据行为,属于通谋虚伪行为。因此,本案票据活动是各方伪装行为,所掩盖、隐藏的真实行为实际是借款。根据《中华人民共和国民法通则》第五十五条规定及2017年10月1日起施行的《中华人民共和国民法总则》第一百四十六条规定,民事法律行为应当意思表示真实,行为人与相对人以虚假的意思表示实施的民事法律行为无效,以虚假的意思表示隐藏的民事法律行为的效力,依照相关法律规定处理。据此,本院对本案通谋虚伪的票据活动所订立的《阴极铜购销合同》及其《补充协议》、《贴现宝合作协议》、《贴现申请书》、《担保合同》,均确认无效。

……

本案中,民生银行南昌分行与有色金属公司之间通谋虚伪行为隐藏的真实意思表示是借款,因此双方之间形成的真实法律关系应是借款关系。由于双方之间的借款为其真实意思表示,且不违反法律和行政法规的禁止性规定,该借款行为应属有效。

至于通谋虚伪行为的对外效力,则应区分第三人是否善意从而发生不同的法律后果。在珠海华润银行股份有限公司与江西省电力燃料有限公司合同纠纷申诉、申请民事判决书[最高人民法院(2017)最高法民再164号]中,最高人民法院认为:

《中华人民共和国合同法》第八十二条规定:"债务人接到债权转让通知后,债务人对让与人的抗辩,可以向受让人主张。"上述规定之规范意旨,系为保护债务人之利益不至因债权转让而受损害,就债务人能否以系争债权系通谋虚构为由向受让人抗辩这一问题,立法本身未设明文规定。被申请人江西燃料公司所提交的本院(2011)民提字第322号民事判决及(2016)最高法民申1519号民事裁定等先例裁判中,处理的法律问题均系在基础合同有效情况下的抗辩问题,与本案并不相同,故该等先例裁判形成的处理意见尚不能解决本案中的法律问题。根据民法基本原理,双方当事人通谋所为的虚伪意思表示,在当事人之间发生绝对无效的法律后果。但在虚伪表示的当事人与第三人之间,则应视该第三人是否知道或应当知道该虚伪意思表示而发生不同的法律后果:当第三人知道该当事人之间的虚伪意思表示时,虚伪表示的无效可以对抗该第三人;当第三人不知道当事人之间的虚伪意思表示时,该虚伪意思表示的无效不得对抗善意第三人。据此,江西燃料公司关于案涉应收账款虚假的诉讼理由能否对抗珠海华润银行,取决于珠海华润银行在受让债权时是否善意。

需要特别说明的是,该案系一个保理合同纠纷案。《民法典》第548条保留了原《合同法》第82条之规定:“债务人接到债权转让通知后,债务人对让与人的抗辩,可以向受让人主张。”此外,《民法典》第763条规定:“应收账款债权人与债务人虚构应收账款作为转让标的,与保理人订立保理合同的,应收账款债务人不得以应收账款不存在为由对抗保理人,但是保理人明知虚构的除外。”显然这一规定已经将上述司法裁判规则予以了吸收。

第四,对于原《合同法》第52条第4项,由《民法典》第153条第2款予以替代。该款规定:“违背公序良俗的民事法律行为无效。”如此改造的原因在于,原“社会公共利益”一语并不足以涵盖“国家利益”,为使概念更为周延,《民法典》用传统民法上的“公序良俗”代替了“社会公共利益”。“公序良俗”包括公共秩序与善良风俗两个方面,其中公共秩序是指法律秩序,善良风俗是指法律秩序之外的道德。①但它的内涵和外延均不确定,存在解释空间。此外,《九民纪要》第31条规定:“违反规章一般情况下不影响合同效力,但该规章的内容涉及金融安全、市场秩序、国家宏观政策等公序良俗的,应当认定合同无效。人民法院在认定规章是否涉及公序良俗时,要在考察规范对象基础上,兼顾监管强度、交易安全保护以及社会影响等方面进行慎重考量,并在裁判文书中进行充分说理。”

第五,对于原《合同法》第52条第5项,由《民法典》第153条第1款予以替代。该款规定:“违反法律、行政法规的强制性规定的民事法律行为无效。但是,该强制性规定不导致该民事法律行为无效的除外。”这一规定系在第5项的基础上,吸收了原《合同法司法解释(二)》第14条的规定②,将导致合同无效的法律形式的范围限定在法律和行政法规中的强制性规定,但并未明确规定效力性强制性规定的概念。该款但书“该强制性规定不导致该民事法律行为无效的除外”中的“该强制性

① 参见最高人民法院民法典贯彻实施工作领导小组主编:《中华人民共和国民法典总则编理解与适用》(下),人民法院出版社2020年版,第762页。

② 该条规定:“合同法第五十二条第(五)项规定的‘强制性规定’,是指效力性强制性规定。”

规定”通常被认为是指管理性强制性规定。就此,《九民纪要》第30条第2款规定:“人民法院在审理合同纠纷案件时,要依据《民法总则》第153条第1款和合同法司法解释(二)第14条的规定慎重判断‘强制性规定’的性质,特别是要在考量强制性规定所保护的法益类型、违法行为的法律后果以及交易安全保护等因素的基础上认定其性质,并在裁判文书中充分说明理由。下列强制性规定,应当认定为‘效力性强制性规定’:强制性规定涉及金融安全、市场秩序、国家宏观政策等公序良俗的;交易标的禁止买卖的,如禁止人体器官、毒品、枪支等买卖;违反特许经营规定的,如场外配资合同;交易方式严重违法的,如违反招投标等竞争性缔约方式订立的合同;交易场所违法的,如在批准的交易场所之外进行期货交易。关于经营范围、交易时间、交易数量等行政管理性质的强制性规定,一般应当认定为‘管理性强制性规定’。”该规定表明,最高人民法院通过例举的方式将效力性强制性规定和管理性强制性规定进行了区分,给予了审判实践较为明确的指引:违反涉及金融安全、市场秩序及国家宏观政策等公序良俗强制性规定的合同无效,违反禁止交易标的买卖强制性规定的合同无效,违反特许经营强制性规定的合同无效,违反交易场所强制性规定的合同无效。但是违反经营范围、交易时间或数量等强制性规定的合同效力不应否定。

在鹤壁市广厦房产置业有限公司、淇县农村信用合作联社金融借款合同纠纷再审审查与审判监督民事裁定书[最高人民法院(2019)最高法民申4756号]中,最高人民法院就明确排除了管理性强制性规定认定合同无效的适用,其认为:

《贷款通则》作为中国人民银行制定的部门规章,其主要内容是存贷款管理性规定,与《中华人民共和国民法总则》第一百四十三条、第一百五十三条、《中华人民共和国合同法》第五十二条规定的导致合同无效之违反法律、行政法规的强制性规定在性质和法律后果上有所区别,不宜作为认定本案合同无效的情形。因此,广厦置业公司主张威尔士商贸公司与淇县农信社签订的《流动资金借款合同》因违反《贷款通则》相关规定而导致合同无效,进而因主合同无效导致从合同《保证合同》无效,既无事实依据又无法律依据。

需要说明的是,上述原《民法总则》第143条规定与《民法典》第143条规定完全相同。

【例9－1】 中舜建设集团有限公司诉淮矿地产淮南东方蓝海置业有限责任公司建设工程施工合同纠纷案①

【裁判要旨】

《民法典》第153条第1款但书中的“该强制性规定”是指管理性强制性规定,仅是针对特定主体的对内管理行为、不涉及国家利益和社会公共利益的规定,不属于效力性强制性规定,违反该规定不导致合同无效。

【法院审判】

本院认为,中舜公司提起本案诉讼是基于其与东方蓝海公司签订的建设工程施工合同,因此,本案基础法律关系为建设工程施工合同纠纷。中舜公司认为东方蓝海公司委托的造价咨询机构并没有按照招标文件明确的编制依据进行编制,导致编制的招标控制价低于成本价,其未能及时发现该问题,造成其投标中标价也低于成本价,双方签订的建设工程承包合同因违反法律、行政法规的强制性规定而无效,故而提起本案诉讼。因中舜公司未在起诉状中对其请求权的基础规范予以明确,经释明,其明确主张双方签订的建设工程施工合同无效所依据的基础规范为《合同法》第52条第5项,即违反法律、行政法规的强制性规定而无效。具体违反了《招投标法》第33条“投标人不得以低于成本的报价竞标,也不得以他人名义投标或者以其他方式弄虚作假,骗取中标”和第41条“中标人的投标应当符合下列条件之一:……(二)能够满足招标文件的实质性要求,并且经评审的投标价格最低;但是投标价格低于成本的除外。”以及《招投标法实施条例》第51条“有下列情形之一的,评标委员会应当否决其投标:……(五)投标报价低于成本或者高于招标文件设定的最高投标限价……”的规定。

《合同法》现已被废止,该法第52条第5项现已被《民法典》第153条第1款“违反法律、行政法规的强制性规定的民事法律行为无效。但是,该强制性规定不导致该民事行为无效的除外”所取代。《招投标法》第33条、第41条第2项及《招投标法实施条例》第51条第5项,虽然都规定了投标人不得以低于成本价竞标,但对法律、行政法规中的强制性规定应区分管理性强制规定和效力性强制规定,只有后者才影响合同的效力。区分这两种不同性质的规定,一是审查法律及行政法规是否明确规定违反该类规定将导致合同无效的后果;二是审查违反该条款的合同内容是否损害国家利益和社会公共利益。对于《招投标法》第33条,其前半部分规

---

① 参见中舜建设集团有限公司与淮矿地产淮南东方蓝海置业有限责任公司建设工程施工合同纠纷一审民事判决书[安徽省淮南市中级人民法院(2020)皖04民初239号]。

定“投标人不得以低于成本的报价竞标”,后半部分规定投标人“不得以他人名义或者其他方式弄虚作假,骗取中标”。对这两部分内容,《招投标法》规定了不同的法律后果。投标人以低于成本的报价竞标的,《招投标法》并未规定任何法律责任;但对于后一部分,该法却在第54条中明确规定“投标人以他人名义投标或者以其他方式弄虚作假,骗取中标的,中标无效”。因“中标”即表明当事人双方的要约、承诺达成一致,是合同成立的表征,故如果法律明确指出“中标无效”即可认定是对合同效力的否定性评价。这一差异表明《招投标法》对该条的两种情形的法律评价是不同的,否则不会对同一条文在法律责任上进行刻意区分。而是否明确规定违反某类规定将导致合同无效的后果是区分管理性规范和效力性规范的标准之一,故依此标准来判断,“投标人不得以低于成本的报价竞标”不属于效力性规定。同时,《招投标法》禁止投标人以低于成本的价格竞标,其目的是规范招投标市场,防止投标人间产生不正当竞争的情形,对于招标人公布自己期望招标的招标控制价,是招标人公布底价的要约行为,还须合意才能约束双方。中舜公司作为独立的民事主体,应当能够理性地评判自己的民事行为及其后果,可以根据自身的实际情况考虑是否竞标,如其认为东方蓝海公司的招标控制价过低无法赢利,可以选择不参与竞标,其并没有处于一种无可选择的境地,其中标后又以诉讼的形式改变结算价款,脱离了当初达成合意的初衷,违背诚实信用原则。

基于以上分析可见,中舜公司提起本案诉讼请求所依据的基础规范并不适用本案,无论东方蓝海公司公布的招标控制价是否低于成本,均不导致双方签订的建设工程施工合同无效。

此外,《民法典》第506条规定:“合同中的下列免责条款无效:(一)造成对方人身损害的;(二)因故意或者重大过失造成对方财产损失的。”这一条属于效力性强制性规定,即便合同当事人在合同中约定了相应的内容,如果违反了这一规定,亦应无效。最后,《民法典》第144条还不加区分地规定:“无民事行为能力人实施的民事法律行为无效。”因此,无民事行为能力人签订的合同无效,而不再是效力待定的合同。

(三)合同的效力待定

所谓效力待定的合同,是指合同虽然已经成立,但因其不完全符合法律有关生效要件的规定,其效力能否发生尚待确定,一般须经有权人表示承认或追认才能生效的合同。主要包括两种情况:限制行为能力人订立的合同和无权代理人订立的合同。

1. 限制行为能力人订立的合同

当事人订立合同时,依法应当具有相应的民事权利能力和民事行为能力。因此,限制行为能力人依法不能独立地订立合同。如果限制行为能力人订立了合同,必须经过其法定代理人的承认才能生效。《民法典》第145条规定:“限制民事行为能力人实施的纯获利益的民事法律行为或者与其年龄、智力、精神健康状况相适应的民事法律行为有效;实施的其他民事法律行为经法定代理人同意或者追认后有效。相对人可以催告法定代理人自收到通知之日起三十日内予以追认。法定代理人未作表示的,视为拒绝追认。民事法律行为被追认前,善意相对人有撤销的权利。撤销应当以通知的方式作出。”这一条规定实质就是对限制行为能力人订立的合同效力待定的规定,这种情形下,通常只有其法定代理人追认后,该合同才有效。

2. 无权代理人订立的合同

在民事活动中,代理人应依法行使代理权。在订立合同过程中,代理人必须依据《民法典》等有关法律法规的规定订立合同,否则可能导致该合同对被代理人不发生效力。《民法典》第171条规定:“行为人没有代理权、超越代理权或者代理权终止后,仍然实施代理行为,未经被代理人追认的,对被代理人不发生效力。相对人可以催告被代理人自收到通知之日起三十日内予以追认。被代理人未作表示的,视为拒绝追认。行为人实施的行为被追认前,善意相对人有撤销的权利。撤销应当以通知的方式作出。行为人实施的行为未被追认的,善意相对人有权请求行为人履行债务或者就其受到的损害请求行为人赔偿。但是,赔偿的范围不得超过被代理人追认时相对人所能获得的利益。相对人知道或者应当知道行为人无权代理的,相对人和行为人按照各自的过错承担责任。”这一规定实质就是对无权代理人订立的合同效力待定的规定,与原《合同法》第48条比较,最大的修订是进一步明确了被代理人不追认时行为人对相对人所应承担的责任。

从细分情形来看,无权代理人可以细分为三种情形:一是根本没有代理权进行的代理(“没有代理权”);二是超越既有代理权进行的代理(“超越代理权”);三是代理权消灭后的代理(“代理权终止”)。这些情形下,合同尽管因“代理人”缺乏代理权而存在瑕疵,但此种瑕疵是允许补正的,即在未经被代理人追认的情形下,合同相对于被代理人而言处于效力待定的状态,而一旦经被代理人追认,可以使无权代理人订立的合同有效。但是,如果未经被代理人追认,那么,这种无权代理人订立的合同,对被代理人不发生效力。故此,《民法典》第171条第1款规定“未经被代理人追认的,对被代理人不发生效力”并不是指在这一情形下代理行为无效,仅是在被代理人追认前,对于被代理人而言处于效力待定状态,但即使未被追认,该行为也不是归于无效,而仅是对被代理人不发生效力,该行为同样可以在代理人与被代理人之间发生相应的法律效力,有关法律后果及法律责任由该代理人承担。① 可见,《民法典》此处的规定明确了无权代理的性质为效果归属规范。此外,《民法典》第 503 条规定:“无权代理人以被代理人的名义订立合同,被代理人已经开始履行合同义务或者接受相对人履行的,视为对合同的追认。”

就有关民事法律责任而言,《民法典》第 171 条第 3 款和第 4 款分别规定了两种无权代理的民事法律责任:

一是无权代理人实施的行为未被追认的民事法律责任。无权代理人实施的行为未被追认的,善意相对人有权请求无权代理人履行债务,或者就其受到的损害请求行为人承担赔偿责任,赔偿范围不得超过被代理人追认时相对人所能获得的利益。所谓“被代理人追认时相对人所能获得的利益”,即按照代理行为给相对人应当带来的应然利益为限度。这在本质上也是符合损害赔偿的可预见性规则。类似于合同行为,这里的损害赔偿范围限度即不得超过双方当事人实施该法律行为可以预见能够得到的利益范围。《民法典》第 171 条第 3 款确定了一个客观标准,这也符合当事人的行为预期。②

二是相对人知道或者应当知道代理人无权代理的民事法律责任。相对人知道或者应当知道代理人是无权代理,造成了被代理人权益损害的,相对人和行为人都存在过错,应当按照各自的过错承担按份责任。这即是关于相对人非善意的情形,此时“相对人和行为人按照各自的过错承担责任”。需要注意的是,在相对人恶意的情况下,无权代理的法律行为是否有效的问题。对此仍需要具体问题具体分析,如果被代理人追认的,这时在被代理人与相对人之间发生与有权代理相同的法律后果,但符合《民法典》第 171 条第 4 款规定情形的,相对人和代理人仍要依据本款规定承担过错责任。如果被代理人未追认的,按照该条第 1 款的规定,这时应理解为该行为仍在代理人与相对人之间发生法律效力,在他们的外部责任上,仍按照该条第 4 款规定确定责任承担规则,只是在他们内部责任承担上则实际转化为过失相抵规则的适用。③

---

① 参见最高人民法院民法典贯彻实施工作领导小组主编:《中华人民共和国民法典总则编理解与适用》(下),人民法院出版社 2020 年版,第 857 页。

② 参见最高人民法院民法典贯彻实施工作领导小组主编:《中华人民共和国民法典总则编理解与适用》(下),人民法院出版社 2020 年版,第 859 - 860 页。

③ 参见最高人民法院民法典贯彻实施工作领导小组主编:《中华人民共和国民法典总则编理解与适用》(下),人民法院出版社 2020 年版,第 860 页。

3. 附条件合同的效力

《民法典》第158条规定:“民事法律行为可以附条件,但是根据其性质不得附条件的除外。附生效条件的民事法律行为,自条件成就时生效。附解除条件的民事法律行为,自条件成就时失效。”第159条规定:“附条件的民事法律行为,当事人为自己的利益不正当地阻止条件成就的,视为条件已经成就;不正当地促成条件成就的,视为条件不成就。”从前述规定可以看出:

第一,附条件合同,是指合同当事人约定把一定条件的成就与否作为合同效力是否发生或者消灭依据的合同。所谓条件,是指合同当事人选定某种成就与否并不确定的将来事实作为制约合同效力发生或消灭手段的合同附加条件。合同附加条件,是当事人在合同中特别设定、借以制约合同生效效力的意思表示,是合同的特别生效条件,是合同的组成部分。但不得将“合同义务”作为附条件合同中的条件。①

第二,附生效条件的合同,是指合同生效以某种事实的发生作为条件的合同,即约定的事实发生了,合同即生效,否则就不生效。附生效条件的合同虽已成立,但合同的效力处于停止状态,待条件成就时,该合同才发生法律效力。因此,附生效条件的合同又称附停止条件的合同。

第三,附解除条件的合同,是指已发生法律效力的合同,当条件成就时,合同失效,当事人之间应解除已生效的合同,当条件未成就时,合同继续有效,当事人之间应继续履行合同。

第四,当事人不正当对待附条件合同的法律后果。当事人应依法正确地对待

---

① 参见乔某生与蚌埠日报社其他合同纠纷申请再审民事裁定书[最高人民法院(2014)民申字第175号]。在该案中,最高人民法院认为:所谓附条件的合同,是指当事人在合同中特别约定一定的条件,以条件的是否成就来决定合同效力的发生或消灭的合同。条件应当是将来不确定发生的事实,条件必须合法且由当事人协议确定,并且不得与合同的主要内容相矛盾。条件的实质是当事人对民事法律行为所添加的限制,由于这个限制,使得法律效果的发生、变更、消灭系于将来不确定的事实,法律行为经附条件后就处在一种不确定状态。也就是说,条件的本质特征在于成就与否的不确定性。据此,合同义务不能成为条件,理由在于:第一,合同义务具有约束力,当事人应当按照约定履行其义务,而条件能否成就是不确定的,当事人不负有使条件成就的义务。第二,合同义务没有完成,当事人要承担违约责任,而条件没有成就,当事人不承担违约责任。第三,合同义务没有完成,原则上不能拟制其已经完成,而拟制成就是条件制度的重要内容。第四,依法成立的合同具有约束力和确定性,所谓附条件法律行为的不确定性是合同确定性的例外。如果将条件的范围扩大到合同义务,那么条件天然的不确定性将毁灭合同的确定性本身。第五,条件的作用是限制合同效力,如果合同义务可以作为条件,那么合同效力将完全取决于当事人的履行意愿。

所订立的附条件的合同,附条件的合同一经成立,在条件成就前,任何一方对于所约定的条件是否成就,应顺其自然发展,而不得为了自己的利益,恶意地促成或阻碍条件的成就。凡因条件成就而可受益的当事人,如果以不正当行为恶意促成条件成就的,应视为条件不成就;凡因条件成就而对其不利的当事人,如果以不正当手段恶意阻碍条件成就的,应视为条件已经成就。

【例9-2】 当事人对合同效力约定所附条件的认定及其对合同是否生效的影响①

【裁判要旨】

根据《合同法》第45条的规定,当事人对合同的效力约定所附条件,是指在合同中特别约定一定的条件,以条件成就与否作为合同效力发生的根据。该条件必须是将来发生的、不确定的、约定的、合法的事实。政府机关对有关事项或者合同审批或者批准的权限和职责,源于法律和行政法规的规定,不属于当事人约定的范畴。当事人将上述权限和职责约定为合同所附条件,不符合法律规定。

【最高人民法院审判】

最高人民法院认为,关于双方签订的《国有土地使用权出让合同》是否生效的问题。根据《合同法》第45条的规定,当事人对合同的效力可以约定附条件。附条件的合同,自条件成就时生效。所谓附条件的合同,是指当事人在合同中特别约定一定的条件,以条件是否成就作为合同效力发生的根据。合同所附条件,必须是将来发生的、不确定的事实,是当事人约定的而不是法定的,同时必须是合法的。在我国,政府机关对有关事项或者合同审批或者批准的权限和职责,源于法律和行政法规的规定,而不属于当事人约定的范围。当事人将法律和行政法规规定的政府机关对有关事项或者合同的审批权或者批准权约定为附条件的合同中的条件,不符合合同法有关附条件的合同的规定。当事人将法律和行政法规没有规定的政府机关对有关事项或者合同的审批权或者批准权约定为附条件的合同中的条件,同样不符合合同法有关附条件合同的规定。根据合同法规定,当事人在订立合同时,将法定的审批权或者批准权作为合同生效条件的,视为没有附条件。将法律未规定为政府机关职责范围的审批权或者批准权作为包括合同在内的民事法律行为生

① 参见南太置业有限公司与青岛市崂山区国土资源局建设用地使用权出让合同纠纷二审案[最高人民法院(2004)民一终字第106号],载《最高人民法院公报》2007年第3期(总第125期)。

效条件的，同样视为没有附条件，所附的“条件”不产生限制合同效力的法律效果。本案崂山区国土局与南太公司在《国有土地使用权出让合同》中约定“本合同项下宗地出让方案尚需经山东省人民政府批准，本合同自山东省人民政府批准之日起生效”，虽然表明双方约定经山东省人民政府批准合同项下宗地出让方案为《国有土地使用权出让合同》的生效条件，但该条件不属于我国《合同法》规定的附生效条件合同的条件，并且山东省人民政府在有关批复中明确指出，具体建设项目提供用地情况经青岛市国土资源部门及时报山东省国土资源厅备案，表明不需要报经批准。因此，双方关于合同项下宗地出让方案需经山东省人民政府批准生效的约定，对本案所涉《国有土地使用权出让合同》不产生限制合同效力的法律效果。崂山区国土局认为双方签订的《国有土地使用权出让合同》约定的合同生效条件未成就，以此为由主张所涉土地出让合同未生效，没有法律依据。一审法院认为山东省青岛市人民政府报送的请示中是否包括合同约定的“出让方案”，不影响该合同的效力，适用法律正确。

【例9-3】　当事人阻止合同生效条件成就的合同效力①

【裁判要旨】

一方当事人为了自己利益不正当地阻止合同约定的生效条件成就，致使约定的公证手续这一合同生效条件无法继续办理的，应当视为生效条件已经成就，合同已经生效。

【最高人民法院审判】

虽然公证程序受阻的最初原因在于公证机关提出了对出售合同个别条款写法进行修改的建议，但华泰公司取走全部出售合同原件后，提出了完全不同于出售合同约定的支付期限和方式的修改要求，与公证机关的建议无关。华泰公司因为自己提出刘某俊在30日内以美元支付全部剩余房款的要求没有得到刘某俊的同意，而多次拒绝了刘某俊和公证机关要求其继续办理公证手续的要求，并不再提供其掌握的所有出售合同原件。华泰公司的行为已经属于为了自己利益不正当地阻止合同生效条件成就的行为，依照《合同法》第45条第2款的规定，应当视为生效条件已经成就，出售合同已经生效。

---

① 参见刘某俊与上海华泰房产发展有限公司买卖合同纠纷再审案[最高人民法院(2005)民一提字第11号]，载江必新、最高人民法院审判监督庭主编：《审判监督指导》2010年第1辑(总第31辑)，第77-85页。

4. 附期限合同的效力

《民法典》第160条规定:“民事法律行为可以附期限,但是根据其性质不得附期限的除外。附生效期限的民事法律行为,自期限届至时生效。附终止期限的民事法律行为,自期限届满时失效。”从前述规定可以看出:

第一,附期限合同,是指合同当事人约定一定的期限作为合同的效力发生或者终止的条件的合同。所谓“期限”,是指合同当事人选定将来确定发生的事实以作为制约合同效力发生或者终止的合同附加条件。附期限合同可分为附生效期限合同和附终止期限合同。

第二,附生效期限的合同,是指合同虽已成立,但在期限到来之前暂不发生法律效力,待到期限到来时合同才发生法律效力。附生效期限的合同又称附延缓期限合同或附始期合同。在附生效期限的合同中,使合同得以生效的期限称为始期,始期的功能与停止条件相同。

第三,附终止期限的合同,是指已经发生法律效力的合同,在期限到来时,则合同的效力消失,合同解除。附终止期限的合同又称附解除条件的合同。在附终止期限的合同中,使合同终止效力的期限称为终期。终期的功能与解除条件相同。

(四)无权处分人订立的合同的效力

原《合同法》第51条规定:“无处分权的人处分他人财产,经权利人追认或者无处分权的人订立合同后取得处分权的,该合同有效。”这一条规定实际上是对无处分权人订立的合同效力待定的规定。无处分权人处分他人财产订立合同的行为,属于无处分权行为,它是指无处分权人以自己的名义对于他人权利标的所实施的处分行为。所谓“处分他人财产”,是指处分人对他人财产法律上的处分,包括财产的转让、赠与或设定担保等。依照前述规定,因无权处分行为而订立的合同,经过权利人的追认或者无处分权人在订立合同后取得处分权的,属于有效合同。此外,原《合同法》第132条还规定:“出卖的标的物,应当属于出卖人所有或者出卖人有权处分。法律、行政法规禁止或者限制转让的标的物,依照其规定。”原《买卖合同司法解释》(2012年)第3条规定:“当事人一方以出卖人在缔约时对标的物没有所有权或者处分权为由主张合同无效的,人民法院不予支持。出卖人因未取得所有权或者处分权致使标的物所有权不能转移,买受人要求出卖人承担违约责任或者要求解除合同并主张损害赔偿的,人民法院应予支持。”

但《民法典》删除了原《合同法》第51条的规定,相应地,《买卖合同司法解释》(2020年修正)删除了原《买卖合同司法解释》(2012年)第3条规定(“有效说”),

仅《民法典》合同编典型合同分编第9章"买卖合同"第597条规定:"因出卖人未取得处分权致使标的物所有权不能转移的,买受人可以解除合同并请求出卖人承担违约责任。法律、行政法规禁止或者限制转让的标的物,依照其规定。"可见,《民法典》摒弃了原《合同法》第51条确立的无权处分合同效力规则,采纳了原《买卖合同司法解释》(2012年)第3条的规定。其主要的原因如下:

第一,原《买卖合同司法解释》(2012年)起草过程中其实已充分注意到了学术界的分歧,并关注了该问题在国际上及比较法上的相关状况,符合《国际商事合同通则》《欧洲合同法原则》等呈现的国际潮流,具有充分的比较法说服力。

第二,原《买卖合同司法解释》(2012年)颁布后,司法实践中,法院一般认为,善意取得的适用情形既包括了转让合同有效的场合,也包括了转让合同无效的场合,认为只要转让人实施了无权处分行为,受让人基于交易行为取得了物权,则可构成善意取得,不应再追问转让合同的效力,即转让合同本身有效或无效不影响善意取得的构成。

第三,通说认定无权处分合同为有效合同,更有利于保护买受人尤其是善意买受人的利益。

第四,通说认定无权处分合同为有效合同,可以鼓励对未来获得的财产进行买卖。

另需注意的是,《民法典》第646条规定:"法律对其他有偿合同有规定的,依照其规定;没有规定的,参照适用买卖合同的有关规定。"根据该条规定,买卖合同的规定有扩张适用的效力,可以适用于其他有偿合同。因此,无权处分的规则可以适用于其他有偿合同。

(五)表见代理

1. 表见代理的概念

《民法典》第172条规定:"行为人没有代理权、超越代理权或者代理权终止后,仍然实施代理行为,相对人有理由相信行为人有代理权的,代理行为有效。"这一条被视为是我国合同法律制度有关"表见代理"的规定。

表见代理,是指代理人虽无代理权、超越代理权或者代理权消灭,但相对人客观上有充分的理由相信行为人具有代理权而与其订立合同。"表见"有"表面上所显示"的含义。表见代理在实质上属于无权代理。表见代理是无权代理不发生效力的例外情况,在此意义上讲,表见代理又可称为"表见代理权"。法律承认表见代理对被代理人发生效力,是为了保护善意相对人的利益和维护交易安全。

2. 表见代理的构成要件

在订立合同中,表见代理的成立需要满足如下4个要件:

• 表见代理应当符合代理的表面要件,即表见代理人须以被代理人的名义进行活动,与第三人订立合同。

• 表见代理人代理被代理人与相对人签订的合同,应具备合同有效的一般要件。

• 客观上须有使相对人依据一定事实,相信无权代理人具有代理权,使其在主观上形成该代理人具有代理权的认识,并在此认识基础上与之订立合同。

• 相对人必须是善意且无过失的。

下面对上述4个要件进行介绍。

第一,表见代理应当符合代理的表面要件,即表见代理人须以被代理人的名义进行活动,与第三人订立合同。表见代理作为代理的一种,它应当符合代理的表面要件。否则,则不称其为代理,而是表见代理人与第三人之间形成的民事法律关系,只对缔约双方存在法律效力,不及他人。

【例9-4】 天长市远东钢材贸易有限公司与天长市腾达建筑安装工程有限公司买卖合同纠纷案①

【裁判要旨】

合同相对人是将行为人作为合同主体,并非因相信行为人有权代理本人而与其签订合同的,不构成表见代理。

【最高人民法院审判】

在本案中,最高人民法院认为,《钢材购销合同》是唐某来以天长市新天地3号楼、5号楼项目的名义签订的,不是以腾达建筑公司的名义签订,腾达建筑公司没有在《钢材购销合同》上盖章,在签订合同时远东钢材公司将合同首部需方处腾达建筑公司字样画掉,说明其并未将腾达建筑公司作为合同相对人。从远东钢材公司发出的《关于新天地3#、5#楼钢材款欠款归还的声明》、与刘某高签订的《还款协议》内容看,远东钢材公司是将唐某来及其合伙人刘某高作为还款主体,腾达建筑公司的角色是参与协调、帮助代扣款,远东钢材公司并未将腾达建筑公司作为还款主体,并非因相信唐某来有权代理腾达建筑公司而与其签订合同,二审法院认为本

---

① 参见天长市远东钢材贸易有限公司与天长市腾达建筑安装工程有限公司买卖合同纠纷申请再审民事裁定书[最高人民法院(2016)最高法民申908号]。

案不构成表见代理并无不当。

第二,表见代理人代理被代理人与相对人签订的合同,应具备合同有效的一般要件,即行为人具有相应的民事行为能力、意思表示真实、内容不违背法律法规强制性规定或者公序良俗。如果表见代理人与第三人之间的民事行为欠缺成立的有效要件,那么该行为从一开始就不产生法律效力,亦不能对被代理人产生法律约束力。需要注意的是,这里的“真实意思表示”,笔者认为,应理解为法律上的真实意思表示,即扩展到第三人根据表象完全有理由相信表见代理人所实施的民事行为系其真实意思表示的领域,而不是仅仅局限于事实上的意思表示真实。

第三,客观上须有使相对人依据一定事实,相信无权代理人具有代理权,使其在主观上形成该代理人具有代理权的认识,并在此认识基础上与之订立合同。第三人作为该行为的相对方,其目的应是追求通过表见代理人从被代理人处获得该民事代理行为的法律效果。这就说明第三人在主观上是相信该民事代理行为是有效成立的,该代理人是有代理权的。而第三人之所以会与该代理人为民事代理行为,其必然要求该代理人与被代理人之间存在着一种使其对该代理人的代理权达到内心确信程度的事实上或者法律上的联系。只有这样,法律才有必要设立表见代理制度来赋予第三人向被代理人追求民事代理行为法律效果的权利。如果事实上,行为人有代理权,则属于有权代理而不是表见代理。

【例9-5】 江苏省第一建筑安装股份有限公司与钱某琴、江苏省第一建筑安装股份有限公司沈阳分公司、林某秀民间借贷纠纷案①

【裁判要旨】

行为人对相对人的借款,由本人事后追认授权的,行为人构成有权代理,而非表见代理。

【最高人民法院审判】

最高人民法院认为,表见代理的构成要件首先应为代理人无代理权限,而本案中林某秀代表江苏一建沈阳公司向钱某琴借款,系经过时任江苏一建沈阳公司负责人游某才的授权,并非表见代理,而是有权代理,其行为后果应当由江苏一建沈阳公司承担。理由如下:

---

① 参见江苏省第一建筑安装股份有限公司、钱某琴与江苏省第一建筑安装股份有限公司、钱某琴等民间借贷纠纷申请再审民事判决书[最高人民法院(2016)最高法民再76号]。

首先,在形式要件方面。本案关键证据《借条》的借款人签章处有江苏一建沈阳公司公章及游某才个人名章,林某秀为经办人,可初步证明江苏一建沈阳公司与钱某琴之间存在借款合同关系,江苏一建沈阳公司亦认可林某秀的代理人身份,即使在《借条》形成之前,借款实际发生之时林某秀并无书面授权委托,但是江苏一建沈阳公司在《借条》上加盖公章的行为亦构成对前述林某秀借款行为的追认,被代理人江苏一建沈阳公司应当对代理人林某秀的代理行为承担责任。

其次,在借款过程方面。根据一、二审及本院庭审审理查明的事实,以及郁某宽、姜某的证人证言,钱某琴在首次到沈阳追讨现金借款250万元时,其追讨对象即为游某才,根据《民法通则》第66条第1款①的规定,江苏一建沈阳公司对于钱某琴出借500万元的整个过程均知晓,而未作否认表示,反而由游某才组织协调各方商讨还款事宜,其作为江苏一建沈阳公司的负责人,以实际行为认可了对林某秀借款行为的授权,江苏一建虽否认游某才曾与钱某琴接触,认为钱某琴通过转账汇款的250万元应当属于工程转让款,但钱某琴、臧存喜、林某秀、郁某宽、姜某的陈述均能印证在转账汇款及签署《委托书》之前,游某才曾组织钱某琴等各方就借款事宜进行协商,并确定由钱某琴为江苏一建沈阳公司先行垫付对外欠款,并由钱某琴看管"江南水乡8、9号楼"工程,获取工程款后用于偿还其对江苏一建沈阳公司的借款,且钱某琴等各方签署的《委托书》确实保存于江苏一建沈阳公司,亦由其向法院举示,进一步印证游某才对于借款过程的认可。

综上,林某秀受江苏一建沈阳公司负责人游某才的委托向钱某琴借款,其后江苏一建沈阳公司就全部借款金额向钱某琴出具借条,江苏一建沈阳公司即为借款合同项下的实际借款人。二审法院将林某秀的行为认定为表见代理属于认定事实不清,适用法律有误,应予纠正。

第四,相对人必须是善意且无过失的,即相对人不知道行为人没有相应的代理权,也不是由于自己疏忽大意,缺乏应有的谨慎而轻易将没有代理权的行为人认作有代理权的人,而是有正当理由相信行为人有代理权。相对人明知行为人为无权代理人仍与其订立合同,不构成表见代理。这一要件意味着,适用表见代理要求相对人无过错,如相对人有过错,无论是故意还是过失,均不可适用表见代理。在司

① 原《民法通则》第66条第1款规定,没有代理权、超越代理权或者代理权终止后的行为,只有经过被代理人的追认,被代理人才承担民事责任。未经追认的行为,由行为人承担民事责任。本人知道他人以本人名义实施民事行为而不作否认表示的,视为同意。现《民法典》第171条第1款规定,行为人没有代理权、超越代理权或者代理权终止后,仍然实施代理行为,未经被代理人追认的,对被代理人不发生效力。

法实践中,法院均以相对人是否尽到了审慎的注意义务作为判断的依据。

【例9-6】 王某因与宗某国、许某红、南通大辰建设集团有限公司民间借贷纠纷案[①]

【裁判要旨】

从表象上看,行为人与相对人之间发生法律关系,从主观上看,相对人未尽到合理的注意义务,不能构成善意,行为人不构成表见代理。

【最高人民法院审判】

最高人民法院认为,构成表见代理不仅要求代理人的无权代理行为在客观上形成具有代理权的表象,而且要求相对人在主观上善意且无过失地相信行为人有代理权。具体到本案中,王某在借款前曾考察过涉案工程工地,宗某国向其出示了相关施工合同、补充协议和授权委托书,而授权委托书上并未载明对外借款之授权,且授权委托期限已经届满。从借款行为的发生过程来看,宗某国、许某红系以个人名义向王某出具借条,未加盖大辰公司或项目部的印章,款项也是汇至宗某国个人账户,而非大辰公司的账户。因此,从表象上看,王某系与宗某国、许某红个人之间发生借贷关系;从主观上看,王某未尽到合理的注意义务,不能构成善意,由此可见,宗某国、许某红的借款行为不构成表见代理。

【例9-7】 兴业银行广州分行与深圳市机场股份有限公司借款合同纠纷二审案[②]

【裁判要旨】

表见代理是指行为人没有代理权、超越代理权或者代理权终止后仍以代理人名义订立合同,而善意相对人客观上有充分的理由相信代理人具有代理权的,该代理行为有效,被代理人应按照合同约定承担民事责任。但是,在相对方有过错的情况下,不论该种过错是故意还是过失,无表见代理适用的余地。

---

① 参见王某与宗某国、许某红等民间借贷纠纷申请再审民事裁定书[最高人民法院(2015)民申字第1111号]。

② 参见兴业银行广州分行与深圳市机场股份有限公司借款合同纠纷上诉案[最高人民法院(2008)民二终字第124号],载《最高人民法院公报》2009年第11期(总第157期)。

【最高人民法院审判】

兴业银行广州分行在签订和履行本案2.25亿元贷款合同的过程当中,未尽审慎注意义务,对私刻的深圳机场公司公章、伪造的证明文件和董事会决议未进行必要的鉴别和核实,在贷款的审查、发放、贷后跟踪检查等环节有明显疏漏。深圳机场公司作为上市公司,在长达两年时间内未在上市公司半年报和年报中披露本案所涉贷款,兴业银行对此亦未能察觉并采取相应措施,反而与其签订了借新还旧的新合同。故兴业银行广州分行在本案中也存在一定过错,对本案的损失应承担相应的民事责任。

表见代理是行为人没有代理权、超越代理权或者代理权终止后继续以代理人的名义订立合同,而善意相对人客观上有充分的理由相信行为人具有代理权,则该代理行为有效,被代理人应按合同约定承担其与相对人之间的民事责任。但是,在相对方有过错的场合,不论该种过错是故意还是过失,无表见代理适用之余地。因本案基本授信合同及相关贷款合同,均为以合法的形式掩盖非法目的的无效合同,且兴业银行广州分行在本案所涉贷款过程中具有过错,故本案不适用合同法关于表见代理的规定,深圳机场公司和兴业银行广州分行应根据各自的过错程度承担相应的民事责任。

从上述司法判决可以看出,在实践中,作为相对人需要注意的是:其一,在订立合同时不应存在过错(审慎的注意义务),应当对对方提交的相关文件及资料进行审慎的审查;其二,相对人应索取行为人持有的被代理人的介绍信、盖有合同专用章或者盖有公章的空白合同书,或者被代理人向相对人所作授予代理权的文书或者公告等文件,因为这些文件通常可以作为认定表见代理的客观证据;其三,债权人(担保权人)对于上市公司的重大债权(担保事项),还应注意该债权(担保事项)是否在上市公司的公告或年报中披露。如该债权未在公告或年报中披露,债权人(担保权人)对此却未能察觉并采取相应措施,将会被法院认为未尽到审慎的注意义务。对此,《担保制度司法解释》第9条规定:“相对人根据上市公司公开披露的关于担保事项已经董事会或者股东大会决议通过的信息,与上市公司订立担保合同,相对人主张担保合同对上市公司发生效力,并由上市公司承担担保责任的,人民法院应予支持。相对人未根据上市公司公开披露的关于担保事项已经董事会或者股东大会决议通过的信息,与上市公司订立担保合同,上市公司主张担保合同对其不发生效力,且不承担担保责任或者赔偿责任的,人民法院应予支持。相对人与上市公司已公开披露的控股子公司订立的担保合同,或者相对人与股票在国务院批准的其他全国性证券交易场所交易的公司订立的担保合同,适用前两款规定。”

司法实践表明,在认定相对人"善意且无过失"时,表见代理中相对人是否善意无过失,是对相对人订立协议时主观形态的判断,应结合案件的相关事实和具体情况进行认定。至于相对人于代理行为完成后,知道或应当知道代理人欠缺代理权,并不影响其订立协议时主观上善意且无过失的认定。相对人善意且无过失应当包含两方面含义:一是相对人相信代理人所进行的代理行为属于代理权限内的行为;二是相对人无过失,即相对人已尽了审慎的注意义务,仍无法否认行为人的代理权。①

3. 表见代理的类型

依据《民法典》第172条的规定,表见代理可以分为三种类型:授权表示型表见代理,权限逾越型表见代理和权限延续型表见代理。

(1)授权表示型表见代理

授权表示型的表见代理,又称由于本人之明示或默示的表见代理,即本人以自己的行为表示授予他人代理权而实际上并未授权,或者明知他人以自己的名义从事民事行为而不作否认表示,造成第三人误以为行为人有代理权的,本人要对相对人承担实际授权人的责任。依据《民法典》的规定并结合司法实践,我国民法上授权表示型表见代理有如下几种类型:

第一,本人以书面、口头或者其他形式直接或间接向相对人表示已经授权而实际上未授权,相对人依赖本人的表示而与行为人进行的交易行为。这种情况中,本人的意思表示,可以是直接的,也可以是间接的,可以是口头的,也可以是书面的。相对人可以是特定的,也可以是不特定的(如广告授权方式的相对人为公众),本人对于自己的授权声明,可以撤回,但是应在相对人与行为人的民事活动成立之前撤回。撤回的通知应有效地到达相对人,一般应以授权声明同样的方式作出。

第二,本人将其具有代理权证明意义的文书印鉴交与他人,他人凭此以本人的名义从事民事活动,相对人对此信赖而进行的交易。这些文书印鉴包括被代理人的印章、合同章、盖章的空白证明信、空白委托书、空白合同文书等。这些文书印鉴本身虽然不是授权委托书,但其与本人有密切联系,具有专用性,起着证明代理权的作用,善意相对人因此相信行为人有代理权而与之订立合同,应构成表见代理。

---

① 参见安徽建工集团有限公司与沙某兰、吴某借款合同纠纷申请再审民事裁定书[最高人民法院(2013)民申字第743号];湖北楚龙实业有限公司与老河口市图书馆合资、合作开发房地产合同纠纷申请再审民事裁定书[最高人民法院(2014)民申字第2013号];李某勇与中国农业银行股份有限公司重庆云阳支行储蓄存款合同纠纷再审民事判决书[最高人民法院(2013)民提字第95号],载《最高人民法院公报》2015年第7期(总第225期)。

但是,他人如伪造或盗用本人的委托状,并将其提示于第三人,从而使第三人就该事项相信其有代理权的,不能构成表见代理。

第三,本人知道他人以自己的名义实施民事行为而不作否认表示的。本人知道他人没有代理权而以自己的名义实施民事行为时,应对他人的无权代理行为明确表态。本人所表示的不同态度,可以产生不同的法律后果。如果本人表示承认,则等于授予行为人代理权或者是事后追认,这种事后授权行为、追认行为具有追溯效力,致使行为人的无权代理转为有权代理,本人应承但代理行为所产生的法律效果(此种追认行为应在善意相对人行使撤销权之前进行)。如果本人表示否认,则行为人的无权代理成为狭义的无权代理,由行为人自己负责,本人对此不承担任何民事责任。如果本人明知他人以自己的名义进行无权代理,既不承认,又不作明确的否认,为保护善意无过失的第三人,应认为成立表见代理。

【例9-8】 湖北省工业建筑总承包集团第三建筑工程公司与王某华、张某义买卖合同纠纷案①

【裁判要旨】

虽然行为人以自己的名义与相对人签订了合同,但相对人有理由相信行为人的行为代表本人的,行为人的行为构成表见代理。

【最高人民法院审判】

最高人民法院认为:首先,在与发包人十堰市林森房地产开发有限公司签订“水岸新都”房地产项目建设施工合同时,张某义是以工建三公司委托代理人身份在承包人栏内签名,并加盖了工建三公司公章,随后十堰市林森房地产开发有限公司(甲方)与工建三公司(乙方)签署的补充协议亦由张某义在乙方栏签名。施工合同履行中,张某义在该工程中全面负责施工,并将办公地点设在项目现场。据此应当认定工建三公司对于张某义以该公司名义开展施工活动予以认可。

其次,张某义在与王某华签订《钢材供应合同》后,王某华按约将钢材运送至建设项目施工现场,嗣后结算时,王某华与张某义就供货钢材的结算提货明细表中注明的是“省工建三公司张某义”。因此,虽然张某义以自己的名义与王某华签订了《钢材供应合同》,但基于上述事实,王某华有理由相信张某义的行为代表工建三公

① 参见湖北省工业建筑总承包集团第三建筑工程公司、王某华与湖北省工业建筑总承包集团第三建筑工程公司、王某华等买卖合同纠纷申请再审民事裁定书[最高人民法院(2015)民申字第2687号]。

司,二审判决据此认定张某义的行为构成表见代理,符合《合同法》第49条的规定。

第四,允许他人作为自己的分支机构进行活动。联营活动中,一些牵头单位允许其他单位或个人以自己"分公司""分厂"的名义进行活动。企业集团改制的过程中,一些核心企业为扩大规模,允许其他企业使用自己的集体商标,以集团分支机构的名义行事,实际上这些单位或个人经营上各自独立,并没有划入该法人的范围。然而,善意相对人并不知情,一旦这些"分支机构"与相对人发生纠纷,牵头单位则以自己不是合同当事人为由拒绝承担责任。因为根据民法基本原理,不具备法人资格的分支机构为法人的组成部分,法人要对其民事活动承担责任。因此,这些本来并非法人分支机构的单位,以法人分支机构的名义从事活动,使善意的交易相对人认为其为该法人的行为时,应构成表见代理。

第五,允许他人"挂靠"进行活动。例如,在建筑施工、道路交通运输、旅游等行业,由于准入条件比较高,资质管理相对严格,而对应的市场又相当大,取得资质的企业难以完全满足市场需求,导致大量不具备资质条件的组织和个人,以取得资质的企业名义从事经营活动,这种现象通常被称为"挂靠"。在"挂靠"关系中,双方约定有挂靠关系,无建筑施工资质的一方以有建筑施工资质一方的名义参与竞标和工程承包,从而形成了类似挂靠的关系。在这种情形下,相对人有理由相信挂靠人有代理权的,则可能形成表见代理关系。

【例9-9】　湛江市第一建筑工程公司与白某江租赁合同纠纷案①

【裁判要旨】

因行为人与本人之间存在挂靠关系,足以使相对人有理由相信本人印章的真实性以及行为人得到了本人的授权,行为人的行为构成表见代理。

【最高人民法院审判】

最高人民法院认为,梁某同与湛江一建自2009年至2012年存在挂靠关系,其间,梁某同曾以湛江一建名义承接了乌斯太工程,湛江一建为此向梁某同出具了授权委托书。此外,梁某同还以湛江一建的名义承建了600mw工程。湛江一建主张梁某同承接600mw工程并未经其授权,属梁某同擅自以其名义所为。但在2012年梁某同退出600mw工程时,湛江一建却将该项目授权给了他人接管。由此证

① 参见湛江市第一建筑工程公司与湛江市第一建筑工程公司、白某江租赁合同纠纷申请再审民事裁定书[最高人民法院(2015)民申字第3402号]。

明,即使梁某同以湛江一建名义承建600mw工程属于无权代理,湛江一建事后亦予以追认并对该项目实际行使了管理权,故梁某同与湛江一建对于600mw工程仍构成挂靠关系。案涉《租赁合同》是2010年11月16日梁某同为600mw工程施工而以湛江一建名义与献县鑫兴建材租赁站的白某江所签订,合同内容并不违反法律、行政法规的强制性规定。湛江一建主张《租赁合同》上湛江一建及600mw项目部的印章均系梁某同私刻,不代表其真实意思表示,合同应无效。但因梁某同与湛江一建之间存在挂靠关系,足以使白某江有理由相信印章的真实性以及梁某同得到了湛江一建的授权,故梁某同的行为构成表见代理,其行为后果应由湛江一建承担。

(2)权限逾越型表见代理

权限逾越型表见代理,又称为超越代理权的表见代理、代理权限制的表见代理。代理人的代理权,通常有一定的限制,但这一限制不一定为相对人所知,如果表现在外的客观情况,能使善意相对人误以为行为人有代理权,与其为民事行为,就构成表见代理,由本人承担其法律后果。这就是现代代理制度中"代理权的限制不得对抗善意相对人"的原则。权限逾越型表见代理主要有以下两种表现形式:

一是本人虽对行为人的代理权作了某些限制,但未在授权委托书中说明,或者本人授予代理人一定的代理权,但事后又加以限制,代理人不顾其限制而按原来的代理权进行代理活动,但相对人并不知情,此时应构成表见代理,由本人承担其后果。

二是本人委托授权不明,而客观情况又能使善意相对人误信行为人有代理权,即使行为人的行为超越了本人意定的授权范围,也成立表见代理。

(3)权限延续型表见代理

权限延续型表见代理,又称代理权终止型表见代理、代理权撤回的表见代理。这种类型指本人与行为人曾有代理关系,但代理权已经终止或撤回后,本人未及时向外部公示,相对人并不知情。因此,为保护善意相对人的利益和维护交易安全,其代理权的终止和撤回不得对抗善意相对人。主要有以下两种情况:

一是代理期间届满或代理事务完成后的代理。本人应当在出示给第三人的授权委托书中载明代理期间及代理事务。如果本人没有作出明确记载,即使其与代理人对代理权的消灭事由有过约定,只要第三人不知道这种情况,仍与代理人订立合同,则成立表见代理。

二是本人撤回委托后的代理。代理权可以依本人的意思而撤回。这种撤回行为属单方法律行为,撤回的通知到达代理人即发生法律效力。此时,本人应收回代理证书,通知第三人,或者发布代理权撤回的公告。如果本人没有这样做,致使相对人不知道代理权已不存在,仍与代理人为民事行为,则构成表见代理。

4. 表见代理的法律后果归属

表见代理的法律后果,即产生与有权代理相同的法律效力。这种效力的典型表现,就是表见代理人代理实施的民事法律行为的后果,直接由被代理人承担。其内容是被代理人对善意且无过失的第三人履行代理行为所产生的义务和享有代理行为所产生的权利。但是,在被代理人承担了表见代理后果后,被代理人对于因此遭受的损失,有权向表见代理人主张损害赔偿责任。

需要注意的是,表见代理在本质上也属于无权代理的情形,从法律适用的角度,《民法典》第171条关于无权代理的规定同样可以适用于表见代理的情形。这时应允许善意相对人行使选择权(无权代理或表见代理),但不得同时主张。在相对人选择主张无权代理时,代理人无权主张表见代理,被代理人无权主张表见代理。如果相对人基于自己的利益考虑,依据《民法典》第171条的规定主张表见代理行为为无权代理而行使撤销权的,为保护善意相对人的利益,被代理人不得基于表见代理的规定而对相对人主张代理的效果。

(六)表见代表

《民法典》第504条规定:"法人的法定代表人或者非法人组织的负责人超越权限订立的合同,除相对人知道或者应当知道其超越权限外,该代表行为有效,订立的合同对法人或者非法人组织发生效力。"该条是对因代表行为订立的合同效力的规定。

在日常的经济活动中,法人或者非法人组织的经济活动都是经过其法定代表人或负责人进行的,法定代表人或负责人代表法人或者非法人组织进行谈判、签订合同等。法定代表人或负责人的权限不是无限制的,他们必须在法律的规定或者法人或非法人组织的章程规定的范围内行使职责。但是在现实经济活动中,却大量存在法定代表人或负责人超越权限订立合同的情形,如何对待此类合同的效力?《民法典》第61条规定:"依照法律或者法人章程的规定,代表法人从事民事活动的负责人,为法人的法定代表人。法定代表人以法人名义从事的民事活动,其法律后果由法人承受。法人章程或者法人权力机构对法定代表人代表权的限制,不得对抗善意相对人。"因此,法人的法定代表人或者非法人组织的负责人是代表法人或者非法人组织行使职权的。一般来说,法定代表人或负责人本身就是法人或者非法人组织的组成部分,法定代表人的行为或负责人的行为就是法人或者非法人组织的行为,因此,他们执行职务的行为所产生的一切后果都应当由法人或者非法人组织承担。

《民法典》第504条的规定表明,如果法人或非法人组织将其法定代表人或负责人的代表权限制明确地告知了相对人,此项权限的限制有效,也即相对人知道或者应当知道法人或非法人组织的法定代表人或负责人超越权限订立合同,如果法人或者非法人组织不加以追认时,此项合同对其不发生效力。显然这样的规定仍然属于效果归属规范。除此之外,法定代表人或负责人的行为应视为代表法人或非法人组织的行为,相对人构成善意相对人的,该代表行为构成表见代表。因此,《民法典》第504条规定的是表见代表,而第172条规定的是表见代理。表见代表是表见代理在法人中的运用,但正如代表不同于代理一样,表见代表也不完全同于表见代理。表见代表的代表人是法人或非法人组织有机体的组成部分,是法人或非法人组织的代表者,其本身不具有独立的人格。而表见代理的代理人有独立的人格,并非隶属于被代理人。况且,表见代表除适用法律行为之外,还可以适用于事实行为,甚至违法行为,而表见代理仅能适用于法律行为。另外,两者由此而导致的法律责任也不尽相同。表见代表的法定代表人或负责人除应承担民事责任外,还可能承担行政责任,甚至刑事责任;而表见代理的无权代理人一般只承担民事责任。这也是我国《民法典》在第172条规定表见代理内容的同时,又在第504条规定表见代表制度有关内容的原因。

【例9-10】 中国华融资产管理股份有限公司河南省分公司、中国建设银行股份有限公司珠海丽景支行票据回购纠纷案①

【裁判要旨】

银行应当对其时任行长办理转贴现业务的行为的法律后果依法承担相应的民事责任,该行为系职务行为,构成《合同法》第50条规定的代表行为。

【最高人民法院审判】

本案中,《回购合同》签订之时,黄某良系丽景支行行长,也系丽景支行营业执照记载的企业负责人,其在任职期间以丽景支行名义签订《回购合同》、出具《贴现凭证(代申请书)》、开立账户等行为,足以使华信支行相信其代表丽景支行行使职

---

① 参见中国华融资产管理股份有限公司河南省分公司、中国建设银行股份有限公司珠海丽景支行票据回购纠纷、买卖合同纠纷二审民事判决书[最高人民法院(2017)最高法民终313号]。

务行为,因此黄某良以丽景支行名义与华信支行签订履行《回购合同》的行为构成《合同法》第50条规定的代表行为。

根据《民法通则》第43条关于"企业法人对它的法定代表人和其他工作人员的经营行为,承担民事责任"以及《民通意见》第58条关于"企业法人的法定代表人和其他工作人员,以法人名义从事的经营活动,给他人造成经济损失的,企业法人应当承担民事责任"的规定,丽景支行应当对黄某良从事上述行为的法律后果依法承担相应的民事责任。一审判决认定黄某良在办理转贴现业务中的行为系职务行为,并无不当,本院予以维持,但认定黄某良的行为构成表见代理,系对《合同法》第49条规定的表见代理与第50条规定的表见代表两种制度的混淆,本院予以纠正。华信支行在票据转贴现过程中存在未尽到合理审查义务等过错行为,但不能据此否认华信支行对于黄某良系以丽景支行行长身份代表丽景支行履行职务的判断。

另外,依据本院《关于在审理经济纠纷案件中涉及经济犯罪嫌疑若干问题的规定》第3条关于"单位直接负责的主管人员和其他直接责任人员,以该单位的名义对外签订经济合同,将取得的财物部分或全部占为已有构成犯罪的,除依法追究行为人的刑事责任外,该单位对行为人因签订、履行经济合同造成的后果,依法应当承担民事责任"的规定,追究黄某良的刑事责任并不能免除其单位即丽景支行依法应当承担的民事责任。因此,丽景支行上诉提出一审判决认定黄某良之行为属于代表行为错误、因黄某良构成犯罪故而丽景支行不应承担民事责任的主张,理据不足,本院不予支持。

还需要提请注意的是,《担保制度司法解释》第7条规定:"公司的法定代表人违反公司法关于公司对外担保决议程序的规定,超越权限代表公司与相对人订立担保合同,人民法院应当依照民法典第六十一条和第五百零四条等规定处理:(一)相对人善意的,担保合同对公司发生效力;相对人请求公司承担担保责任的,人民法院应予支持。(二)相对人非善意的,担保合同对公司不发生效力;相对人请求公司承担赔偿责任的,参照适用本解释第十七条的有关规定。法定代表人超越权限提供担保造成公司损失,公司请求法定代表人承担赔偿责任的,人民法院应予支持。第一款所称善意,是指相对人在订立担保合同时不知道且不应当知道法定代表人超越权限。相对人有证据证明已对公司决议进行了合理审查,人民法院应当认定其构成善意,但是公司有证据证明相对人知道或者应当知道决议系伪造、变造的除外。"其实,这一规定的精神早已在《九民纪要》第17—20条中予以体现,其本质是“表见代表”(效果归属规范)在公司对外提供担保领域的适用。①

第三节 合同的撤销

《民法典》合同编通则分编删除了原《合同法》第54条(合同的变更或撤销)的规定,而代之以在总则编第6章“民事法律行为”第3节“民事法律行为的效力”中统一规定。主要涉及第147条至第151条。此外,第152条还对原《合同法》第55条“撤销权的消灭”规则进行了修订。具体见表9-4:

表9-4 《民法典》对民事法律行为撤销的规定

原《合同法》	《民法典》
第54条:下列合同,当事人一方有权请求人民法院或者仲裁机构变更或者撤销: (一)因重大误解订立的; (二)在订立合同时显失公平的。 一方以欺诈、胁迫的手段或者乘人之危,使对方在违背真实意思的情况下订立的合同,受损害方有权请求人民法院或者仲裁机构变更或者撤销。 当事人请求变更的,人民法院或者仲裁机构不得撤销。	第147条:基于重大误解实施的民事法律行为,行为人有权请求人民法院或者仲裁机构予以撤销。 第148条:一方以欺诈手段,使对方在违背真实意思的情况下实施的民事法律行为,受欺诈方有权请求人民法院或者仲裁机构予以撤销。 第149条:第三人实施欺诈行为,使一方在违背真实意思的情况下实施的民事法律行为,对方知道或者应当知道该欺诈行为的,受欺诈方有权请求人民法院或者仲裁机构予以撤销。 第150条:一方或者第三人以胁迫手段,使对方在违背真实意思的情况下实施的民事法律行为,受胁迫方有权请求人民法院或者仲裁机构予以撤销。 第151条:一方利用对方处于危困状态、缺乏判断能力等情形,致使民事法律行为成立时显失公平的,受损害方有权请求人民法院或者仲裁机构予以撤销。

① 需要说明的是,《九民纪要》第17条规定:“……人民法院应当根据《合同法》第50条关于法定代表人越权代表的规定,区分订立合同时债权人是否善意分别认定合同效力:债权人善意的,合同有效;反之,合同无效。”但随着《民法典》第504条对原《合同法》第50条的修订(增加了“订立的合同对法人或者非法人组织发生效力”),在越权代表行为中,相对人是否知道或者应当知道法定代表人超越权限,仅涉及代表行为法律效果的归属问题,而因代表行为产生的担保合同是否有效则需要根据《民法典》中有关民事法律行为效力及担保合同效力的规则进行具体判断。

续表

原《合同法》	《民法典》
第55条：有下列情形之一的，撤销权消灭： （一）具有撤销权的当事人自知道或者应当知道撤销事由之日起一年内没有行使撤销权； （二）具有撤销权的当事人知道撤销事由后明确表示或者以自己的行为放弃撤销权。	第152条：有下列情形之一的，撤销权消灭： （一）当事人自知道或者应当知道撤销事由之日起一年内、重大误解的当事人自知道或者应当知道撤销事由之日起九十日内没有行使撤销权； （二）当事人受胁迫，自胁迫行为终止之日起一年内没有行使撤销权； （三）当事人知道撤销事由后明确表示或者以自己的行为表明放弃撤销权。 当事人自民事法律行为发生之日起五年内没有行使撤销权的，撤销权消灭。

从表9－4可以看出：

第一，对于撤销事由而言，在形式上，《民法典》将原来统一规定于《合同法》第54条的合同可撤销、可变更事由，分别规定在多个条文之中。在内容上，取消了当事人请求变更合同的权利；取消了“乘人之危”这一可撤销情形，内含于“危困状态”中；增加了第三人欺诈、第三人胁迫的可撤销情形；并对其他可撤销情形进行了修改，如将欺诈、胁迫情形中的撤销权人由“受损害方”改为“受欺诈方”“受胁迫方”，更好地体现了撤销权制度保护的主体，毕竟有时实施欺诈、胁迫行为的人也可能是受损害方，搬起石头砸自己的脚，此时再允许他们行使撤销权，无疑对被欺诈、胁迫人是不公平的。相较于第三人欺诈，《民法典》不以合同一方当事人知道或者应当知道第三人胁迫的事实，作为受胁迫方请求人民法院或者仲裁机构撤销合同的前提条件，因为，胁迫相较于欺诈而言，对当事人意思自由的侵害更为严重，法律应当赋予受胁迫人更为严格的保护。

第二，对于撤销权的除斥期间而言，对不同撤销事由规定了不同的撤销权存续期限（主要是重大误解调整为90天），并且规定了撤销权最长存续期限（5年）。其中撤销权最长存续期限的起算标准为客观标准（自民事法律行为发生之日起算）。

需要说明的是，《贯彻实施民法典会议纪要》第2条、第3条、第4条规定对如何认定“重大误解”“欺诈”“胁迫”进行了明确：

“2. 行为人因对行为的性质、对方当事人、标的物的品种、质量、规格和数量等的错误认识，使行为的后果与自己的意思相悖，并造成较大损失的，人民法院可以认定为民法典第一百四十七条、第一百五十二条规定的重大误解。

3. 故意告知虚假情况，或者故意隐瞒真实情况，诱使当事人作出错误意思表示的，人民法院可以认定为民法典第一百四十八条、第一百四十九条规定的欺诈。

4. 以给自然人及其亲友的生命、身体、健康、名誉、荣誉、隐私、财产等造成损害或者以给法人、非法人组织的名誉、荣誉、财产等造成损害为要挟,迫使其作出不真实的意思表示的,人民法院可以认定为民法典第一百五十条规定的胁迫。”

第10章 合同订立的法律风险管控:疑难问题

内容概览

实践中,合同的订立是一个相互协商、讨价还价、相互妥协的过程。用法律术语来讲,就是一个要约、承诺,以及反复要约和承诺的过程。企业的合同法律风险管控不仅要控制合同文本的风险,也需要对文本以外的合同事务,特别是合同订立过程的风险进行有效的管控,尤其需要关注《民法典》及相关司法解释的新规定的影响。本章是这一问题的疑难部分。本章包含如下内容:

- 合同订立阶段概览
- 缔约过失责任与意向性协议
- 预约合同及其法律适用
- 招投标中合同的成立
- 国有资产交易合同的成立
- 经批准生效的合同:报批条款的独立性
- 格式条款与示范合同
- "合同+订单/发货通知单"模式及其法律风险
- "主合同+配套合同"的法律实务
- "倒签合同"及其法律风险
- 股权转让优先购买权行使中的合同成立问题

第一节 合同订立阶段概览

在合同订立的法律实务中,除了会面临传统的合同缔结的要约邀请、要约和承诺以及合同的成立、生效外,还可能涉及合同订立各阶段中的一些法律疑难问题。

主要涉及“磋商性阶段”“预约合同”“本约合同”三个大的阶段。尤其是在“本约合同”阶段,还可能涉及招投标中合同的成立、国有资产产权交易合同、经批准生效的合同以及格式合同(条款)等。具体见图 10－1:

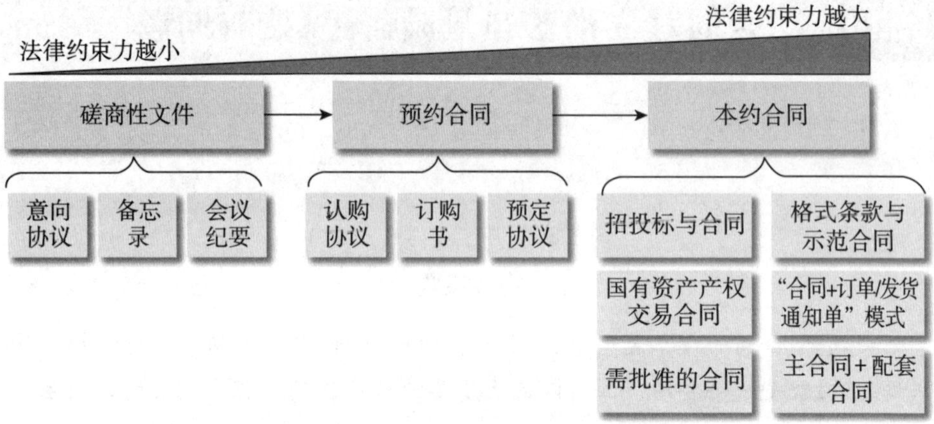

图 10－1　合同缔结阶段与法律约束力

从图 10－1 中可以看出:

第一,在磋商性阶段(合同前阶段、先合同阶段),涉及的是磋商性文件,实践中主要表现为意向性协议、备忘录、会商纪要以及会议纪要等不具有法律约束力的文件。此阶段与缔约过失责任紧密相关。

第二,在预约合同阶段,涉及的是各种变形形式的预约合同,例如,认购协议(认购书)、订购协议(订购书)以及预定协议等。某些情形下,意向性协议、框架协议等也可构成预约合同。此阶段与预约合同的违约责任(损害赔偿责任)有关。

第三,在本约阶段,涉及的疑难问题最多。主要包括招投标中合同的成立、国有资产产权交易合同的成立、需批准的合同(报批条款的独立性及其法律责任)、格式条款与示范合同、“合同＋订单/发货通知单”模式、“主合同＋配套合同”模式、“倒签合同”以及股权转让中优先购买权行使中的合同成立问题等。此阶段与本约合同的违约责任(损害赔偿责任)有关。

第二节　缔约过失责任与意向性协议

一、缔约过失责任的法律规定及含义

《民法典》第 500 条规定:“当事人在订立合同过程中有下列情形之一,造成对方损失的,应当承担赔偿责任:(一)假借订立合同,恶意进行磋商;(二)故意隐瞒

与订立合同有关的重要事实或者提供虚假情况;(三)有其他违背诚信原则的行为。”第501条规定:“当事人在订立合同过程中知悉的商业秘密或者其他应当保密的信息,无论合同是否成立,不得泄露或者不正当地使用;泄露、不正当地使用该商业秘密或者信息,造成对方损失的,应当承担赔偿责任。”这即是所谓的“缔约过失责任”的规定。概括地讲,缔约过失责任,是指在订立合同过程中,一方有违反诚实信用原则的行为给对方造成损失,因此应承担赔偿受害人损失的法律后果。缔约过失责任既不同于违约责任,也有别于侵权责任,是一种独立的责任。

二、缔约过失责任的构成要件

由于缔约过失责任采取的是“过错责任”原则,所以其构成要件应当包括客观要件和主观要件两个方面。具体而言,包括如下4个构成要件:

- 缔约一方当事人有违反法定附随义务或先合同义务的行为;
- 该违反法定附随义务或先合同义务的行为给对方造成了信赖利益的损失;
- 违反法定附随义务或先合同义务一方缔约人在主观上存在过错;
- 缔约一方当事人违反法定附随义务或先合同义务的行为与对方所受到的损失之间存在因果关系。

以上4个要件缺一不可,否则就不能产生缔约过失责任。同时四要件间又是彼此联系的有机整体,缔约过失责任的认定必须严格按照这4个构成要件来进行。下面具体进行介绍。

第一,缔约一方当事人有违反法定附随义务或先合同义务的行为。

在缔约阶段,当事人为缔结契约而接触协商之际,已由原来的普通关系进入一种特殊的关系(信赖关系),双方均应依诚实信用原则互负一定的义务,一般称之为附随义务,即互相协助、互相照顾、互相告知、互相诚实等义务。若当事人违背了其所负有的附随义务,并破坏了缔约关系,就构成了缔约过失,有可能承担责任。具体而言,根据《民法典》第500条、第501条的规定,在订立合同过程中,只有当事人存在“假借订立合同,恶意进行磋商”“故意隐瞒与订立合同有关的重要事实或者提供虚假情况”“泄露、不正当地使用商业秘密”以及“有其他违背诚信原则的行为”等情形之一,给对方造成损失的,应当承担缔约过失的损害赔偿责任。需要特别说明的是,对于“有其他违背诚信原则的行为”这一兜底条款的认定,在实践中较为难以把握。可认定为缔约过失的常见情形有:未尽必要的通知、说明、保护、协助等义务,造成对方对合同性质或者内容产生重大误解致使合同未生效或者被撤销的;违反意向书、备忘录等初步协议的约定,恶意中断订立合同等。

还需要注意的是,原《合同法司法解释(二)》第 8 条规定:“依照法律、行政法规的规定经批准或者登记才能生效的合同成立后,有义务办理申请批准或者申请登记等手续的一方当事人未按照法律规定或者合同约定办理申请批准或者未申请登记的,属于合同法第四十二条第(三)项规定的‘其他违背诚实信用原则的行为’,人民法院可以根据案件的具体情况和相对人的请求,判决相对人自己办理有关手续;对方当事人对由此产生的费用和给相对人造成的实际损失,应当承担损害赔偿责任。”但是,《民法典》第 502 条第 2 款“依照法律、行政法规的规定,合同应当办理批准等手续的,依照其规定。未办理批准等手续影响合同生效的,不影响合同中履行报批等义务条款以及相关条款的效力。应当办理申请批准等手续的当事人未履行义务的,对方可以请求其承担违反该义务的责任”之规定改变了这一规定,即此时报批条款以及相关条款具有独立的法律效力,违反报批义务不再承担缔约过失责任,而是相应的违约责任。

此外,这一要件还意味着,缔约过失责任是一方因违反先合同义务而造成对方信赖利益损失所应承担的民事赔偿责任。通常而言,先合同义务存在于要约生效后和合同有效成立前,当事人在此段时间内违反了先合同义务即成为承担缔约过失责任的前提条件。根据《民法典》第 500 条、第 501 条的规定,先合同义务被限定为“合同订立过程中的义务”,并可以归纳为表 10 - 1 的四种类型:

表 10 - 1　先合同义务的内涵

类型	具体解释
诚信缔约义务	即《民法典》第 500 条第 1 项“假借订立合同,恶意进行磋商”的情形(“恶意磋商”)。“假借”,意指根本没有与对方订立合同的目的,与对方进行谈判目的是损害对方或第三人的利益,恶意地与对方进行合同谈判。“恶意”,意指一方当事人在无意与对方达成协议的情况下开始或继续谈判。此处的“恶意”并非“以损害他人为目的”的故意,而是“没有与对方达成合同之真意”的故意。并且在法律适用上,将恶意进行磋商理解为包括恶意开始磋商和恶意继续磋商更为合理,但尚未包括恶意终止磋商
告知义务	即《民法典》第 500 条第 2 项“故意隐瞒与订立合同有关的重要事实或者提供虚假情况”的情形(“订约欺诈”)。该情形属于违反信息告知义务的行为。此处并非一般性的告知义务,而是针对“与订立合同有关的重要事实”的告知义务。至于如何判定有无告知义务,如何确定其边界,尚无定论。较为可行之法是依个案具体情况,结合法律规定、交易习惯以及应否发生告知义务之利益衡量等综合判定。例如,最高人民法院公布的“浙江恒兴房地产有限公司与衢州市国土资源局拍卖出让国有土地使用权纠纷案件”[最高人民法院(2005)民一终字第 83 号]指导性案例,明确指出土地管理部门在出让土地时负有客观、准确告知受让者土地现状、土地性质、规划条件的法定义务

续表

类型	具体解释
保密义务	即《民法典》第 501 条“当事人在订立合同过程中知悉的商业秘密或者其他应当保密的信息,无论合同是否成立,不得泄露或者不正当使用。泄露或者不正当地使用该商业秘密给对方造成损失的,应当承担损害赔偿责任”的情形(“侵犯商业秘密”)
其他先合同义务	如前文所述的通知、说明、保护、协助等义务

下面以一个当年引发广泛关注的上市公司收购的案例来予以说明:

【例 10-1】 兴业全球基金管理有限公司与江苏熔盛重工有限公司缔约过失责任纠纷案①

【裁判要旨】

合同当事人在订立合同过程中,应履行通知、说明、保密等义务,亦即通常所说的先合同义务。是否履行了先合同义务,应结合案中拟订合同的性质、目的和交易习惯进行认定。在本案中,相对人熔盛重工应履行的先合同义务主要为通知义务,即告知与收购全柴动力股份有关的重要信息。熔盛重工自己或通过全柴动力股份先后以公告、报告的形式,真实、准确、完整地披露了与收购全柴动力股份有关的重要信息,适当履行了告知与收购全柴动力股份有关重要信息的先合同义务,不违背诚实信用原则。

【法院审判】

在本案一审中,法院将本案的争议点总结为:第一,缔约过失责任是否以要约收购生效为前提;第二,被告熔盛重工是否存在缔约过失及违反先合同义务的行为;第三,被告熔盛重工要约收购中的行为与原告兴业全球基金损失之间有无因果关系,如有,损失如何确定。一审对兴全基金关于第一争议点的看法予以认可,即缔约过失责任不需要以要约收购生效为前提,当《要约收购报告书》公告发出后,双方即进入缔约过程。该《要约收购报告书》虽未生效,具有相当不确定性,但双方通过证券交易平台表达了要约收购意愿,已进入订立合同的准备过程,熔盛重工的先合同义务已经产生。但对于兴业基金在其余两个争议点中的观点,法院不予支持,

① 参见兴业全球基金管理有限公司与江苏熔盛重工有限公司缔约过失责任纠纷申请再审民事裁定书[最高人民法院(2013)民申字第 1881 号]。

并最终驳回了其所有诉讼请求。而在二审中,兴业基金的起诉依旧被驳回。

在本案再审中,最高人民法院认为:

(1)关于熔盛重工在订立合同过程中履行先合同义务是否违背诚实信用原则的问题。

根据《合同法》第42条的规定,当事人在订立合同过程中,不得故意隐瞒与订立合同有关的重要事实或者提供虚假情况。否则,给对方造成损失的,应当承担缔约过失责任。这就要求当事人在订立合同过程中,应履行通知、说明、保密等义务,亦即通常所说的先合同义务。本案中:

首先,熔盛重工主要履行的先合同义务,应结合案中拟订合同的性质、目的和交易习惯进行认定。从二审查明的案件事实来看,熔盛重工发布公告,提示其计划全面要约收购全柴动力股份,实际系向全柴动力股份股东表达缔约意向。此后,兴业基金买进并持有全柴动力股份成为股东,一定程度上系向熔盛重工传递缔约意向。自此,双方实际已进入接触、磋商阶段,构成缔约关系,具有信赖利益。因此,遵循诚实信用原则,双方均应履行通知、说明、保密等先合同义务,不得故意隐瞒与订立合同有关的重要事实或者提供虚假情况。由于兴业基金在订立合同过程中是否继续持有全柴动力股份股票,以维系自己的缔约意向,很大程度上要依赖与熔盛重工收购全柴动力股份有关的重大信息。因此,二审判决认定熔盛重工应履行的先合同义务主要为通知义务,即告知与收购全柴动力股份有关的重要信息,并无不当。

其次,熔盛重工履行上述先合同义务是否违背诚实信用原则,应根据相关法律规定进行判断。从二审查明的案件事实来看,熔盛重工自己或通过全柴动力股份先后以公告、报告的形式,真实、准确、完整地披露了与收购全柴动力股份有关的重要信息,符合《上市公司收购管理办法》第3条的规定。本案中,并无直接有效的证据证明熔盛重工披露的信息有虚假记载、误导性陈述、重大遗漏,或违反公开、公平、公正原则,二审判决认定其适当履行了告知与收购全柴动力股份有关重要信息的先合同义务,不违背诚实信用原则,并无不当。

(2)关于熔盛重工在订立合同过程中是否有其他违背诚实信用原则行为的问题。

根据《合同法》第42条的规定,当事人在订立合同过程中不得有其他违背诚实信用原则的行为。否则,给对方造成损失的,应当承担缔约过失责任。对此,主要系规定当事人在订立合同过程中,行使权利不得违背诚实信用原则。在本案中:

首先,根据《合同法》第4条的规定,熔盛重工依法享有自愿订立合同的权利。本案中,安徽省全椒县政府持有全柴集团100%股权,全柴集团持有全柴动力股份44.39%股权。2011年4月26日,熔盛重工与安徽省全椒县政府签订一份《产权交易合同》,约定安徽省全椒县人民政府所持全柴集团100%股权转让给熔盛重工。如果该份《产权交易合同》最终得以履行,则熔盛重工间接持有全柴动力股份44.39%权益,超过该公司已发行股份的30%,依照《上市公司收购管理办法》第56条有关收购人虽不是上市公司的股东,但通过投资关系、协议、其他安排导致其拥有权益的股份超过该公司已发行股份的30%的,应当向该公司所有股东发出全面要约之规定,熔盛重工在取得中国证监会行政许可后,应当向全柴动力股份所有股东发出全面收购股份要约。但是,从全柴动力公开发布的公告来看,上述《产权交易合同》在国资委、商务部相关批准文件有效期内并未实施,至今亦无直接有效的证据显示熔盛重工通过其他投资关系、协议、安排,间接拥有全柴动力权益的股份超过该公司已发行股份的30%。这种情况下,强制熔盛重工发出全面收购要约的条件尚不具备,依法其仍享有自愿订立合同的权利。因此,二审判决认定熔盛重工向中国证监会撤回行政许可申请材料,取消全面要约收购全柴动力股份计划,不违背诚实信用原则正确。

其次,根据《上市公司收购管理办法》第31条关于"收购人向中国证监会报送要约收购报告书后,在公告要约收购报告书之前,拟自行取消收购计划的,应当向中国证监会提出取消收购计划的申请及原因说明,并予公告"之规定,熔盛重工向中国证监会撤回行政许可申请材料,自行取消全面要约收购全柴动力股份计划,也就没有必要再向中国证监会补正上报国资委、商务部相关批复文件等材料。

综上所述,熔盛重工不构成缔约过失,驳回兴业全球基金管理有限公司的再审申请。

第二,该违反法定附随义务或先合同义务的行为给对方造成了信赖利益的损失。

如果没有损失,就不会存在赔偿问题,而所谓信赖利益损失,指相对人因信赖合同会有效成立却由于合同最终不成立或无效或被撤销而受到的利益损失,这种信赖利益必须是基于合理的信赖而产生的利益,即在缔约阶段因为一方的行为已使另一方足以相信合同能成立或生效。若从客观的事实中不能对合同的成立或生效产生信赖,即使已经支付了大量费用,这是因为缔约人自身判断失误造成的,不能视为信赖利益的损失。

信赖利益损失包括直接损失和间接损失(尽管是否包含间接损失尚有争议)。直接损失,指信赖人的直接财产的减少,通常有如下几项:(1)缔约费用,包括邮电费用,赶赴缔约地或察看标的物所支付的合理费用;(2)准备履行支出的费用,包括为运送或受领标的物所支付的合理费用;(3)受害人支出上述费用所失去的利息。

间接损失，也称所失利益，指信赖人的财产本应增加而未增加的利益，如信赖合同有效而失去某种应该得到的机会，这些利益必须在订约时可以客观地预见的范围内。笔者将一个完整的损害赔偿责任的赔偿范围框架总结为图 10－2：

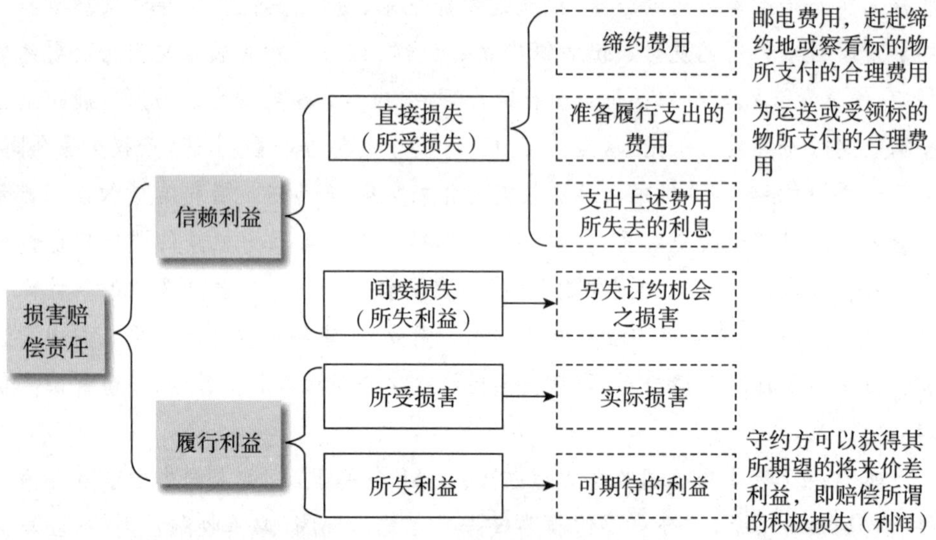

图 10－2　损害赔偿责任的赔偿范围

【例 10－2】　上海凯尉纽澳实业有限公司与旭化成建材株式会社缔约过失责任纠纷申诉案①

【裁判要旨】

缔约过失责任旨在弥补或补偿缔约过失行为所造成的财产损害后果，主要保护缔约当事人因信赖法律行为的成立和有效，但由于该法律行为的不成立或无效所蒙受的损失。相对人主张的期待利益损失部分是合同当事人订立合同时合理期望债务人完全履行债务时应得到的利益，不属于本案缔约过失责任范畴。

【最高人民法院审判】

凯尉纽澳公司（本案原告，《备忘录》甲方）向本院申请再审称：（1）原审判决未查清相关事实。本案争议的《备忘录》是三方当事人真实意思表示，应为有效合同，原审法院对《备忘录》的性质、地位、效力、双方是否履行、是否存在违约等问题未予查清，《备忘录》构成委托合同，被申请人旭化成建材株式会社（本案被告，《备忘

① 参见上海凯尉纽澳实业有限公司与旭化成建材株式会社缔约过失责任纠纷申诉、申请民事裁定书［最高人民法院（2015）民申字第 2648 号］。

录》乙方)对《备忘录》构成违约。申请人为履行《备忘录》已经付出了大量的工作,并且推动有关部门颁布了相关地方性标准。原审判决对被申请人违反《备忘录》提供不合格产品的问题没有作出认定。申请人为履行《备忘录》确定的义务,已经产生了包括专家论证费用和公司人员成本等在内的实际损失以及预期利益损失。(2)一审法院擅自变更案由,剥夺了申请人的申请评估权。(3)原审判决适用法律错误。本案没有完全查清事实,案由错误必然导致适用法律错误。请求依据《民事诉讼法》第200条第2、6项之规定,撤销(2014)沪高民二(商)终字第S14号民事判决,发回原审法院重审,诉讼费用由被申请人承担。

本院经审查认为,本案争议的《备忘录》是否形成有效明确当事方权利义务关系的合同以及形成何种合同必须全面考察《备忘录》的有关条款。

当事三方所签订的《备忘录》之"目的"部分约定了签署《备忘录》的目的为"三方为推进丙方由甲方购入并销售给乙方的第一条规定的产品在中国市场的销售",即《备忘录》并非为规范当事方就相关事项的具体委托关系或代理关系。第3条第2项约定:"根据乙方的营销活动,甲方将第3条第1项特定的酚醛泡沫隔热材料,授予乙方在中国国内销售本产品的总代理商权利。"该项约定为代理关系或委托关系的成立设立了前提条件。第3条第1项约定:"为了使本产品在中国国内的销售活动能顺利且具有优势的展开,乙方在制定有关酚醛泡沫隔热材料的中国国家标准时,应按照甲方所生产的酚醛泡沫隔热材料的性能进行有利于销售的特别分类活动。……为本产品在中国国内的销售、施工活动以及使用于公共建筑而努力开展工作。"《备忘录》第10条明确约定:"在本备忘录有效期内,对本备忘录所涉分工作用及效果进行再确认,如三方意见达成一致,则重新签订基本合同。"从当事方的真实意思表示来看,该《备忘录》并未约定具体委托事项、价款或酬金、双方权利义务关系等委托合同应当具备的权利义务内容。因此,再审申请人主张的委托关系,并非《备忘录》内容所授予,而是在申请人从事"有利于销售的特别分类活动"等营销活动之后,对《备忘录》所涉分工作用、绩效进行评价确认,如三方意见达成一致,再行签订基本合同,即申请人从事的"有利于销售的特别分类活动"是为签订后续代理或委托合同所做的准备。但本案《备忘录》到期后,当事方并未延续《备忘录》或者另行签订委托合同。原审法院根据本案相关事实,认定凯尉纽澳公司依据《备忘录》所开展的工作属于合同订立前的准备性工作并无不当。

凯尉纽澳公司在一审阶段的起诉案由为委托合同纠纷,但其在一审阶段的庭审中,明确主张损失赔偿的法律依据为《合同法》第42条缔约过失责任的内容,一审法院根据庭审中诉辩意见的变化,将案由确立为缔约过失责任纠纷,并围绕缔约过失责任进行调查和辩论,并不影响凯尉纽澳公司的实体权利。

缔约过失责任旨在弥补或补偿缔约过失行为所造成的财产损害后果,主要保护缔约当事人因信赖法律行为的成立和有效,但由于该法律行为的不成立或无效所蒙受的损失。凯尉纽澳公司主张的期待利益损失部分是合同当事人订立合同时合理期望债务人完全履行债务时应得到的利益,不属于本案缔约过失责任范畴。原审法院没有支持凯尉纽澳公司主张的预期利益损失及委托第三方进行系统研发而尚未支付的费用具有法律依据。凯尉纽澳公司虽然主张其用工成本以及因《备忘录》产生的业务支出属于信赖利益的范畴,但其并未提供证据证明相关支出与《备忘录》的履行行为具有密切关联,且上述成本与支出系其基于对签订后续合同产生合理信赖而产生的实际损失,原审法院基于凯尉纽澳公司举证不足而对其相关诉求未予支持亦无不当。

综上,凯尉纽澳公司的申请再审理由均不成立,最高人民法院裁定驳回再审申请。

第三,违反法定附随义务或先合同义务一方缔约人在主观上存在过错。

这里的过错既包括故意也包括过失。无论是故意还是过失,只要在缔约阶段违反了附随义务,并对合同最终不能成立或被确认无效或被撤销负有过错,就应当承担缔约过失责任。并且,责任的大小与过错的形式没有任何关系,这是因为缔约过失责任以造成他人信赖利益损失为承担责任的条件,其落脚点在于行为的最终结果,而非行为的本身。

第四,缔约人一方当事人违反法定附随义务或先合同义务的行为与对方所受到的损失之间存在因果关系。

这里是指相对方的信赖利益损失是由行为人的缔约过失行为造成的,而不是其他行为造成的。如果这二者之间不存在因果关系,则不能让其承担缔约过失责任,这是该责任制度的内在要求。

【例10-3】 浙江恒兴房地产有限公司与衢州市国土资源局拍卖出让国有土地使用权纠纷上诉案①

【裁判要旨】

一方当事人违反《合同法》第42条之规定,给对方造成损失的,应当承担损害

---

① 参见浙江恒兴房地产有限公司与衢州市国土资源局拍卖出让国有土地使用权纠纷上诉案[最高人民法院(2005)民一终字第83号]。

赔偿责任。该损失之性质属合同缔约过程中发生的信赖利益损失。当事人承担的缔约过失责任损失之范围,应当是直接的、合理的、与当事人的缔约过失行为存在因果关系的实际损失。当事人主张信赖利益损失,必须通过独立的赔偿请求予以主张。一方未就缔约过失致其损失提出独立的请求,法院对此不予审理。

【最高人民法院审判】

法院经审理查明:国土局先在媒体上刊登《土地使用权公告》载明涉案土地用途为“商业、住宅用地”,后委托拍卖公司拍卖国有土地使用权。恒兴公司交纳了1000万元保证金,申请成为该地块的竞买人。后恒兴公司以2.53亿元最高应价成交而拍得该块土地,其在《拍卖会成交记录表》上签字并与拍卖公司签订《确认合同》。国土局致恒兴公司的两份《违约通知书》分别载明:“直至今日你单位除1000万元竞买保证金转为土地出让金外,其余土地出让金尚未缴纳”,催促恒兴公司速与其签订《出让合同》和缴纳土地出让金。但恒兴公司最后未与国土局签订《出让合同》,后国土局将土地另行拍卖。双方因订立《出让合同》及缴纳土地出让金等事宜协商未果发生争议。恒兴公司提起诉讼,请求判令国土局退回1000万元出让金;赔偿经济损失163.081467万元及合同利益损失4000万元。国土局予以反诉。

最高人民法院认为:

(1)双方当事人争议的法律关系仍处于合同缔约过程中

恒兴公司与国土局之间国有土地使用权《出让合同》是否成立,是确认双方的争议为何种法律关系性质的前提和基础,其应当结合国土局拍卖出让争议地块的具体情形及法律规定《出让合同》成立的要件进行判定。

恒兴公司在《拍卖会成交记录表上》签字,并与拍卖公司签订《确认合同》,表明拍卖程序已完结,恒兴公司接受了《确认合同》的各项约定。但恒兴公司未依《拍卖规定》当场与国土局签订《出让合同》。此后,尽管国土局向恒兴公司发出《违约通知书》,要求其缴纳出让金并签订《出让合同》,恒兴公司仍未承诺,从而使双方正在进行的《出让合同》缔约行为因恒兴公司不予签订的事实而中断。

房地产管理法规定,土地使用权出让,应当签订书面合同,即《出让合同》属于《合同法》第10条规定的“法律、行政法规规定采用书面形式的,应当采用书面形式”的合同。据此,双方没有依法签订《出让合同》,其行为仍停留于缔结《出让合同》的要约阶段,《出让合同》未成立。

(2)双方均存在缔约过失的认定理由

①国土局存在缔约过失的认定

土地管理部门代表国家出让国有土地使用权,其性质属平等主体之间的民事法律关系。因此,《出让合同》的内容,必须是双方当事人平等自愿协商一致的真实意思表示,任何一方不能将自己的意志强加给另一方。同时,土地管理部门还负有客观、准确履行告知受让者土地现状、土地性质的法定义务,以保障出让地块的交易安全。

国土局编制的《出让合同》作为《拍卖文件》的组成部分,其中载明的"2003年2月21日前交付土地、2003年2月21日前缴纳全部土地出让金、2003年2月21前动工建设"等条款,非双方平等协商一致的结果。国土局发布的《拍卖公告》及刊登的《土地使用权公告》"商业、住宅用地"与《规划管理要求》"商业用地"及规划局文件"商住用地"对涉案土地用途的表述存在差异。此外,《出让合同》第10条"待项目竣工验收后一个月内,乙方持《国有土地临时使用证》到甲方换发《国有土地使用证》"的约定,不仅与《出让合同》载明的"商业用地40年,住宅用地70年"之出让使用年限不符,亦不符合土地管理法关于临时使用土地不得修建永久性建筑物的规定。

事实足以证明,国土局对其发布的《拍卖公告》《出让合同》《规划管理要求》文件内容,未尽足够的审查注意及告知义务,在与恒兴公司订立《出让合同》的过程中,存在缔约过失,客观上影响了恒兴公司对该地块性质、用途的判断与决策。

②恒兴公司在订立《出让合同》的过程中亦存在缔约过失

国土局为拍卖出让该地块发布的12项文件,公开了拍卖出让地块的一切前提条件与全部信息,其中《拍卖规定》《拍卖须知》特别提醒竞买人要认真咨询、了解标的现状;拍卖成交后,买受人当场与国土局签订《出让合同》,如有违约,应承担相应的违约责任。

恒兴公司作为竞买人得知后,有条件决定是否参与竞买,并清楚交纳保证金及签订《确认合同》的法律后果。恒兴公司交纳了1000万元保证金,并与拍卖公司签订了《确认合同》。此后,由于恒兴公司报送的规划建筑设计方案不能满足规划要求,规划局与规划设计院等审查形成《会议纪要》,要求恒兴公司必须修改,但恒兴公司未能修改。由此证明,恒兴公司在订立《出让合同》过程中,不仅对其参与行使竞买的权利未尽注意义务,而且该地块设计亦不符合规划要求,这些都是导致其不能与国土局签订《出让合同》的因素,恒兴公司存在的缔约过失应予认定。

综上,导致该地块《出让合同》不能签订,双方均有缔约过失。

(3)双方均有缔约过失时各方损失承担如何确定

①恒兴公司交纳1000万竞买保证金的损失各半分担

最高人民法院认为:因《出让合同》仍未签订,恒兴公司交纳的1000万元的性质仍为竞买保证金。且导致《出让合同》不能签订的根本原因,是双方在订立《出让合同》过程中均存在缔约过失。

由此,国土局应为其未对《拍卖公告》《规划管理要求》《土地使用权公告》文件内容尽到审查注意及告知义务而承担责任,恒兴公司亦应对其行使竞买权利未尽足够的注意义务而承担责任。故对恒兴公司1000万元保证金的损失,应由双方各半分担。

②国土局上诉请求恒兴公司赔偿1896.4655万元经济损失不予支持

缔约过失责任应区别于违约责任和侵权责任。在认定国土局订立《出让合同》过程中存在缔约过失的前提下,国土局再行主张恒兴公司赔偿其佣金损失、原拍卖准备的实际损失和利息损失,显属不妥,恒兴公司的500万元竞买保证金足以赔偿国土局为拍卖而支出的实际费用。

国土局二次拍卖土地面积少于第一次拍卖,相关的技术指标也发生了变化,两次拍卖不具有可比性。在认定国土局订立《出让合同》过程中存在缔约过失的前提下,国土局再行主张恒兴公司赔偿其佣金损失、原拍卖准备的实际损失和利息损失,显属不妥,恒兴公司的500万元竞买保证金足以赔偿国土局为拍卖而支出的实际费用。

另据《拍卖须知》第10条规定可以说明,如买受人承担了违约责任则不应承担再行拍卖的佣金及不足原价差的责任。恒兴公司因竞买成功未当场签订《出让合同》的事由,已承担了缔约过失责任,再行承担其他违约责任,亦有失公平。故一审判决驳回国土局的赔偿请求,依据充分,应予维持。

三、缔约过失责任与违约责任的区别

缔约过失责任与违约责任的区别主要表现在以下方面:

第一,发生的时间不同。缔约过失责任发生在合同订立阶段,违约责任则发生在合同有效成立之后。

第二,性质不同。缔约过失责任是一种法定的损害赔偿责任,其目的是解决在没有合同关系的情况下因一方的过错而造成另一方信赖利益损失的问题;违约责任则可以由当事人自行约定,如当事人可以约定违约金、损害赔偿金的计算方法和数额等。

第三,赔偿范围不同。缔约过失责任赔偿当事人的信赖利益损失,以求恢复到先前的状态;违约责任则赔偿当事人的期待利益损失或履行利益损失,目的在于达到犹如合同全部履行的状态。在具体的责任形式上,缔约过失责任表现为单一的

损害赔偿责任,而违约责任则表现为支付违约金、赔偿损失和继续履行等。

第四,损害赔偿的限度不同。基于违约责任而产生的损失赔偿原则上不能超过违反合同的一方在订立合同时应当预见到的因违约所可能造成的损失;在缔约过失责任中则不存在这样的限制性规定。但应当指出的是,缔约过失责任中法律所保护的信赖利益必须是合理的信赖所产生的利益,原则上不得超过履行利益。

四、意向性协议与谅解备忘录

实务中,磋商性文件最为常见的形式之一就是意向性协议和谅解备忘录,当然还可能包括框架性协议、会商(会议)纪要,等等。

(一)意向性协议和谅解备忘录的概念

意向性协议(亦称意向书)是指当事人双方或多方之间,在对某项事物正式签订条约、达成协议之前,表达初步设想的意向性文书。意向性协议为进一步签订正式协议奠定了基础,是正式"协议书"或"合同"的先导。

谅解备忘录是国际协议一种通常的叫法,"谅解备忘录"相应的英文表达为"memorandum of understanding",有时也可写成"memo of understanding"或"MOU",直译为谅解备忘录或备忘录。

意向性协议或谅解备忘录通常以概括性的语言描述所涉交易的框架、原则、已达成一致的项目事宜、有待进一步探讨的事项以及项目下阶段拟进行事项的具体时间安排和步骤、内容等。但是,有时候意向性协议或谅解备忘录除了反映拟交易各方的合作意向、合作原则以及交易框架等,还会将交易或合同的主要条款也勾勒出来,这个时候意向性协议或谅解备忘录与正式的协议的结构将相差不大,也包含签约各方、签约背景、主要条款、结尾 4 个大的部分。一个典型的谅解备忘录的框架结构见表 10 - 2:

表 10 - 2　谅解备忘录的框架结构

框架结构	解释及说明
首部	描述签署备忘录的时间、地点和当事方
前言(鉴于条款)	介绍签署备忘录的背景
主要条款部分	本部分属于备忘录的核心部分。总体上可以分为如下 3 个大的部分: (1)达成一致的事项; (2)尚需进一步明确或磋商的事项; (3)下一阶段的行动安排

续表

框架结构	解释及说明
通用条款部分	本部分主要包括法律效力、法律适用和争议解决、转让及分割性、执行及有效期、排他性、通知、语言以及定义(并非必需)等条款
签字页	—
附录及附件(若有)	附录及附件一般可能是签署备忘录时需要附带的一些背景法律文件

(二)意向性协议和谅解备忘录的实务要点

实践中,在选择意向性协议和谅解备忘录时,需要注意如下实务要点:

第一,意向性协议或谅解备忘录的最主要的作用和意义在于确定交易的基础、原则和交易框架,其作用类似于一份原则指引、路线图以及计划安排等,显示了整个交易的轮廓以及各方目前所达成的一致以及随后将要实施的工作,为下阶段的工作实施和谈判奠定基础。

第二,意向性协议或谅解备忘录还通常包括一些通用的条款。这些条款通常具有法律效力,例如,保密、终止、法律适用、费用分摊、排他性谈判、争议解决条款等。

第三,意向性协议或谅解备忘录的主要内容可能与正式协议或合同在形式结构甚至主要条款上基本类似,但除保密、终止、法律适用、费用分摊、排他性谈判、争议解决条款之外,其余的条款对双方都不具备法律约束力。在正式协议或合同签订之前,意向性协议或谅解备忘录双方对该协议均不具有任何法律义务。以谅解备忘录(或意向性协议)的法律效力条款为例来进行说明,在拟定和审查该条款时,通常需要考虑如下两个方面的因素:

- 哪些事项或内容不具有法律约束力?
  - ➢ 具体的权利和义务条款(尽管可能已经初步达成一致);
  - ➢ 下一阶段计划或需要采取的行动或安排(交易双方明确具有法律约束力的除外)。
- 哪些事项或内容具有法律约束力?
  - ➢ 保密条款;
  - ➢ 独家谈判权(若有);
  - ➢ 提供有关文件或资料(视情况而定);
  - ➢ 法律适用及争议解决;
  - ➢ 语言;

➢ 遵循诚实信用或无缔约过失原则。

上述要点通常是交易各方需要考虑的两个方面的因素,实务中还可能依据具体的情况考虑其他特定的事项或内容是否具有法律约束力。需要注意一个非常重要的问题是,具有法律约束力的条款应该包含"法律效力"条款本身,否则将导致签署各方希望把谅解备忘录(或意向性协议)中有法律约束力的条款变为不具有法律约束力的条款(整个备忘录或协议将不具有法律约束力)。

第四,谅解备忘录与意向性协议的细微区别在于,前者载明的主要事项通常包括各方达成一致的事项、尚需进一步明确或磋商的事项以及下一阶段的行动安排,而后者通常对未来将要签署的正式协议或合同的主要条款已经基本达成一致。

第三节　预约合同及其法律适用

一、预约合同的概念

在我国《合同法》时代,并没有相关预约合同的法律规定。但早在最高人民法院《关于审理商品房买卖合同纠纷案件适用法律若干问题的解释》(2003 年)第 5 条就规定:"商品房的认购、订购、预订等协议具备《商品房销售管理办法》第十六条规定的商品房买卖合同的主要内容,并且出卖人已经按照约定收受购房款的,该协议应当认定为商品房买卖合同。"这一条明确商品房的认购、订购、预订等与正式合同效力有所差异的意向性协议在具备一定条件时,构成商品房买卖合同。尽管说的是意向性协议与正式合同之间的法律效力问题,但预约合同制度似乎呼之欲出。直到原《买卖合同司法解释》(2012 年)第 2 条的规定,从司法解释和法理上正式确立了预约合同的概念。该条规定:"当事人签订认购书、订购书、预订书、意向书、备忘录等预约合同,约定在将来一定期限内订立买卖合同,一方不履行订立买卖合同的义务,对方请求其承担预约合同违约责任或者要求解除预约合同并主张损害赔偿的,人民法院应予支持。"该条规定是对预约合同的效力、违反预约合同的违约责任和违约救济的规定。

实践中,当事人之所以先签订预约合同,原因可以分为两种:一种是主观未决事项,即当事人就待决事项的内容暂时无法达成一致,希望未来再予明确,或者一方当事人主观上犹豫,故给予一方当事人签订本约的犹豫期;另一种是客观未决事项,即当事人存在某种事实、法律上的障碍暂时不能订立本约,常表现为交易未取得有关机关批准或者未取得相应的许可证,签订本约的时机尚不成熟,履行本约的某种条件尚未具备或者履行本约的时间尚未到来等。[①] 基于此，《民法典》吸收了上述买卖合同司法解释中预约合同的概念及其认定标准的规定，其第495条规定："当事人约定在将来一定期限内订立合同的认购书、订购书、预订书等，构成预约合同。当事人一方不履行预约合同约定的订立合同义务的，对方可以请求其承担预约合同的违约责任。"[②]至此，预约合同法律制度正式登上了我国法律规范的舞台，并不再仅局限于买卖合同，而是可以适用于所有合同。因此，概括地讲，预约合同是指，当事人约定将来成立一定合同之合同。基于该预约而成立之合同被称为本约。因而，预约合同是一种债权合同，以订立本约为其债务内容。

二、预约合同的法律性质

对于预约合同的性质或者预约合同与本约合同的关系，学理界一度争议颇大。因此，我们有必要厘清预约与本约的关系，明确界定预约合同的法律性质。关于预约与本约的关系或者预约合同的法律性质问题，学理界和实务界基本存在如下四种观点。

- 前契约说。该学说认为，预约处于本约成立前的前契约阶段，是本约成立的其中一个过程，是一项没有法律拘束力的协议，因此不构成合同。
- 从合同说。该学说认为，预约是本约之铺垫，是本约成立的保证，而本约的成立并不以预约的存在为条件，故预约对本约而言具有从属性，是本约的从合同。
- 附停止条件本约说。该学说认为，预约实质为附停止条件的本约。如预约中规定以开发商取得商品房销售许可证为签订本约的条件，条件成就时商品房买卖合同成立并生效。
- 独立契约说。该学说认为，预约为独立的合同，其既有预设的本约合同中的民事权利义务关系，同时也有预约合同本身中的标的即双方负有订立本约合同的权利义务。其于合同法虽系无名合同，但完全符合合同法的规范并受其调整，故预约合同和本约合同均为各具效力之独立契约。

在上述各种学说中，原《买卖合同司法解释》(2012年)和《民法典》两者都采纳了"独立契约说"，即预约和本约一样，都是独立的合同。如果违反合同，都要承担违约责任。预约作为独立合同处于缔约磋商阶段和本约之间，三者为递进序列

---

① 参见最高人民法院民法典贯彻实施工作领导小组主编：《中华人民共和国民法典合同编理解与适用(一)》，人民法院出版社2020年版，第229－230页。

② 与原《买卖合同司法解释》(2012年)第2条相比较，删除了"意向书和备忘录"，确认了预约合同的合同效力，扩大了预约合同的适用范围(不再仅局限于买卖合同)。

的阶梯关系,形成"缔约磋商—预约—本约"的序列。其理由在于:

第一,预约合同可以具备合同成立的要件。依据《民法典》的规定,合同的有效成立应当具备4个要件,即主体适格、内容合法、意思表示真实一致、合同形式合法。只要具备上述四要件,合同即可宣告有效成立。虽然预约签订于本约成立之前阶段,但其完全可以同时具备合同有效成立的四要件。

第二,预约与本约虽然存在牵连关系,但并无主从关系。预约成立于本约之前,目的在于缔结本约,故两者存在一定的牵连关系,但两者并非主从关系。主从合同之间存在前提和制约关系,从合同要以主合同存在为前提;而预约与本约之间则不同,预约订立之时,本身就存在本约能否订立的两种可能,其不以本约存在为前提。

第三,预约合同有别于附停止条件的合同。附停止条件合同是从合同效力角度出发进行的合同分类,由于停止条件是否成就并不确定,故合同是否生效亦不确定。在预约合同,由其效力决定,除非存在法定事由,本约的签订是可以预见的。在附停止条件合同中,当事人之间的债权债务关系明确,停止条件成就时,合同生效,当事人可依约定要求对方履行义务;在预约合同中,本约尚未成立,当事人不得请求对方履行本约义务,但预约合同已生效,可以请求对方履行缔结本约之义务,否则对方构成违约。

预约合同是单独发生法律效力的独立合同。有鉴于此,预约与本约之间既相互独立,又相互关联,两者之间是手段和目的之关系。预约的目的在于订立本约,预约的标的须是在一定期限内签订本约,履行预约合同的结果是订立本约合同。所以,不能否定预约的独立性,不能将预约合同当作磋商本约过程中的文件和本约合同的附件。

表10-3是磋商性文件(意向性文件)、预约合同和本约合同三种不同性质的法律文件之间的区别:

表10-3 意向性协议、预约合同和本约合同的区别

项目	意向性协议	预约合同	本约合同
所处阶段	要约承诺过程之前的磋商阶段	本约的磋商过程中,确定在某一时刻订立本约,但已完成预约合同本身的要约与承诺	要约承诺阶段完毕,本约合同已成立
法律性质	表达交易意愿的磋商性文件,不具有合同的法律效力	合同	合同

续表

项目	意向性协议	预约合同	本约合同
目的	表达交易意愿,继续进行磋商	在一定期限、条件下订立本约	建立合同关系,履行具体权利义务,实现合同目的
确定性	交易内容不确定,是否进行交易也不确定	对于交易对象、何时订立本约已确定,对其他内容尚有不确定之处	合同内容、各方权利义务已确定
法律约束力	一般整体无法律约束力,但当事人另有约定的条款除外	有法律约束力,但本约成立后即终止;预约合同中的内容在某些条件下会成为本约的一部分①	有法律约束力,直至合同终止
义务	先合同义务(诚信磋商的义务)	在确定时间订立本约的义务	履行完毕所有合同内容的义务
责任承担	缔约过失责任	违约责任,但一般不能要求强制缔约和赔偿本约的可预期利益	违约责任,可依法要求实际履行合同,要求赔偿可预期利益

就预约合同与意向性协议(或意向书)的区分而言,主要表现在:其一,是否具有订立本约合同的意图不同。意向书本身是一种订约的意向,对于当事人而言一般不具有法律上的约束力,而预约合同的成立要求当事人必须明确表达在将来订立本约的意思表示,同时,当事人应当有受其意思表示约束的意思。在实践中,虽然当事人已经达成了意向书、备忘录,但如果无法确定当事人有在将来一定期限内订立本约的义务,则不应当认定在当事人之间成立预约合同,其对当事人不具有约束力。其二,是否包含了订立本约合同的内容不同。意向书本身并未确定或很少确定合同的条款,但是预约中却往往确定了部分甚至绝大部分合同条款。也就是说,与意向书相比较,预约的内容应当具有一定的确定性。其三,是否包括了违约责任的约定不同。有一些预约实际上也约定了违约责任,而在意向书中,由于其内

① 参见北京中进物流有限公司与新疆中远国铁物流有限公司租赁合同纠纷申请再审民事裁定书[最高人民法院(2014)民申字第 709 号]。在该案中,最高人民法院认为:中进公司与国铁公司先后签订《战略合作协议》与《租赁合同》,《租赁合同》的订立系以《战略合作协议》为基础,两份协议构成预约与本约的关系。《战略合作协议》约定国铁公司负责办理双方合作项下的商品车运输专用车的涉外资质,虽然《租赁合同》中对此未作约定,但双方当事人在预约合同中协商一致的、确定性的条款,应视为本约的一部分而订入本约。国铁公司未予办理涉外资质构成违约,中进公司可以主张相应的违约责任。

容通常并不十分明确,往往没有关于违约责任的约定。应当看到,在实践中,当事人在订立合同时往往将预约合同写作意向性协议(或意向书),但当事人应尽量避免使用“意向性协议”或“意向书”这些表述,还应从内容上加以区别。

就预约合同与本约合同的区分而言,笔者赞同,最高人民法院在成都讯捷通讯连锁有限公司与四川蜀都实业有限责任公司、四川友利投资控股股份有限公司房屋买卖合同纠纷再审民事判决书[最高人民法院(2013)民提字第90号,载《最高人民法院公报》2015年第1期(总第219期)]中的精辟论述:

预约是指将来订立一定契约的契约。预约的形态多种多样,有的预约条款非常简略,仅表达了当事人之间有将来订立本约的意思,至于本约规定什么内容留待以后磋商决定;有的预约条款则非常详尽,将未来本约应该规定的内容几乎都在预约中作了明确约定。而若仅从内容上看,后者在合同内容的确定性上几乎与本约无异,即使欠缺某些条款,往往也可以通过合同解释的方式加以补全。因此,仅根据当事人合意内容上是否全面,并不足以界分预约和本约。判断当事人之间订立的合同系本约还是预约的根本标准应当是当事人的意思表示,也就是说,当事人是否有意在将来订立一个新的合同,以最终明确在双方之间形成某种法律关系的具体内容。如果当事人存在明确的将来订立本约的意思,那么,即使预约的内容与本约已经十分接近,即便通过合同解释,从预约中可以推导出本约的全部内容,也应当尊重当事人的意思表示,排除这种客观解释的可能性。

对于当事人之间存在预约还是本约关系,不能仅凭一份孤立的协议就简单地加以认定,而是应当综合审查相关协议的内容以及当事人嗣后为达成交易进行的磋商甚至具体的履行行为等事实,从中探寻当事人的真实意思,并据此对当事人之间法律关系的性质作出准确的界定。

三、预约合同的基本特征

根据预约乃约定将来成立一定契约之契约的定义,预约合同通常应具备合意性、约束性、确定性和期限性等四个基本特性。

(一)预约合同的合意性

预约合同应具备合意性。预约合同既然是合同,则应有双方当事人一致之意思表示。审判实务中的预约表现形态复杂多样,表现为意向书、允诺书、认购书、原则协议、谅解备忘录、协议要点、框架协议、定金收据、谈判纪要等。判断其是否构成预约,关键是考察其是双方意思表示还是单方意思表示。若为前者,则为预约;

若为后者,则为要约。若双方意思表示或者单方意思表示均不明确,则既不构成预约也不构成要约。

【例10-4】 成都讯捷通讯连锁有限公司与四川蜀都实业有限责任公司、四川友利投资控股股份有限公司房屋买卖合同纠纷案①

【裁判要旨】

预约是指将来订立一定契约的契约。预约的形态多种多样,其预约条款有的简略、有的详尽,几乎与本约无异,即使欠缺某些条款,往往也可以通过合同解释的方式加以补全。因此,仅根据当事人合意内容上是否全面,并不足以界分预约和本约。判断当事人之间订立的合同系本约还是预约的根本标准应当是当事人的意思表示,也就是说,当事人是否有意在将来订立一个新的合同,以最终明确在双方之间形成某种法律关系的具体内容。那么,即使预约的内容与本约已经十分接近,即便通过合同解释,从预约中可以推导出本约的全部内容,也应当尊重当事人的意思表示,排除这种客观解释的可能性。

【最高人民法院审判】

最高人民法院认为,仅就案涉《购房协议书》而言,其性质应为预约。预约是指将来订立一定契约的契约。预约的形态多种多样,有的预约条款非常简略,仅表达了当事人之间有将来订立本约的意思,至于本约规定什么内容留待以后磋商决定;有的预约条款则非常详尽,将未来本约应该规定的内容几乎都在预约中作了明确约定。而若仅从内容上看,后者在合同内容的确定性上几乎与本约无异,即使欠缺某些条款,往往也可以通过合同解释的方式加以补全。因此,仅根据当事人合意内容上是否全面,并不足以界分预约和本约。判断当事人之间订立的合同系本约还是预约的根本标准应当是当事人的意思表示,也就是说,当事人是否有意在将来订立一个新的合同,以最终明确在双方之间形成某种法律关系的具体内容。如果当事人存在明确的将来订立本约的意思,那么,即使预约的内容与本约已经十分接近,即便通过合同解释,从预约中可以推导出本约的全部内容,也应当尊重当事人的意思表示,排除这种客观解释的可能性。本案中,蜀都实业公司与讯捷公司在2006年9月20日签订的《购房协议书》中明确约定了双方拟进行买卖的房屋的位

---

① 参见成都讯捷通讯连锁有限公司与四川蜀都实业有限责任公司、四川友利投资控股股份有限公司房屋买卖合同纠纷再审民事判决书[最高人民法院(2013)民提字第90号],载《最高人民法院公报》2015年第1期(总第219期)。

置、面积和价款,应当说具备了一份正式的房屋买卖合同的主要内容,可直接据此履行而无须另订本约。但是,双方当事人同时在该协议中约定:“……3. 甲、乙双方应就购房合同及付款方式等问题在本协议原则下进行具体磋商。……5. 甲乙双方就该宗房屋买卖合同签订时,本协议自动失效。”可见,双方当事人虽然约定了房屋的位置、面积及总价款,但仍一致认为在付款方式等问题上需要日后进一步磋商,双方的这一意思表示是明确的,而且,当事人在该协议第5条进一步明确要在将来订立一个新的合同,以最终明确双方之间的房屋买卖法律关系的具体内容。因此,本院认为,案涉《购房协议书》的性质为预约合同,一审、二审判决认定该《购房协议书》的性质为本约是错误的,应予纠正。

(二)预约合同的约束性

预约合同应具备约束性。预约合同应当具有双方当事人受其约束的意思表示。合同的法律约束力不仅来源于法律,而且源于当事人的意思表示,可谓当事人意志与法律意志之合一。因此,预约合同中当事人明示或者默示受其约束的意思表示,是预约合同的必要条件。例如,当事人双方在进行反复磋商后,就合同的部分内容初步达成共识,并签署了备忘录,为进一步的磋商提供参考。若此类备忘录仅是双方谈判过程的记录,属于缔约过程的一部分,没有体现出双方必须依此缔结本约的义务,则该备忘录没有法律约束力,不能构成预约。

(三)预约合同的确定性

预约合同应具备确定性。预约的内容应具有一定的确定性,以免合同当事人陷入本约谈判的僵局,致使预约丧失存在之必要。《民法典》第472条规定,要约的内容应当具体确定;要约内容经受要约人承诺,要约人即受该意思表示约束,成为双方合同的内容。故合同内容的具体明确是合同成立的基本条件。《民法典》第470条规定合同一般应具备八项内容,但该条属于任意性规范或倡导性规范,当事人可以对合同条款作出自主安排。《贯彻实施民法典会议纪要》第6条明确:“当事人对于合同是否成立发生争议,人民法院应当本着尊重合同自由,鼓励和促进交易的精神依法处理。能够确定当事人名称或者姓名、标的和数量的,人民法院一般应当认定合同成立,但法律另有规定或者当事人另有约定的除外。对合同欠缺的当事人名称或者姓名、标的和数量以外的其他内容,当事人达不成协议的,人民法院依照民法典第四百六十六条、第五百一十条、第五百一十一条等规定予以确定。”(参见原《合同法司法解释(二)》第1条)因此,人民法院能够确定当事人名称或者姓名、标的和数量的,一般应当认定合同成立。《联合国国际货物销售合同公约》第 14 条亦规定,买卖合同成立只需具备三个条款:货物的名称;明示或默示规定货物的数量或者规定如何确定数量的方法;明示或默示规定货物的价格或者规定如何确定价格的方法。以商品房买卖预约合同为例,因预约阶段存在“事实和法律障碍”而不可能作出十分具体详尽的约定,在预约合同中表现为大量的缺失条款和不确定条款,但不能因此认为商品房买卖预约合同可以没有基本内容或者核心条款。通常而言,商品房买卖预约合同的成立至少应当具备两项明确的内容,即标的物房屋的基本情况(包括坐落位置、层次、大致面积等)及将来依预约签订本约的意思表示。

【例 10-5】 卢某政与四川省齐祥食品有限公司土地使用权转让合同纠纷再审案①

【裁判要旨】

尽管协议中有“待甲、乙双方签订正式转让合同后”的表述,虽形为预约合同,但若协议本身约定的权利义务关系明确、具体,且包含了合同内容主要条款的,则属于名为预约合同实为本约合同,应直接认定为本约合同。

【最高人民法院审判】

法院查明的事实为:2010 年 10 月 29 日,四川省齐祥食品有限公司(以下简称齐祥公司)作为甲方与作为乙方的卢某政签订了《土地转让定金协议》,约定齐祥公司购买的原烟厂厂房土地总面积约 41 亩,已办理出让、变性、规划手续,现将该宗地全部转让给内部股东,达成以下共识:(1)该 41 亩土地为出让商住用地,作价 5600 万元转让给卢某政;(2)卢某政向齐祥公司支付定金 1000 万元,定金转让到齐祥公司账户生效,否则协议无效……(4)待双方签订正式转让合同后,该宗土地过户手续办完,卢某政一次性付清土地价款,同时齐祥公司将现有厂房拆除、材料清理干净移交给卢某政……。该协议签订后的当天,卢某政向齐祥公司的法定代表人黄某灿交付了定金 1000 万元,黄某灿出具了收据。

最高人民法院认为:《土地转让定金协议》系双方当事人真实意思表示,从名称上看类似于预约合同,合同中也有“待甲、乙双方签订正式转让合同后”的表述。但是,从该协议整体分析,协议对转让土地的面积、位置、诉争土地的其他具体信息、

---

① 参见卢某政与四川省齐祥食品有限公司土地使用权转让合同纠纷再审民事判决书[最高人民法院(2013)民提字第 165 号]。

转让价款、支付方式、税费承担、违约责任等均有明确约定,具备了合同的主要条款。因此,应当认定该《土地定金转让协议》为土地使用权转让的本约合同。

比较这一案例与上一案例可以发现,两者的区别在于:在上一案例中,法院尊重了双方当事人的意思表示——在将来订立一个新的合同(本约);而在本案例中,法院则认为合同的性质应从整体进行分析,合同性质的认定不能仅凭合同的单个条款(如本案中的“待甲、乙双方签订正式转让合同后”的表述)或合同名称进行认定,而应根据合同目的、缔约意图、合同内容主要条款所涉法律关系进行整体上的分析和把握,即对合同双方当事人所设立的权利义务关系进行全面理解和准确判定。该案中,协议书对转让土地的面积、位置、诉争土地的其他具体信息、转让价款、支付方式、税费承担、违约责任等均有明确、具体约定,且具备了土地使用权转让合同的主要条款,因此应直接视为本约合同。这两个判决看似“矛盾”,实则不然。笔者认为,本案遵从了前一案件同样的思路,即探寻当事人的“真实”意思表示。只不过,本案并不局限于合同的名称或合同单个条款的字面表述,而采用了整体分析考量的方法来予以确定真实意思表述,从而判定合同属于预约合同还是本约合同。

(四)预约合同的期限性

预约合同应具备期限性。预约合同的标的应当是在一定期限内签订本约。例如,当事人双方订立“土地使用权转让预约合同”,合同规定转让土地的面积、位置、价款、付款方式以及办理转让登记期限的具体内容,但并无将来一定期间内订立土地使用权转让协议的约定,或者嗣后已按该合同办理了土地使用权转让登记手续,则该合同虽名为预约合同,但其本质仍属于本约。因此,《民法典》第495条明确强调“约定在将来一定期限内订立合同”,旨在凸显预约合同的期限性。

四、预约合同的法律效力

《民法典》第495条第2款仅规定:“当事人一方不履行预约合同约定的订立合同义务的,对方可以请求其承担预约合同的违约责任。”而《民法典》第577条规定:“当事人一方不履行合同义务或者履行合同义务不符合约定的,应当承担继续履行、采取补救措施或者赔偿损失等违约责任。”据此,违约责任包括“继续履行”,基于预约合同签约的根本目的在于签订本约合同的特殊性,这里的继续履行究竟是指继续磋商,还是签订本约合同,并不明确,学理界和实务界对此争议很大,这实际上涉及的是预约合同的法律效力问题。学理界和实务界主要存在如下四种

观点:

• 必须缔约说(应当缔约说)。该学说认为,当事人签订预约合同后,除非有法定或者约定事由,否则在预约合同约定的缔结本约的日期届至,则必须缔约,否则就要承担违约责任。具体而言,需要承担两项义务:一是为达成本约而进行磋商的义务;二是必须达成本约的义务。如果当事人未根据预约缔结本约,则承担违约责任,法院可以强制当事人缔约,对于合同中的未确定条款,根据漏洞填补规则进行解释。持这一学说的理由主要在于根据预约合同的目的和本质,应当最大限度地促成本约成立,强调对守约方利益的保护。

• 必须磋商说(应当磋商说)。该学说认为,当事人签订预约合同后,应承担诚信、公平磋商的义务,如当事人诚信履行了磋商义务即为履约,是否达成本约在所不问,当事人无须承担违约责任。持应当磋商说的主要理由在于,预约制度设立的初衷是订立本约合同,并非对当事人之间达成的最终交易进行保障,如果要求当事人订立本约,那么违反预约和违反本约的法律效果是一致的,预约制度有多余之嫌。

• 区分说。鉴于上述两张学说均过于偏向一方利益,不利于双方权利义务的平衡,理论和实践中均对此进行了反思,提出了区分说的观点。区分说认为应当区分预约所涉本约的必备条款的完整程度来决定其效力,如果预约中具备本约的主要或者必要条款,则产生应当缔约的效力,否则产生应当磋商的效力。

• 视为本约说。该学说认为,如果预约实际上已具备本约之要点而无须另订本约者,应视为本约。

对预约合同的法律效力的界定直接关系到违反预约合同的责任承担,即能否强制履行磋商以及缔约的义务。对于预约合同能否强制履行,学理界分歧很大,但主流观点还是认为可以强制履行,最主要的分歧还是在于是强制磋商还是强制缔约。有观点认为,强制缔约说与预约制度不符,且容易引发道德风险,而区分说(内容决定说)缺乏实务操作性,容易导致司法实践的混乱,其强调预约应具有强约束力,否则仅进行磋商将无意义。同时,其还认为由于学术界缺乏深入研究,有关审判实务经验需要发展,故应将能否强制缔约的规定删除。[①] 预约合同能否强制继续履行的问题十分复杂。正因如此,原《买卖合同司法解释》(2012年)出台时,囿于理论研究与实践经验的匮乏,删除了强制缔约的规定。

有学者对审判实践进行研究后发现,审判实践中存在三种审判路径,即视为本

---

① 参见最高人民法院民事审判第二庭编著:《最高人民法院关于买卖合同司法解释的理解与适用》,人民法院出版社2016年版,第55-56页。

约、强制缔约以及强制磋商的路径。[①] 鉴于此,最高人民法院最新的观点是区分说似乎更为合理。也就是说,如果预约合同可以继续履行,对于预约的效力到底是采取继续磋商还是继续订立本约,首要原则应当是尊重当事人的意思自治,如当事人未约定或者约定不明确时,则根据预约内容的完备程度、履行程度等不同,采取区分说。具体来说,可以采取如下裁判思路:[②]

首先,看当事人约定。如果当事人对此作出了明确约定,且此种约定不违反强制性规定且能够继续履行,应当予以尊重。

其次,对预约进行分类。学者通过对法院典型案例有关审判路径的研究,将预约分为简单预约,即具备当事人、标的、数量三个必备条款,但缺乏其他条款;典型预约,即当事人、标的、数量、价格以及部分主要条款达成合意;完整条款,即合同主要条款已经约定或者基本约定清楚,即使不签署本约,预约仍可正常履行,只是缺乏要式性。在作类型化区分的基础上,认为简单预约、典型预约,可以采取强制磋商,完整预约采取强制缔约。[③]

此种观点值得借鉴。在一方当事人违反简单预约、典型预约时,可判令继续磋商,违反完整预约,视情况可判令强制缔约。

五、预约合同的赔偿范围

原《买卖合同司法解释》(2012 年)第 2 条规定较为概括,对预约的违约责任究竟是何、能否强制履行、损害赔偿范围均未予以明确。对于合同法约定的违约金责任、定金责任、继续履行和赔偿损失而言,违约金责任、定金责任[④]几乎无争议,争议集中在能否继续履行合同以及损害赔偿的范围问题。《民法典》第 495 条的规定

---

① 参见耿利航:《预约合同效力和违约救济的实证考察与应然路径》,载《法学研究》2016 年第 5 期。

② 参见最高人民法院民法典贯彻实施工作领导小组主编:《中华人民共和国民法典合同编理解与适用(一)》,人民法院出版社 2020 年版,第 233 - 234 页。

③ 参见刘承韪:《预约合同层次论》,载《法学论坛》2013 年第 6 期。

④ 最高人民法院《关于审理商品房买卖合同纠纷案件适用法律若干问题的解释》(法释〔2003〕7 号)第 4 条和第 5 条对定金责任已经予以明确。该解释第 4 条规定,出卖人通过认购、订购、预订等方式向买受人收受定金作为订立商品房买卖合同担保的,如果因当事人一方原因未能订立商品房买卖合同,应当按照法律关于定金的规定处理;因不可归责于当事人双方的事由,导致商品房买卖合同未能订立的,出卖人应当将定金返还买受人。第 5 条规定,商品房的认购、订购、预订等协议具备《商品房销售管理办法》第 16 条规定的商品房买卖合同的主要内容,并且出卖人已经按照约定收受购房款的,该协议应当认定为商品房买卖合同。《商品房买卖合同司法解释》(2020 年修正)第 4 条、第 5 条保留了前述规定。

仍然没有明确这些问题(具体讨论还可参见上文“预约合同的法律效力”部分)。

(一)预约权利人的强制履行权

在预约权利人是否拥有强制履约权上面,实务界和学术界呈现对立的状态。实务界认为:第一,原《合同法》第110条规定:“当事人一方不履行非金钱债务或者履行非金钱债务不符合约定的,对方可以要求履行,但有下列情形之一的除外:(一)法律上或者事实上不能履行;(二)债务的标的不适于强制履行或者履行费用过高;(三)债权人在合理期限内未要求履行。”(参见《民法典》第580条第1款)①这实质规定了三种情况不能强制履行:一是法律或者事实上履行不能,二是不适于强制履行或履行费用过高,三是经过合理履行期限债权人没有要求履行。而违反预约合同后,则属于法律和事实上不能履行的情形。第二,民法的原则强调意识自治和契约自由,强制履行订立本约,有悖合同自由原则。第三,执行理论和执行部门也表示,强制缔约在执行时比较困难。相反,学术界普遍认为可以强制缔约。理由在于:第一,如果合同没有明确约定相关条款,可以通过原《合同法》第61条、第62条(参见《民法典》第510条、第511条)等相关条款以及原《合同法》第125条(参见《民法典》第142条、第466条)的合同解释方法来进行解释。此外,履行方式、地点等都可以通过合同解释的方法来确定,因此,可以奠定强制缔约的基础。第二,理论和实践中,强制缔约也可以执行,包括继续履行。第三,国外的理论和实务均承认强制缔约。

由于学术界普遍赞成强制缔约,而实务界普遍反对强制缔约,这导致了原《买卖合同司法解释》(2012年)第2条对此未予明确。其考虑在于,实务界普遍不赞同强制缔约,而民法是应用法学,如果仅有学术界赞成,没有实务界的支持,司法解释条文将成为具文而无法实行。综合考虑,立法者认为最好的方式是搁置争议,使学术界继续研究、实务界继续探索。所以,司法解释对此不作规定,并不意味着司法解释反对强制缔约,而是暂时搁置争议、留待学术界和实务界探索。

① 《民法典》第580条规定:“当事人一方不履行非金钱债务或者履行非金钱债务不符合约定的,对方可以请求履行,但是有下列情形之一的除外:(一)法律上或者事实上不能履行;(二)债务的标的不适于强制履行或者履行费用过高;(三)债权人在合理期限内未请求履行。有前款规定的除外情形之一,致使不能实现合同目的的,人民法院或者仲裁机构可以根据当事人的请求终止合同权利义务关系,但是不影响违约责任的承担。”

【例10-6】 福建省莆田市广源饲料有限公司与陈某建设用地使用权转让合同纠纷案①

【裁判要旨】

基于诚实信用的原则,依法生效的预约合同应当履行。当是否继续履行预约合同产生争议时,若根据合同目的、合同履行方式和预约合同实际履行情况能够继续履行的,依法应当继续履行。

【最高人民法院审判】

法院查明的事实为:广源公司与陈某签订了《国有土地使用权转让预约合同》(以下简称《预约合同》)和《委托合同书》,根据《预约合同》和《委托合同书》约定,广源公司的签约目的是获取转移土地使用权的对价即土地价款,而陈某签约是使用土地。预约合同履行方式包括办理国有土地转让变更登记及在国有土地无法转让情况下转为租赁协议。

最高人民法院认为:当事人履行合同应遵循诚实信用原则。《预约合同》与《委托合同书》均未约定当陈某有违法行为时,广源公司有权解除合同,《委托合同书》约定陈某因建设中的违法行为导致土地转让正式合同不能签订或者受到行政处罚,应自行承担后果。《预约合同》包括国有土地使用权转让及国有土地使用权不能办理过户登记时转为租赁关系两种履行方式,广源公司的签约目的是获得土地使用权转让价款或收取租金。现无充分证据证明国有土地使用权确实无法办理过户;即使国有土地使用权不能办理过户,双方可以依据《预约合同》第8条的约定订立土地出租协议,以通过收取土地租赁费的形式获取对价。据此,二审法院判决广源公司与陈某继续履行合同并无不当。

在本案中,首先,依法生效的合同应当全面履行。原《合同法》第60条第1款规定:“当事人应当按照约定全面履行自己的义务。”(参见《民法典》第509条第1款)基于民商事交易诚实信用原则,依法生效的合同,应当全面履行。其次,合同履行不符合约定当事人一方应当承担继续履行的违约责任。依据原《合同法》第107条的规定:“当事人一方不履行合同义务或者履行合同义务不符合约定的,应当承担继续履行、采取补救措施或者赔偿损失等违约责任。”(参见《民法典》第577条)因此,一方不履行或者履行不符合合同约定的,另一方可以请求法院判决当事人按

① 参见福建省莆田市广源饲料有限公司与陈某其他合同纠纷申请再审民事裁定书[最高人民法院(2014)民申字第935号]。

照合同约定承担继续履行的责任。最后，继续履行不存在履行上的法定除外情形的应当继续履行。原《合同法》第110条规定："当事人一方不履行非金钱债务或者履行非金钱债务不符合约定的，对方可以要求履行，但有下列情形之一的除外：(一)法律上或者事实上不能履行；(二)债务的标的不适于强制履行或者履行费用过高；(三)债权人在合理期限内未要求履行。"(参见《民法典》第580条第1款)该案中，预约合同作为一个独立的合法、生效的合同，当事人应当全面履行，且当事人约定了两种履行方式，属于当事人真实、合法的意思表示，应予尊重，在不存在合同法规定的不能继续履行的情形下，基于合同目的和实际履行情况，预约合同应按照未违约方的请求，由违约方继续履行。①

(二)预约权利人的损害赔偿请求权

如果预约权利人不能申请强制缔约，则面临的问题就是违约方要承担损害赔偿责任。接下来需要确定的是，损害赔偿责任的范围有多大(是赔偿履行利益还是信赖利益)。同样，对于这些问题，原《买卖合同司法解释》(2012年)都没有予以明确规定。从审判实践来看，有观点认为应赔偿履行利益②，也有观点认为只应赔偿信赖利益，在信赖利益的范围上，是否包括机会利益损失，也存在不予赔偿③、酌情

① 审判实践中，支持继续履行的案件还包括：张某与徐州市同力房地产公司商品房预售合同纠纷案［江苏省徐州市泉山区人民法院(2010)泉民初字第2427号］，载《最高人民法院公报》2012年第11期(总第193期)；郭某坚诉厦门福达地产投资有限公司买卖合同纠纷案［厦门市中级人民法院(2012)厦民终字第1277号］，载《人民法院案例选》2013年第1辑；山东菱重机电设备有限公司与中国人民解放军三三零四工厂土地转让与租赁协议纠纷案［最高人民法院(2013)民申字第1715号］，载《人民司法》案例版2014年第14期。反对继续履行的案例包括：戴某飞诉华新公司商品房订购协议定金纠纷案(参见《最高人民法院公报》2006年第8期)；成都讯捷通讯连锁有限公司与四川蜀都实业有限责任公司、四川友利投资控股股份有限公司房屋买卖合同纠纷案［最高人民法院(2013)民提字第90号］，载《最高人民法院公报》2015年第1期(总第219期)；张某琪等与佛山市顺德区银景房产有限公司等股权转让纠纷案［最高人民法院(2016)民申字第200号］。

② 参见陈某根诉江阴兰星公司、钱某忠买卖合同纠纷案［江苏省无锡市中级人民法院(2012)锡民终字第0024号］，载《人民法院案例选》2013年第2辑；北京优高雅装饰工程有限公司诉北京亨利戴艺术家有限公司建筑合同纠纷案［北京市第二中级人民法院(2007)二中民终字1756号］，载《人民法院案例选》2009年第1辑。

③ 参见曹某如与上海莱因思置业有限公司等商品房预约合同纠纷案［上海市第二中级人民法院(2010)沪二中民二终字第609号］，载《人民司法》案例版2011年第12期。

赔偿①以及全额赔偿②三种不同做法。

损害赔偿有履行利益和信赖利益之分。履行利益,是指合同有效成立后,债权人因债务人未履行合同所遭受的损害(或者债务人依约履行债权人所能获得的利益)。通常认为,履行利益的赔偿使守约方之处境与合同得到履行后的处境相同(债务人应赔偿到合同正常履行后,债权人所处的利益状态),守约方可以获得其所期望的将来价差利益,即赔偿所谓的积极损失(利润)。履行利益的范围包括"所受损害"和"所失利益"。所失利益,是指根据事物的通常情事可期待的利益,主要体现在转售而获得利益,即使买卖人并无转售意图,也可依抽象方法,比较市场价格与合同价格的价差,计算所失利益。信赖利益,是指使守约方的处境回到合同(未信赖允诺)前,即赔偿所谓的消极损失(成本费用支出等)。债务人应赔偿债权人至未进行缔约接触前的利益状态。信赖利益包括所受损失(缔约费用、准备履行所需费用)和所失利益(另失订约机会之损害,是否包括尚存争议)。

一种观点认为,预约的本质决定预约损害赔偿仅限于机会损失(信赖损失),不包括可得利益(履行利益)。但应注意的是,在预约损害赔偿之情形下,其赔偿的信赖利益可能是因预约不生效力而产生的信赖利益(在订立预约阶段,失去另订立预约的机会),亦有可能是不履行订立本约义务而产生的信赖利益,即因信赖本约生效而产生的损失(在订立本约阶段,失去另订立本约的机会)。对此,实务界有观点认为,预约应赔偿预约的合同价格与订立预约时合同标的之市场价格之间的差额。也有观点认为,应赔偿预约的合同价格与订立本约时标的之市场价值之间的差额,因市场价格难以评估,常以出卖人转卖的合同价格作为参照标准,或赔偿订立预约时合同标的之市场价值与现行价值之间的差额。这种观点的本质在于,预约是相对于本约而言的,预约所处的阶段,实际是本约的缔约阶段。所以,预约的违约责任范围大致相当于本约的缔约过失责任范围。因此,预约损害赔偿应仅限于信赖利益。对于信赖利益,各学说普遍认为应包括两个部分,即所受损失和所失利益。其中,所受损失包括以下几个部分:第一,缔结预约的费用,包括交通费、通讯费等。第二,准备缔约本约的费用,诸如考察费、差旅费、住宿费、餐饮费等。第三,已付款项的法定利息。通常而言,需要签订预约的合同往往是比较大的项目合同,而且通常要支付首付款。所以,如果违反预约,自然应当支付已付款项的法定利息。第

① 参见仲某清诉上海市金轩大邱房地产开发有限公司合同纠纷案[上海市虹口区人民法院(2007)虹民三(民)初字第14号],载《最高人民法院公报》2008年第4期(总第138期)。

② 参见张某与徐州市同力房地产公司商品房预售合同纠纷案[江苏省徐州市泉山区人民法院(2010)泉民初字第2427号],载《最高人民法院公报》2012年第11期(总第193期)。

四,提供担保所受的损失。所谓所失利益通常是指缔约机会的丧失。缔约机会的丧失通常是指买受人以同等的价格等条件购买相同标的物的机会的丧失,并转换为切实的损害。因此,在此观点下,预约合同不存在单独的履行利益,其约定的合同义务就是约定时间截止时双方签订本约。由于可得利益属于履行利益范畴,若没有单独的履行利益,则自然没有可得利益损失应予赔偿。

当然,也有另一种观点认为,将预约损害赔偿限于信赖利益,则导致预约作为独立的请求权基础与缔约过失之间的界限模糊。首先,信赖利益是因信赖合同有效而受损失,显然在违反预约时,预约仍为有效,预约权利人之损失也并非因信赖合同有效而产生的。其次,订立本约在法律上或事实上不能时,当事人享有多重选择,可订立附条件或附期限的本约,或发出不可撤销之要约,相对人得随时承诺而订立合同。倘若将预约损害赔偿仅限于信赖利益,则无形中挤压预约制度的生存空间,因为权利人完全可以选择其他方式订立本约,并基于本约请求履行利益。最后,如上所述,违反预约,债权人享有履行请求权。履行预约为原给付义务,损害赔偿为次给付义务,由原给付义务演变而生的义务,债之关系的内容虽有所改变,但同一性仍维持不变。在肯定强制履行权之同时,又否定其履行利益的损害赔偿,逻辑上相互抵牾。因此,因给付义务转化而来的损害赔偿应指履行利益。

在《民法典》第495条之后,司法实践是否得以统一尚有待观察。最高人民法院可能的一种倾向性意见是:由于对预约合同的法律效力总体而言采取区分说,相应地,在赔偿范围也应当加以区分。对于完整性预约,可酌情赔偿履行利益。但此处的履行利益并非指依照本约的内容履行所能获得的利益,因为这是本约合同的履行利益,毕竟本约尚未订立,不能赔偿基于交易成功才可得到的利益,否则预约与本约差异无从体现。预约的赔偿范围应小于本约的赔偿范围。从实质上看,预约合同的履行利益损害应该基于公平原则,其包括为签订合同而合理支出的实际费用,也可包括丧失与第三人另订合同的机会所产生的损失,即可酌情赔偿机会损失利益。具体赔偿数额,可综合考虑守约方的实际履行的金额、当事人的信赖程度、缔约过程的时间跨度、违约方的获利、守约方的受损以及违约方的过错程度等因素,确定公平、合理的赔偿数额。对于简单预约、典型预约,原则上赔偿范围应当以信赖利益为限,一般而言,包括为订立合同所支付的各项费用、准备为签订合同所支付的费用、已付款项的法定孳息等。①

就上述意见来看,笔者认为,对于完整性预约,实质采纳的"履行利益"更接近

① 参见最高人民法院民法典贯彻实施工作领导小组主编:《中华人民共和国民法典合同编理解与适用(一)》,人民法院出版社2020年版,第234-235页。

于信赖利益[所受损失和所失利益(机会损失)];对于简单预约和典型预约,实质采纳的是信赖利益(所受损失)。

【例10-7】 张某与徐州市同力创展房地产有限公司商品房预售合同纠纷案①

【裁判要旨】

预约是一种约定将来订立一定合同的合同。当事人基于法律上及事实上的原因,可以签订预约合同。当事人一方违反预约合同约定,不与对方签订本约合同或无法按照预约的内容与对方签订本约合同的,应当向对方承担缔约过失责任。

预约与本约的认定应当以双方当事人的意思表示为准。房地产商在取得商品房预售许可证之前,以认购、订购、预订等方式收受购房人的预订款、预付款、定金等,并与购房人签订认购、订购、预订协议的,在协议中对交易的预期房号、预期房屋面积、单价、预期房屋价款总额、付款期限内容进行了约定,应当认定预约成立。如双方在协议中明确约定在具备商品房销售条件时双方还需重新签订商品房买卖合同时,依照最高人民法院《关于审理商品房买卖合同纠纷案件适用法律若干问题的解释》第5条的规定,该协议应认定为预约合同,而非商品房销售本约合同。

【法院审判】

徐州市泉山区人民法院认为:

(1)关于原、被告双方签订的《橙黄时代小区彩园组团商品房预订单》的性质问题。

依传统民法理论,当事人之间签订的合同可以分为预约合同和本约合同,预约合同的目的在于当事人对将来签订特定合同的相关事项进行规划,其主要意义就在于为当事人设定了按照公平、诚信原则进行磋商以达成本约合同的义务;本约合同则是对双方特定权利义务的明确约定。预约合同既可以是明确本约合同的订约行为,也可以是对本约合同的内容进行预先设定,其中对经协商一致设定的本约内容,将来签订的本约合同应予直接确认,其他事项则留待订立本约合同时继续磋商。判断商品房买卖中的认购书究竟为预约合同还是本约合同,最主要的是看此类认购书是否具备了《商品房销售管理办法》第16条规定的商品房买卖合同的主要内容应具备当事人名称或者姓名和住所,商品房基本状况,商品房的销售方式,

---

① 参见张某与徐州市同力房地产公司商品房预售合同纠纷案[江苏省徐州市泉山区人民法院(2010)泉民初字第2427号],载《最高人民法院公报》2012年第11期(总第193期)。

商品房价款的确定方式及总价款、付款方式、付款时间,交付使用条件及日期,装饰、设备标准承诺,水电气讯配套等承诺和有关权益、责任,公共配套建筑的产权归属等条款。但一般来说,商品房认购书中不可能完全明确上述内容,否则就与商品房买卖合同本身无异,因此在实践操作过程中,这类认购书只要具备了双方当事人的姓名或名称,商品房的基本情况(包括房号、建筑面积)、总价或单价、付款时间、方式、交付条件及日期,就可以认定认购书已经基本具备了商品房买卖合同本约的条件。反之,则应认定为预约合同。

本案中,原、被告双方签订的《橙黄时代小区彩园组团商品房预订单》对于双方当事人的姓名或名称,商品房的基本情况（包括房号、建筑面积)、单价、付款时间进行了明确的约定。但因双方在签订该预订单时作为买卖标的物的商品房尚处在规划之中而没有进行施工,被告同力创展公司也没有取得商品房预售许可,所以双方对商品房的交付时间、办证时间、违约责任等诸多直接影响双方权利义务的重要条款在预订单中没有明确约定,属于未决条款,需在签订买卖合同时协商一致达成。事实上,双方在该预订单中通篇所用的词语表达为“预订”“预计”“预缴(购房款)”,其第5条更是明确约定“在甲方(被告)通知签定(订)《商品房销售合同》之前,乙方(原告)可随时提出退房……在乙方按照本条约定签定(订)《商品房销售合同》前,甲方不得将该房另售他人”,说明双方在签订该认购单时对于该行为的性质为预约合同的认识是明确而不存在疑义的。因此,法院确认双方于2004年2月16日签订的《橙黄时代小区彩园组团商品房预订单》是以将来签订商品房销售(买卖)合同为目的的预约合同,原告张某要求被告以该商品房预订单为依据履行商品房交付义务的主张不能成立。

(2)关于违反预约合同应承担的法律后果问题。

具有相应行为能力的人在意思表示真实的情况下签订的预约合同在双方当事人之间也产生拘束力,非经当事人协商一致不得更改,否则构成对预约合同的违约。预约权利人可以请求对方履行订立本约的义务或者赔偿损失。

本案中,原、被告双方签订商品房预订单后,因建设商品房用地拆迁安置问题致使商品房开工建设日期拖延,在此过程中,国务院及徐州市政府相继出台的有关行政法规对于新建商品房的建筑面积、施工工艺及材料进行了强制性规定,加上新的拆迁安置情况出现,致使商品房建设规划变更、面积变化及建筑成本增加,应属于不可预料的情形,不应视为被告同力创展公司故意违反预约合同。但被告在未取得商品房预售许可时即对尚未开工建设的商品房进行出售违反了有关的法律法规,其行为具有违法性;同时在与原告张某签订商品房认购单时对于上述情况估计不足,其后又将认购书中列明的房号安置给他人,致使双方失去了进一步协商并签订本约合同的可能性,双方签订的商品房预订单终止履行,对此结果被告应承担相应责任。因此,被告应将原来收取原告的50000元予以退还,并应对原告承担违约责任即被告应对原告因此而造成的损失承担赔偿责任。

(3)关于原告损失的确定问题。

在违约责任中,承担责任的一方应对对方造成的利益损失进行赔偿。本案中,原告张某在与被告同力创展公司签订预订单后,有理由相信被告会按约定履行订立本约合同的义务,从而丧失了按照预订单约定的房屋价格与他人另订购房合同的机会,因此被告因违约给原告造成的损失应根据订立预订单时商品房的市场行情和现行商品房价格予以确定,但因被告所开发建设的房屋无论是结构还是建筑成本与双方签订预订单时相比都发生了重大的变化,因此原告以被告开发建设房屋的现行销售价格作为赔偿标准亦显失公平,法院不予采纳。综合考量商品房市场的价格变动过程以及原告向被告交纳房款的数额,对于被告因违约给原告造成的损失确定为150000元。

第四节　招投标中合同的成立

《民法典》总则编、合同编作为规范合同当事人权利、义务的法律,规定了合同的订立必须经过要约与承诺两个阶段,而《招投标法》作为规范招投标活动中当事人权利、义务的法律,也规定了招投标活动中合同订立的要约与承诺阶段,但是两者的规定却存在一些重大的不同。

一、招投标中的要约邀请和要约

在招投标过程中,从《民法典》总则编、合同编意义上讲,招标是指招标人采取招标公告或者招标邀请书的形式,向法人或非法人组织发出要约邀请以吸引其投标的意思表示。依据《民法典》第473条的规定,招标公告(招标邀请书)属于要约邀请的性质。投标(投标书)是一种法律上的要约行为,是指投标人按照招标人提出的要求和条件,在规定的期限内向投标人发出的包括合同主要条款的意思表示。《招投标法》(2017年修正)第29条规定:"投标人在招标文件要求提交招标文件的截止时间前,可以补充、修改或者撤回已提交的投标文件,并书面通知招标人。补充、修改的内容为投标文件的组成部分。"这一规定与《民法典》中关于要约的规定有以下三点不同:

一是,《民法典》第474条规定:“要约生效的时间适用本法第一百三十七条的规定。”第137条第2款第1句规定:“以非对话方式作出的意思表示,到达相对人时生效。”(参见原《合同法》第16条)而投标书作为要约,在招标文件所规定的截止时间前,效力处于待定状态,投标人作为要约人可以处分投标书的效力(可以补充、修改或者撤回)。

二是,《民法典》第475条规定:“要约可以撤回。要约的撤回适用本法第一百四十一条的规定。”第141条规定:“行为人可以撤回意思表示。撤回意思表示的通知应当在意思表示到达相对人前或者与意思表示同时到达相对人。”(参见原《合同法》第17条)而《招投标法》(2017年修正)中投标人只要在招标文件规定的截止时间前,书面通知招标人就可以撤回已提交的投标文件,也就是撤回要约。

三是,《民法典》合同编(原《合同法》)并未规定要约可以补充、修改。但《招投标法》(2017年修正)中规定投标人在招标文件所规定的截止日期前,可以补充、修改已提交的投标文件,补充、修改的内容为投标文件的组成部分。也就是说以投标截止时间前的最后补充、修改过的版本作为要约。

应该讲,《招投标法》(2017年修正)中关于要约的这些不同于《民法典》合同编(原《合同法》)的规定不太容易理解。因为《招投标法》(2017年修正)第24条规定:“招标人应当确定投标人编制投标文件所需要的合理时间;但是依法必须进行招标的项目,自招标文件开始发出之日起至投标人提交投标文件截止之日止,最短不得少于二十日。”这就保证了投标人有充足的时间来考虑关于投标的一切事宜,作为要约人应该尽到自己的谨慎和注意义务。而在投标之后赋予投标人无约束的补充、修改或者撤回的权利,则会使投标人的义务几乎降低为零,这同时也降低了招投标活动的严肃性。

二、招投标中的承诺

《招投标法》(2017年修正)第45条规定:“中标人确定后,招标人应当向中标人发出中标通知书,并同时将中标结果通知所有未中标的投标人。中标通知书对招标人和中标人具有法律效力。中标通知书发出后,招标人改变中标结果的,或者中标人放弃中标项目的,应当依法承担法律责任。”中标通知书从《民法典》合同编(原《合同法》)意义上来讲相当于招标人对其选中的投标人的承诺,是招标人同意某投标人要约的意思表示。但是《招投标法》(2017年修正)中对于中标通知书的规定有两点不同于《民法典》中关于承诺的规定:

一是,《民法典》第484条第1款规定:“以通知方式作出的承诺,生效的时间适用本法第一百三十七条的规定。”第137条第2款第1句规定:“以非对话方式作出的意思表示,到达相对人时生效。”(参见原《合同法》第26条)第485条规定:“承诺可以撤回。承诺的撤回适用本法第一百四十一条的规定。”第141条规定:“行为人可以撤回意思表示。撤回意思表示的通知应当在意思表示到达相对人前或者与意思表示同时到达相对人。”故此,《民法典》合同编(原《合同法》)采取的是“到达生效主义”。而中标通知书作为承诺却是“发出”后即发生法律效力(所谓的“发出生效主义”或“发信生效主义”),也就没有撤回承诺的可能,并且招标人和中标人均要受它的约束。当然亦有不同观点认为,此处的“发出”应作扩张性解释为“发出并送达”。

二是,《民法典》第483条规定:“承诺生效时合同成立,但是法律另有规定或者当事人另有约定的除外。”(参见原《合同法》第25条:“承诺生效时合同成立。”)而根据《招投标法》(2017年修正)第46条第1款规定:“招标人和中标人应当自中标通知书发出之日起三十日内,按照招标文件和中标人的投标文件订立书面合同。招标人和中标人不得再行订立背离合同实质性内容的其他协议。”对于该规定产生的争议在于,中标通知书发出后,一方拒绝签订合同所应承担的民事责任没有得到明确规定,且如果需要承担民事责任的,则该责任属于缔约过失责任还是违约责任,理论界和实务界争议很大。① 主要有如下四种观点:

观点一:中标通知书发出后,合同尚未成立。

其理由在于,《民法典》第469条第1款、第2款规定:“当事人订立合同,可以采用书面形式、口头形式和其他形式。书面形式是合同书、信件、电报、电传、传真等可以有形地表现所载内容的形式。”第502条第1款、第2款规定:“依法成立的合同,自成立时生效,但是法律另有规定或者当事人另有约定的除外。依照法律、行政法规的规定,合同应当办理批准等手续的,依照其规定。”(参见原《合同法》第10条、第11条)第490条第1款前句规定:“当事人采用合同书形式订立合同的,自当事人均签名、盖章或者按指印时合同成立。”(参见原《合同法》第32条)以及《招投标法》(2017年修正)第46条亦要求招标人和投标人订立“书面合同”。在中标通知书发出后,双方尚未签订书面合同(实际认为此处的“书面合同”系指“合

① 对此的认识分歧,亦体现在2017年7月4日最高人民法院公布的《建设工程司法解释(二)》(征求意见稿)第4条“招标人向中标人发出中标通知书后,建设工程施工合同成立。招标人无正当理由不签订书面合同,中标人请求招标人承担违约赔偿责任的,应予支持。另一种意见:招标人向中标人发出中标通知书后,建设工程预约施工合同成立。招标人无正当理由不签订书面合同,中标人请求招标人承担建设工程预约施工合同违约赔偿责任的,应予支持”的规定中。

同书”),即所谓的学理上的“受法律限制的承诺”或“受限承诺”。因此,双方之间的合同关系并未成立,一方拒绝签订合同应承担缔约过失责任。

例如,在安徽水利开发股份有限公司与怀远县城市投资发展有限责任公司缔约过失责任纠纷一案二审民事判决书[安徽省高级人民法院(2014)皖民二终字第00659号]中,安徽省高级人民法院二审认为:

怀远县城投公司与安徽水利公司之间存在招投标法律关系,依据我国合同法有关规定,怀远县城投公司发出招标公告的行为属要约邀请,安徽水利公司的投标行为属要约,而怀远县城投公司向安徽水利公司发出中标通知书属承诺。《中华人民共和国招标投标法》第四十六条规定:“招标人和中标人应当自中标通知书发出之日起三十日内,按照招标文件和中标人的投标文件订立书面合同。招标人和中标人不得再行订立背离合同实质性内容的其他协议。”《中华人民共和国合同法》第三十二条同时规定:“当事人采用合同书形式订立合同的,自双方当事人签字或者盖章时合同成立。”由上述法律规定分析,安徽水利公司收到中标通知书时,其与怀远县城投公司之间的合同尚未成立,怀远县城投公司拒绝签订承包合同,违背了诚实信用原则,应属于违反先合同义务而造成对方信赖利益损失的缔约过失责任。依据《中华人民共和国合同法》第四十二条“当事人在订立合同过程中有下列情形之一,给对方造成损失的,应当承担损害赔偿责任……(三)有其他违背诚实信用原则的行为”之规定,怀远县城投公司应当向安徽水利公司承担损害赔偿责任。同时,《中华人民共和国招标投标法》第四十六条也规定“中标、成交通知书发出后,采购人改变中标、成交结果的,或者中标、成交供应商放弃中标、成交项目的,应当依法承担法律责任”,因此,原审法院认定怀远县城投公司应向安徽水利公司承担缔约过失责任正确。

还需提请注意的是,在认定缔约过失责任赔偿范围时,安徽省高院采纳的是信赖利益(所受损失)观点:

缔约过失责任是违反先合同义务而造成对方信赖利益损失而应承担的民事责任,它仅限于赔偿对方实际利益损失而不包括基于合同成立后的可得利益损失。鉴于本案中怀远县城投公司应当向安徽水利公司承担缔约过失赔偿责任,原审法院参照《最高人民法院关于适用〈中华人民共和国合同法〉若干问题的解释(二)》判令怀远县城投公司承担赔偿责任,适用法律欠妥,二审予以纠正。关于赔偿损失数额如何确定,因双方当事人对于原审判决认定的安徽水利公司购买标书费用1000元没有提出异议,故对该费用损失本院予以认定。至于5000万元投标保证金的利息损失,因该笔保证金自2012年16日缴纳至2013年9月10日返还,被怀远县城投公司无故占用421天,虽然安徽水利公司没有提供充分证据证明该笔保证金系其向他人融资而来,但资金占用期间的利息损失客观存在,原审法院酌定按照中国人民银行同期同类贷款利率的1.3倍计算利息损失并无不妥,安徽水利公司主张按照日万分之五标准计算利息,无事实和法律依据,本院不予支持。

在重庆工业设备安装集团有限公司与秀山华渝置业有限公司建设工程合同纠纷二审民事判决书[重庆市高级人民法院(2020)渝民终188号]中,重庆市高院认为:

关于合同是否成立并生效的问题。合同成立与否系事实认定,主要考量当事人的真实意思表示,而合同生效与否乃法律价值判断,主要探究已经成立的合同是否违反法律、行政法规的效力性强制性规定和公序良俗原则,合同成立是生效的前提,因而本案先评析双方的建设工程施工合同是否成立。首先,华渝置业公司发出的招标文件明确规定,“招标人和中标人应当自中标通知书发出之日起30日内,根据招标文件和中标人的投标文件订立书面合同”,工业设备安装公司在其投标函中明确表示,“我方承诺在收到中标通知书后,在中标通知书规定的期限内与你方签订合同”,即双方达成了在中标通知书送达后30日内签订合同书的合意。华渝置业公司签发的中标通知书仍然要求工业设备安装公司在收到该通知书后30日内到华渝置业公司签订建设工程施工合同,工业设备安装公司回复华渝置业公司“……以上意见恳请贵司充分重视,调整相关合同条款,我司希望与贵司尽快完善合同签订手续”,即华渝置业公司在其签发的中标通知书及双方在该通知书送达后往来的信函中仍然表明需签订合同书以确定双方的合同权利义务。《中华人民共和国合同法》以合同自由为原则,合同自由的重要内容是签约自由,包括签约方式自由。该法第三十二条规定:“当事人采用合同书形式订立合同的,自双方当事人签字或者盖章时合同成立。”因此,在本案双方当事人约定采用合同书订立合同的情况下,以双方在合同书上签字或盖章作为合同成立的时间节点和条件,更能体现当事人双方的真实意思表示,也更符合法律的规定。若认为中标通知书一经送达合同即成立,则显然违背双方当事人的真实意思表示及相关的法律规定。华渝置业公司与工业设备安装公司自始未按约定签订建设工程施工合同书,故只能认定双方的建设工程施工合同尚未成立。其次,法律实务中通常认为建设工程招标文件为要约邀请、投标文件为要约、中标通知书为承诺,依据《中华人民共和国合同法》第三十条、第三十一条规定,承诺的内容应当与要约的内容一致,合同内容以承诺的内容为准。本案中,概述投标文件重要内容的投标函及表明承诺内容的中标通知书均较简约,均未表明以招标文件的合同条款为要约、承诺内容,假如表明了该内容,该合同条款也因存在大量空白而难以成为确定双方权利义务的根据。况且,案涉工程建设又是一项高度复杂、长期协作的工作,需要发承包双方在招标投标之后的合同谈判阶段对招标文件、投标文件、中标通知书等可成为合同之一部分的原则性内容进行细化和确定。双方于中标通知书送达之后的往来函件,也清楚表明双方仍在就合同条款进行磋商。《中华人民共和国招标投标法》第四十六条规定,"招标人和中标人应当自中标通知书发出之日起三十日内,按照招标文件和中标人的投标文件订立书面合同"。如果认为招标人和投标人于中标通知书送达后即视为已按《中华人民共和国合同法》第二百七十条的要求订立了书面合同,那么,《中华人民共和国招标投标法》不会多此一举地规定于中标通知书发出后再订立书面合同,因而完全可以理解为该法规定了中标通知书送达后未订立书面合同的,合同即不成立。在《中华人民共和国合同法》之后制定的《中华人民共和国招标投标法》于该法条表述的书面合同,应是指《中华人民共和国合同法》第三十二条规定的合同书。华渝置业公司与工业设备安装公司始终未能签订建设工程施工合同书,故不能认定双方的建设工程施工合同业已成立。再次,招标投标活动应当遵循《中华人民共和国招标投标法》第五条规定的"公开、公平、公正和诚实信用的原则",招标人应当按其依法制作并发出的招标文件规定的条件和要求进行招标,而投标人也须依该条件和要求进行投标,若投标人无正当理由违反,则招标人可依据招标文件的规定取消其中标资格,而于此情形取消中标资格并不违背当事人的真实意思表示和法律、法规的规定,应为有效。本案中,华渝置业公司在其招标文件中规定:"中标人如不按时一次性缴纳履约保证金,则可取消中标资格,投标保证金不予退还"。《重庆市招标投标条例》第三十六条规定,"依法必须进行招标的项目的境内中标人,以现金或者支票形式提交的履约保证金,应当从其基本账户转出"。工业设备安装公司未按照前述规定从其基本账户一次性缴纳履约保证金,华渝置业公司依据该规定致函工业设备安装公司取消其中标资格,即该取消中标资格行为合法有效。招标人华渝置业公司取消工业设备安装公司的中标资格,即意味着双方的建设工程施工合同成立的基础和前提已经丧失。如果将招标人华渝置业公司取消中标资格认定为于合同成立之后的解除合同行为,然而无论将其归属于合意解除抑或是法定解除均无法律依据,并且有违招标人华渝置业公司通过招标文件及中标通知书所表达的真实意思,更为严重的是对招标人华渝置业公司及该招标投标活动的其他投标人显失公平并有损招标投标市场秩序。鉴此,也应认定工业设备安装公司与华渝置业公司之建设工程施工合同尚未成立。另外,工业设备安装公司就案涉工程未实际施工,仅进行了施工前的准备即在施工现场搭设工棚、办公室和塔吊。故亦不能依照《中华人民共和国合同法》第三十七条“采用合同书形式订立合同,在签字或者盖章之前,当事人一方已经履行主要义务,对方接受的,该合同成立”之规定,认定双方的建设工程施工合同成立。因此,应当认定工业设备安装公司与华渝置业公司之间的建设工程施工合同未成立。合同未成立,当然就不存在合同生效的问题。工业设备安装公司主张其与华渝置业公司的建设工程施工合同成立并生效的诉讼请求,缺乏事实根据,且与法律规定相悖,不予支持。

类似的案例还可参见山东滨州建工集团有限公司、滨州市滨城区卫生计生综合监督行政执法大队建设工程施工合同纠纷再审审查与审判监督民事裁定书[山东省高级人民法院(2020)鲁民申 2991 号]。

观点二:中标通知书发出后,合同成立并生效。

其理由是:发包人的招标公告或招标邀请书相当于订立合同的要约邀请,而投标人的投标书相当于要约;发包人发出中标通知书相当于承诺。至此,合同已经依法成立并生效,对招标人和中标人具有法律效力,一方拒绝签订合同应承担违约责任。至于《招投标法》(2017 年修正)第 46 条所规定的“书面合同”系从行政监督管理之目的促成双方尽快签署书面合同,并对已经成立的合同内容进行确认,便于履行、避免争议,其并非效力性强制性规范。此外,第 46 条规定的“书面合同”并非指“合同书”形式,招标文件、投标文件和中标通知书足以构成订立合同的“书面形式”。

例如,在长泰县林墩资产运营有限公司与湖南省第六工程有限公司合同纠纷二审民事判决书[福建省高级人民法院(2014)闽民终字第 758 号]中:

一审法院认为:从法律性质看,招标文件属于要约邀请,投标文件属于要约,中标通知书属于承诺,根据《中华人民共和国合同法》第二十五条规定,承诺生效时合同成立。本案中,第六工程公司已领取中标通知书,第六工程公司虽未与林墩公司订立书面合同,但双方的合同关系已经建立,即由招标文件、投标文件和中标通知书形成的合同,第六工程公司作为第一中标人也未能举证证明其放弃中标是因为不可抗力原因。因此,第六工程公司应就其放弃中标项目,依法承担相应的法律责任,根据《中华人民共和国招标投标法》第六十条的规定及招标文件的约定,除没收投标保证金外,第六工程公司还应对超过投标保证金部分的损失予以赔偿,扣除投标保证金 70 万元,林墩公司因第六工程公司未能履约造成的损失为 2,076,445.67 元,林墩公司因此要求没收投标保证金 70 万元及要求第六工程公司赔偿损失 2,076,445.67 元的理由可以成立。

二审法院认为:根据《中华人民共和国合同法》第十五条之规定,上诉人的投标行为系要约，被上诉人发出的中标通知书则为承诺。在承诺到达之前，要约是可以撤销的。因此，只有上诉人收到中标通知书后，才能视为合同成立。

在华泰建设工程有限公司、赣州开发区建设投资（集团）有限公司建设工程施工合同纠纷二审民事判决书［江西省高级人民法院（2017）赣民终325号］中，江西省高级人民法院认为：

招标人开发区建投公司的招标公告是要约邀请，投标人华泰公司投标属于要约，开发区建投公司发出中标通知书实质上是招标人对其经评标委员会评审确定的中标人华泰公司的承诺，是招标人同意中标人华泰公司要约的意思表示，其法律性质是承诺行为，发生合同法关于承诺的效力。该中标通知书到达华泰公司时，双方之间的建设工程施工合同成立并生效。虽然之后双方没有签订书面的建设工程施工合同，但由于中标通知书中包含了建设工程施工合同的基本要素，故未签订书面合同并不影响双方之间成立建设工程施工合同关系。开发区建投公司认为没有签订书面合同，故双方之间的合同关系未成立的理由不能成立。具体理由如下：根据《中华人民共和国合同法》第十三条"当事人订立合同，采取要约、承诺方式"，第十四条"要约是希望和他人订立合同的意思表示，该意思表示应当符合下列规定：（一）内容具体确定；（二）表明经受要约人承诺，要约人即受该意思表示约束"以及第十五条"要约邀请是希望他人向自己发出要约的意思表示。寄送的价目表、拍卖公告、招标公告、招股说明书、商业广告等为要约邀请。商业广告的内容符合要约规定的，视为要约"的规定，案涉投标文件的内容具有足以使得合同成立的主要条款，且投标文件表明投标人的主观目的是缔结合同，中标后将受投标文件的约束。同时，《中华人民共和国招标投标法》第四十五条的规定明确了中标通知书的法律效力和对双方当事人的法律约束力。当招标人向中标人发出中标通知书，表示招标人接受该投标人的要约并向其发出中标通知书的行为，应属承诺。中标通知书到达中标人时，招标人与中标人既有要求对方签订施工合同的权利，也有及时配合对方签订施工合同的义务。《中华人民共和国招标投标法》第四十六条的规定进一步强化了中标通知书对双方的法律约束力，招投标双方应在中标通知书发出后30日内，依据招投标文件所确定的内容，签订书面合同。另外，《中华人民共和国合同法》第十一条规定，书面形式是指合同书、信件和数据电文（包括电报、电传、传真、电子数据交换和电子邮件）等可以有形地表现所载内容的形式。投标人发出的投标文件（要约）和招标人发出的中标通知书（承诺）显然均已符合书面形式的要求，招投标双方当事人未签订书面合同并不影响双方之间成立建设工程施工合同的法律关系，任何一方拒绝履行都应承担违约责任。

在中国石化集团资产经营管理有限公司长岭分公司、中国石化集团资产经营管理有限公司合资、合作开发房地产合同纠纷再审审查与审判监督民事裁定书[最高人民法院(2019)最高法民申 2241 号]中,最高人民法院认为:

招投标活动是招标人与投标人为缔结合同而进行的活动。招标人发出招标通告或投标邀请书是一种要约邀请,投标人进行投标是一种要约,而招标人确定中标人的行为则是承诺。承诺生效时合同成立,因此,在招标活动中,当中标人确定,中标通知书到达中标人时,招标人与中标人之间以招标文件和中标人的投标文件为内容的合同已经成立。《中华人民共和国招标投标法》第四十六条和涉案招标文件、投标文件要求双方按照招标文件和投标文件订立书面合同的规定和约定,是招标人和中标人继中标通知书到达中标人之后,也就是涉案合同成立之后,应再履行的法定义务和合同义务,该义务没有履行并不影响涉案合同经过招投标程序而已成立的事实。因此,签订书面合同,只是对招标人与中标人之间的业已成立的合同关系的一种书面细化和确认,其目的是履约的方便以及对招投标进行行政管理的方便,不是合同成立的实质要件。一审法院适用《中华人民共和国合同法》第二十五条,二审法院适用《最高人民法院关于适用〈中华人民共和国合同法〉若干问题的解释(二)》第一条,认定涉案合同成立并无不当,本院予以维持。

从上述案例可以看出,最高人民法院在本案中认为,在招标活动中,当中标人确定,中标通知书到达中标人时,招标人与中标人之间以招标文件和中标人的投标文件为内容的合同已经成立。双方按照招标文件和投标文件订立书面合同的规定和约定,只是对招标人与中标人之间的业已成立的合同关系的一种"书面细化和确认",其目的是履约的方便以及对招投标进行行政管理的方便,不是合同成立的实质要件。

在江苏中南建筑产业集团有限责任公司、潜江市兴城投资开发有限公司建设工程施工合同纠纷二审民事判决书[最高人民法院(2019)最高法民终 1996 号]中,最高人民法院认为:

招标人发布招标公告是要约邀请,投标人投标是要约,招标人向中标人发出中标通知书是承诺。中标通知书到达中标人时承诺生效,合同成立。招标文件、中标人的投标文件和中标通知书构成建设工程施工合同的文本。《中华人民共和国招标投标法》第四十六条第一款规定:"招标人和中标人应当自中标通知书发出之日起三十日内,按照招标文件和中标人的投标文件订立书面合同。招标人和中标人不得再行订立背离合同实质性内容的其他协议。"从实践情况看,招标人和中标人依据本条规定自中标通知书发出之日起三十日内按照招标文件和中标人的投标文件订立的书面合同，实际是根据招标文件和中标人的投标文件订立的合同书。因此，在当事人通过招标投标方式订立建设工程施工合同的情况下，招标文件、中标人的投标文件以及中标通知书，本身就是合同文本的组成部分。

《招投标法》第46条第1款规定："招标人和中标人应当自中标通知书发出之日起三十日内，按照招标文件和中标人的投标文件订立书面合同。招标人和中标人不得再行订立背离合同实质性内容的其他协议。"《建设工程司法解释（二）》第10条规定："当事人签订的建设工程施工合同与招标文件、投标文件、中标通知书载明的工程范围、建设工期、工程质量、工程价款不一致，一方当事人请求将招标文件、投标文件、中标通知书作为结算工程价款的依据的，人民法院应予支持。"因此，在建设工程施工合同有效的情况下，对于建设工程施工合同的工程范围、建设工期、工程质量、工程价款等实质性内容，应当以招标文件、投标文件、中标通知书为准。对于工程范围、建设工期、工程质量、工程价款等非实质性内容，以当事人的真实意思表示为准。招标人和中标人按照招标文件和中标人的投标文件订立的建设工程施工合同书未约定支付工程价款时间而招标文件约定了建设工程价款时间的，应当以招标文件的约定为依据。案涉招标文件已经约定工程价款付款时间。中南建筑公司在投标文件中承诺，如其中标，完全接受并响应招标文件主要合同条款规定的全部内容。因此，中南建筑公司关于兴城公司、领导小组办公室发布的招标公告中关于付款方式等内容不能构成合同约定，其与兴城公司或兴城公司及领导小组办公室签订的建设工程施工合同大部分对付款时间未作出约定或约定不明的上诉理由不能成立，本院不予支持。

据此，有观点依据《建设工程司法解释（二）》（2018年）第10条［参见《建设工程司法解释（一）》（法释〔2020〕25号）第22条］"当事人签订的建设工程施工合同与招标文件、投标文件、中标通知书载明的工程范围、建设工期、工程质量、工程价款不一致，一方当事人请求将招标文件、投标文件、中标通知书作为结算工程价款的依据的，人民法院应予支持"的规定认为，最高人民法院所持的观点是招标文件、投标文件、中标通知书已经在招标人和投标人之间成立建设工程施工合同关系，而不是招标人和中标人签订书面合同书时建设工程施工合同才成立。因为按此规定，如果招标人和中标人在中标通知书发出后签订的建设工程施工合同与招标文件、投标文件、中标通知书载明的工程范围、建设工期、工程质量、工程价款不一致的，应该以招标文件、投标文件、中标通知书作为结算工程价款的依据，当事人签订的建设工程施工合同不能作为结算工程价款的依据。既然能够作为当事人结算工程价款的依据，说明招标文件、投标文件、中标通知书已经产生法律约束力，当事人之间的合同权利义务关系已经成立。否则,如果招标文件、投标文件、中标通知书未在当事人之间成立建设工程施工合同,对当事人不产生法律约束力,就不能作为结算工程价款的依据。尽管最高人民法院明确了招标文件、投标文件、中标通知书的法律效力,明确肯定了招标文件、投标文件、中标通知书已经在当事人之间成立合同关系,能够成为工程价款结算的法律依据。但对于招标文件、投标文件、中标通知书是在何时在当事人之间成立建设工程施工合同关系,是在中标通知书发出时,还是在中标通知书到达中标人时成立,最高人民法院也没有给出明确的答案(主流观点认为是到达中标人时成立)。

类似的案例还包括广厦建设集团有限责任公司与福州市台江区房地产开发公司其他合同纠纷二审民事判决书[最高人民法院(2014)民一终字第155号]。在该案中,最高人民法院认为:

一审判决依据中标通知书,认定广厦公司、台江公司之间就案涉项目确立合同关系正确。本案双方当事人的权利义务,应依据台江公司的《招标文件》、广厦公司的《投标文件》、中标通知书及相关证据予以认定。

观点三:中标通知书发出后,合同成立未生效。

该观点认为,依据《民法典》第789条规定:“建设工程合同应当采用书面形式。”(参见原《合同法》第270条)因此,中标通知书即使已经发出甚至已经送达中标方,因双方尚未订立书面合同,双方之间的合同成立而未生效。依据《民法典》第500条(参见原《合同法》第42条)的规定,拒绝签订合同的一方有违诚实信用原则,应承担缔约过失责任(尽管合同成立未生效承担的是缔约过失责任本身就存在争议)。此观点显然将签订“合同书”认定为合同的生效要件。反对此观点的认为,《民法典》第789条(原《合同法》第270条)的规定并非效力性强制性规定,而是管理性强制性规定(或者倡导性规定),违反该规定不会导致合同无效或未生效。

需要说明的是,合同成立与否系事实认定,主要考量当事人的真实意思表示,而合同生效与否乃法律价值判断,主要探究已经成立的合同是否违反法律、行政法规的效力性强制性规定和公序良俗原则,合同成立是生效的前提。实务中,较为常见的也是当事人约定“签字盖章后合同生效”,却很少有人约定“签字盖章后合同成立”。就合同的书面形式而言,我国法律并不认为书面形式是阻却合同成立的要件,即就合同的形式而言,未满足法定形式要求的,也应该是未生效,而不是未成立。就此而言,有观点认为,最高人民法院在中国石化集团资产经营管理有限公司长岭分公司、中国石化集团资产经营管理有限公司合资、合作开发房地产合同纠纷再审审查与审判监督民事裁定书[最高人民法院(2019)最高法民申2241号]一案的观点,亦可被用于解释合同已成立但未生效。① 笔者不赞同这样的意见,因为从该案来看,尽管最高人民法院并未明确论及合同成立后是否生效的问题,但从该案二审判决[(2018)湘民终314号]以及再审裁定来看,实际就是认定本案的合同成立并生效,否则不会涉及对合同违约责任和损失承担的实体认定。

观点四:中标通知书发出后,预约合同成立。

该观点认为,中标通知书发出后招标投标合同并未成立,因为招标投标合同作为法定的要式合同,必须具有法定形式才得以成立,招标投标活动完成后,招投标双方当事人之间成立预约合同,作为本约的招标投标合同应在书面合同签订之时才成立生效。但因为招标人与中标人之间存在的预约合同的效力,双方必须根据招标投标的内容签订书面的合同。从最高人民法院曾经发布的《关于审理建设工程施工合同纠纷案件适用法律问题的解释(二)》(征求意见稿)第4条两种意见来看,第二种意见实际上是将中标通知书的发出视作预约合同成立且生效。第一种意见则认为是本约合同成立且生效。

在林州市采桑建筑劳务输出有限公司与天津市西青区大寺镇倪黄庄村民委员会、天津市华北建设有限公司的建设工程施工合同纠纷申请再审民事裁定书[最高人民法院(2014)民申字第952号]中:

一审法院认为:涉诉工程通过招投标程序确定华北建设公司为中标单位后,招标人倪黄庄村委会并未与华北建设公司根据中标通知书签订书面的建设工程施工合同。……林州采桑公司主张诉争工程《中标通知书》的性质为承诺,自华北建设公司收到《中标通知书》时合同即告成立,在天津市西青区建设工程招标管理办公室对《中标通知书》进行备案后,合同即生效。但结合《中华人民共和国招标投标法》第四十六条、第五十九条的规定,招标人向中标人发出中标通知书后,双方还需履行签订书面合同的程序,故建设工程施工合同属于要式合同,其成立生效须以形成书面协议为要件。中标通知书确定中标人后,招标人与中标人之间成立预约合同,双方均负有依据中标通知书的内容订立本约合同的义务,但预约合同并不等同于本约合同。

二审法院认为:《中华人民共和国招标投标法》第四十五条第二款规定:中标通知书对招标人和中标人具有法律效力。2007年5月11日,倪黄庄村委会作为招标人就诉争工程招标,华北建设公司中标,倪黄庄村委会与华北建设公司成立建设工程施工预约合同关系并已发生法律效力。

---

① 参见彭先伟、吴亚男:《〈民法典〉下的合同成立时间问题评析》,载《德恒研究》,2020年8月17日。

类似的案件还可参见重庆建工集团股份有限公司、盘县南方嘉龙房地产开发有限公司建设工程施工合同纠纷二审民事判决书[最高人民法院(2019)最高法民终886号]和山东滨州建工集团有限公司、滨州市滨城区卫生计生综合监督行政执法大队建设工程施工合同纠纷再审审查与审判监督民事裁定书[山东省高级人民法院(2020)鲁民申2991号]等。

笔者赞同上述观点二,即发包人的招标公告相当于订立合同的要约邀请,而投标人的投标相当于要约,发包人发出中标通知书相当于承诺。① 中标通知书发出后,合同成立并生效,任何一方拒绝签订合同均属违约,应当承担违约责任,法律规定要求采用书面形式,并非要求一定要通过书面合同书的方式来缔结合同,而《招投标法》(2017年修正)第46条要求订立书面合同仅是对合同的书面细化和确认,其目的是履约的方便以及对招投标进行行政管理的方便,不是合同成立的实质要件。主要理由在于:

首先,招标人招标的目的在于选择合适的承包人,而投标人投标的目的在于承接建设工程项目。对于中标人和招标人来说,中标通知书发出表示双方当事人就工程项目的质量、价款、工期及其他相关内容达成了合意,即在双方当事人之间设立了具体的债权债务关系,对合同的主要内容均进行了约定。因此,中标通知书发出,意味着招标人和中标人之间确立了承发包关系。

其次,招投标法的目的是规范招标投标活动,保护国家利益、社会公共利益和当事人的合法权益。招标投标程序关乎缔约的公开、公平、公正。中标通知书的发出并非随意所为,而是有招投标法等相关法律法规对程序正义和结果公正的保证。而预约是一个暂时性的契约,如果这一重要过程所形成的结果仅仅构成预约合同,显然降低了招标投标程序的地位,不利于维护招投标法的权威性和严肃性。

最后,预约违约损失基本相当于本约的信赖利益损失,通常包括所受损失与所失利益。其中,所受损失包括缔约费用、准备履行所需费用、已给付资金的利息等;所失利益主要是另失订约机会之损害。本约合同的违约损失则为履行利益,其中包含可得利益。可见,预约违约损失实际上与本约的缔约过失责任相比,赔偿范围

① 还可参见新乡市新星房地产开发有限公司与河南省第二建设集团有限公司建设工程施工合同纠纷申请案[最高人民法院(2013)民申字第876号]。在该案中,最高人民法院认为:"合同采取要约与承诺的方式订立,招标的法律性质为要约邀请,而投标的法律性质为要约,中标属于承诺。《施工招标文件》第3.1条关于以优惠率形式报价的规定,已由新星公司和二建公司通过投标与中标达成合意,共同确认合同价格为工程总造价的优惠率8.5%,该约定对双方当事人具有合同约束力,故投标和中标文件设定的优惠率是双方工程价款的结算依据。新星公司关于优惠率只是报价方式、缺乏合同依据的申请再审主张,不应支持。"

总体相当。由于建设工程标的大、招标投标周期长、费用高,程序复杂,赋予中标通知书其发出本约合同即成立的法律效力,给予当事人更为严苛的守约义务,有利于保护守约方的合法权益,对诚实守信市场氛围的形成和正常招标投标秩序的维护起到积极作用。

三、招投标中的法律适用

既然《民法典》合同编与《招投标法》(2017年修正)关于同一问题的规定存在不同之处,那么在遇到具体问题时,应该适用哪一部法律呢?由于《民法典》与《招投标法》(2017年修正)都是由国家最高权力机关全国人民代表大会制定,其法律效力仅次于宪法。根据《立法法》(2015年修正)的规定,从法律的位阶来看,它们属于同位法,也就是说它们是由同一立法机关制定的具有相同等级的法律,因而它们应该具有同等的法律效力。

从另一个角度来看,《民法典》与《招投标法》(2017年修正)又是同位法中一般法与特别法的关系,因为《民法典》中对要约与承诺的规定是一种普遍性的规定,属于一般法,而《招投标法》(2017年修正)则是针对招标投标这样一个特别的活动所作的规定,属于特别法。根据《立法法》(2015年修正)的规定,在特别法与一般法对同一问题出现不同的规定时,应该优先适用特别法的规定。因此在招标投标活动中,应该首先适用《招投标法》(2017年修正),在《招投标法》(2017年修正)没有规定的情况下,再适用《民法典》。《招投标法》(2017年修正)与《民法典》的规定不同的,适用《招投标法》(2017年修正)。

四、超过法定30日后签约的效力

依据《招投标法》(2017年修正)第46条第1款的规定,招标人和中标人应当自中标通知书发出之日起30日内,按照招标文件和中标人的投标文件订立书面合同。但实务中,由于各种原因(如双方内部的合同审批周期过长、中标后继续协商谈判以及故意拖延等),双方往往并未能在中标通知书发出之日起30日内签订书面合同,而是在30日之后签订了书面合同。由于该条"应当"一语的影响,那么如此签订的书面合同是否有效呢?

在方远建设集团股份有限公司与温岭市电影发行放映公司建设工程施工合同纠纷上诉案[浙江省高级人民法院(2009)浙民终字第45号]中,法院认为:

《招投标法》第46条"招标人和中标人应当自中标通知书发出之日起三十日内,按照招标文件和中标人的投标文件订立书面合同。招标人和中标人不得再行订立背离合同实质性内容的其他协议"的规定,主要价值取向是规范招标投标活动,保证项目质量,维护国家利益与社会公共利益。建设工程施工招投标双方签订中标备案合同后,当事人变更合同的权利仅限于与合同内容不发生实质性背离的范围,目的也仅仅是限定一定时间约束当事人尽快订立合同,并未规定在限定时间内未签订书面合同而导致合同无效的法律后果。因此,并不能仅因双方当事人根据招标文件和中标人的投标文件内容签订的合同超过了该规定时间即认定合同无效。

从上述裁判可以看出,在中标通知书发出之日起30日后,双方可以签订合同,若无其他法定的无效事由,如此签订的合同有效。其逻辑在于,该"30日"的时间规定不属于效力性强制性规定,对合同的效力不产生影响。

五、中标人授权其他主体签约的效力

依据《招投标法》(2017年修正)第46条第1款的规定,招标人和中标人应当签订书面合同。但在实务中,经常出现中标人将中标的项目转交给他人(可能是无关联的第三人、也可能是其关联子公司或其分公司)签订合同的情形,那么如此签订的合同效力如何呢?

对于中标人将合同转交无关联的第三方公司或关联子公司签订合同的情形,违反《招投标法》(2017年修正)及其他法律的规定而无效并无争议。依据《招投标法》(2017年修正)第46条第1款的规定,参加招标投标是成为合同当事人的必要条件之一,未参加招标投标的其他法人或组织不得在定标之后直接成为合同当事人。同时《招投标法》(2017年修正)第33条规定:"投标人不得以低于成本的报价竞标,也不得以他人名义投标或者以其他方式弄虚作假,骗取中标。"第54条第1款规定:"投标人以他人名义投标或者以其他方式弄虚作假,骗取中标的,中标无效……"实践中,这样的情形主要发生在"借用资质挂靠"的情形下。① 此外,《建筑法》(2019年修订)第28条也规定:"禁止承包单位将其承包的全部建筑工程转包给他人,禁止承包单位将其承包的全部建筑工程肢解以后以分包的名义分别转包给他人。"因此,在建筑工程的情形下,若中标人将整个合同转让给其他人,事实上也违反了前述规定,将导致合同的转让无效。

对于中标人授权其分公司签订合同的情形,在青海亿民房地产开发有限公司、中鼎国际工程有限责任公司建设工程施工合同纠纷二审民事判决书[最高人民法

---

① 参见范某传、安徽水安建设集团股份有限公司建设工程施工合同纠纷二审民事判决书[安徽省高级人民法院(2020)皖民终507号]。

院(2018)最高法民终407号]中,最高人民法院认为:

二审庭审中,亿民公司还提出施工合同签订主体和中标通知书记载不一致因此合同无效的抗辩理由。本院认为,虽然《中标通知书》载明案涉工程中标单位为中鼎公司,但公司的中标项目交于其分支机构中鼎国际工程有限责任公司青海分公司(以下简称中鼎公司青海分公司)施工,并不为法律所禁止,且亿民公司与中鼎公司青海分公司签订施工合同和补充协议,明确同意中鼎公司青海分公司施工并支付工程款,亿民公司亦无证据证明中鼎公司青海分公司系借用资质挂靠施工,故亿民公司该抗辩理由不能成立。一审判决认定案涉施工合同、补充协议和《协议书》合法有效并无不当。

在本案中,最高人民法院认为,中标公司可以将中标项目交给其分公司承担,分公司签订中标合同有效,其理由是法律法规并未禁止。此外,依据《公司法》(2018年修正)、《公司登记管理条例》(2016年修订)的相关规定,分公司作为总公司的分支机构,是总公司内部的一个组成部分。分公司的经营范围不得超出总公司的经营范围,总公司可以将其经营业务交由分公司来办理。因此,公司在中标后将其中标项目交由其分公司来办理,属于其亲自办理,分公司代表其签订合同,实际上相当于中标人亲自与招标人订立合同。分公司代替中标人签约时,其法律责任最终还是要由作为法人的总公司承担。就此,《民法典》第74条第2款规定:"分支机构以自己的名义从事民事活动,产生的民事责任由法人承担;也可以先以该分支机构管理的财产承担,不足以承担的,由法人承担。"所以,从最终法律责任承担的角度来看,分公司订立合同,由法人保底承担责任,并不损害招标人利益。但如果是子公司,它与母公司同为独立的企业法人,母公司并不为其子公司承担连带责任或补充责任,子公司也不能代替母公司订立合同,否则属于合同的整体转让,违反《招投标法》(2017年修正)的规定。

第五节　国有资产交易合同的成立

在法律实务中,国有资产交易既有一般性,也有特殊性。所谓一般性,是指它本质上是一种交易行为,与其他交易行为一样,都受《民法典》、《公司法》(2018年修正)等民商事法律的调整。所谓特殊性,是指其交易标的国有资产、交易程序等具有特殊性,还受《企业国有资产法》、《企业国有资产交易监督管理办法》(国资委、财政部令第32号,以下简称32号令)、《拍卖法》(2015年修正)、《招投标法》(2017年修正)等特别法律的调整。依据32号令的相关规定,国有资产交易行为包括企业产权转让、企业增资和企业资产转让三大类交易行为,对应国有资产产权交易合同、企业增资协议和企业资产转让合同三大类交易合同。

一、国有资产交易合同概述

32号令第23条明确要求:“受让方确定后,转让方与受让方应当签订产权交易合同……”此处的“产权交易合同”属于商事合同,客观上要求比一般的民事合同更具备完整的内容、规范的形式,以促进交易、避免风险。因此,相关的部门规章、规范性文件对此都有特别要求。例如,原《企业国有产权转让管理暂行办法》(国资委、财政部令第3号,以下简称3号令)①第19条就曾经对企业国有产权转让合同应当包括的主要内容进行明确。尽管3号令被废止了,而2016年6月实施的32号令并未涉及此项规定,但《企业国有产权交易操作规则》(国资发产权〔2009〕120号,以下简称120号文)第35条作出了类似的规定。该条规定:“产权交易合同条款包括但不限于:(一)产权交易双方的名称与住所;(二)转让标的企业的基本情况;(三)产权转让的方式;(四)转让标的企业职工有无继续聘用事宜,如何处置;(五)转让标的企业的债权、债务处理;(六)转让价格、付款方式及付款期限;(七)产权交割事项;(八)合同的生效条件;(九)合同争议的解决方式;(十)合同各方的违约责任;(十一)合同变更和解除的条件。”

在实践中,120号文第35条所列示的11项内容已成为产权交易合同(尤其是产权交易所或交易中心产权交易合同示范)的“必备条款”。② 依据120号文第36条的规定:“产权交易机构应当依据法律法规的相关规定,按照产权转让公告的内容以及竞价交易结果等,对产权交易合同进行审核。”对于缺乏上述“必备”条款的交易合同,交易机构在审核过程中一般要求补充,或者就直接要求按照交易机构的交易合同示范签署,不允许作出实质性修改。

原则上,产权交易合同的必备条款也同样适用于资产转让合同,因为两者不存在本质区别,都属于买卖合同。至于增资协议,32号令及国资委其他规范性文件并无明确规定,可以参照普通增资协议的相关内容拟定。

---

① 本办法被国务院国资委《关于公布规章规范性文件清理结果的公告》(国务院国有资产监督管理委员会公告2017年第1号)于2017年12月29日全文废止。

② 例如,北京市产权交易所《北京产权交易所企业国有产权转让组织交易签约操作细则》第8条、上海联合产权交易所《上海联合产权交易所有限公司企业国有产权转让组织交易签约操作细则》第8条、西南联合产权交易所《西南联合产权交易所企业国有产权交易规则》第52条、《重庆联合产权交易所集团企业国有产权转让组织交易签约操作细则》第5条等与120号文第35条的规定完全相同。

二、国有资产产权交易合同的法律适用

在国有资产进场挂牌交易业务中,往往还会涉及法律适用的问题。主要是适用《拍卖法》(2015 年修正)还是适用一般法律的问题。实践中,主要涉及如下两个方面的争议问题:一是,在国有资产进场挂牌交易业务中,交易所的规则、委托拍卖服务合同以及挂牌公告中,通常会约定:“采用集中竞价的,信息披露期满后,只征集到一个合格意向受让方的,由本所组织交易双方按转让底价与受让方报价孰高原则直接签约(协议转让);征集到两个以上合格意向受让方的,由本所组织拍卖、竞价(网络竞拍),确定最终受让方。”在实践中,经常会出现仅征集到一家意向受让方并将其确定为受让方,但受让方基于各种原因拒绝签约的情形。此时,仅有“一人竞买”的情况下,能否适用《拍卖法》(2015 年修正)。二是,在交易所充当拍卖机构进行拍卖时,是否违反《拍卖法》(2015 年修正)第 2 条“本法适用于中华人民共和国境内拍卖企业进行的拍卖活动”之规定,能否适用《拍卖法》(2015 年修正)。

(一)“一人竞买”能否适用拍卖法

在“一人竞买”情形下,涉及的争议焦点是“一人竞买”是否符合《拍卖法》(2015 年修正)第 3 条“拍卖是指以公开竞价的形式,将特定物品或者财产权利转让给最高应价者的买卖方式”的规定。就此而言,存在如下两种观点:

观点一:只有一人竞买,无法形成公开竞价,依法应认定为无效。这是以往拍卖实务界的主流观点,认为拍卖会仅有一人参加竞买,违反拍卖法公开竞价、价高者得的基本原则。竞价只能发生在两个以上的竞买人之间,单独一个竞买人无法形成竞价。同时根据法律规定以及中拍协法律咨询与理论研究专业委员会历史上的多次答复,在只有一人竞买的情况下,不能满足法定的“经拍卖竞价程序处分拍卖标的”的规定,拍卖会应当中止。

观点二:一人竞买不影响拍卖效力。虽然有些地方规章及部门规章对竞买人数有明确规定,但认定拍卖行为无效应当依据是否违反法律、行政法规的禁止性规定,而一人参加竞买是否构成无效的问题,无论是《民法典》(原《合同法》)、《拍卖法》,还是与拍卖相关的行政法规,都无明确禁止性规定。拍卖法并未要求竞买者应当在二人以上,拍卖活动只要能够启动公开竞价程序即可达到使拍卖标的价值最大化的目的,故竞买者为一人并不违反拍卖法规定。

在重庆三色实业有限责任公司与重庆衡器厂、重庆集丰物业管理有限公司、重

庆沛东房地产开发有限公司、重庆止得文化传播有限公司拍卖合同纠纷申请再审民事裁定书[最高人民法院(2014)民申字第1071号]中,三色公司申请再审称:涉案拍卖活动违反拍卖法公开竞价、价高者得的基本原则。竞价只能发生在两个以上的竞买人之间,单独一个竞买人是无法形成竞价的。最高人民法院认为:

在我国相关法律行政法规并不禁止一人竞拍、双方已经履行了买卖合同、交易目的已经实现的情况下,三色公司主张本案拍卖行为无效的再审申请理由不能成立,本院不予支持。

在济南市鑫达房地产开发建设总公司、山东鸿苑房地产开发有限公司与山东佳联拍卖有限公司、山东济南润丰农村合作银行等拍卖合同纠纷二审民事判决书[山东省高级人民法院(2011)鲁商终字第75号]中,鑫达公司不服原审判决上诉称:根据法律规定以及中拍协法律咨询与理论研究专业委员会的答复,在只有一人竞买的情况下,不能满足法定的“经拍卖竞价程序处分拍卖标的”的规定,拍卖会应当中止。本案只有三合公司一人竞买,无法形成公开竞价,依法应认定为无效。法院认为:

一人竞买,拍卖合同也并不当然无效。《最高人民法院关于适用〈中华人民共和国合同法〉若干问题的解释(一)》第四条规定:“合同法实施以后,人民法院确认合同无效,应当以全国人大及其常委会制定的法律和国务院制定的行政法规为依据,不得以地方性法规、行政规章为依据。”对拍卖过程中一人竞买问题,法律、行政法规包括《中华人民共和国拍卖法》并无禁止性规定,鑫达公司提供的中拍协的复函和商务部办公厅关于解释《拍卖法》有关规定的意见等均非法律、行政法规,不应依此来确定拍卖合同无效。

另外,类似可参考的案例还包括巴中九牛房地产开发有限公司与四川巴中金涛拍卖有限责任公司、李某、周某华、罗甲、罗乙、李某梅、李某波、苟某、伍某松、巴中市人民政府办公室拍卖合同纠纷再审民事判决书[四川省高级人民法院(2015)川民提字第97号]、长安银行股份有限公司商洛分行与商南豪迪钒业有限公司、陕西商南豪迪油脂有限公司、许某平借款合同纠纷执行裁定书[陕西省高级人民法院(2017)陕执复91号]等。

此外,自2017年1月1日起施行的《网络司法拍卖司法解释》第11条规定:“网络司法拍卖不限制竞买人数量。一人参与竞拍,出价不低于起拍价的,拍卖成交。”虽然该规定是为了规范网络司法拍卖行为的解释,但亦可看出,最高人民法院在此问题上的立场,即一人竞买并不违反公开竞价的基本原则,拍卖结果合法有效。此外,在《关于“一人竞买应否中止拍卖”的复函》(中拍法函字〔2019〕3号)也明确:"拍卖人依照《拍卖法》第四章第二节之规定,进行拍卖公告与展示后,仅有一人办理参与竞买手续并参与竞买环节的,拍卖人可不中止拍卖。"①

笔者赞同"一人竞买"若无其他无效的法定事由,则应当认定为拍卖有效。理由在于:第一,公开竞价形式不只是指在拍卖会上的公开竞价,更是指在举行拍卖会前拍卖行的实施过程是否公开。同时,拍卖会现场拍卖师的报价过程亦是一种竞价过程,所以只要按照《拍卖法》(2015年修正)规定的程序进行操作,符合公开的要求,就会达到无形的"竞价"过程。第二,我国法律法规并未明确要求同一标的的竞买人必须达到两人以上。第三,关于拍卖无效的认定,只能依据法律、行政法规的明确规定。

(二)交易机构充当拍卖企业进行拍卖是否合法

如前所述,在交易所充当拍卖机构进行拍卖时,主要的问题在于是否违反《拍卖法》(2015年修正)第2条"本法适用于中华人民共和国境内拍卖企业进行的拍卖活动"之规定,能否适用《拍卖法》(2015年修正)。这涉及该规定属于效力性强制性规定还是管理性强制性规定的问题。

在董某荣、乐山产权交易中心有限公司拍卖合同纠纷二审民事判决书[四川省乐山市中级人民法院(2017)川11民终1031号]中,法院认为:

关于本案案由是否应为拍卖合同纠纷的问题。原告董某荣主张本案案由应为合同纠纷,而不应是拍卖合同纠纷,其理由是本案的交易方式是网络竞价,既没有具有资质的拍卖企业组织拍卖活动,也没有拍卖师主持拍卖活动,本案的交易行为不符合《中华人民共和国拍卖法》第二条规定,不应确定为拍卖合同纠纷。该院认为,《中华人民共和国拍卖法》第三条规定,"拍卖是指以公开竞价的形式,将特定物品或者财产权利转让给最高应价者的买卖方式"。根据本案查明的事实,涉案标的峨眉山龙门洞电站由其产权人乐电峨眉山分公司委托被告乐山产权交易中心转让,转让方式为不设保留价的增价式网络竞价,被告乐山产权交易中心发布了《竞价公告》、《交易须知》,经过了网上公开竞价的形式,将涉案标的转让给作为最高应价者的原告董某荣,本案中,既有履行拍卖人职责的乐山产权交易中心,也有委托人乐电峨眉山分公司,还有竞买人董某荣,符合拍卖法律关系的要件。《中华人民共和国合同法》第一百七十五条规定"拍卖当事人的权利义务以及拍卖程序等,依照有关法律、行政法规的规定",本案属于在网络竞拍过程中产生的纠纷,网络竞

① http://www.caa123.org.cn/zxwyh/zxwyh_index.jsp?contentid=14357,2021年4月6日访问。

拍系拍卖的一种特殊形式,在其有特别规定时依其规定,在无特别规定时,可适用《中华人民共和国拍卖法》的一般规定,因其在拍卖过程中产生的纠纷,故案由应为拍卖合同纠纷。至于《中华人民共和国拍卖法》第二条"本法适用于中华人民共和国境内拍卖企业进行的拍卖活动"规定,应属管理性规范,不属于效力性强制性规定,被告乐山产权交易中心虽不具有拍卖人资质,但其作为依法设立的产权交易机构,通过网络拍卖国有资产不违反法律、行政法规的效力性强制性规定,其拍卖活动合法有效。在拍卖法律关系中,被告乐山产权交易中心应是本案适格被告,故被告乐山产权交易中心主张其不是本案适格被告的主张不成立,本院不予支持。

笔者赞同上述判决观点。理由在于,目前我国实践中大量存在的网络拍卖并非都由有资格的拍卖企业进行,其并不影响拍卖活动的进行。《拍卖法》(2015 年修正)第 2 条之规定,更多的是从行业准入的角度进行的行业管理规范,不应成为适用《拍卖法》(2015 年修正)的障碍。

三、国有资产产权交易合同的成立

在国有产权交易业务中,受让方确定后,应当在交易条件约定的期限内与转让方签约。32 号令第 23 条规定:"受让方确定后,转让方与受让方应当签订产权交易合同……"120 号文第 34 条规定:"产权交易机构应当在确定受让方后的次日起 3 个工作日内,组织交易双方签订产权交易合同。"因此,在产权交易机构制定的交易规则中,一般会规定受让方确定后,转让方与受让方应当按照信息披露公告的要求及时签订产权交易合同。实践中,有的约定在交易成交后 3 个工作日内,有的约定在 5 个工作日内。

尽管如此,实务中,也经常会出现受让方确定后,出于各种原因未能签约的情形,此时首先的、最核心的争议就是产权交易合同是否成立,因为这必将涉及各方法律责任如何承担的问题。类似于"招拍挂"中合同何时成立的争议,在国有资产产权交易中,由于通常采用的是公开竞价方式(拍卖、招投标、网络竞价以及其他公开竞价方式)以及附带的协议受让方式,因此,争议的起点往往就是法律的适用(是适用《拍卖法》或一般的法律),并在此基础上认定交易合同是否成立。下面以国有资产产权交易为例,实务中主要存在如下两种观点:

观点一:受让方一经确认[如发出交易成交告知函并送达或拍卖师落锤(或签署成交确认书)视为承诺生效],就表明交易已经达成,交易双方就交易行为达成了一致,合同关系成立。其主要依据是,《民法典》第 483 条规定:"承诺生效时合同成立,但是法律另有规定或者当事人另有约定的除外。"(参见原《合同法》第

25条)。

观点二:交易双方未签署书面的《产权交易合同》,双方的产权交易合同并未成立。主要依据是,《民法典》第490条第1款前句规定:“当事人采用合同书形式订立合同的,自当事人均签名、盖章或者按指印时合同成立。”(参见原《合同法》第32条)并且第490条与第483条规定属于特别规定与一般规定的关系。

实践中,由于交易所的交易规则、交易公告等都要求在交易成交后3个或5个工作日签署书面的《产权交易合同》,故通常认为交易双方只有在签署了书面合同时,合同才成立。从司法实践来看,大多数法院也认为在未签署书面合同的情形下产权交易合同不成立。例如,在北京产权交易所有限公司(以下简称北交所)、天津市津圣渤雅投资有限责任公司(以下简称津圣渤雅公司)与中海石油投资控股有限公司(以下简称中海油公司)股权转让纠纷二审民事判决书[北京市第二中级人民法院(2017)京02民终6179号]中,法院认为:

中海油公司与津圣渤雅公司就富岛大酒店55%股权转让的合同关系是否已经成立。本案中,中海油公司称,其与津圣渤雅公司之间已经就富岛大酒店55%股权的转让达成了一致意思表示,双方之间的股权转让合同已经成立,但基于津圣渤雅公司未按照约定签署《产权交易合同》,故要求解除双方之间的股权转让合同关系。津圣渤雅公司的意见为,双方之间由于未签订书面《产权交易合同》,故根据相关法律规定,双方之间的股权转让合同并未成立。法院的意见为,《中华人民共和国合同法》(以下简称《合同法》)第十条规定:当事人订立合同,有书面形式、口头形式和其他形式。法律、行政法规规定采用书面形式的,应当采用书面形式。当事人约定采用书面形式的,应当采用书面形式。第三十二条规定:当事人采用合同书形式订立合同的,自双方当事人签字或者盖章时合同成立。《企业国有产权交易操作规则》第三十四条约定,产权交易机构应当在确定受让方后的次日起3个工作日内,组织交易双方签订产权交易合同。本案中,根据《产权转让公告》中关于交易条件的内容“意向受让方同意自被确认为最终受让方后3个工作日内与转让方签署《产权交易合同》,并在合同生效后3个工作日内支付剩余交易价款到北交所指定账户。”以及《产权交易合同》文本中所约定的“本合同自甲乙双方的授权代表签字或盖章之日起生效”的内容可知,签署书面的《产权交易合同》系中海油公司和津圣渤雅公司就富岛大酒店55%股权转让合同订立之成立及生效要件,现双方之间并未签订书面《产权交易合同》的情况下,中海油公司和津圣渤雅公司之间的股权转让合同并未成立,且根据涉案项目现在已经停牌的实际情况,中海油公司主张终止与津圣渤雅公司之间的交易关系已经实际发生,无须通过判决再行确认,但因股权转让合同未成立,故亦不存在解除双方之间股权转让合同的情形。故对于中海油公司要求解除其与津圣渤雅公司之间的买卖合同关系的主张,法院不予支持。

在北京市通州顺风旅行社、杨某与北京浩恒会计师事务所(普通合伙)、北京中衡信诚资产评估有限公司等合同纠纷二审民事判决书[北京市第二中级人民法院(2017)京02民终4110号]中,法院认为:

顺风旅行社系全民所有制企业,其上级单位通盛达公司对外转让持有的国有产权项目应当依据《企业国有产权转让管理暂行办法》(以下简称《转让办法》)的规定办理,《转让办法》第十七条第四款规定:"企业国有产权转让成交后,转让方与受让方应当签订产权转让合同,并应当取得产权交易机构出具的产权交易凭证。"北交所的公告中载明:受让人应在被确定后5个工作日内订立书面合同,并在合同生效后3个工作日内支付剩余价款。根据《转让办法》和公告内容,出让人与买受人设立有效的买卖合同关系应订立书面合同。通盛达公司通过北交所公告出让意向并附有《产权交易合同》文本,杨某参与动态报价,在征得两个意向受让人后,因其在多次报价中出价最高而被确定为受让人,杨某系以该价格受让标的为意思表示内容向通盛达公司作出了要约,而通盛达公司经过对主体资格审核等通过北交所告知杨某被确认为受让方即为承诺,双方已经达成了一致的意思表示,但该意思表示还应经双方当事人在书面合同中签字或者盖章,合同方成立。因杨某与通盛达公司尚未依据约定签订书面转让合同,故双方之间的买卖合同关系尚未成立。

尽管如此,仍然有部分法院认为交易合同在受让方确认之时即成立。例如,在董某荣、乐山产权交易中心有限公司拍卖合同纠纷二审民事判决书[四川省乐山市中级人民法院(2017)川11民终1031号]中,法院认为:

关于原告与被告乐电峨眉山分公司的买卖合同是否成立的问题。原告主张与被告乐电峨眉山分公司之间处于缔约过程中,双方未签订合同,买卖合同未成立。该院认为,合同的成立,是指当事人通过要约和承诺的方式对合同的必要条款达成合意,当事人的意思表示达成一致时,合同才能成立。根据本案查明的事实,被告乐山产权交易中心接受被告乐电峨眉山分公司委托,在其中心网站以及淘宝网等公布涉案标的的《竞价公告》、《交易须知》、标的物介绍及《产权交易合同》等,其公布的内容则是被告乐电峨眉山分公司向意向受让方发出的要约邀请,而原告按照拍卖注册要求在淘宝网上进行注册,并交纳了保证金,按规定的时间,参加了网络竞价,其出价行为即为要约,而被告乐山产权交易中心受被告乐电峨眉山分公司的委托,通过网络对其在竞价周期所出的最高价在拍卖结果中予以公开确认,即为对原告要约的承诺,这说明了原告与被告乐电峨眉山分公司就转让标的达成了合意,双方买卖合同成立。故对原告关于与被告乐电峨眉山分公司只是在缔约过程中,合同未成立的主张,本院不予支持。被告乐电峨眉山分公司隶属于乐山电力股份有限公司,乐山电力股份有限公司系国有控股公司,涉案标的峨眉山龙门洞电站的整体转让经过了乐山电力股份有限公司的总经理办公决策会议议定同意,并经银信资产评估有限公司进行了资产评估,其后被告乐电峨眉山分公司委托依法设立的产权交易机构乐山产权交易中心进行企业国有资产产权转让,符合国有资产产权转让的相关规定。乐山产权交易中心在整体资产转让前发布了《竞价公告》、《交易须知》,并经过网络竞价的形式对涉案标的进行了拍卖,而原告董某荣通过网络拍卖成功竞得涉案标的,其与被告乐电峨眉山分公司之间的买卖合同是双方真实意思表示,未违反法律、行政法规的强制性规定,且不损害国家利益和社会公共利益,合同合法有效。

四、未按期签约的法律责任

在受让方未按照交易规则和交易公告约定的期限签署书面的产权交易合同时,交易规则和交易公告通常有明确的约定。例如,"当发生下列情形时,本所不予退还保证金:(一)意向受让方经本所确认为受让方后,受让方无正当理由拒不签署交易合同,且逾期时间超过一个月的……"此种情况下,交易所将意向受让方缴纳的"交易保证金"(各交易所规定的比例一般不超过30%)予以扣除并转付给委托方。而意向受让方往往会主张委托方返还交易保证金,争议的焦点除了前述的交易合同是否成立以及如何承担法律责任之外,还涉及交易保证金的法律性质问题。

对于如何承担法律责任,实际上涉及的首要问题是交易合同是否成立。若交易合同未成立,则受让方承担的将是缔约过失责任;反之,则承担的是违约责任。若为前者,司法实践中,法院通常直接按照交易规则和交易公告的规定,直接支持扣除交易保证金;若为后者,则需要依据合同约定以及实际损失的大小予以判定。

例如,在北京产权交易所有限公司(以下简称北交所)、天津市津圣渤雅投资有限责任公司(以下简称津圣渤雅公司)与中海石油投资控股有限公司(以下简称中海油公司)股权转让纠纷二审民事判决书[北京市第二中级人民法院(2017)京02民终6179号]中:

一审法院认为:津圣渤雅公司在被确认为唯一受让方后,未按约定与中海油公司签署《产权交易合同》,应当承担相应的缔约过失责任,该缔约过失责任在《产权交易公告》中亦有明确约定,即中海油公司有权划扣津圣渤雅公司交纳的751万元的保证金。而津圣渤雅公司主张中海油公司向其支付利息损失的反诉请求,因中海油公司并不存在缔约过失责任,一审法院不予支持。同时,虽然北交所对津圣渤雅公司交纳的751万元的保证金享有控制权,但在交易双方产生争议时,对保证金不进行处置的行为,亦未侵害交易双方的利益,故北交所在本案中并不承担责任。基于北交所对保证金的控制权,北交所仅有向中海油公司支付上述751万元保证金的义务。

二审法院认为:根据富岛大酒店55%股权转让项目《产权转让公告》载明的内容,若非转让方的原因,意向受让方在被确定为受让方后未按约定时限与转让方签署《产权交易合同》的或未按约定时限支付交易价款的,转让方有权扣除意向受让方交纳的交易保证金。意向受让方须承诺自被确认为最终受让方后3个工作日内与转让方签署《产权交易合同》,并在合同生效后3个工作日内支付剩余交易价款到北交所指定账户。现津圣渤雅公司已经向北交所交纳了751万元保证金,并出具《承诺书》对上述事项作出承诺,且其已经被中海油公司确认为最终受让方,但其却未按照约定时限与中海油公司签署《产权交易合同》,故中海油公司要求北交所支付津圣渤雅公司交纳的751万元保证金依据充分,一审法院予以支持并无不当。津圣渤雅公司主张富岛大酒店的另一股东海南油气公司未放弃优先购买权,涉案股权存在瑕疵,无法办理工商变更登记,但未提供充分证据证明,本院不予采信。本院认为,在约定时限内与中海油公司签署《产权交易合同》是津圣渤雅公司应当在先履行的义务,即使涉案股权存在瑕疵,津圣渤雅公司亦可在合同签署后追究中海油公司的违约责任,其以此为由拒绝与中海油公司签署《产权交易合同》依据不足,本院不予支持。津圣渤雅公司关于本案应适用《中华人民共和国招标投标法实施条例》关于保证金的规定缺乏法律依据,本院亦不予支持。

需要说明的是,在本案中,津圣渤雅公司认为本案的保证金性质为投标保证金,保证金比例的约定应适用《招标投标法实施条例》(2011年修订)关于保证金的规定。依据该条例第26条的规定,招标人在招标文件中要求投标人提交投标保证金的,投标保证金不得超过招标项目估算价的2%。如果不排除该保证金的性质为履约保证金,依据该条例第58条的规定,招标文件要求中标人提交履约保证金的,中标人应当按照招标文件的要求提交,履约保证金不得超过中标合同金额的10%。北交所认为,北交所是国家指定的国有产权交易机构,在北交所进行的国有产权交易应遵守北交所的交易规则。涉案项目并未采用招投标方式,交易保证金是中海油公司在转让申请中明确提出的,且约定了交易保证金的处置方式,北交所根据中海油公司的转让申请发布公告,津圣渤雅公司根据北交所发布的公告提交受让申请,这表明其已了解并同意公告的内容,其在上诉意见中又提出交易保证金属于投标保证金应适用投标保证金的规定,没有事实和法律依据,且与其提交申请时的承诺相互矛盾,不应予以支持。

就交易保证金的法律性质而言,这一直是学理界和实务界争论不休的一个问题。主要包括"立约定金说""履约保证金说""金钱质押说""非典型性担保说"等,这些观点各有其理由,也各有其缺点,限于篇幅不再展开深入讨论。司法实践中,法院一般回避直接认定交易保证金的性质,直接判决依据交易所规则和交易公告的规定进行扣除。

五、交易机构的交易合同与格式条款

由于交易机构的交易合同通常都符合重复使用之目的而预先拟定,且至少未与对方充分协商,因此,往往会引发当事人对其中部分条款是否构成格式条款的争议。司法实践中,对此的认定通常是交易合同整体上不属于格式合同,因为该合同经过了当事人之间的协商,且很多实质性内容是需要双方协商确定填列。但对于部分固定的、不可修改的条款是否构成格式条款,则需要具体情况具体分析。有关的具体内容可参见后文"格式合同与示范合同的区别"部分。

第六节 经批准生效的合同:报批条款的独立性

一、报批条款的独立性立法的演变

关于未经批准的合同的效力问题(报批条款独立性),立法经历了一个认识不断深化的过程。主要包括:

第一,原《合同法司法解释(二)》第8条规定:依照法律、行政法规的规定经批准或者登记才能生效的合同成立后,有义务办理申请批准或者申请登记等手续的一方当事人未按照法律规定或者合同约定办理申请批准或者未申请登记的,属于合同法第四十二条第(三)项规定的"其他违背诚实信用原则的行为",人民法院可以根据案件的具体情况和相对人的请求,判决相对人自己办理有关手续;对方当事人对由此产生的费用和给相对人造成的实际损失,应当承担损害赔偿责任。这一规定的实质是将违反报批义务的法律后果归结为缔约过失责任,权利人只能要求赔偿相应的实际损失。

第二,原《外商投资企业纠纷司法解释(一)》(2010年)第1条规定:当事人在外商投资企业设立、变更等过程中订立的合同,依法律、行政法规的规定应当经外

商投资企业审批机关批准后才生效的,自批准之日起生效;未经批准的,人民法院应当认定该合同未生效。当事人请求确认该合同无效的,人民法院不予支持。前款所述合同因未经批准而被认定未生效的,不影响合同中当事人履行报批义务条款及因该报批义务而设定的相关条款的效力。这一规定第一次明确了在外商投资企业纠纷案件中报批义务条款及相关条款的独立效力,但也形成了"内外资"区别对外的割裂状态。

第三,《九民纪要》第 38 条规定:

须经行政机关批准生效的合同,对报批义务及未履行报批义务的违约责任等相关内容作出专门约定的,该约定独立生效。一方因另一方不履行报批义务,请求解除合同并请求其承担合同约定的相应违约责任的,人民法院依法予以支持。

《九民纪要》第 40 条规定:

人民法院判决一方履行报批义务后,该当事人拒绝履行,经人民法院强制执行仍未履行,对方请求其承担合同违约责任的,人民法院依法予以支持。一方依据判决履行报批义务,行政机关予以批准,合同发生完全的法律效力,其请求对方履行合同的,人民法院依法予以支持;行政机关没有批准,合同不具有法律上的可履行性,一方请求解除合同的,人民法院依法予以支持。

关于报批义务及相关条款应否独立生效,存在不同观点。一种观点认为,在整个合同未生效的情况下,报批义务及相关条款独立生效既缺乏法律依据,也缺乏法理依据。另一种观点则认为,正因为整个合同未生效,才有必要规定当事人报批义务,并通过促使其履行报批义务,促进未生效合同向有效合同转化。《九民纪要》采纳了后一种观点,即"独立生效说"。

司法指导意见之所以规定整个合同未生效不影响当事人间有关报批义务条款以及因报批义务而设定的相关条款的效力("独立生效说"),是因为实践中因审批而导致的合同纠纷,症结往往在于当事人不去报批而不是行政机关不批准。而当事人不报批,合同未生效;合同未生效,一方不能请求另一方履行合同义务,包括履行报批义务;当事人无须履行报批义务,则其往往会视情况决定是否报批:报批对自己有利的,就去报批,反之,就不去报批。其结果是使得不诚信的当事人从其不诚信行为中获得利益,显然是不妥当的。正是看到前述问题,才有必要规定合同未生效不影响当事人间有关报批义务及因该义务而设定的违约责任等相关条款的效力。

二、报批条款的独立性的含义

《民法典》第 502 条第 2 款规定:"依照法律、行政法规的规定,合同应当办理批准等手续的,依照其规定。未办理批准等手续影响合同生效的,不影响合同中履行报批等义务条款以及相关条款的效力。应当办理申请批准等手续的当事人未履行义务的,对方可以请求其承担违反该义务的责任。"《外商投资纠纷司法解释(一)》(2020年修正)第1条规定:"当事人在外商投资企业设立、变更等过程中订立的合同,依法律、行政法规的规定应当经外商投资企业审批机关批准后才生效的,自批准之日起生效;未经批准的,人民法院应当认定该合同未生效。当事人请求确认该合同无效的,人民法院不予支持。前款所述合同因未经批准而被认定未生效的,不影响合同中当事人履行报批义务条款及因该报批义务而设定的相关条款的效力。"从上述规定可以看出,修正后的司法解释第1条并未作出任何改变,而《民法典》第502条则继承和吸收了原司法解释第1条第2款的规定,即肯定了报批义务条款及相关条款的独立有效性。

(一)报批条款独立性的法理依据

从法理上看,报批义务及相关条款独立生效也有坚实的理论依据。当事人间订立合同,核心目的自然是确定双方的权利义务关系。但还有两类合同条款,它们的性质决定了其独立于合同的权利义务条款:一是促成合同生效的条款。在合同以某一条件的成就为生效条件时,此种前提性的条款将独立于合同条款而事先生效。否则,就会陷入悖论,最终既无助于缔约目的的实现,也不利于诚实信用原则的维护。二是在合同无效、被撤销或者终止时,有关争议解决的条款(如结算、清算条款、仲裁条款)。事实上,前者针对的是合同的"生效前",后者则针对解决无效、被撤销或者终止后所生的争议,均具有手段性的特点,其不同于当事人通过合同享受权利承担义务的其他合同条款,当然具有独立性。因此,合同未生效不影响报批义务条款的效力。既然报批条款独立生效,则专门针对报批义务设定的相关条款自然也独立生效。

(二)"相关条款"的含义

所谓的"相关条款",主要是指有关违约责任的规定,即合同中专门约定的报批义务人怠于履行报批义务时将承担违约责任的特约,此种特约有别于主合同约定的违约责任条款。当然,"相关条款"并不限于与报批义务相关的违约责任条款,还包括其他与报批义务有关的条款,如在股权转让场合,双方约定受让人先支付一定比例的价款时转让人才履行报批义务;再如在履行报批义务时,双方对报批期限以及受让人的协助义务又作了约定,这些约定都是与报批义务相关的条款,都具有效力上的独立性,不受整个合同未生效的影响。

三、不履行报批义务的责任

与《九民纪要》第38条要求承担合同"约定"的相应违约责任不同,《民法典》第502条第2款第3句直接规定"应当办理申请批准等手续的当事人未履行义务的,对方可以请求其承担违反该义务的责任"。显然,后者是对前者的一个重大的修正。仍尚存疑虑的是,该款规定的"责任"到底是违约责任还是缔约过失责任,《民法典》语焉不详。特别是在合同中并未约定不履行报批义务时的违约责任条款时,争议更加凸显。就此,最高人民法院认为:

如果当事人在合同中明确约定了报批义务,此时报批义务属于合同义务当无疑问。即使当事人未在合同中对报批义务作出约定,基于诚实信用原则,当事人也负有报批义务。问题是,此时报批义务究竟属于合同义务还是先合同义务?有一种观点认为,报批义务属于先合同义务,因为《合同法司法解释(二)》第8条将当事人怠于履行报批义务的行为,认定为属于《合同法》第42条第3项规定的"其他违背诚实信用原则的行为"。而该条是有关缔约过失责任的规定,违反的是缔约阶段基于诚信原则产生的先合同义务,因此报批义务属于先合同义务。但先合同义务一般不能请求实际履行,且其对应的损害赔偿责任性质上也属于缔约过失责任。而《民法典》规定了报批义务及相关条款独立生效,还规定了违约责任,这些规定显然超出了先合同义务的范畴。就此而言,我们认为,即使合同没有规定报批义务,报批义务也属于基于诚信原则产生的可以独立请求的附随义务,属于合同义务的范畴。因为合同义务除了主给付义务外,还包括基于诚实信用原则而产生的附随义务以及不真正义务,这些义务构成一个义务群,其中附随义务又包括可以独立诉请的附随义务以及不可独立诉请的附随义务两类,报批义务属于其中能够独立诉请的附随义务,其功能在于促进主给付义务的实现。①

此外,在王利明主编的《中国民法典释评:合同编·通则》一书中,立法参与者也认为:违反报批义务条款,应当承担违约责任。在未报审批的情况下,尽管该合同整体上未生效,但由于报批义务条款具有独立性,该条款仍然有效,因此,依法当事人有权请求应当办理申请批准等手续的当事人履行义务,如果负有履行报批义务的人不履行义务,则应当承担违反该义务的责任。如何理解《民法典》第502条第2款第3句规定的"应当办理申请批准等手续的当事人未履行义务的,对方可以

① 参见最高人民法院民法典贯彻实施工作领导小组主编:《中华人民共和国民法典合同编理解与适用(一)》,人民法院出版社2020年版,第300-301页。

请求其承担违反该义务的责任”?笔者认为,此处所说的责任应当是违约责任,这就是说,当事人一方违反了报批义务条款,应当承担继续履行等违约责任。由于报批义务条款具有一定的独立性,即使整个合同并未生效,其中独立的报批义务条款也已经发生效力,违反这一已经生效的条款,所应承担的责任,在性质上应当是违约责任。此种违约责任的责任形式最主要的就是继续履行的责任,即当事人可以请求负有报批义务的一方继续履行报批义务。负有报批义务的一方拒绝报批的,则可能产生赔偿对方所遭受的损失的责任或违约金责任。但需要注意的是,此处的违约金责任,仅限于当事人专门就报批义务设定了违约金条款的情形,这一条款不因其他部分未生效而不发生效力。但是如果当事人仅就整个合同约定了违约金,则当事人仍然不能主张对方承担该违约金责任。①

第七节 格式条款与示范合同

一、民法典关于格式条款的体例与决策流程

不论是原《合同法》还是《民法典》合同编通则分编,都是采用3条规定来对格式条款进行规制的。《民法典》第496条(原《合同法》第39条)主要涉及格式条款的定义、格式条款提供者的公平制定、合理提示、明确说明的义务(“订入”规则);第497条(原《合同法》第40条)主要涉及格式条款的“免责无效”(“效力”规则);第498条(原《合同法》第41条)主要涉及格式条款的通常解释、不利解释和非格式条款优先适用三大规则(“解释”规则)。

在这样的体例下,笔者以图10-3来展示《民法典》格式条款各条文适用上的逻辑关系,以作为本部分展开的基础和总揽。见图10-3:

① 参见王利明主编:《中国民法典释评:合同编·通则》,中国人民大学出版社2020年版,第275页。

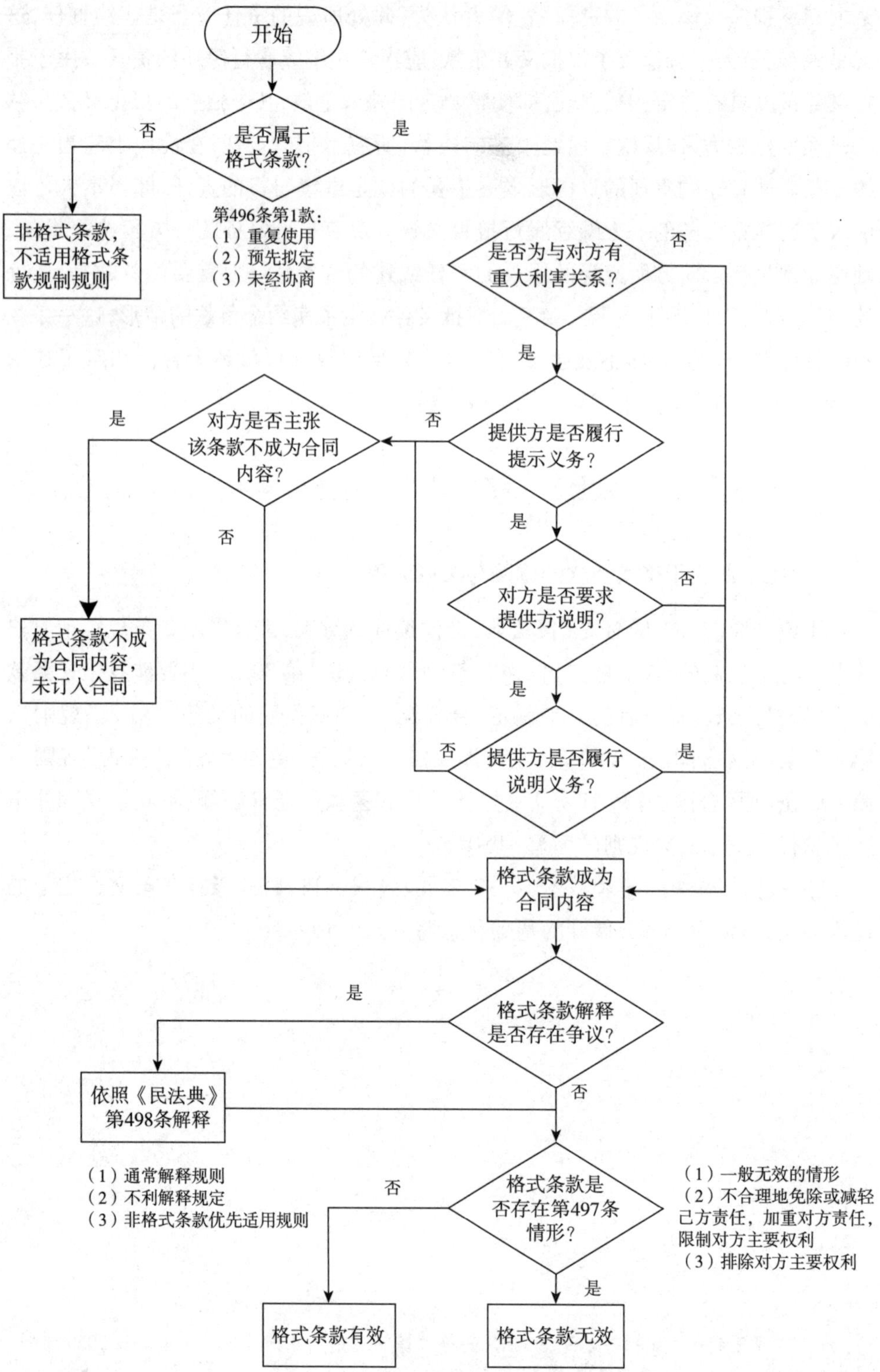

图 10 - 3　格式条款及其效力的判定

二、格式条款的概念、形式与特征

《民法典》第496条第1款规定:"格式条款是当事人为了重复使用而预先拟定,并在订立合同时未与对方协商的条款。"这一定义与原《合同法》第39条第2款的定义并无任何变化。格式条款(业界也使用格式合同、标准合同之概念),是指合同条款由一方当事人为反复使用而预先制定的、并由不特定的第三人所接受的,对方当事人只能全部接受或一概拒绝,不能就个别条款进行商洽的条款。我国法律采用格式条款而不是格式合同①的概念,意味着在一个合同中可以将所有条款分为两类,即格式条款与非格式条款。

格式条款的表现形式多种多样,运用的场合亦相当普遍,虽难以周延列举,但以下类型的合同可能包含较多格式条款:与房产有关的合同(如商品房预售/出售合同、房屋买卖合同、租赁合同、中介合同等),与消费有关的买卖及服务合同(如"一经售出,概不退换"之类的店堂公告、注册APP及平台网站的服务协议等),运输合同,供用水、电、气、热力合同,保险合同以及出借方为金融机构的借款合同等。格式合同(条款)通常具有如下几个特征:

首先,要约的重复性或对象的不特定性。所谓重复性,是指这种要约一般情况下总是在一段较长的时间内连续使用,在合同拟定人改变其经营内容或策略以前,该要约可以作为承诺的对象。所谓不特定性,是指要约一般总是向不特定的多数人发出,受要约人并不确定。实践中,格式合同(条款)多为提供商品或者服务的一方制定并提出,对方当事人不直接参与合同的制定。

其次,格式合同(条款)承诺内容的确定性。在受要约人对合同内容承诺时,其内容已经确定下来,受要约人也只能根据已经确定的内容作出承诺与否的表示,而不能对其内容再行讨价还价。

再次,格式合同(条款)的效率性和低成本性。格式合同(条款)在对方发出承诺之前往往已经拟定完成准备多次使用,因此要约人不必就每一笔交易单独进行谈判、协商,这也是格式合同(条款)得以存在的社会原因。

最后,格式合同(条款)当事人双方经济地位的不平衡性。一般情况下,格式合

---

① 需要说明的是,《民法典》及司法解释并未定义和使用"格式合同"的概念,仅提及了"格式条款",但"格式合同"是一个业界普遍使用且认可的术语。尽管如此,"格式合同"并非全部条款或内容都已经确定的合同,因为其部分条款或内容仍然需要合同当事方协商确定并填写,但这些填写部分通常是必要的主体、期限信息,其他的实质或核心条款的内容都已经事先拟定好、订立时不与对方协商。

同(条款)的双方当事人在经济实力上有较大差距,提供合同或条款的一方往往占有明显优势,在某一行业处于法律上或事实上的垄断地位。法律上的垄断是指当事人依法对如邮电、电力、铁路、煤气等行业所享有的经营垄断。事实上的垄断是指当事人对如保险、海上运输等合同的某些条款在事实上所享有的垄断权利。

三、格式条款的构成要件

格式条款的认定需要满足如下几个构成要件:

第一,"重复使用"或"重复使用之目的"。①所谓重复性,是指这种要约一般情况下总是在一段较长的时间内连续使用,在合同拟定人改变其经营内容或策略以前,该要约可以作为承诺的对象。实践中,格式条款多为提供商品或者服务的一方制定并提出,对方当事人不直接参与合同的制定。

第二,"预先拟定"。格式条款通常在订约之前已经预先拟定,而未经过当事人的协商,学界通说认为这一特征是与非格式条款的重要区别。至于如何理解"预先拟定",通常认为是由一方当事人事先拟定。②

第三,"未经协商"或"相对方不能协商"。通说认为未经协商是格式条款的核心特征,与之相对的是"经过个别协商条款"。因而可由条款的提供者举证证明"经过个别协商",从而排除格式条款规则的适用。就此要件而言,格式条款定义中的"未与对方协商""并非相对方能够协商而不协商或主动放弃协商,而是实质上不能协商。

---

① 学者普遍反对将"重复使用"作为格式条款的要件,虽然具体陈述的理由或有区别,但基本的价值判断几乎无差异。多数认为,虽然设置格式条款的目的大多是服务于企业为降低成本而在交易中重复使用,但是"重复使用"并不应是格式条款的本质特征,而仅体现了格式条款的经济功能。由格式条款立法目的出发,对于有些仅使用一次的文本,也不妨碍其应被认定为格式条款而纳入司法控制。尽管如此,在民法典草案前数稿曾删去"重复使用",但最终稿仍保留了该表述。将"重复使用"或"重复使用之目的"作为格式条款的必要要件,在实践中可能导致部分本应受规制的格式条款从其适用中"逃逸"出来。例如,广东永盛建筑工程有限公司、广东永盛建筑工程有限公司东莞分公司买卖合同纠纷再审民事判决书[广东省高级人民法院(2017)粤民再4号]。

② 尽管如此,一方当事人使用的由行业协会或政府部门主导而制定的示范文本是否构成格式条款,实践中不无争议。

【例10－8】　上海诺盛律师事务所与上海圆迈贸易有限公司买卖合同纠纷案[①]

【裁判要旨】

在网络购物合同中,商家在网页上发布的有关销售商品质量的保修条件、免责事由等声明,系由商家事先针对不特定的消费者所拟定,且对于条款的内容消费者并不能进行协商,作为消费者只能同意或者接受,故其性质属于格式条款。

【法院审判】

上海市第二中级人民法院认为,根据审理中进行的操作演示,诺盛律师事务所在京东商城的网站上进行购物时对于发票内容可自行作出选择,即系争的条款是否适用于双方的买卖合同关系取决于财物者对于发票内容的选择,如购物者选择发票的内容为办公用品,则系争条款自动适用。在此种情况中,尽管购物者对于该条款是否适用拥有自主选择权,但该条款是由网站事先针对不特定的消费者所拟定,且对于条款的内容消费者并不能进行协商,合同缔结行为在瞬间完成,作为消费者只能同意或者接受,故其性质仍然是格式条款。

此外,以房地产开发行业为例。若在合同中有诸如"请买受人在购买前务必了解《商品房预售合同》及有关的补充协议等文件""出卖人就合同中可能免除或限制出卖人责任的有关条款进行了特别提示,并按买受人要求进行了说明"等内容,法院倾向于认为双方已进行了协商,该条款不属于格式条款。[②] 若购房者主张开发商未就合同条款与其协商但又无法提供证据时,根据"谁主张谁举证"的原则,法院倾向于认为双方已就该条款协商一致,该条款不属于格式条款。[③] 但也存在法院认为只要是开发商预先拟定并提供给购房者签署的合同条款,就默认双方未经过协商,该条款属于格式条款。[④]

---

① 参见上海诺盛律师事务所与上海圆迈贸易有限公司买卖合同纠纷上诉案[上海市第二中级人民法院(2010)沪二中民四(商)终字第1423号]。

② 参见姚某诉上海通盈置业有限公司商品房预售合同纠纷一案二审民事判决书[上海市第一中级人民法院(2018)沪01民终13960号]。

③ 参见倪某华、沈某英与上海甬申置业有限公司商品房预售合同纠纷审判监督民事裁定书[上海市高级人民法院(2018)沪民申1147号]。

④ 参见上海智富茂城置业有限公司与某业主商品房预售合同纠纷上诉案[上海市第二中级人民法院(2016)沪02民终10058号]。

四、格式条款的“订入”规则

(一)格式条款提供方的提示和说明义务

《民法典》第 496 条第 2 款规定:“采用格式条款订立合同的,提供格式条款的一方应当遵循公平原则确定当事人之间的权利和义务,并采取合理的方式提示对方注意免除或者减轻其责任等与对方有重大利害关系的条款,按照对方的要求,对该条款予以说明。提供格式条款的一方未履行提示或者说明义务,致使对方没有注意或者理解与其有重大利害关系的条款的,对方可以主张该条款不成为合同的内容。”本条规定是对格式条款的内容及拟订者的义务进行了规定,并从三个方面突出其限制性规定:

第一,格式条款提供者应遵循公平原则确定当事人之间的权利和义务。公平原则是法律的灵魂,它要求当事人之间应公平地确立相应的权利和义务,从而排除制定格式合同一方凭借其优势地位对另一方当事人权利的限制或剥夺。若格式条款违反这一原则,法院可以根据当事人的申请确认该条款未订入合同(《民法典》第 496 条第 2 款)或无效(《民法典》第 497 条)。

第二,格式条款的提供者应履行“提示义务”。根据规定,格式条款的提供方应当采取“合理的方式”提请对方注意“免除或减轻其责任等与对方有重大利害关系的条款”。与原《合同法》第 39 条第 1 款比较,《民法典》本款作出了两大修订:

(1)将原“免除或者限制”修改为“免除或者减轻”,这一改动通过语词调整明确了判断标准,更为准确,有利于司法客观判断。

(2)对提示说明义务的范围进行了扩张,增加规定了概括性的“与对方有重大利害关系的条款”的表述。如何理解重大利害关系条款?《消费者权益保护法》(2013 年修正)中第 26 条第 1 款规定,经营者在经营活动中使用格式条款的,应当以显著方式提请消费者注意商品或者服务的数量和质量、价款或者费用、履行期限和方式、安全注意事项和风险警示、售后服务、民事责任等与消费者有重大利害关系的内容,并按照消费者的要求予以说明。该法列举了消费合同经营者应向消费者提示与说明的有重大利害关系的条款。《民法典》第 470 条规定了合同一般应包括的条款。一般来说,该条列举的标的、数量、质量、价款或者报酬、履行期限、地点和方式、违约责任、解决争议的方式等条款均属于与对方有重大利害关系的条款。其中加重对方责任、限制对方主要权利的条款,当然属于与对方有重大利害关系的条款。[①] 据此,这一改动应是参考了《消费者权益保护法》(2013年修正)第26条第1款的规定,但若按照这一思路来认定“与对方有重大利害关系的条款”,则几乎所有的合同条款都将构成“与对方有重大利害关系的条款”,若再属于“免除或者减轻其责任”的条款,则似乎有扩大之嫌疑,很难想象实务中房地产开发商将其合同中几乎所有条款都“标粗、加黑”予以提示的情形。

司法实践中,有关何为“与对方有重大利害关系的条款”也未有清晰、明确的指引。在上海太平洋房屋服务有限公司与林某瑞居间合同纠纷一审民事判决书[上海市浦东新区人民法院(2020)沪0115民初22233号]中,法院认为:

居间合同是居间人向委托人报告订立合同的机会或者提供订立合同的媒介服务,委托人支付报酬的合同。本案中,原、被告争议焦点在于被告与原告员工邓某签订的《佣金收据及说明》对于原告是否具有效力?被告系普通购房者,基于对邓某作为原告委派本起房屋交易经办业务员身份的信任,经原告业务员邓某居间,购买东靖路房屋。邓某就其职权范围内的事项,与被告签订的《佣金收据及说明》,据此减少佣金数额并代表原告收取佣金行为,对原告发生法律效力,可视为原、被告间就中介佣金事宜已全部结清。原告以邓某擅自减少并以个人名义收取佣金行为系其个人行为抗辩,不得对抗善意相对人。原告辩称以特别提示方式提示佣金支付人不得向个人支付佣金,本院认为,《佣金确认书》“特别提示”条款系原告为了重复使用而预先拟定,并在订立合同时未与对方协商的格式条款。原告作为专业房地产中介公司,相对于买卖双方而言显然具备更丰富房产经纪知识和交易经验,对于居间过程中佣金支付对象应向支付人作更为明确提示或者更详细说明,以避免支付对象错误情况出现。现原告对于上述与被告有重大利害关系的条款未充分履行提示或说明义务,致使被告没有注意或者理解该条条款,被告主张该条款对被告没有约束力,本院予以采纳。综上,原告要求被告支付居间服务费81,000元的诉讼请求,本院不予支持。

在段某颖、中国工商银行股份有限公司沈阳和平支行金融借款合同纠纷二审民事判决书[辽宁省沈阳市中级人民法院(2021)辽01民终3158号]中,法院认为:

关于逾期利息及罚息过高的问题,段某颖主张一审判决的逾期利息及罚息过高,且该条款属于格式条款,工商银行未对格式条款进行提示说明义务,该条款无效。《中华人民共和国民法典》第四百九十六条规定,格式条款是当事人为了重复

① 参见最高人民法院民法典贯彻实施工作领导小组主编:《中华人民共和国民法典合同编理解与适用(一)》,人民法院出版社2020年版,第246页。

使用而预先拟定,并在订立合同时未与对方协商的条款。采用格式条款订立合同的,提供格式条款的一方应当遵循公平原则确定当事人之间的权利和义务,并采取合理的方式提示对方注意免除或者减轻其责任等与对方有重大利害关系的条款,按照对方的要求,对该条款予以说明。提供格式条款的一方未履行提示或者说明义务,致使对方没有注意或者理解与其有重大利害关系的条款的,对方可以主张该条款不成为合同的内容。段某颖未举证证明在签订合同时,曾要求工商银行对逾期利息,即罚息条款进行说明,故其主张该条款无效,无法律依据,本院不予支持。

在上述案件中的格式条款涉及合同价款支付(禁止向员工个人支付)、违约责任(逾期利息及罚息)等合同的多项内容,有些与责任相关,有些与责任不直接相关,但法院均认为其属于"重大利害关系条款",将其纳入提示说明义务的范围,并据以判定合同条款的效力。

此外,"解决争议的方式等条款"(如管辖条款、仲裁条款)是否属于需特别提示及说明的条款,司法实践中也呈现出不统一的状态。对于管辖条款,部分法院认为:管辖条款属于双方争议解决的重要条款,上诉人单方选择在其所在地解决纠纷,对被上诉人而言,无疑是加重其诉讼负担的条款,因此,上诉人应就其对该条款履行了注意提醒义务负有举证责任。① 但也有法院肯定了管辖条款的订入及效力。② 亦有案件中当事人提出了依据格式条款规则而对管辖权条款进行控制,但法院未作处理的情形。③ 对于仲裁条款,在沈阳市公路建设开发总公司与秦皇岛市秦龙国际实业有限公司、中国黑龙江国际经济技术合作公司管辖裁定书[最高人民法院(2014)民四终字第43号]中,最高人民法院认为:在合同中概括性约定当

---

① 参见江苏宏安集团有限公司瓦庄煤矿诉陈某要求按照约定的仲裁管辖提请仲裁被驳回案[江苏省徐州市贾汪区人民法院(2011)贾民初字第1号,江苏法院(2013)参阅案例67号]。还可参见马某凤与湖南久丰国际商品现货交易市场有限公司、湖南久丰国际商品现货交易市场有限公司文化艺术品交易分公司等管辖裁定书[江苏省淮安市中级人民法院(2018)苏08民辖终59号],纽海信息技术(上海)有限公司、付某林买卖合同纠纷二审民事裁定书[安徽省铜陵市中级人民法院(2017)皖07民辖终81号],陈某诉武汉艾德蒙科技股份有限公司劳动争议纠纷案[北京市第三中级人民法院(2014)三中民终字第10006号,北京法院参阅案例第22号]。还需要注意的是,《互联网法院审理案件规定》第3条第2款规定:"电子商务经营者、网络服务提供商等采取格式条款形式与用户订立管辖协议的,应当符合法律及司法解释关于格式条款的规定。"此规定针对的是实务中电商平台等在其"平台规则"中单方面拟定的管辖条款,现实中已经产生了大量的争议。

② 参见陈某、厦门中意百事贸易有限公司网络购物合同纠纷二审民事裁定书[江西省景德镇市中级人民法院(2018)赣02民辖终8号]。

③ 参见夏某德、天安财产保险股份有限公司浙江省分公司财产保险合同纠纷二审民事裁定书[浙江省台州市中级人民法院(2018)浙10民终508号]。

事人的权利义务适用其他合同有关约定的表述,一般不发生仲裁协议并入的效力,除非当事人能够证明其对仲裁协议的并入尽了合理的提醒义务,或者能够证明对方当事人明知或应知仲裁协议的并入。在最高人民法院《关于连云港祥顺矿产资源有限公司与尤格兰航运有限公司海上货物运输合同纠纷管辖权异议一案的请示的复函》[(2013)民四他字第1号]中答复如下:

我院认为,尽管提单背面约定了提单正面所示租船合同中的仲裁条款并入提单,但提单背面并入条款的约定不产生约束提单持有人的效力。该提单正面并未载明租船合同中的仲裁条款并入提单。关于"运费按2010年9月19日1015NICKEL号租船合同支付"的记载,亦不能产生租船合同仲裁条款并入提单、约束提单持有人的法律效果。据此,尤格兰航运有限公司不能举证证明其与连云港祥顺矿产资源有限公司之间存在仲裁协议,尤格兰航运有限公司提出管辖权异议,没有事实依据。

从上述答复意见可以看出,最高人民法院对仲裁条款的并入(订入)确立了提示义务,其理由可能是提单背面的载明事项(约定)不足以引起提单受让人的注意。

尽管从保护合同相对方利益的角度出发,《民法典》第496条扩张了提示及说明义务的范围至"与对方有重大利害关系的条款",但带来的问题在于,法院首先应对争议条款是否属于"与对方有重大利害关系的条款"进行实质性审查,其难免引发新的争议。审判实践中如何对此进行把握,尚需进一步观察。

依据《民法典》第496条第2款的规定,格式条款提供方在履行其提示义务时,需要满足以下几个条件:

(1)提示义务不以对方要求为条件,格式条款提供方应主动履行提示义务。格式条款是提供方预先拟定并未与对方协商的条款,若提供方不主动履行提示义务,对方有可能不知道格式条款的存在,就失去了就交易事项达成一致意思表示的基础。特别是对与对方有重大利益关系的条款,对方知晓后,才有选择接受与不接受条款的机会,故格式条款提供方应主动履行提示义务。

(2)在提请对方注意的方式上,应采取合理的方式。此处的合理的方式,主要是指能引起对方注意、提请强调和吸引对方注意的方式,且通常应达到对方完全明白此内容的程度。就此,原《合同法司法解释(二)》第6条规定:"提供格式条款的一方对格式条款中免除或者限制其责任的内容,在合同订立时采用足以引起对方注意的文字、符号、字体等特别标识,并按照对方的要求对该格式条款予以说明的,人民法院应当认定符合合同法第三十九条所称'采取合理的方式'。提供格式条款一方对已尽合理提示及说明义务承担举证责任。"①尽管在《民法典》时代前述规定已经被废止,但《贯彻实施民法典会议纪要》第7条明确:

提供格式条款的一方对格式条款中免除或者减轻其责任等与对方有重大利害关系的内容,在合同订立时采用足以引起对方注意的文字、符号、字体等特别标识,并按照对方的要求以常人能够理解的方式对该格式条款予以说明的,人民法院应当认定符合《民法典》第496条所称"采取合理的方式"。提供格式条款一方对已尽合理提示及说明义务承担举证责任。

可见,会议纪要的精神继续保留和沿用了原《合同法司法解释(二)》第6条的规定,并进一步明确了"以常人能够理解的方式"对该格式条款予以说明。就此而言,实务中,判断是否达到合理的程度时,应当依据如下几个方面的标准:②

• 文件的外形。从文件的外在表现形式来看,应当使相对人产生它是规定当事人权利义务关系的合同条款的印象。

• 提示注意的方法。根据特定交易的具体环境,提供格式条款的一方可以向相对人明示其条款或以其他显著方式如广播、张贴公告等形式提请相对人注意。在这些提请方式中,应当尽可能采用个别提醒的方式,不可能采用个别提醒方式的,应采用公告方式。

• 清晰明白的程度,即提示相对人注意的文字或语言必须清楚明白。如果一个正常人都难以注意到格式条款的存在,则难谓尽到了以合理的方式提示注意的义务。例如,以公告明示方式来提示注意的,其公告的内容和方式必须以使相对人容易察觉、阅读和理解为原则。就此,可以参照《贯彻实施民法典会议纪要》第7条的规定适用。

• 提示注意的程度,即必须能够引起一般相对人的注意。合理注意在不同情况下所确定的标准是不同的,但总的来说,应通过合理的方式提示注意而使相对人对条款的内容有足够的了解,或使相对人能够有更多的时间认真考虑格式条款。对一般的格式条款和具有免除责任内容的格式条款,在处理上应当有所区别,对后者应当规定制订人更高程度的说明告知义务。

(3)该项义务的履行必须是在合同成立之前,因为格式条款提供方只有在成立

---

① 需要说明的是,该司法解释第6条规定并未注意到,从文意解释来看,原《合同法》第39条"采取合理方式"仅是对提请注意义务的限定,而并未包括说明义务。当然这并不意味着说明义务无须采取合理的方式。

② 参见王利明主编:《中国民法典释评:合同编·通则》,中国人民大学出版社2020年版,第220-221页。

之前提示免除或减轻其责任的条款,才能给对方很大选择余地,从而更能体现法律的公平。合同成立之后,其再履行提示(与说明)义务,即使对方同意并接受,也只是相当于双方就此达成了补充协议,应按补充协议对待。

(4)提请注意必须达到足以使对方注意到免除或减轻格式条款提供方责任的条款的存在,从而避免格式条款提供者利用此条款达到某种目的,使另一方合法权益得不到保护。

第三,格式条款提供者应尽到"说明义务"。说明义务以对方提出要求为条件,对方未提出说明要求的,提供者没有说明的义务,即说明义务具有被动性。[①] 所谓"说明"即应当向对方详细阐述该条款的含义,使对方清晰地理解该条款。最高人民法院对此的态度是:

格式条款提供方应如何履行说明义务?对此问题,《合同法》和相关司法解释均没有规定。《保险法》第17条要求,保险人对保险合同中的责任免除条款,应当向投保人明确说明。2000年,《最高人民法院研究室关于对〈保险法〉第十七条规定的"明确说明"应如何理解的问题的答复》认为,这里所规定的"明确说明",是指保险人在与投保人签订保险合同之前或者签订保险合同之时,对于保险合同中所约定的免责条款,除了在保险单上提示投保人注意外,还应当对有关免责条款的概念、内容及其法律后果等,以书面或者口头形式向投保人或其代理人作出解释,以使投保人明了该条款的真实含义和法律后果。《最高人民法院关于适用〈中华人民共和国保险法〉若干问题的解释(二)》第11条在此规定的基础上进一步予以完善,要求说明要达到常人能够理解的程度。该答复和司法解释解决的是明确说明的要求问题,对于我们界定如何履行说明义务有参照作用。说明的内容至少应包括,免除或者减轻格式条款提供方责任等与对方有重大利害关系条款的基本含义、对双方当事人责任的影响,并以对方能够理解和接受的方式进行。[②]

---

① 需要注意的是,依据《保险法》(2015年修正)第17条规定,订立保险合同,采用保险人提供的格式条款的,保险人向投保人提供的投保单应当附格式条款,保险人应当向投保人说明合同的内容。对保险合同中免除保险人责任的条款,保险人在订立合同时应当在投保单、保险单或者其他保险凭证上作出足以引起投保人注意的提示,并对该条款的内容以书面或者口头形式向投保人作出明确说明;未作提示或者明确说明的,该条款不产生效力。据此,保险人对保险合同的说明义务不以投保人的要求为条件,其应主动向投保人说明合同的内容,对于免除保险人责任的条款,其说明要达到明确的程度,未作明确说明的,该条款不产生效力。

② 参见最高人民法院民法典贯彻实施工作领导小组主编:《中华人民共和国民法典合同编理解与适用(一)》,人民法院出版社2020年版,第247页。

【例10-9】 杨某岭诉中国平安财产保险股份有限公司天津市宝坻支公司保险合同纠纷案①

【裁判要旨】

保险合同中规定有关于保险人责任免除条款的，保险人在订立合同时应当向投保人明确说明，未明确说明的该条款无效。所谓"明确说明"，是指保险人在与投保人签订保险合同之前或者签订保险合同之时，对于保险合同所约定的免责条款，除了在保险单上提示投保人注意外，还应当对有关免责条款的概念、内容及其法律后果等以书面或者口头形式向投保人或其代理人作出解释，以使投保人明了该条款的真实含义和法律后果。

【法院审判】

天津市第一中级人民法院认为，被上诉人杨某岭就其所有的机动车辆向上诉人平安保险宝坻支公司投保机动车辆第三者责任险，并交纳了相关保险费，双方之间的保险合同关系成立，涉案机动车辆第三者责任险保险合同合法有效，合同双方均应自觉履行。

涉案机动车辆第三者责任险保险合同中关于"保险车辆造成被保险人或其允许的驾驶员及他们的家庭成员人身伤亡，不论在法律上是否应当由被保险人承担赔偿责任，保险人均不负责赔偿"的规定，以及该合同中关于"家庭成员包括被保险人的直系血亲和在一起共同生活的其他亲属"的解释，均属格式化免责条款，提供该格式合同的保险人依法应当就上述免责条款向被保险人作出明确说明。根据最高人民法院作出的《关于对〈保险法〉第十七条规定的"明确说明"应如何理解的问题的答复》，所谓"明确说明"，是指保险人与投保人签订保险合同之前或者签订保险合同之时，对于保险合同所约定的免责条款，除了在保险单上提示投保人注意外，还应当对有关免责条款的概念、内容及其法律后果等以书面或者口头形式向投保人或其代理人作出解释，以使投保人明了该条款的真实含义和法律后果。该答复虽然是针对修订前的《保险法》第17条规定作出的，但修订前《保险法》第17条的规定与现行《保险法》第十七条的规定一致；该答复虽然是就个案作出的，但人民法院在审理同类案件时可以参照执行。保险合同系专业性较强的合同，涉及专业术语较多，保险人有义务向投保人予以明确说明。平安保险宝坻支公司虽然在涉

① 参见杨某岭诉中国平安财产保险股份有限公司天津市宝坻支公司保险合同纠纷案[天津市第一中级人民法院(2006)一中民二终字第527号]。

案机动车辆第三者责任险保险合同文本中以黑体字提示了免责条款,但仅是尽到了提醒投保人注意的义务,根据本案事实、证据,不能认定平安保险宝坻支公司已经履行了就免责条款的概念、内容及其法律后果等以书面或者口头形式向投保人或其代理人作出解释,以使投保人明了该条款的真实含义和法律后果的明确说明义务。因此,不论涉案机动车辆第三者责任险保险合同中的格式化免责条款关于"保险车辆造成被保险人或其允许的驾驶员及他们的家庭成员人身伤亡,不论在法律上是否应当由被保险人承担赔偿责任,保险人均不负责赔偿"的规定,以及关于"家庭成员包括被保险人的直系血亲和在一起共同生活的其他亲属"的解释是否具有法律依据、是否有效,该格式化免责条款都因上诉人未能尽到明确说明的义务而归于无效,该免责条款对被上诉人不产生约束力。

(二)未履行义务的法律后果:未订入合同

尽管原《合同法》第39条第1款规定了格式条款提供人有提示和说明的义务,但并未明确违反该提示和说明义务的法律后果。后来原《合同法司法解释(二)》第9条"提供格式条款的一方当事人违反合同法第三十九条第一款关于提示和说明义务的规定,导致对方没有注意免除或者限制其责任的条款,对方当事人申请撤销该格式条款的,人民法院应当支持"之规定明确其法律后果为当事人有权申请撤销该格式条款。但《民法典》第496条第2款改变为"对方可以主张该条款不成为合同的内容",而非可"申请撤销"。这实际是引入了学理上的"未订入合同"规则(合同"未成立说")。这一立场与《保险法》(2015年修正)第17条规定的立场类似,即保险人对于免除其责任的条款未作提示或者明确说明的,该条款不产生效力。因而法院在保险纠纷案的判决中裁判的法律后果多为"不发生法律效力"。

在我国,对于提供格式条款的一方未履行提示或者说明义务的后果,存在以下三种不同的观点:一是"未成立说"。此说认为,提供格式条款的一方未履行提示或者说明义务,该条款不成立,不属于合同内容。二是"无效说"。此说认为提供格式条款的一方未履行提示或者说明义务,该条款虽然成立,但是应当宣告无效。三是"撤销说"。此说认为,提供格式条款的一方未履行提示或者说明义务,对方可以在法院主张撤销。我国《民法典》第496条采用了"对方可以主张该条款不成为合同的内容"的表述,可见,《民法典》采取了未成立说,这与比较法上的通行规则保持了一致。[①] 相较于绝对无效而言,未成立说具有如下优点:一是相对人可以作出选

① 例如,《德国民法典》第305c条和《奥地利普通民法典》第864a条均采用了不作为契约组成部分的表述,即采纳了不成立说的观点。

择,如果其主张该条款纳入合同内容,应当认定该条款的效力。二是如果主张该条款不成为合同的内容,则该条款不成立,不必像无效那样,产生恢复原状的后果。可见这一方式可以更好地保护接受格式条款的一方当事人的利益。但需要注意的是,依据诚信原则,接受格式条款的一方当事人必须及时主张是否将该条款纳入合同内容。① 最高人民法院发布的指导案例 64 号刘某诉中国移动通信集团江苏有限公司徐州分公司电信服务合同纠纷案②可以看作一个未订入合同的案例。在该案中,移动公司以话费有效期满为由停止对客户刘某的服务,但是又不能提供证据证明其与客户订立的合同中存在话费有效期的约定,故被判决继续履行合同。按照本条约定,即使经营者能够证明合同中客观存在话费有效期条款,但如果没有履行提示或者说明义务,导致消费者没有注意或者理解该条款的,消费者有权主张该条款不成为合同的内容,当然不能对消费者产生约束力。③

五、格式条款的"效力"规则

《民法典》第 497 条规定:"有下列情形之一的,该格式条款无效:(一)具有本法第一编第六章第三节和本法第五百零六条规定的无效情形;(二)提供格式条款一方不合理地免除或者减轻其责任、加重对方责任、限制对方主要权利;(三)提供格式条款一方排除对方主要权利。"依据本条的规定,格式条款无效的三种情形包括:(1)符合民事法律行为无效一般规定的格式条款无效;(2)不合理地免除或减轻己方责任、加重对方责任、限制对方主要权利的格式条款无效;(3)排除对方主要权利的格式条款无效。后两种无效情形也可以看作格式条款提供方违反《民法典》第 496 条规定的公平确定当事人之间权利和义务的法律后果。有前述三种情形之一的格式条款,属于无效条款,即使格式条款的提供者履行了提示和明确说明义务。

---

① 参见王利明主编:《中国民法典释评:合同编·通则》,中国人民大学出版社 2020 年版,第 222 页。

② 该案判决认为,业务受理单、入网服务协议是电信服务合同的主要条款,确定了原被告双方的权利义务内容,入网服务协议第 4 项约定有权暂停或限制移动通信服务的情形,第 5 项约定有权解除协议、收回号码、终止提供服务的情形,均没有因有效期到期而中止、解除、终止合同的约定。而话费有效期限制直接影响原告手机号码的正常使用,一旦有效期到期,将导致停机、号码被收回的后果,因此,被告对此负有明确如实告知的义务,且在订立电信服务合同之前就应如实告知原告。如果在订立合同之前未告知,即使在缴费阶段告知,亦剥夺了当事人的选择权,有违公平和诚信原则。被告主张"通过单联发票、宣传册和短信的方式向原告告知了有效期",但未能提供有效的证据予以证明。

③ 参见最高人民法院民法典贯彻实施工作领导小组主编:《中华人民共和国民法典合同编理解与适用(一)》,人民法院出版社 2020 年版,第 243－244 页。

(一)“不合理”的理解与适用

在原《合同法》第39条、第40条体例下,如何理解和协调适用这两条争议颇大。依据第39条,“免除或者限制其责任的条款”,若提供者尽到了提示和说明义务,则该条款订入合同;而依据第40条,凡是格式条款提供者“免除其责任、加重对方责任、排除对方主要权利的”,该条款无效,即使提供者履行了提示和说明义务。此外,原《合同法》第53条规定:“合同中的下列免责条款无效:(一)造成对方人身伤害的;(二)因故意或者重大过失造成对方财产损失的。”因此,依据第53条,只有这两种免责条款是无效的。反向解释,则意味着其他的免责条款是有效的。对此,梁慧星老师也指出:按照第39条第1款的规定,格式合同中的免责条款,如果履行了提示义务和说明义务就有效。法律通过时在第40条加上“免除其责任”五字,导致依该条免责条款应绝对无效,因而与第39条和第53条的规定矛盾。①

鉴于上述原因,相对于原《合同法》第40条将免责、限责的格式条款一律认定为无效而言,《民法典》第497条第2项增加了“不合理”的限制要求,即前述格式条款仅在不合理时才无效。同时,该项还新增“限制对方主要权利”这一无效情形,更有利于保护合同相对方的利益。最高人民法院对此认为,增加“不合理”的限制,该修改是必要的,即不能仅因为格式条款是“免除或者减轻己方责任、加重对方责任、限制对方主要权利”的,就认定其为无效条款。“合理”免除或者减轻己方责任、加重对方责任、限制对方主要权利的格式条款只要不具备合同无效情形,也是有效的。如果本条没有该限制条件,仅就字面意思而言,很容易导致本条的内容与本法第496条规定的格式条款提供者就该类条款应履行的提示及说明义务的法律效果产生混淆。②

加重对方责任、限制对方主要权利的格式条款无疑也属于与对方有重大利害关系的条款。根据《民法典》第496条规定,如果格式条款提供方未履行提示和说明义务,对方可以主张相应的条款不成为合同内容。既然不是合同内容,当然也就谈不上效力问题。加上“不合理”的限制,就把两种情况区分开来。格式条款提供方对于与对方有重大利害关系的条款首先有提示和说明的义务,如果其未履行该义务,对方也没有注意或理解相应条款的,则对方有权主张相应条款不成为合同的

① 参见梁慧星:《统一合同法:成功与不足》,载中国法学网,http://iolaw.cssn.cn/zxzp/200306/t20030616_4585639.shtml。

② 参见最高人民法院民法典贯彻实施工作领导小组主编:《中华人民共和国民法典合同编理解与适用(一)》,人民法院出版社2020年版,第251页。

内容。如果其履行了提示和说明义务,还要区别该条款免除或减轻提供方责任、加重对方责任、限制对方主要权利是否合理,才能确定条款的效力。如果条款是合理的,也不具有其他无效情形,则条款有效;如果是不合理的,则条款无效。崔建远教授指出,对于原《合同法》第40条后段,即"提供格式条款一方免除其责任、加重对方责任、排除对方主要权利的,该条款无效",我们必须结合原《合同法》第39条以确定免责的格式条款的效力。因为该条规定文义涵盖过宽,若严格依照文义解释,将得出免责的格式条款在合同法上全部无效的结论,这显然是不符合客观实际的,是违反生活常识的,并不符合立法目的。依据立法目的,此类免责条款若系企业的合理化经营所必需,或免除的是一般过失责任,或是轻微违约场合的责任等,并且提供者又履行了提请注意的义务,那么此类条款就应当有效①。②

(二)"排除"对方主要权利的理解与适用

《民法典》第497条第2项规定,不合理限制对方主要权利的格式条款无效,即合理限制对方主要权利的条款可以是有效的。但第497条第3项对于排除对方主要权利的条款则没有"不合理"的限制,说明不存在"合理"排除对方主要权利的情形,或者说对方的主要权利不容排除,排除对方主要权利的条款当然无效。在原《合同法》第40条的规定中,只有关于"排除对方主要权利"情形的规定,并没有关于"限制对方主要权利"情形的规定。本法保留了关于"排除对方主要权利"情形的规定,又增加了"不合理限制对方主要权利"情形的规定,说明立法者有意对这两种情形加以区别。

排除意指除掉、消除,限制意为约束,二者程度不同。例如,合同当事人发生纠纷后,有通过诉讼救济的权利,这是当事人的主要权利。如果格式条款规定,纠纷发生后,不得提起诉讼,则是排除了对方的主要权利,当然无效。但如果格式条款规定,纠纷发生后,当事人要到格式条款提供方住所地人民法院诉讼,则属于对当事人提起诉讼救济权利的限制,这种权利的限制就可能是合理的。如果格式条款的提供方履行了提示和说明义务,该条款应属有效条款。《民事诉讼法司法解释》第31条规定,经营者使用格式条款与消费者订立管辖协议,未采取合理方式提请消费者注意,消费者主张管辖协议无效的,人民法院应予支持。根据该规定,如果

---

① 参见崔建远:《论格式条款的解释》,载《经贸法律评论》2019年第3期。

② 参见最高人民法院民法典贯彻实施工作领导小组主编:《中华人民共和国民法典合同编理解与适用(一)》,人民法院出版社2020年版,第251－252页。

经营者采取了合理方式提请消费者注意,则约定的管辖条款可以是有效的。①

至于格式条款无效后对合同整体效力的影响,可适用《民法典》第156条的规定:"民事法律行为部分无效,不影响其他部分效力的,其他部分仍然有效。"(参见原《合同法》第56条)也就是说,合同部分无效,不影响其他部分效力的,其他部分仍然有效。若格式条款无效后出现合同漏洞,则双方意思表示不达部分的合同内容如何确定?于此须首先经过解释而确定是否存在合同漏洞,解释论上合同漏洞应由《民法典》第510条和第511条等补充性任意性规范予以填补。

【例10-10】　成某诉无锡轻工大学教学合同纠纷案②

【裁判要旨】

依法成立的合同,受法律保护,合同的当事人应当按照合同的约定,全部履行自己的义务。格式条款在双方当事人签字后,就成为双方当事人一致的意思表示,合同即告成立。格式合同的条款只在有法律规定的无效情形时,才能被宣告无效。

【法院审判】

无锡市中级人民法院认为,格式合同也是法律所允许的一种书面合同。格式合同的内容虽由一方当事人事先拟定,但在双方当事人签字后,就成为双方当事人一致的意思表示,合同即告成立。双方当事人如果对格式合同条款的理解发生争议,按照通常的理解予以解释;如果解释有两种以上,应当采用不利于提供格式条款一方的解释。格式合同的条款只在存在法律规定的无效情形时,才能被宣告无效,并非只要是格式合同就一定无效。上诉人成某与金门大学签订的格式合同,内容是合法的,也是明确的。对该合同的内容,成某在上诉中没有提出不同的理解,也不解释自己为什么在其上签字,却以该合同是格式合同,就认为合同的内容虚假,不是自己的真实意思表示,主张该合同无效,该理由不能成立。

① 参见最高人民法院民法典贯彻实施工作领导小组主编:《中华人民共和国民法典合同编理解与适用(一)》,人民法院出版社2020年版,第252-253页。

② 参见成某诉无锡轻工大学教学合同纠纷案[无锡市中级人民法院2000年3月13日判决]。

【例10-11】 中国大地财产保险股份有限公司南通中心支公司与陆某辉保险合同纠纷案①

【裁判要旨】

提供格式条款的一方未经对方同意,在合同中设定了对方无法实现的条件,排除对方主要权利的,该格式条款无效。

【法院审判】

江苏省南通市中级人民法院认为,大地保险公司与陆某辉签订的第三者责任保险合同第5条约定,保险人承担诉讼费的前提是被保险人被提起诉讼要经其书面同意。该条款是格式条款,依照《合同法》第40条规定,提供格式条款的一方,如果违背公平原则,免除其责任、加重对方责任、排除对方主要权利的,该条款无效。陆某辉被他人提起诉讼,并被人民法院判决承担诉讼费用,既不是陆某辉能够决定,更不是大地保险公司所能左右,而该条款却要求陆某辉被提起诉讼时要经大地保险公司书面同意,显然不合情理,也不符合法律的规定。故本案第三者责任保险合同第5条设立了被保险人陆某辉无法实现的条件,剥夺了陆某辉依照《保险法》第51条主张诉讼费负担的权利,应属无效。原审判决陆某辉在道路交通事故赔偿案件中所支付的诉讼费由大地保险公司承担是正确的。

六、格式条款的"解释"规则

在合同的履行过程中难免会发生这样或那样的争议。格式条款由于是一方当事人为了重复使用而预先拟定的,并在订立时未与对方协商。由于其存在这样的"弊端",在合同解释上就可能出现同一个问题或条款有着不同解释的情况。为此《民法典》第498条规定:"对格式条款的理解发生争议的,应当按照通常理解予以解释。对格式条款有两种以上解释的,应当作出不利于提供格式条款一方的解释。格式条款和非格式条款不一致的,应当采用非格式条款。"(参见原《合同法》第41条)这一规定在兼顾双方利益的基础上规定了对于格式条款的特殊解释规则。这一特殊解释规则包括:"通常解释"规则、"不利解释"规则和"非格式条款优先"规则。

(一)"通常解释"规则

本条"按照通常理解予以解释"的措辞意味着,应当以可能订约者的平均的、合

---

① 参见中国大地财产保险股份有限公司南通中心支公司与陆某辉保险合同纠纷案[江苏省南通市中级人民法院(2007)通中民二终字第0189号]。

理的理解对格式条款进行解释。这即是所谓的"通常解释"规则。具体来说：第一，格式条款的解释不应仅以条款制作人的理解来进行解释，而更应以一般人的理解进行解释。第二，对某些特殊的术语应作出平常的、通常的、通俗的、日常的、一般意义的解释。第三，若格式条款经过长期使用以后，消费者对其中某些用语的理解，与条款制作人制定条款的理解有所不同，此时应以消费者的理解为标准进行解释。在某些情况下，应根据其适用的不同地域、不同职业团体的可能订约者的一般理解来解释合同。各个地域和团体内的相对人对格式条款内容的理解是不同的，因此应以不同地域和团体的消费者平均的、合理的理解为标准进行解释。如果格式条款中的某些知识或术语不能为个别消费者所理解，也应根据可能订约者的平均的、合理的理解为标准进行解释。既然格式条款应实现条款制订人和不特定的相对人之间的利益的平衡，解释合同应考虑大多数可能订约者而不是个别订约者的意志。因此，即使个别当事人对条款的特殊含义能够理解，也仍应以格式条款可能订约者平均的、合理的理解为标准进行解释。① 我们认为，不同的理解主体有不同的理解能力和认识水平，所以需要确定理解主体。从通常理解主体的角度，学者的前述观点正确，但解释离不开依据和方法，从解释依据或者解释方法的角度说，通常理解应参照《民法典》第142条第1款的规定及第498条的规定进行理解。按照所使用的词句，结合相关条款、行为的性质和目的、习惯以及诚信原则，确定意思表示的含义。②

需要注意的是，对于格式条款进行解释，应首先使用通常解释规则，在通常解释规则的基础上再适用不利解释规则。也就是说对争议格式条款先按照通常理解予以解释，如果按照通常理解只有唯一的解释，那么这就是格式条款的解释结果，没有必要也不应再适用不利解释规则进行解释。

（二）"不利解释"规则

本条"对格式条款有两种以上解释的，应当作出不利于提供格式条款一方的解释"的措辞即是所谓的"不利解释"规则。此项解释规则来源于罗马法上"有疑义者就为表义者不利之解释"原则，后来为法学界所广泛接受。因为既然格式条款是由一方制定的而不是由双方商订的，那么各项条款可能是其制订人基于自己的意志所作的有利于自己的条款，尤其是条款制订人可能会故意使用或插入意义不明

① 参见王利明：《对〈合同法〉格式条款规定的评析》，载《政法论坛》1999年第6期。

② 参见最高人民法院民法典贯彻实施工作领导小组主编：《中华人民共和国民法典合同编理解与适用(一)》，人民法院出版社2020年版，第257－258页。

确的文字以损害消费者的利益,或者从维持甚至强化其经济上的优势地位出发,将不合理的解释强加于消费者,所以,为维护消费者的利益,在条款含义不清楚时,就应对条款制订人作不利的解释。需要注意的是,不利解释规则的适用条件是对格式条款有两种以上解释。

例如,在周某翠、许某裕等与新八建设集团(武汉)物业有限公司房屋买卖合同纠纷二审民事判决书[湖北省武汉市中级人民法院(2016)鄂01民终3877号]中,法院认为:

新八建物业公司与周某翠、许某裕订立《商铺转让协议》系双方当事人真实意思表示,该协议合法有效,对双方均有约束力,双方应依照协议约定,全面实际履行各自的合同义务。合同履行中,周某翠、许某裕依该合同第六条第二款约定“本协议期内,乙方可选择要求甲方退还房款(包括乙方已付价款和三年抵扣部分)或继续要求甲方同意运营管理”,主张解除双方合同,退还其购房款,未违反合同约定,其意愿应得到合同相对方新八建物业公司的尊重。虽然双方合同的第六条第一款约定协议任何一方不得擅自解除或者变更合同,看似两款约定有矛盾之处,但周某翠、许某裕是依双方合同约定条款提出解除,请求退还购房款,并不是擅自解除,新八建物业公司依协议第六条第一款约定不同意周某翠、许某裕依双方约定解除合同,退还购房款的主张,实为没有尊重合同相对方的真实意愿,没有履行该合同第六条第二款约定,其主张不符合双方约定及法律相关规定,本院不予支持。即使按新八建物业公司上诉提出合同第六条第一、二款约定存在矛盾,但双方订立《商铺转让协议》系新八建物业公司提供的格式合同,根据《中华人民共和国合同法》第四十一条规定,对格式条款有两种以上解释的,应当作出不利于提供格式条款一方的解释。因此,对合同约定条款的理解也应按周某翠、许某裕理解的意思作出解释,一审判决认为周某翠、许某裕有权在协议期内,根据合同第六条第二款的约定行使权利,判决双方解除合同、新八建物业公司退还房款,并无不当,本院予以维持。新八建物业公司的上诉请求本院不予支持。

(三)“非格式条款优先”规则

本条“格式条款和非格式条款不一致的,应当采用非格式条款”一句即是所谓的“非格式条款优先”规则。如果在一个合同中,既有格式条款,又有非格式条款(由双方当事人经过共同协商、达成一致后所拟定的条款),并且两种条款的内容不一致,那么采用不同条款,会对双方当事人的利益产生重大、不同的影响。在这种情况下,根据该规则应当采用非格式条款,这也是充分尊重双方当事人的意思,并且在一般情况下也更有利于保护处于弱势的一方当事人的权利。

需要说明的是,《民法典》第498条规定的三种解释规则有其适用顺序,依次为非格式条款优先规则、通常解释规则和不利解释规则。按照非格式条款优先规则,格式条款和非格式条款对同一合同事项均有约定的,无须考虑格式条款的解释问题。因为,若两者约定一致,再予以解释没有意义;若两者约定不一致,应以非格式条款约定为准,无须再对格式条款予以解释。

还需要注意的是,并非所有的非格式条款都能优先适用。如果非格式条款未被纳入合同或者说是无效的非格式合同,本身没有约束力,则无法作为合同解释的依据。在格式条款经过行政规制或行业规制,所反映的利益关系比较公平合理的情况下,条款利用人利用其优势地位强行与用户或消费者"个别商议",形成不利于用户或消费者的所谓个别商议条款。于此场合,该个别商议条款不得具有优先性,甚至应被依法确认为无效,或被撤销。由此看来,《民法典》第498条关于非格式条款优先于格式条款的规定需要进行目的性限缩,设置在非格式条款严重损害了消费者合法权益时无效或可撤销的但书。[1]

此外,还应当注意的是,《民法典》中有关合同解释的其他规定,也适用于格式条款。"非格式条款优先"规则和"不利解释"规则都是无前提条件限制,即只要格式条款有两种以上解释的,就应作出不利于格式条款提供方的解释。

除了《民法典》本身的限制性规定之外,其他法律也进行了一些规定。主要包括:《消费者权益保护法》(2013年修正)对免责条款的效力作出了限制。其第26条第2款、第3款规定:经营者不得以格式合同、通知、声明、店堂告示等方式作出对消费者不公平、不合理的规定,或者减轻、免除其损害消费者合法权益应当承担的民事责任,否则无效。《海商法》第44条规定了海上货物运输合同和作为合同凭证的提单或者其他运输单证的条款,违反《海商法》第4章规定的无效。第126条第1款规定:海上旅客运输合同中含有免除承运人对旅客应当承担的法定责任的条款无效;《保险法》(2015年修正)也规定了有关免责条款的无效问题。其第30条规定:对于保险合同的条款,保险人与投保人、被保险人或者收益人有争议时,且对合同条款有两种以上解释的,人民法院或者仲裁机构应当作有利于被保险人和受益人的解释。

---

① 参见崔建远:《论格式条款的解释》,载《经贸法律论坛》2019年第3期。

七、格式合同与示范合同的区别

(一)示范合同的概念

示范合同一般是指企业依据法律法规的规定,根据自身业务和经营的需要,结合交易特点和惯例等制定的指导性、规范性的合同文本。示范合同文本具有形式规范、用语严谨、条款完备、权利、义务明确等特点。对于提高当事人的协商效率,具有重要作用。示范合同与格式合同的本质区别在于,格式合同的条款内容不能与对方协商,而示范合同文本则是双方订约时的参考,可以协商修改。对此,《民法典》第470条第2款规定:“当事人可以参照各类合同的示范文本订立合同。”

(二)示范合同(条款)是否构成格式合同(条款)

在实务中,容易引发争议的是,很多行业和企业使用由行业协会、产权交易机构或政府部门主导而制定的示范文本是否属于格式条款。例如,房地产开发商事先拟定的商品房买卖(预售)合同基本以住建部和市监总局联合下发的合同示范文本为基础,甚或直接采用示范文本。在涉及格式合同或格式条款争议时,就演变为格式条款与示范文本之间的界定了。部分法院以示范文本并未排斥当事人对合同条款的选择自由为理由,否认其属于格式条款。① 也有部分法院将此类文本认定为格式合同。② 甚至在同一法院同年的数个类似案件中都作出了不一致的判断,如[吉林省高级人民法院(2017)吉民申1348号]和[吉林省高级人民法院(2017)吉民申943号]。

再如,在产权交易机构(交易所或交易中心)的产权交易业务中,当事人往往以产权交易机构制定的《产权交易合同》作为示范文本签署合同,很多时候甚至没有

---

① 参见魏某、秦某明与长春海华房地产开发有限公司及中海物业管理有限公司长春分公司商品房买卖合同纠纷再审审查民事裁定书[吉林省高级人民法院(2017)吉民申3681号],吉林省利源电力有限公司、吉林省高等级公路建设局建设工程施工合同纠纷再审审查民事裁定书[吉林省高级人民法院(2017)吉民申1348号],裴某荣、黄某放商品房销售合同纠纷再审审查与审判监督民事裁定书[湖北省高级人民法院(2017)鄂民申2962号],王某来、侯某芝商品房预售合同纠纷再审民事判决书[广东省高级人民法院(2017)粤民再104号]等。

② 参见金川雪域江南农业综合开发有限公司与刘某辉、康某琼、王甲、王乙商品房预售合同纠纷申请再审民事裁定书[四川省高级人民法院(2016)川民申1732号]。在该案中,法院认为:“涉案《商品房预售合同》系再审申请人提供,条款内容均是再审申请人为重复使用而预先拟定的,该合同文本虽系……示范文本……本案《商品房预售合同》属于典型的格式合同。”还可参见齐某梅与王某珠及镇赉启龙房地产开发有限公司房屋买卖合同纠纷再审审查民事裁定书[吉林省高级人民法院(2017)吉民申943号]。

做任何修订直接填列适用。当事人往往对该示范合同预先拟定的部分条款主张其属于格式条款。在海口集兴源房地产咨询有限公司与海南正合集团公司合同纠纷民事判决书[海南省海口市中级人民法院(2016)琼01民终2285号]中,法院认为:

关于集兴源公司和正合公司签订的《产权交易合同》的效力问题。该合同是集兴源公司同意正合公司将涉案土地委托公开拍卖,集兴源公司竞拍得土地后签订的合同,是双方当事人的真实意思表示,内容合法,应属有效合同。对于该合同第六条第一款,集兴源公司以该条款属格式条款为由请求撤销,对此,本院认为,根据《中华人民共和国合同法》第三十九条的规定,格式条款是当事人为重复使用而预先拟定,并在订立合同时未与对方协商的条款。《产权交易合同》是双方当事人自愿拟定的合同,第六条第一款(笔者加注:第六条、产权转让的税、费及交易服务费:1.产权转让中涉及的有关税、费,经甲、乙双方约定,由乙方承担。办理土地过户手续过程中涉及的相关税、费均由乙方承担。……")也是双方当事人针对涉案土地的交易自愿约定的条款,并非当事人为重复使用而预先拟定的合同条款,因此,集兴源公司请求撤销该合同条款,没有事实和法律依据,本院予以驳回。

在张某芬与胜利油田鲁明油气勘探开发有限公司、上海联合产权交易所拍卖合同纠纷上诉案[上海市第二中级人民法院(2018)沪02民终10652号]中,原审原告张某芬主张拍卖公告中房屋"按现状交易"的约定属于格式条款。法院认为:

关于争议一(即拍卖和竞买文件中"按现状交易"是否为格式条款),联交所发布的拍卖公告以书面形式明确声明按房产现状交易,应理解为交易条件的公示,张某芬在签署"受让申请与承诺"、"承诺函"时已确认并接受上述交易条件。退一步说,即使如张某芬所述拍卖公告、"受让申请与承诺"、"承诺函"均系联交所预先拟定、未与张某芬协商的版本,因为拍卖公告中已明示了公告期内看房联系人和联系方式,充分告知并保障了张某芬前期尽职调查的机会,张某芬有权在全面了解房产现状后再决定是否参加竞买,故该条款并未加重张某芬责任、排除张某芬主要权利,法院对张某芬该节诉称不予支持。

另外,出租车承包经营合同大多也由行业协会提供范本,在喻某征、喻某全合同纠纷再审审查与审判监督民事裁定书[湖北省高级人民法院(2017)鄂民申2426号]中,法院认为:

喻某征、喻某全主张江北公司在签订合同时,只让其在空白合同上签字,且未尽到解释合同主要条款的义务,因此依合同约定的解除条件解除合同对其有失公平。本案中喻某征、喻某全未提供有效证据证明签署的是空白合同的事实。案涉

《武汉市客运出租汽车经营合同〈双班承包类〉》并非格式合同,而是由行业主管部门牵头制定,主要条款需由当事人双方协商确定的示范合同,不适用《中华人民共和国合同法》第三十九条有关说明义务的规定。从现有证据分析,江北公司提交的有关武汉市城市客运出租汽车管理的规范性文件,对收费项目、标准均有明确规定,且与案涉《武汉市客运出租汽车经营合同〈双班承包类〉》中约定的"双班承包(1.6L 爱丽舍)单台车每月费用"一致,其后多次降低承包费的行为也有相关的规范性文件依据,表明江北公司的收费标准符合行业规范。而相关文件均属于公开的行业管理规范性文件,作为出租车行业从业人员的喻某征、喻某全,可通过多种渠道获知。从合同履行情况分析,喻某征、喻某全在缴纳承包费时,已对其合同权利义务予以认可。故即使江北公司在签订合同时未明确承包费的缴纳金额,也不必然对喻某征、喻某全的权利义务产生实质影响。喻某征、喻某全的该项申请再审理由不能成立。

上述案件的裁判颇值得商榷。学界普遍认为,格式条款区别于示范合同之根本在于条款内容的不可协商性,因而,若有关企业直接采用示范合同文本而订入合同,相对人无法对其内容进行变更的,也应该属于格式条款。① 笔者赞同此观点,因为两者之间的根本问题在于,不论是自己预先拟订还是直接采用行业或协会的示范文本,其区别仅限于此,对于相对方而言并无不同,判断其是否属于格式条款应以是否可以协商变更为标准。

第八节 "合同+订单/发货通知单"模式及其法律风险

一、"合同+订单/发货通知单"模式的概念

实务中,通常在企业采购或服务等合同中,买卖双方在签订合同时并不直接确认最终的采购量(或服务量)和合同总金额,需要根据买方实际需要下达订单(或发货通知单、送货单等),然后定期结算价款费用(一般是定期结算,也可能是合同终止时一次性结算)。这即是所谓的"合同+订单/发货通知单"合同签订模式。

"合同+订单/发货通知单"模式与通常的一次性交易合同有所不同,后者主要针对的是一次性交易(时间可能很长,也可能很短,但都是一次特定的交易),而前者则是在一定期限内反复、持续地发生交易。此种模式还与"继续性合同"有所不

① 参见王利明:《对〈合同法〉格式条款规定的评析》,载《政法论坛》1999 年第 6 期;陈自强:《民法讲义Ⅰ:契约之成立与生效》,法律出版社 2002 年版,第 165 页;朱岩:《格式条款的基本特征》,载《法学杂志》2005 年第 6 期。

同。“继续性合同”是指合同内容非一次给付可完结，而是继续、持续实现的合同。例如，租赁合同、借用合同、保管合同、仓储合同、合伙合同以及雇佣合同等都是典型的继续性合同。这样的继续性合同仅需要签署合同本身即可，通常并不需要后续重复地发出订单或者通知单。

二、“合同+订单/发货通知单”模式的应用场合

在实务中，“合同+订单/发货通知单”模式运用的场合很多，主要包括如下几种情形：

第一，采购合同+发货通知单/送货单。在实务中，企业往往通过招投标等方式确定了合同对方、货物单价，但货物的数量并非一个固定的数量，合同中通常会约定采购方通过发货通知单或送货单的形式予以确定，但有些合同中还会约定一个最低的或“保底的”采购数量。例如：

本合同约定的有效期内，甲方承诺实际采购总量不低于（　　）件［对应总价不低于（　　）元］。如低于该标准，则甲方同意于合同有效期满后（10）个工作日内按照如下标准给予乙方补偿：

补偿金额=（最低采购件数-实际采购件数）×每件××元

上述这样的保底数量条款，通常适用于供应商提供了优惠的价格、合作条件，或者是专为需方开发定制的产品的情形，此时需要考虑在合同中约定最低采购量，否则如果采购量过低，可能导致供应商亏损或者供应商提高采购价格。

实务中，也有使用“订单”的方式，但此处的“订单”显然不是法律意义上的订单，不具有要约的性质，性质类似于发货通知单，但若采用“意向性协议+订单”的除外。

第二，承揽合同+通知单。例如，在委托加工合同中，加工产品的数量往往以委托的订单或通知单为准。再如，在商标等印刷合同中，印刷的数量也是以买方发出的通知单为准。

第三，服务合同+工作量确认单。在采购服务（劳务）合同中，服务可能是分阶段的、重复发生的，每完成一个阶段或一次服务，双方都需要签署工作量确认单予以确定。例如，培训先学后付、计时收费模式服务合同等。

第四，需要澄清的是，有观点认为“建设工程施工合同+鉴证单”也属于“合同+订单/发货通知单”模式，笔者不赞同这样的观点。理由是，不论建设工程施工合同是采用固定总价、固定单价或是预决算价格，通常被认为属于一次性合同。如在清单计价模式下，工程量基本是确定的，尽管可能在竣工决算时需要对工程量

(如固定单价需要竣工决算时一次性确定工程量,固定总价也可能因涉及变更等涉及价款调整)进行确定,此时的依据就是各方确认的现场鉴证单等,但这不属于通常意义上的“订单”,仅仅是对工程量的确认(作为结算依据),理解为建设工程施工合同的补充或变更证据更为恰当。

第九节　“主合同＋配套合同”的法律实务

一、“主合同＋配套合同”的概念

为准确理解本部分“主合同＋配套合同”的概念,笔者先将实务中经常混淆的法律概念(主合同、从合同、合同附件、补充协议)与“配套合同”之间的关系总结见图10－4:

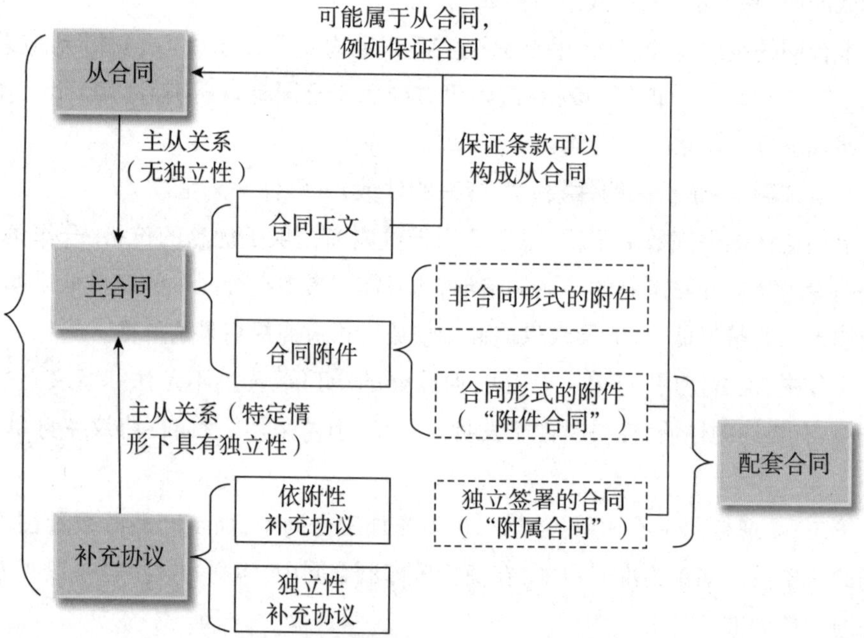

图10－4　主(从)合同、附件、补充协议及附属合同的关系

下面对图10－4作一介绍:

首先,对于主合同和从合同,主合同是独立存在的合同,从合同依附(或从属)于主合同而存在,不具备独立性。主合同失效,从合同也相应失效,但从合同的效力并不影响主合同的效力。典型的从合同如借贷合同中的担保合同(保证、抵押、质押合同等)。

其次,对于主合同和补充协议,补充协议是在合同履行过程中对主合同内容的变更、补充、解释和说明,补充协议产生于主合同之后。主合同和补充协议之间是主从关系,补充协议是从合同,补充协议与主合同具有同等效力。若两者发生冲突时,原则上补充协议优先适用(时间在后原则)。与上述法律意义上的从合同有所不同的是,主合同无效,补充协议并非当然无效。也就是说,补充协议对主合同的依附性(或从属性)并不绝对(相对于保证合同之类的从合同而言)。从司法实践来看,若补充协议相对独立,即便主合同无效,补充协议也不当然无效。若补充协议的内容是为了继续履行主合同,则补充协议无效;若补充协议的内容是为了终结主协议并作清理善后、结算事宜的,则补充协议有效。从此意义上讲,补充协议可以分为"依附性补充协议"和"独立性补充协议"两类。事实上,这样的法理依据在于《民法典》第567条规定:"合同的权利义务关系终止,不影响合同中结算和清理条款的效力。"(参见原《合同法》第98条)

在北海融富海湾房地产开发有限公司与上海浦朝建筑安装工程有限公司建设工程施工合同纠纷申请再审民事裁定书[最高人民法院(2012)民申字第719号]中,法院认为:

融富海湾公司与浦朝公司签订《建设工程施工合同》后,浦朝公司于2009年7月27日之前完成了700根抗拔桩的工程量,7月28日开始停工至次年1月11日,双方的合同无法继续履行,主要原因在于融富海湾公司未如约支付工程款。2010年1月11日,双方签订《协议书》对工程损失费用进行协商,约定融富海湾公司在该协议签字盖章后立即向浦朝公司支付300万元。同年4月6日,浦朝公司向融富海湾公司发出《联系函》,就已经完成的桩工程量、停工损失、现场材料费等内容予以确认;融富海湾公司签收了该函件,并复函表示工程款结算事宜已获该公司、金昌公司、浦朝公司三方确认,待资金困难缓解,尽快结算剩余款项。上述系列协议、函件是当事人为终止履行案涉《建设工程施工合同》并解决遗留问题达成的合意,独立于《建设工程施工合同》,当事人之间意思表示真实,应认定为合法有效。

再如,在南京圣火环境科技有限公司、贵州鑫晟煤化工有限公司建设工程施工合同纠纷二审民事判决书[最高人民法院(2018)最高法民终239号]中,法院认为:一般意义上补充协议是对于主合同约定内容的补充或变更,而本案所涉的《关于终止生产总承包、水泥二线工程总包合同的协议》的内容并非对工程总包合同的补充或变更,而是约定终止两份合同和终止两份合同后如何移交、如何支付相关费用,具有清理、结算条款的性质。《合同法》第98条规定:"合同的权利义务终止,不影响合同中结算和清理条款的效力。"因此,结算和清理条款是有效的,不受原合同效力的影响。其他类似案例,还可参见博坤建设集团有限公司与安阳广佳欣置业有限公司、管某生建设工程施工合同纠纷二审民事判决书[最高人民法院(2014)民一终字第61号],法院认为:

《补充协议二》在形式上为《建设工程施工合同》之补充协议,但该协议具有独立性。首先,从该协议的订立背景看,是截至2013年4月30日,广佳欣公司未按双方约定支付工程进度款、退还履约保证金和支付利息。其次,从该协议的订立目的和内容上看,是确认博坤公司已完工程范围及价值、明确欠款数额及广佳欣公司所应承担的逾期付款补偿责任、广佳欣公司所应承担的逾期付款违约金责任,以及管某生同意提供连带保证责任。本院认为,《补充协议二》在性质上属于广佳欣公司和博坤公司对双方之间既存债权债务关系的结算和清理,确认《补充协议二》在法律效力上的独立性和约束力,不违反法律、行政法规的效力性强制性规定。据此,本院认定《补充协议二》合法有效。

再次,实践中,合同附件表现为两种形式:非合同形式的附件和合同形式的附件(本书称之为"附件合同")。对于前者,往往是对主合同内容的某一部分的解释、说明、补充等(如质量、技术标准,验收、检测标准,标的资产的详细清单,投资合伙人详细信息,策划方案,服务方案);对于后者,则往往呈现为一个具备相对完整形式的合同或协议,既包括法律意义上的真正的从合同(如担保类合同),也包括非从合同的与主合同配套签署的附属协议(如托管协议、阳光协议、EHS① 合同等)。从法律关系和意义上讲,合同附件作为主合同的组成部分,当事人往往约定与主合同"具有同等法律效力",附件里的合同一般不是从合同。那么如果将保证合同这样的从合同作为主合同附件是否存在问题呢?笔者认为,尽管可以如此安排,但并不改变保证合同的从合同性质(不具有独立性),它与主合同之间不存在所谓的"具有同等法律效力"的问题,因为保证合同约定的是保证人与债权人之间的保证法律关系(而非债权人和债务人之间的法律关系),其本身也是一个单独的合同(不构成主合同的一部分),但"天然"依附或从属于主合同,以主合同的存在为基础,随主合同的消灭而消灭。

最后,在上述讨论的基础上,我们再来讨论"配套合同"的概念。应该讲这一概念是实务中的一种通俗称谓,实际是指与主合同(主交易)配套的、附属的合同。其表现形式可以是作为主合同的附件("附件合同"),也可以作为非主合同附件的、独立形式的合同("附属合同")。但不论采取何种形式,其目的和作用都是为了实

---

① "EHS"的英文是"Environment,Health,Safety",意指"环境、健康和安全"。

现主交易（或签署主合同）服务的，离开了主交易（主合同），即便其体现为独立的合同形式，也没有商业上的实质意义。例如，在股权并购交易中，股权并购合同是交易的主合同，并购双方与银行之间签署的资金托管/监管合同就是一个配套合同。若作为主合同的附件，则属于"附件合同"；若未作为主合同的附件，则属于一个相对独立的"附属合同"。需要注意的是，由于并购交易存在不确定性或者先决条件，因此托管/监管合同甚至会以主并购合同的生效为前提，此时它显然不是主并购协议的附件，也不是附件合同、从合同，而是一个法律意义上独立的合同，但其商业目的和作用是为主并购交易（合同）配套和服务的。

二、"主合同+配套合同"的实务要点

在此讨论的"主合同+配套合同"的部分法律实务要点，涉及的不是合同权利义务这样的实质条款本身，而主要考虑的是主合同和配套合同之间的衔接适用关系。主要涉及如下几个方面的问题：

第一，主合同和配套合同的效力冲突问题。对于此问题，需要细分为两种情形来展开讨论：

（1）若配套合同系主合同的附件合同，则大多数情况下，采用的处理方式是"附件作为本合同不可分割的组成部分，具有同等法律效力"。尽管我们讲，在起草和审查合同时，应保持主合同与附件内容上的一致性，但实务中总是可能出现这样的冲突情形。若附件合同与主合同内容上存在冲突，则需要在合同中明确冲突规则（如是以主合同内容为准，还是以合同附件内容为准）。一般的处理的原则是，附件（合同）的特别约定应优先于主合同的一般约定。其原因在于主合同一般仅约定一般的处理规则，而附件（合同）则通常约定具体的特殊处理规则，这是由附件（合同）本身的作用、性质或属性所决定的。

（2）若配套合同并非主合同的附件合同，而是单独签署的附属合同，则情况将显得略为复杂一些。从配套合同本身的定义来看，其原则上要么是主合同本身未规定或者未明确规定的内容，要么是作为与主合同相关联的其他交易的内容。例如，笔者就曾遇到过这样一个案例。在某企业的《产品经销合同》中对包装物的借用规定了一些原则性的内容，而双方又另行签署了一份《包装物借用协议》。此时，若出现内容上的冲突，则需要判断《包装物借用协议》本身是否构成《产品经销合同》的补充协议（尽管名称上完全看不出来）。若《包装物借用协议》中存在"根据甲乙双方于××××年××月××日签署的《产品经销合同》……"等类似语句，或者即便没有这样的语句，仍然可以判断出《包装物借用协议》存在的前提是双方签署了《产品经销合同》并成立经销关系,则《包装物借用协议》构成《产品经销合同》的补充协议;反之,则原则上应理解为一份独立生效的合同。这是第一步。第二步,尽管可能性较小,再审查是否存在相关的冲突规则,或者若协议中并不存在冲突规则,则依据最新的意思表示(时间在后为准)作为最终的内容。

第二,主合同和配套合同的生效条款衔接问题,即是否互为生效条件,还是以主合同生效为前提,还是同时生效或各自独立生效。具体而言,可以细分为两种情形来展开讨论:

(1)若配套合同系主合同的附件合同,则需要注意的是,若主合同约定"附件作为本合同不可分割的组成部分,具有同等法律效力",则该附件合同应当与主合同一并生效,避免出现不一致的签署时间。

(2)若配套合同并非主合同的附件合同,而是单独签署的附属合同,则情况将显得略为复杂一些。如前所述,如在股权并购合同中,资金托管/监管合同可能是以主合同的生效为前提的。当然,也有可能主合同的生效是以标的资产的抵押解除协议生效为前提的。甚至,在某些并购重组交易中,可能还会出现互为生效条件的情况。例如,在上市公司"借壳重组"中,发行股份购买资产协议与重大资产置换协议可能是整合在一个协议中(几乎如此),也可能是单独签署,此时就需要互为生效条件了。

第三,主合同与配套合同的管辖或仲裁条款衔接问题。实务中,在"主合同+配套合同"模式下,经常会涉及的一个争议问题就是管辖或仲裁的问题。主要表现为几种情形:一是主合同约定了管辖,而从合同、补充协议未约定争议解决方式(原则上根据主合同确定管辖);二是主合同、从合同或补充协议约定的管辖不一致(原则上根据主合同确定管辖);[①]三是主合同、从合同或补充协议分别约定了管辖和仲裁(是否根据主合同确定,需要具体分析)[②];四是主合同约定了仲裁,配套合同(从合同、补充协议)未约定争议解决方式(详见下文);五是配套合同(从合同、补充协议)约定了仲裁,主合同未约定(原则上不及于主合同)。

这些管辖或仲裁条款的冲突适用规则比较复杂,但总体原则是:若属于具有独立性的附属合同,则原则上各自确定管辖或仲裁;若属于附件合同或补充协议,且

① 参见恒大地产集团有限公司、恒大地产集团天津有限公司与华侨城集团公司二审民事裁定书[最高人民法院(2013)民一终字第94号]。

② 例如,《担保制度司法解释》第21条规定:"主合同或者担保合同约定了仲裁条款的,人民法院对约定仲裁条款的合同当事人之间的纠纷无管辖权。债权人一并起诉债务人和担保人的,应当根据主合同确定管辖法院。债权人依法可以单独起诉担保人且仅起诉担保人的,应当根据担保合同确定管辖法院。"

属"主从合同",则"让仲裁的归仲裁,让诉讼的归诉讼"。若主从合同不可分,则整个合同的争议解决条款落入了"约定不明"或"可诉可裁"的境地,依照仲裁法及仲裁法解释,在冲突无法调和的情况下,都可能会导致仲裁条款无效,使法院获得管辖权。

限于篇幅,仅针对第四种情形作一简要介绍。在此种情形下,由于当事人自愿达成合法有效协议或仲裁条款选定仲裁机构解决其争议纠纷,是采用仲裁方式解决争议纠纷的前提。如果当事人没有约定其争议纠纷由仲裁机构解决,通常情况下,仲裁机构无权对该争议纠纷予以仲裁。当事人在主合同中约定其争议纠纷由仲裁机构解决,对于没有约定争议纠纷解决方式的补充协议可否适用该约定,其关键在于主合同与补充协议之间是否具有可分性。如果主合同与补充协议之间相互独立且可分,在没有特别约定的情况下,对于两个完全独立且可分的合同或协议,其争议解决方式应按合同或补充协议的约定处理。如果补充协议是对主合同内容的补充,必须依附于主合同而不能独立存在,则主合同所约定的争议解决条款也适用于补充协议。① 若其属于担保合同这样的从合同,则原则上仲裁机构不能对担保合同(债权人与担保人之间的争议)进行仲裁。②

鉴于审判实践中主从合同管辖或仲裁争议的众多情形以及复杂性,因此,实务中,应尽量保持主合同与附件合同、补充协议管辖或仲裁的一致性,否则将导致管辖争议,增加诉讼或仲裁的不确定性和成本。具体而言:第一,对于附件合同之外的附件,无须在其中约定管辖,应该在主交易合同中约定管辖;第二,对于附件合同(非从合同),无须约定管辖条款,或者约定以主合同管辖条款为准;第三,对于担保合同这样的从合同,应尽量保持与主合同管辖条款的一致性,若出现不一致,应审慎评估管辖法院或是否受仲裁管辖。

对于法律意义上独立的附属合同,尤其是存在多份附属合同时,应审查多份合

---

① 参见湖南华厦建筑有限责任公司与常德工艺美术学校不服执行裁定申诉案[最高人民法院(2015)执申字第33号,载《最高人民法院公报》2016年第8期(总第238期)]。

② 参见最高人民法院《关于成都优邦文具有限公司、王国建申请撤销深圳仲裁委员会(2011)深仲裁字第601号仲裁裁决一案的请示的复函》[(2013)民四他字第9号]:"案涉担保合同没有约定仲裁条款,仲裁庭关于主合同有仲裁条款,担保合同作为从合同应当受到主合同中仲裁条款约束的意见缺乏法律依据。仲裁庭对没有约定仲裁条款的担保合同进行审理并作出裁决,担保人王国建申请撤销该仲裁裁决中涉及其作为担保人部分的裁项的理由成立。"还需要注意的是,在中航惠德风电工程有限公司与辽宁高科能源集团有限公司保证合同纠纷二审民事判决书[最高人民法院(2015)民二终字第125号]中,法院认为,主合同约定仲裁管辖但连带责任保证合同未约定,保证人被债权人起诉时有权以主债务争议未经仲裁为由进行抗辩,不属于人民法院审理范围。

同之间约定的管辖是否有冲突,应尽量统一约定到一个管辖法院或统一约定到一个仲裁机构。

第十节　“倒签合同”及其法律风险

实践中,倒签合同大部分产生于与企业日常经营生产密切相关的项目,而合同承办部门对合同管理的认识存在误区,突击实施项目管理,企业内部管理疏漏,投资计划安排滞后,合同审批时限延迟等是发生倒签合同的主要原因。

一、“倒签合同”的概念

通常而言,“倒签合同”是指合作双方在合同签订生效之前已经开始实际履行合同,而在合同履行过程中或在合同履行完毕后补签合同的现象。尽管在某些情况下,双方当事人按照诚实守信的原则实施相关合作事项,并未因倒签合同给双方当事人的利益造成损害,但倒签合同不仅与目前企业内部控制制度中关于风险防范的目标相悖,也不符合企业管理制度的要求,同时还存在较大的法律风险和经营管理风险,在实践中应当控制或避免倒签合同。

二、“倒签合同”的法律风险

一般而言,倒签合同存在的法律风险主要包括以下几方面:

首先,对于合同签订前的履行过程,由于存在较大的不确定因素,双方的权利义务不明确、法律责任界定不清,容易产生法律纠纷,而一旦产生纠纷后由于证据难以取得,解决起来又比较困难,合同的事前控制作用无法体现,存在较大的法律风险。如在建设工程施工合同中,存在发生重大安全责任事故或工程量变更等可能性,缺少合法有效的合同作为依据,争议将难以被顺利解决。对于采购合同,可能因为标的设备的市场价格浮动或运输损失风险而发生争议,又无法出具相关合同证明,如果适用合同履行地或货物交接时的市场价格,可能因市场价格浮动变化较大,导致企业经营付出更高的成本,损害企业的经济利益。

其次,倒签合同存在合同的生效时间迟于合同履行,但其他条款内容与正常签订的合同一致,导致合同的生效日期、履行期限及有效期限等有关期限的规定产生逻辑上的冲突和混乱(如合同约定自签字盖章之日起生效,而实际生效前,合同已经履行完毕等)。同时也可能使合同的交货、验收、付款的时间及条件出现前后矛盾等情况,这些问题都给合同的管理及履行带来了不良影响。

最后,倒签合同还可能存在财务信息失真风险。若不签订书面合同,则会影响财务部门的及时入账管理,在财务部门的成本、应付账款、资产负债表等会计报表上无法如实显示项目相关的费用列支情况,导致会计信息无法真实反映企业的经营状况和成本状况,形成企业会计信息失真,容易引发成本失控、决策失误等经营风险。

三、"倒签合同"的效力

《民法典》第 490 条(原《合同法》第 36 条、第 37 条)对履行接受进行了规定。第 490 条第 1 款规定,当事人采用合同书形式订立合同的,自当事人均签名、盖章或者按指印时合同成立。在签名、盖章或者按指印之前,当事人一方已经履行主要义务,对方接受时,该合同成立。该规定某种意义上讲肯定了"倒签合同"的法律效力,也就是说,倒签合同本身是有效的合同,但是倒签合同在履行过程中却存在较大的风险。第 490 条第 2 款规定,法律、行政法规规定或者当事人约定合同应当采用书面形式订立,当事人未采用书面形式但是一方已经履行主要义务,对方接受时,该合同成立。从该条文可以看出,即使合同双方未签订书面合同,只要合同相对方履行了主要义务,对方接受的,合同即成立。

从司法实践来看,仅凭"倒签"并不必然导致合同无效。关于合同的效力,应该严格按照《民法典》(原《合同法》)有关合同效力的规定来予以判定。若不存在这样的法定情形,即便"倒签"也不会影响合同的效力。

【例 10－12】　国际华侨公司诉长江影业公司影片发行权许可合同纠纷案①

【裁判要旨】

虽然当事人双方将合同签订时间倒签,但若经过双方认可,而且与口头协议达成和履行的实际情况相一致,并没有损害当事人的利益,亦未损害国家、集体或者第三人利益,因此,不能因合同时间倒签而认为一方当事人具有欺诈行为。

【最高人民法院审判】

最高人民法院认为,投资公司与长江公司于 1999 年 4 月签订的《影片票房分账发行放映合同》,是对双方 1998 年 5 月口头协议的确认,且在签订书面合同时,该口头协议已经实际履行。无论是口头协议的达成,还是补签书面合同的意愿,都

---

① 参见广州国际华侨投资公司与江苏长江影业有限责任公司影片发行权许可合同纠纷案[最高人民法院(2001)民三终字第 3 号]。

是双方的真实意思表示,即使签订书面合同的要求是投资公司提出的,也不能据此认定其具有欺诈行为。虽然双方将合同签订时间倒签,但也是经过长江公司认可,而且与口头协议达成和履行的实际情况相一致,并没有损害长江公司利益,亦未损害国家、集体或者第三人利益,因此,也不能因合同时间倒签而认为投资公司具有欺诈行为。至于投资公司是否出于履行合同的目的签订书面协议,与合同是否有效亦无关联,即使双方未补签书面合同,已经实际履行的双方1998年5月的口头协议仍然受法律保护。因此,长江公司关于《影片票房分账发行放映合同》属无效合同的抗辩主张,无充分的事实和法律依据,本院不予支持。

另外,在柳州市柳港激光科技有限公司、广西富业世界资产投资开发有限公司与柳州市柳港激光科技有限公司、广西富业世界资产投资开发有限公司买卖合同纠纷申诉民事判决书[最高人民法院(2014)民提字第227号]中,法院认为:

按照原《合同法》的规定,合同是当事人关于权利义务的确定,要求必须是双方当事人的真实意思表示,但其没有对倒签日期进行限制的条款。所以,倒签日期的合同只要是真实意思表示并且没有违反法律法规的效力性强制性规定,应当认定为有效。双方合作共同竞买广西信托大厦的事实并非虚构,是双方真实意思的表示,本案所涉文件是否倒签,并不因此影响共同竞买的客观事实。本案系法院破产案件拍卖程序中产生的问题,广西信托大厦寻找合作竞买者是南宁市中级人民法院和破产清算组为保证拍卖成功采取的措施,柳港公司参加共同竞买,得到了审理破产案件法院、破产清算组、拍卖公司和富业公司的一致同意。《拍卖成交确认书》的权利义务因柳港公司的加入而履行完毕,不仅最大限度地保护了破产企业债权人的利益,而且使富业公司避免了因违约而产生的高昂代价。因柳港公司参与竞买,2010年2月8日双方交清了广西信托大厦拍卖款。2011年8月29日,双方合作共同参与竞买行为的合法有效性在(2004)南市民破字第4-78号民事裁定书中得到确认。南宁市中级人民法院已经裁定合作竞买有效,并裁定各方依据裁定办理拍卖物的产权等登记手续。……

在本案中,2004年8月12日,审理广西信托投资公司破产还债一案的南宁市中级人民法院组成了广西信托投资公司破产还债清算组。2007年10月10日,该清算组委托广西公物拍卖行有限公司对广西信托大厦进行拍卖(不含22、23层),富业公司以1.26亿元竞得该大厦,但迟迟未支付价款。为解决这一问题,破产清算组寻求联合受让人,柳港公司加入进来成为联合受让人。富业公司与柳港公司因办理《拍卖成交确认书》变更手续和产权登记手续的需要,倒签了落款日期为2007年10月6日的《合作协议》《授权委托书》,即便在这样的情况下,法院仍然认定双方倒签的《合作协议》《授权委托书》有效。

在王某清、吉林新方位体育用品有限公司企业借贷纠纷再审审查与审判监督民事裁定书[最高人民法院(2018)最高法民申2521号]中,最高人民法院认为:

关于《框架协议书》是否合法有效的问题。王某清主张《框架协议书》签订时,作为合同一方主体的通辽斯堡特公司已经注销,通辽斯堡特公司的债权债务均归属于其股东新方位公司,当债权和债务同归于一人时,合同的权利义务终止。本案中,《框架协议书》书面记载的签订日期为2010年4月5日,通辽斯堡特公司的注销时间为2010年4月13日,新方位公司和王某清均认可《框架协议书》的实际签订日期为2010年9月29日之后,书面记载的签订日期为倒签。《框架协议书》第2.2条第(vi)款和第2.3条明确约定,在通辽斯堡特公司主体灭失的情况下,通辽斯堡特公司的权利义务并不免除,而由新斯堡特公司和王某清作为新的承载主体继续履行。上述事实表明,各方当事人在签订《框架协议书》时,明知或应当知道通辽斯堡特公司已经注销的情形,各方当事人协商将《框架协议书》签署日期提前至通辽斯堡特公司注销之前,就是为了解决通辽斯堡特公司注销前的债务问题。王某清和新斯堡特公司均在《框架协议书》上签字盖章,且未在签署协议时提出异议,表明其接受和认可对通辽斯堡特公司注销后债务的安排和约定。《框架协议书》系各方当事人真实意思表示,且内容不违反法律、行政法规的强制性规定,二审法院认定《框架协议书》合法有效,并无不当。

在这个案件中,最高人民法院认为,即便王某清和新斯堡特公司在实际签署合同时,合同所涉通辽斯堡特公司已经注销,但合同约定的是通辽斯堡特公司注销后债务的安排和约定,倒签合同是为了解决通辽斯堡特公司注销前的债务问题,且内容未违反法律、行政性法规的强制性规定,因此认定该框架协议有效,倒签不影响该协议效力。

类似地,在榆林市凯奇莱能源投资有限公司与西安地质矿产勘查开发院合作勘查合同纠纷一案二审民事判决书[最高人民法院(2011)民一终字第81号]中,最高人民法院认为:"……双方是否倒签合同,只涉及合同成立生效的起始点,不涉及合同有效无效,与双方争议焦点并无关联。"在屈某庆、杭州经济技术开发区涡轮工艺品商行侵害外观设计专利权纠纷再审审查与审判监督民事裁定书[最高人民法院(2017)最高法民申1699号]中,本案例的再审申请人认为,本案二审判决认定:"补签《专利实施许可合同》(以下简称涉案合同)的行为,既未违反法律、行政法规的强制性规定,亦未损害第三人的利益,故应认定该合同依法成立并生效。"二审判决的上述认定缺乏证据证明。最高人民法院认定:被申请人涡轮工艺品商行与涉案专利权利人金某春签订了涉案合同,该合同系双方当事人真实意思表示。

四、“倒签合同”的成立时间

“倒签合同”除了可能对合同的效力发生影响外,还有一个核心的问题就是对合同的成立(生效)时间的影响,即倒签的时间能否被认定为合同的成立(生效)时间。审判实践认为应根据案件的实际情况具体确定。也就是说,法院会综合各种因素决定倒签时间与实际签署时间的关系,一种情形是将倒签认定为合同各方达成的合意,以倒签时间为准;另一种情形则认为倒签时间不是真正权利义务开始时间,应综合判断协议签署时间。

在浙江金程实业有限公司、北部湾旅游股份有限公司光船租赁合同纠纷再审审查与审判监督民事裁定书[最高人民法院(2017)最高法民申 4932 号]中,法院认为:

金程公司与北海华美公司签订《光船租赁合同》系双方真实意思表示,没有证据证明金程公司对协议存在倒签时间的情况提出异议。金程公司明知北海华美公司于2010 年 9 月 21 日成立,仍然同意将合同的签订时间约定为2010 年 1 月 5 日,应当视为合同当事双方对合同签订日期形成合意,双方合意约定合同期限为 2010 年 1 月 5 日至2012 年 11 月 14 日合法有效。二审判决认定金程公司与北海华美公司倒签合同时间不影响双方签订的《光船租赁合同》的成立及生效并无不当。

在上述案件中,法院认为,公司成立后倒签合同至公司成立之前,系双方形成了合意,倒签合同不影响合同成立及生效,且签订时间为倒签时间,而非实际签署时间。但也应该注意到,在某些案情下,法院也会综合案情进行具体分析,从而认定合同签订时间为实际签署时间。例如,在安阳建力集团有限公司与鹤壁市鹿楼乡故县村民委员会建设工程施工合同纠纷申请再审民事裁定书[最高人民法院(2015)民申字第 1526 号]中,法院查明的事实如下:

2007 年 11 月 6 日,故县新村整体搬迁工程的招标代理机构向建力公司发出《中标通知书》,确定建力公司中标山城区故县新村整体搬迁一期 B 标段工程。故县村委会与建力公司落款日期为 2006 年 11 月 26 日的《建设工程施工合同》在招标管理部门进行了备案。故县村委会与建力公司签订《建设工程施工合同》,双方均认可合同落款日期倒签为 2006 年 11 月 26 日。双方合同约定:……开工时间:按原招标时的开工时间;竣工时间:按原招标时的竣工时间;合同工期 365 天。合同价款 31898043.19 元。……

2007 年 11 月 13 日,故县村委会与建力公司签订《协议书》,约定:一、截止本协议签署之日，双方一致确认原建筑单位在新村B标段的全部债权和债务及其合法性。二、建力公司同意接收原建筑单位在新村B标段的全部债权和债务。三、建力公司同意担负原建筑单位在新村B标段已建工程质量的全部安全责任。

2008年3月24日，故县村委会与建力公司签订《故县新村住宅楼建设工程施工延期协议》，内容为：……开工时间为2006年11月20日，竣工时间为2007年11月20日……施工工期顺延，至2008年6月18日竣工交付使用。

在施工过程中经双方协商，建力公司于2009年3月3日向故县村委会发函，同意将18栋住宅工程全部移交给故县村委会。2009年3月9日，建力公司收到故县村委会的复函，故县村委会同意建力公司终止履行合同的要求。后双方对建力公司已完工程进行了核对与移交，并于2009年7月对漏登的未完工程再次进行了确认。之后，故县村委会将未完工程交由鹤壁市金源建筑工程公司进行了施工，全部工程现已完工并投入使用。因双方当事人对建力公司已完成的工程价款未协商一致，发生争议。

二审中双方共同确认，胡某是涉案工程的实际施工人，故县村委与东方公司解除合同前，胡某是以东方公司的名义进行施工，故县村委与东方公司解除合同后，胡某又以建力公司的名义进行施工。

最高人民法院认为：

关于双方2006年11月26日签订的《建设工程施工合同》及招投标文件的效力问题。依据原审查明的事实，涉案工程最初由河南东方建设集团发展有限公司（以下简称东方建设公司）于2006年10月中标，之后，东方建设公司与故县村委会签订《建设工程施工合同》。施工过程中，因东方建设公司2007年8月8日在报纸上发表声明，认为他人冒用东方建设公司名义进行施工，施工行为与东方建设公司无任何关系的原因，导致涉案工程无法继续施工。后故县村委会又进行二次招标，建力公司投标并于2007年11月6日中标。对于本案双方签订的《建设工程施工合同》，从时间演变过程上分析，应是东方建设公司退出该项目后，建力公司投标并中标，之后建力公司与故县村委会签订的《建设工程施工合同》更符合常理。在一审中，建力公司也认可《建设工程施工合同》为倒签合同，只是认为招标文件为后补的。对于建力公司一审已经认可的内容，二审中建力公司也没有提供其他证据来证明建设工程施工合同签订于2006年11月26日，也没有提供故县村委会与建力公司在招投标过程中存在违反招投标法相关规定，导致招投标文件无效的相关证据，因此，二审法院认定涉案《建设工程施工合同》是一份倒签合同有事实依据，对建力公司提出的《建设工程施工合同》签订于2006年11月26日、招投标文件无效的主张不予支持,符合法律规定。

在该案中,司法鉴定机构出具鉴定意见:(1)若依据建力公司与故县村委签订施工合同的约定,建力公司承建的涉案工程已完工的总造价为28,750,716元;(2)若依据招标文件、承包人的投标文件及有关法律规定,建力公司承建的涉案工程已完工的总造价为27,107,785元。一、二审法院认为,因双方签订施工合同无效(属于没有资质的实际施工人借用有资质的建筑施工企业名义的情形),且未有工程质量不合格的情形,应参照施工合同的约定支付工程价款。根据施工合同的约定,中标通知书及投标书优先于合同专用条款。还约定合同价款为31,898,043.19元,合同价款采用可调价格合同,调整方法为变更设计、材料差价根据政策性文件执行。而招投标文件中明确材料价格在中标后不作调整,工程计价方式为固定价合同,中标价为3185万元。在合同中约定的工程价款计算方法与招标、投标文件不一致的情况下,应按照当事人约定的合同组成文件的顺序解释、适用当事人约定,本案工程价款的计算方法应当按招投标文件的相关内容来确认工程价款。因此,对建力公司已完工的工程,按照鉴定结论意见(2)来确认双方已完工的工程造价。建力公司对此不服,主张施工合同签订于2006年11月26日,并以此主张2007年的招投标文件无效。招标文件确定为无效后就应当按照建力公司实际施工的工程进行司法鉴定,那么最终的鉴定结果就是已完工的工程造价为30,712,271.92元。其目的在于,否定招投标有效性(中标无效)后,否定招投标文件在工程价款结算中的适用。最高人民法法根据建设工程中断、二次招标时间、工程款拨付以及建力公司在一审中认可建设施工合同为倒签等案件情况,否决了建力公司认为合同签署时间为2006年11月26日并进而认为2017年招投标文件无效的主张。

第十一节　股权转让优先购买权行使中的合同成立问题

《公司法司法解释(四)》(2020年修正)第20条规定:“有限责任公司的转让股东,在其他股东主张优先购买后又不同意转让股权的,对其他股东优先购买的主张,人民法院不予支持,但公司章程另有规定或者全体股东另有约定的除外。其他股东主张转让股东赔偿其损失合理的,人民法院应当予以支持。”该条规定明确了在其他股东主张优先购买时,允许转让股东“不同意”转让(拥有“反悔权”),除非公司章程另有规定或者全体股东另有约定。

该条规定明确了理论和实践中一直存在的争议问题,即在其他股东主张优先购买后,转让股东是否可以“反悔”从而不同意/放弃股权转让,或者说其他股东主张的优先购买权是否属于一种形成权，或者转让股东发出通知以及其他股东主张优先购买是否构成合同缔结的"要约"和"承诺"（或"要约邀请"和"要约"）。依据《公司法司法解释（四）》（2020年修正）第21条第2款规定："前款规定的其他股东仅提出确认股权转让合同及股权变动效力等请求，未同时主张按照同等条件购买转让股权的，人民法院不予支持，但其他股东非因自身原因导致无法行使优先购买权，请求损害赔偿的除外。"以及第3款规定："股东以外的股权受让人，因股东行使优先购买权而不能实现合同目的的，可以依法请求转让股东承担相应民事责任。"可以得出，司法解释实际采纳了"请求权说"的学界观点，即优先购买权是权利人请求出卖人与自己订立买卖合同的权利。在"请求权说"下，当优先购买权的行使条件具备时，优先购买权人需要向股权出让人发出类似合同的订立合同的意思表示，出卖人承诺时合同始得成立。

另外，从公司法理论来看，《公司法》（2018年修正）第71条规定的优先购买权实质上更接近于英美法下的"优先受让权"/"先买权"（right of first refusal）。按《布莱克法律词典》的解释，该权利是一种与第三方出价进行配对（match/meet）的权利，而不是一种"优先报价权"（right of first offer）。显然，在现有《公司法》（2018年修正）第71条规定下，除非公司章程另有规定，在股东转让股权时，优先购买权并不是要求必须先通知其他股东而给该股东一个优先报价权，而是指当第三方出价后再通知其他股东，以给其他股东一个按第三方报价的同等条件进行出价购买的机会。从此意义上看，此处的"同等条件"实际上是在第三方出价时由拟行使优先购买权的"其他股东"提出的配对条件，而不是反过来由拟转让方向其他股东主动来提出。从合同法理论来看，笔者更赞同，尽管书面通知具备实质性的内容，但它毕竟是转让方和第三人之间达成的合意条款，并非转让方与其他股东之间达成的合意条款，将它界定为一个要约邀请（或者是一个提示性通知，提示其他股东有主张优先购买权的权利）更为恰当，因为交易中仅存在转让方与第三方达成了交易的合意而转让方并没有与其他股东达成交易的合意，因此其实质是通知其他股东他有发出要约的权利。如果其他股东同意该通知的内容，则视为他以相同的条件向转让方发出要约。此时，因为不存在转让方提出要约的情形，转让方可以不承诺，并不违反维护交易安全的禁止反言（equitable estoppel）原则。基于此，第三方可以有权提出更高的价格或更优惠的合同条件，也就是说，第三方的竞价与优先购买权没有本质的冲突。

更多有关股权转让优先购买权行使的合同效力的内容，请读者参阅本套书第2册"第17章 股权转让（并购）合同起草、审查精要与实务"。

第11章 合同的基本结构与主要条款概览

内容概览

就从事合同法律工作的律师或法律顾问而言，了解、熟悉和掌握合同的基本结构、合同条款的种类和主要条款，是其履行职责的起点和基础，非常有必要。本章先对这些基础知识做一概览，相关的具体内容(如合同的主要条款的起草、审查)放在后面相关章节详细介绍。本章包含如下内容：

- 合同的基本结构
- 合同条款的分类
- 合同的主要条款概述

第一节 合同的基本结构

为什么在开始介绍合同具体条款以及各分类合同起草、审查之前，我们需要了解、熟悉和掌握合同的基本结构？其实这就如一幢房屋，我们只有在先了解房屋的基本结构的前提下，才能更好地把握其细微的部分。毫不夸张地讲，合同的结构是合同法律事务最为基础、最为重要的内容之一；亦如本书在合同起草、审查的基础思维中所述的那样，结构化的思维方法在合同法律工作中也是最为重要的思维方法之一。对于合同当事人而言，良好的合同结构有助于厘清交易的程序、步骤和细节，减轻工作负担，减少或避免因合同未约定、约定不明或者不完善而产生的争议。

站在合同起草、审查人员的视角，实践中的各种交易，尽管因其性质、标的等不同而呈现出不同的具体条款和内容，但很多条款，如合同的序言条款、定义条款、目标公司、标的资产及交易价款条款、陈述与保证条款、解释原则条款、适用法律条款、争议解决条款、不可抗力条款、保密条款、转让与变更条款、通知条款、弃权条款、可分割性条款、附件条款等,措辞几乎一样。事实的确如此,很多企业(集团)、律师事务所都根据业务的具体需要而制定了自己的合同示范或范本,形成自己的合同库。每次草拟一个新的合同时,只需要在合同库中筛选出与目前的业务相类似的范本,然后基于该合同范本做一些修订,就形成了一份新的合同。这些常用条款通常构成了整个合同的框架结构,搭建起这个框架,合同的草拟工作几乎就完成了一半。剩下的工作就是根据不同业务性质和需要、不同的标的和谈判确定的规则进行交易条款的起草和修订而已。

一、合同基本结构概览

尽管合同因交易主体、交易标的、交易方式/模式、交易内容不尽相同而有所不同,但合同的框架结构是基本一致的,呈现为标准化、定制化的特征。在实务中,我们通常见到的合同可能来源于不同的国家和地区,除个别地方外,整个合同的段落排列、句式和用词大同小异,主要包括以下五个部分:标题、序言、正文、结尾及附件。除此之外,正式的、规范的合同通常还会有一个合同封页以及目录,但它们并非是必需的。一个典型的合同总体框架参见图11-1:

图11-1列示的合同总体框架结构并非一个一成不变的固定模式,律师或法律顾问在起草合同的过程中可能只采取其中的大部或某些部分。例如,对于某些简单的合同而言,有的合同可能不会有封页(目录)、序言(前言),而且正文条款部分也不会设计得那么复杂;有的合同也可能不存在合同附件。

需要说明的是,也有将上述合同五部分结构总体划分为三部分结构的,即合同首部[合同序言(合同标题、签署时间、地点、合同主体、鉴于条款)]、合同正文和合同尾部[合同结尾(附件清单、签署部分)、合同附件]。不论如何划分,其实质是一样的,并不影响我们对合同基本结构的分析。

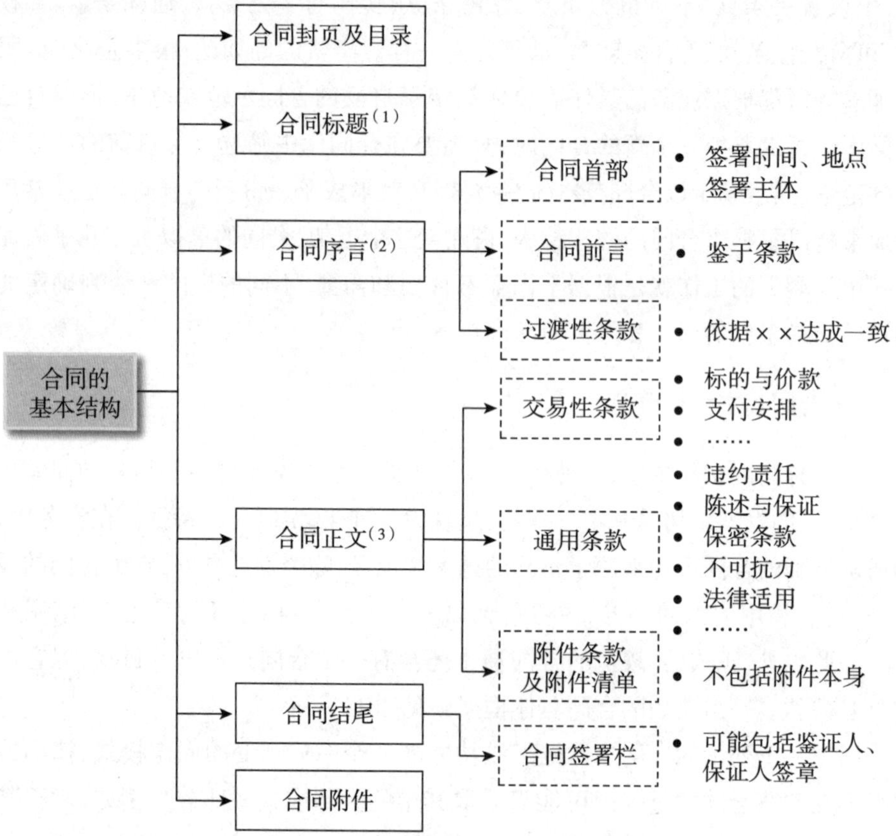

图11-1　合同的基本结构

注:(1)在实务中,封面(若有)的标题一般就代替了合同正文内的标题。(2)在某些合同体例中,序言被分为合同首部(Preamble)和前言(Preliminary Statements);有时也把过渡性条款包含在内。(3)合同正文部分基于不同的合同类型存在较大的差异,但其中的通用条款仍然呈现为标准化、定制化的特征。

二、合同封页、目录与标题

(一)合同封页

出于保护合同书的目的,一般都会在合同书上加封页。封页上用简洁的语言记录:合同标题、合同当事人和合同签订日期。其目的不仅在于体现所谓的“专业”“美观”,最重要的作用其实很简单,那就是阅读者可以仅通过浏览该封页就能够了解该合同的核心和实质以及交易的各方当事人,可以知道这份合同到底是要干什么,其主要的目的和作用是什么。当然,封页还可以起到保护合同主体部分的作用。最后,某些重要的合同在封页上会加上保密属性,如“绝密”“秘密”等。

(二)合同目录

紧随封页之后的应该是合同的目录,目录的作用在于可以方便使用合同的人查找合同的相关内容。如果没有目录而直接进入合同正文,那么使用合同时就不能首先对整个合同的框架结构有一个总体了解和认识,同时还不得不翻遍整个合同来查找相应的条款。合同目录可以通过 WORD 的自动目录功能予以生成,这也是我们提及的律师或法律顾问所应具备的基本辅助技能之一。

(三)合同标题

任何合同或协议都需要写标题(亦称为合同名称)。拟定标题是为了使合同内容一目了然并便于以后查找,合同标题本身没有特别的法律效力,且对合同内容也没有实质影响。如果合同书有封页的话,封页的标题与合同的标题要保持一致。标题的书写多根据合同或协议的类型而定。例如,在产品经销中,合同的标题是"产品经销协议"。在实务中,封页(若有)的标题一般就代替了合同正文内的标题。

尽管合同的类型、性质和内容并不取决于合同标题本身,法院也不会仅凭合同的标题就对一份合同作出结论性评价,但合同的标题也并非"鸡肋"。关于合同标题的拟定,需要遵循的总体原则是便于阅读者在开始阅读合同正文前,能够清晰掌握合同的重点所在。实务中需要把握以下三个基本原则:

首先,合同标题应能反映交易的类型和实质("反映交易类型"原则)。最好的方法可能是浓缩或萃取交易中的法律关系,并精练地采用"法言法语"表达出来(如《民法典》典型合同分编的典型合同名称,或者业界或法律界惯常使用的名称)。例如,"货物买卖""股权转让""资产收购""商标许可""投资合作"等。

其次,合同的标题应与其他相同或类似交易区分开来("易于识别"原则)。通常会考虑在前述合同类型之前加上限定语,以进一步帮助阅读者识别更具体的交易信息。例如,"××商标许可""××迁扩建投资合作"。

最后,合同的标题应当简洁明了、不需要讲究文采("简洁明了"原则)。最重要的是要能贴合、恰当地表达当事人的交易目的。通常不建议合同标题超过 A4 标准打印纸的一行(否则需要换行布置),最好是能在一行中"不拥挤"地合理分布(也需要尽量避免标题占满一整行的情形)。

就此,用一个简单的例子来予以说明。例如,一份合同的标题是《×××有限责任公司与×××有限责任公司投资合作协议》。这样的标题可能存在以下几个问题:一是合同标题过长,甚至需要换行来布置标题;二是不建议将合同当事双方的全称作为合同标题的一部分;三是不能准确地识别交易类型。“投资合作”到底是什么投资合作项目或交易?阅读者无法通过合同标题“一目了然”,光看合同标题无法得知具体的投资合作项目是什么,特别是在一个公司存在很多投资合作项目时,可能不便于迅速地通过合同标题查找出来。如改为《××饮料厂迁扩建投资合作协议》就是一个相对较好的合同标题。

三、合同序言

一般而言,只有重大的、复杂的合同才考虑加入“序言”部分。序言部分可由首部(Preamble)和前言(Preliminary Statements)组成(有时也把过渡性条款包含在内)。首部一般由三部分组成:合同签订日期、合同签订地点、合同当事人。前言部分主要用于对合同内容、当事方的背景及真正意图进行说明。

(一)合同首部

首部一般由三部分组成:合同签订日期、合同签订地点、合同当事人。首先,合同签订时间非常重要。如果合同没有另行规定合同生效时间,而且法律也没有要求必须经审批或登记才生效的话,则合同的签署时间也就成为合同生效的时间。[①]其次,合同签约地点同样是一个非常重要的条款。如果当事人之间就合同的准据法或裁判管辖没有特别的约定,合同签订地是决定准据法及裁判管辖的要素。最后,合同当事人信息的重要性主要体现在两点:一是明确合同当事各方的身份;二是发生纠纷时,能够向法院或仲裁机构提供对方的相关信息。

(二)合同前言

前言条款一般以“鉴于”“基于”等词语起头。在实务中,有时也将前言条款放在合同正文中。一般来说,合同中有无前言条款,并不会影响其法律效力,它也并非合同的必备条款,如果交易本身并不存在独特的背景,就没有必要在合同中加入“鉴于”条款。但是,在并购重组合同、重大建设工程合同、重大投资合作合同中一般都会考虑加入该条款。在使用它时,需要注意以下两点:一是合同正文不够明确时,前言条款的内容就被视为明确合同内容、把握当事人真正意图的重要依据;二是在前言条款中写入事实的当事人不能主张与此相反的阐述“禁止反言”(estoppel)。

---

① 有关“倒签合同”引发合同成立、生效时间的问题,请读者参阅本书第10章“合同订立的法律风险管控:疑难问题”相应部分。

因此制作前言条款也不应草率,应在深思熟虑后书写。

至于“鉴于”条款本身的法律性质以及是否具有实质法律效力,中国的司法实践尚不明朗,请读者参见本书第13章“合同通用条款的审查:序言条款”的相关内容。

(三)过渡性条款

所谓“过渡性条款”,是指位于合同首部或合同前言条款(鉴于条款)之后,合同正文条款之前的起“过渡性”或“承上启下”作用的条款。一个常见的例子是:

依据《民法典》和有关法律法规的规定,就乙方为甲方提供调研服务事宜,甲乙双方在平等自愿基础上,经充分协商一致,签订本合同,以资共同信守。

有人认为这样的过渡性条款毫无意义和价值,其理由是:首先,为什么要依据什么法律签订本合同,难道不依据这些法律就不适用这些法律了吗?其次,平等自愿原则是民法的基本原则之一,强调这一原则实属重复表述,并无多大意义。诚然,前述观点并非没有道理,但笔者认为,过渡性条款几乎在所有的合同中都存在,这几乎成为一种草拟合同的“习惯”,其作用往往是提示“合同正文条款就要开始了”。至少,加入过渡性条款不会让人感到合同正文条款开启得太“突兀”,即使重复、啰唆一点也可接受,毕竟就这短短的一句话而已。

四、合同正文

毫无疑问,合同的正文部分是整个合同的核心,它是主要包括合同各方的具体权利义务的实质性条款。尽管因交易的标的、性质的不同而有所区别,但其整体架构是基本一致的,依据《民法典》第470条第1款(原《合同法》第12条第1款)的规定,通常可以分为以下七个部分:术语与释义;标的资产(数量、质量);价款及价款支付;履行期限、方式和地点;违约责任;解决争议的方法;其他杂项条款。这七个部分大致可以划分为两个模块:交易性条款和通用性条款。

(一)交易性条款

所谓“交易性条款”,是指用于确定合同当事方在交易中实质性权利义务的条款。首先,最为常见也是最为重要的交易性条款就是标的资产(规格、型号、数量、质量等)和价款及支付安排条款。在合同正文部分,这两个条款通常是直接放在“术语与释义”之后居于其他条款之前的。其次,关于履行期限、方式和地点(包括标的交付及期限、运输、包装、质量与验收、风险转移等)这样的条款也是非常重要的交易性条款。最后,除了标的与价款及其支付条款外,正如本书前述那样,通常会采用"交易流程法"来组织其他条款。①

(二)通用条款

所谓"通用条款"是笔者在实务中使用的一个习惯用语,用来代指那些在合同中通常呈现为标准化、制式化的、基本不涉及具体权利义务内容的条款。它的特点是基本无须改动或者仅需做小幅改动即可适用于大多数合同的条款。例如,违约责任条款、陈述与保证条款、保密条款、不可抗力条款、通知条款以及法律适用条款,等等。

更为详尽的合同正文通用条款的介绍,请读者参见本书第14章"合同通用条款的审查:正文通用条款"的相关内容。

最后,需要提示的是,依据《民法典》合同编典型合同分编,各典型合同还具有自身的一些特别条款。此外,一些特殊类别的合同,如资产重组、股权并购合同、PPP项目协议等非典型合同,根据法规监管和具体交易的情况,还具有更为复杂的条款安排。

五、合同结尾和附件

(一)合同结尾

合同的结尾是指合同正文部分结束后的所有内容,主要是指合同的签署栏。附件清单应摆放在合同的签署栏之前,以确保以上内容均经过合同当事方签章确认,具有法律约束力。合同的签署栏一般指合同当事方的签署部分,某些情形下也存在鉴证人和/或保证人签章。

(二)合同附件

合同附件是指与合同有关并作为合同内容组成部分的其他书面标准、操作流程、规范等书面文件。合同附件本身的位置位于合同签署栏之后。

合同附件不是必须的,因具体的交易的不同,合同的附件各不相同。一般情况下,标的资产的清单(单价、数量、质量等)、知识产权明细、不动产明细等可能是最为常见的附件。需要注意的是,从理论上讲,如果有附件,则应当将附件置于签字

① 有关"交易流程法"的相关内容,请读者参阅本书第5章"合同起草、审查的基本步骤与方法"。

格式之前，以表明附件属于合同不可分割的一部分。但在实践中，有时候会因为附件内容很多，如果签字格式放在附件后，则正文条款和签字格式之间相距太远，合同的完整性会受到破坏。因此，合同往往采用在正文条款部分明确表明“附件是合同不可分割的一部分”并将附件清单置于合同签署栏之前来处理。这样，就可以将合同附件本身放在合同的签署栏之后，让正文条款和签署栏看起来不至于“脱节”。

需要注意的是，如果合同正文约定了将一方的内部规章管理制度作为执行标准或者考核标准，则最好将相关内部规章管理制度作为合同附件附在合同正文之后，如不方便或不宜把内部规章管理制度全文公开或附加进来作为附件，那也应该要把内部规章管理制度中与合同相关的规定转化为附件进行签订。如果不把内部规章管理制度直接或间接转化为合同的一部分，则内部规章管理制度的相关规定无法对合同相对方产生约束力。

第二节　合同条款的分类

合同的条款是合同中经各方当事人协商一致、约定各方当事人权利义务的具体条文。合同的条款就是合同的内容。合同的权利义务，除法律法规规定的外，主要由合同的条款约定。合同的条款是否齐备、准确，决定了合同能否成立、生效以及能否顺利地履行、实现订立合同的目的。

根据合同条款在合同中的地位和作用，可以将合同条款分为以下几类：必备条款和非必备条款、格式条款和非格式条款、明示条款和默示条款等。

一、必备条款和非必备条款

（一）必备条款和非必备条款的概念

必备条款和非必备条款的分类标准在于是否决定合同的成立。必备条款又称主要条款，是指根据合同的性质和当事人的约定所必须具备的条款，缺少这些条款将影响到合同的成立。非必备条款又称普通条款，是指根据合同的性质在合同中不是必须具备的条款，缺少这些条款并不影响到合同的成立。对于非必备条款，根据《民法典》合同编通则分编的相关规定，可以采用合同解释规则来填补合同漏洞，对合同条款进行补充。

(二)必备条款和非必备条款的认定

1. 必备条款认定的法律规定

那么,如何认定合同中的必备条款和非必备条款呢?《民法典》第470条第1款(原《合同法》第12条第1款)规定:"合同的内容由当事人约定,一般包括以下条款:(一)当事人的名称或者姓名和住所;(二)标的;(三)数量;(四)质量;(五)价款或者报酬;(六)履行期限、地点和方式;(七)违约责任;(八)解决争议的方法。"该条规定是关于合同条款的任意性规定(或倡导性规定),按照合同自由原则,除了按照合同性质必须具备的条款外,在不违反法律法规和公序良俗前提下,当事人有权决定合同条款的内容。因此,该条的规定是建议性、提示性或倡导性的,这并不意味着当事人签订的合同中缺了其中任何一项就会导致合同的不成立或者无效。类似的规定还包括《民法典》第596条(《合同法》第131条)、第649条(第177条)、第668条第2款(第197条第2款)、第684条、第704条(第213条)、第736条第1款(第238条第1款)、第762条第1款、第771条(第252条)、第794条(第274条)、第795条(第275条)、第845条(第324条)、第909条(第386条)、第938条第1款、第2款等关于特定合同类型一般内容的规定。合同的主要条款或者合同的内容要由当事人约定,一般包括这些条款,但不限于这些条款。不同的合同,由其类型与性质决定,其主要条款或者必备条款可能是不同的。比如,买卖合同中有价格条款,而在无偿合同如赠与合同中就没有此项。

《民法典》未对合同成立的构成要件作出明确规定,原《合同法司法解释(二)》第1条第1款曾规定:"当事人对合同是否成立存在争议,人民法院能够确定当事人名称或者姓名、标的和数量的,一般应当认定合同成立。但法律另有规定或者当事人另有约定的除外。"①对此,《贯彻实施民法典会议纪要》第6条进行了明确:

当事人对于合同是否成立发生争议,人民法院应当本着尊重合同自由,鼓励和促进交易的精神依法处理。能够确定当事人名称或者姓名、标的和数量的,人民法院一般应当认定合同成立,但法律另有规定或者当事人另有约定的除外。

对合同欠缺的当事人名称或者姓名、标的和数量以外的其他内容,当事人达不

---

① 需要说明的是,原《合同法司法解释(二)》第1条第1款采取了列举的规范模式,其一,该列举固有一定的提示作用,但并未明确其规范的目标在于确定合同的"本质要素";其二,所列举的要素不仅并非都是有偿合同下的必要要素,而且也并非所有合同类型下的本质要素;其三,其但书"但法律另有规定或者当事人另有约定的除外"允许合同当事人将合同的"本质要素"或"必要之点"或必备条款予以排除,必然导致法院无法进行法律适用,这尤其值得反思。

成协议的,人民法院依照《民法典》第466条、第510条、第511条等规定予以确定。

可见,该会议纪要的指导意见继续保留沿用了原《合同法司法解释(二)》第1条的规定。因此:

- 《民法典》第470条第1款第1项"当事人的姓名或者名称"、第2项"标的"是任何合同都必备的条款,因为合同中如果不写明当事人,谁与谁做交易都搞不清楚,就无法确定权利的享受和义务的承担,发生纠纷也难以解决,特别是在合同涉及多方当事人的时候更是如此;而标的是合同当事人的权利义务指向的对象,也称为合同法律关系的客体。没有标的,合同不能成立,合同关系无法建立。
- 《民法典》第470条第1款第3项"数量",原则上在大多数的合同中,数量是必备条款,没有数量,合同不能成立。"数量"是标的量的规定,是标的的计量,即以数字和计量单位来衡量标的的尺度。如果数量在合同中不是确定数量的,但明确了数量的确定方法和方式,亦可视为数量是确定的。
- 对于《民法典》第470条第1款其他各项,例如质量、价款或者报酬、履行期限、地点和方式等,则属于非必备条款,因为这些条款都可以通过当事人自行协商或合同的相关条款、交易习惯确定(《民法典》第510条);仍无法确定的,可以通过法律解释和漏洞填补规则得以确定(《民法典》第466条、第511条)。至于违约责任、争议解决方法都可以依法确定。违约责任可以依据法律规定及守约方的实际损失来确定;解决争议的方法没有约定的,可以依法通过民事诉讼解决。

需要特别说明的是,对于原《合同法司法解释(二)》第1条第1款"当事人名称或者姓名"一项,严格意义上讲应当是"确定当事人",并不一定非得确定该人的名称或姓名。例如,在隐名代理(本人不透露真名的代理)中(《民法典》第925条),只要当事人可以确定,也不妨碍合同的成立。这是其一。其二,对于"标的"一项,也应理解为民法上的"给付"更为周延。其三,对于"数量"是否为合同必备条款,有不同观点。主张数量为必备条款者认为,在缺少数量条款情况下,无法根据合同法规定的合同漏洞补充方法予以补充,合同无法履行;不同观点则认为,仍然可以通过补充方法确定,而且,持续供货合同情况下,当事人不会自始约定标的物数量。[①] 但最终司法解释采取了数量是必备条款的观点,其主要理由也是合同的不完整性很难通过解释规则和填补规则得到填补,法院很难进行法律适用,而通常情况下当事人不可能对此达成事后的补充解释。其四,司法解释的上述规定针对买卖合同而言是有道理的,因为买卖合同主要具备当事人、标的和数量这三个主

---

① 参见最高人民法院研究室编著:《最高人民法院关于合同法司法解释(二)理解与适用》,人民法院出版社2009年版,第15页。

要条款,但对其他类型的合同而言,其未必都要具备这三项。例如,提供劳务的合同就未必需要具备上述三项主要条款。合同的性质不同,其主要条款也不相同,不可泛泛而论,而应当根据合同的性质具体确定合同主要条款。

2. 必备条款认定的司法实践

在审判实践中,对于合同成立的构成要件(必备条款)的裁判规则一直不太清晰,值得法务人士关注和研究。在原《合同法司法解释(二)》颁布实施之后,法院大多按照该司法解释第1条第1款进行裁判,但也存在一些其他裁判。

第一,关于合同标的是否存在的争议。例如,在宁某光、宁某房屋买卖合同纠纷再审审查与审判监督民事裁定书[广西壮族自治区高级人民法院(2019)桂民申4666号]中,宁某光(一审被告、二审上诉人)申请再审称,宁某光与梁某于2006年7月13日签订的是《集资房资格转让合同》,原审法院认定为房屋买卖合同错误,且签订该合同时合同标的不存在,广西电信公司与宁某光2007年8月15日才签订《认购协议》,故2006年7月13日宁某光与梁某签订《集资房资格转让合同》时,该集资房或市场运作房作为合同标的都不存在。本案合同签订时合同标的并不存在,因此,合同不成立。法院认为:

宁某光与梁某在兰某雪的见证下签订的《集资房资格转让合同》,是双方真实意思的表示,是宁某光对于其属于广西电信公司职工而所享有的购买单位集资建房资格权益的处分,是对自己私权利的处分,受让方梁某亦因此享有了涉案房屋所有权的期待利益,该处分行为并未违反法律、行政法规的强制性规定,也未损害国家、集体或第三人的利益,故原审判决认定涉案《集资房资格转让合同》有效,判决双方本着诚实信用的原则继续履行该协议并无不当,本院予以维持。

从该案可以看出,合同的"标的"实际是一种"权利"(购买单位集资建房资格权益),尽管该权利对应的物(房屋)在处分时尚不存在,但转让合同的标的实为一种权益。

再如,在李某与马某力、新疆瑞鑫源钢构制造有限公司房屋租赁合同纠纷再审审查与审判监督民事裁定书[新疆维吾尔自治区高级人民法院(2018)新民申699号]中,法院查明的事实如下:

马某力、李某在同一位置自建有三间厂房及配套办公楼,位置毗邻,仅是面积有所区别。李某与瑞鑫源公司在2014年2月1日签订的租赁合同中约定的租赁物为"位于米东区一栋厂房及一栋办公楼",该合同已履行完毕。马某力、李某与瑞鑫源公司在2015年10月31日签订的租赁合同中约定的租赁物为"位于乌鲁木齐市米东区铁厂沟十八坡南路一栋厂房及一栋办公楼",二份合同中对标的物的表述一致,2015年10月31日的租赁合同对租赁物厂房及办公楼面积没有作出特别约定,事后双方当事人也未对该项内容进行补充约定。故2015年10月31日马某力、李某与瑞鑫源公司签订的租赁合同,因双方对合同的主要条款即租赁标的物未形成合意,且该合同也未实际履行。

法院认为:本案的争议焦点是双方当事人于2015年10月31日签订的租赁合同中标的物是否确定。《最高人民法院关于适用〈中华人民共和国合同法〉若干问题的解释(二)》第一条第一款规定:"当事人对合同是否成立存在争议,人民法院能够确定当事人名称或者姓名、标的和数量的,一般应当认定合同成立。但法律另有规定或者当事人另有约定的除外。"李某、马某力主张2015年10月31日签订的租赁合同约定的租赁物是面积约3000平方米大号厂房,瑞鑫源公司对此不予认可,由此双方当事人对合同是否成立存在争议。根据上述规定,合同成立必须同时具备当事人名称或者姓名、标的和数量三项内容,现李某、马某力提供的证据不能证明案涉合同标的物明确这一事实,且其提供的证人在2015年10月31日签订租赁合同时不在现场,证人提供的证人证言不具有证明力。李某、马某力亦未有其他证据证明已对2015年10月31日签订的租赁合同中租赁标的物进行了补充约定的事实。故,原审人民法院认定涉案租赁合同应视为未成立的合同而驳回李某、马某力的诉讼请求并无不当。

从上述案件可以看出,合同对标的的约定必须清楚、明晰,否则有可能导致标的物无法确定,或者标的物的范围存在争议,从而导致合同不成立。

第二,关于合同标的数量的争议。例如,在虞城县畜博尔冷鲜肉有限公司、张某民间借贷纠纷再审审查与审判监督民事裁定书[最高人民法院(2018)最高法民申3312号]中,最高人民法院认为:

一、《土地使用权抵偿债务协议书》是否依法成立

《最高人民法院关于适用〈中华人民共和国合同法〉若干问题的解释(二)》第一条第一款规定:"当事人对合同是否成立存在争议,人民法院能够确定当事人名称或者姓名、标的和数量的,一般应当认定合同成立。但法律另有规定或者当事人另有约定的除外。"从《土地使用权抵偿债务协议书》内容来看,当事人双方为顶森公司和张某,内容为顶森公司将位于河南省虞城县产业集聚区东明路南段西侧的一块商住地抵偿给张某,以债转股的方式抵偿债务。对于数量,协议书第一条约定,商住地的面积以张某借据数额所占比例为标准,虽然协议书明确"甲方于2014年7月16日向乙方借款肆佰贰拾捌万玖仟捌佰元(附借据复印件)",但据此无法判断土地使用权的面积。在债转股方面,该协议书第二条约定,"由县政府驻顶森

工作组对乙方所集资金额核对确认后确认乙方所占股份。”即债转股时张某可获得的股份数额在该协议书中亦未明确。但是,畜博尔公司在二审中提交的由河南省虞城县人民政府驻顶森公司债务清理领导小组办公室出具的《证明》记载:“该公司(顶森公司)于2014年7月16日向张某借款500万元,(偿还部分,实际尚欠4289800.00元)”、“将顶森公司所欠债务转为债权人的股权,按每股10000.00元分配给债权人股份。”由此,该工作组已经对张某的借款数额作出确认,债转股的具体数额亦可根据借款总额与每股价格计算得出。因此,《土地使用权抵偿债务协议书》符合前述司法解释规定的合同成立要件。二审判决认为该协议书未对债转股的方式等问题进行明确约定,不具备合同成立的要件,有所不当。但如下文所述,该问题并不影响本案的实体处理,可不予再审纠正。

又如,在西藏安达石材工艺雕刻有限公司与中铁十二局集团铁路养护工程有限公司一般买卖合同纠纷申请再审民事裁定书[最高人民法院(2014)民申字第488号]中,最高人民法院认为:

根据《最高人民法院关于适用〈中华人民共和国合同法〉若干问题的解释(二)》第一条第一款关于“当事人对合同是否成立存在争议,人民法院能够确定当事人名称或者姓名、标的和数量的,一般应当认定合同成立。但法律另有规定或者当事人另有约定的除外”的规定,数量是合同的必备条款,需由当事人明确约定。当事人没有约定或者约定不明确的,合同内容无法确定,合同不成立。安达公司与铁路养护公司签订的《片石购买补充合同》中对于片石购销数量并无明确约定,仅在第三条第5款约定了“本合同所说片石特指现存于安达公司在安多县帕那镇森格卡岗采石场(铁路里程DK1472+000)和阿益嘎孔采石场(K1470+000)两石场内规格和质量符合本合同约定标准的片石”,且双方对于“现存”片石数量存有争议。因此,二审判决认定《片石购买补充合同》不成立,符合司法解释的规定,安达公司关于二审判决适用法律确有错误的主张不能成立。

第三,关于合同价款是不是合同必备条款的争议。在中国烟草黑龙江进出口有限责任公司与黑龙江天植酒店管理咨询有限公司租赁合同纠纷申诉、申请民事判决书[最高人民法院(2016)最高法民再369号]中,最高人民法院认为:

关于一、二审法院认定《酒店租赁合同》后十年部分合同未成立的事实和法律依据是否正确的问题。《最高人民法院关于适用〈中华人民共和国合同法〉若干问题的解释(二)》第一条规定:“当事人对合同是否成立存在争议,人民法院能够确定当事人名称或者姓名、标的和数量的,一般应当认定合同成立。但法律另有规定或者当事人另有约定的除外。对合同欠缺的前款规定以外的其他内容,当事人达不成协议的，人民法院依照合同法第六十一条、第六十二条、第一百二十五条等有关规定予以确定。”上述规定明确了合同的必备条款为：当事人、标的和数量。本案中，双方在合同中明确约定了租赁期间是二十年，且合同的当事人、标的、数量均为特定，双方已经依约履行了十年，合同的签订是双方真实意思表示，人民法院应当依法认定合同成立。至于一、二审法院认为双方未能就后十年的租金价格达成一致，而又未向法院申请鉴定一节，本院认为，《合同法》第六十一条规定：“合同生效后，当事人就质量、价款或者报酬、履行地点等内容没有约定或者约定不明确的，可以协议补充；不能达成补充协议的，按照合同有关条款或者交易习惯确定。”第六十二条规定：“当事人就有关合同内容约定不明确，依照本法第六十一条的规定仍不能确定的，适用下列规定：……（二）价款或者报酬不明确的，按照订立合同时履行地的市场价格履行；依法应当执行政府定价或者政府指导价的，按照规定履行。”根据上述规定，双方当事人就合同主要条款未约定或约定不明而诉至人民法院的，人民法院可以依照政府定价或指导价格确定，或按照当地市场价格酌定。在一审庭审中，法官询问双方就租赁价格是否申请第三方进行评估，天植酒店明确表示愿意，但一审法院对此没有回应或提出启动鉴定程序。本院认为，无论是双方合同约定还是《合同法》第六十一条、第六十二条的规定，都明确法院可以按照当时市场情况确定租金，虽然法院不能强制双方缔约，但是亦有义务向当事人释明是否申请鉴定，在有一方当事人明确表示愿意申请的情况下，表明当事人有继续履行合同的意愿，法院不应再以不能强制双方缔约为由判定双方合同未成立。另外，本案中烟草公司的诉讼请求并非要求人民法院确定租金价格，而是请求解除合同，其未申请鉴定，并不当然导致合同价款不能确定。综上，一、二审法院以租赁合同后十年部分缺失租金条款且双方均不申请鉴定为由判定租赁合同后十年部分未成立，认定事实不清，适用法律有误，本院予以纠正。

尽管如此，但也存在认为合同价款属于构成合同成立的要件。如在再审申请人王某琴与被申请人陈某平合同纠纷裁定书［西藏自治区高级人民法院（2014）（2015）藏法民申字第15号］中，法院认为：

二审法院认为：本案的争议焦点为双方当事人之间的转让合同是否成立问题。对此，王某琴认为，双方之间的转让合同成立，且转让款为24000元；陈某平认为，双方之间的转让合同未成立，双方仅是在缔约过程中，转让款为157000元。本案中双方当事人对双方就陈姐冒菜馆的转让事宜口头协商的事实予以认可，但双方对陈姐冒菜馆的转让价款各持己见。本院认为，王某琴提交的其于2014年5月29日向陈某平支付押金4000元和2014年6月7日向陈某平支付转让费20000元的两份收条,仅能证明其向证明陈某平支付24000元的事实,而陈某平提交的禹某某、程某某的证词以及装修协议和收条、照片,能够相互印证陈某平从禹某某处转得陈姐冒菜馆时的转让价高于24000元并进行装修的事实,以及陈姐冒菜馆隔壁门面房的转让价高于24000元的事实。因此,本院认为王某琴关于陈姐冒菜馆的转让价为24000元的主张不成立;陈某平举出的证据仅能证明陈姐冒菜馆的转让价款及隔壁门面房的转让价高于24000元的事实,但不能证明转让价为157000元的事实。标的以及价款作为双方当事人间合同是否成立的最主要要件之一,至今陈姐冒菜馆并未交付,双方也不能证明双方对陈姐冒菜馆的转让价达成一致意思表示的事实。故,本院认为,双方间的转让合同欠缺最主要的构成要件,合同不成立,王某琴要求陈某平交付涉案门面房的诉讼主张不成立。

再审法院认为:关于王某琴提出的二审法院认定其与陈某平之间的"陈姐蒸菜冒菜馆"转让口头协议未成立,系适用法律错误的问题。根据《最高人民法院关于适用〈中华人民共和国合同法〉若干问题的解释(二)》第一条第一款"当事人对合同是否成立存在争议,人民法院能确定当事人名称或姓名、标的和数量的,一般应当认定合同成立,但法律另有规定或者当事人另有约定的除外"之规定,当事人订立合同应当包括当事人名称或姓名、标的和数量等主要条款,否则合同不成立。结合本案转让"陈姐蒸菜冒菜馆"口头协议的约定,该协议中合同价款应当为主要条款,但双方当事人对转让价款未达成一致意思表示。原审法院以欠缺合同成立的实质要件,认定合同不成立,适用法律正确。故,王某琴的该项申请理由不成立。

从上述案件可以看出,原司法解释中"一般"应当认定合同成立,给予了法院在审判合同是否成立案件的自由裁量权,这也是列举式立法的问题所在。显然,在具体案件中,还需要结合案情作出具体的裁定(参见后文有关"主要内容""主要条款"的裁判案例)。

最后,需要注意的是,多有法院以合同法、担保法建议性条款(如原《合同法》第12条、原《担保法》第15条)所列条款为据裁判它们即为必备条款。在有偿合同情况下,有裁判根据原《合同法》第12条确定合同条款。如在上海涌冠物流设备有限公司与南通贝思特机械工程有限公司合伙协议纠纷二审民事判决书[江苏省高级人民法院(2015)苏商终字第00047号]中,法院认为:

案涉分包合同标的物为成套设备,一般而言应包括价格、工程款的支付及结算、履行期限、保质期、售后服务等要素,而双方间并未对上述合同必备要素在中标后达成合意,故涌冠公司关于双方间分包合同本约已经成立的主张不能成立。

还有的裁判采用了"主要内容"("主要条款")的概念,事实上扩大了对必备条款之适用。如在开阳县天伦兔业有限责任公司、开阳磷都建设投资有限公司房屋拆迁安置补偿合同纠纷二审民事裁定书［最高人民法院（2016）最高法民终766号］中，最高人民法院认为：

本案系因贵开快速铁路项目建设占用天伦公司承包经营的土地而产生的房屋拆迁补偿安置合同纠纷，争议焦点是：原被告之间是否达成拆迁补偿安置协议；本案是否属于民事案件的受案范围。首先，合同成立是指合同当事人对合同的主要条款达成一致。主要条款是合同的必备条款，缺失主要条款的合同不成立。本案中，虽然天伦公司与磷都公司就天伦公司养殖场拆迁补偿事宜经多次协商，自行或委托有关机构进行了数据统计、资产清点、损失测算和评估，但均属合同订立过程的磋商、谈判行为，双方最终未对补偿方式和补偿金额、安置用房面积和安置地点、搬迁期限、搬迁过渡方式和过渡期限等合同主要内容达成一致，特别是未对拆迁补偿安置合同所必备的补偿方式和补偿金额形成合意，因此不能认定已经达成拆迁补偿安置协议，双方之间的拆迁补偿安置合同尚未成立。天伦公司将养殖场交付磷都公司拆除的行为，不符合《中华人民共和国合同法》第三十七条规定的情形，不能证明双方之间成立拆迁补偿安置合同。

（三）非必备条款的填补规则

如前所述，如质量、价款或者报酬、履行期限、地点和方式等，即使合同未约定，或者约定不明确的，可以通过《民法典》的相关规定，采用合同解释规则来填补合同漏洞，对合同条款进行补充。在认定合同成立后，如何对欠缺、遗漏的合同其他条款进行补充？《民法典》第510条①（原《合同法》第61条）、第511条②（原《合同

---

① 《民法典》第510条规定："合同生效后，当事人就质量、价款或者报酬、履行地点等内容没有约定或者约定不明确的，可以协议补充；不能达成补充协议的，按照合同相关条款或者交易习惯确定。"

② 《民法典》第511条规定："当事人就有关合同内容约定不明确，依据前条规定仍不能确定的，适用下列规定：（一）质量要求不明确的，按照强制性国家标准履行；没有强制性国家标准的，按照推荐性国家标准履行；没有推荐性国家标准的，按照行业标准履行；没有国家标准、行业标准的，按照通常标准或者符合合同目的的特定标准履行。（二）价款或者报酬不明确的，按照订立合同时履行地的市场价格履行；依法应当执行政府定价或者政府指导价的，依照规定履行。（三）履行地点不明确，给付货币的，在接受货币一方所在地履行；交付不动产的，在不动产所在地履行；其他标的，在履行义务一方所在地履行。（四）履行期限不明确的，债务人可以随时履行，债权人也可以随时请求履行，但是应当给对方必要的准备时间。（五）履行方式不明确的，按照有利于实现合同目的的方式履行。（六）履行费用的负担不明确的，由履行义务一方负担；因债权人原因增加的履行费用，由债权人负担。"

法》第62条）以及第466条①（原《合同法》第125条）规定了填补漏洞的步骤和方法。《贯彻实施民法典会议纪要》第6条第2款也规定："对合同欠缺的当事人名称或者姓名、标的和数量以外的其他内容，当事人达不成协议的，人民法院依照民法典第四百六十六条、第五百一十条、第五百一十一条等规定予以确定。"对合同条款进行补充，应当遵循下列规则：

- 依据《民法典》第510条，应当首先由当事人协议补充。根据合同自由原则，当事人有决定合同内容的自由。对于欠缺的合同其他内容，首先应考虑当事人共同的真意，由当事人协议补充，这是贯彻意思自治原则的必然要求。不能达成补充协议的，按照合同相关条款或者交易习惯确定。按照合同有关条款来探究当事人共同的真意，应以合同文义为出发点，就合同论合同，统观合同全文，参考合同订立前后的相关来往信函，考虑到合同的目的和性质，本着诚信原则，兼顾双方当事人利益。按照交易习惯对合同条款进行补充，涉及对交易习惯的解释问题。参考原《合同法司法解释（二）》第7条规定："下列情形，不违反法律、行政法规强制性规定的，人民法院可以认定为合同法所称'交易习惯'：（一）在交易行为当地或者某一领域、某一行业通常采用并为交易对方订立合同时所知道或者应当知道的做法；（二）当事人双方经常使用的习惯做法。对于交易习惯，由提出主张的一方当事人承担举证责任。"

- 根据《民法典》第511条的规定进行确定。《民法典》第511条规定了法律推定原则，即在当事人不能达成补充协议、按照合同相关条款或交易习惯仍不能确定时，对于合同欠缺的其他内容（非必备条款）由法律直接作出推定规则，以达到补充合同条款的目的。例如，价款或者报酬不明确的，按照订立合同时履行地的市场价格履行；依法应当执行政府定价或者政府指导价的，按照规定履行。

- 根据《民法典》第466条的规定进行确定。该条对如何确定当事人有争议的条款的真实意思作出了规定。《民法典》第510条、第511条的规定是专门为合同漏洞的填补而设立的，而《民法典》第466条是关于合同解释的规定，不仅可以适用于合同漏洞的填补，而且可以适用于合同是否成立、合同是否生效等问题的判断。因此，在填补合同漏洞时，《民法典》第510条、第511条所规定的填补漏洞的规则

---

① 《民法典》第466条规定："当事人对合同条款的理解有争议的，应当依据本法第一百四十二条第一款的规定，确定争议条款的含义。合同文本采用两种以上文字订立并约定具有同等效力的，对各文本使用的词句推定具有相同含义。各文本使用的词句不一致的，应当根据合同的相关条款、性质、目的以及诚信原则等予以解释。"而《民法典》第142条第1款规定："有相对人的意思表示的解释，应当按照所使用的词句，结合相关条款、行为的性质和目的、习惯以及诚信原则，确定意思表示的含义。"

应当优先于《民法典》第466条所规定的合同解释方法。

需要注意的是，《民法典》第142条第1款、第511条第1项相对于原《合同法》的相关规定，有一些细微的调整。

二、格式条款和非格式条款

《民法典》第496条规定："格式条款是当事人为了重复使用而预先拟定，并在订立合同时未与对方协商的条款。采用格式条款订立合同的，提供格式条款的一方应当遵循公平原则确定当事人之间的权利和义务，并采取合理的方式提示对方注意免除或者减轻其责任等与对方有重大利害关系的条款，按照对方的要求，对该条款予以说明。提供格式条款的一方未履行提示或者说明义务，致使对方没有注意或者理解与其有重大利害关系的条款的，对方可以主张该条款不成为合同的内容。"第497条规定："有下列情形之一的，该格式条款无效：（一）具有本法第一编第六章第三节和本法第五百零六条规定的无效情形；（二）提供格式条款一方不合理地免除或者减轻其责任、加重对方责任、限制对方主要权利；（三）提供格式条款一方排除对方主要权利。"提供格式条款一方违反将格式条款订入合同时所应承担的注意和说明义务时，是否必然无效？应当讲，《民法典》第496条、第497条对其进行了区分处理，即若格式条款的提供者"合理"地免除或者减轻其责任、加重对方责任、限制对方主要权利的，未尽到提示和说明义务的，相对方有权主张该格式条款"未订入合同"。尽到了提示和说明义务的，该条款有效；反之，属于"不合理"地免除或者减轻其责任、加重对方责任、限制对方主要权利的，不论格式条款提供者是否尽到提示和说明义务，该条款都无效。

更多关于格式条款的相关内容，请读者参阅本书第10章"合同订立的法律风险管控：疑难问题"相关内容，此处不再详述。

三、明示条款和默示条款

明示条款是指以口头、书面、摘记等形式明确表示出合同内容的条款。默示条款，是指某些事项虽然没有在合同中载明，但依据法律和交易习惯、惯例已成自然，视为同合同中已经写明的条款。

有关默示条款的更多内容，请读者参阅本书第7章"合同类型与形式的选择"的相关内容，此处不再详述。

四、实体条款和程序条款

凡是规定当事人在合同中所享有的实体权利义务内容的条款都是实体条款。

如有关合同标的、价格、数量、质量的规定等都是实体条款。但实体条款的构成中,也有程序性的相关内容。例如,在价款条款中规定的支付的方式、时间、地点等规定;而程序条款主要是指当事人在合同中规定的履行合同义务的程序及解决合同争议的条款。例如,交付条款、验收条款、生效条款等。类似地,程序条款也可能包含实体性的相关内容。例如,在验收条款中,验收标准以及不合格处理的相关规定就具有实体内容。

五、有责条款和免责条款

有责条款是指当事人在合同中约定的、当事人违反合同应承担的责任条款,即违约条款或赔偿责任条款。免责条款指当事人在合同中约定的免除、排除或减轻其未来责任的条款。在实务中,尤其要注意免责条款的效力问题。例如,《民法典》第497条规定:"有下列情形之一的,该格式条款无效:(一)具有本法第一编第六章第三节和本法第五百零六条规定的无效情形;(二)提供格式条款一方不合理地免除或者减轻其责任、加重对方责任、限制对方主要权利;(三)提供格式条款一方排除对方主要权利。"再如,《民法典》第506条规定:"合同中的下列免责条款无效:(一)造成对方人身损害的;(二)因故意或者重大过失造成对方财产损失的。"

第三节　合同的主要条款概述

由于合同正文条款规定的是合同各方的具体权利义务,因此正文条款部分相对复杂,笔者将其分为"一般条件/条款"(通用条款)和"专有条件/条款"(交易条款)两部分。前者主要是一些通用条款,各方在实践中对这些条款一般都予以高度认可,如不可抗力条款、争议解决条款、保密条款、放弃及可分割条款等。而后者则是基于不同合同的交易性质、交易标的而对某些特定事项进行的约定。例如,具体的合同价款和支付条件、履行期限、方式和地点等。有关前者的法律审查,本书将放在第14章"合同通用条款的审查:正文通用条款"中介绍。在本章先对后者进行概述。具体详细的内容,将放在本套书第2册第Ⅰ篇"典型合同起草、审查精要与实务"和本套书第2册第Ⅱ篇"非典型合同起草、审查精要与实务"中进行介绍。

一、合同主体条款

合同主体,也称为合同当事人,是合同的必备条款。一般而言,合同当事人的名称或姓名是必须的合同内容,因为它涉及谁与谁交易的问题。当事人住所不仅是确定当事人有关信息的重要因素之一，而且与合同成立的地点、纠纷诉讼管辖、准据法的适用有密切关系。

对于合同成立的地点而言，《民法典》第492条规定："承诺生效的地点为合同成立的地点。采用数据电文形式订立合同的，收件人的主营业地为合同成立的地点；没有主营业地的，其住所地为合同成立的地点。当事人另有约定的，按照其约定。"与原《合同法》第34条比较，新法将"经常居住地"修改为"住所地"，《民事诉讼法司法解释》（2020年修正）第3条规定："公民的住所地是指公民的户籍所在地，法人或者其他组织的住所地是指法人或者其他组织的主要办事机构所在地。法人或者其他组织的主要办事机构所在地不能确定的，法人或者其他组织的注册地或者登记地为住所地。"这是其一。其二，还需要注意，结合《民法典》第469条规定，"电报、电传、传真"不再属于数据电文，而规定为一般书面形式，将电子数据交换、电子邮件等数据电文视为书面形式。此外，《民法典》第493条规定："当事人采用合同书形式订立合同的，最后签名、盖章或者按指印的地点为合同成立的地点，但是当事人另有约定的除外。"

对于诉讼管辖而言，《民事诉讼法》（2017年修正）第23条规定："因合同纠纷提起的诉讼，由被告住所地或者合同履行地人民法院管辖。"第34条规定："合同或者其他财产权益纠纷的当事人可以书面协议选择被告住所地、合同履行地、合同签订地、原告住所地、标的物所在地等与争议有实际联系的地点的人民法院管辖，但不得违反本法对级别管辖和专属管辖的规定。"因此，在地域管辖上，合同签订地可以作为协议管辖的依据。对于涉外民事纠纷，即使当事人未作出此种选择，如果被告在中国境内没有住所，依据《民事诉讼法》（2017年修正）第265条规定："因合同纠纷或者其他财产权益纠纷，对在中华人民共和国领域内没有住所的被告提起的诉讼，如果合同在中华人民共和国领域内签订或者履行，或者诉讼标的物在中华人民共和国领域内，或者被告在中华人民共和国领域内有可供扣押的财产，或者被告在中华人民共和国领域内设有代表机构，可以由合同签订地、合同履行地、诉讼标的物所在地、可供扣押财产所在地、侵权行为地或者代表机构住所地人民法院管辖。"合同签订地作为合同纠纷案件的几个密切联结点之一，合同签订地所在法院也享有法定的管辖权。

对于准据法的适用而言，合同成立地点作为处理涉外合同纠纷时适用法律的一个重要联结点，涉外合同的当事人可以选择合同成立地点的法律作为处理合同争议的准据法。当合同发生争议，而当事人又未就解决争议的法律适用及裁判机构达成一致时，根据最密切联系原则，合同成立的地点可能成为选择法律适用及裁判机构的最密切联系地,将直接影响当事人的权益。

二、标的条款

尽管《民法典》第470条第1款第2项所述的“标的”在学理上,很多学者将其作为债的标的之一种,认为合同标的是给付。但在法律实务中,前述“标的”更被视为合同权利义务关系所指的对象,即通常表现为物(如种类物、特定物)、权利(如知识产权、股权、债权以及人身权中的财产权利等)或者行为[积极的作为(如服务、劳务、代理等)和消极的不作为(如竞业禁止、保密等)]。

合同标的准确合法的含义是指标的应具备有益性、确定性、可能性和合法性。有益性是指合同标的应当具有经济价值或者精神价值。确定性即依据交易习惯或者一般常识可以确定的物、权利或者行为。特别是标的为种类物时,还需通过物的质量、型号、品牌等标记进行确定;合同标的为行为时,必须具有特定内容的作为或者不作为,否则,容易产生误解,合同难以履行或者不能正确履行。可能性是指标的可以交付或者服务(劳务)可以提供。合法性是指合同的标的不违反法律的规定,不违反公序良俗,即标的物不是法律禁止流通物,或者违法的作为与不作为。

合同的种类很多,合同的标的也多种多样。主要包括如下类型:

- 有形财产。有形财产指具有价值和使用价值并且法律允许流通的有形物。如依不同的分类有生产资料与生活资料、种类物与特定物、可分物与不可分物、货币与有价证券等。
- 无形财产。无形财产指具有价值和使用价值并且法律允许流通的不以实物形态存在的智力成果。如商标、专利、著作权、技术秘密等。
- 服务(劳务)。服务(劳务)指不以有形财产体现其成果的劳动与服务。如运输合同中承运人的运输行为,保管与仓储合同中的保管行为,接受委托进行代理、居间、行纪行为等。
- 工作成果。工作成果指在合同履行过程中产生的、体现履约行为的有形物或者无形物。如承揽合同中由承揽方完成的工作成果,建设工程合同中承包人完成的建设项目,技术开发合同中的委托开发合同的研究开发人完成的研究开发工作等。

合同对标的的规定应当清楚明白、准确无误,对于名称、型号、规格、品种、等级、花色等都要约定得细致、准确、清楚,防止差错。特别是对于不易确定的无形财产、服务(劳务)、工作成果等更要尽可能地描述准确、明白。订立合同中还应当注意各种语言、方言以及习惯称谓的差异,避免不必要的麻烦和纠纷。

三、数量条款

标的数量在大多数合同中是必备条款。数指事物的多少;量指事物的单位。合同标的数量即指物的多少和计量单位。数量的确定直接关系到当事人权利义务的实现,责任的大小,当事人交付的数量与合同约定是否相吻合,直接决定了当事人是否违约。

对于有形财产,数量是对单位个数、体积、面积、长度、容积、重量等的计量;对于无形财产,数量是个数、件数、字数以及使用范围等多种量度方法;对于服务(劳务),数量为服务(劳动)量;对于工作成果,数量是工作量及成果数量。一般而言,合同的数量要准确,选择使用共同接受的计量单位、计量方法和计量工具。根据不同情况,要求不同的精确度,允许的尾差、磅差、超欠幅度、自然耗损率等。

四、质量条款

质量是指产品或者服务(劳务)的优劣程度。对有形财产来说,质量是物理、化学、机械、生物等性质;对于无形财产、服务(劳务)、工作成果来说,也有质量高低的问题,并有衡量的特定方法。对于有形财产而言,质量亦有外观形态问题。质量指标准、技术要求,包括性能、效用、工艺等,一般以品种、型号、规格、等级等体现出来。质量条款的重要性毋庸赘言,许多的合同纠纷就由此引发。合同中应当对质量问题尽可能地规定细致、准确和清楚。国家有强制性标准规定的,必须按照规定的标准执行;无强制标准,有推荐标准的,按照推荐标准执行。如有其他质量标准的,应尽可能约定其适用的标准。当事人可以约定质量检验的方法、质量责任的期限和条件、对质量提出异议的条件与期限等。

五、价款或报酬条款

价款或者报酬,是当事人就标的物或者服务(劳务)受益所应支付的代价(对价),是区分有偿合同与无偿合同的重要指标,也是衡量有偿合同是否显失公平,以及是否适用情事变更原则的重要因素。如《民法典》第 151 条规定:“一方利用对方处于危困状态、缺乏判断能力等情形,致使民事法律行为成立时显失公平的,受损害方有权请求人民法院或者仲裁机构予以撤销。”

实务中,价款一般指对提供财产的当事人支付的货币,如在买卖合同的货款、租赁合同的租金、借款合同中借款人向贷款人支付的本金和利息等。报酬一般是指对提供服务(劳务)或者工作成果的当事人支付的货币,如运输合同中的运费、保管合同与仓储合同中的保管费以及建设工程合同中的勘察费、设计费和工程款等。如果有政府定价和政府指导价的,要按照规定执行。价格应当在合同中规定清楚或者明确规定计算价款或者报酬的方法。有些合同比较复杂,货款、运费、保险费、保管费、装卸费、报关费以及一切其他可能支出的费用,由谁支付都要规定清楚。

六、付款条款

对付款条款进行审查时,原则上应把价款的支付和合同履行过程中对方合同义务的履行和防控对方违约风险结合起来,把价款的支付条件和对方在各阶段应履行的合同义务密切联系,通过设定价款支付的时间点和付款比例来促使合同对方如约履行合同义务,最大限度发挥付款条款的风险控制作用。这样的思维方法即付款条款通常与合同权利义务的平衡具有密切关系,对于保证合同的履行质量、实现合同的目的具有重要意义。这样的思维方法即本书前述的“权利义务匹配法”。① 付款条款的常见问题包括:不应一次性付款的合同选择了一次性付款;分期付款的合同,付款比例不恰当,首付款比例过高;付款条件未与制约对方履行相应合同义务相结合等。

七、违约责任条款

尽量穷尽各种可能的违约假设或情形并设立违约处理方式。约定违约情形、违约责任,违约所产生的损失范围及补偿(如对于可预期利益的范围的界定)。需要注意如下几点:

第一,违约责任的承担方式:继续履行、赔偿损失、采取补救措施、违约金责任、定金责任。

第二,如果合同对公司具有特殊的商业价值或利益,而存在对方单方违约解除合同的可能时,可视情况采用加重对方的违约成本的方法,制约对方的违约行为。如在约定违约金、赔偿损失之外,约定守约方还有权要求违约方继续履行合同,保护守约方缔约目的的实现。

第三,对违约责任约定要明确,避免出现如下情况:如约定“按照《民法典》解决争议”;约定“按照《民法典》有关条款承担违约责任”。

第四,最好明确约定违约金数额、数额计算方式,如以合同总金额的一定比例计算违约金,或按全国银行间同业拆借中心公布的贷款市场报价利率(Loan Prime

---

① 有关“交易流程法”的相关内容,请读者参阅本书第 5 章“合同起草、审查的基本步骤与方法”的相关内容。

Rate,LPR)(此时需要注意分段计算的问题)等标准计算违约金。如未实现约定具体计算方法,守约方须举证实际损失的多少,而损失计算通常复杂且争议较多,不利于损失的及时弥补、纠纷的顺利化解。

第五,如何判断违约金过高的问题。《民法典》第585条第2款规定:"约定的违约金低于造成的损失的,人民法院或者仲裁机构可以根据当事人的请求予以增加;约定的违约金过分高于造成的损失的,人民法院或者仲裁机构可以根据当事人的请求予以适当减少。"并可适用《贯彻实施民法典会议纪要》第11条第3款(参见原《合同法司法解释(二)》第29条第2款)规定:"当事人请求人民法院减少违约金的,人民法院应当以民法典第五百八十四条规定的损失为基础,兼顾合同的履行情况、当事人的过错程度等综合因素,根据公平原则和诚信原则予以衡量,并作出裁判。约定的违约金超过根据民法典第五百八十四条规定确定的损失的百分之三十的,一般可以认定为民法典第五百八十五条第二款规定的'过分高于造成的损失'。当事人主张约定的违约金过高请求予以适当减少的,应当承担举证责任;相对人主张违约金约定合理的,也应提供相应的证据。"

八、争议解决条款

争议解决的方法是处理合同纠纷的手段或者机制的一种事前选项。选择的方法有三:协商、调解、仲裁或者诉讼。协商或者调解在任何时候都可以作为合同选项;但是,在仲裁和诉讼之间,当事人只能择其一,即"或裁或诉",不得同时选择仲裁和诉讼作为同一合同争议的解决方法。

在选择仲裁时,要注意仲裁协议或者仲裁条款约定的合法性和严密性。应明确约定仲裁的事项(范围)、仲裁机构、仲裁地点,如约定不明或者没有约定的将导致仲裁协议或仲裁条款无效。

在选择诉讼时,要注意按照"就近、方便、利己、合法"的原则选择管辖法院。依据《民事诉讼法》(2017年修正)第34条的规定:"合同或其他财产权益纠纷的当事人可以书面协议选择被告住所地、合同履行地、合同签订地、原告住所地、标的物所在地等与争议有实际联系的地点的人民法院管辖,但不得违反本法对级别管辖和专属管辖的规定。"此外,民事诉讼法还规定了一些特别管辖,限于篇幅不再一一列举。

第12章 合同主体条款审查

内容概览

合同主体是否具备签订及履行合同的合法资格，是合同审查的首要问题。主体资格上存在法律瑕疵，可能导致合同无效或效力待定，从而使得合同出现不可避免的根本性缺陷。在实践中，企业往往更重视合同内容，而忽视了对合同主体资格的审查，有时甚至为了促成合作或碍于情面将对主体的审查变成“走过场”，这样的做法容易导致主体缺陷而使合同归于无效或难于履行，达不到签订合同目的，留下了巨大的潜在风险。本章包含如下内容：

- 民事主体概述
- 自然人主体及其审查
- 法人主体及其审查
- 非法人组织及其审查
- 合同主体资格审查的常见疑难问题

第一节 民事主体概述

合同作为一种民事法律关系但不同于其他民事法律关系（如物权法律关系）的重要特点在于合同关系的相对性。合同关系一般只能发生在特定的合同当事人之间，只有合同当事人一方能够向另一方基于合同提出请求或提起诉讼；与合同当事人没有发生合同上权利义务关系的第三人不能依据合同向合同当事人提出请求或提起诉讼，也不应承担合同的义务和责任，但法律另有规定的除外。① 所以，在签订合同前，首先要审查合同当事人的主体资格，是否具有签订合同的能力和权利，能否承担合同所约定的义务与责任。

合同的主体各方应是具备行为能力和权利能力的民事主体，尤其是一般应具备独立的责任能力。根据《民法典》总则编的相关规定，合同主体可以是自然人、法人和非法人组织。这些民事主体可以用图 12－1 来展示。

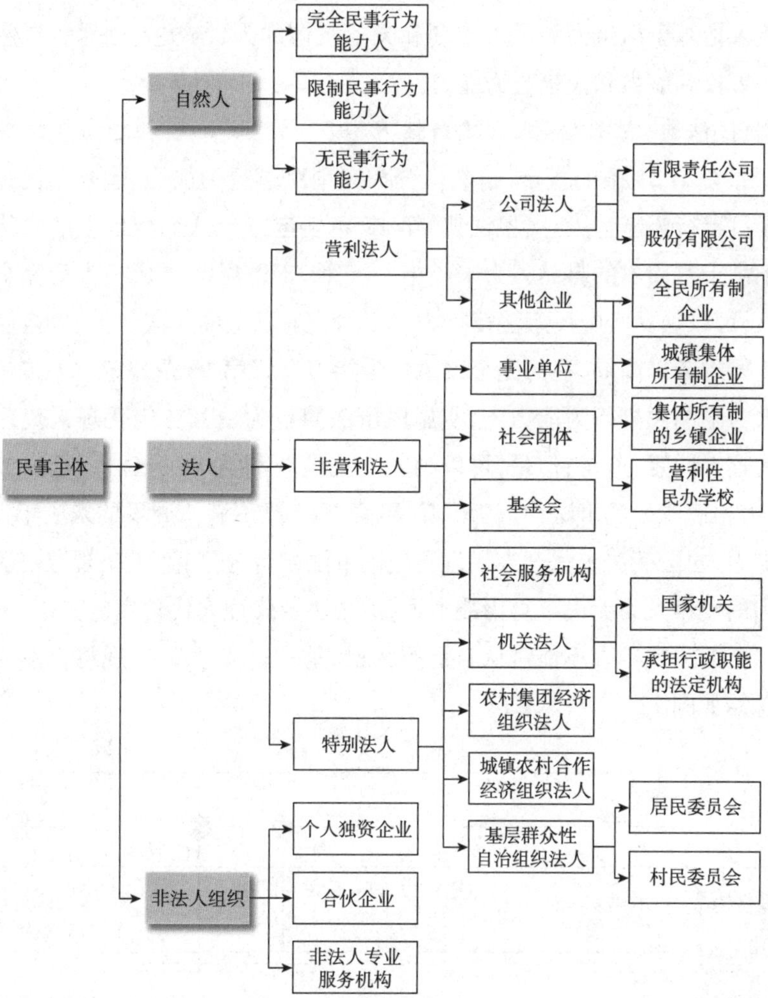

图 12－1　民事主体分类

① 《民法典》规定的第三人利益合同除外。例如，第 522 条第 2 款规定："法律规定或者当事人约定第三人可以直接请求债务人向其履行债务，第三人未在合理期限内明确拒绝，债务人未向第三人履行债务或者履行债务不符合约定的，第三人可以请求债务人承担违约责任；债务人对债权人的抗辩，可以向第三人主张。"

从事合同主体资格审查的人员,应在图12－1的框架下,针对不同的民事主体类型,分别进行审查。

第二节　自然人主体及其审查

一、自然人的分类与民事权利和行为能力

自然人指基于出生而为民事权利和义务主体的人,与法人相对。自然人的能力包括民事权利能力和民事行为能力。

根据《民法典》总则编第2章"自然人"第1节"民事权利能力和民事行为能力"第17条至第21条的规定,自然人分为完全民事行为能力人、限制民事行为能力人和无民事行为能力人。《民法典》第17条规定:"十八周岁以上的自然人为成年人。不满十八周岁的自然人为未成年人。"第18条规定:"成年人为完全民事行为能力人,可以独立实施民事法律行为。十六周岁以上的未成年人,以自己的劳动收入为主要生活来源的,视为完全民事行为能力人。"第19条规定:"八周岁以上的未成年人为限制民事行为能力人,实施民事法律行为由其法定代理人代理或者经其法定代理人同意、追认;但是,可以独立实施纯获利益的民事法律行为或者与其年龄、智力相适应的民事法律行为。"第20条规定:"不满八周岁的未成年人为无民事行为能力人,由其法定代理人代理实施民事法律行为。"第21条规定:"不能辨认自己行为的成年人为无民事行为能力人,由其法定代理人代理实施民事法律行为。八周岁以上的未成年人不能辨认自己行为的,适用前款规定。"现将自然人民事行为能力总结如图12－2所示:

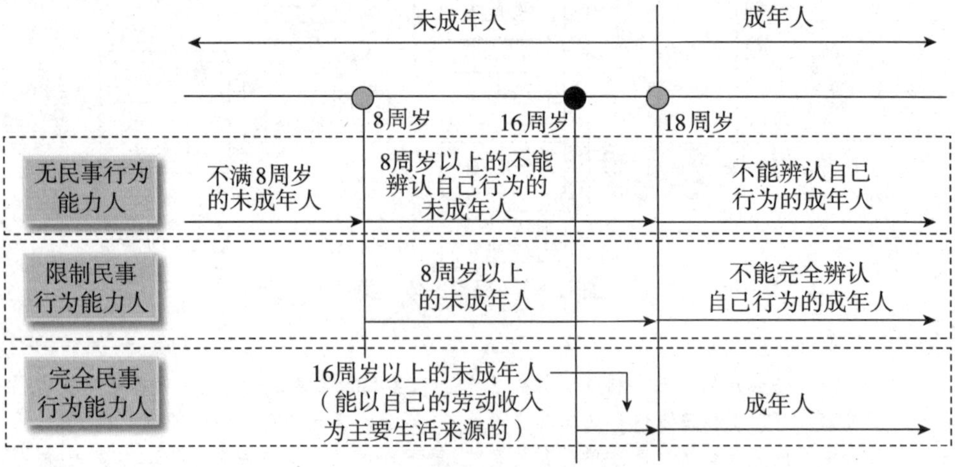

图12－2　自然人的民事行为能力

合同签约对方为自然人时,原则上应要求其必须是完全民事行为能力人。因此,在与自然人签订合同时应当确认其是否具有完全民事行为能力,否则,与之签订的合同将会面临效力待定或无效的风险。

二、自然人主体的审查要点

如果合同签约对方是自然人的,则我方对其的审查要点至少应包括以下内容:

第一,确定该自然人的身份证信息是否真实,可以通过查看身份证或者通过公民信息管理系统进行查询。

第二,确定是否有相应的民事行为能力,如果该自然人属于限制民事行为能力人,则需要由其法定代理人代理或者经其法定代理人同意、追认;如果该自然人属于无民事行为能力人,则需要由其法定代理人代理。

第三,还需要对自然人的资信及履约能力进行调查,必要时也可以要求该自然人提供财产担保。

例如,若审查发现合同签约对方为年满16周岁但不满18周岁的未成年人,属于限制行为能力人,则依据《民法典》第143条"具备下列条件的民事法律行为有效:(一)行为人具有相应的民事行为能力;(二)意思表示真实;(三)不违反法律、行政法规的强制性规定,不违背公序良俗",第145条"限制民事行为能力人实施的纯获利益的民事法律行为或者与其年龄、智力、精神健康状况相适应的民事法律行为有效;实施的其他民事法律行为经法定代理人同意或者追认后有效。相对人可以催告法定代理人自收到通知之日起三十日内予以追认。法定代理人未作表示的,视为拒绝追认。民事法律行为被追认前,善意相对人有撤销的权利。撤销应当以通知的方式作出"之规定,应取得其法定代理人同意或追认,否则应否决该未成年人签约。若前述合同签约方在精神健康状况存在问题,属于无民事行为能力人,则依据《民法典》第144条"无民事行为能力人实施的民事法律行为无效"的规定,应直接否决其签约。

第三节　法人主体及其审查

依据《民法典》第57条、第58条的规定,法人是具有民事权利能力和民事行为能力,依法独立享有民事权利和承担民事义务的组织。法人应当依法成立。法人应当有自己的名称、组织机构、住所、财产或者经费。法人成立的具体条件和程序,依照法律、行政法规的规定。设立法人,法律、行政法规规定须经有关机关批准的,依照其规定。法人包括营利法人、非营利法人和特别法人三类。

一、营利法人

(一)营利法人的概念与类型

根据《民法典》第76条的规定,以取得利润并分配给股东等出资人为目的成立的法人,为营利法人。营利法人包括有限责任公司、股份有限公司和其他企业法人等。

依据《法人登记管理条例》(2019年修订)第2条的规定:"具备法人条件的下列企业,应当依照本条例的规定办理企业法人登记:(一)全民所有制企业;(二)集体所有制企业;(三)联营企业;(四)在中华人民共和国境内设立的中外合资经营企业、中外合作经营企业和外资企业;[①](五)私营企业;(六)依法需要办理企业法人登记的其他企业。"依据《法人登记管理条例施行细则》(2020年修订)第4条的规定:"不具备企业法人条件的下列企业和经营单位,应当申请营业登记:(一)联营企业;(二)企业法人所属的分支机构;(三)外商投资企业设立的分支机构;(四)其他从事经营活动的单位。"《民办教育促进法》(2018年修正)第19条规定:"民办学校的举办者可以自主选择设立非营利性或者营利性民办学校。但是,不得设立实施义务教育的营利性民办学校。非营利性民办学校的举办者不得取得办学收益,学校的办学结余全部用于办学。营利性民办学校的举办者可以取得办学收益,学校的办学结余依照公司法等有关法律、行政法规的规定处理。民办学校取得办学许可证后,进行法人登记,登记机关应当依法予以办理。"因此,《民法典》总则编所指的"其他企业法人"是指公司之外的企业法人,包括全民所有制企业、城镇集体所有制企业、农村集体所有制的乡镇企业以及营利性民办学校等。

需要注意的是,原《国家工商行政管理总局、商务部、海关总署、国家外汇管理局关于印发〈关于外商投资的公司审批登记管理法律适用若干问题的执行意见〉的通知》(工商外企字〔2006〕第81号)[②]第1条规定:"外商投资的公司的登记管理适用《公司法》和《公司登记管理条例》;有关外商投资企业的法律另有规定的,适用其规定;《公司法》、《公司登记管理条例》、有关外商投资企业的法律没有规定的,

---

① 《外商投资法》自2020年1月1日起实施,同时废止了"三资企业法",故此自该日起不再存在中外合资经营企业、中外合作经营企业和外资企业之分,统称为外商投资企业。此外,《法人登记管理条例施行细则》(2020年修订)也采用了外商投资企业的称谓。

② 本通知被《市场监管总局关于废止86件规范性文件的公告》(国家市场监督管理总局公告2020年第56号,2020年12月1日发布,自2020年12月1日起实施)废止。

适用有关外商投资企业的行政法规、国务院决定和国家有关外商投资的其他规定。"

尽管该通知已经被废止,但《外商投资法》第31条规定:"外商投资企业的组织形式、组织机构及其活动准则,适用《中华人民共和国公司法》、《中华人民共和国合伙企业法》等法律的规定。"因此,在"组织形式"、"组织机构"及其"活动准则"三个方面,应当适用《公司法》(2018年修正)。例如,在受理债权人的强制清算申请民事裁定书[重庆市第五中级人民法院(2021)渝05清申13号]中,法院认为:

《中华人民共和国外商投资法》第三十一条规定:"外商投资企业的组织形式、组织机构及其活动准则,适用《中华人民共和国公司法》、《中华人民共和国合伙企业法》等法律的规定";《中华人民共和国公司法》第一百八十三条规定"公司因本法第一百八十条第(一)项、第(二)项、第(四)项、第(五)项规定而解散的,应在解散事由出现之日起十五日内成立清算组,开始清算。有限责任公司的清算组由股东组成,股份有限公司的清算组由董事或者股东大会确定的人员组成。逾期不成立清算组进行清算的,债权人可以申请人民法院指定有关人员组成清算组进行清算"。《最高人民法院关于适用〈中华人民共和国公司法〉若干问题的规定(二)》第七条规定"公司应当依照公司法第一百八十三条的规定,在解散事由出现之日起十五日内成立清算组,开始自行清算。有下列情形之一,债权人申请人民法院指定清算组进行清算的,人民法院应予受理:(一)公司解散逾期不成立清算组进行清算的;(二)虽然成立清算组但故意拖延清算的;(三)违法清算可能严重损害债权人或者股东利益的。具有本条第二款所列情形,而债权人未提起清算申请,公司股东申请人民法院指定清算组对公司进行清算的,人民法院应予受理"。现重庆恒发房地产开发有限公司被吊销营业执照之后,未在法定期限内组成清算组进行清算,重庆大学规划设计研究院有限公司作为其股东,向本院提出对重庆恒发房地产开发有限公司进行强制清算的申请,符合法律规定,依法应予受理。

此外,《市场监管总局关于贯彻落实〈外商投资法〉做好外商投资企业登记注册工作的通知》(国市监注〔2019〕247号)第4条"完善外商投资企业登记事项"第9点规定:

明确企业类型登记规则。登记机关应当根据申请,按照内资企业类型分别登记为"有限责任公司""股份有限公司""合伙企业",并应当标明外商投资或者港澳台投资。现有中外合资经营企业、中外合作经营企业申请组织形式、组织机构变更登记前,按照原有企业类型加注规则执行。各地市场监管部门要根据《技术方案》

要求,同步调整"多证合一""证照分离"等改革中涉及的企业类型、证件类型等码表,并做好与有关政府职能部门的衔接。

故此,外商投资企业按照《公司法》(2018 年修正)等相关规定登记为公司这一原则并未改变。

(二)营利法人主体的审查要点

如果合同签约对方是营利性法人的,则我方对其的审查要点至少应包括以下内容:

第一,是否拥有《企业法人营业执照》《税务登记证》《组织机构代码证》("三证合一");《企业法人营业执照》是否合法、有效,企业注册资本、实缴资本以及是否存在异常经营或"黑名单"等情况,可以通过"全国企业信用信息公示系统"①上网查询企业的公示信息。还可以通过全国组织机构统一社会信用代码数据服务中心②查询企业统一社会信用代码(或组织机构代码)。若条件具备,还可以利用第三方企业信息服务提供商进行查询。

第二,是否拥有相应的资质证书。资质证书是国家授予企业从事某种生产经营活动的资格证书。例如,从事开发房地产项目的,必须要有房地产开发资质;广告企业必须要有广告经营许可证;印刷企业必须要有印刷经营许可证;经营医药的必须要有相应的国家药品生产或经营许可证。另外,机械制造业的压力容器制造许可证、建筑行业的建筑业企业资质证书等,都属于企业的资质证书。

第三,如果签约主体是为其他企业或个人签订合同,或者是企业的分支机构签订合同,需要由该主体提供相关的委托手续(如授权委托书)。

第四,对保证人的资格审查。合同的签订要求有保证人担保时,还应审查保证人的主体资格的合法性。首先,作为保证人必须具有民事行为能力;其次,保证人必须具有代为清偿主债务的能力;最后,根据《民法典》和《担保制度司法解释》的相关规定,保证人还必须符合以下规定:一是机关法人不得作为保证人,但是经国务院批准为使用外国政府或国际经济组织贷款进行转贷的除外(《民法典》第 683 条第 1 款)。二是以公益为目的的非营利法人、非法人组织不得为保证人(《民法

① 该网站为 http://gsxt.saic.gov.cn/。
② 该网站为 https://www.cods.org.cn/。

典》第683条第2款)①。以公益为目的的非营利性学校、幼儿园、医疗机构、养老机构等提供担保的无效,但法律另有规定的除外(《担保制度司法解释》第6条)②。三是未经公司股东(大)会或者董事会决议,公司的分支机构以自己名义对外提供担保的,公司或该分支机构不承担担保责任,但相对人善意的除外(《担保制度司法解释》第11条第1款)③。

第五,对代订合同的代理人的资格审查。所谓代订合同是指代理人在授权范围内以被代理人的名义与第三人签订合同,所签订合同的法律后果由被代理人承担。因此,在审查合同时一定要审查代理人的代理身份和代理资格,即是否有被代理人签发的授权委托书,其代理行为是否超越了授权范围,最后审查其代理权是否超出了代理权限。

第六,审查主体涉诉的情况。对于合同签约主体是否涉及诉讼等可能影响其履约的情形,可以通过中国裁判文书网查询主体涉税情况;通过中国法院网的"法院公告查询"窗口或者人民法院公告网查询公告开庭信息;可以通过中国执行信息公开网查询主体涉及执行情况和是否被列入失信人名单。若条件具备,还可以利用第三方提供的信息应用软件、APP终端等进行涉诉查询(但需要核实其真实性)。

二、非营利法人

(一)非营利法人的概念与类型

《民法典》第87条规定:"为公益目的或者其他非营利目的成立,不向出资人、

---

① 对于非营利法人,学校、幼儿园、医疗机构、养老机构等以公益为目的的事业单位、社会团体、社会服务机构不得为保证人;对于非法人组织,个人独资企业、合伙企业、不具有法人资格的专业服务机构(如非法人的会计师、律师事务所)等不得为保证人。

② 《担保制度司法解释》第6条规定:"以公益为目的的非营利性学校、幼儿园、医疗机构、养老机构等提供担保的,人民法院应当认定担保合同无效,但是有下列情形之一的除外:(一)在购入或者以融资租赁方式承租教育设施、医疗卫生设施、养老服务设施和其他公益设施时,出卖人、出租人为担保价款或者租金实现而在该公益设施上保留所有权;(二)以教育设施、医疗卫生设施、养老服务设施和其他公益设施以外的不动产、动产或者财产权利设立担保物权。登记为营利法人的学校、幼儿园、医疗机构、养老机构等提供担保,当事人以其不具有担保资格为由主张担保合同无效的,人民法院不予支持。"

③ 《担保制度司法解释》第11条第1款规定:"公司的分支机构未经公司股东(大)会或者董事会决议以自己的名义对外提供担保,相对人请求公司或者其分支机构承担担保责任的,人民法院不予支持,但是相对人不知道且不应当知道分支机构对外提供担保未经公司决议程序的除外。"

设立人或者会员分配所取得利润的法人,为非营利法人。非营利法人包括事业单位、社会团体、基金会、社会服务机构等。"分别介绍如下:

第一,事业单位法人,是指按照国家法律、法规、规章的规定设立,具备法人条件,经事业单位登记管理机关核准登记成立的面向社会直接为国民经济和社会提供服务,以社会公益为主要目的的社会组织。通常包括从事文化、教育、卫生、体育、新闻出版等公益事业的单位。

第二,社会团体法人,是指具有民事权利能力和民事行为能力,依法独立享有民事权利和承担民事义务的社会组织。它以谋求社团成员的共同利益为宗旨,主要包括各种政治团体(如各民主党派)、人民群众团体(如工会、妇联、共青团)、文学艺术团体(如作家协会)、学术研究团体(如数学学会)。

第三,基金会,是指依据《基金会管理条例》规定,由民政部和省级民政部门核准登记、领取《基金会法人登记证书》的,利用自然人、法人或其他非法人组织捐赠的财产,以从事公益事业为目的的非营业性法人。基金会分为面向公众募捐的基金会和不得面向公众募捐的基金会。公募基金会按照募捐的地域范围,分为全国性公募基金会和地方性公募基金会。例如,中国癌症基金会、残疾人基金会、清华大学教育基金会等。

第四,社会服务机构,是指自然人、法人或者其他组织为了提供社会服务,主要利用非国有资产设立的非营利性法人。社会服务机构主要包括教育、科研、文化、卫生、体育、新闻出版、交通、信息咨询、知识产权、法律服务、社会福利事业及经济监督事业的服务机构。例如,在教育事业中主要是指幼儿园、民办小学、中学、学校、学院、民办专修(进修)学院或学校、民办培训(补习)学校或中心等。

最后,依据《民法典》第88条、第90条的规定,需依法登记成立的事业单位(社会团体),登记设立时取得事业单位(社会团体)法人资格;依法不需要办理法人登记的,自成立之日起,具有事业单位(社会团体)法人资格。依据《民法典》第92条的规定,具备法人条件,为公益目的以捐财产设立的基金会、社会服务机构等,经依法登记成立,取得捐助法人资格。

(二)非营利法人主体的审查要点

如果合同签约对方是非营利性法人的,则我方对其的审查要点至少应包括以下内容:

第一,是否依法进行了登记并取得了登记证书。相关的信息可以通过"中国社会组织政务服务平台”①和“机关赋码和事业单位登记管理网”②进行查询。

第二，如果属于非营利法人的分支机构的，主要审查其所从属的非营利法人的资格及其授权。

其他的审查要点可以参照营利性法人的要点进行。

三、特别法人

（一）特别法人的概念与类型

根据《民法典》第96条的规定，机关法人、农村集体经济组织法人、城镇农村的合作经济组织法人、基层群众性自治组织法人，为特别法人。分别介绍如下：

第一，机关法人，是指依法享有国家赋予的权力，以国家预算作为活动经费，因行使职权的需要而享有民事权利能力和民事行为能力的各级国家机关。机关法人包括立法机关、行政机关、军事机关和司法机关。

第二，农村集体经济组织法人是除国家以外对土地拥有所有权的唯一的一个组织。它是为实行社会主义公有制改造，在自然乡村范围内，由农民自愿联合，将其各自所有的生产资料（土地、较大型农具、耕畜）投入集体所有，由集体组织农业生产经营，农民进行集体劳动，各尽所能，按劳分配的农业社会主义经济组织。农村集体经济组织在人民公社解体后，生产队一级组织仍按原规模延续下来，但名称有的已变化，各地称谓不一；其经营方式，已由原来的集体经营按劳分配变为现在的家庭经营了。在人民公社、生产大队和生产队这三种集体从事农业经济活动的组织中，生产队是基础，拥有包括土地、耕畜和农具在内的大部分的而且是主要的生产资料。现在一般意义上的农村集体经济组织是指农村中的农村家庭联产承包为主的责任制。

第三，城镇农村的合作经济组织法人，是指农村中的生产、供销、信用、消费等各种形式的合作经济组织，以及城镇中的手工业、工业、建筑业、运输业、商业、服务业等行业的各种形式的合作经济组织。城镇农村的合作经济组织是城镇农村劳动者按照自愿原则组织起来，基本生产资料公有，在生产和交换过程中实行某程度的合作经营，在分配形式上实行一定程度的按劳分配的经济形式。

第四，基层群众性自治组织法人，是指在城市和农村按居民的居住地区建立起来的居民委员会和村民委员会。它是建立在我国社会的最基层、与群众直接联系

---

① 该网站为 http://www.chinanpo.gov.cn/index.html。

② 该网站为 http://www.gjsy.gov.cn/。

的组织，是在自愿的基础上由群众按照居住地区自己组织起来管理自己事务的组织。村民委员会组织法规定，村民委员会是村民自我管理、自我教育、自我服务的基层群众性自治组织，实行民主选举、民主决策、民主管理、民主监督。城市居民委员会组织法规定，居民委员会是居民自我管理、自我教育、自我服务的基层群众性自治组织。

（二）特别法人主体的审查要点

如果合同签约对方是特别法人的，我方对其的审查要点至少应包括以下内容：

第一，机关法人的相关信息可以从“中国机构编制网”①进行查询。实践中，一般是看是否有机关法人的授权书以及是否用印。

第二，农村集体经济组织、城镇农村的合作经济组织以及基层群众性自治组织应查明是否依法成立，相关代表是否有合法的授权。

其他的审查要点可以参照营利性法人的要点进行。

第四节　非法人组织及其审查

一、非法人组织的概念与类型

根据《民法典》第102条、第103条的规定，非法人组织是不具有法人资格，但是能够依法以自己的名义从事民事活动的组织。非法人组织应当依照法律的规定登记。设立非法人组织，法律、行政法规规定须经有关机关批准的，依照其规定。非法人组织包括个人独资企业、合伙企业、不具有法人资格的专业服务机构等。

第一，个人独资企业，是指依照《个人独资企业法》在中国境内设立，由一个自然人投资，财产为投资人个人所有，投资人以其个人财产对企业债务承担无限责任的经营实体。个人独资企业与公司的最主要的区别在于，前者不具有法人资格，其投资人以其个人财产对企业债务承担无限责任。

第二，合伙企业，是指自然人、法人和其他组织依照《合伙企业法》在中国境内设立的，由两个或两个以上的自然人、法人和其他组织通过订立合伙协议，共同出资经营、共负盈亏、共担风险的企业组织形式。合伙企业包括普通合伙企业和有限合伙企业。合伙企业与公司的最主要的区别在于，前者不具有法人资格，其普通合伙人以其个人财产对企业债务承担无限责任。

---

①　该网站为 http://www.scopsr.gov.cn/。

第三,不具有法人资格的专业服务机构主要是指不具有法人资格的律师事务所、会计师事务所等。此外,《律师法》(2017年修正)规定,律师事务所包括合伙律师事务所和个人律师事务所,合伙律师事务所可以采取普通合伙或者特殊的普通合伙形式设立。根据《注册会计师法》的规定,会计师事务所可以由注册会计师合伙设立,也可以设有限责任的法人制会计师事务所。因此,只有合伙制的会计师事务所才属于非法人组织。特别需要说明的是,依据《外商投资法》的规定,外商投资企业只有符合中国法律关于法人条件规定的才能依法取得中国法人资格,不具备法人条件的,则属于非法人组织。又如,根据《乡镇企业法》的规定,乡镇企业只有符合企业法人条件的,才能依法取得企业法人资格。因此不具备法人条件的乡镇企业也属于非法人组织。

二、非法人组织主体的审查要点

如果合同签约对方是其他非法人组织的,我方对其的审查要点至少应包括以下内容:

第一,审查个人独资企业、合伙企业和不具有法人资格的专业服务机构的营业执照。

第二,对于企业的分支机构,如分厂、分公司、办事处等,则应看其是否具有对外开展业务资格(是否有授权),是否有非法人营业执照,如果有授权或非企业法人营业执照才有签订合同的资格;除审查分支机构的履约能力外,还应审查公司履约能力的情况,因为在分支机构无力承担责任的情况下,公司还应承担补充责任。

在实践中,还出现了合伙人签署合伙协议约定借用某一合伙人原个人独资企业营业执照从事合伙活动的案例,法院判决认为,尽管合伙人并未将个人独资企业性质据实变更为合伙企业的行为,不应成为各合伙人不承担法律责任的理由,否则交易安全得不到保护,相关法律规制合伙企业及合伙人的目的将会落空。该案件如下:

【例12-1】[①] 名为个人独资企业实为合伙企业时,赔偿责任的认定

【裁判要旨】

在当事人约定合伙经营企业仍使用合资前个人独资企业营业执照,且实际以

---

① 参见南通双盈贸易有限公司诉镇江市丹徒区联达机械厂、魏某聂等六人买卖合同纠纷案[最高人民法院(1999)经终字第359号],载《最高人民法院公报》2011年第7期。

合伙方式经营企业的情况下,应据实认定企业的性质。各合伙人共同决定企业的生产经营活动,也应共同对企业生产经营过程中对外所负的债务负责。合伙人故意不将企业的个人独资企业性质据实变更为合伙企业的行为,不应成为各合伙人不承担法律责任的理由。

合伙企业债务的承担分为两个层次:第一顺序的债务承担人是合伙企业,第二顺序的债务承担人是全体合伙人。《合伙企业法》第39条"合伙企业不能清偿到期债务的,合伙人承担无限连带责任"中所谓的"连带责任",是指合伙人在第二顺序的责任承担中相互之间所负的连带责任,而非合伙人与合伙企业之间的连带责任。

【法院裁判】

江苏省高级人民法院认为,联达厂名义上的个人独资企业性质不影响各合伙人本应承担的民事责任。由于合伙合同明确约定合伙后的企业仍延用原企业名称与营业执照、原个人独资企业营业执照自合伙合同签订之日起归合伙企业所有、原投资人魏某聂不得再单独使用该营业执照,故尽管联达厂实质上已变更为合伙性质、生产经营活动由各合伙人共同决策,但联达厂在工商行政管理部门仍登记为个人独资企业。换言之,联达厂未据实变更企业性质系各合伙人作出的安排。各合伙人既然共同决定联达厂的生产经营活动,就应对联达厂生产经营过程中对外所负的债务负责。卞某等合伙人故意不将联达厂的个人独资企业性质据实变更为合伙企业的行为,不应成为各合伙人不承担法律责任的理由,否则交易安全得不到保护,相关法律规制合伙企业及合伙人的目的将会落空。

第五节　合同主体资格审查的常见疑难问题

除上述针对合同主体的一般性审查要点外,在实践中,还存在很多有关合同主体资格审查的疑难问题。

一、分支或内部机构能否对外签订合同

相对企业整体而言,"分支机构"是指由企业法人为实现其职能而在总部之外设立的,可以自己的名义进行民事活动,但是不能独立承担民事责任的非法人组织,如分公司、分行、分理处、营业部、门市部、代表处、办事处等。

(一)分公司和分行

《公司登记管理条例》(2016年修订)第7章"分公司的登记"对分公司的登记

作了明确而细致的规定。其第45条规定:“分公司是指公司在其住所以外设立的从事经营活动的机构。分公司不具有企业法人资格。”《公司法》(2018年修正)第14条规定:“公司可以设立分公司。设立分公司,应当向公司登记机关申请登记,领取营业执照。分公司不具有法人资格,其民事责任由公司承担。公司可以设立子公司,子公司具有法人资格,依法独立承担民事责任。”因此,“分公司”是相对“总公司”而言的,是按照公司内部管辖关系所作分类,是指在公司经营过程中,因为业务需要依法设立的相对独立的分支机构,是在业务、资金、人事等方面受本公司管辖,但是不具有法人资格的分支机构。因此,分公司可以自己的名义对外签订合同。分公司在对外签订合同时,只要加盖分公司的印章即可,没有必要加盖总公司的印章。对于与分公司开展业务的公司或个人来说,也没有必要必须要求分公司在合同上去加盖总公司的印章。只要审查总公司对分公司的授权委托书,以及其登记的营业执照,明确总公司授予了分公司哪些业务范围,分公司在总公司的授权范围内所签订的合同就是有效的。

类似地,银行等金融机构设立的分行、支行与分公司的法律地位相同,也可以自己的名义对外签订合同。

(二)营运部、门市部和办事处

企业设立的营业部、门市部等内部部门本身并不具备对外签订合同的主体资格,除非事先取得企业法人授权、事后得到法人追认或事后取得法人资格,否则其签订的合同对企业法人不产生法律效力。

企业设立的办事处是非独立核算的非法人组织。它本身不能从事任何经营活动,也不需要在市场监督管理部门进行任何登记。因此,办事处不具备对外签订合同的主体资格。

(三)分公司等对外签订合同的效力

依据《公司法》(2018年修正)第14条、《公司登记管理条例》(2016年修订)第39条的规定,分公司是指公司在经营活动中因业务需要设立的相对独立的分支机构,其虽不具有法人资格,但是可以代表本公司从事经营活动(包括对外签订合同)。究其本质,分公司就是本公司的代理人,双方之间是一种代理关系,分公司是代理人,本公司是被代理人,应当适用《民法典》中关于代理的法律规定。

依据《民法典》第162条的规定:“代理人在代理权限内,以被代理人名义实施的民事法律行为,对被代理人发生效力。”第171条规定:“行为人没有代理权、超越代理权或者代理权终止后,仍然实施代理行为,未经被代理人追认的,对被代理人不发生效力。相对人可以催告被代理人自收到通知之日起三十日内予以追认。被代理人未作表示的,视为拒绝追认。行为人实施的行为被追认前,善意相对人有撤销的权利。撤销应当以通知的方式作出。行为人实施的行为未被追认的,善意相对人有权请求行为人履行债务或者就其受到的损害请求行为人赔偿。但是,赔偿的范围不得超过被代理人追认时相对人所能获得的利益。相对人知道或者应当知道行为人无权代理的,相对人和行为人按照各自的过错承担责任。"第 172 条规定:"行为人没有代理权、超越代理权或者代理权终止后,仍然实施代理行为,相对人有理由相信行为人有代理权的,代理行为有效。"据此,分公司对外签订合同的效力有如下三种情形:

(1)分公司在本公司的授权范围内签订的合同或相对人有理由相信分公司有本公司授权("表见代理")所签订的合同,当然有效。通常认为,构成"表见代理"的情形包括:被代理人明知行为人以其名义订立合同而不否认的;被代理人的董、高人员从事与其职责相关的民事活动的;行为人持有被代理人法定代表人或者单位负责人名章或单位印章和单位介绍信订立合同的;被代理人授权范围不明的;代理权被终止或者被限制,但被代理人未及时通知相对人等。例如,《担保制度司法解释》第 11 条第 1 款规定:"公司的分支机构未经公司股东(大)会或者董事会决议以自己的名义对外提供担保,相对人请求公司或者其分支机构承担担保责任的,人民法院不予支持,但是相对人不知道且不应当知道分支机构对外提供担保未经公司决议程序的除外。"

(2)分公司没有本公司授权或超越本公司授权签订的合同,对本公司而言效力待定。若本公司追认的,对本公司发生法律效力,相对人也可催告本公司自收到通知之日起 30 日内追认。若本公司未作表示的,视为拒绝追认。被追认前,善意相对人可以行使撤销权。

(3)违反法律、行政法规效力性强制性规定的,对本公司不发生法律效力(参见《民法典》第 153 条第 1 款)。

因此,尽管分公司可以自己的名义对外签订合同,但为了保证合同的有效性,作为与分公司签订相关合同的相对人,在与分公司签订合同时,一定要要求分公司的本公司提供书面的授权委托书,以达到合同顺利履行的目的。

二、公司的分支机构对外提供担保的效力

《担保制度司法解释》第 11 条规定:"公司的分支机构未经公司股东(大)会或

者董事会决议以自己的名义对外提供担保，相对人请求公司或者其分支机构承担担保责任的，人民法院不予支持，但是相对人不知道且不应当知道分支机构对外提供担保未经公司决议程序的除外。金融机构的分支机构在其营业执照记载的经营范围内开立保函，或者经有权从事担保业务的上级机构授权开立保函，金融机构或者其分支机构以违反公司法关于公司对外担保决议程序的规定为由主张不承担担保责任的，人民法院不予支持。金融机构的分支机构未经金融机构授权提供保函之外的担保，金融机构或者其分支机构主张不承担担保责任的，人民法院应予支持，但是相对人不知道且不应当知道分支机构对外提供担保未经金融机构授权的除外。担保公司的分支机构未经担保公司授权对外提供担保，担保公司或者其分支机构主张不承担担保责任的，人民法院应予支持，但是相对人不知道且不应当知道分支机构对外提供担保未经担保公司授权的除外。公司的分支机构对外提供担保，相对人非善意，请求公司承担赔偿责任的，参照本解释第十七条的有关规定处理。"本条是关于分支机构对外提供担保的规定，对《民法典》第74条[①]、《公司法》(2018年修正)第16条[②]进行解释。本条区分一般公司的分支机构、金融机构的分支机构和担保公司的分支机构分别作出了规定。

(一)公司的分支机构对外担保的效力

根据《民法典》第74条的规定，公司的分支机构不具有民事权利能力，也就不具有担保能力。在原《担保法》和原《担保法司法解释》下，如果公司的分支机构未经法人授权就以自己名义对外担保，该担保合同无效。[③] 分支机构管理的财产就是法人财产的一部分，以分支机构管理的财产承担民事责任，其实就是以公司的财产承担民事责任。因此，公司的分支机构未经决议授权对外签订担保合同，公司或

① 《民法典》第74条规定："法人可以依法设立分支机构。法律、行政法规规定分支机构应当登记的，依照其规定。分支机构以自己的名义从事民事活动，产生的民事责任由法人承担；也可以先以该分支机构管理的财产承担，不足以承担的，由法人承担。"

② 《公司法》第16条规定："公司向其他企业投资或者为他人提供担保，依照公司章程的规定，由董事会或者股东会、股东大会决议；公司章程对投资或者担保的总额及单项投资或者担保的数额有限额规定的，不得超过规定的限额。公司为公司股东或者实际控制人提供担保的，必须经股东会或者股东大会决议。前款规定的股东或者受前款规定的实际控制人支配的股东，不得参加前款规定事项的表决。该项表决由出席会议的其他股东所持表决权的过半数通过。"

③ 参见青海宏信混凝土有限公司、海天建设集团有限公司青海分公司民间借贷纠纷二审民事判决书[最高人民法院(2019)最高法民终1535号]、中唐国开投资基金管理(北京)有限公司与深圳市华能建设工程有限公司、宁夏回香百味餐饮管理有限公司等装饰装修合同纠纷再审民事判决书[宁夏回族自治区高级人民法院(2020)宁民再26号]。

法人分支机构是否应承担担保责任,应当从无权代表或无权代理的路径进行判断。

根据《民法典》第171条第1款、第172条的规定,若公司的分支机构未经公司决议授权以自己名义对外提供担保,如果公司不予追认,相对人请求公司或其分支机构承担担保责任的,人民法院不予支持。同时,若相对人有理由相信分支机构的负责人有代理权(如其出具了书面的公司决议以及授权证明),且相对人进行了合理审查,相对人即构成善意相对人①,公司或其分支机构应当承担担保责任。例如,在重庆银行股份有限公司成都分行、四川富乐天能能源技术有限公司保证合同纠纷二审民事判决书[四川省高级人民法院(2019)川民终1146号]中,法院认为:

担保行为必须以公司股东(大)会、董事会等公司机关的决议作为授权的基础和来源,行为人未经授权擅自为他人提供担保的,应根据代表或者代理的相关规则,区分订立合同时债权人是否善意分别认定合同效力。如系为公司股东或者实际控制人提供关联担保,必须由股东(大)会决议,未经股东(大)会决议,构成越权代表或越权代理,在此情况下,债权人主张担保合同有效,应当提供证据证明其在订立合同时对股东(大)会决议进行了审查,决议的表决程序符合《中华人民共和国公司法》第十六条的规定,即在排除被担保股东表决权的情况下,该项表决由出

---

① 《担保制度司法解释》第7条第3款规定:"第一款所称善意,是指相对人在订立担保合同时不知道且不应当知道法定代表人超越权限。相对人有证据证明已对公司决议进行了合理审查,人民法院应当认定其构成善意,但是公司有证据证明相对人知道或者应当知道决议系伪造、变造的除外。"亦可参见《九民纪要》第18条【善意的认定】前条所称的善意,是指债权人不知道或者不应当知道法定代表人超越权限订立担保合同。《公司法》第16条对关联担保和非关联担保的决议机关作出了区别规定,相应地,在善意的判断标准上也应当有所区别。一种情形是为公司股东或者实际控制人提供关联担保,《公司法》第16条明确规定必须由股东(大)会决议,未经股东(大)会决议,构成越权代表。在此情况下,债权人主张担保合同有效,应当提供证据证明其在订立合同时对股东(大)会决议进行了审查,决议的表决程序符合《公司法》第16条的规定,即在排除被担保股东表决权的情况下,该项表决由出席会议的其他股东所持表决权的过半数通过,签字人员也符合公司章程的规定。另一种情形是公司为公司股东或者实际控制人以外的人提供非关联担保,根据《公司法》第16条的规定,此时由公司章程规定是由董事会决议还是股东(大)会决议。无论章程是否对决议机关作出规定,也无论章程规定决议机关为董事会还是股东(大)会,根据《民法总则》第61条第3款关于"法人章程或者法人权力机构对法定代表人代表权的限制,不得对抗善意相对人"的规定,只要债权人能够证明其在订立担保合同时对董事会决议或者股东(大)会决议进行了审查,同意决议的人数及签字人员符合公司章程的规定,就应当认定其构成善意,但公司能够证明债权人明知公司章程对决议机关有明确规定的除外。债权人对公司机关决议内容的审查一般限于形式审查,只要求尽到必要的注意义务即可,标准不宜太过严苛。公司以机关决议系法定代表人伪造或者变造、决议程序违法、签章(名)不实、担保金额超过法定限额等事由抗辩债权人非善意的,人民法院一般不予支持。但是,公司有证据证明债权人明知决议系伪造或者变造的除外。

席会议的其他股东所持表决权的过半数通过,签字人员也符合公司章程的规定;如公司为公司股东或者实际控制人以外的人提供非关联担保,此时由公司章程规定是由董事会决议还是股东(大)会决议,在此情况下,只要债权人能够证明其在订立担保合同时对董事会决议或者股东(大)会决议进行了审查,同意决议的人数及签字人员符合公司章程的规定,就应当认定其构成善意,但公司能够证明债权人明知公司章程对决议机关有明确规定的除外。具体到本案,不论是就富乐天能公司为公司股东提供的关联担保,还是富乐投资公司提供的非关联担保,重庆银行成都分行作为债权人均未尽到一般的形式审查义务,在曹某辉向其提供案涉《还款计划承诺书》时,其并未要求对方提供相关股东会决议或是董事会决议,甚至未要求公司法定代表人在承诺书上进行签字确认。且本案中,根据重庆银行成都分行经办人员在一审中的陈述,案涉《还款计划承诺书》系由曹某辉现场拿去盖章完毕即提交给重庆银行成都分行,其应系明知该担保行为未经富乐天能公司与富乐投资公司的股东会或董事会决议,属于越权行为,因此,其不属于善意的相对人,不符合表见代表或是表见代理的构成要件,上述担保行为对富乐天能公司与富乐投资公司不发生效力。重庆银行成都分行关于本案中的担保行为是富乐天能公司、富乐投资公司的法人行为,不存在无权代理的上诉理由,不能成立,对于其要求富乐天能公司与富乐投资公司承担连带担保责任的诉讼请求,本院不予支持。

(二)金融机构、担保公司的分支机构对外担保的效力

依据《商业银行法》(2015年修正)第21条①、第22条第2款②的规定,因金融机构的分支机构需经批准设立,其在经营范围内开立保函的,自然无须金融机构的授权或决议程序;但超越经营范围或授权范围的担保活动,同公司的分支机构同样处理。

首先,原《担保法司法解释》第11条第2款前句明确,金融机构的分支机构在经营范围内或授权范围内开立保函,对金融机构或其分支机构产生效力。

其次,原《担保法司法解释》第11条第2款后句明确,金融机构的分支机构未经授权提供保函之外的担保(超出其经营范围,又未获得授权),对金融机构或其分支机构不产生效力,但相对人善意的除外。类似地,对于担保公司的分支机构未经

① 《商业银行法》第21条规定:"经批准设立的商业银行分支机构,由国务院银行业监督管理机构颁发经营许可证,并凭该许可证向工商行政管理部门办理登记,领取营业执照。"

② 《商业银行法》第22条第2款规定:"商业银行分支机构不具有法人资格,在总行授权范围内依法开展业务,其民事责任由总行承担。"

授权对外提供担保,原《担保法司法解释》第 11 条第 2 款对此予以了明确,其处理规则同前。

(三)相对人非善意时,公司如何承担法律责任

原《担保法司法解释》第 11 条第 4 款规定:"公司的分支机构对外提供担保,相对人非善意,请求公司承担赔偿责任的,参照本解释第十七条的有关规定处理。"而该司法解释第 17 条规定:"主合同有效而第三人提供的担保合同无效,人民法院应当区分不同情形确定担保人的赔偿责任:(一)债权人与担保人均有过错的,担保人承担的赔偿责任不应超过债务人不能清偿部分的二分之一;(二)担保人有过错而债权人无过错的,担保人对债务人不能清偿的部分承担赔偿责任;(三)债权人有过错而担保人无过错的,担保人不承担赔偿责任。主合同无效导致第三人提供的担保合同无效,担保人无过错的,不承担赔偿责任;担保人有过错的,其承担的赔偿责任不应超过债务人不能清偿部分的三分之一。"根据前述规定,若相对人非善意,请求公司承担赔偿责任的,按照表 12 - 1 处理:

表 12 - 1　相对人非善意时,赔偿责任的承担

序号	情形		过错			赔偿责任
			债权人	债务人	担保人	
1	主合同有效	担保合同无效	有过错	—	有过错	担保人承担的赔偿责任≤债务人不能清偿部分×1/2
2			无过错	—	有过错	担保人对债务人不能清偿的部分承担赔偿责任
3			有过错	—	无过错	担保人不承担赔偿责任
4	主合同无效	担保合同无效	不论谁的过错或都有过错		无过错	担保人不承担赔偿责任
5					有过错	担保人承担的赔偿责任≤债务人不能清偿部分×1/3

三、合同对方超越经营范围订立合同,是否导致合同无效

(一)超越经营范围订立合同的法律规定

依据《民法典》第 505 条的规定:"当事人超越经营范围订立的合同的效力,应当依照本法第一编第六章第三节和本编的有关规定确定,不得仅以超越经营范围

确认合同无效。"《民法典》本条吸纳了原《合同法司法解释(一)》第10条[①]规定,所谓"不得仅以超越经营范围确认合同无效",即指如果合同仅仅只是涉及超越经营范围的问题,不能因此而认定合同无效。关于经营范围的性质,理论界存在不同的认识,大致可分为以下几类:[②]

• 权利能力限制说。权利能力限制说认为,经营范围是对于经营主体权利能的限制。经营主体超出此范围所实施的法律行为无效。

• 行为能力限制说。行为能力限制说认为,经营范围是对经营主体行为能力的限制。经营主体超越经营范围所订立的合同属于效力待定合同。

• 代表权限制说。代表权限制说认为,经营范围是对经营主体代表机关对外代表权的限制。超越经营范围所订立的合同属于效力待定合同。

• 内部责任说。内部责任说认为,经营范围只是确定公司内部责任的依据,并不影响经营主体对外行为的效力,因此,经营主体超越经营范围所订立的合同原则上应属有效。

自原《合同法司法解释(一)》第10条始,该条规定终结了长久以来围绕经营主体超越经营范围所订立的合同效力的争议,确立了超越经营范围所订立的合同原则有效,特殊情形下无效的司法规则。[③] 根据该条规定,超越经营范围可分为一般超越、对限制经营和特许经营的超越以及对法律、行政法规禁止经营的超越。一般超越经营范围的行为不会导致合同无效,只有违反限制经营和特许经营以及法律、行政法规禁止经营规定所订立的合同才会被认定无效。《民法典》第505条吸收了原《合同法司法解释(一)》第10条的内容,明确超过经营范围订立的合同的效力应当依照《民法典》总则编第6章第3节和合同编的有关规定加以确定,不得仅以超越经营范围而认定合同无效。[④] 显然,《民法典》第505条规定的"不得仅以超越经营范围确认合同无效"并不能从反面解释,即认为超越经营范围的合同都是有效的,毕竟对于一些特殊行业,如银行业、保险业等国家限制经营、特许经营的行业,经营范围的确定十分重要,未经批准,不得擅自从事这些经营业务。当事人不得超越经营范围行为,否则,将构成对法律、行政法规的强制性规定的违反。对于

---

① 原《合同法司法解释(一)》第10条规定:"当事人超越经营范围订立合同,人民法院不因此认定合同无效。但违反国家限制经营、特许经营以及法律、行政法规禁止经营规定的除外。"

② 参见李永军:《合同法》,法律出版社2010年版,第190页。

③ 参见王利明:《合同法研究》(第1卷),中国人民大学出版社2015年版,第548页。

④ 参见最高人民法院民法典贯彻实施工作领导小组主编:《中华人民共和国民法典合同编理解与适用》(一),人民法院出版社2020年版,第323页。

违反国家限制经营、特许经营以及法律、行政法规禁止经营的规定而超越经营范围的,因为不仅仅是保护第三人利益和维护交易安全的问题,还涉及国家对经济的法律规制和社会公共秩序的维护问题,所以作为例外,这种超越特殊行业的经营范围的合同应当认定为无效。

(二)超越经营范围订立合同的效力认定

在依据《民法典》第 505 条认定合同效力时,应当遵循以下几个步骤:①

首先,应当结合《民法典》第 143 条有关法律行为的一般生效要件和第 153 条(违反效力性强制性规定无效)、第 154 条(恶意串通损害他人合法权益无效)所规定的法律行为无效情形来进行判断。如果该合同具有《民法典》第 153 条或第 154 条所规定的情形,则应直接认定其无效。

其次,如若该合同具备法律行为的一般生效要件,且不存在无效的情形,则应继续结合《民法典》第 502 条(经批准生效的合同)的规定,判断其是否属于需要办理批准手续方可生效的合同。如果该合同不属于需要办理批准手续方可生效的合同,则应认定其为有效合同。如果该合同属于需要办理批准方可生效的合同,则在当事人完成批准手续之前,该合同不发生效力。只有在负有办理批准手续义务的当事人完成相应的批准手续时,该合同才产生效力。

最后,如果该合同不具备《民法典》第 143 条规定的法律行为的一般生效要件,则应判断其缺乏的是哪一生效要件。如果属于缺乏相应民事行为能力这一要件,则需结合《民法典》第 144 条(无民事行为能力无效)和第 145 条(限制民事行为能力效力待定)的规定,判断其属于效力待定合同还是无效合同。如果该合同缺乏意思表示真实这一生效要件,则应当根据《民法典》总则编第 6 章第 3 节有关意思表示具有瑕疵时,法律行为效力状态的规定,来判断该超越经营范围所订立的合同是属于无效合同[《民法典》第 146 条(虚假意思表示无效)]还是可撤销合同(《民法典》第 147 条至第 151 条)。

具体决策流程参见图 12 - 3。

---

① 参见最高人民法院民法典贯彻实施工作领导小组主编:《中华人民共和国民法典合同编理解与适用》(一),人民法院出版社 2020 年版,第 323 - 324 页。笔者进行了适当调整和增补。

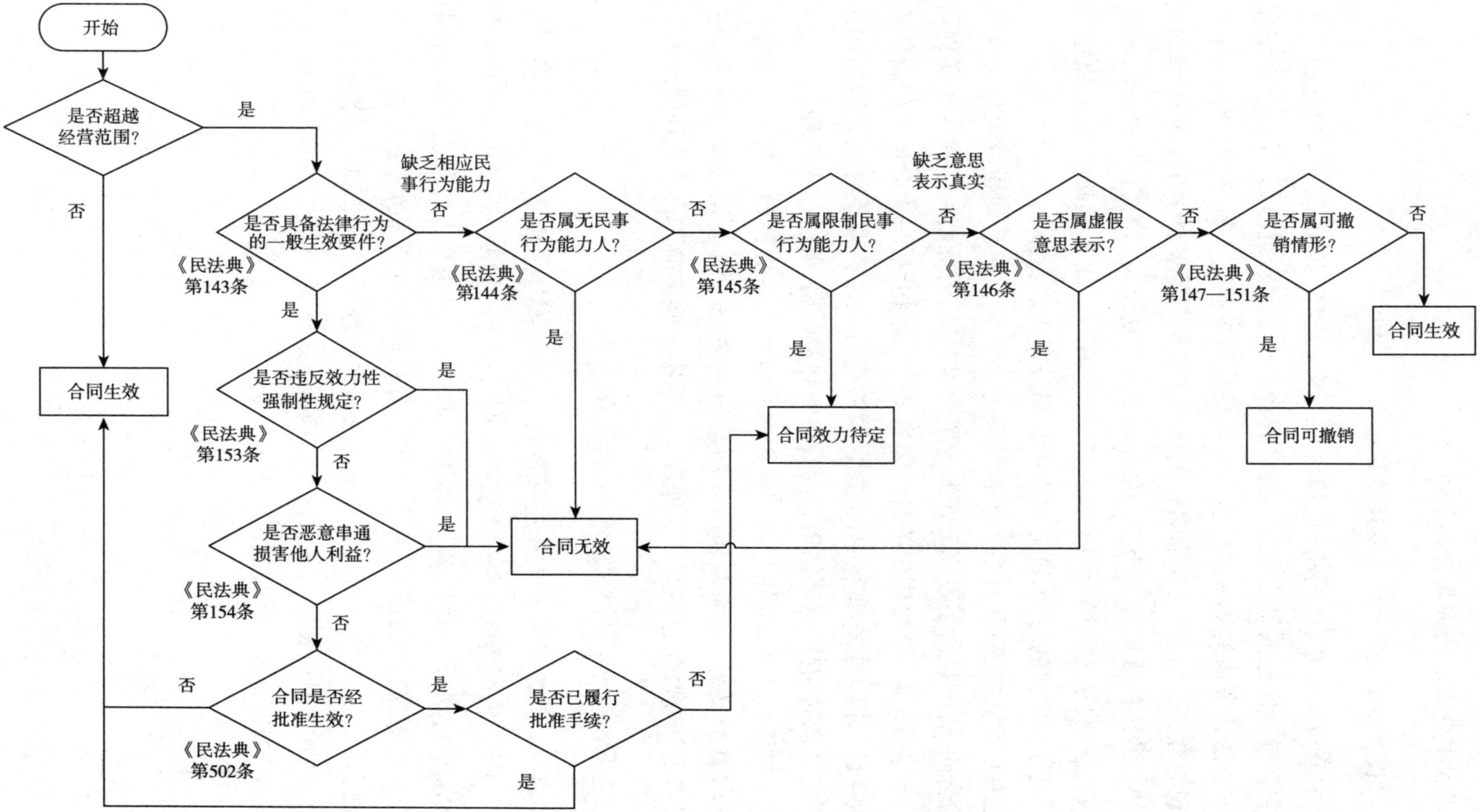

图12–3　公司超越经营范围对外签订合同效力决策流程

四、设立中公司能否成为合同主体

(一)"设立中公司"的概念与法律地位

设立中公司最早系《公司法司法解释(三)》(法释〔2011〕3号)创设的一个法律概念,它是指自发起人签订发起人协议或者达成发起合意时起,至设立登记完成前,尚未取得法人资格的主体。设立中公司虽然不具有法人资格,但却具有主体性特征,表现为有自己的名称(工商名称预核准或者某某筹备处),有自己的组织规则(发起人协议约定的规则等),有自己的组成成员(发起人),有自己的财产,有自己的机构(如设立发起人委员会和发起人会议)。其本质属于发起人的合伙体,发起人的行为就是合伙体的行为,亦是设立中公司的行为。

发起人是设立中公司的机关,承担公司筹办事务。在公司设立阶段发起人对外订立的合同,有的是为了设立公司即为了公司利益,有的则可能是为了实现自身利益。一般来讲,前一类合同中的责任应当由公司承担,后一类合同中的责任应当由发起人自己承担。但在实践中,上述合同的相对人往往并不能确切地知道该合同是为了实现谁的利益,也不知道合同最终的利益归属,所以如果按照利益归属标准来确定合同责任主体,将使合同相对人的利益面临较大风险。为了适当降低合同相对人的查证义务、加强对相对人利益的保护,根据《公司法司法解释(三)》(2020年修正)的规定,总体上按照外观主义标准来确定前述合同责任的承担。

(二)"设立中公司"对外签订合同的效力

2020年12月29日最高人民法院发布了《关于修改〈最高人民法院关于破产企业国有划拨土地使用权应否列入破产财产等问题的批复〉等二十九件商事类司法解释的决定》(法释〔2020〕18号,2020年12月23日最高人民法院审判委员会第1823次会议通过,自2021年1月1日起施行),其中包括了对《公司法司法解释(三)》(法释〔2011〕3号)的修正。《公司法司法解释(三)》(2020年修正)第2条删除了旧规中的"对前款规定的合同予以确认,或者已经实际享有合同权利或者履行合同义务"表述。有关修改对比见表12-2:

表12－2　新旧《公司法司法解释(三)》第2条对照

旧《公司法司法解释(三)》	新《公司法司法解释(三)》
第二条　发起人为设立公司以自己名义对外签订合同,合同相对人请求该发起人承担合同责任的,人民法院应予支持。 公司成立后~~**对前款规定的合同予以确认,或者已经实际享有合同权利或者履行合同义务,**~~合同相对人请求公司承担合同责任的,人民法院应予支持。	第二条　发起人为设立公司以自己名义对外签订合同,合同相对人请求该发起人承担合同责任的,人民法院应予支持;**公司成立后合同相对人请求公司承担合同责任的,人民法院应予支持**。

对于发起人与成立后公司的法律关系,司法解释采纳了“代理说”(隐名代理)。“设立中公司机构说”不能很好地解释《公司法司法解释(三)》(2020年修正)第2条第2句。在《公司法司法解释(三)》(法释〔2011〕3号)下,其第2条第2款“公司成立后对前款规定的合同予以确认,或者已经实际享有合同权利或者履行合同义务,合同相对人请求公司承担合同责任的,人民法院应予支持”体现了“隐名代理”理论,只不过在公司法领域适用时,设定了合同相对人请求公司承担合同的前提条件,即“公司成立后对前款规定的合同予以确认,或者已经实际享有合同权利或者履行合同义务”。这一前提条件设立的目的有二:一是防止发起人滥用权利损害公司利益;二是保护相对人的合理信赖利益,给予相对人选择成立后的公司承担合同责任。《公司法司法解释(三)》(2020年修正)第2条第2句删除了该前提条件。其直接的法律依据是《民法典》第75条第2款规定的“设立人为设立法人以自己的名义从事民事活动产生的民事责任,第三人有权选择请求法人或者设立人承担”。就此而言,不论发起人与成立后公司之间的关系采“设立中公司机关说”还是“代理说”,再结合设立中公司与成立后公司具有同一性,可以得出新司法解释实质是对“代理”(隐名代理)理论的回归。依据隐名代理理论,此时,合同相对人有权选择请求公司承担合同责任,而无须设置任何前提条件。也就是说,此时无须“公司成立后对前款规定的合同予以确认,或者已经实际享有合同权利或者履行合同义务”,因为根据代理关系,经合同相对人请求当然对成立后公司产生法律约束力,而无须双方通过明示或默示的方式达成合意。实际上,根据代理的法理,发起人为设立公司实施的行为就是代理行为,一旦披露就可适用隐名代理规则,而无须公司确认。另外,从保护交易安全出发,合同相对人也无从得知公司是否实际享受权利或承担义务,设置该条件,显然会大大提高主张权利的成本,进而阻碍交易。显然,这一选择更为有利于合同相对人。

此外,《公司法司法解释(三)》(2020年修正)第3条规定:“发起人以设立中公司名义对外签订合同,公司成立后合同相对人请求公司承担合同责任的,人民法院应予支持。公司成立后有证据证明发起人利用设立中公司的名义为自己的利益与相对人签订合同,公司以此为由主张不承担合同责任的,人民法院应予支持,但相对人为善意的除外。"

从上述《公司法司法解释(三)》(2020 年修正)第 2 条、第 3 条规定可以看出:

第一,发起人为设立公司以自己名义订立的合同,对合同相对人而言,合同中载明的主体是发起人,所以原则上应当由发起人承担合同责任。另外,公司成立后,合同相对人有权选择请求公司承担合同责任。若其选择请求公司承担合同责任的,由公司承担合同责任。

第二,发起人在公司设立阶段以设立中公司名义订立合同,由于合同中载明的主体是设立中的公司,所以原则上应当由成立后的公司承担合同责任。但是,如果公司有证据证明发起人是为自己利益而签订该合同,且合同相对人对此明知的,这表明发起人实质上不是以公司作为合同主体、合同相对人也明知公司不是合同主体,故此时不应由成立后的公司承担合同责任。所以司法解释规定公司有证据证明发起人存在上述情形且相对人非善意时,公司不承担合同责任,此时合同责任仍由发起人承担。

【例 12－2】① 以拟成立的公司名义对外签订的合同效力认定

【裁判要旨】

当事人以其拟成立的公司名义与他人签订合同,该合同形式上虽有瑕疵,但合同双方当事人已经开始实际履行,且合同其他内容并不违反法律和法规的规定,应认定合同成立并合法有效。

【法院裁判】

最高人民法院认为,正大公司原总经理许某宗与华丰公司磋商并签订合同的行为,应认定为职务行为,正大公司应对许某宗职务行为的后果承担民事责任。在合联公司成立之前,正大公司以其拟成立的合联公司名义与华丰公司签订合同,并开始履行,应认定其为本案所涉合同主体。该合同形式上虽有瑕疵,但正大公司和华丰公司已经开始实际履行,且合同其他内容并不违反法律和法规的规定,应认定

① 参见安徽华丰肉禽联合公司与合肥正大有限公司加工承揽合同纠纷上诉案[最高人民法院(1999)经终字第 359 号],载最高人民法院经济审判庭编:《经济审判指导与参考》(第 3 卷),法律出版社 2000 年版,第 330－334 页。

合同成立并合法有效。鉴于正大公司停止委托加工业务,双方对合同关系发生纠纷,继续履行合同已成为不可能,应终止履行。正大公司不履行合同义务,构成违约,除应当支付尚欠华丰公司的加工费外,还应承担违约责任。由于华丰公司同意与正大公司以其尚未成立的公司名义订立合同,存在一定过失,且终止履行合同没有造成华丰公司的直接损失,由正大公司全额支付未履行部分的违约金有违公平原则,本院确定正大公司依据该合同约定支付三个月的违约金。华丰公司关于合联公司是签合同时临时改的,虽然合联公司没有成立,但正大公司一直在自愿履行这个合同,因而事实上正大公司就是该合同当事人的上诉理由成立,本院予以支持;但其诉请判令正大公司继续履行合同或全额支付未履行部分违约金的上诉理由不能成立,本院不予支持。正大公司关于许某宗签订合同的行为属于个人行为,该合同与正大公司无关;正大公司履行合同是华丰公司、粮油公司和许某宗为逃避市场风险,对正大公司进行欺诈,是许某宗利用职务之便,欺上瞒下所致;《肉鸡加工合同书》因合同主体不存在而不成立,不发生法律效力等答辩理由与事实不符,本院不予支持。原审判决关于尚欠加工费部分认定事实清楚,判处得当,但对合同主体、缔约责任、合同效力及违约责任认定有误,且适用法律不当,应予以纠正。

五、公司进入清算后,谁是对外签订合同的主体

"公司进入清算程序后,以谁的名义对外签订合同"这一问题的核心在于,公司进入清算程序后,到底是公司自身或是公司清算组可以对外签订合同,抑或是对公司清算组法律性质的界定。对此,理论界和实务界亦有不同的观点。一种观点认为,非依破产程序进行的清算,其清算组织的地位应是清算法人的代表及执行机关,对内执行清算义务,对外代表公司法人了结债权债务,在清算目的范围内,与解散前公司法人的机关(董事)具有同等的法律地位,关于董事之规定,于不违反清算目的之限度,应准用于清算组织。这种观点的立足点是解散公司法人的同一人格兼拟制说,即公司法人解散至清算完结前,其民事主体资格依然存续,但其民事行为能力受到限制,为清算目的设立的清算组织性质上为清算法人的机关,由其代表清算法人进行清算活动。另一种观点认为,公司法人解散成立清算组织的,该清算组织系因原公司法人解散主体资格消灭后,法律专为公司法人的清算目的而设立的清算法人,是独立于原公司法人的,其享有的是对原公司法人的债权债务进行清算的权利能力和行为能力。

笔者认为,基于公司法人在清算阶段其民事主体资格依法存续的基本观点,为清理解散公司法人的债权债务成立的清算组织,在性质上应确定为解散公司法人

在清算阶段的法人机关,而非原公司法人的延续。企业法人因歇业或吊销营业执照而解散后,只要其未经依法清算并办理注销登记,其民事主体资格依法存续,并根据法人制度理论独立承担民事责任。清算组是清算中公司的代表机关,其只能以清算中公司的名义从事清算目的范围内的有关民事行为和诉讼行为。这可以从《公司法司法解释(二)》(2020 年修正)的相关规定得以印证。其第 10 条规定:"公司依法清算结束并办理注销登记前,有关公司的民事诉讼,应当以公司的名义进行。公司成立清算组的,由清算组负责人代表公司参加诉讼;尚未成立清算组的,由原法定代表人代表公司参加诉讼。"第 20 条第 1 款规定:"公司解散应当在依法清算完毕后,申请办理注销登记。……"因此,在公司进入清算程序后,对外签订的合同主体亦应是公司自身。

六、合同对方不具有合格的经营资质,是否影响其成为合同主体

经营资质是指企业从事某种行业或实施某个项目,通过事先或事后取得政府有关部门批准或许可而获得的资格。在没有获得该资格之前或资格被取消之后,不得从事该行业或实施该项目。例如,企业从事消防器材生产,必须在公安消防部门办理批准许可手续,未经批准,企业不得从事消防器材生产经营活动。因此,凡是属于国家批准颁发经营资质的行业或项目,都属于国家严管行业或控制行业,没有经营资质的企业不得进入该领域从事经营活动,否则其所签订的合同均属于无效合同。

因此,企业签订合同时,对方是否有经营资质关系到对方是否有资格签署合同,以及合同是否合法有效的问题。为了保证合同的效力,企业签订属于国家限制经营和特许经营行业的合同,应要求对方出示从事该行业或项目的资质证书。

七、企业被纳入经营异常或黑名单,是否影响其成为合同主体

《公示暂行条例》第 17 条和《企业经营异常名录管理暂行办法》(国家工商总局令第 68 号)的有关规定,分别针对不同情况设置了不同的处罚措施,包括以下三个层面:(1)经营异常名录。针对未按规定期限公示年度报告或公示信息隐瞒弄虚作假等情形,《公示暂行条例》和《企业经营异常名录管理暂行办法》规定,此类企业将由县级以上工商行政管理部门列入经营异常名录,并通过企业信用信息公示系统向社会公示。(2)严重违法企业名单。依据《公示暂行条例》第 17 条的规定,被列入经营异常名录的企业依照本条例规定履行公示义务的,由县级以上工商行政管理部门移出经营异常名录;满 3 年未依照本条例规定履行公示义务的,由国务

院工商行政管理部门或者省、自治区、直辖市人民政府工商行政管理部门列入严重违法企业名单,并通过企业信用信息公示系统向社会公示。(3)政府采购将对"黑名单"企业限制或禁入。依据《公示暂行条例》第18条的规定,县级以上地方人民政府及其有关部门应当建立健全信用约束机制,在政府采购、工程招投标、国有土地出让、授予荣誉称号等工作中,将企业信息作为重要考量因素,对被列入经营异常名录或者严重违法企业名单的企业依法予以限制或者禁入。

因此,被列入"经营异常名录"、"严重违法企业名单"以及"黑名单"的企业本身并不必然因此丧失缔结合同的主体资格(政府采购对"黑名单"企业限制或禁入的除外),但企业应非常谨慎是否与其缔结合同,原则上应该排除在外。

八、外商投资企业的办事处或办事机构能否成为合同当事人

尽管原《国家工商行政管理总局、商务部、海关总署、国家外汇管理局关于印发〈关于外商投资的公司审批登记管理法律适用若干问题的执行意见〉的通知》(工商外企字〔2006〕第81号,下称《执行意见》)已经被废止,但其规定的精神依然可以参考适用,实践中亦是这样的执行口径。其第25条规定:"公司登记机关不再办理外商投资的公司办事机构的登记。原已登记的办事机构,不再办理变更或者延期手续。期限届满以后,应当办理注销登记或根据需要申请设立分公司。外商投资的公司的分公司可以从事公司经营范围内的联络、咨询等业务。以办事机构名义从事经营活动的,由公司登记机关依法查处。"因此,《执行意见》明确规定公司登记机关不再办理外商投资的公司办事机构的登记,即外商投资公司的办事机构不需要进行登记。

此外,原国家工商行政管理总局外资局负责同志组织了《关于外商投资的公司审批登记管理法律适用若干问题的执行意见》的答记者问。记者提问:"《执行意见》明确,外商投资的公司的办事处不再进行工商登记。办事处以后是否还可以合法存在?现存的办事处怎么处理?"回答是:"法律上并没有禁止办事处的存在。外商投资企业可以根据需要直接设立从事业务联络性质的办事机构,不再到工商机关登记,这是为了更加方便企业。关于已经登记的办事机构,《执行意见》明确了处理办法:原已登记的办事机构,不再办理变更或者延期手续;期限届满以后,办理注销登记或根据需要申请设立分公司。需要说明的是,办事处不再纳入工商登记后,工商机关要根据法定职责一如既往地监管,禁止其从事经营活动。"《关于实施〈关于外商投资的公司审批登记管理法律适用若干问题的执行意见〉的通知》(工商外

企字〔2006〕第102号)①第2条第4项规定:"关于办事机构的登记问题,《执行意见》明确了处理办法,即,原已登记的办事机构,不再办理延期手续;期限届满以后,应当办理注销登记或根据需要申请设立分公司。需要说明的是,法律并未禁止公司办事机构的存在,外商投资企业可根据业务需要直接设立从事业务联络的办事机构,无须办理工商登记。外商投资的公司的办事机构不再纳入工商登记后,外资登记管理机关应当继续对其监管,禁止其从事经营活动。各被授权局以及从事属地监管的基层工商所在监管执法过程中,对于办事机构从事经营活动的查处应当突出重点,注意把握执法尺度。对于以办事机构名义直接从事商品生产经营或者直接从事服务提供的,依法严格查处;对于情节轻微,危害不大的,应以疏导、规范为主。"

因此,参考上述规定和政策的精神可以得出,外商投资企业的办事处或办事机构属于其分支机构,但由于其不能从事经营活动,因此其无权对外签订合同。

九、集团模式合同的主体的特殊处理

本部分所称的"集团模式合同",是指实务中某些大型公司(企业)集团,因所辖关联公司(企业)众多,需要以其中一家主体(往往是总部公司)出面与对方签订合同,但合同的权利义务既涉及其自身,也涉及其他关联公司。实务中,这样的集团模式合同主要表现为以下三种方式:

第一,合同约定全部或部分权利由关联公司(明确约定享受权利的关联公司范围及权利范围)享有(且并不承担合同义务),仍由合同签约主体承担付款等合同义务。这样处理的法律依据在于《民法典》第522条第1款规定:"当事人约定由债务人向第三人履行债务,债务人未向第三人履行债务或者履行债务不符合约定的,应当向债权人承担违约责任。"甚至可以在合同中约定,关联公司可以向合同相对方直接请求履行,其依据是第522条第2款规定:"法律规定或者当事人约定第三人可以直接请求债务人向其履行债务,第三人未在合理期限内明确拒绝,债务人未向第三人履行债务或者履行债务不符合约定的,第三人可以请求债务人承担违约责任;债务人对债权人的抗辩,可以向第三人主张。"例如,在软件购买和维护协议中,集团总公司与软件公司签订合同约定,软件公司向集团总公司及其所属公司集团(控股关联公司)出售软件并提供后期维护,但软件公司应分别向集团总公司及其所属控股关联公司出售软件并提供后期维护,而所有价款则由集团总公司负责

① 本通知被《市场监管总局关于废止86件规范性文件的公告》(国家市场监督管理总局公告2020年第56号,2020年12月1日发布,自2020年12月1日起实施)废止。

结算支付。

需要注意的是，尽管法律上这样来处理并无什么问题，但在税务处理上则可能存在风险，即所谓的“三流一致”的风险，因为控股关联公司取得了软件和后期维护服务，但并未支付价款，亦未开具发票，全部由集团总公司付款结算。除非合同约定由集团总公司代为支付，并在集团内部挂往来，发票由各公司分别开具。所以，实务中，这样的处理方式应谨慎采用。

第二，合同约定由各关联公司委托集团总公司代为签署合同，并约定合同中的相应权利义务由各主体分别享有和承担。在实务中，合同中会增加一个单独的委托关系条款。例如：

(1)本合同约定的委托公司委托甲方代其签署本合同，本合同一经成立生效，即对甲方、委托公司和乙方均产生法律约束力，甲方、委托公司和乙方各自享有本合同项下的权利，各自承担本合同项下的义务。

(2)甲方在本合同项下向乙方销售的产品，既有甲方销售的，也有委托公司向乙方销售的。其中各方销售产品数量的多少，以本合同生效后乙方在甲方和/或委托公司处实际购买数量为准。

(3)根据前款约定，乙方应从甲方或委托公司处单独开户、单独购货、单独结算，即乙方向后者购买产品，后者应向乙方开具产品增值税发票，乙方应当按本合同的规定，向后者支付货款。

(4)本合同项下的委托公司为：________有限责任公司、________有限责任公司(以下统称“委托公司”)

此时，即便实际并未向合同相对方出具授权委托书，但由于委托关系条款已经实际披露委托方的名称，则签约的甲方构成显名代理。根据《民法典》第171条的规定，相对人可以催告被代理人进行追认，实务中各关联公司可以书面予以追认；此外，在被代理人追认前，善意相对人还有撤销的权利。所以，实务中，我们建议可以将各关联公司签章的书面授权委托书作为合同的附件处理。

第三，鉴于第二种方式处理的一些风险，可以直接将集团总公司和各关联公司直接列为合同主体，仅将签约主体(集团总公司放在合同首部)签署，各关联公司授权或确认(若数量较多，则作为合同附件处理)。

最后，有关集团模式合同下各主体的责任承担问题以及处理，请读者参阅本书第14章“合同通用条款的审查：正文通用条款”之“集团模式下合同各主体的责任问题”部分。

第13章 合同通用条款的审查：序言条款

内容概览

作为合同审查人员的公司律师或法律顾问，在履行合同审查职责过程中，了解和掌握合同的基本结构和通常条款非常有必要。合同文本通用条款是除合同的标的、数量、质量、价款及付款方式、履行期限、方式和地点等实质权利义务条款之外的条款，这些条款具有制式化、格式化、语言标准化并带有通用性的特点。本章先对序言条款进行介绍。本章包含如下内容：

- 合同序言条款概述
- 合同首部条款
- 合同前言(鉴于)条款

第一节 合同序言条款概述

如本书合同的基本结构部分所述，一般而言，合同的序言部分可由首部和前言组成。首部一般由三部分组成：合同签订日期、合同签订地点、合同当事人。前言部分主要用于对合同内容、当事方的背景及真正意图进行说明。前言条款一般以"鉴于""基于"等起头。在实务中，有时也将前言条款放在合同正文中。一般来说，合同中有无前言条款，并不会影响其法律效力，它也并非合同的必备条款，如果交易本身并没有独特的背景，就没有必要在合同中加入"鉴于"条款。但是，在投资并购、工程建设以及类似 PPP 项目合同等重大合同中一般都会考虑加入该条款。在使用它时，需要注意以下两点：一是合同正文不够明确时，前言条款的内容就被视为明确合同内容、把握当事人真正意图的重要依据；二是在前言条款中写入事实的当事人不能主张与此相反的阐述"禁止反言"。因此在审查前言条款也不应草率。

需要说明的是，广义上的合同序言条款还包括合同标题和过渡性条款(也有称为引言条款)①。这种意义上的分类的理由在于,只要合同正文条款之前的都归入序言条款。因此一个广义的序言条款的结构如图 13 –1 所示:

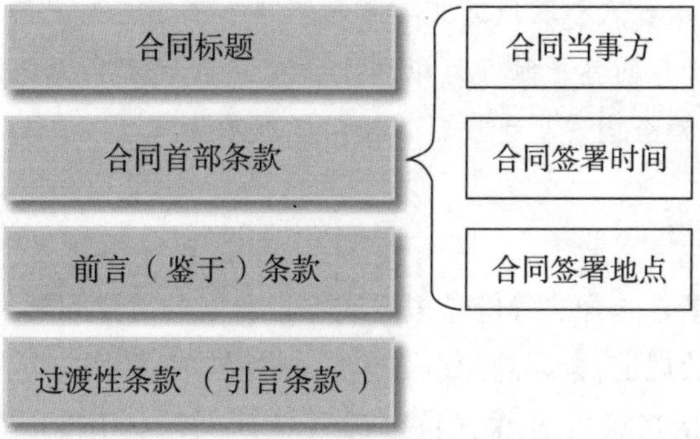

图 13 –1　广义的合同序言条款的结构

第二节　合同首部条款

一、合同首部概述

合同首部条款相对比较简单,它主要包括三个方面的内容:合同当事方、合同签署时间和合同签约地点。参见下例:

【例 13 –1】　“首部”条款示例(一)

“首部”条款示例
本产品经销合同(下称“本合同”)于[　　]年[　]月[　]日由下列双方在[　　　]签订。 [×××有限责任公司](以下简称“甲方”) 统一社会信用代码:[　　　　　　] 注册地址:[　　　　　　] 法定代表人:[　　　　　　] 联系电话:[　　　　　　] [×××](以下简称“乙方”) 统一社会信用代码:[　　　　　　] 注册地址:[　　　　　　] 法定代表人:[　　　　　　] 联系电话:[　　　　　　]

① 有关合同标题和过渡性条款的介绍,请读者参阅本书第 11 章“合同的基本结构与主要条款概览”。

解析:通常情况下,首部条款明确合同当事方时,一般会同时明确合同当事方的简称或代称,在“三证合一”后,需要采用新的统一社会信用代码,还需要明确法人注册地址、法定代表人和联系方式。如果当事人属于自然人的,则需要明确身份证号和住所。对于合同签署时间可以用于正文条款确定合同的成立和生效;对于签约地点,则对明确合同发生争议时诉讼管辖具有意义。

二、合同当事方

确认合同当事方的合法身份是拟定或审查合同的首要问题。根据原《合同法》及相关法律法规的规定,合同的当事方包括自然人、法人和非法人组织。合同当事方条款的内容包括当事方名称、国籍(涉外性质时考虑)和注册地址(主营业地址)/住所地,这些要素是确定合同当事方身份的重要依据,缺一不可。实务中,在审查首部条款的合同当事方时,需要注意如下事项。

(一)当事方的身份要素

如果合同当事方是自然人,则需要写明自然人姓名、身份证号码、家庭住址以及联系电话等信息。需要索取身份证明的复印件以便查证,必要时应索取居民户口簿,居民户口簿的第一页都有住址栏,结合其后面的常住人口登记卡上面的信息可以作为初步判断其住所的依据,这也是今后发生诉讼确定管辖地的重要依据。如果合同当事方是法人或其他组织,则需要写明其名称、统一社会信用代码、注册地址(或主要经营地址)、法定代表人或主要负责人以及联系电话等信息。对于公司的注册信息,还需要到“国家企业信用信息公示系统”进行查询核对。审查合同当事方身份是非常重要的事项,因为这可能影响合同的效力。让我们来看一个司法判例:

【例13-2】 当事人使用其更名前的名称以及更名前的单位公章签订的合同是否影响合同效力①

【裁判要旨】

当事人使用其更名前的名称及公章签订合同,若其更名前后属同一主体,且更名后对该合同予以认可,则不应因此否定合同的效力。

---

① 参见泰阳证券有限责任公司与海南洋浦华洋科技发展有限公司等单位资产管理委托合同纠纷上诉案[最高人民法院(2005)民二终字第217号]。

【法院裁判】

最高人民法院认为,关于华洋公司使用其更名前的名称以及更名前的单位公章签订的合同是否影响合同效力问题。华洋公司使用其更名前的名称及该单位公章签订合同,虽违反了《公司登记管理条例》第26条关于更名企业名称和印章使用的相关规定,但究其实质,由于更名前与更名后的企业实属同一主体,且对于本案所涉债务,更名后的公司在一、二审均予以认可,故不应因华洋公司在使用公章及名称上具有表面瑕疵而否定四方协议的效力。

在另外一个很有意思的案件中,合同签章部分是一个自然人,但合同首部记载的却是一个"改扩建项目部",最终法院结合合同首部的记载以及其他事实,认定合同的真正当事方是改扩建项目的承办方。例如,在河南省大成建设工程有限公司、河南建华建筑设备租赁有限公司建筑设备租赁合同纠纷二审民事判决书[河南省郑州市中级人民法院(2021)豫01民终594号]中,法院认定:

原告提交的建筑施工物资租赁合同载明,原告(河南建华建筑设备租赁有限公司)系出租方,"永平路小学改扩建项目部"系承租方。合同出租方处由李某华签名确认并加盖原告公章,承租方处由另一被告陈某颖签名确认。陈某颖提交的合同会签表载明:工程名称为永平路小学,分包项目为钢管扣件租赁,承包人为原告,合同类别为租赁类。合同会签内容与上述租赁物资单价一致。总经理意见处签署"孙某强,7.7"。

法院认为,依法成立的合同应当得以履行。本案中,案涉《建筑施工物资租赁合同》首部明确载明承租人为"永平路小学改扩建项目部",而该项目由大成公司承建,结合大成公司为陈某颖缴纳社保及大成公司自认案涉项目的负责人系孙某强,而陈某颖提交的合同会签表总经理意见处显示有孙某强的签字确认等事实,一审法院认定陈某颖签订案涉合同系在履行职务行为,因大成公司未依约支付租金,相应解除租赁合同、退还剩余租赁物资等责任应当由大成公司承担,并无不当。

(二)当事方简称的设定

首先,为简便合同表达和阅读,一般会对合同当事方设定一个简称或别称。如将某当事方称为"甲方",另一方则称为"乙方";在英文合同中,则用"Party A"和"Party B"来代称。一般情况下,拟定合同方习惯将自己一方拟定为"甲方"或"Party A"。在确定简称时,应在合同中第一次出现该当事人名称或姓名时设定,这样可以保证在后文需要使用该当事人名称时,可以以该简称替代,保证简称的作用和合同的严谨性。设定简称的格式一般是括号内用双引号突出显示。如上例中的(以下简称“甲方”)。

其次,根据合同(交易)的性质以及当事方的身份,并不需要一概设定为“甲方”和“乙方”。例如,在产品买卖合同中,可以设定为“卖方”和“买方”;租赁合同的双方可以设定为“出租方”和“承租方”;股权转让合同的双方可以设定为“出让方”和“受让方”;商标许可使用合同的双方可以设定为“许可方”和“被许可方”等。但一旦选定,应在整个合同中统一使用,切忌前后不一致,不能某些条款使用“甲方”和“乙方”,而在另外一些条款则使用“卖方”和“买方”。

最后,在合同表述中还可能对任何一方或所有的合同当事方规定权利和义务,此时,可以在首部条款中增加如下的条款(参见【例13-3】):上述签约方单独称为“一方”或统称为“各方”。

(三)涉外当事方的国籍要素

如果合同有涉外当事方,则需要明确当事方的国籍。如果是外国自然人,则增加该人的护照号码;根据准备签订合同的要求,还需要确定该外国自然人是否已经取得在中国就业许可、居留许可等,才能判断是否能够与中国公司或自然人签订劳动合同、租房合同等;如果属于外国法人或其他组织,则需要在公司名称后紧随该签约方根据哪国或地区法律注册成立,这涉及国际私法中对当事方国籍的认定问题。有的国家确定签约方国籍以注册地为准,有的以营业地为准,有的以实际管理地为准,还有的以多数董事的国籍为准,实务中应该根据各国法律为依据来作出相应的修订。增加国籍因素不光对确定当事方合法身份有关,还与合同正文条款中的价款及价款支付、外汇和税务安排等合同条款的拟定,以及法律适用相关。这样的首部条款一般在重大的并购重组合同、涉外工程合同等可以见到。参见下例:

【例13-3】 “首部”条款示例(二)

“首部”条款示例
本合同由以下各方于[　　]年[　　]月[　　]日在[地点]签署(订立): [　　　　　　]有限公司,一家依据[某国或地区]法律设立并存续,其注册地址(主营业地)在[地名]的公司(以下简称“甲方”); [　　　　　　]有限公司,一家依据[某国或地区]法律设立并存续,其注册地址(主营业地)在[地名]的公司(以下简称“乙方”); [　　　　　　]有限公司,一家依据[某国或地区]法律设立并存续,其注册地址(主营业地)在[地名]的公司(以下简称“丙方”)。 上述签约方单独称为“一方”或统称为“各方”。

(四)住所地要素

在描述合同当事方的相关信息时,还应当载明住所地。自然人一般载明户籍登记记载的所在地或者身份证记载的住址(通常就是其住所),但仍需考虑是否有居住证记载的地址;法人一般载明其登记地址(通常也是其主要办事机构所在地或或主营业地)。应该讲,住所地要素除了可以帮助我们确定当事方身份外,在法院诉讼管辖、合同是否具有涉外因素、确定债务履行处所以及联系地址(法律文书的送达)方面都具有重要的作用和价值。例如,如果在合同中没有专门的"通知条款"时,而在合同履行中又需要向对方发出通知时,那么通知一般都应该发送到这个注册地址。如果以后发生争议,仲裁或法院的通知也需要发送到这个地址。

1. 自然人的住所

《民法典》第25条规定:"自然人以户籍登记或者其他有效身份登记记载的居所为住所;经常居所与住所不一致的,经常居所视为住所"与原《民法通则》第15条"公民以他的户籍所在地的居住地为住所,经营居住地与住所不一致的,经常居住地视为住所"的规定相比较,进行了如下修订:一是用"自然人"取代了"公民";二是为顺应户籍制度改革[特别是《居住证暂行条例》(国务院令第663号)自2016年1月1日起实施],将"户籍所在地的居住地"改为"户籍登记或者其他有效身份登记记载的居所";三是与涉外民事关系法律适用措辞统一,以"居所"取代"居住地"。《民法典》本条第1句明确了认定的形式标准,即自然人以户籍登记或者其他有效身份登记记载的居所为住所。该条第2句明确了认定住所的实质标准,即当实质上的经常居所与形式上认定的住所不一致时,以经常居所为准。因此,一个只能有一个"住所"(住所的"单一主义")。其中,"其他有效身份登记记载的居所"在实践中主要指的是居住证和外国人的有效居留证件等。至于"经常居所",从学理上讲,在认定经常居所时,需要兼采主观主义和客观主义,一方面当事人主观上有长久居住的意思("主观永居的意思"),另一方面当事人在客观上有住在一定地域的事实("客观居住事实")。至于客观居住事实,司法实践中,对"经营"的判断一般依据的是时间标准。原《民通意见》[①]第9条第1款进行了解释:"公民离开住所地最后连续居住一年以上的地方,为经常居住地。但住医院治病的除外。"《民事诉讼法司法解释》(2020年修正)第4条规定:"公民的经常居住地是指公民离开住所地至起诉时已连续居住一年以上的地方,但公民住院就医的地方除外。"

① 该意见被《最高人民法院关于废止部分司法解释及相关规范性文件的决定》(法释〔2020〕16号,2020年12月29日发布,自2021年1月1日起实施)废止。

有观点认为,依据《居住证暂行条例》第2条"公民离开常住户口所在地,到其他城市居住半年以上,符合有合法稳定就业、合法稳定住所、连续就读条件之一的,可以依照本条例的规定申领居住证"之规定,该"半年"的居住时限可作为判定经常居所的重要考量因素。对此,应注意区分理解:根据自然人居住证记载的居所作为住所,是适用该条关于"自然人以户籍登记或者其他有效身份登记记载的居所为住所"的规定;但在现行立法未作修改的情况下,在适用"经常居所与住所不一致的,经常居住地视为住所"时,建议仍以"连续居住1年以上"作为确定经常居所的依据。①

故此,实务中在确定自然人的住所时,应首先审查其身份证件或户籍记载的住址,并在合同首部的自然人信息中载明,除非发现前述地址明显与合同履行地不一致时,还应审查其是否存在经常住所(如审查是否存在居住证或其他证明其经常住所的证明文件)。

2. 法人和非法人组织的住所

自然人有住所,法人也应有住所。法人住所的效力与自然人基本相同。《民法典》总则编第3章"法人"第1节"一般规定"中第63条规定:"法人以其主要办事机构所在地为住所。依法需要办理法人登记的,应当将主要办事机构所在地登记为住所。"第108条规定:"非法人组织除适用本章规定外,参照适用本编第三章第一节的有关规定。"《民事诉讼法司法解释》(2020年修正)第3条规定:"……法人或者其他组织的住所地是指法人或者其他组织的主要办事机构所在地。法人或者其他组织的主要办事机构所在地不能确定的,法人或者其他组织的注册地或者登记地为住所地。"《公司法》(2018年修正)第10条规定:"公司以其主要办事机构所在地为住所。"《公司登记管理条例》(2016年修订)第12条规定:"公司的住所是公司主要办事机构所在地。经公司登记机关登记的公司的住所只能有一个。公司的住所应当在其公司登记机关辖区内。"第29条第1款规定"公司变更住所的,应当在迁入新住所前申请变更登记,并提交新住所使用证明。"②

"办事机构所在地"是指执行法人业务活动,决定和处理组织事务的机构所在

① 参见最高人民法院民法典贯彻实施工作领导小组主编:《中华人民共和国民法典总则编理解与适用》(上),人民法院出版社2020年版,第160页。

② 《中华人民共和国市场主体登记管理条例》(国务院令第746号,2022年3月1日生效)第11条第1款规定:"市场主体只能登记一个住所或者主要经营场所。"第27条规定:"市场主体变更住所或者主要经营场所跨登记机关辖区的,应当在迁入新的住所或者主要经营场所前,向迁入地登记机关申请变更登记。迁出地登记机关无正当理由不得拒绝移交市场主体档案等相关材料。"

地。“主要办事机构所在地”则应理解为统率法人业务的机构所在地。当法人只设一个办事机构时,该办事机构所在地即为住所,当法人设有多个办事机构时,则以其主要办事机构所在地为住所,如总公司所在地、总厂所在地、总行所在地等。通说认为,《民法典》《公司法》等对法人住所的规定采用的是管理中心地学说①。这样规定是从尊重民事主体活动的客观事实,以及尊重“住所是民事主体发生法律关系之中心地域”的民法属性角度考虑的。

尤其需要关注的是,相对于原《民法通则》(2009年修正)第39条规定:“法人以它的主要办事机构所在地为住所。”《民法典》(也包括原《民法总则》)第63条增加了后句“依法需要办理法人登记的,应当将主要办事机构所在地登记为住所。”第64条规定:“法人存续期间登记事项发生变化的,应当依法向登记机关申请变更登记。”(这两条规定的是“登记”)第66条规定:“登记机关应当依法及时公示法人登记的有关信息。”(这一条规定的是“公示”)这即是所谓的法人住所的“登记公示”制度。第65条规定:“法人的实际情况与登记的事项不一致的,不得对抗善意相对人。”这即是所谓的法人登记事项(包括住所登记②)的“公信”制度。概括之,法人住所经登记后具有公示公信的效力,法人应当按《民法典》第63条的规定,将主要办事机构所在地登记为住所。其登记地址被推定为真实、准确、具有法律效力,善意相对人基于对该公示信息的查阅和信赖而实施行为的,受到法律的保护。即使登记事项与实际不符,法人也不得以登记失实为由进行抗辩,即法人依法登记后,又以其登记的住所与主要办事机构所在地不一致为由,提出管辖异议或者主张人民法院相关法律文书送达地址有误的,不予支持。③ 在根据法人的登记地址选择管辖法院时,除非有充分证据证明法人主要办事机构所在地与登记地不一致且相对人恶意选择登记地外,应尊重登记信息的公信力,认可登记地为法人的住所。而法人变更主要办事机构所在地而未及时进行变更登记的,不得以登记地非实际主要办事机构所在地为由要求移送管辖。对于法院而言,首先应推定法人登记地为

---

① 除“管理中心地学说”外,还存在另外两种主要学说观点:营业中心地说和登记地说。营业中心地说的缺点是,很多法人有多个营业地,以营业中心地作为住所地可能导致法人出现多个住所。登记地说的缺点在于,法人的登记地可能与其营业中心地、管理中心地等与法人生产经营活动密切相关的地点毫无联系,导致法人住所虚拟化。

② 《公司登记管理条例》(2016年修订)第9条规定:“公司的登记事项包括:……(二)住所……”;另参见《中华人民共和国市场主体登记管理条例》(国务院令第746号,2022年3月1日生效)第8条规定:“市场主体的一般登记事项包括:……(四)住所或者主要经营场所”。

③ 参见最高人民法院民法典贯彻实施工作领导小组主编:《中华人民共和国民法典总则编理解与适用》(上),人民法院出版社2020年版,第331页。

法人的住所,无须主动依职权调查和核实登记地址与实际的主要办事机构所在地是否一致。

故此,在法人住所登记公示制度确立后,法人登记地获得法律认可的公信力,实务中一般应以登记地址作为法人的住所,在合同首部记载当事方主体信息时原则上也应以登记地址为准。

三、合同签署时间

合同的签署时间属于合同的必备要素,非常重要。根据《民法典》第 490 条第 1 款前句的规定:“当事人采用合同书形式订立合同的,自当事人均签名、盖章或者按指印时合同成立。”第 502 条还规定:“依法成立的合同,自成立时生效,但是法律另有规定或者当事人另有约定的除外。依照法律、行政法规的规定,合同应当办理批准等手续的,依照其规定。……”因此,如果合同没有另行约定生效时间,且法律也没有规定必须经审批才生效的,则合同的签署时间也就是合同成立生效的时间。因此,在实务中,若双方当事人在现场签署合同的,则合同首部打印的签署时间(包括合同尾部签署部分的时间)就是该日,不会存在实际签署时间与打印的签署时间不一致的情形。但若并非现场签署(如邮寄签署)的,则后签署合同的一方可能实际签署的时间在打印的签署时间之后,那么合同到底在什么时间生效呢? 在司法实践中,如何进行认定,尚未形成统一的规则,有关倒签合同的效力问题和司法案例,请读者参见本书第 10 章“合同订立的法律风险管控:疑难问题”的相关内容。实务中,一种做法是在签署格式部分直接打印的签署时间与合同首部的时间保持一致,合同签署人仅需要签署姓名或直接用印即可。

需要注意的是,某些法律、行政法规规定合同的生效要经过特别程序后才产生法律效力,这是合同生效的特别要件。例如,《矿业权转让办法》(2014 年修订)第 10 条第 3 款规定:“批准转让的,转让合同自批准之日起生效。”[①]再如,《外商投资法司法解释》第 2 条规定:“对外商投资法第四条所指的外商投资准入负面清单之

---

① 依据《矿业权纠纷司法解释》(2020 年修正)第 6 条的规定:“矿业权转让合同自依法成立之日起具有法律约束力。矿业权转让申请未经自然资源主管部门批准,受让人请求转让人办理矿业权变更登记手续的,人民法院不予支持。当事人仅以矿业权转让申请未经自然资源主管部门批准为由请求确认转让合同无效的,人民法院不予支持。”

外的领域形成的投资合同①,当事人以合同未经有关行政主管部门批准、登记为由主张合同无效或者未生效的,人民法院不予支持。前款规定的投资合同签订于外商投资法施行前,但人民法院在外商投资法施行时尚未作出生效裁判的,适用前款规定认定合同的效力。”第3条规定:“外国投资者投资外商投资准入负面清单规定禁止投资的领域,当事人主张投资合同无效的,人民法院应予支持。”第4条规定:“外国投资者投资外商投资准入负面清单规定限制投资的领域,当事人以违反限制性准入特别管理措施为由,主张投资合同无效的,人民法院应予支持。人民法院作出生效裁判前,当事人采取必要措施满足准入特别管理措施的要求,当事人主张前款规定的投资合同有效的,应予支持。”

当然在实践中,“合同首部”部分条款中也可不包含合同签署的时间,而是放在合同最后的“合同签署”部分各方的名称下面,在各方签署时写明时间。对于合同当事人签署时在同一地点的,签署时间不会有时间差的问题,但需要注意的是,由于现在电子邮件、传真、数据电文等作为签署合同的方式出现,就会出现签署双方的时间差问题,此时,作为首先签署的一方,往往将合同生效的时间留给最后签署方填写。

四、合同签署地点

合同签署地点同样是合同的一个重要条款。如果当事人之间就合同的准据法或裁判管辖没有特别的约定,合同签订地是决定准据法及裁判管辖的要素。在实践中,经常会出现双方在不同时间、地点签字,然后互换合同文本的情况,这样就很难确定合同签订地。

《民法典》第491条规定:“当事人采用信件、数据电文等形式订立合同要求签订确认书的,签订确认书时合同成立。当事人一方通过互联网等信息网络发布的商品或者服务信息符合要约条件的,对方选择该商品或者服务并提交订单成功时合同成立,但是当事人另有约定的除外。”第492条规定:“承诺生效的地点为合同成立的地点。采用数据电文形式订立合同的,收件人的主营业地为合同成立的地

① 依据《外商投资法司法解释》第1条规定:“本解释所称投资合同,是指外国投资者即外国的自然人、企业或者其他组织因直接或者间接在中国境内进行投资而形成的相关协议,包括设立外商投资企业合同、股份转让合同、股权转让合同、财产份额或者其他类似权益转让合同、新建项目合同等协议。外国投资者因赠与、财产分割、企业合并、企业分立等方式取得相应权益所产生的合同纠纷,适用本解释。”

点;没有主营业地的,其住所地为合同成立的地点。当事人另有约定的,按照其约定。”①第493条规定:“当事人采用合同书形式订立合同的,最后签名、盖章或者按指印的地点为合同成立的地点,但是当事人另有约定的除外。”②故此,实务中为避免签署地点的争议,最好的办法是在合同中对此项内容的签署地点有所约定。

需要注意的是,《民法典》第490条规定:“当事人采用合同书形式订立合同的,自当事人均签名、盖章或者按指印时合同成立。在签名、盖章或者按指印之前,当事人一方已经履行主要义务,对方接受时,该合同成立。法律、行政法规规定或者当事人约定合同应当采用书面形式订立,当事人未采用书面形式但是一方已经履行主要义务,对方接受时,该合同成立。”故若在签名、盖章或者按指印之前,当事人一方已经履行主要义务,对方接受时,该合同成立,此时合同成立的地点应为接受履行地,不再是签章或按指印的地点或者完成特别手续的地点。

在咸宁市天成投资有限公司与芜湖华融新科投资合伙企业(有限合伙)等金融借款合同纠纷民事裁定书[北京市高级人民法院(2021)京民辖终27号]中,法院认为:

本案系金融借款合同纠纷。根据《中华人民共和国民事诉讼法》第三十四条之规定,合同或者其他财产权益纠纷的当事人可以书面协议选择被告住所地、合同履行地、合同签订地、原告住所地、标的物所在地等与争议有实际联系的地点的人民法院管辖,但不得违反本法对级别管辖和专属管辖的规定。本案中,芜湖华融与天成投资于2018年11月29日签订《上海银行人民币单位委托贷款展期合同》(合同编号:华融新兴-2018-029-001)约定,“鉴于:甲方委托上海银行股份有限公司北京分行(以下简称,上海银行)向乙方(或称,咸宁天成或借款人)发放了4亿元人民币(大写:肆亿元整)委托贷款,4亿元人民币(大写:肆亿元整)资金于2017年12月1日通过委贷行上海银行完成投放,甲方、乙方以及上海银行签署了编号为【WD1490170029】《人民币单位委托贷款借款合同》;乙方与赤壁市司南置业有限公司、武汉市江夏亚太房地产开发有限公司、甲方、上海银行签订了编号为

① 主营业务是指营利法人或者非法人组织为完成其经营目标而从事的主要经营活动,可以根据企业营业执照上规定的主要业务范围确定。营利法人在某个地方从事其主要经营活动,该地方就是其主营业地,收件人的主营业地为合同成立的地点。没有主营业地的,收件人住所地为合同成立的地点。一些营利法人或者非法人组织从事多种经营活动,并没有主营业地的,在此情形下,应当以其住所地为合同成立的地点。

② 《民法典》第493条规定被认为已经吸纳了原《合同法司法解释(二)》第4条规定:“采用书面形式订立合同,合同约定的签订地与实际签字或者盖章地点不符的,人民法院应当认定约定的签订地为合同签订地;合同没有约定签订地,双方当事人签字或者盖章不在同一地点的,人民法院应当认定最后签字或者盖章的地点为合同签订地。”

【WD1490170029补充】的《上海银行人民币单位委托贷款借款合同补充协议》；甲方与乙方、上海银行签订了编号【WD1490170029补充二】的《上海银行人民币单位委托贷款借款合同补充协议（二）》；乙方与甲方、上海银行签订了编号为【WD1490170029补充三】的《上海银行人民币单位委托贷款借款合同补充协议（三）》等法律文件。上述《上海银行人民币单位委托贷款借款合同》及其补充协议统称为《借款合同》。”该合同第三条第3款约定，“本展期合同为《借款合同》的补充协议，与《借款合同》具有同等法律效力，与《借款合同》约定不一致的，以本展期合同为准。”第三条第4款约定了协议管辖条款，“凡因本展期合同之订立、解释与履行所产生的争议，各方应在争议发生后首先以友好协商的方式解决。如不能以友好协商方式解决的，则将争议提交本展期合同签订地有管辖权的法院通过诉讼方式解决”。同时，合同首部、尾部均载明，合同“签订地点：北京市西城区”。该协议管辖条款约定的合同签订地属于前述法条规定的“与争议有实际联系的地点”，且未违反法律对级别管辖和专属管辖的规定，应属合法有效，本案据此判定案件管辖。故本案管辖权应属北京市西城区有管辖权的法院。结合本案诉讼标的额及案件性质，本案属于一审法院集中管辖的范围，一审法院依法对本案有管辖权。天成投资的上诉主张没有事实和法律依据，本院不予采纳。

第三节　合同前言（鉴于）条款

合同前言条款，因采用“鉴于”开头，亦被称为“鉴于”条款（若无特别说明，本书将这两个称谓等同互换使用）。该条款尤其在重大的投资并购重组合同以及PPP项目合同中，几乎就是“必备”条款。该条款主要是对当事人双方的主体资格、经营范围、资质、订约目的、订约背景等事实的共同认识或特定认可的陈述。

一、合同前言（鉴于）条款的概念与分类

如前所述，在“首部”条款之后正文条款之前，会以“鉴于”一词开始，对合同订立的主体资格、经营范围、资质、订约原因或目的、订约背景甚至订约条件等事实或法律行为的共同认识或特定认可进行陈述。“鉴于”一词在汉语中就是“考虑到”“察觉到”“根据”“基于”之意。因此，“鉴于”条款系指合同正文开始前的陈述性或叙述性的条款，它不涉及合同当事人的实质性权利义务，不是合同的必备条款（很多简单的合同并无“鉴于”条款）。

在实务中，按照“鉴于”条款具体内容的不同，可以将“鉴于”条款划分为如图

13－2所示的三种类别：

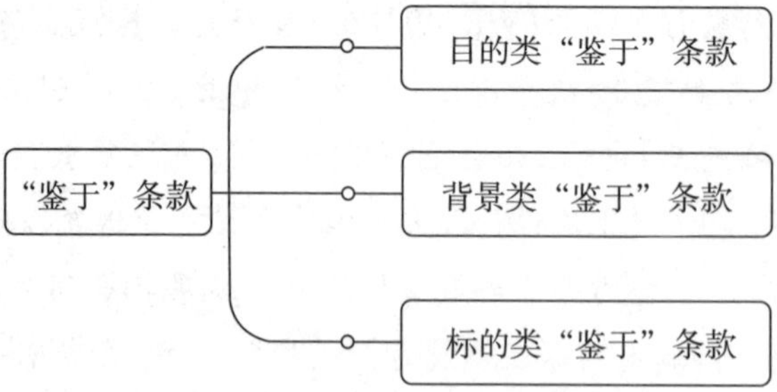

图13－2　合同前言(鉴于)条款的分类

一般而言,"鉴于"条款主要包括如图13－2所示的三类或者三类的组合。三类"鉴于"条款的主要内容、作用的侧重点有所不同。

第一,就目的类"鉴于"条款而言,其要表述的主要内容是阐明合同当事人订立合同的初衷、意图与希望达成的目的。合同目的不同于合同标的,后者是指合同权利义务所指向的具体对象,而前者是指合同当事人通过合同的订立和履行所要达到的最终目标。合同目的通常表现为一种经济利益,是合同当事人通过合同的订立和履行,期望最终得到的东西、结果或者达到的状态。例如,在股权并购合同中,合同的标的是出让方转让的目标公司的标的股份,而合同的目的可能是意图利用目标公司的融资渠道及融资成本较低的优势提高融资效率和降低融资成本、意图利用被收购的销售渠道资源、行业资质进行纵向整合等,而取得拥有对目标公司形式控制权的标的股份仅仅是手段。合同目的也不是当事人的权利和义务,合同目的只是合同当事人的主观愿景、愿望和意图。因此合同目的通常不载明于合同的正文条款中,而载明在"鉴于"条款中。

第二,就背景类"鉴于"条款而言,其要表述的主要内容是言明订立合同的背景,所依赖的事实条件或基础性法律行为。合同订立的背景是指合同订立时,被合同缔约人所重视或依据的客观情况。"鉴于"条款中载明的背景事实通常是被一个平常的、理性的合同缔约人在缔约时应当考虑到的情况,或者是被合同缔约人特别指明的情况。一般包括交易各方的主体情况(名称或姓名、设立情况、经营范围、相关资质等)、前期谈判、磋商的情况、资产状况、商业信誉、市场行情以及未来采取的某些行动(如新设合营公司作为经营主体)等情况。例如,针对交易各方的主体情况,通常会包含交易各方成立合法性情况的描述;针对前期谈判、磋商情况,通常会描述各方在交易过程中的贡献和努力。如各方自签订合同前所花费的时间、所消耗的经济成本、所进行的谈判主要节点等过程。再如,在股权收购协议中,股权收购一方要求另一方首先作为目标公司的股东负责目标公司的债权债务清理,目标公司清理完毕后，双方合作才成为可能。

合同背景事实不是具体的权利和义务，正因如此，一般不将背景事实载明于合同的正文条款中，而载明在“鉴于”条款中。但这并不意味着背景事实本身并不重要，这些事实可能成为合同履行和变更以及解释的依据。例如认定情势变更，就需要根据订立合同时的背景情况加以判断。

第三，就标的类“鉴于”条款而言，其要表述的主要内容是交易涉及的基础法律关系、合同标的的属性、权属状况，其重要性尤其体现在瑕疵披露方面。一旦发生质量问题或者权属争议，将会对当事人起到重要的保护作用。例如，资产收购协议中，通常描述为资产收购法律关系，以及对目标公司的标的资产的坐落地、权属状况、资产状况等进行描述等。再如，在股权收购协议中，“鉴于”条款明确股权为转让方合法所有，不存在瑕疵及权利负担（股权代持、股权质押、根据其他交易协议导致的股权转让限制、股权转让的内部决策程序限制等）。但需要注意的是，“鉴于”条款对股权或者资产权属无瑕疵的保证并不能替代正文条款中对该事项的详细约定，且该约定不能与正文条款中的交易前提产生冲突。

需要强调的是，合同的本质在于意思表示，当事人订立合同的背景和目的是意思表示的一个有机组成部分。如果合同订立的背景不明，可能无法充分表明合同的目的，合同目的不明可能导致意思表示缺乏完整性，合同正文条款的意思表示缺乏完整性，在履行合同过程中就容易滋生争议，损害当事人的合同利益。因此订立合同的当事人如有特殊的交易意图或者有复杂的交易背景，那么将这些意图和事实在合同“鉴于”条款表达清楚就显得格外重要，不容合同起草、审查人员轻视。

二、合同前言（鉴于）条款的作用与意义

为论述“鉴于”条款的作用和意义，下面笔者以一个示范条款来对合同前言（鉴于）条款进行详细解读。

【例13－4】　股权收购协议“鉴于”条款示例

“鉴于”条款示例
鉴于： 1. 甲、乙和丙方于[　　]年[　　]月[　　]日签署[《谅解备忘录》]，各方同意就[目标公司]股权转让事宜进行友好协商。 2. 甲、乙和丙方已就[目标公司]股权转让事宜初步达成意向，并于[　　]年[　　]月[　　]日签署了[《股权收购意向协议》]。 甲、乙和丙方同意按照本协议的条件和条款转让[目标公司]之股权。

"鉴于"条款在实务中看似"略显鸡肋",对于签约背景,很多签约方并不十分重视,而合同草拟人员也认为这仅仅是一个合同形式,但事实往往并非如此。其具有表13-1所述的几个方面的重要作用和意义:

表13-1 合同前言(鉴于)条款的作用与意义

序号	作用和意义	解释和说明
1	便于后来者搞清楚"前因后果"	在实务中,从项目的前期准备到初步接洽到最后签署正式的合同间隔的时间一般都比较长,中间可能会发生人员的更替。此时,"鉴于"条款的背景事实就将显得尤为重要。任何后来者只要一看"鉴于"条款就会知道该合同的"来龙去脉",而且知道有哪些前期的重要法律文件可供参考。如果当事人只是草草地按照通常的写法"甲、乙和丙方经友好协商,同意按照本协议条件和条款转让[目标公司]之股权"。那么,拿到此合同的人也许永远都不知道各方以前还曾就同一事项签署过其他的法律文件了
2	用于介绍首部条款无法涵盖的其他相关方或者相关的既定事实等背景资料	首部条款通常描述的都是合同的当事方,但事实上合同的相关利益方并非如此。例如,在并购的总体协议或框架协议中,往往还涉及被收购方的真正目标公司(子并购合同)及其关联公司等,有关这些公司的背景以及信息可以放在这里进行介绍。还存在一些情况是目标公司是公司或资产的组合,或者这些公司从事的主营业务等介绍等也可放在这里
3	用于阐明合同当事方签约的真实目的和意图	"鉴于"条款有时会将整个合同的签约目的或意图放在这里,合同各方履行合同时应当满足该目的,否则有可能构成根本违约。但是,需要注意的是,"鉴于"条款应当是在与合同正文条款没有冲突的前提下才会起作用,并且司法实践中,法院法官在判决时通常不会参考"鉴于"部分的条款。因此,实务中,对于那些非常重要的事实、前提条件/先决条件或者合同目的等,最好在正文条款中进行详细约定。例如,在"陈述和担保"(Representation and Warranty)条款中,要求合同各方对既定事实和合同目的予以保证
4	可能成为解释合同的依据	尽管"鉴于"条款的地位略显尴尬,但其对合同当事人缔约意图或目的以及既定事实、并购背景的描述依然有可能在合同发生争议时为合同的解释提供依据,尤其是在"文义解释"和"体系解释"无法解决争议的情形下
5	可能成为合同情势变更的依据	"鉴于"条款由于载明了合同订立的背景、条件等情形,在合同履行阶段如合同订立时的背景或条件等情势发生变化的,当事人将可能依照情势变更原则要求解除合同。在"鉴于"条款中阐明订立合同所依赖的基础性客观情况,在适用情势变更原则时能够大为减轻当事人的举证责任

续表

序号	作用和意义	解释和说明
6	可能成为合同撤销的依据	合同撤销是指合同已经生效,但是合同订立时存在欺诈、胁迫、乘人之危以及重大误解或显失公平情形的,可经利害关系当事人向法院请求撤销该合同,使其已经发生的法律效力归于消灭。因此,如果一方当事人在合同“鉴于”条款中做了夸大的或者虚假的陈述。例如故意告知对方虚假情况,或者故意隐瞒真实情况,诱使对方当事人作出错误意思表示的行为。对方当事人可凭借此点主张受到欺诈,进而请求法院撤销该合同

针对“鉴于”条款的作用与意义,需要特别说明以下三个方面的内容:

第一,关于“可能成为解释合同的依据”。合同正文条款应当是双方当事人意思表示一致达成的条款,但在实践中由于种种原因,合同正文条款产生歧义和遗漏在所难免,但可以通过合同解释规则填补空白和缺憾。《民法典》对此作了专门规定。《民法典》第466条规定:“当事人对合同条款的理解有争议的,应当依据本法第一百四十二条第一款的规定,确定争议条款的含义。合同文本采用两种以上文字订立并约定具有同等效力的,对各文本使用的词句推定具有相同含义。各文本使用的词句不一致的,应当根据合同的相关条款、性质、目的以及诚信原则等予以解释。”第142条第1款规定:“有相对人的意思表示的解释,应当按照所使用的词句,结合相关条款、行为的性质和目的、习惯以及诚信原则,确定意思表示的含义。”(参见原《合同法》第125条)本条是关于合同条款发生争议或者词句不一致的解释规定。

合同的解释对象是合同条款,其中既包括当事人已经在合同中约定的条款,亦包括当事人未在合同中载明,但基于合同性质和合同整体性要求所应具备的条款。① 前者指的是已经订入合同的条款,后者是指应当在合同中予以约定,但未约定或约定不明的条款。《民法典》对这二者的解释规则均有规定。② 关于已经订入合同的条款,《民法典》第466条第1款的规定表明,应当是合同的解释对象。根据第142条第1款有关“相关条款”的表述,若适用整体解释的方法时,必然涉及已经订入合同、语义清晰无争议的合同条款,因此“相关条款”包含前述条款,它们也是合同的解释对象。关于未订入合同中,但依据交易性质或合同整体性要求所应具备的条款,它们属于合同成立非必备的条款,其缺失不影响合同的成立,法律允许

① 参见崔建远:《合同解释的对象及其确定》,载《华东政法大学学报》2018年第5期。

② 参见最高人民法院民法典贯彻实施工作领导小组主编:《中华人民共和国民法典合同编理解与适用》(一),人民法院出版社2020年版,第36页。

当事人通过事后协商的方式予以补充。当当事人不能就合同漏洞的填补达成一致时,法律允许有权解释主体(法院或仲裁机构)根据一定的解释方法,以补充性解释的方式弥补合同的漏洞。《民法典》第510条、第511条规定就是关于合同内容没有约定或约定不明时合同解释的规则。需要说明的是,《民法典》第510条、第511条的规定是专门为合同漏洞的填补而设立的,而《民法典》第466条是关于合同解释的规定,不仅可以适用于合同漏洞的填补,而且可以适用于合同是否成立、合同是否生效等问题的判断。因此,在填补合同漏洞时,《民法典》第510条、第511条所规定的填补漏洞的规则应当优先于《民法典》第466条所规定的合同解释方法。

在具体解释层面,其一,应从合同条款的词句的含义进行("文义解释",其在解释方法的次序上具有优先性)。其二,还可以将相关条款联系起来分析("体系解释"或"整体解释")。其三,当事人签订合同都是为达到一定的目的,合同中的各条款都是为达到合同目的而制定的。合同目的包括了整个合同的真实意图。因此,对条款的解释还可以从符合合同目的原则剖析("目的和性质解释")。依合同目的和性质原则解释要求,当条款表达意见含混不清或相互矛盾时,作出与合同目的和性质协调一致的解释。其四,习惯解释是指在意思表示发生争议以后或者对合同条款的理解发生歧义时,应当根据当事人所熟悉的生活和交易习惯对意思表示或者合同条款进行解释("习惯解释")。其五,诚信原则作为一项基本的民法原则,素有"帝王条款"之称,其在合同解释上具有两方面的功能:兜底功能和价值尺度功能。如若依据其他解释方法所得出的结论有违一般公平正义之理念,则应根据诚信原则对其进行矫正,以保证合同解释结论的合理性和公证性("诚信解释")。需要说明的是,"文义解释"在解释方法的次序上具有优先性,而诚信解释则是最后的兜底解释方法,其他几种方法原则上并没有解释顺序上的优劣性,可以结合使用。

具体到"鉴于"条款而言,其载明中的合同目的、背景事实等内容,有助于进行合同目的的解释、有助于在根本违约情形下保障当事人的法定解除权、有助于确定可得利益损失。概述如下:

(1)当合同条文的含义出现争议时,若不能通过文义解释和体系解释加以释明,就需要运用合同目的加以解释。如果"鉴于"条款中载明了解释方的合同目的以及既定的背景事实,无疑会给该方带来极大的优势。

(2)依据《民法典》第563条的规定:"有下列情形之一的,当事人可以解除合同:……(四)当事人一方迟延履行债务或者有其他违约行为致使不能实现合同目的;……"前述规定意味着,"当事人一方迟延履行债务或者有其他违约行为致使不能实现合同目的"构成了根本违约,守约一方享有法定解除权。因此,在"鉴于"条款载明的合同目的不能实现的情况下,或者当事人一方在"鉴于"条款中"刻意夸大"的合同目的不能实现的情况下,守约一方可以主张其行为构成根本违约,则该当事方将面临合同被解除和承担违约责任的法律风险。

(3)《民法典》第584条规定:"当事人一方不履行合同义务或者履行合同义务不符合约定,造成对方损失的,损失赔偿额应当相当于因违约所造成的损失,包括合同履行后可以获得的利益;但是,不得超过违约一方订立合同时预见到或者应当预见到的因违约可能造成的损失。"该款规定了"可得利益损失"("可预见规则")。概括地讲,可得利益损失是指在合同得到履行后,当事人利用合同标的从事生产经营造成可以获得的利益丧失,通常包括生产利润损失、经营利润损失、转售利润损失等。在新疆亚坤商贸有限公司与新疆精河县康瑞棉花加工有限公司买卖合同纠纷二审案[最高人民法院(2006)民二终字第111号]①中,最高人民法院确立的裁判规则是:在审理合同纠纷案件中,确认违约方的赔偿责任应当遵循"可预见性原则",即违约方仅就其违约行为给对方造成的损失承担赔偿责任,对由于市场风险等因素造成的、双方当事人均不能预见的损失,因非违约方过错所致,与违约行为之间亦没有因果关系,违约方对此不承担赔偿责任。因此,在守约方向违约方主张赔偿时,"鉴于"条款中载明的在合同订立时可以预见的因素可以帮助其索赔;反之,被违约方亦可以通过"鉴于"条款中载明的在合同订立时不可以预见的因素来限制守约方的索赔。

第二,关于"可能成为合同情势变更的依据"。《民法典》第533条规定:"合同成立后,合同的基础条件发生了当事人在订立合同时无法预见的、不属于商业风险的重大变化,继续履行合同对于当事人一方明显不公平的,受不利影响的当事人可以与对方重新协商;在合理期限内协商不成的,当事人可以请求人民法院或者仲裁机构变更或者解除合同。人民法院或者仲裁机构应当结合案件的实际情况,根据公平原则变更或者解除合同。"这被认为是有关"情势变更原则"的规定。与原《合同法司法解释(二)》第26条②的规定主要存在五点不同:一是将"客观情况"表述

① 载《最高人民法院公报》2006年第11期(总第121期)。

② 原《合同法司法解释(二)》第26条规定:"合同成立以后客观情况发生了当事人在订立合同时无法预见的、非不可抗力造成的不属于商业风险的重大变化,继续履行合同对于一方当事人明显不公平或者不能实现合同目的,当事人请求人民法院变更或者解除合同的,人民法院应当根据公平原则,并结合案件的实际情况确定是否变更或者解除。"

为“合同的基础条件”;二是不再将不可抗力排除在情势变更事由之外①;三是将适用情势变更制度的情形由“继续履行合同对于一方当事人明显不公平或者不能实现合同目的”变更为“继续履行合同对于当事人一方明显不公平”;四是增加规定了再交涉义务;五是增加仲裁机构为裁决机构。

所谓情势变更原则,系指当事人订立合同时,并不知道情势将有所变更,而于合同生效后至履行完毕前,发生合同成立时所不可预见之情势,法律上给予之救济方式。也就是说,合同成立后至履行完毕前,作为法律效果发生原因的法律要件、基础或环境变更,因不可归责于当事人之事由,发生当事人不可预见之结果,如仍就发生原有效力,显然背于诚实信用原则,应认为合同法律行为有相当变更之规范,可见情势变更原则之理论系基于诚实信用原则之公平理念而来。适用情势变更原则需要满足以下几个要件:(1)须有情势变更之事实,这是情势变更原则适用的客观要件;(2)情势变更须发生在合同成立之后履行终止之前,这是适用情势变更原则的时间要件;(3)情势变更的发生有不可预见之性质,这是适用情势变更原则的主观要件;(4)因情势变更而导致继续履行原合同显失公平,这是适用情势变更原则的实质要件。需要解释的是第一个要件“须有情势变更之事实”。所谓“情势”,是指合同成立时所依赖的客观基础事实(“合同的基础条件”)。在性质上,“情势”必须是客观的、具体的事实。当事人主观认识错误不属于客观情势变更。所谓“变更”,是指合同赖以成立的基础或环境(“合同的基础条件”)发生了当事人在订立合同时无法预见的、不属于商业风险的重大变化。这里的“情势”包含作为合同法律行为基础或环境的一切客观事实。例如,政治、经济、法律及商业上的种种客观状况,具体如国家政策、行政措施、现行法律规定、物价币值,国内和国际市场运行状况等。这里的“变更”乃指这种情势在客观上发生的异常变动,它可以是经济上的变动,如通货膨胀、币值贬值等;也可以是非经济因素上的变动,如战争导致的封锁、禁运等。该事实是否构成情势变更,应以是否导致合同赖以成立的基础条件丧失,是否导致当事人目的不能实现,以及是否造成对价关系障碍为判断标准。因此,如果一方当事人将其本可预见到的、不属于商业风险的基础性客观情况

① 关于不可抗力与情势变更的关系,我国理论界和实务届存在三种观点:第一种观点认为,不可抗力包含情势变更;第二种观点认为,两者存在根本不同,相互排斥,最为明确的体现就是原《合同法司法解释(二)》第26条的规定;第三种观点认为,两者虽相互独立,但存在交叉,不可抗力可作为情势变更事由。《民法典》第533条采纳了第三种观点。主要的理由是:不可抗力发生,并非总能达到不能实现合同目的的程度,在这种情形下,并不发生合同的法定解除权。只是由于不可抗力的影响,导致继续履行合同显失公平,合同的内容可能需要变更调整乃至解除合同。也就是说,不可抗力可以作为情势变更的事由。

或者重大事实,相反地,在"鉴于"条款中载明为不可预见,而这些本该可预见的客观情况或重大事实一旦出现,另一方当事人可能凭借此点请求变更或者解除合同(可能大为减轻其举证责任),该方当事人可能面临合同被变更或解除的法律风险。

第三,关于"可能成为合同撤销的依据"。依据《民法典》第147条至第151条的规定,基于重大误解、欺诈、胁迫以及乘人之危(显失公平)等事由,受损害方有权请求人民法院或者仲裁机构予以撤销。据此,合同撤销是指合同已经生效,但是合同订立时存在重大误解、欺诈、胁迫以及乘人之危(显失公平)情形,可以经受害人向法院请求撤销该合同,使其已经发生的法律效力归于消灭。因此,如果一方当事人在合同"鉴于"条款中做了夸大的或者虚假的陈述。例如,故意告知对方虚假情况,或者故意隐瞒真实情况,诱使对方当事人作出错误意思表示的行为。对方当事人可凭借此点事实主张受到欺诈,进而请求法院撤销该合同。

三、合同前言(鉴于)条款的法律效力与司法实践

截至目前,我国个别法院对合同"鉴于"条款的效力予以了认可或至少并未否定"鉴于"条款的效力;很多法院尽管未直接认定其效力或明确对合同双方具有约束力,但也直接引用"鉴于"条款作为案件事实认定、合同目的考察的依据。例如,在青海森鑫房地产开发有限公司与韩某玥、韩某兰房屋租赁合同纠纷二审民事判决书[青海省高级人民法院(2017)青民终33号]中,青海省高级人民法院就认为合同首部的约定(鉴于条款或前言部分)是契约的总则,属于合同的纲要,对合同缔约方均有约束力。具体案情如下:

【例13-5】① "鉴于"条款的约定是合同的总则和纲要,对合同缔约方均有约束力

【裁判要旨】

合同首部的约定是契约的总则,只有总则中的基本原则、实质内容的确定,才能形成合同具体条款的约定,因此,合同首部的约定属于合同的纲要,对合同缔约方均有约束力。

【基本案情】

2013年12月1日,青海森鑫房地产开发有限公司(森鑫公司)作为甲方与韩

① 参见青海森鑫房地产开发有限公司与韩某玥、韩某兰房屋租赁合同纠纷二审民事判决书[青海省高级人民法院(2017)青民终33号]。

某玥、韩某兰作为乙方签订《森鑫国际花园会所(二、三层)租赁合同》(《租赁合同》),该合同首部载明:此鉴于甲方为森鑫国际花园会所的房屋及附属设施的合法所有者,建设工程及建筑物已通过建设部门、消防部门的验收,乙方为合法注册的企业法人,具有经营管理的资金和能力,现双方经协商一致,就乙方租赁甲方的会所二楼和三楼场地及设施,从事经营性服务。合同条款主要内容有:……(4)房屋交付及返还:甲方于2013年12月1日前将房屋按约定条件交付乙方;租赁期满或经协商一致而解除合同,乙方返还房屋及附属设施,乙方添置的设备由其自行收回,装饰装修部分归甲方所有,甲方不再给予任何补偿。(5)装修条款:乙方对租赁物进行装修、改建,须事先向甲方提交装修、改建设计方案,并经甲方同意。(6)解除合同:甲方交付的房屋不符合合同约定严重影响乙方使用的,乙方有权单方解除合同;乙方拖欠租金及相关费用达30日以上的,甲方有权单方解除合同,收回房屋。(7)违约责任:在合同约定租赁期内,乙方违反合同装修条款的约定或其他原因导致合同终止、解除的,该租赁房屋内外装修装饰、家具、设备均无偿归甲方所有(包括押金),并且乙方不再享有免租期的优惠,对已享有免租期租金的标准参照上述第二年租金执行,并于合同终止、解除之日起5日内给付甲方;如双方出现合同装修条款约定的情形均有权解除合同,违约方向守约方支付违约金,即按本合同保证金两倍计算,并赔偿守约方由此造成的损失;乙方从事经营活动前,应依法办理相关证照,若未能办理相关手续擅自装修和经营,所产生的法律责任和后果乙方自行承担,因上述原因导致乙方被停业或查封,乙方不能作为拒绝支付和延期支付租金及相关费用的理由。

合同签订后,韩某玥、韩某兰开始对三层进行装修和购置物品,2014年4月10日海东市公安消防支队对三层天骄KTV的消防设计进行审核认为合格,同年5月天骄KTV正式经营,同时对二层开始装修和购置物品,同年12月二层紫轩茶餐厅开始经营。同年12月20日,由于三层天骄KTV消防系统无法连接,便以自来水接进水源。同年12月26日,互助县公安消防大队对二层紫轩茶餐厅的建设工程消防设计进行了备案。

2015年4月2日,互助土族自治县公安局威远镇派出所以天骄KTV未取得消防部门验收合格擅自经营为由,对其作出《责令限期整改治安隐患通知书》。同年8月18日和同年10月20日上海石化消防工程有限公司青海分公司因18#楼线路短路,无法与主机联动、编排数字编码,要求森鑫公司给予答复及对电路排查时二、三楼使用人员不予配合的情况向森鑫公司分别出具了两份《工程(工作)联系单》。同年10月21日,互助土族自治县公安局、互助土族自治县文化体育局对韩某玥等的经营场所予以查封。同年11月4日,互助土族自治县文化体育局对天骄KTV以无《工商营业执照》、《消防安全合格证》及《娱乐场所经营许可证》为由,作出了行政处罚决定:取缔天骄KTV,并处以20,000元罚款。同年11月16日,韩某玥、韩某兰缴纳了上述罚款,并于2016年1月22日向互助县公安消防大队缴纳罚款30,000元,该罚没款收据载明违法事实为:开业前未经消防安全检查,擅自开业。

庭审结束时,森鑫公司对森鑫国际花园会所即18号楼尚未完成建设工程消防验收;对案涉租赁物经双方协商,由韩某玥、韩某兰拆除未形成附合物、撤出物品后于2016年12月20日前返还租赁物于森鑫公司,否则按年租金70万元,日1917.80元以实际占有天数计算收取。

韩某玥、韩某兰向一审法院起诉请求:(1)解除韩某玥、韩某兰与森鑫公司于2013年12月1日签订的《森鑫国际花园会所租赁合同》;(2)森鑫公司退还租赁保证金100,000元;(3)森鑫公司赔偿装修及物品现值2,342,427元;(4)森鑫公司退还租金38,356元、赔偿罚款50,000元、酒类、干果损失30,000元。

【一审法院裁判】

针对韩某玥、韩某兰主张解除《租赁合同》的问题。一审法院青海省海东市中级人民法院认为,韩桢玥等与森鑫公司于2013年12月1日签订的《租赁合同》,系双方真实意思表示,且不违反法律规定,应属有效合同。根据《房屋租赁合同司法解释〉》第8条[①]第1项、第3项规定,双方当事人签订的上述合同中涉及的租赁标的物违反了《消防法》关于房屋使用条件的强制性规定,并且该天骄KTV已被县文体局处以取缔并查封,为此在该租赁房屋无法使用、无法实现合同目的的情况下,韩某玥、韩某兰主张解除与森鑫公司签订的上述合同,符合法定的解除条件,且森鑫公司同意解除,故对韩某玥、韩某兰的主张应予以支持。

针对租赁合同解除后的责任承担问题。一审法院认为,根据双方签订的《租赁合同》明确载明,该建设工程及建筑物已通过建设主管部门、消防部门的验收的内容,森鑫公司理应向韩某玥、韩某兰交付能够保证达到正常交付条件的租赁物,即能满足韩某玥、韩某兰从事商业经营的需要,并应完成租赁物的一次消防验收,韩某玥、韩某兰负责室内装饰装修的二次消防验收,但至本案庭审时,森鑫公司尚未完成一次消防验收;韩某玥、韩某兰虽向公安消防部门报备了二次装修设计方案,但对所承租的租赁物是否经一次消防验收合格未尽到相应的注意义务,亦未与森鑫公司及时协调沟通,即进入室内装修使用租赁房屋,并且在未取得天骄KTV合

① 需要注意的是,《房屋租赁合同司法解释》(2020年修正)删除了原第8条规定,其原因在于《民法典》第724条规定已经吸纳了该第8条规定。

法经营证照的情况下,擅自经营,从而导致被文体局处罚、取缔,被公安部门责令限期整改、被消防部门罚款,并进而导致合同不能继续履行。对此,森鑫公司应负主要责任,韩某玥、韩某兰负次要责任,对合同解除后的相关损失双方应按各自的过错责任进行分担。

上诉人森鑫公司不服一审判决,向青海省高级人民法院提出上诉。

【二审法院裁判】

二审法院青海省高级人民法院认为,韩某玥、韩某兰与森鑫公司在平等、自愿,协商一致的基础上签订《租赁合同》,是当事人真实意思表示,未违反法律法规强制性规定,合同合法有效。合同履行中,由于案涉租赁房屋未能办理消防工程的验收,导致双方产生纠纷,诉讼中,双方当事人均同意解除合同,应予确认。

庭审中,森鑫公司认为《租赁合同》首部关于此鉴于森鑫公司为森鑫国际花园会所的房屋及附属设施的合法所有者,建设工程及建筑物已通过建设部门、消防部门的验收,韩某玥、韩某兰为合法注册的企业法人,具有经营管理的资金和能力,现双方经协商一致,就韩某玥、韩某兰租赁森鑫公司的会所二楼和三楼场地及设施,从事经营性服务的约定,仅是“鉴于”条款或前言部分,不属于房屋租赁合同的实质性条款,对合同缔约方无约束力,一审法院以该“鉴于”条款作为本案定案依据错误。本院认为,双方当事人签订的上述合同是双方合意的意思表示,所约定的条款对双方当事人均有约束力,特别是合同首部的约定是契约的总则,只有总则中的基本原则、实质内容的确定,才能形成合同具体条款的约定,因此,合同首部的约定属于合同的纲要,对合同缔约方均有约束力,森鑫公司的此节上诉理由不能成立。当案涉合同被解除后,根据《合同法》第 97 条关于合同解除后,尚未履行的,终止履行;已经履行的,根据履行情况和合同性质,当事人可以要求恢复原状、采取其他补救措施,并有权要求赔偿损失的规定,森鑫公司系森鑫国际花园会所的所有权人,对其开发建设的商住楼的消防验收负有直接主体责任,且在租赁合同中承诺对建设工程及建筑物通过消防部门的验收,至本案诉讼也未履行消防验收的义务,其存在违约;韩某玥、韩某兰不具有案涉房屋消防验收的主体资格,其仅是对承租房屋内的消防设施建设及对接负有一定的责任,当会所主楼的消防未经验收,韩某玥、韩某兰承租的房屋内的消防自然无法对接,责任不在韩某玥、韩某兰。因此,森鑫公司应承担消防未验收导致合同解除的主要责任;作为韩某玥、韩某兰明知租赁房屋未办理消防验收手续,擅自进行餐饮、娱乐经营,存在过错,其对合同解除亦承担一定的责任。

类似地,在江春花厦门夏商民兴超市有限公司、福建三原集团有限公司房屋租赁合同纠纷二审民事裁定书[福建省厦门市中级人民法院(2018)闽02民终4923号]中,三原公司主张民兴超市因自身原因未能经营,应按约继续支付租金;民兴超市则辩称因房屋所在小区整体消防现状不符合厦门市相关消防法律法规要求,导致消防无法通过验收,故超市停业并非民兴超市一方的原因。而法院查明,本案讼争房屋租赁合同首部载明"甲方承诺,提供给乙方使用的房屋为商业用途,并已经取得一次消防验收合格的意见书,并协助乙方通过二次消防验收合格,基于甲方上述承诺,乙方有意承租本合同房屋作为其经营生鲜超市的场所,并负责办理二次消防验收"。合同第4条第4款约定,若因民兴超市原因,连续停业3天以上,从第4天起按每天3000元支付租金。根据前述合同约定,出租方承诺房屋已取得一次消防验收合格,而二次消防验收则由承租方负责办理。法院认为,民兴超市停业的原因系其未经消防验收及消防安全检查擅自投入使用,依约仍应继续支付租金,其关于因房屋所在小区整体消防现状不符合厦门市相关消防法律法规要求,导致二次消防无法通过验收的抗辩意见,理由不充分,本院不予采信。在该案中,法院在处理民兴超市是否应继续支付租金争议时,以合同首部载明的双方的义务作为认定依据,事实上是间接承认了合同首部的记载内容对双方有法律约束力。

此外,在三联商社股份有限公司诉山东三联集团有限责任公司商标许可使用合同纠纷案[山东省高级人民法院(2011)鲁民三终字第158号]中,亦作出了认定"鉴于"条款所载条件"许可人是被许可人的第一大股东,积极支持被许可人的发展"为涉案合同所附条件的认定。具体案情如下:

【例13-6】[①] "鉴于"条款可以视为合同的附条件

【裁判要旨】

将"鉴于"条款所载的"许可人是被许可人的第一大股东,积极支持被许可人的发展"视为涉案合同的附条件,更符合合同字面含义以及合同目的、背景,处理结果更符合诚实信用、公平原则。

【基本案情】

山东三联集团有限责任公司(三联集团)与三联商社股份有限公司(三联商社)签订商标许可协议,约定三联商社排他许可使用三联集团所有的第779479号

① 参见三联商社股份有限公司诉山东三联集团有限责任公司商标许可使用合同纠纷案[山东省高级人民法院(2011)鲁民三终字第158号],载最高人民法院中国应用法学研究所编:《人民法院案例选》2012年第2辑(总第80辑)。笔者进行了适当删减和增补。

"三联"商标。2009年3月,三联商社得知,三联集团在未依据商标许可使用合同约定通知三联商社的情况下,于2008年6月25日擅自向国家工商行政管理总局商标局申请将涉案"三联"商标的所有权转让至第三方"山东三联家电有限公司"名下,后由于淄博市中级人民法院因三联集团另外一起贷款纠纷案件将第779479号"三联"商标查封,国家工商行政管理总局商标局才未对三联集团转让申请予以核准。三联商社在得知三联集团实施了上述放弃第779479号"三联"商标所用权的行为后,曾要求三联集团履行商标许可使用合同的相关约定,将第779479号"三联"商标无偿转让过来,但三联集团一直置之不理。为此,请求法院判令三联集团立即停止将第779479号"三联"商标转让给任何第三方的行为,判令三联集团将该注册商标无偿转让给三联商社。

被告三联集团辩称:继续履行商标许可使用合同的条件已经丧失,三联商社无权要求无偿转让商标。在商标许可使用合同的开头部分有一个"鉴于"条款,该条款的内容是"鉴于:1. 许可人是'三联'服务商标(指第779479号'三联'服务商标)的商标权人;2. 许可人是被许可人的第一大股东,积极支持被许可人的发展。"现在三联集团作为许可人已经不是三联商社的第一大股东,因此"积极支持被许可人的发展"的前提条件已经丧失,三联集团已没有义务继续履行商标许可使用合同。三联商标是三联集团赖以生存和发展的品牌,三联集团附条件地许可他人无偿使用是合情合理的。现在,三联集团已经不再是三联商社的第一大股东,没有义务继续履行商标许可使用合同。

【一审法院裁判】

一审法院山东省济南市中级人民法院认为:2003年1月27日三联集团公司与三联商社签订的《商标许可使用合同》,系双方真实意思表示,合法有效。结合本案双方当事人的诉辩主张,准确解释该商标许可使用合同是解决本案纠纷的关键。(1)合同开头"鉴于"条款1明确界定了该合同标的,即第779479号"三联"商标的使用权;(2)合同开头"鉴于"条款2明确了合同签订的背景和目的,即三联集团公司是三联商社的第一大股东、积极支持三联商社的发展。三联商社无偿获得"三联"商标的使用权是基于三联集团对其控股和支持其发展的目的。同理,"三联"商标无偿转让给三联商社也应基于三联集团对其控股。当三联集团持有的三联商社的股权被法院强制拍卖并丧失第一大股东地位后,涉案合同中"鉴于"条款2的前提和基础已不存在,合同目的无法实现。因此,三联集团将其"三联"商标转让给第三人并无不当。三联商社要求三联集团停止将"三联"商标转让给第三人并将其转让给三联商社的诉讼请求,缺乏事实和法律依据。

三联商社在二审中上诉称:涉案合同的“鉴于”部分是对合同当事人身份、权利状况的客观性陈述,类似于前言、引言,是合同等应用文书写作的常用手法,并不是合同的附条件,对合同双方不构成实质性约束。而即使“鉴于”条款属于涉案合同的附条件,三联集团在获得第一大股东地产后,逐年主动减持股份的行为,也属于不正当地促成条件成就,根据《合同法》第45条第2款的规定,应视为条件不成就。而被上诉人三联集团答辩称:(1)涉案合同在开头部分清楚地用“鉴于”条款说明了签订合同的条件以及合同目的是:①许可人是“三联”服务商标的所有权人;②许可人是被许可人的第一大股东,积极支持被许可人的发展。因此,涉案合同的签订是鉴于三联集团对三联商社的控股关系,并非其重组恢复上市。(2)涉案合同的“鉴于”部分是合同的附条件,是涉案合同的重要组成部分,如果三联集团对郑百文没有投资控股,则不会许可其无偿使用“三联”商标,该条款对双方具有约束力。

【二审法院裁判】

二审法院山东省高级人民法院认为:本案双方当事人争议的焦点问题是三联集团是否应当将涉案“三联”商标无偿转让给三联商社。而解决这一问题的关键在于如何理解涉案《商标许可使用合同》中的“鉴于”条款,即“三联集团是郑百文的第一大股东”能否视为涉案合同的附条件。本案经本院审判委员会讨论认定,应将“三联集团是郑百文的第一大股东”视为涉案合同的附条件。现三联集团持有的三联商社的股权被拍卖并丧失三联商社第一大股东地位,三联集团将其涉案“三联”商标转让给案外人并无不当,将“三联集团是郑百文的第一大股东”视为涉案合同的附条件,更符合合同字面含义以及合同目的、背景,处理结果更符合诚实信用、公平原则。原审判决驳回三联商社的诉讼请求正确。判决:驳回上诉,维持原判。

在三联商社诉三联集团商标许可案中,核心的争议焦点是双方对涉案《商标许可使用合同》首部条款中的“鉴于”条款的理解分歧。这就涉及对合同条款的解释问题。虽然原《合同法》在第125条对合同争议条款的解释作出了规定,明确应当按照合同所使用的词句、合同的有关条款、合同的目的、交易习惯以及诚实信用原则确定条款的真实意思。但依笔者看来,在审判实践中,为保证对合同解释运用的合理、合法、具有说服力,还需要法官对诸多解释方法进行分析,了解其不同功能和价值,确定相互之间的逻辑运用关系。只有经过综合考量权衡后,合同解释才能达到合情、合理、合法的效果。

第一,正确理解合同解释方法的层级关系。我国原《合同法》第125条所确定的合同解释方法有文义解释、体系解释、目的解释、交易习惯解释以及诚实信用解释等。前述方法的合理性可大致分为两类:一类源于逻辑之理,指理性的思维规律对合同解释的影响作用,主要包括文义解释、体系解释、目的解释等方法;另一类源于社会之理,指包括道德伦理的基本要求、公平正义的价值观念、善良风俗、商业惯例、公共利益等,主要包括参照交易习惯以及诚实信用原则解释等。其中,依逻辑之理而确定的文义解释、目的解释是合同解释中的起始点与核心,而依社会之理而产生的参照交易习惯以及诚实信用原则解释等,则是补充参考要素。

第二,个案中恰当运用合同解释方法。本案中双方争议的问题是如何理解涉案《商标许可使用合同》中的"鉴于"条款,即"三联集团是郑百文的第一大股东"能否视为涉案合同其他条款的"附条件"。对于该问题,应当注意对合同文义、体系以及合同目的、诚信原则的综合运用。

(1)从合同文义出发。依一般文义理解,"鉴于"一词正是表明"附条件"的意思,即从一般语言含义出发可理解为,基于三联集团是三联商标的权利人以及其是三联商社最大股东的双重身份这一条件,双方才就关于商标使用的有关问题达成一致意见,包括同意无偿使用与转让商标。"三联集团是郑百文最大股东"应是双方为商标许可使用与转让而设立的条件。

(2)从合同体系出发。本案中争议条款的位置特殊,双方将"鉴于"条款置于合同首部,其排列以及条款含义可以折射出双方对该条款重要地位的认可,而该条款可以成为制约合同之后其他条款的决定内容,可以理解为该条款构成合同内容的组成部分。

(3)从合同目的出发。从本案事实看,2003 年,三联集团重组郑百文借壳上市,三联集团成为郑百文的第一大股东。正由于三联集团成为郑百文的第一大股东,按照公司法、证监会的相关规定,三联集团应与其上市公司郑百文避免同业竞争和关联交易,为此,三联集团向中国证监会和上交所作出《关于与郑州百文股份有限公司(集团)关联交易和同业竞争情况的说明与承诺》,并在其中约定:三联集团许可郑百文无偿使用商标,三联集团不再从事家电行业。所以,从上述合同签订背景可知,双方在合同中约定郑百文无偿使用、转让三联商标正是基于"三联集团是郑百文的第一大股东"的前提。这样做,一方面遵守了相关规定避免三联集团与其上市公司的同业竞争,另一方面三联集团也通过对其上市公司的股权分成获得利益,从而形成对价,故双方才达成一致约定。并且,从《郑州百文股份有限公司(集团)股票恢复上市公告书》记载看,郑百文与三联集团于 2001 年 11 月 30 日进行了资产置换,郑百文承接的是三联集团从事家电零售经营的全部业务和相关资产,其中资产包括固定资产与经营性资产(包括货币资金、库存商品、车辆等),但涉案注册商标专用权及许可使用权并未成为双方资产置换的内容。

(4)从诚实信用原则和公平原则出发。除去考虑合同文义、合同目的等因素，本案还考虑了案件处理，特别是合同解释可能造成的不同价值取舍。此处，法院经过衡量，认为“鉴于”条款为合同的组成部分，合乎文义、缔约目的，同时也合乎公平正义的价值取向。三联商标是三联集团培育的商标，该商标的知名度较高，而三联集团为之进行了巨大的财力和智力投入。当时，无偿许可他人使用并同意无偿转让是出于其是郑百文大股东，其在履行避免同业竞争义务的同时，也可以通过控股分红获利，但现在上述条件已不存在，如再按合同约定履行，对三联集团有失公平。同时，由于“三联”商标已与三联集团间建立有稳定的联系性，如转让他人，特别是转让于同业竞争对手，对消费者会产生来源误导，对市场秩序可能造成一定影响。所以，从商标保护的角度，也应继续保持“三联”商标与三联集团的联系性，并维护企业稳定发展。

需要特别说明的是，尽管有上述认可“鉴于”条款法律效力的个案，但笔者通过案例检索发现更多的个案则只是将“鉴于”条款用于对合同背景事实的认定、合同目的的解释所使用，①而且我国相关法律法规、司法解释以及指导性案例并未对“鉴于”条款的法律效力进行明确的情况下，“鉴于”条款的法律效力尚存一定的不确定性，因此最好在“鉴于”条款中不约定任何实质性权利和义务，以及附加合同生效的任何前提条件或先决条件。

四、合同前言(鉴于)条款的审查要点

由于每个交易对应的具体情形的不同，“鉴于”条款的内容也不尽一致，并且

---

① 参见(1)鉴于条款与合同目的的确认。广州进和饲料有限公司、黄某民与上海泽尼贸易有限公司进出口代理合同纠纷上诉案[上海市高级人民法院(2013)沪高民二(商)终字第48号]、深圳市兴云信投资发展有限公司、深圳市禾之禾创业投资发展有限公司信托纠纷二审民事判决书[最高人民法院(2018)最高法民终362号]、广东华德汇实业有限公司、株洲汇美实业控股有限公司建设用地使用权纠纷二审民事判决书[最高人民法院(2019)最高法民终323号]。(2)鉴于条款与违约责任的认定。祝某民、王某壮等与上海源恺(集团)有限公司、宋某中股权转让纠纷二审民事判决书[上海市高级人民法院(2019)沪民终384号]、薛某明与深圳市创新投资集团有限公司股权转让纠纷二审民事判决书[北京市高级人民法院(2019)京民终204号]、董某强、绍兴市上虞区青创投资合伙企业合伙企业财产份额转让纠纷二审民事判决书[浙江省杭州市中级人民法院(2020)浙01民终9371号]。(3)鉴于条款与事实认定。浙江天台友信投资有限公司与新疆洪沙泉矿业有限公司、新疆神华矿业有限责任公司等采矿权转让合同纠纷二审民事裁定书[最高人民法院(2015)民一终字第160-1号]、姜某伦、湖南四达建设开发有限公司金融借款合同纠纷二审民事裁定书[最高人民法院(2019)最高法民终293号]、上海典阳光伏电力有限公司与林某有申请撤销仲裁裁决一案一审民事裁定书[上海市第一中级人民法院(2020)沪01民特441号]。

“鉴于”条款本身的法律效力存疑,故在审查时通常需要注意如下要点:

第一,“鉴于”条款应当相对简洁、精练,避免烦琐冗长,但应将整个交易历程中“前因后果”中的重大节点事实背景包含进来。例如,在股权收购交易中,《谅解备忘录》《股权收购意向协议》等节点。

第二,如果在首部条款中,采用了简化的合同当事方格式,则在“鉴于”条款中可以增加有关合同当事方的详细的描述。例如,尤其是,在收购中,需要设立新的收购子公司来进行收购时,更需要对此拟设立主体进行描述。

第三,“鉴于”条款应表明各方交易的目的、意图,以及交易的标的等。特别是对交易的性质、目的(意图)应当详细写明,以备解释合同性质和目的使用。若合同的目的(或标的使用场景、要求)有其特殊性,则应在合同正文条款中设置专门的条款予以说明。

第四,“鉴于”条款不应将合同专用术语的定义以及释义条款包含进来,因为这些术语和释义与合同各方具体权利义务紧密相关,通常作为合同正文条款的第一条来处理(或者若定义和释义太长,作为附件处理)。

第五,前言(鉴于)条款的主要目的是介绍合同的背景情况,不应涉及有关合同各方具体权利义务的实质性条款(如合同交易价款及支付、交割及交割条件、陈述与保证、披露、质量验收、先决条件、合同解除以及违约责任等)。其原因在于,根据一般的国际惯例,“鉴于”条款对合同各方没有约束力。但在中国法下,“鉴于”条款是否具有约束力尚无定论。因此,最好还是将具体的权利义务条款放到合同正文中进行约定为好,以消除不确定性,避免不必要的风险。

第 14 章 合同通用条款的审查：正文通用条款

内容概览

作为合同审查人员的公司律师或法律顾问，在履行合同审查职责过程中，了解和掌握合同的基本结构和通常条款非常有必要。合同文本通用条款是除合同的标的、数量、质量、价款及付款方式、履行期限、方式和地点等实质权利义务条款之外的条款，这些条款具有制式化、格式化、语言标准化并带有通用性的特点。本章接着对正文通用条款进行介绍。本章包含如下内容：

- 合同正文通用条款概述
- 定义和释义条款
- 合同变更、转让、终止与解除条款
- 争议解决条款（广义）
- 其他杂项条款
- 合同解释、效力条款

第一节　合同正文通用条款概述

在合同的正文部分，除了交易性条款外，剩下的基本都是一些通用性的条款。所谓"通用性"，是指这些条款呈现为标准化、制式化的特点，几乎不做或者很少做修订就可以在绝大多数合同中直接适用。这些通用条款涉及方方面面的内容，据各种合同类型的大致统计，大约有 20 多种。实务中，据笔者的经验，这样的合同大量存在——它们的通用条款在合同中的编排体例显得有些杂乱无序，甚至与交易性条款交织或嵌套在一起，使合同的条例结构、编排并不合理，不利于合同的起草与审查，也不便于阅读。根据笔者的经验和总结，以其在合同正文的先后位置和性质(作用)为标准,将20多种合同正文通用条款大致归纳为五大部分:(1)定义和释义条款。(2)合同变更、转让、终止与解除条款。(3)广义的争议解决条款。(4)其他杂项条款。(5)合同解释、效力条款。

下面,笔者用图14-1来予以展示。

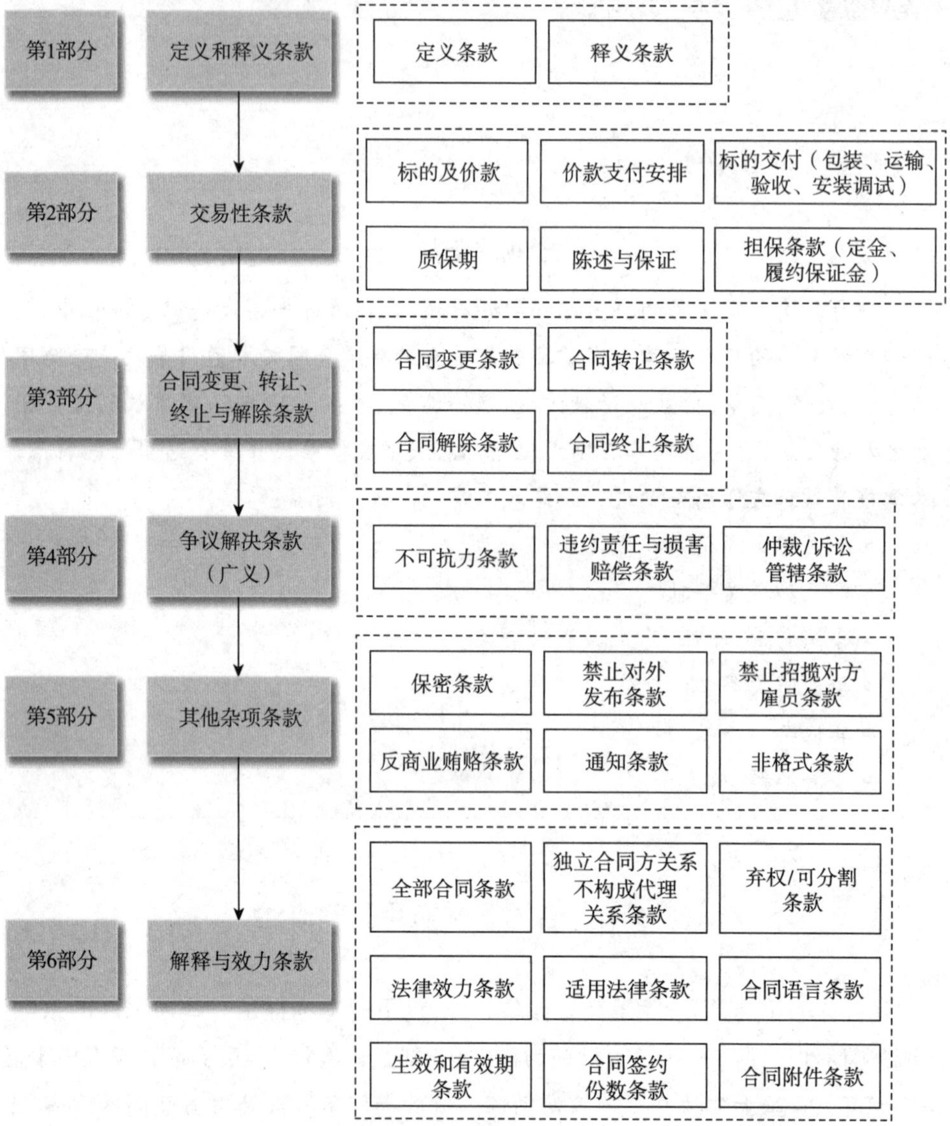

图14-1　合同条款的结构

在图14-1中,除第2部分"交易性条款"外,其余5个部分基本都可以属于合同正文中的通用条款(但这些条款并非在每份合同中都包含),自上而下、自左到右按照起草或撰写合同条款的习惯进行了大致的排列。首先，在合同正文条款的最前面是定义和释义部分；其次，在交易性条款之后，通常紧接的就是合同的变更、转让、终止与解除部分；再次，争议解决条款（广义）是指当合同出现争议时如何解决的条款；复次，其他杂项条款就是那些不太好归类但又比较重要的条款；最后，涉及合同解释与效力部分的条款。尽管这可能是笔者的一个习惯（每个人可能并非都如此），但按照这样的逻辑顺序归纳和大致排列后，使得繁杂的通用条款显得更有条理，便于阅读。

第二节　定义和释义条款

合同正文条款的第一部分通常就是定义和释义条款（若该条款过长的话，可以作为附件放在合同后面，以避免交易条款与合同序言条款过度脱节）。

一、定义条款

定义条款一般出现在合同正文的第一条，条款标题通常为"定义和用语"或"定义和术语"或"定义和释义"（此时通常将定义、释义两部分整合为一个条款）等。其主要的作用在于对合同中出现的名词、术语等统一称谓、明确含义。在实务中，由于合同各方往往因所处国家不同、文化教育背景不同等，对相同的法律或技术用语的理解也不尽相同，而定义条款可以使合同各方对某些关键用语在理解上达成共识，减少争议发生的概率。当然，对于一些标的额比较小，履行合同发生争议的可能性较低的合同，如果其所使用的用语或术语既比较标准和通用，又没有与法律或惯例通常所使用的表述不一致，则可以省略定义条款。但为谨慎起见，我们一般建议保留对合同中比较关键的词语所进行的定义，从而更好地保证合同的顺利履行。

（一）定义条款的作用

在合同正文条款中，定义条款的主要作用有如下两点：

第一，对合同中多次出现的重要的或复杂的名词或术语进行定义。譬如，对合同中出现的当事各方、法律主体（包括目标公司及其关联公司等）、标的物（标的股权、标的资产）、重要法律事实、法律文件等名词或术语进行定义，其目的在于统一并简化称谓，便于以后援引使用，同时避免歧义。

第二，对合同中出现的与通常的名词或术语理解不一致的名词或术语的含义进行特别定义。譬如,“中国”通常具有包括中国香港地区、澳门地区和台湾地区在内的含义,但是在某些并购交易中,出于该交易之目的,“中国”可能会排除中国香港地区、澳门地区和台湾地区;再如,“固定资产”通常具有会计法规所定义的含义,但是在某些并购交易中,出于交易资产的影响,“固定资产”可能具有包含特定资产的含义,可能具有比通常的“固定资产”更窄或更广的含义。

(二)定义条款起草、审查的基本原则

在合同实务中,如何起草、审查定义条款呢?一般应遵循如下一些原则和思路:

首先,应当力求定义自身简洁、明确,并使用业界惯常所使用的名词或术语。以建设工程施工合同为例,例如,“发包人”“承包人”“××建设工程”“综合单价”“预算价格”“决算价格”“总日历天数”等;再以股权收购为例,“目标公司”“标的股权或待售股权”“初始对价”“最终对价”“先决条件”“基准日”“交割日”等。

其次,各个定义排列的总体先后顺序一般应当遵循:

(1)定义本合同涉及的主体(包括合同各当事方及其关联方、相关合作单位、分包商)。譬如,在【例14-1】中,就首先定义了“发包人”和“承包人”。如果交易中还存在“发包人”和“承包人”的关联方、相关合作单位或分包商时,可以紧接着对它们进行定义,如“设计单位”和“监理单位”。

(2)定义本合同涉及的客体(交易标的)。譬如,在【例14-1】中,在合同涉及的主体之后,就紧随定义了“(××建设)工程”等。

(3)定义本合同中与具体实质性权利义务有关的术语(但通常采用援引合同正文条款的方式进行定义)。譬如,在【例14-1】中,就定义了与实质性权利义务有关的“合同价款”“税费”“工期”“总日历天数”“综合单价”等。

(4)再对本合同涉及的有关事实、事项、行为或者涉及的其他法律文件、非惯常用语等进行定义。

再次,原则上遵循阅读者的习惯,按照定义在合同文本中出现的先后顺序进行排列。譬如,在【例14-1】中,在定义“工期”时,我们会用到“总日历天数”,而这一定义原则上应当先定义。

最后,如果出现定义之间存在嵌套、援引关系的,应当先定义最基本、最小的,然后依次进行定义。譬如,在【例14-1】中,在定义“工期”时,我们会援引“总日历天数”,处理的原则是先从最基本、最小的“总日历天数”开始定义,再定义“工期”。

笔者以【例14-1】来对上述基本原则以及如何审查定义条款进行展示:

【例 14－1】 建设工程施工合同“首部”“定义”条款审查示例

审查前条款	审查后条款
发包人（建设单位）：×××有限公司（本合同简称甲方） 企业形式：有限责任公司 法定代表人： 业务代表人： 注册地址： 电话： 开户行及银行账号： **承包人（施工单位）**：×××有限公司（本合同简称乙方） 企业形式： 法定代表人： 业务代表人： 注册地址： 电话： 开户银行及账号： 税号：	**发包人（建设单位）**：×××有限公司（本合同简称“甲方”） 企业形式：有限责任公司 法定代表人： 业务代表人：[**注：需要与业务部门沟通具体含义，与定义条款中的“甲方代表”的含义是否一致**] 注册地址： 电话： 开户行及银行账号： **承包人（施工单位）**：×××有限公司（本合同简称“乙方”） 企业形式： 法定代表人： 业务代表人： 注册地址： 电话： 开户银行及账号： 税号：
1 术语定义 下列词语具有本条所赋予的定义：	1 术语定义 *除非另有约定，本协议中使用的下列词语具有如下含义：*
1.1 甲方：指本合同约定的发包人及其合法承继人	1.1 *发包人*：指~~本合同约定的发包人~~×××*有限公司*及其合法承继人 **注：甲方在首部部分的合同当事方已经指定，在定义时直接指明；另外一种处理方式是，不需要再单独定义**
1.2 乙方：指本合同约定的被甲方接受的具有工程施工承包主体资格的当事人以及取得该当事人资格的合法承继人	1.2 *承包人*：指~~本合同约定的被甲方接受的具有工程施工承包主体资格的当事人~~×××*有限公司*以及~~取得该当事人资格的~~其合法承继人 **注：理由同 1.1 款**
1.3 项目经理：指乙方指定的负责施工管理和合同履行的代表	~~1.3 项目经理：指乙方指定的负责施工管理和合同履行的代表~~ **注：由于主合同第 9 条“甲方代表、监理工程师和乙方项目经理姓名及职权”已经进行了明确规定，不需要单独定义；或者需要单独定义的话，直接援引合同正文第 9 条**

续表

审查前条款	审查后条款
1.4　设计单位:指甲方委托的负责本工程设计并取得相应工程设计资质等级证书的单位	1.3　设计单位:指甲方委托的负责本工程设计并取得相应工程设计资质等级证书的单位
1.5　监理单位:指甲方委托的负责本工程监理并取得相应工程监理资质等级证书的单位	1.4　监理单位:指甲方委托的负责本工程监理并取得相应工程监理资质等级证书的单位,*详见合同附件[监理单位、监理内容及监理权限]*
1.6　监理工程师:指监理单位委派的总监理工程师,其具体身份和职权由甲乙双方在合同条款中约定	~~1.6　监理工程师:指监理单位委派的总监理工程师,其具体身份和职权由甲乙双方在合同条款中约定~~ 注:理由同原1.3款
1.7　甲方代表:指甲方指定的履行本合同的代表,其具体身份和职权由甲乙双方在合同条款中约定	~~1.7　甲方代表:指甲方指定的履行本合同的代表,其具体身份和职权由甲乙双方在合同条款中约定~~ 注:理由同原1.3款
1.8　工程:指甲乙双方约定的承包范围内的工程	1.5　××建设工程:指~~甲乙双方约定的承包范围内~~*本合同第2条(工程)约定的*工程 注:"工程"一语需要增加修饰定语"[××建设]",以与合同正文条款中使用的一般意义上的"工程"区分开来;此外,直接援引合同正文第2条(工程)对其定义更为明确,这里的概述性定义,并无实际价值
1.9　合同价款:指甲乙双方约定的甲方用以支付乙方按照合同约定完成承包范围内全部工程并承担质量保修责任的款项	1.6　合同价款:指~~甲乙双方约定的甲方用以支付乙方按照合同约定完成承包范围内全部工程并承担质量保修责任~~*本合同第7条(合同价款)约定的款项* 注:由于第7条规定的是合同价款,并带有价款调整条款,比较复杂,采用援引正文条款的定义,以避免本定义带来的歧义
1.10　费用:指不包含在合同价款之内的应当由甲方或乙方承担的经济支出	1.7　*税费*:指不包含在合同价款之内的应当由甲方或乙方承担的经济支出
	1.8　总日历天数:指不扣除节假日的自然天数或日历天数,每一天算一天 注:由于第1.9款定义以及第5条(工期)条款中都使用了"总日历天数"这一术语,所以应对此进行定义。因为,在建筑工程中,一般都采用日历天计算工期,日历天就是日历上的自然天数,每一天算一天,意即一周按7天计算;而工作日则是一周按5天计算

续表

审查前条款	审查后条款
1.11　工期：指甲乙双方约定的按总日历天数（包括法定节假日）计算的承包天数	1.9　工期：指甲乙双方约定的按总日历天数（包括法定节假日）计算的承包天数，*具体日期按照本合同第5条（工期）确定* 注：由于工期按“总日历天数”确定，还特别包含了法定节假日，需要单独定义
1.12　开工日期：指本合同约定的乙方开始施工的日期	~~1.12　开工日期：指本合同约定的乙方开始施工的日期~~ 注：本定义采用了“本合同约定”的描述，实质还是需要援引合同正文第5条（工期）约定的开工日期来确定
1.13　竣工日期：指本合同约定的乙方完成承包范围内工程并通过竣工验收的日期	~~1.13　竣工日期：指本合同约定的乙方完成承包范围内工程并通过竣工验收的日期~~ 注：本定义采用了“本合同约定”的描述，实质还是需要援引合同正文第5条（工期）约定的竣工日期来确定
1.14　施工图纸：指由甲方提供或由乙方提供并经甲方批准，满足乙方施工需要的所有图纸（包括配套说明和有关资料）	1.10　施工图纸：指由甲方提供或由乙方提供并经甲方批准，满足乙方施工需要的所有图纸（包括配套说明和有关资料）
1.15　施工场地：指由甲方提供的用于工程施工的场所以及甲方在图纸中具体指定的供施工使用的任何其他场所	1.11　施工场地：指由甲方提供的用于工程施工的场所以及甲方在图纸中具体指定的供施工使用的任何其他场所
1.16　书面形式：指合同书、信件和数据电文（包括电报、电传、传真、电子数据交换和电子邮件）等可以有形地表现所载内容的形式	~~1.16　书面形式：指合同书、信件和数据电文（包括电报、电传、传真、电子数据交换和电子邮件）等可以有形地表现所载内容的形式~~ 注：本定义与《民法典》对书面形式的规定并无二致，不需要再行定义
1.17　违约责任：指合同一方不履行合同义务或履行合同义务不符合约定所应承担的责任	~~1.17　违约责任：指合同一方不履行合同义务或履行合同义务不符合约定所应承担的责任~~ 注：本合同第20条（违约责任）对此进行了明确、具体的约定，不需要单独进行概括定义
1.18　天：本合同中规定按天计算时间的，开始当天不计入，从次日开始计算。时限的最后一天是休息日或者其他法定节假日的，以节假日次日为时限的最后一天，但竣工日期除外。时限的最后一天的截至时间为当日24时	1.12　天：本合同中规定按天计算时间的，开始当天不计入，从次日开始计算。时限的最后一天是休息日或者其他法定节假日的，以节假日次日为时限的最后一天，但竣工日期除外。时限的最后一天的截至时间为当日24时

续表

审查前条款	审查后条款
1.19　条:指以整数指引标题的并以若干款为内容构成合同的一部分,如"2. 工程"及2.1、2.2构成本合同的第二条	~~1.19　条:指以整数指引标题的并以若干款为内容构成合同的一部分,如"2. 工程"及2.1、2.2构成本合同的第二条~~ 注:与通常含义相同,不会引发争议,不必单独定义
1.20　款:指构成条的各个部分,如2.1、2.2均为一款	~~1.20　款:指构成条的各个部分,如2.1、2.2均为一款~~ 注:与通常含义相同,不会引发争议,不必单独定义
1.21　项:指构成款的各个部分,如3.2.1、3.2.2、3.2.3等均为一项	~~1.21　项:指构成款的各个部分,如3.2.1、3.2.2、3.2.3等均为一项;~~ 注:与通常含义相同,不会引发争议,不必单独定义
1.22　综合单价:本合同中的综合单价,包括所需人工费、施工机械使用费、材料费、管理费、利润以及其他(运杂费、质检费、安装费、缺陷修复费、保险费,以及合同明示或暗示的风险、责任和义务等)	1.13　综合单价:~~本合同中的综合单价,包括所需人工费、施工机械使用费、材料费、管理费、利润以及其他(运杂费、质检费、安装费、缺陷修复费、保险费,以及合同明示或暗示的风险、责任和义务等)~~*具有本合同第7条规定的含义* 注:综合单价的定义属于合同实质性的权利和义务的定义,且比较复杂,援引合同第7条(合同价款)的定义
2. 工程;3. 承包形式和承包范围;4. 工程分包及转包;5. 工期;6. 工程质量标准;7. 合同价款;8. 施工图纸(包括变更图纸);9. 甲方代表、监理工程师和乙方项目经理姓名及职权;10. 甲方义务;11. 乙方义务;12. 施工进度;13. 工期延误;14. 隐蔽工程和中间检查;15. 设计变更;16. 工程试用;17. 工程验收;18. 合同价款支付;19. 保修;20. 违约责任;21. 保险;22. 担保;23. 不可抗力;24. 争议解决;25. 合同变更与转让;26. 合同生效和期间;27. 通知;28. 其他约定	

总体审核意见:在本例中,合同草拟人员存在的主要问题包括:

(1)没有遵从定义条款的一个基本原则:对合同中出现的与通常的名词或术语理解不一致的名词或术语的含义进行特别定义。在本定义条款中,充斥着太多的"为定义而定义"的术语,而这些术语本身具有通常的含义或者法律已经有明确的规定,并不需要特别定义。如"1.16　书面形式""1.19 条""1.20 款""1.21 项"就是典型的不需要定义的术语。

(2)对于复杂的术语,由于定义条款简洁性的要求,一般采用的方式是援引合同正文条款的方式来处理(在合同正文予以定义)。在本定义条款中,很多术语采用直接定义的方式,实质相当于没有直接定义,并无价值。例如,术语定义“1.17 违约责任”就是这样的例子,所以建议删除;再如,“1.9　合同价款”,建议的处理方式是援引合同正文条款,“1.6　合同价款:指本合同第7条(合同价款)约定的款项”。

(3)由于合同正文已经对很多术语进行了明确,不需要在定义条款再重复定义。例如,“1.12　开工日期”和“1.13　竣工日期”等。

(4)部分术语包含了具体的实质性权利和义务,一般的处理原则是应当在合同正文条款进行详细约定,术语条款只需要援引即可。例如,“1.22　综合单价”。

(5)对部分术语定义中的特定术语并未进行定义。例如,“工期”中使用了“总日历天数”,而“总日历天数”容易引发争议(如是否包含节假日以及是否顺延等),故需要单独定义。

(三)定义条款起草、审查的实务要点

除了上述基本原则之外,在实践中我们往往还需要注意如下要点。

1. 尽量避免“多层”和“嵌套”定义

在实务中,有时候对某用语进行定义时不可避免地要援引其他定义或合同正文条款,原因在于无法直接在定义条款中进行简洁的定义,这个时候需要注意的是,如果一个定义需要援引其他定义或者合同正文条款时,援引的其他定义或合同正文条款应当尽量避免再援引其他定义或其他合同正文条款,其目的在于避免定义显得复杂而不易阅读和理解。譬如,在【例14-1】中,我们在定义“合同价款”时就援引了正文条款第7条(合同价款),为什么要这样来定义呢?这是因为定义条款我们一般还需要遵循另外一个重要的原则,就是不要将合同的具体权利义务写入定义条款,因为定义条款的目的是解释术语的含义,而不是具体实质性的合同条款。经审查合同全文,我们可以发现,在第7条(合同价款)中约定了建设工程合同价款为多少以及对该价款的调整机制。在这一条款中,我们要遵循的原则是尽量不再援引其他定义或正文条款来进行定义了,否则将使得定义层次出现嵌套,不便于阅读和理解。

2. 注意区分惯常用语和专门用语的定义和使用

在实践中,有的用语本身具有某种为人们所熟知或理解的惯用含义,但如果在合同中对其加以定义,其在具体交易中就将具有特定的含义,一定要避免将该用语的普遍含义和经定义后的特定含义相混淆。特别需要注意的是,一个用语在合同

中既可能被用来表达其通常的含义,也可能通过定义而被赋予特定的含义,应把握将其区分开来的方法。例如,【例14-1】中的术语“工程”就是这样的例子。通常的做法是加定语,如“××工程”或“××建设工程”。

3. 避免将合同具体实质性权利义务写入定义条款

这一问题也是初涉合同审查业务的公司律师或法律顾问容易犯的一个“错误”。应该说这是一个有关定义条款的基本原则——不应当在对术语进行定义时将具体的实质性的权利义务条款写入定义条款,因为定义条款的目的是解释术语的含义,而不是具体可操作性的合同条款。例如,【例14-1】中的“综合单价”。

4. 避免“循环”定义

在实践中,诸如投资并购合同、建设工程合同这样的合同一般都比较复杂,有时候需要定义很多术语,而各术语之间有时还不可避免地需要进行援引,这是很正常的情形。但是,我们需要注意避免的一个错误做法是“循环”定义,即在两个或多个术语的定义中相互援引。

5. 避免“不必要”的定义

在实践中,也不乏为了定义而定义的情形出现。有的合同起草者将一些“不必要”定义的用语也写入了定义条款。这是初涉者尤其需要避免的“误区”。因为,如果一个用语的通常含义就足以表达其意思的话,就没有必要在合同中进行定义。起草合同定义条款的指导原则是在所有合同条款中应确保每一术语、每一条款都有其特定的、与本合同相关的意思,没有意义的术语则无须包括在定义条款中。例如,【例14-1】中的“书面形式”“条”“款”“项”就是这样的例子。

二、解释(释义)条款

除了上述注意事项之外,我们还会发现在某些合同中,定义条款部分被分为两个部分:一是对各个关键术语或用语进行定义;二是约定对合同的解释规则(当然也可以作为一个独立的条款)。

【例14-2】 合同解释规则条款

1	定义和释义
1.1 ……	除非本协议另有约定,本协议中使用的下列词语具有如下含义: 「卖方」:系指[　　　　　　]有限公司; 「买方」:系指[　　　　　　]有限公司; 「目标公司」:系指[　　　　　　]股份有限公司; ……

续表

1.2	本协议适用下列解释规则
1.2.1	本协议所指的“人”包括一个、两个或两个以上的任何人、公司、企业、政府、政府代理机构或任何协会、信托或合伙(不论是否具备独立法人地位)
1.2.2	本协议中,单数应包括复数,反之亦然;指代某个性别应包括其他任何性别;对时间的提及,除文意另有所指外,均指北京时间
1.2.3	如果协议条款和附件的意思发生冲突,各方应首先尽力将整个协议作为一个整体来阅读理解,对协议主题最为明确的条款应优先考虑;如果各方本着诚实信用的原则努力按照前句规定解决冲突,但冲突依然存在,则协议条款应优先适用
1.2.4	协议中“包括”应解释为“包括但不限于”
1.2.5	本协议所有的标题、题目、索引、副标题、小标题仅为方便阅读而加入,概不限制、改变或影响本协议的诠释和执行

分析:在上表的“定义和释义”条款中,“1.1”定义了合同所用到的关键用语的含义,“1.2”则属于对合同的解释规则。在这些规则中,由于大多数已经形成了惯例,因此如果不在合同中予以约定的话,一般也不至于产生争议,需要关注的是上述的“1.2.5”,该条款是对合同的标题(title)、条款标题(headings)、索引(index)、副标题(sub - heading)、小标题(subtitle)的解释。在实践中,由于其他解释规则(比如,上例中的1.2.1至1.2.4)在合同中已经被省略,对合同标题、条款标题等的解释一般都和定义放在一起,在定义部分的结尾写上即可。还需要提请注意的是,本例将“包括”解释为“包括但不限于”,则在合同正文条款中使用“包括”时就应非常小心,避免还使用“包括但不限于”。基于习惯,我们一般不建议在“释义”中作这样的解释,推荐的做法是在正文条款中采用“包括……,但……除外”的句式来对需要排除的事项进行排除。

综上所述,合同定义和释义条款的起草、审查工作并非一个简单的法律事项,应分配有一定撰写和审查经验的法律顾问或律师进行,以确保所有经过定义的术语在整个合同中含义一致。

第三节　合同变更、转让、终止与解除条款

如前文所述,笔者习惯在交易性条款后紧跟合同变更、转让、终止与解除条款。主要的原因可能在于,这些条款涉及合同内容的确定(修订、补充或转移等)、合同主体的变更(合同的转让)以及合同权利义务的终止,而此时还未涉及合同争议解决的问题。

一、合同变更条款

(一)合同变更条款的审查

合同变更是指合同成立后,当事人在原合同的基础上对合同的内容进行修改或者补充。《民法典》第543条规定:“当事人协商一致,可以变更合同。”第502条第2款、第3款规定:“依照法律、行政法规的规定,合同应当办理批准等手续的,依照其规定。……依照法律、行政法规的规定,合同的变更、转让、解除等情形应当办理批准等手续的,适用前款规定。”合同变更条款一般在所有的合同中都属于必要的条款,但该条款相对而言比较简单,主要是强调当事人协商一致以及采取与原合同签订形式一样的方式(书面形式)进行即可。一般表述为本合同一经生效任何一方不得随意变更,但甲乙双方就变更达成书面协议的除外。

在实践中,合同的变更一般都采用另行签订书面变更协议予以确定,在审查该变更协议时,需要注意的是,该变更协议与原合同之间的关系,并注明变更协议签订时间,以保证原合同与变更协议之间存在内容和时间上的关联性,以便发生争议时相互佐证。

(二)默示或沉默能否构成合同变更

《民法典》第544条规定:“当事人对合同变更的内容约定不明确的,推定为未变更。”本条规定意味着,当事人协议一致要求双方当事人必须有明确的变更合同的合意,如果一方当事人要求变更合同,对方虽然未反对,但也没有明确表示同意(“沉默的默示”),或者没有以其他行为表示同意(“推定的默示”)的,则不能认定对方当事人同意该变更。例如,在陈某寿、汲某权等与张某树、蒋某梅其他合同纠纷二审民事判决书[最高人民法院(2014)民二终字第105号]中,最高人民法院认为:

民事法律行为的默示形式是指民事主体不用语言、文字等方式直接表达其内在意思,而是以实施某种行为或不实施某种行为间接地依法律规定、约定、习惯或常理推知其意思的表示形式。其中,不作为的默示形式一般不能作为意思表示的形式,只有在法律有明文规定或者当事人的约定的情况下,才可以用作意思表示的方式。本案中万通公司向陈某寿、汲某权发出要求退还多收取租金的通知中关于“请三天之内予以答复,否则视为同意”仅是要约,而非合同。张某树、蒋某梅既不是要约人,也无权将“默示同意”义务强行加诸陈某寿、汲某权。张某树、蒋某梅关于“陈某寿、汲某权并未答复,其默示行为表明对张某树、蒋某梅抵扣多收取租金事实的认可”的抗辩理由与法律不符,本院不予支持。

在广厦建设集团有限责任公司与福州市台江区房地产开发公司其他合同纠纷二审民事判决书[最高人民法院(2014)民一终字第155号]中,最高人民法院认为:

关于广厦公司被取消中标资格双方的过错及责任认定问题。按照《招标文件》第三章第七部分第10条的约定,广厦公司在收到中标通知书后10天内,并在签订合同前,须向台江公司提供履约保证金9000万元,履约担保可以现金或银行保函的方式提交;按照台江公司、建信公司2010年10月25日共同作出的《中标通知书》的要求,广厦公司应于2010年11月24日前到台江公司与招标人签订合同。广厦公司虽然没有在上述文件及通知要求的时限内,向台江公司提交履约保证金,亦未与台江公司签订合同,但就逾期提供保函,广厦公司于2010年11月30日向台江公司递交了《承诺函》,承诺将于2010年12月8日前提交银行保函,该《承诺函》送达台江公司后,台江公司未作出明确意思表示,同意或拒绝广厦公司逾期提供保函。2010年12月8日,台江公司接收了广厦公司按照上述《承诺函》载明时限提交的银行保函。本院认为,台江公司在收到广厦公司的《承诺函》后未予明确表态的默示行为,虽然不能单独作为认定其同意广厦公司逾期提交履约保证金的事实依据,但结合其嗣后实际接收了广厦公司按照《承诺函》载明期限提交的银行保函的行为,应当认为,台江公司对广厦公司逾期提交履约保证金的行为予以接受,双方当事人以实际行为变更了原合同约定的履约保证金提交期限的约定。台江公司主张其从未同意广厦公司变更履约保证金的提交期限,与事实不符。

就台江公司所持招投标文件中关于履约保证金的提交期限,系合同实质性内容,依法不允许当事人予以变更的主张,本院认为,工期、工程价款、工程项目性质等中标结果中所包含的内容,应视为中标合同的实质性内容,为维护国家、集体、第三人合法权益,招标人和中标人不得另行签订协议予以变更。履约保证金的提交期限,不属于中标合同的实质性内容,当事人应可依据《中华人民共和国合同法》第七十七条第一款之规定予以变更。故对台江公司的上述主张,本院不予采信。

根据招投标文件的约定,双方当事人应在投标方提交履约保证金后签订建设施工合同,故在双方未作出相反意思表示的情况下,履约保证金提交期限顺延后,签约期限应作相应合理顺延。在台江公司同意变更履约保证金的提交期限,并实际接受了广厦公司逾期提交的履约保证金的情况下,本院认为,招投标文件约定的招标人取消投标人中标资格的条件尚未成就。台江公司于2010年12月14日通知取消广厦公司中标资格,违反了双方的合同约定,应承担相应的违约责任。一审判决认为台江公司通知取消广厦公司的中标资格,系依法行使合同约定解除权,属于认定事实不清,适用法律错误,本院依法予以纠正。

在该案中,最高人民法院认为,台江公司在收到广厦公司的《承诺函》后未予明确表态的默示行为,虽然不能单独作为认定其同意广厦公司逾期提交履约保证金的事实依据,但结合其嗣后实际接收了广厦公司按照《承诺函》载明期限提交的银行保函的行为,应当认为,台江公司对广厦公司逾期提交履约保证金的行为予以接受,双方当事人以实际行为变更了原合同约定的履约保证金提交期限的约定并进而得出签约期限应相应合理顺延。

另外,即便当事人在合同中进行了明确的约定,但在合同的实际履行过程中,形成了双方均认可的交易习惯,此时就出现了交易习惯与合同约定不相符时,该适用何者为标准评判合同履行的问题。当事人一旦采用交易习惯作为合同的履行的方式,其实质上就是双方当事人以实际履行行为变更了合同的约定,当交易习惯与合同约定不一致时,应认定交易习惯起到变更合同约定的效力,应以交易习惯作为标准来判断双方的履行行为。①

(三)“加速到期”条款是否构成合同变更

在盛京银行股份有限公司沈阳市民主支行与天津钢管公司东油销售处、沈阳中油天宝(集团)物资装备有限公司等金融借款合同纠纷二审民事判决书[最高人民法院(2016)最高法民终 146 号]中,最高人民法院认为:

双方在合同中约定了附条件的合同变更条款,即当约定的条件成就时,还款期限变更为债权人主张提前收回贷款之日。具体如下:

(加速到期条款)的约定应视为双方在合同中约定了附条件的合同变更条款,即当约定的条件成就时,还款期限变更为盛京银行民主支行主张提前收回贷款之日。本案中,虽然天津钢管公司在盛京银行民主支行起诉前一直按约支付借款利息,未有违约行为,但担保人沈阳中油公司、上海中油公司及其法定代表人刘某发、担保人鞍山中油公司自本案借款合同签订不久后即卷入多起诉讼,资产被多次查封,查封总值巨大,依照合同约定,盛京银行民主支行有权要求提前收回已经发放的贷款,未能收回的,视为贷款逾期,盛京银行民主支行有权按合同执行利率的 1.5 倍计收逾期利息及罚息。一审判决基于此,以盛京银行民主支行向法院起诉的时间即 2014 年 10 月 8 日作为天津钢管公司支付逾期利息及罚息的起算点,有

① 参见新疆米东区宏伟塑胶有限公司与伊犁南岗化工有限责任公司确认合同效力纠纷二审民事判决书[新疆生产建设兵团第四师中级人民法院(2016)兵 04 民终 96 号]。

合同依据,并无不当。

二、合同转让条款

(一)合同权利义务转让的法律规定

1.合同权利转让的法律规定

在合同正文条款中一般都会涉及转让条款。各国法律基本都支持,如果合同没有明确禁止,则通常情况下,合同一方可以自由转让其合同项下的权利和义务,只需要通知或经债权人同意即可,但法律另有规定的除外。例如,我国《民法典》第545条规定:"债权人可以将债权的全部或者部分转让给第三人,但是有下列情形之一的除外:(一)根据债权性质不得转让;(二)按照当事人约定不得转让;(三)依照法律规定不得转让。当事人约定非金钱债权不得转让的,不得对抗善意第三人。当事人约定金钱债权不得转让的,不得对抗第三人。"与原《合同法》第79条比较,本条规定将第1项中的"合同的权利"修改为"债权"①,并增加了第2款规定"当事人约定非金钱债权不得转让的,不得对抗善意第三人。当事人约定金钱债权不得转让的,不得对抗第三人"。需要着重说明的是,第2款规定的情形涉及当事人约定排除债权转让的适用效力问题。

第一,第2款前句明确了当事人约定非金钱债权不得转让的,不得对抗善意第三人。当事人约定不得转让非金钱债权,一方面,强调了该债权债务关系之排他性特征;另一方面,也有利于维护债务人的某些利益关系或权利。但这样的约定一定程度上又限制了债权人的权利,抑制债权的流通,从而减少了债权的价值。这也成为部分学者主张该约定无效的理由。笔者认为,由于合同具有相对性,当事人关于排除债权转让的约定,同样具有相对性,原则上不具有对抗合同当事人之外的第三人的效力。结合善意保护的原则,对于明知有约定的第三人,这一约定应当具有对抗效力,这也是诚信原则的基本要求。反之,合同当事人的这种特别约定,不能对抗善意第三人。

第二,第2款后句明确了金钱债权不得转让的约定的效力问题。基于货币的高流通性及"占有即所有"的法理,对于金钱之债的转让不应有所限制,否则将会使货币的功能作用大打折扣,也不利于交易的便捷进行。正因如此,本款规定约定金钱之债不得转让的,不得对抗第三人。这里的第三人不以"善意"为要件。也就是

---

① 此修改并非简单的文字修改,而是由此提炼出债权转让(并不限于合同债权)的一般规则,在《民法典》没有专设债法总则的情况下,本条规定情形具有统领债权转让的一般债法规则的作用。

说,金钱之债不得转让的约定,对于任何第三人都不发生效力,不论该第三人对此约定知情与否。若无其他限制情形,第三人对于金钱债权的受让就是合法有效的。这一规定对于保理行业无疑是极大的利好。① 在原《合同法》第 79 条下,司法实践的主流观点是"禁止债权转让的约定有效,但不得对抗善意第三人"②。在此基础上,《民法典》第 545 条第 2 款后句吸纳了有益的审判实践经验,即使买卖双方曾约定禁止债权转让,也不得对抗保理商(不论其是否善意),故保理商可以合法受让存在禁止债权转让约定的应收账款债权并向债务人主张。

除此之外,《民法典》第 546 条规定:"债权人转让债权,未通知债务人的,该转让对债务人不发生效力。债权转让的通知不得撤销,但是经受让人同意的除外。"此规定表明,债权人可以将合同权利全部或部分转让给第三人,转让只需要通知债务人即可而无须征得债务人的同意。因此,转让行为一经完成,原债权人即不再是

---

① 金钱债权指以债务人给付一定数额金钱为标的之债权,与提供服务、交付商品的非金钱债权不同,具有债权性和财产权性双重本质,应收账款债权即是最典型的金钱债权。

② 参见《天津市高级人民法院关于审理保理合同纠纷案件若干问题的审判委员会纪要(二)》第 4 条"基础合同中债权禁止转让的约定对保理商的影响"的规定:"债权人与债务人约定债权不得转让的,债权人不得将应收账款全部或者部分转让给保理商,但保理商善意取得应收账款债权的除外。债权人违反基础合同约定转让不得转让的应收账款,如果因此给保理商造成损失,保理商向其主张承担赔偿责任的,应予支持,但保理商在签订保理合同时知道或者应当知道基础合同禁止转让约定的除外。"《深圳前海合作区人民法院关于审理前海蛇口自贸区内保理合同纠纷案件的裁判指引(试行)》第 17 条【禁止转让约定对保理商的效力】规定:"债权人与债务人约定债权不得转让的,保理合同又约定债权人将应收账款全部或者部分转让给保理商的,对债务人不产生应收账款转让的效力,但保理商善意取得应收账款债权的除外。"第 18 条【禁止转让约定对债权人的效力】规定:"基础合同对应收账款转让有明确约定的,从其约定。如果债权人违反该约定转让应收账款给保理商造成损失,保理商向其主张承担赔偿责任的,人民法院应予支持,但保理商在签订保理合同时知道或者应当知道基础合同有特殊约定的除外。"又参见杨临萍:《最高人民法院关于当前商事审判工作中的若干具体问题》(载杜万华主编:《民事法律文件解读·总第 134 辑》,人民法院出版社 2016 年版)在"七、关于保理合同纠纷案件的审理问题"中明确:"要正确认识保理合同与基础合同的关系。基础合同的存在是保理合同缔约的前提。但是,二者并非主从合同关系,而是相对独立的两个合同。应当看到,二者有关权利义务关系的约定存有牵连。实践中,如果保理商明知基础合同约定应收账款债权不得转让,但仍然受让债权的,应当注意:一方面,前述约定并不当然影响保理合同的效力;另一方面,保理商以保理合同为依据向基础合同债务人主张债权的,并不能以此约束债务人,债务人仍可以此抗辩。"还可参见周某与刘某红合同纠纷二审民事判决书[西藏自治区拉萨市中级人民法院(2016)藏 01 民终 507 号]、乐视网信息技术(北京)股份有限公司与易到旅行社(天津)有限公司等一审民事判决书[北京市第三中级人民法院(2018)京 03 民初 410 号]和广州吉越汽车设备有限公司、广州中益机械有限公司债权转让合同纠纷二审民事判决书[广东省广州市中级人民法院(2019)粤 01 民终 1321 号]等。

合同权利主体,亦即丧失以自己名义向债务人主张合同权利的资格。[①]《民法典》第 548 条还规定:“债务人接到债权转让通知后,债务人对让与人的抗辩,可以向受让人主张。”

2. 合同义务转让的法律规定

《民法典》第 551 条规定:“债务人将债务的全部或者部分转移给第三人的,应当经债权人同意。债务人或者第三人可以催告债权人在合理期限内予以同意,债权人未作表示的,视为不同意。”本条是关于债务人转移义务的规则,学理上称为免责的债务承担。其在原《合同法》第 84 条规定的基础上,新增了第 2 款关于催告债权人的规定。在实务中,免责的债务承担主要包括债权人与第三人之间订立协议和债务人与第三人之间订立协议。

对于前者,由于债权人已经同意第三人承担债务,且对于债务人并无不利益,故应原则认定该协议生效,除非该协议依法被认定为无效或被撤销。至于是否需要取得债务人同意的问题,王利明教授认为,债权人与第三人订立债务承担协议,在绝大多数情况下,此种转让是符合债务人利益的,债务人不会反对,但在特殊情况下,此种转让也可能不完全符合债务人的利益和意志。因此,从充分保护债务人利益考虑,经过债务人的同意才能生效也有一定的合理性。当然,即便债权人与第三人所订立的债务承担协议未经债务人同意,也不应一概否定该协议的效力。[②]

对于后者,则需要经过债权人的同意。其原因在于,债务的履行涉及履行能力问题,如果允许债务人随意转让债务,势必会造成债权难以实现的问题,因此有必要经债权人同意。至于同意的方式,债权人可以采取明示的方式进行,也可以采取推定默示的方式进行。如果债权人在债务人作出债务转让的通知以后,在合理期限内一直不作表示(沉默的形式),则依《民法典》第 551 条第 2 款规定,视为不同意。

此外,还需要注意的是,《民法典》第 553 条规定:“债务人转移债务的,新债务人可以主张原债务人对债权人的抗辩;原债务人对债权人享有债权的,新债务人不得向债权人主张抵销。”此规定表明:第一,债务人转移其债务后,新债务人取得原债务人的一切法律地位,有关对债权人的一切抗辩事由,新债务人有权对债权人主

---

① 参见辽宁金利房屋实业公司、辽宁澳金利房地产开发有限公司、辽宁澳金利房地产开发有限公司与大连远东房屋开发有限公司建设用地使用权转让合同纠纷二审案[最高人民法院(2005)民一终字第 95 号],载《最高人民法院公报》2006 年第 12 期(总第 122 期)。

② 参见王利明:《合同法研究》(第 2 卷)(修订版),中国人民大学出版社 2011 年版,第 231 页。

张,这是一般原则。第二,在债务转移的情形,原债务人对债权人享有债权的,该债权并未随着此债务转移给第三人,也就是说,该第三人并未享有对债权人的债权,此时根本不具备适用抵销的条件。当然,若债务人将对债权人的债权一并依法转让给第三人的,此时第三人就享有了对债权人的债权,可以依法主张相应的抵销权。(《民法典》第568条)。

3. 合同权利义务概括转让的法律规定

《民法典》第555条规定:"当事人一方经对方同意,可以将自己在合同中的权利和义务一并转让给第三人。"第556条规定:"合同的权利和义务一并转让的,适用债权转让、债务转移的有关规定。"这些规定包括《民法典》第545条至第550条(债权转让的一般规定),第551条、第553条至第554条(债务转让的一般规定)。

就"经对方同意"而言,主流观点认为它不属于合同权利义务概括转让合同的效力要件,即未经对方同意,不会造成合同权利义务概括转让合同不生效或无效,而仅是对本合同项下对方当事人不发生法律效力。也就是说,概括转让合同本身是否无效应严格按照《民法典》关于合同效力的相关规定进行判定。此外,未经对方同意,转让合同仅在受让人与出让人之间产生拘束力,本合同项下的对方当事人与出让人应受本合同权利义务的约束,当事人各方在不同的合同中各自享有权利、承担义务,能够做到并行不悖。或者讲,如果未经对方同意,一方当事人概括转让权利和义务的,其转让行为无效,另一方有权就转让行为对自己造成的损害,追究转让方的违约责任。

综上所述,概括地讲,债权人转让全部或部分权利给第三人的,只需要通知债务人即可;债务人转让全部或部分义务给第三人的,应当经债权人同意;合同当事人一方将权利和义务概括转让的,应经对方同意。

(二)合同权利义务转让的条款

一般情况下,合同一方转让合同权利,并不必然对另一方的权利产生实质影响。但在实践中,合同一方转让其权利也可能会对另一方的权利和义务产生实质影响,正因如此,我国《民法典》第545条第1款第2项规定"按照当事人约定不得转让"的除外。因此,合同方为了确保并控制合同权利和义务转让不会对自己产生不利的影响,可以在合同中直接约定各方不得转让。

【例14-3】 合同转让条款示例

示范条款1:本协议任何一方未经另一方书面同意,不得转让或转移其在本协议项下的任何权益、权利或义务，但本协议另有相反规定的除外。

示范条款2：合同方可以未经对方事先同意而将其在本合同项下权利转让给第三方，但转让方应在转让后3日内向对方发送该转让事宜的通知。

示范条款3：本协议任何一方不得转让其在本协议项下的全部或部分权利或利益。

示范条款4：本协议对协议各方的继承者和被允许的受让人及遗产代理人（视情形而定）同样具有约束力，未经另一方事先书面同意，任何一方不得向任何第三方转让本协议项下的任何权利或义务。

示范条款5：未经甲方书面同意乙方不得擅自转让本合同，不得将本合同项下的应收账款全部或者部分转让或质押给第三人。

例如，在一份原材料采购合同中，双方当事人（甲方是买方，乙方是卖方）就按照上述示范条款5进行了约定。该条款中"不得将本合同项下的应收账款全部或者部分转让或质押给第三人"的约定实际就是有关金钱债权转让或质押的限制性约定，其本意是防止乙方（债权人）向银行或商业保理商转让或质押对甲方（债务人）的应收账款债权。对于其中的应收账款转让现在没有什么争议，依据《民法典》第545条第2款的规定，这样的限制转让的特约不得对抗第三人，此时债务人因此所遭受的损失，有权请求让与人承担违约损害赔偿责任。但应收账款的质押是否可以得出同样的结论呢？主流的观点是对应收账款债务人的内部效力也可以参照适用债权转让的规定。

据此，债务人原本要限制债权人转让应收账款债权的合同目的将无法实现。那么，如何来对债务人利益"落空"进行救济呢？实务中，有人提出了两种方法：一是通过设置高额违约金的方式来提高债权人未经债务人同意转让应收账款债权的成本。但该方法并不必然阻却债权人转让应收账款债权。此外，高额的违约金可能被法院在审理中予以调减。二是将债权人未经债务人同意转让应收账款债权约定为"根本违约"，从而债务人享有单方解除权。例如，上例条款可以修改如下：

未经甲方书面同意乙方不得擅自转让本合同，不得将本合同的应收账款全部或者部分转让或质押给第三人，否则属于乙方根本违约，乙方应按照转让或质押的应收账款金额的[20%]向甲方支付违约金，且甲方有权单方解除本合同。

笔者认为，第一种方法应当是可行的，无非过高的违约金可能面临调减的风险而已；但第二种方法则可能面临法律风险。理由是：第一，《九民纪要》第47条【约定解除条件】规定："合同约定的解除条件成就时，守约方以此为由请求解除合同的，人民法院应当审查违约方的违约程度是否显著轻微，是否影响守约方合同目的实现,根据诚实信用原则,确定合同应否解除。违约方的违约程度显著轻微,不影响守约方合同目的实现,守约方请求解除合同的,人民法院不予支持;反之,则依法予以支持。”据此,在审判指导意见看来,在约定解除事由属于“违约程度显著轻微,不影响守约方合同目的的实现”时,守约方不得行使单方解除权。第二,从司法实践来看,一般情况下,当事人之间关于根本违约事由的约定有效。在约定事由出现后,当事人可以依据合同约定或法律规定享有合同解除权。但若根据约定事由行使合同解除权将使合同当事人之间显失公平,不利于维护交易秩序,则该约定应受到限制。对“显失公平、不利于维护交易秩序”的审查标准宜低于“合同目的无法实现”的标准。具体可依据约定的不同类别的根本违约事由予以认定:(1)约定事由为拒绝履行合同主要义务的,约定有效;(2)约定事由为拒绝履行从合同义务或附随义务的,需审查该义务是否形成了缔约的特殊合同目的;(3)约定事由为迟延履行、不完全履行事由的,需要重点考量违约事由中的时间、金额、标的物对整个合同履行的周期、金额、功能等的影响程度。① 据此,就约定限制应收账款债权转让或质押而言,例如,在买卖合同中,债权人(甲方)已经交付了货物(履行了主合同义务),债务人(乙方)的对待给付义务即按约支付价款(形成了甲方对乙方的应收账款债权)。显然,甲方拒绝履行未经乙方书面同意转让全部或部分应收账款的义务,属于拒绝履行从义务或附随义务,此时应判断该义务与合同目的之间的牵连关系,即该根本违约事由的约定是否已形成了合同一方的特殊缔约目的。通常认为,此种义务不属于乙方选择甲方供货并实现合同目的的一部分,不构成债务人(乙方)的特殊缔约目的。故此,在甲方已经履行主合同义务并享有应收账款债权的情况下,合同的权利义务基本履行完毕,乙方的合同目的基本实现,若给予乙方单方解除权显失公平,不利于维护交易秩序。其效力值得商榷。尽管如此,在实务中,也不妨作此约定,以对债权人(甲方)形成限制转让或质押的压力。

(三)集团模式下合同转让的条款

1. 集团模式下合同转让适用的场合

在实践中,还涉及一种特殊的情形就是,集团总公司对外签订了合同,而在实际履行时,根据集团内部的安排,一般会将合同的某些权利和义务转让给自己的内部关联公司去履行。此时,合同中的转让条款就需要慎重对待。特别是,需要经过对方书面同意才可转让的约定,可能会带来转让的限制。此种情况下,合同转让条

① 参见淄博鑫烁机械有限公司、河南威猛振动设备股份有限公司买卖合同纠纷二审民事判决书[河南省新乡市中级人民法院(2019)豫07民终3918号]。

款可以拟定为：

协议任何一方可在任何时候，在事先获得对方书面同意后转让其在本协议项下的全部或部分权利或利益，对方不得无故拒绝或迟延不予同意，且向关联公司做出这样的转让无须对方同意（视为对方在此已事先明确同意）。

2. 集团模式下合同各主体的责任问题

在本书第12章"合同主体条款审查"之"集团模式合同的主体的特殊处理"中，笔者曾经讨论过三种集团模式下合同签署的方式。鉴于该模式下合同涉及多个主体，合同各方都应明确界定多个主体之间的法律责任（按份之债或连带之债）。下面以集团模式下的产品经销合同为例来进行说明。

首先，站在公司集团视角，应约定各合同主体各自享有权利、各自承担责任（按份之债），避免约定为连带责任或补充责任（某些情形下，合同相对方可能要求集团总公司承担最终补充责任）。

其次，站在合同相对方视角，即便不能要求各合同主体承担连带责任，但也可以要求合同签约主体（集团总公司）最终对所有主体的付款义务承担责任，或者为其各关联公司提供一般保证。

最后，在合同履行中，公司集团（含集团总公司和各关联公司）和合同相对方相互之间可能存在债权债务，合同中可能会增加"抵销"的特别约定。例如，甲方和/或委托公司（产品销售方）、乙方（经销商）约定如下：

甲方和/或委托公司对乙方的任何一笔到期债权，均可用于抵销乙方对甲方和/或委托公司的任何一笔债权。

现在需要审视的是，这样的合同约定抵销是否合法有效。主要涉及两个方面的问题：一是这样的约定抵销是否具有法律效力；二是合同约定了抵销的权利，是否视为可以自动抵销而无须发出通知。

对于第一个问题，依据《民法典》第568条"当事人互负债务，该债务的标的物种类、品质相同的，任何一方可以将自己的债务与对方的到期债务抵销；但是，根据债务性质、按照当事人约定或者依照法律规定不得抵销的除外。当事人主张抵销的，应当通知对方。通知自到达对方时生效。抵销不得附条件或者附期限"，第569条"当事人互负债务，标的物种类、品质不相同的，经协商一致，也可以抵销"之规定，抵销分为法定抵销和约定抵销。站在对第569条"当事人互负债务"文义解释的立场，约定抵销或合意抵销的一般规则是，抵销权仅限于合同相对方之间互负债务，不能是第三人债权。而在集团模式合同下，形成的是多个"独立"的合同，各个合同的相对方是不同的，某个合同相对于其他合同而言，其合同的当事方属于是

"第三人"。例如,集团总公司A公司自身及其控股子公司B公司、C公司与供货人D公司签订了一份集团采购合同,约定A、B和C公司分别向D公司采购零部件,各自享有权利和承担义务(非连带责任)。假定,B公司欠D公司货款,而D公司也同时欠C公司其他款项,则D公司是否可以主张以对B公司的债权抵销D公司对C公司的债务?此时,显然是不能抵销的。但若合同约定A、B和C公司承担连带责任,则B公司以其他连带债务人C公司(第三人)对D公司的债权,就C公司应分担的连带债务部分为限,可以主张抵销。但这一结论仅限于学理的观点或立法论的立场,或者外国或地区有明确规定。[①] 此外,除了上述所举例子外,集团模式下各合同主体之间的相互抵销还存在多种其他情形,在此不一一列举。

总之,涉及"第三人"债务抵销的场合存在多种具体情形,略显复杂。法律上未有明确的规定(涉及债权转让的抵销除外,参见《民法典》第549条),学理界和实务界也存在较大的争议,故此不建议采用单纯的抵销条款。一种可能的替代方法是合同各方约定同意"债权债务转让+约定抵销"的方案。例如,集团模式下的合同约定C公司将对D公司的债权转让给B公司,再约定B公司以其受让的C公司对D公司的到期债权(主动债权)抵销D公司对B公司的债权(被动债权)。另外,依据《民法典》第549条的规定:"有下列情形之一的,债务人可以向受让人主张抵销:(一)债务人接到债权转让通知时,债务人对让与人享有债权,且债务人的债权先于转让的债权到期或者同时到期;(二)债务人的债权与转让的债权是基于同一合同产生。"此时,除基于基础法律关系享有的抗辩权之外,D公司(债务人)还可以其对C公司(债权人)的债权向B公司(受让人)主张抵销,从而达成两个主体方向都可以达成抵销之效果。

对于第二个问题,依据《九民纪要》第43条【抵销】的规定:"抵销权既可以通知的方式行使,也可以提出抗辩或者提起反诉的方式行使。抵销的意思表示自到达对方时生效,抵销一经生效,其效力溯及自抵销条件成就之时,双方互负的债务在同等数额内消灭。双方互负的债务数额,是截至抵销条件成就之时各自负有的包括主债务、利息、违约金、赔偿金等在内的全部债务数额。行使抵销权一方享有的债权不足以抵销全部债务数额,当事人对抵销顺序又没有特别约定的,应当根据实现债权的费用、利息、主债务的顺序进行抵销。"因此,笔者认为,对于《民法典》第568条第2款规定中的"通知",各方通过合同约定可以抵销,甚至于约定"各方在此视为同意,无须另行通知"之类的条款并不具有法律效力,还应发出书面主张

① 例如,我国台湾地区"民法"第277条规定:"连带债务人中之一人,对于债权人有债权者,他债务人以该债务人应分担之部分为限,得主张抵销。"

抵销的通知并送达。此外,在审判实践中,还应包括在诉讼中提出抗辩或提起反诉的方式行使。也就是说,在审判阶段仍然存在“补充”主张的机会。

三、合同终止与解除条款

(一)合同终止与解除的概念

在学理上,合同的终止,也称为合同的消灭。合同终止可以分为广义的终止和狭义的终止,广义的终止既包括合同关系向未来的消灭,也包括合同关系溯及既往的消灭(参见原《合同法》第91条①);而狭义的终止指合同关系消灭,仅向将来发生效力,当事人不负有恢复原状的义务。合同解除,是指在合同有效成立后,因一方或双方当事人的意思表示,使合同关系终了,未履行的部分不必继续履行,既已履行的部分依具体情形进行清算的制度,它是合同特有的终止原因。② 合同的解除依据不同的分类标准,可以有不同的分类。依合同解除是否以解除权的存在为必要,合同解除可以分为合意解除(协商一致解除)和行使解除权的解除。后者依合同解除权发生的根据的不同,可以将合同解除分为约定解除和法定解除。法定解除又分为一般的法定解除和特别的法定解除。特别的法定解除,实际上是指存在于特定合同中的一方或双方当事人可以解除合同的情形。具体而言包括:双方享有任意解除权的情形、一方享有任意解除权的情形和非违约方享有法定解除权的情形。具体见图14-2:

---

① 原《合同法》第91条规定:“有下列情形之一的,合同的权利义务终止:(一)债务已经按照约定履行;(二)合同解除;(三)债务相互抵销;(四)债务人依法将标的物提存;(五)债权人免除债务;(六)债权债务同归于一人;(七)法律规定或者当事人约定终止的其他情形。”故在原《合同法》第91条下,合同权利义务终止的原因可以是清偿、解除、抵销、提存、免除、混同以及其他等,合同解除是合同权利义务终止的原因之一。

② 参见韩世远:《合同法总论》(第4版),法律出版社2018年版,第644页。

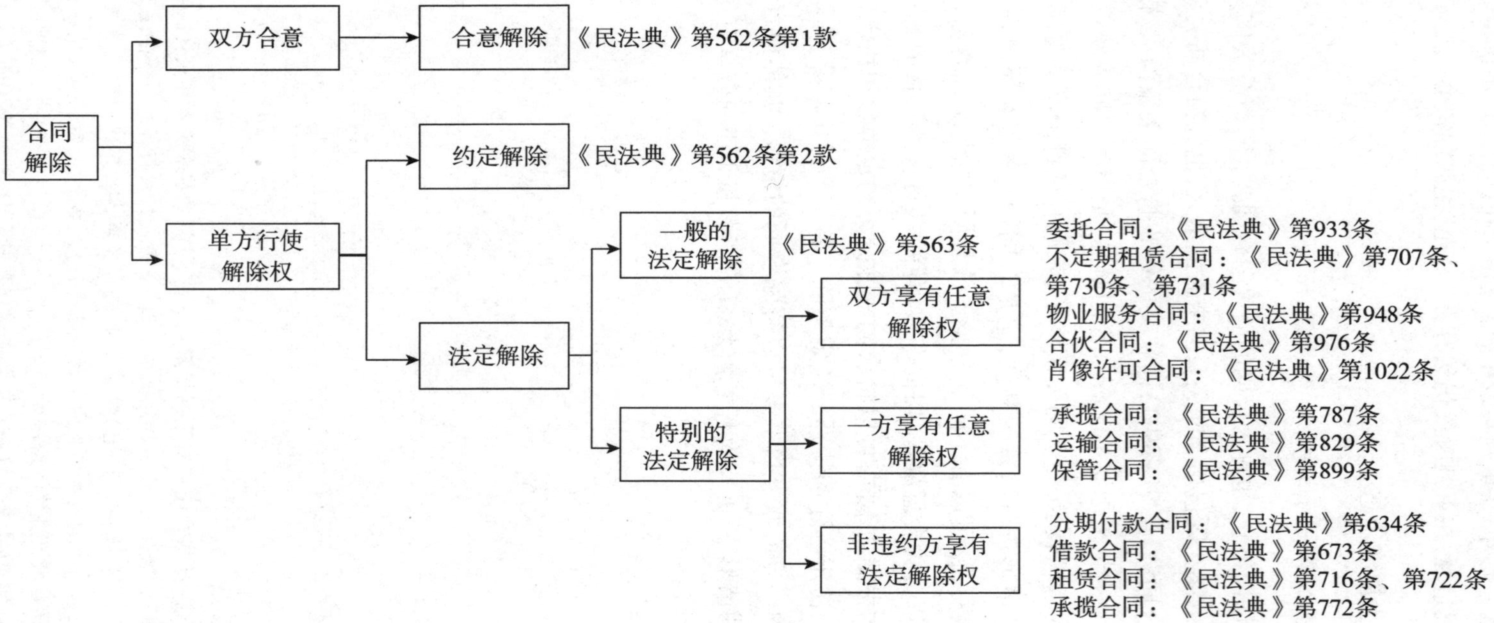

图14-2　合同解除的类型

《民法典》第557条列举了债权债务终止及合同解除的事由。其规定:“有下列情形之一的,债权债务终止:(一)债务已经履行;(二)债务相互抵销;(三)债务人依法将标的物提存;(四)债权人免除债务;(五)债权债务同归于一人;(六)法律规定或者当事人约定终止的其他情形。合同解除的,该合同的权利义务关系终止。”与原《合同法》第91条相比较,本条在体例上进行了修改,将合同解除后的后果单列为第2款,同时将第1款中的“合同的权利义务终止”修改为“债权债务终止”。上述修改表明,我国借鉴了大陆法系主要国家的立法思路,即采取狭义的合同终止论,将合同终止和合同解除相区分。关于合同终止与合同解除的区别,在《合同法》制定之时就有过争论,主张两者应加以区分的理由为:合同终止与合同解除都是使合同债权债务消灭的事由,两者效力和适用范围不同。合同终止是使继续性的合同关系自始消灭的行为;而合同解除是使合同权利义务自始消灭的行为。[①] 合同终止既可适用于违约的情形,也可以适用于非违约的情形;而合同解除实质上是对违约的一种补救,是一种特殊的合同责任。[②]

《合同法》制定后,有学者对《合同法》第91条“合同的权利义务终止”的用语提出批评,认为债法总论上的债权债务消灭,其着眼点是单个债务或债权的消灭,例如债务人依法将标的物提存,其对应的是债务终止,但债权并不消灭;而合同法总论上的合同债权债务侧重的是合同债权与合同债务之间的牵连。因此,合同权利义务的消灭,指的是合同关系的消灭,是合同权利义务关系全体的消灭,主要是合同的解除。故不应笼统适用“合同的权利义务终止”的概念,将单个债权债务的消灭和合同整体权利义务的消灭混在一起,建议将债的消灭原因与合同消灭原因分别规定。[③]《民法典》第557条将债权债务终止和合同解除分别加以规定,故第1款采用的是“债权债务终止”的措辞;第2款则限定于合同解除的情形,规定合同解除的后果是导致合同权利义务关系的整体消灭,故使用“合同的权利义务关系终止”的措辞,在逻辑体系和用语上更为严密规范。[④]

需要特别说明的是,依据《民法典》第567条的规定:“合同的权利义务关系终止,不影响合同中结算和清理条款的效力。”这意味着合同中结算和清理条款继续

---

① 参见王利明:《合同法研究》(第2卷)(修订版),中国人民大学出版社2011年版,第251页。

② 参见最高人民法院民法典贯彻实施工作领导小组主编:《中华人民共和国民法典合同编理解与适用》(一),人民法院出版社2020年版,第595页。

③ 参见韩世远:《合同法总论》(第4版),法律出版社2018年版版,第641-642页。

④ 参见最高人民法院民法典贯彻实施工作领导小组主编:《中华人民共和国民法典合同编理解与适用》(一),人民法院出版社2020年版,第595页。

有效。合同中约定的结算条款,是指在履行价款给付义务后,当事人之间的货币结算。所谓清理条款,是指合同终止后如何处理合同遗留问题(包括债权债务关系的清理、适用法律、诉讼管辖等法律纠纷的解决机制)的约定。另外,依据《民法典》第558条的规定:“债权债务终止后,当事人应当遵循诚信等原则,根据交易习惯履行通知、协助、保密、旧物回收等义务。”债权债务终止后,合同当事人之间可能发生后合同义务。

(二)合同终止与解除条款的起草与审查

在实务中,并未严格去区分学理上广义的合同终止和合同解除,合同的终止和解除条款往往也放在一起拟定。就此而言,本书所称的合同的终止条款实质也包含合同的解除条款。合同终止分为自然终止和人为终止。一般约定的合同有效期到期,合同则自然终止,这无须特别关注,只需要将合同有效期约定清楚即可,并不会导致太大争议,而人为终止一般指合同一方提前终止合同的情形,这是拟定合同时需要特别关注的情形。

人为终止一般是指合同在履行过程中,由于出现某种特殊情况,合同如果继续履行将导致没有任何过错的合同一方遭受重大损失,因而赋予该方一个救济的权利——终止合同,以期将合同方遭受这种情况时面临的风险降到最低,这实际上是一种自救方式。无论是固定期限或是无固定期限的合同,终止条款都是非常重要的条款,因为一般来说,如果想在合同规定的期限之前终止合同,必须符合合同明确约定的终止条件。终止条款一般包括终止事件、终止事件的通知(在法律规定或约定的期限内通知)、终止以及终止的后果等内容。

1. 合同终止事件

《民法典》第557条第1款规定了六种债权债务终止的法定事由(“债的消灭的法定事由”)以及一种兜底事由“法律规定或者当事人约定终止的其他情形”。第2款单独规定合同解除,发生“合同的权利义务关系终止”的后果,以示其仅适用于合同领域。于是,《民法典》第557条第1款的功能是债法总则规定,第2款的功能则是合同法领域规定。相应地,《民法典》合同编通则分编第7章“合同的权利义务终止”第562条至第567条关于合同解除的规则,不属于债法总则规范。

《民法典》第562条规定:“当事人协商一致,可以解除合同。当事人可以约定一方解除合同的事由。解除合同的事由发生时,解除权人可以解除合同。”这即是所谓的“约定解除”。第563条规定:“有下列情形之一的,当事人可以解除合同:(一)因不可抗力致使不能实现合同目的;(二)在履行期限届满前,当事人一方明确表示或者以自己的行为表明不履行主要债务;(三)当事人一方迟延履行主要债务,经催告后在合理期限内仍未履行;(四)当事人一方迟延履行债务或者有其他违约行为致使不能实现合同目的;(五)法律规定的其他情形。以持续履行的债务为内容的不定期合同,当事人可以随时解除合同,但是应当在合理期限之前通知对方。"这即是所谓的"法定解除"。因此,简单地讲,终止事件就是触发合同一方能够提前终止合同的特定事件或情况。按照法律规定,通常只有在一方严重违约且未能在合理时间内补救的情形下,守约方才能解除合同。但是,若在合同中进行这样原则性的规定,显然通常并不能满足交易双方的实际需要,因此交易双方有必要在合同中进一步约定可以导致合同提前终止的各种具体情形以及相应的法律后果。

2. 合同终止事件的通知

首先,需要说明的是,"终止事件的通知"条款实际是合同解除权的行使条款。包括两个方面的内容:一是合同解除权行使的期间(除斥期间);二是合同解除权行使的方式(通知)。

(1)合同解除权行使的期间

合同解除权系形成权,依法定或约定享有合同解除权的一方当事人,经其单方意思表示即可使合同效力归于消灭,对当事人的权利义务产生重大影响。故此,应严格限制其行使时间(除斥期间)。若当事人经过除斥期间不行使法定解除权或约定解除权,则应认定解除权归于消灭。从另一方面来看,"权利上的睡眠者"本不应受到保护,其长时间不行使合同解除权,应视为其自行放弃了解除合同的权利。《民法典》第564条对此进行了规定:"法律规定或者当事人约定解除权行使期限,期限届满当事人不行使的,该权利消灭。法律没有规定或者当事人没有约定解除权行使期限,自解除权人知道或者应当知道解除事由之日起一年内不行使,或者经对方催告后在合理期限内不行使的,该权利消灭。"这一规定系吸纳了原《商品房买卖合同司法解释》第15条第2款的规定。其规定的1年期间为不变期间,不适用中止、中断或延长的规定。另外,其规定的"合理期限"(原《合同法司法解释(二)》第24条曾规定3个月期限,参见下文),但现行法律并无统一的适用标准,仅在《商品房买卖合同司法解释》(2020年修正)第11条第2款规定:"法律没有规定或者当事人没有约定,经对方当事人催告后,解除权行使的合理期限为三个月。……"在审判实践中,尽管法官拥有一定的酌情裁量权,但笔者认为在合同起草、审查实务中,原则上可以参考适用3个月的规定。

历史上,原《合同法司法解释(二)》第24条规定:"当事人对合同法第九十六条、第九十九条规定的合同解除或者债务抵销虽有异议,但在约定的异议期限届满后才提出异议并向人民法院起诉的,人民法院不予支持;当事人没有约定异议期间,在解除合同或者债务抵销通知到达之日起三个月以后才向人民法院起诉的,人民法院不予支持。"该条解释规定的异议权与解除权不同,后者是一种形成权,一旦解除合同的通知到达对方,即发生解除合同的效果;异议权是一种程序请求权,即请求法院或仲裁机构确认合同解除行为不产生效力。一旦异议期届满,异议权人没有提起诉讼或者申请仲裁,异议权即消灭,合同无争议地解除。① 但实践中,对第 24 条的理解和适用仍然引发了争议,主要集中在两个方面:一是当事人的解除权行使是否要以符合原《合同法》规定的合同解除条件为要件,即如果合同当事人一方在不具有解除权的情况下,向对方发出了解除通知,对方在本条规定的异议期经过后才向人民法院起诉提出异议的,人民法院是否支持。二是发出解除通知的一方是否可以在 3 个月内向人民法院提起诉讼请求法院确认解除合同的效力。对于第一个问题,《最高人民法院研究室对〈关于适用《中华人民共和国合同法》若干问题的解释(二)〉第二十四条理解与适用的请示的答复》(2013 年 6 月 4 日,法研〔2013〕79 号)曾答复明确:"当事人根据合同法第九十六条的规定通知对方要求解除合同的,必须具备合同法第九十三条或者第九十四条规定的条件,才能发生解除合同的法律效力。"但 2014 年 11 月 25 日,最高人民法院在其官网发布《关于如何理解与适用合同法解释(二)第 24 条问题的答复》②,其第 1 条明确:

《合同法司法解释(二)》第 24 条规定:"当事人对合同法第九十六条、第九十九条规定的合同解除或者债务抵销虽有异议,但在约定的异议期限届满后才提出异议并向人民法院起诉的,人民法院不予支持;当事人没有约定异议期间,在解除合同或者债务抵销通知到达之日起三个月以后才向人民法院起诉的,人民法院不予支持。"如果合同当事人一方在不具有解除权的情况下,向对方发出了解除通知,对方在本条规定的异议期经过后才向人民法院起诉提出异议的,人民法院是否支持,无论是在学术界还是在各地法院的审判实践中均存在争议。肯定的观点主张,本条适用的前提是主张解除合同的一方应具有解除权,否则,对方提出异议的权利不受异议期的限制,本条不适用,人民法院对解除异议的诉讼请求仍应支持;否定的观点主张,异议期限经过,异议权不再受法律保护,此时无论解除合同的一方是否具有解除权,对方当事人均无权再对合同解除提出异议,故对此种情形下的异议

① 参见最高人民法院民法典贯彻实施工作领导小组主编:《中华人民共和国民法典合同编理解与适用》(一),人民法院出版社 2020 年版,第 655－656 页。

② 参见 http://www.court.gov.cn/zixun－xiangqing－6871.html。

诉请，人民法院不应支持。以上两种观点，均具有一定的理论依据和现实基础，根本差别在于对异议权的性质、异议期限经过的后果等认识不同。对此，最高人民法院将在进一步研究论证的基础上，以司法解释、司法政策或典型案例等形式，明确提出相应的意见，以统一裁判尺度。

至此，最高人民法院对此问题的立场出现了“反复”，处于一个不明确的状态。《九民纪要》第46条【通知解除的条件】“审判实践中，部分人民法院对合同法司法解释（二）第24条的理解存在偏差，认为不论发出解除通知的一方有无解除权，只要另一方未在异议期限内以起诉方式提出异议，就判令解除合同，这不符合合同法关于合同解除权行使的有关规定。对该条的准确理解是，只有享有法定或者约定解除权的当事人才能以通知方式解除合同。不享有解除权的一方向另一方发出解除通知，另一方即便未在异议期限内提起诉讼，也不发生合同解除的效果。人民法院在审理案件时，应当审查发出解除通知的一方是否享有约定或者法定的解除权来决定合同应否解除，不能仅以受通知一方在约定或者法定的异议期限届满内未起诉这一事实就认定合同已经解除”之规定，对此予以了“盖棺定论”，并且明确人民法院在审理案件时应主动审查解除权是否存在（实质审查），并据此判定合同是否解除。

（2）合同解除权行使的方式

《民法典》第565条规定：“当事人一方依法主张解除合同的，应当通知对方。合同自通知到达对方时解除；通知载明债务人在一定期限内不履行债务则合同自动解除，债务人在该期限内未履行债务的，合同自通知载明的期限届满时解除。对方对解除合同有异议的，任何一方当事人均可以请求人民法院或者仲裁机构确认解除行为的效力。当事人一方未通知对方，直接以提起诉讼或者申请仲裁的方式依法主张解除合同，人民法院或者仲裁机构确认该主张的，合同自起诉状副本或者仲裁申请书副本送达对方时解除。”相对于原《合同法》第96条的规定，本条作出如下修订：一是合同解除情形中增加了附期限解除合同的情形，即“通知载明债务人在一定期限内不履行债务则合同自动解除，债务人在该期限内未履行债务的，合同自通知载明的期限届满时解除”；二是扩大了请求人民法院或仲裁机构确认解除行为效力的主体范围，由原规定的被通知解除一方扩大到了“任何一方当事人”；三是明确规定了直接起诉或申请仲裁解除合同的方式，并明确了以该方式解除合同时如何确定合同解除时间；四是删除了原《合同法》第96条第2款“法律、行政法规规定解除合同应当办理批准、登记等手续的，依照其规定”之规定。具体而言：

其一，对于第一点修订，这里的附期限解除合同不同于当事人在合同中约定的解除合同的条件或期限。前者发生在合同有效成立之后,是解除权人在行使解除权时单方确定的条件或期限;后者发生在合同订立之时,是双方当事人合意确定的解除权发生的条件或期限。前者在通知所载明的履行期限届满而债务人仍未履行合同的情况下,即发生合同自动解除的法律效力,而无须再向债务人发出解除合同的通知。后者在条件成就或期限届满时,仍须向对方发出解除合同通知,才发生解除合同的法律效力。显然,这为合同的起草者或审查者提供了一条无须发出书面通知书就可行使解除权的途径。

其二,对于第二点修订,实际就是所谓的“合同解除确认之诉”。为维护非解除方的权益,防止解除权人滥用解除权,原《合同法》第 96 条第 1 款下规定了非解除方对解除权人解除合同持反对意见或者有其他抗辩理由时,可以请求人民法院或者仲裁机构确认合同解除效力。依据该规定,只有合同解除的异议方才能提起确认合同解除之诉。但《民法典》第 565 条第 1 款规定:“……对方对解除合同有异议的,任何一方当事人均可以请求人民法院或者仲裁机构确认解除行为的效力。”其“任何一方当事人”的措辞表明,发出解除合同通知的一方在对方针对解除合同通知提出异议后,亦可向法院提起诉讼或向仲裁机构申请仲裁,请求确认解除行为发生解除合同的效力。其立法目的在于,可以防止相对方对解除提出异议却又怠于提起确认解除行为效力之诉,从而损害解除权人的利益。就此,早在 2014 年 11 月 25 日,最高人民法院就在其官网发布《最高人民法院关于如何理解与适用合同法解释(二)第 24 条问题的答复》,其第 2 条就已经明确:

发出解除通知的一方自己在 3 个月内起诉,请求法院确认解除合同的效力,属于解除方通过提起确认之诉,对合同已经解除的法律事实进一步予以确认,而非对自己主张的合同解除提出异议。

此次法典编撰时,《民法典》第 565 条第 1 款吸纳上述答复意见的精神。

其三,对于第三点修订,《民法典》第 565 条第 2 款明确了,除通知对方当事人,也可直接向法院提起诉讼或向仲裁机构申请仲裁,由法院或仲裁机构将起诉状副本或者仲裁申请书副本送达对方时解除。

其四,对于第四点修订,尽管《民法典》第 565 条删除了原《合同法》第 96 条第 2 款“法律、行政法规规定解除合同应当办理批准、登记等手续的,依照其规定”之规定,但笔者认为,依据《民法典》第 502 条第 2 款“依照法律、行政法规的规定,合同应当办理批准等手续的,依照其规定……”、第 3 款“依照法律、行政法规的规定,合同的变更、转让、解除等情形应当办理批准等手续的,适用前款规定”,事实上这一规定仍然得以保留。

最后,在实务中,解除合同的通知包括两个视角的通知:一是有些终止事件发生时,只有当事方一方才会知道,而合同对方很难知道,或者很难及时知晓。比如,丧失清偿能力或者发生控制权变化等。因此,为了保证合同对方能够及时行使其在终止事件发生时的权利,就有必要为当事方设定义务,即在发生终止事件时及时通知对方。二是提前解除的一方应尽到通知义务,该通知义务的目的在于给予对方提出异议的权利。

3. 合同终止及其法律后果

《民法典》第 566 条规定:"合同解除后,尚未履行的,终止履行;已经履行的,根据履行情况和合同性质,当事人可以请求恢复原状或者采取其他补救措施,并有权请求赔偿损失。合同因违约解除的,解除权人可以请求违约方承担违约责任,但是当事人另有约定的除外。主合同解除后,担保人对债务人应当承担的民事责任仍应当承担担保责任,但是担保合同另有约定的除外。"本条规定与原《合同法》第 97 条规定比较,除个别表述有所调整外,增加了合同解除后的违约责任与担保责任的规定,即第 2 款"合同因违约解除的,解除权人可以请求违约方承担违约责任,但是当事人另有约定的除外",第 3 款"主合同解除后,担保人对债务人应当承担的民事责任仍应当承担担保责任,但是担保合同另有约定的除外"。具体介绍如下:

第一,对于"合同解除后,尚未履行的,终止履行",此处的"终止履行"宜理解为债务免除,并非相对人取得抗辩权。①

第二,所谓"恢复原状",是指一般情况下,合同解除具有溯及力,即合同解除后有溯及既往的效果,当事人的财产状态可以恢复到合同订立之前的状态。所谓"履行情况",是指根据履行部分对合同债权的影响。如果解除合同后,债务人已经履行的部分对债权人根本无意义,可以请求恢复原状;如果根据合同履行状况无法恢复或不容易恢复(如标的物已经毁损无法直接返还的),或当事人在清理条款或解除协议中有补救措施的约定的,或债权人的利益不是必须通过恢复原状才能得到保护的,不必恢复原状,可采取其他补救措施,即请求修理、更换、重作、减价等。所谓"合同性质",是指根据合同标的的属性。以金钱给付为标的的,当事人应当返还所取得的给付;继续性的合同(如水、电、气供应合同,租赁合同,劳务合同,合伙协议,涉及善意第三人利益的合同等),其合同性质决定了解除的效力只能向将来发生,已经履行的部分应当继续有效,无法恢复原状。

第三,关于合同解除与赔偿损失,我国立法向来认为,合同解除与债务不履行

---

① 参见韩世远:《合同法总论》(第 4 版),法律出版社 2018 年版,第 674 页。

的损失赔偿责任可以并存,合同解除不影响当事人要求赔偿损失的权利。例如,《九民纪要》第49条【合同解除的法律后果】规定:“合同解除时,一方依据合同中有关违约金、约定损害赔偿的计算方法、定金责任等违约责任条款的约定,请求另一方承担违约责任的,人民法院依法予以支持。”

关于合同解除所产生赔偿损失请求权的性质,通说认为,合同解除只使合同债务向将来消灭,使双方当事人从将来的债务中解放出来。解除场合的“恢复原状”,只不过单纯地在本来的给付方面的归还,并没有涵盖履行利益,因而出于对解除人的周全保护,还须确认履行利益的赔偿(并不限于信赖利益的赔偿)。简言之,解除权人在通过“恢复原状请求权”收回自己已经给付的物以外,对于并不能由此而获得涵盖的因债务不履行所产生的损害,仍应当允许其请求对方赔偿。合同解除场合的赔偿损失,依然是违约损失赔偿,赔偿范围以履行利益(包括合同履行后可以获得的利益)为主,在不发生重复填补的前提下,也可以包括其他损失的赔偿(信赖利益、固有利益)。①

此外,《民法典》第567条规定:“合同的权利义务关系终止,不影响合同中结算和清理条款的效力。”

因此,在实务中,合同的约定应当载明合同终止的后果是什么,也就是合同因发生终止事件被终止后,如何处理合同双方的权利义务关系。一个普遍的原则是合同的终止不应影响终止之前已经发生的权利和义务。

【例14-4】 终止示范条款

X	**合同的终止**
X.1	**终止事件** 在下列情形下,任何一方均可以按照第[X.2(2)]项规定通知另一方终止本协议: (1)另一方违反了本协议的条件或任何其他条款,且该等违约的结果是严重的,或者无法补救的,或者可以补救但却在守约一方发出通知要求补救后三十[30]天内仍未补救; (2)另一方停止或暂停或威胁暂停或暂停支付其全部或大部分债务,或者没有能力偿还到期债务; (3)另一方停止或威胁停止进行其所有或大部分业务; (4)任何人(包括相关合同一方)采取与另一方的行政接管、清算或破产有关的任何措施;

① 参见韩世远:《合同法总论》(第4版),法律出版社2018年版,第686-687页。

续表

	(5)对另一方的全部或实质性部分的财产或业务采取了任何强制性执行担保的措施,或者启动了扣押、执行或其他类似程序,包括但不限于任命接管人、行政接管人、破产信托人或其他类似人员; (6)发生任何事件或情形,而根据相关有管辖权的区域所适用的法律,该等事件或情形和上述第(4)、(5)两项中所列的终止事件具有相似或相同的效果; (7)另一方发生了「**控制权**」变化; (8)另一方的最终母公司[及其担保人]发生了本条所列的任何事件或情形。
X.2	**终止事件通知** (1)如果发生影响一方的终止事件,或者发生任何很可能引发终止事件的事件或情形,则该方应及时通知另一方; (2)主张终止权利的任何一方,应当在终止事件或情形发生时通知另一方。
X.3	**终止及终止的后果** 在按照第[X.1]条终止协议之后: (1)在受第[X.3(2)]项和第[X.4]款限制的前提下,双方在本协议项下的权利义务应终止且不再生效,但第[*诸如支付价款、索赔等条款编号*]条仍应保持完全的效力; (2)任何一方在终止前已享有的任何权利或已发生的任何义务应继续保持全部效力。
X.4	按照第[X.1]款进行的终止不应影响或损害行使终止权利一方由于导致协议终止的终止事件而应享有的求偿权或其他补救方式,也不应影响或损害任何一方由于在协议终止时或终止前已存在的违约行为而享有的求偿权或其他补救方式。
X.5	按照第[X.1]款进行的终止不应影响本协议有关条款的效力,包括[*定义条款编号*]、[*适用法律条款编号*]、[*管辖权条款编号*]、[*保密条款条款编号*]以及[*终止前的赔偿条款编号*]等。

分析:(1)首先,对于违约行为而言,如果属于一般性的、微小的违约行为,一般不会导致合同的终止。譬如,上例的第X.1(1)项规定的就是违约行为的结果是严重的情形。同时,如果属于无法补救或者经催告的合理期限内依然未予补救的,则守约方将保留单方解除合同的权力。

其次,终止事件基本上都和破产清算或者无力偿还债务有关。如果合同对方已经默示或明示丧失清偿能力,甚至已经进入了破产清算程序,这个时候应给予合同另一方终止合同的权利,以尽可能地减少损失。譬如,上述条款的第X.1(2)、X.1(3)、X.1(4)项就属于这样的约定。

再次,如果另一方的全部或实质性部分的财产或业务被采取了强制性执行或扣押、冻结措施时,也应给予合同另一方终止合同的权利。譬如,上述条款的第X.1(5)项就属于这样的约定。

最后,在实务中,另外一种比较常见的终止事件就是控制权的变化[参见第

X.1(6)项]。实践中之所以将控制权变化作为终止合同的一种事件,其原因在于,对某些交易而言,只适用于特定的双方及其关联公司,一旦某一合同方因为股权的变更等而不再属于特定的交易对象时,那么,这些交易条款也将不再适用,因此控制权变化便成为比较常见的、典型的终止事件之一。这样的条款一般比较常见于贷款和融资合同中,在并购重组合同中一般比较少见,而且在当今大公司集团普遍存在的情况下,需要慎用这样的条款,只有在确属必要时才应协商放入控制权变化条款。

(2)在通知条款中,我们看到了发生终止事件或情形一方的通知义务(参见第X.2款)。

(3)最后,终止权利的行使并不影响合同的任何一方在终止前已享有的任何权利或已发生的任何义务[参见第X.3(2)项]和行使终止权利一方的求偿权或其他补救方式(参见第X.4款),以及合同的其他需要保持效力的条款(参见第X.5款)。

(三)合同终止后的后合同义务

在合同的权利义务终止后,当事人并非就不存在任何义务了。《民法典》第558条规定:“债权债务终止后,当事人应当遵循诚信等原则,根据交易习惯履行通知、协助、保密、旧物回收等义务。”该条规定表明,即使合同的权利义务终止后,当事人还可能存在履行通知①、协助②、保密③、旧物回收④以及其他形式的义务⑤。这种义务也称为“后合同义务”。本条规定在原《合同法》第92条的基础上进行了如下修订:一是增加了“旧物回收”这一项义务,体现对环境保护的重视;二是将“合同的权利义务终止”修改为“债权债务终止”,与《民法典》第557条第1款规定相对应;三是将“诚实信用原则”修改为“诚信等原则”,采取开放式态度,表明后合同义务除根据诚信原则产生外,也可能基于法律规定或合同解释产生。

需要说明的是,有争议的问题在于:合同解除的情况下是否产生后合同义务?我们认为,不能一概而论,需要结合合同解除有无溯及力来加以判断。若合同解除的效力是溯及既往的,即恢复到合同未订立时的状态,产生合同债权债务自始未发

---

① 参见《民法典》第572条、第936条等。

② 参见《海商法》第252条、《保险法》(2015年修正)第63条等。

③ 参见《律师法》(2017年修正)第38条等。

④ 参见《民法典》第9条、第625条等。

⑤ 其他形式的后合同义务还可能包括注意义务、照顾义务、说明义务等。

生的效果，此时原则上不应认定当事人在合同解除后还负有后合同义务。但如果合同解除仅面向将来发生，例如租赁合同、定作合同、保管合同等继续性合同的解除，为保全已经得到履行的合同利益，有必要在合同权利义务关系因解除而终止后，使当事人依据交易习惯承担一定的后合同义务。[①] 后合同义务产生于合同权利义务履行完毕后，由于当事人之间存在延伸的信赖关系，要求相对方履行一定的后合同义务。故其功能有二：一是维护功能，保全已经完成的合同履行效果；二是保护功能。后合同义务具有严格的法定性，故违反后合同义务的责任也是法定责任，而不是违约责任。这也决定了当事人一方违反法定的后合同义务，给对方当事人造成损失，对方当事人可以请求赔偿实际损失。

（四）合同解除的溯及力问题

在实务中，对于合同解除后合同是否自始不发生效力，还是合同在解除之前履行的依然有效，解除之后的合同关系才被消灭，这是有关合同解除以后有无溯及力的问题。在原《合同法》第97条"合同解除后，尚未履行的，终止履行；已经履行的，根据履行情况和合同性质，当事人可以要求恢复原状、采取其他补救措施，并有权要求赔偿损失"的规定下，我国理论界主要围绕着解除有无溯及力进行讨论，并形成两种针锋相对的观点："直接效果说"认为合同因解除而溯及力归于消灭，尚未履行的债务免于履行，已经履行的部分发生返还请求权；"折中说"则否认解除具有溯及力，并由此认为解除的法律效果为对于尚未履行的债务自解除时归于消灭，对于已经履行的债务并不消灭，而是发生新的返还债务。由此可见，关于合同解除是否具有溯及力的问题，原《合同法》并未明确作出规定，而是提出了根据合同"履行情况和合同的性质"来确定，这样充分体现了当事人的意思自治和法官的自由裁量，在具体实践中，关于合同解除的溯及力，应当考虑合同的性质、合同解除的方式和原因、第三人的利益保护等因素，根据具体情况进行合理分析。《民法典》第566条第1款保留了这一规定。

第一，在学理上，通说认为将合同分为"继续性"合同和"非继续性"合同（"一时性"合同），并据此确定合同解除之前效力的判定。所谓继续性合同是指履行必须在一定继续的时间完成，而不是一时或一次地完成的合同，如租赁合同、仓储合同和消费借贷合同。后者是指仅为一次履行即告终结的合同。一般而言，继续性合同的解除，原则上不具有溯及力，此类合同通常以使用、收益标的物为目的，已经

① 参见最高人民法院民法典贯彻实施工作领导小组主编：《中华人民共和国民法典合同编理解与适用》（一），人民法院出版社2020年版，第604－605页。

被受领方享用的标的物效益,客观上无法返还,无法恢复原状,所以这些合同解除无溯及力,只能产生向后解除的效力,除非当事人有相反的约定。而对非继续性合同的解除则具有溯及力,非继续性合同被解除时通常能够恢复原状,即已经进行的给付能够返还给付人,故原则上应当具有溯及力,且只有赋予解除以溯及力,才能实现当事人解除合同的目的。合同的解除不影响当事人要求赔偿损失的权利。

第二,合同解除的方式。在协议解除和约定解除的情形下,合同解除溯及力的问题应遵从当事人的意思自治,有约定的,从其约定;如果没有约定或者约定不明确的,当事人可以通过协议作出补充,如果当事人就合同解除溯及力的问题存在争议无法达成协议,那么可以诉诸法院或申请仲裁。在法定解除的情形下,当事人也可以就溯及力问题另行达成协议,或者诉诸法院或申请仲裁,由法官或者仲裁人员根据诚信原则、合同履行情况和合同性质等平衡当事人的利益。

第三,合同解除的原因。合同解除的原因可以归纳为因违约而解除和非因违约而解除两种。在因违约解除的情形下,应侧重保护非违约方的利益。因为,违约解除本身是违约方保护自身利益的一种救济手段,因此,在因违约解除合同的情形下,合同解除是否具有溯及力应以有利于保护非违约方的利益为标准。如果只有恢复原状才足以防止或者减少非违约方的损失时,则合同解除应具有溯及力;否则,合同解除向将来产生效力,违约方可以采取其他补救措施补偿非违约方的损失。非因违约而解除合同主要是指由于不可抗力、情势变更等原因引起的合同解除,在非因违约而解除合同的情形下,合同解除的溯及力应看哪种方式更有利于平衡双方当事人之间的利益来决定。

第四,第三人利益的保护。在涉他合同中,为第三人利益订立的合同已被解除,而债务人已经向第三人履行部分债务,由于合同的相对性原理,债务人只能要求债权人返还原物、恢复原状,但是实际受领人是第三人,因此,债务人的请求是不可能实现的,而只能主张赔偿损失等其他补救措施。

尽管有《民法典》第 566 条第 1 款的规定以及学理上的解释,但为避免争议,在实践中,合同当事人完全可以共同协商并在合同中予以明确。例如,本合同不论是因双方协商解除或者单方解除,合同解除的效力均不对合同解除前的履行情况产生法律效力,只对合同解除后的情况发生法律效力,在合同解除之前双方根据合同约定的适当履行均为有效。

最后,还需要注意的是,合同解除的效力不及于法律规定或合同约定的其他条款的一些特殊情形:

- 合同的结算和清理条款

- 合同中独立存在的有关解决争议的条款
- 合同部分解除的,如果不影响合同目的的实现,则不导致其余部分失效
- 合同解除的效力通常不影响合同当事人承担“后合同义务”

(五)合同解除后,违约金条款可否适用

关于合同解除后违约金条款是否适用问题,目前的主要争议在于违约金条款是否属于《民法典》第567条(原《合同法》第98条)规定中的“结算和清理条款”。依据最高人民法院《关于当前形势下审理民商事合同纠纷案件若干问题的指导意见》(法发〔2009〕40号)第8条规定:“……合同解除后,当事人主张违约金条款继续有效的,人民法院可以根据合同法第九十八条的规定进行处理。”可以看出,该指导意见肯定了违约金条款属于合同中“结算和清理条款”,且不因合同解除而失效。《九民纪要》第49条【合同解除的法律后果】规定:“合同解除时,一方依据合同中有关违约金、约定损害赔偿的计算方法、定金责任等违约责任条款的约定,请求另一方承担违约责任的,人民法院依法予以支持。”此外,《买卖合同司法解释》(2020年修正)第20条规定:“买卖合同因违约而解除后,守约方主张继续适用违约金条款的,人民法院应予支持;但约定的违约金过分高于造成的损失的,人民法院可以参照民法典第五百八十五条第二款的规定处理。”据此,在合同解除后,违约金条款依然有效。

第四节 争议解决条款(广义)

本章所指的“广义视角的争议解决条款”,是指除包括狭义视角的争议解决条款(仲裁和法院管辖条款)外,还包括可能引发合同解除的不可抗力条款、合同解除后的违约责任及损害赔偿条款。

一、不可抗力条款

(一)不可抗力的概念与法律责任

不可抗力是一项免责事由,是指合同签订后,不是由于合同当事方的过失或疏忽,而是由于发生了合同当事方不能预见、不能避免且不能克服的客观情况,以致不能履行或不能如期履行合同,发生意外事件的一方可以部分或全部免除履行合同的责任或者推迟履行合同。就此,《民法典》第180条规定:“因不可抗力不能履行民事义务的,不承担民事责任。法律另有规定的,依照其规定。不可抗力是不能

预见、不能避免且不能克服的客观情况。"第 590 条规定:"当事人一方因不可抗力不能履行合同的,根据不可抗力的影响,部分或者全部免除责任,但是法律另有规定的除外。因不可抗力不能履行合同的,应当及时通知对方,以减轻可能给对方造成的损失,并应当在合理期限内提供证明。当事人迟延履行后发生不可抗力的,不免除其违约责任。"(原《合同法》第 117 条、第 118 条)实践中,不可抗力通常是指自然灾害、战争、罢工等客观情况。

需要注意的是,《民法典》第 590 条第 1 款后句规定:"因不可抗力不能履行合同的,应当及时通知对方,以减轻可能给对方造成的损失,并应当在合理期限内提供证明。"不可抗力造成违约的,违约方没有过错,因此通常是免责的,但法律规定因不可抗力造成的违约仍需承担责任的,违约方也要承担无过错的违约责任。不可抗力与情势变更、意外事件所有不同,不可抗力虽然也可以引起合同的变更或者解除,但不可抗力以免除当事人的责任为己任,对不可抗力造成不能履行合同的损害,原则上实行免责原则,而情势变更、意外事件是以危险公平分担为目的,二者的法律后果不同。同时,当事人一方因不可抗力不能履行合同的,应及时通知对方,并应在合理期限内提供不可抗力的证明。

(二)不可抗力条款的内容与审查

依据《民法典》的规定,可以发现实务中的不可抗力条款的内容实际就是来源于这些规定,通常包括如下几个方面:

- 不可抗力的定义(范围);
- 遭遇不可抗力的一方通知另一方有关不可抗力事宜;
- 不可抗力导致的损失分配;
- 发生不可抗力后的补救措施,如尽力减少不可抗力影响、延期履行、终止合同等;
- 不可抗力结束后的恢复履行等。

下面是一个不可抗力条款的审查示例:

【例14-5】 不可抗力条款

审查前条款	审查后条款
11. 不可抗力: 11.1 本合同约定的不可抗力指甲乙双方任何一方在签订本合同时不可预见的、遭受影响的一方不能克服和不能避免的,并对本合同的履行产生影响的事件;	11. 不可抗力: 11.1 本合同约定的不可抗力指甲乙双方任何一方在签订本合同时不可预见的、遭受影响的一方不能克服和不能避免的,并对本合同的履行产生影响的事件。*包括但不限于如下事件:* *a)战争、敌对行动(不论是否宣战)、入侵、外敌行为;* *b)叛乱、恐怖主义、革命、暴动、军事政变或篡夺政权或内战;* *c)承包商人员以及承包商和分包商的其他雇员范围以外的人员的骚动、喧闹、混乱、罢工或停工;* *d)战争军火、爆炸物资、电离辐射或放射性污染,但可能因承包商使用此类军火、辐射或放射性引起的除外;* *e)自然灾害,如地震、飓风、台风或火山活动等。* **注:在对不可抗力事件概括定义的基础上,增加列举情形。**
11.2 如果发生不可抗力事件,甲乙双方受该事件影响下的合同义务在不可抗力影响引起的延误期内将暂停履行;	~~11.2 如果发生不可抗力事件,甲乙双方受该事件影响下的合同义务在不可抗力影响引起的延误期内将暂停履行;~~ **注:本款对不可抗力引起的损失、成本增加的承担并未明确约定,此外对不受该事件影响的合同义务的履行不受影响并未明确,删除本款,将其转移到第11.4款规定。**
11.3 甲乙双方任何一方遭受不可抗力时应及时通知另一方,解释其需要提出发生不可抗力的理由,并且应在其后15天内对该不可抗力事件的发生及其持续时间提供适当证明;	11.2 甲乙双方任何一方遭受不可抗力时应及时通知另一方,解释其需要提出发生不可抗力的理由,并且应在其后15天内对该不可抗力事件的发生及其持续时间提供适当证明;
	11.3 *如果一个不可抗力事件发生,任何一方不应对另一方因该等无法或迟延履行而招致的任何损失、增加的成本或损失承担责任,并且该无法或迟延履行并不得被视为对本合同的违反。本合同项下的所有其他义务以及履行时间应当不受影响。*
	11.4 *声称遭受不可抗力而不履行合同义务的一方应采取适当措施减少或排除不可抗力所造成的影响,并在尽可能的最短时间内,尽力恢复履行受到不可抗力影响的合同义务。* **注:增加发生不可抗力后的补救措施以及恢复履行的约定**
11.4 若发生不可抗力,甲乙双方应就履行本合同或变更终止本合同达成协议。	11.5 *任何不可抗力事件导致的延迟超过连续[90]天的话,合同各方应通过友好协商的方式解决本合同未来履行的事宜,或者任何一方可以以通知的方式送达另一方终止本合同。* **注:原款规定不具体明确,即在什么情况下应履行合同或变更合同或终止合同。**

(三)情势变更与不可抗力

1.情势变更的概念及构成要件

《民法典》第533条规定:“合同成立后,合同的基础条件发生了当事人在订立合同时无法预见的、不属于商业风险的重大变化,继续履行合同对于当事人一方明显不公平的,受不利影响的当事人可以与对方重新协商;在合理期限内协商不成的,当事人可以请求人民法院或者仲裁机构变更或者解除合同。人民法院或者仲裁机构应当结合案件的实际情况,根据公平原则变更或者解除合同。”这一规定被认为“情势变更原则”的规定,其在原《合同法司法解释(二)》第26条的基础上,作出了一些重大修订:第一,将“客观情况”修改为“合同的基础条件”;第二,不再将不可抗力排除在情势变更事由之外;第三,将适用情势变更制度的情形由“继续履行合同对于一方当事人明显不公平或者不能实现合同目的”修改为“继续履行合同对于当事人一方明显不公平”;第四,增加规定了再交涉义务;第五,增加仲裁机构为裁决机构。

所谓情势变更原则,系指当事人订立合同时,并不知道情势将有所变更,而于合同生效后至履行完毕前,发生合同成立时所不可预见之情势,法律上给予之救济方式。也就是说,合同成立后至履行完毕前,作为法律效果发生原因的法律要件、基础或环境变更,因不可归责于当事人之事由,发生当事人不可预见之结果,如仍发生原有效力,显然背于诚实信用原则,应认为合同法律行为有相当变更之规范,可见情势变更原则之理论系基于诚实信用原则之公平理念而来。适用情势变更原则需要满足如下几个要件:

第一,须有情势变更之事实,这是情势变更原则适用的客观要件。所谓“情势”,是指合同成立时所依赖的客观基础事实,本条将其调整为“合同的基础条件”。在性质上,“情势”必须是客观的、具体的事实。当事人主观认识错误不属于客观情势变更。所谓“变更”,是指“合同的基础条件”发生了当事人在订立合同时无法预见的、不属于商业风险的重大变化。这里的“情势”包含作为合同法律行为基础或环境的一切客观事实。例如政治、经济、法律及商业上的种种客观状况,具体如国家政策、行政措施、现行法律规定、物价币值,国内和国际市场运行状况等等。这里的“变更”乃指这种情势在客观上发生的异常变动,它可以是经济上的变动,如通货膨胀、币值贬值等;也可以是非经济因素上的变动,如战争导致的封锁、禁运等。该事实是否构成情势变更,应以是否导致合同赖以成立的基础丧失,是否导致当事人目的不能实现,以及是否造成对价关系障碍为判断标准。

在当前的司法实践中,情势变更和不可抗力也存在交叉的情形,将二者强行排斥无益于纠纷的处理。① 从最高人民法院及各级法院处理新冠疫情相关纠纷的方式和态度也可看到,不可抗力规则项下仍允许当事人协商解决合同的履行问题。《新冠肺炎指导意见(一)》明确:疫情或者疫情防控措施仅导致合同履行困难的,当事人可以重新协商;能够继续履行的,人民法院应当切实加强调解工作,积极引导当事人继续履行。当事人以合同履行困难为由请求解除合同的,人民法院不予支持。继续履行合同对于一方当事人明显不公平,其请求变更合同履行期限、履行方式、价款数额等的,人民法院应当结合案件实际情况决定是否予以支持。因此,不可抗力作为客观事实,不应成为当事人合同自治的障碍。

第二,情势变更的事实须发生在合同成立之后、合同义务履行完毕之前,这是适用情势变更原则的时间要件。只有情势变更的事实发生在合同成立之后,合同关系消灭之前,才能适用情势变更原则。合同成立以前的情势,无论当事人在订立合同时是否知晓,其作为合同成立的基础都是确定的,无法改变的,不存在变更问题。合同履行完毕后,情势的变更不可能对合同产生任何影响,以此为由变更或解除合同自是不能成立的。如果由于一方履行迟延,在迟延期间发生了情势变更,则不适用情势变更制度。

第三,情势变更的发生在合同订立时不可预见,这是适用情势变更原则的主观要件之一。如果当事人在订立合同时能够预见到情势变更的发生,则表明其愿意承担该风险(如一般的商业投资风险),自然不能主张适用情势变更原则。如果当事人对情势变更没有预见,但是根据法律的规定,属于应当预见的,那么当事人同

---

① 关于不可抗力与情势变更的关系,我国理论界和实务届存在三种观点:第一种观点认为不可抗力包含情势变更;第二种观点认为两者存在根本不同,相互排斥,最为明确的体现就是原《合同法司法解释(二)》第26条的规定;第三种观点认为两者虽相互独立,但存在交叉,不可抗力可作为情势变更事由。《民法典》第533条采纳了第三种观点。主要的理由是:不可抗力发生,并非总能达到不能实现合同目的的程度,在这种情形下,并不发生合同的法定解除权。只是由于不可抗力的影响,导致继续履行合同显失公平,合同的内容可能需要变更调整乃至解除合同。也就是说,不可抗力可以作为情势变更的事由。故,不可抗力与情势变更并非相互排斥的两个概念。两者都规范当事人在订立合同时不能预见、不能承受的其支配领域外的客观风险。但两者也存在不同。不可抗力需具备"三不"要件,即不能预见、不能避免且不能克服。一般表现为自然灾难、政府行为、社会事件等。情势变更则具备"二不"要件,即不能预见、不能承受(对一方而言,如果继续履行将明显不公)。正因为不可抗力的构成要件严于情势变更的构成要件,所以,两者存在交叉,不可抗力可以作为情势变更事由,但情势变更不能或不会直接导致不可抗力。不可抗力为因,情势变更为果,这并不意味着否定情势变更制度的独立性,可以认为情势变更的客观事由,可能是不可抗力,也可能是非不可抗力,情势变更的事由范围广于不可抗力。此外,在法律后果方面两者虽有交叉但存在不同。

样也不能主张适用情势变更原则。

第四,发生情势变更具有不可规责性。此为不可规责要件,即情势变更的发生不可规责于合同主体,这是适用情势变更原则主观要件的另一方面。如果可规责于当事人,则应由其承担风险或违约责任,而不适用情势变更制度。

第五,因情势变更而导致继续履行原合同显失公平,这是适用情势变更原则的实质要件。显失公平是指双方当事人之间的利益的严重不平衡,包括合同的履行将对一方或双方当事人没有意义或利益失衡(这种失衡要求要显著,如果只是造成轻微的利益不对等,则不宜适用情势变更原则)。情势变更发生以后,如继续按原合同规定履行义务,将会对一方当事人产生显失公平的结果。适用情势变更原则就是为了平衡当事人之间的利益,消除合同因情势变更所产生的显失公平,赋予一方当事人变更或解除合同的权利,这也是情势变更原则存在的核心价值。

2. 情势变更的法律效果

发生情势变更有两个法律效果:一是产生再交涉义务;二是当事人进行再交涉后不能就变更或者解除合同达成一致意见时,有权请求裁决机构作出变更或解除合同的裁决。

第一,再交涉义务,是指在情势变更导致当事人之间权益失衡显失公平时,当事人双方负有的就合同的变更或者解除进行协商、交涉以达成合意的义务,即所谓的"可以与对方重新协商"①。再交涉义务规则是根据诚信原则,以促进和保障当事人的自主交涉为目的的行为规范。

第二,从《民法典》第533条的表述来看,再交涉义务的主体是"受不利影响的当事人",即在受不利影响的当事人向对方当事人提出重新协商请求时,对方当事人也有义务进行协助。受不利影响的当事人负有及时进行协商以及说明该要求理由的义务。

第三,再交涉义务的履行,只要当事人依据诚信原则和公平原则进行了协商即

---

① 参见最高人民法院民法典贯彻实施工作领导小组主编:《中华人民共和国民法典合同编理解与适用》(一),人民法院出版社2020年版,第486页脚注①。规定该义务的目的有三:一是有利于尽量维持合同的效力、促进合同履行,符合合同法鼓励交易的立法目的。二是基于"契约严守"原则,行为人非依法律规定或者未经对方同意,不得擅自变更或者解除民事法律行为。因此,发生情势变更事由,当事人一方认为需要变更或者解除合同的,需要与对方协商。三是尊重意思自治,节省诉讼成本和司法资源。基于司法自治原则,在解决合同纠纷时也应尊重双方的自主性和自律性。对于当事人之间的权利义务关系,理应由当事人之间通过再交涉的方式达成新的合意,这样处理,有利于处理方案符合当事人的意愿,实现契约自由和契约正义的统一,也可避免诉讼风险,节省司法资源、避免当事人增加诉讼成本。

可,并不要求当事人必须达成新的合同或产生某一特定的结果。因此,该义务并非一种“结果义务”,而为“行为义务”。

第四,本条规定,在合理期限内协商不成的,当事人可以请求人民法院或者仲裁机构变更或者解除合同。这样规定的目的是防止协商时间过长,损害当事人的合法权利。

第五,不履行再交涉义务主要有两种法律后果:一是实体法律后果。主要包括违反该义务给对方造成损失的,应承担赔偿损失的责任。二是程序法律后果,即为当事人可以诉请法院或者申请仲裁机构变更或者解除合同。

此外,还需要讨论的一个问题是:在履行再交涉义务过程中,债务人可否中止履行合同。关于此问题,存在不同观点:

观点一:债务人可以中止履行。理由是,情势变更事由一旦出现,再交涉就演变为相对独立的具体法律行为,居于不利地位的合同当事人不但能够提出再交涉,而且还可以中止履行原合同的约定义务,这就是中止履行抗辩权的正当行使,并非违约行为。

观点二:原则上债务人不能中止履行,但特殊情形除外。理由是,情势变更制度的适用并非当事人单方决定,而需要通过司法裁决的方式进行认定。为尊崇“契约严守”原则,防止当事人滥用救济途径不履行合同义务,在对方当事人不同意中止履行的情形下,债务人不能中止履行,但有充分证据证明继续履行显失公平的除外。

最高人民法院似乎更倾向于前一种观点。其认为,在构成情势变更时,正是因为继续履行会对受不利影响方造成显失公平的后果,法律才规定了再协商义务,以期调整当事人之间失衡的权利义务关系,使债务人免于承担不公平的法律后果。基于该立法目的以及相关制度设计,应可得出,在履行再交涉义务期间,债务人享有中止履行抗辩权,否则,情势变更制度设立的立法目的无法实现。试想,如果债务人已经履行义务,再经协商予以返还,将因债务人不得不履行对其明显不公平的义务而给其造成沉重的负担、不可避免地对其造成损害。在裁决变更或者解除合同情形中,裁决机构依据公平原则调整当事人之间失衡的权益,因此,其实际肯定了债务人不履行具有合法原因,不属于违约。《新冠肺炎指导意见(二)》关于“已经通过调整价款、变更履行期限等方式变更合同,当事人请求对方承担违约责任的,人民法院不予支持”的规定也体现了该观点。① 在实务中,讨论这一问题具有

---

① 参见最高人民法院民法典贯彻实施工作领导小组主编:《中华人民共和国民法典合同编理解与适用》(一),人民法院出版社2020年版,第491-492页。

实益价值。因为为避免争议,合同双方完全可以在不可抗力条款中明确规定(参见【例 14-5】):

如果有一个不可抗力事件发生,任何一方不应对另一方因该等无法或迟延履行而招致的任何损失、增加的成本或损失承担责任,并且该无法或迟延履行并不得被视为对本合同的违反。本合同项下的所有其他义务以及履行时间应当不受影响。

最后,笔者以一个区分情势变更与商业风险的司法裁判案例(尽管属于合同法时代的判例,但在民法典时代仍然具有价值)来结束本部分的讨论。

【例 14-6】 重庆永达实业(集团)有限公司诉重庆百货大楼股份有限公司房屋租赁合同纠纷案①

【裁判要旨】

《合同法司法解释(二)》第 26 条规定:"合同成立后客观情况发生了当事人在订立合同时无法预见的、非不可抗力造成的不属于商业风险的重大变化,继续履行合同对于一方当事人明显不公平或者不能实现合同目的,当事人请求人民法院变更或者解除合同的,人民法院应当根据公平原则,并结合案件的实际情况确定是否变更或者解除。"原告提出本案应适用情势变更原则变更合同中关于租金价格的约定,但经法院审理查明,本案中原告称造成租金上涨的原因为物价上涨,而物价上涨未超出正常人的合理预期和一般观念上的合理预见,属于市场经济下的正常商业风险。且合同中约定了向上的调整价格,可看出双方在签订合同时对市场变化及物价上涨引起的租金上涨亦有预见。故对原告的诉讼请求不予支持。

【法院审判】

法院经审理查明认为:首先,原、被告于 2009 年签订的《房屋租赁合同》,系双方当事人真实意思表示,亦未违反法律、行政法规的强制性规定,合法有效,对当事人具有法律约束力。当事人应当按照约定履行自己的义务,不得擅自变更或解除合同。《合同法司法解释(二)》第 26 条规定:"合同成立后客观情况发生了当事人在订立合同时无法预见的、非不可抗力造成的不属于商业风险的重大变化,继续履行合同对于一方当事人明显不公平或者不能实现合同目的,当事人请求人民法院

① 参见重庆永达实业(集团)有限公司诉重庆百货大楼股份有限公司房屋租赁合同纠纷案[重庆市北碚区人民法院(2012)碚法民初字第 01860 号,重庆市第一中级人民法院(2013)渝一中法民终字第 00333 号]。

变更或者解除合同的,人民法院应当根据公平原则,并结合案件的实际情况确定是否变更或者解除。”本案中,双方在租赁合同中不仅明确约定了从2012年3月起租金价格为14元/平方米·月,还明确约定了以后每3年租金价格向上的调整价格,表明双方对市场变化等风险进行了预见和约定,故本院认为原告在签订合同时对物价上涨引起的租金上涨亦有预见。虽然根据重天房评报字(2012)第047号房地产评估报告的评估结果是租金为42元/套内建筑面积平方米·月,大大超过原、被告双方在合同中的约定,存在合同的履行对原告不利的情况,但房屋租金是受市场影响发生变化,物价上涨影响仅是市场变化因素之一,且有可能上浮或下调,属商业风险范畴。在合同履行过程中并没有出现导致合同签订的基础不复存在或突变的情况,原告亦并未举示证据证明引起物价上涨的原因属于其他如国家重大政策巨变等构成情势变更。其次,原告营业执照上载明的经营范围为房地产开发、经营和物业管理等。作为经营房地产开发的原告应该能够熟悉自己所从事的商业领域,从而应当而且能预见商业风险的存在。本案中,双方当事人在履行合同后,出现租金上涨的情况,其风险类型亦没有超出正常人的合理预期和一般观念上的合理预见,属于市场经济下的正常商业风险,而不能根据情势变更从而变更房屋的租金价格。因此,法院认为原告提出的物价上涨作为构成情势变更的理由有悖诚实信用原则,不能得到采信。

本案涉及合同在履行过程中,出现按照合同履行对一方明显不利的情形下,该一方当事人要求以情势变更原则要求调整合同约定内容是否能够得到支持的问题,即司法实践中情势变更原则的运用。原《合同法司法解释(二)》第26条(《民法典》第533条)对合同成立后客观情况发生当事人在订立合同时无法预见的变化,是否构成商业风险或情势变更进行了明确。从该规定可以看出,情势变更基于诚实信用原则之公平理念而来。发生情势变更事由的时间均为合同成立后、合同履行完毕前不可预见的的事由。该司法解释第26条(《民法典》第533条)进一步明确将商业风险从情势变更中予以排除。故实践中需要审查引起当事人诉称造成合同不公平的具体原因,如属于商业风险,则不属于情势变更。

二、违约责任与损害赔偿条款

合同中关于违约责任的约定是非常重要的条款。归根结底,合同的主要内容可以概括为合同各方的权利义务以及违反这些义务应承担的责任。但在实务中,很多合同起草者、审查者并不是很重视违约责任条款,通常是复制一些类似的违约责任条款并加以修改即可,并没有按照系统的思维并根据本合同的具体情况进行拟定。

(一)违约行为的概念与形态

违约行为(Breach of Contract)即违反合同约定义务(既包括合同的给付义务,也包括合同的附随义务)的行为,包括明示的约定和默示的约定。更为精准的定义则是指,当事人一方不履行合同义务或者履行合同义务不符合约定条件的行为。

所谓明示的约定即当事方在合同中明确规定的权利义务。在书面合同中,就是经过双方当事人同意载入合同的条款。如价款的约定、价款支付的约定、保密的约定等。如果一方不遵守约定,则可能被认定为违约,另一方可以根据明示的约定追究违约责任。违反明示的约定比较容易识别,但默示的约定(当事方未经合同明示,但却被法院认为隐含在合同中的约定)则并非完全如此。在中国法下,一般认为在我国司法实践中历来不承认默示条款,合同法律中也不存在默示条款的概念或者至少说并未借鉴一般的、系统的默示条款制度,只是在《民法典》合同编典型合同分编各类典型合同中规定了一些法定默示条款,而对事实上、习惯上的默示条款未作一般规定。根据不同标准,违约行为可作如图 14-3 分类:

第一,以违约行为发生的当事人为标准,可以将违约行为分为单方违约与双方违约。单方违约是指合同一方当事人违反了合同约定的行为,而双方违约则是指双方当事人分别违反了合同约定的行为。《民法典》第 592 条第 1 款规定:"当事人都违反合同的,应当各自承担相应的责任。"这款规定就是有关双方违约的规定。

第二,以违约行为是否导致另一方当事人订约目的不能实现为标准,可以将违约行为分为根本违约与非根本违约。《民法典》第 563 条规定:"有下列情形之一的,当事人可以解除合同:……(四)当事人一方迟延履行债务或者有其他违约行为致使不能实现合同目的……"在违约行为致使不能实现合同目的的情形下,守约一方可以行使法定解除权,这也是两种类型违约行为的主要区别。

第三,以违约行为发生的时间为标准,可以将违约行为分为实际违约和预期违约。实际违约可细分为不履行合同义务和履行合同义务不符合约定。预期违约可细分为明示预期违约和默示预期违约。

实际违约,即实际发生的违约行为。《民法典》第 577 条规定:"当事人一方不履行合同义务或者履行合同义务不符合约定的,应当承担继续履行、采取补救措施或者赔偿损失等违约责任。"据此,《民法典》合同编通则分编将违约行为划分为两种基本类型:"不履行合同义务"和"履行合同义务不符合约定"。不履行合同义务又称为不履行或不给付。履行合同义务不符合约定又称为不完全履行。不履行是指债务人未依债的本旨为给付以满足债权人合同目的的状态,通常包括履行不能、

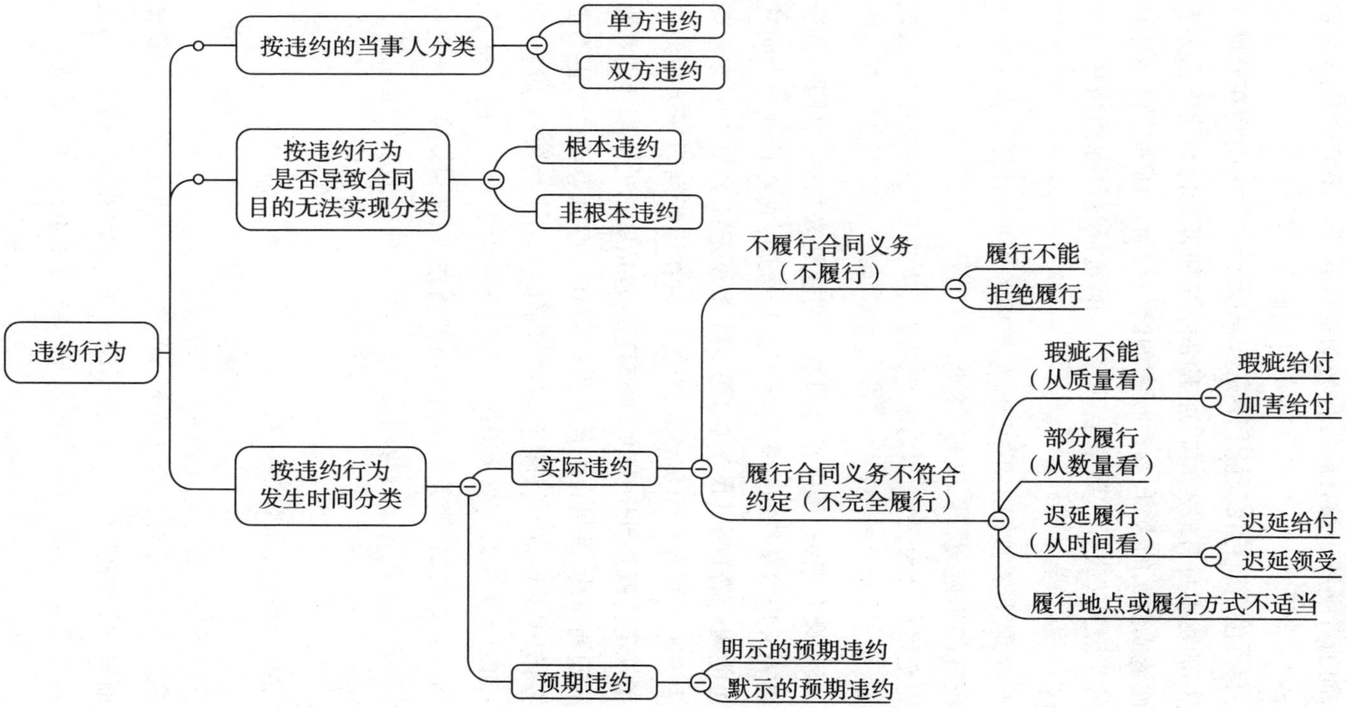

图14–3　违约行为的类型

拒绝履行。不完全履行是指债务人虽然履行了债务,但其履行债务不符合合同的约定或法律的规定。与履行不能、拒绝履行相比,不完全履行虽然履行不完全,但尚有履行行为,而前者则属于没有履行行为的消极状态。不完全履行主要包括如下几种情形:

• 从效果上看,包括履行在质量上不完全,即履行给付标的物在质量上有瑕疵["瑕疵给付"(标的物本身有瑕疵)和"加害给付"(加害给付是指因债务人交付的标的物的缺陷而造成他人的人身、财产损害的给付行为。加害给付会导致违约责任与侵权责任的竞合)];履行在数量上不完全,即履行给付标的物在数量上不足("部分给付");

• 从时间上看,履行在期限上不完全,是指债务人能够履行,但未在合同约定的履行期限内履行("迟延履行",又称"逾期履行");

• 其他不完全履行行为,包括履行地点或履行方法不当的履行,以及其他违反合同义务的行为。

预期违约,又称嫌弃违约,是指在合同履行期限到来之前,合同一方当事人无正当理由但明确表示其在履行期到来后将不履行合同,或者其行为表明其在履行期到来后将不可能履行合同。《民法典》第 578 条规定:"当事人一方明确表示或者以自己的行为表明不履行合同义务的,对方可以在履行期限届满前请求其承担违约责任。"该条规定的就是预期违约。预期违约包括明示的预期违约和默示的预期违约。明示的预期违约,是指合同债务人以明确的意思表示且无正当理由拒绝履行合同的义务,但因不可抗力、行使抗辩权等不构成明示的预期违约。默示的预期违约,是指合同债务人用其行为表示将不履行合同的义务。一般情况下,包括债务人履行义务的能力有缺陷;债务人的信用有严重缺陷;在付款期到来之前转移财产以逃避债务;债务人在准备履行合同或履行合同中的行为表明他将不会或不能履行合同义务等。

(二)违约责任的概念、原则与类型

1. 违约责任的概念

违约责任是指当事人不履行合同债务时所产生的民事责任。违约责任以合同债务的存在为前提,或者说必须有合同关系的存在,并必须以合同当事人违约或者不履行合同义务为要件。违约责任既可以是一种约定责任,也可以是一种法定的

责任。①

最狭义的违约责任就是违约损害赔偿责任(包括赔偿性违约金);狭义的违约责任包括违约损害赔偿和强制实际履行;广义的违约责任是指《民法典》合同编通则分编第 8 章"违约责任"所规定的违反合同债务的所有民事法律后果,除狭义的违约责任以外,还包括减少价款或者报酬、退货。按照通说,债权人主张减少价款或者报酬本质上是行使作为形成权的减价权,债权人主张退货本质上是行使作为形成权的解除权。此外,以设立惩罚性违约金、违约定金迫使债务人严格依约履行合同为其主要功能,以填补损失为其次要功能,也体现出一定的救济属性。

2. 违约责任的归责原则

所谓归责原则,就是将责任归属于某人的正当理由。如果将责任归属于某人的正当理由是该人具有过错,这就是过错归责原则。如果将责任归属某人无须证明该人具有过错,但该人可以通过证明自己没有过错而免责,这就是过错推定原则。如果将责任归属于某人不以该人具有过错为前提,即使该人证明没有过错仍然要承担责任,除非其能够证明自己具有法定的免责事由,这就是无过错归责原则(严格责任原则)。② 从举证的角度来说,如果采用严格(无过错)责任原则,则守约方举证证明存在违约事实即可,无须证明违约方存在过错;如果采用过错责任原则,则守约方除证明存在违约事实外,还须证明违约方存在过错。如果违约方仅须证明违约,无须证明违约方存在过错,但违约方可以通过证明自己没有过错而免责,那么此时采取的就是过错推定原则。③

首先,《民法典》合同编通则分编第 577 条"当事人一方不履行合同义务或者

---

① 在学理上,要界定违约责任,必须先澄清债务与责任之间的关系。第一种理解方式是,责任是违反债务的法律后果;第二种理解方式是,责任是附加在债务关系上的替代关系或者担保。我国传统学说和《民法典》主要采用第一种理解方式,即民事责任是违反民事义务的法律后果。反映在合同法律制度上,就是将违约责任理解为违反合同债务的各种法律后果。基于对债务与责任之间关系的不同理解,违约责任的含义也有所不同。违约责任的第一种含义是违反合同债务的民事法律后果,这种含义被《民法典》合同编采用。违约责任的第二种含义是发挥替代作用或者担保作用的法律关系,这在债法学说中也普遍被承认。如果在第一种含义上理解违约责任,那便可以将违反合同债务的各种法律后果纳入其中,包括解除、减价。如果在第二种含义上理解违约责任,那么其主要包括强制实际履行、违约损害赔偿和违约金,而不包括解除和减价。

② 参见黄薇主编:《中华人民共和国民法典合同编释义》,法律出版社 2020 年版,第 265 页。

③ 参见王利明:《合同法研究》(第 2 卷)(修订版),中国人民大学出版社 2011 年版,第 428 - 429 页。

履行合同义务不符合约定的,应当承担继续履行、采取补救措施或者赔偿损失等违约责任”之规定沿袭了原《合同法》总则无过错责任原则(严格责任原则)这一一般原则(存在的例外详见下文),并在典型合同分编中基本沿用了原《合同法》分则中关于过错责任的规定。①

其次,《民法典》第592条第2款规定:“当事人一方违约造成对方损失,对方对损失的发生有过错的,可以减少相应的损失赔偿额。”该款是对过失相抵规则(混合过错规则或与有②过失规则)的规定,原《合同法》第120条只规定了双方违约,没有规定一方违约的过失相抵,但原《买卖合同司法解释》(2012年)第30条曾就买卖合同的过失相抵规则进行了规定。③ 本条吸纳了原《买卖合同司法解释》(2012年)第30条的规定,并将其作为适用于所有合同的一般规则。

再次,《民法典》第591条第1款规定:“当事人一方违约后,对方应当采取适当措施防止损失的扩大;没有采取适当措施致使损失扩大的,不得就扩大的损失请求赔偿。”(原《合同法》第119条)该款是对减损规则的规定。减损规则是依据诚信原则而产生,未尽到减损义务构成对诚信原则的违反。同时,按照过错责任原则的要求,一方在另一方违约后,未能采取合理措施防止损失扩大,其本身也有过错的,过错人应对自己的过错行为所导致的后果负责。

最后,《买卖合同司法解释》(2020年修正)第23条继承了《买卖合同司法解释》(2012年)第31条的规定“买卖合同当事人一方因对方违约而获有利益,违约方主张从损失赔偿额中扣除该部分利益的,人民法院应予支持”。该条规定的是买卖合同的损益相抵规则。所谓损益相抵,是指受害人基于损失发生的同一原因而获得利益的,应在其所得的损害赔偿额中,扣除相应所获得的利益。损益相抵规则属于赔偿责任范围的确定问题,是限定违约损害赔偿范围的一项规则,而非两个债

---

① 《民法典》合同编典型合同分编对实行过错责任原则的情形作出了明确规定。实行过错责任的情形大致可分为三类:一是以提供服务为标的的若干合同中,《民法典》规定了过错责任为违约损害赔偿责任的归责原则(如《民法典》第824条、第897条、第917条、第929条、第962条第2款);二是在赠与合同中,鉴于其无偿性,赠与方只有在存在过错的情况下才承担违约损害赔偿责任(如《民法典》第660条);三是鉴于附随义务是基于诚实信用原则而生,违反附随义务产生的损害赔偿责任均属于过错责任(如《民法典》第500条、第501条、第714条、第784条)。

② 此处的“与”在汉语言中作“都”“同”的意思,故“与有”作“都有”“同有”之义。这也是“与有过失”作为混合过失、过失相抵同义词使用的原因。

③ 第30条规定:“买卖合同当事人一方违约造成对方损失,对方对损失的发生也有过错,违约方主张扣减相应的损失赔偿额的,人民法院应予支持。”

权相互抵销,因而不适用债的抵销规则。[1] 损益相抵,是确定受害人因对方违约而遭受的"净损失"的规则,是计算受害人所受真实损失的规则,而不是减轻违约方本应承担的责任的规则。[2]

3. 违约责任的免责事由

违约责任的免责事由又称为免责条件,是指法律规定的或者当事人约定的免除违约责任的情况。分为法定的免责事由和约定的免责事由。法定的免责事由是法律规定的免除当事人承担违约责任的条件;约定的免责事由是指当事人约定的虽然违约但不承担违约责任的情形。法定的免责事由见图14－4:

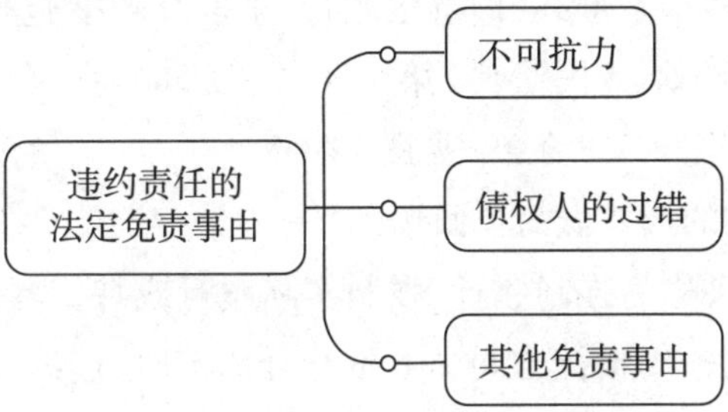

图14－4 违约责任的法定免责事由

第一,关于不可抗力。《民法典》第180条第2款规定,不可抗力是不能预见、不能避免且不能克服的客观情况。《民法典》第590条规定:"当事人一方因不可抗力不能履行合同的,根据不可抗力的影响,部分或者全部免除责任,但是法律另有规定的除外。……当事人迟延履行后发生不可抗力的,不免除其违约责任。"

第二,关于债权人的过错。债权人的过错包括故意和过失两种形式。因债权人的故意致使合同不能履行或不适当履行的,债务人当然不应承担违约责任,而应由债权人自己承担合同不履行的后果。依照法律的某些特别规定,债权人对违约的发生虽然无故意但有过失时,债务人也不承担违约责任。例如,《民法典》第893条规定:"寄存人交付的保管物有瑕疵或者根据保管物的性质需要采取特殊保管措施的,寄存人应当将有关情况告知保管人。寄存人未告知,致使保管物受损失的,保管人不承担赔偿责任;保管人因此受损失的,除保管人知道或者应当知道且未采取补救措施外,寄存人应当承担赔偿责任。"

第三,关于法律规定的其他免责事由。法律规定的其他免责事由,主要是对某类合同的违约责任所作出的特别规定。包括因货物本身的自然性质或者合理损耗

① 参见崔建远:《合同责任研究》,吉林大学出版社1992年版,第218页。

② 参见韩世远:《合同法总论》(第4版),法律出版社2018年版,第814页。

而造成的损害;因仓库储物的性质、包装不符合约定或者超过有效储存期造成仓储物变质、损坏,等等。例如,《民法典》第 832 条规定:“承运人对运输过程中货物的毁损、灭失承担赔偿责任。但是,承运人证明货物的毁损、灭失是因不可抗力、货物本身的自然性质或者合理损耗以及托运人、收货人的过错造成的,不承担赔偿责任。”

4. 违约责任的形式

依据《民法典》第 577 条的规定:“当事人一方不履行合同义务或者履行合同义务不符合约定的,应当承担继续履行、采取补救措施或者赔偿损失等违约责任。”因此,违约责任有三种基本形式,即继续履行、采取补救措施和赔偿损失。此外还包含其他形式,如违约金(《民法典》第 179 条、第 585 条、第 588 条)和定金责任(《民法典》第 586 条至第 588 条)。见图 14 –5:

下面对违约责任的形式做简单回顾:

第一,继续履行又称为强制履行、强制实际履行或特定履行,是指当合同当事人一方不履行合同义务或履行合同义务不符合约定时,违约方应当承担按合同约定履行合同的责任。继续履行以违约行为为前提,以对方当事人(守约方)请求为条件(法院不得进行判决)。对于金钱债务只存在迟延履行,不存在履行不能,可以适用继续履行的责任形式(《民法典》第 579 条)。对非金钱债务,原则上可以请求继续履行,但履行不能、不适宜履行和未要求履行的除外(《民法典》第 580 条第 1 款)。

第二,采取补救措施,是指矫正合同不适当履行、使履行缺陷得以消除的具体措施。与继续履行(解决不履行问题)和赔偿损失具有互补性。补救措施有广义和狭义之分。从广义上讲,补救措施是违反合同的债务人所承担违约责任的具体方式。从狭义上讲,补救措施是与继续履行、赔偿损失等并列的一种违约责任形式。守约方对补救措施享有选择权,但选定的方式应当合理(《民法典》第 582 条)。

第三,赔偿损失,也称为违约损害赔偿,是指违约方以支付金钱等方式弥补受害方因违约行为所减少的财产或者所丧失的利益的责任形式。赔偿损失的方式有三种:一是恢复原状,二是金钱赔偿,三是代物赔偿。违约损害赔偿按照不同的标准,可以分为法定损害赔偿和约定损害赔偿;前者还可以分为补偿性损害赔偿(《民法典》第 583 条、第 584 条、第 585 条)和惩罚性损害赔偿[如《民法典》第 585 条第 3 款、第 1185 条、第 1207 条和第 1232 条,《消费者权益保护法》(2013 年修正)第 55 条,《食品安全法》(2021 年修正)第 148 条]。

第四,违约金,是指当事人一方违反合同义务时应向对方支付的一定数额的金

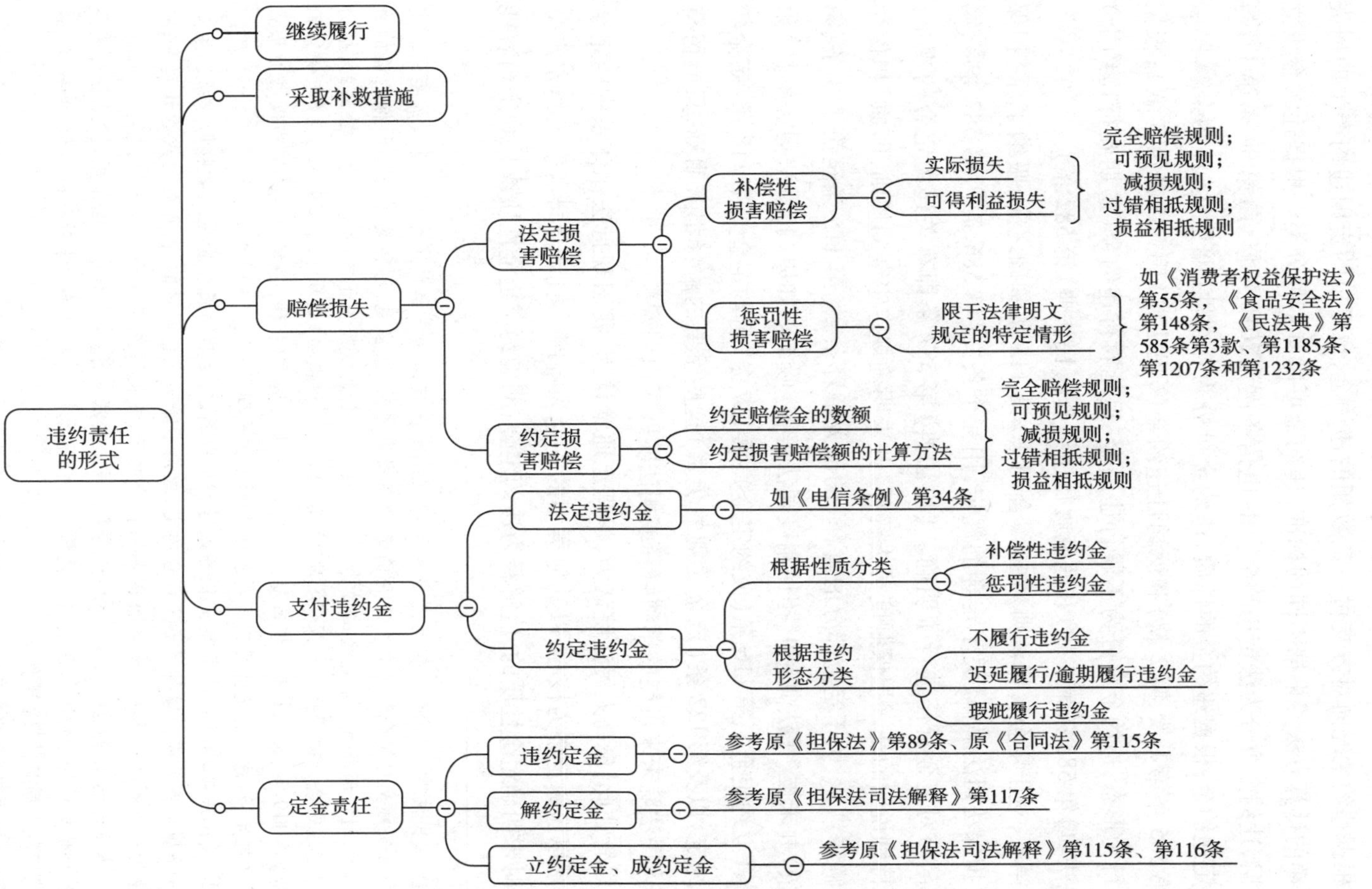

图14–5 违约责任的形式

钱或其他财物。依据《民法典》第585条第1款规定："当事人可以约定一方违约时应当根据违约情况向对方支付一定数额的违约金，也可以约定因违约产生的损失赔偿额的计算方法。"根据不同的标准，违约金可以有多种分类。根据违约金设立的依据，违约金可分为法定违约金[如《电信条例》（2016年修订）第34条第1款]和约定违约金；根据违约金的性质，违约金可分为补偿性（赔偿性）违约金（《民法典》第585条第1款、第2款）和惩罚性违约金（《民法典》第585条第3款）；根据违约行为形态，违约金可分为不履行违约金、迟延履行违约金（逾期履行违约金）（《民法典》第585条第3款）和瑕疵履行违约金（《民法典》第582条）。

第五，对于定金，《民法典》在原《合同法》第115条基础之上，吸纳了原《担保法》《担保法司法解释》关于定金的规定，用三个条文（第586条①、第587条②、第588条③）对定金责任进行了明确。《民法典》第587条即有关违约定金的规定。需要特别说明的是，《担保制度司法解释》并未明确规定定金的规则，即原《担保法司法解释》"六、关于定金部分的解释"的部分解释条款（第115条至第118条、第122条）并未被《民法典》和《担保制度司法解释》吸纳。如原《担保法司法解释》第115条（立约定金）、第116条（成约定金）、第117条（解约定金）、第118条（定金的明确约定）以及第122条（定金罚则的免责）这些重要的解释都未明确，只能留待最高人民法院未来可能的单独解释或司法实践予以明确。

尽管如此，最高人民法院认为，学理上通常认为，我国现行法律体系中的定金概念系以违约定金为核心，以其他类型的定金为特例。如果合同当事人约定定金条款时未明确定金性质的，应解释为违约定金；明确约定定金性质或从约定内容能

---

① 《民法典》第586条规定："当事人可以约定一方向对方给付定金作为债权的担保。定金合同自实际交付定金时成立。定金的数额由当事人约定；但是，不得超过主合同标的额的百分之二十，超过部分不产生定金的效力。实际交付的定金数额多于或者少于约定数额的，视为变更约定的定金数额。"吸纳了原《合同法》第115条，《担保法》第90条、第91条，原《担保法司法解释》第119条、第121条。但需要注意的是，并未吸纳原《担保法》第90条"应当以书面形式约定"之规定，这意味着定金可以不再属于书面要式合同了。

② 《民法典》第587条规定："债务人履行债务的，定金应当抵作价款或者收回。给付定金的一方不履行债务或者履行债务不符合约定，致使不能实现合同目的的，无权请求返还定金；收受定金的一方不履行债务或者履行债务不符合约定，致使不能实现合同目的的，应当双倍返还定金。"本条吸纳了原《担保法》第89条、原《担保法司法解释》第120条。本条规定"不履行债务或者履行债务不符合约定"，既包括不能履行或拒绝履行，也包括不完全履行的情形，但都以"致使不能实现合同目的"为要件。

③ 《民法典》第588条规定："当事人既约定违约金，又约定定金的，一方违约时，对方可以选择适用违约金或者定金条款。定金不足以弥补一方违约造成的损失的，对方可以请求赔偿超过定金数额的损失。"吸纳了原《合同法》第116条、原《买卖合同司法解释》第28条，并加以完善。

够直接判断出定金性质的,定金性质从其约定。①《民法典》第586条的规定亦未区分定金的类型,对定金类型的认定可参照上述规定。②

(三)违约责任形式的并用

在讨论了违约行为的形态、违约责任的形式之后,有必要进一步讨论各种违约责任形式在合同中是否可以并用的问题。笔者先将其适用总结见表14-1:

表14-1 违约责任形式的并用

	继续履行	补救措施	赔偿损失	违约金	定金
继续履行	—	√(1)	√	迟延履行可并用(2);瑕疵履行可并用;不履行不可并用(3),但约定的惩罚性违约金除外	×
补救措施	√(1)	—	√(4)	迟延履行可并用(2);瑕疵履行可并用;不履行不可并用(3)	×
赔偿损失	√	√(4)	—	√(5)	√
违约金	迟延履行可并用(2);瑕疵履行可并用;不履行不可并用(3),但约定的惩罚性违约金除外	迟延履行可并用(2);瑕疵履行可并用;不履行不可并用(3)	√(5)	—	违约定金不可并用(6);解约定金可并用
定金	×	×	√	违约定金不可并用(6);解约定金可并用	—

注:(1)继续履行和采取补救措施两者从实质和效果上不冲突。采取补救措施通常针对瑕疵履行,通过采取补救措施来修复瑕疵,合同得以继续履行。(2)《民法典》第585条第3款规定:"当事人就迟延履行约定违约金的,违约方支付违约金后,还应当履行债务。"(3)就不履行违约而言,通常不能与继续履行(补救措施)并用,当事人另有约定惩罚性违约金的除外。(4)《民法典》第583条规定:"当事人一方不履行合同义务或者履行合同义务不符合约定的,在履行义务或者采取补救措施后,对方还有其他损失的,应当赔偿损失。"(5)两者可以并用,但不必然起到两者叠加的效果,更多的可能是在优先适用违约金条款的基础上,考虑赔偿损失条款,起到填补赔偿的作用。(6)《民法典》第588条第1款规定:"当事人既约定违约金,又约定定金的,一方违约时,对方可以选择适用违约金或者定金条款。"另外,有学者认为,违约定金与惩罚性违约金可并用。

① 参见最高人民法院民事审判第二庭编著:《最高人民法院关于买卖合同司法解释理解与适用》,人民法院出版社2016年版,第442页。

② 参见最高人民法院民法典贯彻实施工作领导小组主编:《中华人民共和国民法典合同编理解与适用》(二),人民法院出版社2020年版,第790页。

1. 继续履行与其他违约责任形式的并用

第一,关于继续履行与采取补救措施。由于继续履行,是指当合同当事人一方不履行合同义务或履行合同义务不符合约定时,经守约方请求,违约方应当承担按合同约定履行合同的责任。而采取补救措施,是指矫正合同不适当履行、使履行缺陷得以消除的具体措施(如修理、重作、更换、退货、减少价款或报酬等)。采取补救措施完全可以被继续履行涵盖。广义的继续履行既包括迟延履行场合的继续履行,又包括不完全履行场合的追完履行或者说补正履行;狭义的继续履行仅指前者,后者即为采取补救措施。故此,两者都可纳入"实际履行"范畴,没有本质差异。因此,两者可以并用。

第二,关于继续履行与赔偿损失(违约损害赔偿)。《民法典》第583条规定:"当事人一方不履行合同义务或者履行合同义务不符合约定的,在履行义务或者采取补救措施后,对方还有其他损失的,应当赔偿损失。"(与原《合同法》第112条完全相同)该条实际对继续履行与损害赔偿可以一并主张作出了明确规定,但并未对两项救济之间是否存在优先与劣后的关系作出规定。结合《民法典》第584条(原《合同法》第113条)规定,即违约金与损失赔偿可以并用,但应以违约方可预见为前提。在深圳宝源置地有限公司、深圳市布吉投资股份有限公司合同纠纷二审民事判决书[最高人民法院(2018)最高法民终124号]①中,最高人民法院认为:

布吉投资公司提出其不应同时承担违约金与损害赔偿的问题。本院认为,根据《中华人民共和国合同法》第一百一十二条的规定,赔偿损失与违约金等其他违约责任方式可以并用;根据该法第一百一十三条第一款的规定,损失赔偿额的确定应受可预见原则的约束,即"不得超过违反合同一方订立合同时预见到或者应当预见到的因违反合同可能造成的损失";同时根据该法第一百一十四条第二款规定,当事人亦可以实际损失为基础主张对违约金进行调整,可见违约金的确定与违约行为造成的损失密切相关。

第三,关于继续履行与违约金。如前所述,违约金按照违约行为形态,可以分为不履行违约金、迟延履行违约金和瑕疵履行违约金。具体分析如下:

(1)对于迟延履行违约金,《民法典》第585条第3款规定:"当事人就迟延履行约定违约金的,违约方支付违约金后,还应当履行债务。"由于迟延履行违约金的性质属于"惩罚性违约金",故可以与继续履行并用。在经纬置地有限公司、上海虹

① 类似的案件还包括:李某方、赵某斌等与海南天景农庄有限公司、海南仙湖农庄有限公司等合资、合作开发房地产合同纠纷二审民事判决书[最高人民法院(2016)最高法民终517号]、雷某杰与鞠某全、鞠某辉股权转让纠纷二审案[最高人民法院(2009)民提字第45号]。

房置业有限公司与经纬置地有限公司、上海虹房置业有限公司房屋买卖合同纠纷申请再审民事判决书[最高人民法院(2013)民提字第123号]中,最高人民法院认为:

经纬公司违约是否应同时承担继续履行、赔偿损失及违约金支付责任。……双方就经纬公司迟延履行交房义务约定了违约金。《合同法》第114条第3款规定:当事人就迟延履行约定违约金的,违约方支付违约金后,还应当履行债务。第107条规定:当事人一方不履行合同义务或者履行合同义务不符合合同约定的,应担承担继续履行、采取补救措施或者赔偿损失等违约责任。第112条规定:当事人一方不履行合同义务,或者履行合同义务不符合约定的,在履行义务或者采取补救措施后,对方还有其他损失的,应当赔偿损失。上述法律规定表明,违约方承担迟延履行违约金后,仍需承担继续履行合同义务。当合同履行不符合约定时,守约方可以同时主张继续履行合同并赔偿其因此产生的损失。

(2)对于瑕疵履行违约金,法律没有明确规定能否与继续履行并用,学界存在不同观点。有观点认为,由于违约方支付瑕疵违约金,即相当于修正或弥补了合同履行的不适当或瑕疵,如果再要求其就瑕疵事项本身继续履行的话,则守约方将很可能获得双重利益,与合同法的精神相违背,因此认为不可并用。需要注意的是,该不可并用仅限于瑕疵履行的特定事项,而不及于合同的其他事项。也就是说,违约方依然应依约继续履行其他约定事项。另有观点认为,如果债务人的履行存在瑕疵,则其应当依据《民法典》第577条和第582条的规定承担修理、更换、重作、减价和退货等补正履行责任。对此,如果根据当事人的约定,违约金请求权不排除补正履行责任的,则违约金与补正履行责任的关系要视具体补救措施而定。其中,修理、更换、重作、减价的功能与迟延履行时的继续履行相同,在于保证债权人的自然履行利益,故修理、更换、重作、减价与违约金不排斥,可以并存。退货实际是解除合同,依据《民法典》第566条第2款的规定,合同因违约被解除的,不影响违约责任的适用,故退货不排除违约金请求权。总之,当事人之间约定瑕疵履行违约金的,《民法典》第585条第3款可以适用于瑕疵履行情形,债权人可以接受有瑕疵的给付,同时主张违约金。[①] 至于违约金是否过高,则属于依据《民法典》第585条第2款予以调整的问题。笔者赞同后一观点。

(3)对于不履行违约金(拒绝履行违约金),法律并未明确规定能否与继续履行并用。不履行违约金的本意就是针对合同当事人一方完全不履行合同这一违约

---

① 参见朱广新、谢鸿飞主编:《民法典评注:合同编·通则2》(中国社会科学院法学研究所民法典研究丛书),中国法制出版社2020年版,第413页、第419条;另见王利明主编:《民法》(第8版·下册),中国人民大学出版社2020年版,第201-202页。

形态,而就不履行合同造成的实际损失预定的违约金,用以弥补守约方原本可得的利益,守约一方只能在要求支付违约金和要求继续履行之间作出选择。另外,从《民法典》第585条第3款反向解释推得,约定拒绝履行违约金的,债权人主张违约金之后,不得再要求继续履行,即债权人可以选择是主张违约金还是主张继续履行,此两项权利之间是选择性竞合关系。① 需要注意的是,如果当事人在合同中明确约定了一方不履行合同时的惩罚性违约金(通常认为我国法律并未禁止自由约定惩罚性违约金②),且必须继续履行合同或不影响实际履行的,则应尊重其约定。

第四,关于继续履行与定金。如前所述,定金按照形态,可以分为违约定金、立约定金、成约定金和解约定金。鉴于立约定金和成约定金均存在于主合同成立或生效前,不存在与违约责任并用之空间,故在此仅讨论违约定金和解约定金。

(1)对于违约定金,依据《民法典》第587条的规定可知,违约定金适用的条件之一是主合同当事人一方"不履行债务或者履行债务不符合约定"。第588条第1款规定:"当事人既约定违约金,又约定定金的,一方违约时,对方可以选择适用违约金或者定金条款。"同时,违约定金作为一种法定的担保形式,其功能在于对主合同债务的担保,其适用的目的是保障债权人获得合同利益,而不是获得超出主合同约定的额外利益。在设有违约定金的情况下,债权人享有主债权和定金担保权,在债务人有根本违约情况时,债权人可以选择要求债务人继续履行主债务,或要求行使定金担保权。如果选择继续履行主债务,则合同可以得以继续,其合同目的可以实现;如果选择行使定金担保权,则主合同亦无继续履行的必要,债权人的利益可以从定金中得以实现。因此,继续履行与违约定金不能并用。

(2)对于解约定金,由于其功能和作用在于赋予当事人一方以支付解约定金为代价解除合同,则自无继续履约之必要,两者也不可并用。这样的情况多出现在房地产领域。例如,北京市高级人民法院《关于审理房屋买卖合同纠纷案件适用法律若干问题的指导意见(试行)》(2010年12月21日,京高法发〔2010〕458号)第22

---

① 参见朱广新、谢鸿飞主编:《民法典评注:合同编·通则2》(中国社会科学院法学研究所民法典研究丛书),中国法制出版社2020年版,第413页、第419条。

② 参见最高人民法院民事审判第二庭编著:《〈全国法院民商事审判工作会议纪要〉理解与适用》,人民法院出版社2019年版,第326页。根据原《合同法》第114条的规定,约定违约金的性质是"以补偿性为主,以惩罚性为辅"。当约定违约金低于造成的损失的情况下,违约金体现赔偿性;当约定违约金高于造成的损失的情况下,违约金兼具赔偿与惩罚的双重功能,违约金与损失相等的部分,违约金体现为赔偿性,超过损失的部分,违约金体现为惩罚性。另外,学理上通说认为,惩罚性违约金的认定不应以实际损失为前提。此外,依据原《合同法司法解释(二)》第29条的规定,法院支持不超过实际损失30%的违约金,即在填平实际损失之后,即使没有实际损失发生时,也可以支持一定数额的违约金。

条规定:“房屋买卖合同签订后,一方当事人不同意继续履行,愿意以承担相应违约责任为代价解除合同,而另一方坚持要求继续履行,经审查合同继续履行不存在现实困难的,应当判决双方继续履行合同,但合同另有解约定金等约定或符合《合同法》第一百一十条规定情形的除外。”该条指导意见表明,如果合同并未约定解约定金,即便一方当事人愿意以承担相应违约责任为代价解除合同,当另一方坚持要求继续履行,经审查合同继续履行不存在现实困难的,应当判决双方继续履行合同,即以判决继续履行合同为一般原则,除非出现履约不能或现实困难。但如果合同另有约定“解约定金”或者有原《合同法》第110条(《民法典》第580条)规定的三项除外情形(“履行不能”、“不适合履行”和“未要求履行”)的,则在判决合同解除的情形下,应适用解约定金罚则。

在北京华舵企业顾问有限公司与甘肃中天健房地产开发集团有限公司合同纠纷二审民事判决书[北京市第一中级人民法院(2017)京01民终3666号]中,法院认为:

关于华舵顾问公司一审期间提出反诉请求。因华舵顾问公司不同意解除合同,要求继续履行,故不适用合同约定的协商解除合同的条款内容。本院认为,本案涉及合同不符合约定解除和法定解除的要件,双方应依据诚实信用原则继续履行合同,合同中虽然有关于定金的约定条款,但因合同应当继续履行,故不适用解约定金罚则。华舵顾问公司的反诉请求,本院不予支持。

在本案中,法院首先从约定解除和法定解除两个维度对合同是否应依约、依法解除进行了认定,得出合同不能依约、依法解除的结论。因涉案合同应继续履行,合同中虽有解约定金的约定条款,但不得适用该解约定金罚则。

在另一个案件北京房通置业有限公司与北京泰富纺织服装有限公司合同纠纷二审民事判决书[北京市第二中级人民法院(2017)京02民终1381号]中,法院认为:

关于定金,根据《最高人民法院关于适用〈中华人民共和国担保法〉若干问题的解释》第一百一十七条“定金交付后,交付定金的一方可以按照合同的约定以丧失定金为代价而解除主合同,收受定金的一方可以双倍返还定金为代价而解除主合同”之规定,双方在《合作协议》第八条第三款中关于定金所为的意思表示,实际具有解约定金的性质。现《合作协议》因约定解除的条件成就而解除,不属于一方单方行使任意解除权。故本案不存在定金条款适用的情形,泰富公司及房通公司要求适用定金条款,主张对方双倍返还定金或不予返还定金的请求,该院均不予支持。《合作协议》解除后,应当恢复原状,由房通公司返还泰富公司支付的定金50万元。

在该案中,法院首先根据《合作协议》第8条第1款约定“甲方未按期向乙方交付厂区,每逾期一日,甲方按照乙方已付款项的3‰向乙方支付逾期违约金;逾期超过60天,乙方有权解除协议,甲方应无条件退还乙方全部已付款项,并赔偿乙方全部经济损失”,在查明事实的基础上,论证了乙方泰富公司行使约定的合同解除权的条件已经成立,且《合作协议》事实上已没有继续履行的可能,应予以解除。其次,在此基础上,再来看是否可以适用定金罚则。就《合作协议》第8条第3款约定“签订协议后,如甲方单方面解除协议,未造成乙方经济损失的,应双倍返还乙方定金;如乙方单方面解除协议,未造成甲方经济损失的,乙方所交纳的定金不予返还”,法院认为它“实际具有解约定金的性质”,但《合作协议》的解除是因为协议约定解除的条件成就而解除,并非属于一方单方行使任意解除权,因此本案不存在定金条款适用的情形。如果本案的“解约定金”条款本身未附加“单方面解除协议”这样的适用前提的话,则完全可能适用。

2. 补救措施与其他违约责任形式的并用

首先,关于采取补救措施与赔偿损失。如前所述,依据《民法典》第583条的规定,采取补救措施与赔偿损失可以并用。

其次,关于采取补救措施与违约金。法律对此并未作明确规定。就不履行违约金而言,由于违约方支付不履行违约金的原因本来就是不履行合同,就谈不上采取补救措施来修正或弥补合同履行的瑕疵了。因此,两者不能并用。就瑕疵履行违约金而言,如前所述,笔者倾向于认为补救措施(与继续履行并无实质区别)与瑕疵履行违约金可以并用。对于迟延履行违约金而言,由于其属于合同法特别规定的惩罚性违约金,债权人在收取违约金后,仍然可以要求债务人继续履行合同,如果因债务迟延履行受到损害的,仍有权请求损失赔偿(迟延赔偿请求权)。因此,两者可以并用。可以发现,由于继续履行和采取补救措施从效果上总体一致,实际上得出的结论也是一致的。

最后,关于采取补救措施与定金。由于继续履行和采取补救措施从效果上总体一致,因此结论也与前述继续履行与定金的关系相同,即两者不可并用。

3. 赔偿损失与其他违约责任形式的并用

首先,关于赔偿损失与违约金。依据《民法典》第583条(原《合同法》第112条)的规定以及司法实践,在合同约定违约金的情况下,一般应当适用违约金,债权人可以主张调增违约金,但不得超过实际损失,调增后不得再主张赔偿损失。如不主张调整违约金,但的确小于实际损失的,可以考虑赔偿损失条款的约定。从此意义上讲,两者可以并用。例如,在雷某杰与鞠某全、鞠某辉股权转让纠纷二审案[最高人民法院(2009)民提字第45号]中,最高人民法院认为:

关于鞠某全、鞠某辉是否应当赔偿雷彦杰所受损失及该损失大小如何确定问题。原《合同法》第112条规定:"当事人一方不履行合同义务或者履行合同义务不符合约定的,在履行义务或者采取补救措施后,对方还有其他损失的,应当赔偿损失。"赔偿损失与其他违约责任方式可以并用。……鉴于上述因素,雷某杰一审诉请200万元损失及违约金100万元,总数额均在上述预期利益与可得利益范围内,不违反我国合同法有关违约赔偿损失的立法精神,二审判决支持雷某杰有关损失的诉请,具有事实和法律依据,应当予以维持。

在该案中,最高人民法院明确:违约金和赔偿损失可以并用,且包括直接损失和间接损失,但应当以违约方可预见为前提。在该案中,由于被告鞠某全、鞠某辉未能依约将股权转让与原告雷某杰,被告鞠某全、鞠某辉构成违约,原告雷某杰要求被告按照合同的约定支付违约金100万元,并要求被告赔偿损失200万元(因未能转让股权所造成的可得利润损失)。该案历经一审、二审,最后进入再审阶段。由于被告构成违约,违约金100万元的支持自不待言。关于损失赔偿金能否得到支持,最高人民法院再审认为,《合同法》第112条规定表明,赔偿损失与其他违约责任方式可以并用。也就是说,我国法律实际采纳了违约金系惩罚性的合同补救措施一说,原告雷某杰一审诉请200万元损失及违约金100万元,总数额均在其可得利益范围内,不违反我国合同法有关违约赔偿损失的立法精神,应予以支持。

其次,关于赔偿损失与定金。原《买卖合同司法解释》(2012年)第28条规定:"买卖合同约定的定金不足以弥补一方违约造成的损失,对方请求赔偿超过定金部分的损失的,人民法院可以并处,但定金和损失赔偿的数额总和不应高于因违约造成的损失"该条规定被《民法典》第588条第2款股东"定金不足以弥补一方违约造成的损失的,对方可以请求赔偿超过定金数额的损失"吸纳。从最终效果上看,在债权人主张定金担保权后,继续主张赔偿损失的,两者之和仍然不得大于实际损失,因此,两者可以并用。

在四川省南充市鑫达房地产开发有限公司、南充市国土资源局建设用地使用权出让合同纠纷二审民事判决书[最高人民法院(2017)最高法民终584号]中,最高人民法院认为:

关于南充市国土局应否以及如何承担违约责任的问题。《合同法》第113条规定,当事人一方不履行合同义务或者履行合同义务不符合约定,给对方造成损失的,损失赔偿额应当相当于因违约造成的损失,包括合同履行后可以获得的利益,但不得超过违反合同一方订立合同时预见到或者应当预见到的因违反合同可能造成的损失。违约损害赔偿的目的在于填补受害人因对方违约所受损害。我国合同法规定的定金具有违约定金性质,属于当事人预先约定的违约赔偿金,但如果适用定金罚则后不能弥补守约方损失的,守约方仍有权就超出部分损失主张权利。南充市国土局关于适用定金罚则后即不能再要求损失赔偿的主张,无法律依据,本院不予支持。违约损失赔偿包括因违约产生的直接损失及可得利益损失。由上所述,案涉竞买保证金在竞拍成功后已经转化为定金,具有定金的性质和功能,该定金属于违约定金,在南充市国土局存在根本违约的情况下,鑫达公司可以主张适用定金罚则来赔偿其损失。对于超出部分的损失,鑫达公司应当举证证明。

从本案可以看出,原《合同法》第 116 条(《民法典》第 588 条第 1 款)"当事人既约定违约金,又约定定金的,一方违约时,对方可以选择适用违约金或者定金条款"的规定针对的是补偿性违约金(赔偿性违约金)和违约定金条款的择一适用问题,并不能得出主张定金罚则后就不能再主张违约赔偿的结论。因此,违约方抗辩支付定金后就无须承担损失赔偿责任的,难以得到法院的支持。

4. 违约金与定金的并用

首先,如前所述,依据《民法典》第 588 条第 1 款(原《合同法》第 116 条)的规定,通说认为,该规定中的"违约金"系指"补偿性违约金"("赔偿性违约金"),而规定的"定金"系指"违约定金",因此补偿性违约金和违约定金不得并用。

其次,对于解约定金,个别地方司法文件规定违约金和解约定金在一定条件下可以并用。如北京市高级人民法院《关于审理房屋买卖合同纠纷案件适用法律若干问题的指导意见(试行)》(2010 年 12 月 21 日,京高法发〔2010〕458 号)第 23 条规定:"当事人在房屋买卖合同中对定金性质约定不明的,不应视为解约定金。房屋买卖合同中同时约定了解约定金和违约金,当事人一方已构成违约的,在约定条件成就时解约定金处罚与违约金可以同时适用。"北京市高级人民法院《审理买卖合同纠纷案件若干问题的指导意见(试行)》(2008 年 12 月 15 日,北京市高级法院审判委员会第 23 次会议通过)第 26 条"违约金和定金的适用"规定:"当事人同时约定违约金和定金,但没有约定定金性质的,当事人一方违约,对方一并主张定金和违约金的,法院不予支持。当事人同时约定违约金和定金并约定了定金性质的,当事人一方违约,对方依据约定的定金性质一并主张违约定金和违约金的,法院不予支持;当事人一方违约,对方依据约定的定金性质一并主张解约定金和违约金的,法院应予支持。"从北京市高级人民法院的两个指导性文件可以看出,北京市高级人民法院区分了违约定金和解约定金,支持解决定金与违约金的并用。笔者认为,其原理在于:我国原《担保法》第 89 条、原《合同法》第 115 条(《民法典》第 587 条)明确规定了违约定金,而原《担保法司法解释》第 115 条、第 116 条、第 117 条则分别明确了立约定金(保证主合同签订的定金)、成约定金(以交付定金作为主合同成立或者生效要件)和解约定金。另外,在学理上还有证约定金(证明主合同关系成立的定金)①的分类。可见,定金是担保的方式之一,其担保功能体现在合同订立、履行和解除等环节上,不同种类的定金有不同的功能、性质。立约定金和成约定金均存在于主合同成立或生效前,因此该等指导意见仅对违约定金和解约定金进行了区分。因违约定金与违约金在目的、性质、功能等方面基本是相同的,故二者不能并用,而应由守约方选择适用,但惩罚性违约金除外;而解约定金和违约金在目的、性质、功能等方面是有区别的,二者可以并用。

此外,韩世远认为,“我国法律中的定金……兼具证约定金与违约定金双重功能……违约金与定金能否并用,关系当事人利益至巨,并牵涉对于定金规范目的的理解和把握,有必要具体分析讨论”②。还进一步区分了违约定金和解约定金,并认为“赔偿性违约定金和惩罚性违约金并不冲突,可以并用”③。

在宁海大观园文化传媒有限公司与王某光房屋租赁合同纠纷一审民事判决书[浙江省宁海县人民法院(2013)甬宁民初字第1203号]中,法院认为:

根据合同约定,经书面催告后30日内仍未足额交纳欠费的,原告有权单方解除合同,原告以起诉的方式提出解除与被告的合同,被告在2013年7月17日收到相关材料已知原告行使合同解除权之后3个月内未明确提出异议,原、被告的合同自通知到达被告时解除。

双方在合同保证金项下约定履约保证金,明确在解约情形下履约保证金适用定金罚则,现因被告违约造成提前终止合同,原告有权要求没收履约保证金,然双方在签订合同时原告取得的建设规划许可证有效期至2013年6月2日,原告可没收合同租赁期间2012年7月1日至2013年6月2日的履约保证金,对于当时收取的2013年6月3日至2018年6月30日部分的履约保证金应当返还被告,故原告有权没收的履约保证金金额为13,174.2元。原、被告在合同中既约定解约定金,又约定违约金,两者可并用。原告要求的损失赔偿额应当相当于因违约所造成的损失,原告要求被告承担的违约责任应当以其实际损失为限。合同约定被告迟延交纳租金、物业服务费或其他费用,每迟延一日,被告应当支付相当于欠费金额1‰的迟延履行违约金,被告认为双方约定的违约金过高,本院酌定以181,913元的金额按照

---

① 我国原《担保法》及其司法解释并未对证约定金作出专门规定,但是司法实践认可交付定金的书面证明(如收据)为主合同业已成立的证据。事实上,证约定金是一般定金都具有的共性,大多数情况下,定金的证约性质不因当事人专门约定而产生和独立存在,而是由成约定金、违约定金、解约定金所派生。

② 参见韩世远:《合同法总论》(第4版),法律出版社2018年版,第838页。

③ 参见韩世远:《合同法总论》(第4版),法律出版社2018年版,第839页。

中国人民银行同期流动资金贷款基准利率的1.95倍计算(期间为2013年1月15日至2013年7月8日,181,913元×174天×5.6%÷360×1.95=9601.4元)。原告已申请撤回关于水电费及免租装修期租金的请求,在本案中本院不予处理。

据此,法院判决被告承担解约定金及违约金双重责任,并根据实际案情对过高金额进行了调整。

最后,需要特别说明的是,鉴于我国法律对这一领域多无明确规定,也鲜见司法案例判决,且部分结论在学界和实务界尚存争议和分歧,需要具体案情下根据全部的事实和情形来综合分析。

(四)违约责任条款的起草与审查

1.合同违约责任设定的基本原则

从实务中的合同条款来看,合同违约责任的设定有三种方式:一是在权利义务条款中直接设定违约责任的情形;二是设置专门的违约责任条款;三是两种方式兼而有之。第三种方式在实务中是最为常见的,甚至是在重大、复杂的并购合同中亦是如此。但“存在并非必然合理”,就笔者看来,最好的方式仍然是第二种设置专门的违约责任条款。其理由在于:第一,在权利义务条款中直接设定违约责任,由于散见于合同各处条款中,可能导致起草者和/或审查者因“疏忽大意”而有所遗漏或者前后冲突,而专门的违约责任条款则可以避免这一情况的发生,而且可以使得违约责任形式“条理分明”。第二,在权利义务条款中直接设定违约责任,例如,在“价款支付”条款中直接约定逾期付款要承担什么样的违约责任,则可能面临这样的风险,即如果合同被解除或无效后,关于合同违约责任的部分是否会因不属于专门的条款而不再具有适用性(尽管笔者认为这样的风险应不存在),而专门的违约责任条款仍可适用,并无争议。因此,合同违约责任设定的基本原则是:

- 如果一份合同相对简单且交叉援引条款并不复杂,则可以考虑采取在权利义务条款中直接设定违约责任。

- 其他合同(尤其是重大、复杂的合同,当然也包括并购合同)建议采用专门的违约责任条款来设定违约责任,合同其他权利义务条款可以援引合同的违约责任条款的条款序号来明确。

- 力求避免采用上述两种方式混杂的方式来设定违约责任。若确有必要采取这样的方式时,从草拟合同直至清稿前都应对这样的条款做标注,以引起关注,避免遗漏或前后冲突。

当然在采用专门的违约责任条款时,仍需注意的是,违约责任条款应尽量只表述违约责任,而不要再表述权利义务或者合同的变更修改等事项。

2. 违约责任条款起草与审查的“五步法”

如前所述,归根结底,合同的主要问题可以概括为两个方面的问题:一是合同各方权利义务的约定;二是违反合同约定的义务应承担怎样的责任。尤其是后者,无论合同权利义务约定得多么详尽,如果没有相应完备的违约责任条款,恰如“拔掉牙齿的老虎”,合同保护当事人合法权益的效果将大打折扣。从某种意义上讲,合同是为那些“准备违约的人”以及充当“裁判”角色的法官准备的,尤其是在有合同诉讼经验的律师看来,可能会对合同的违约责任条款是如此的“粗制滥造”而深感无力。

然而,就笔者看到的现状是,合同中最为“粗制滥造”“杂乱无章”的条款可能就是违约责任条款了。因此,如何设计、拟定和审查违约责任条款是一项非常重要的合同法律事务工作。那么,首先要解决的问题就是违约责任条款拟定与审查的总体框架思路问题。见图14-6:

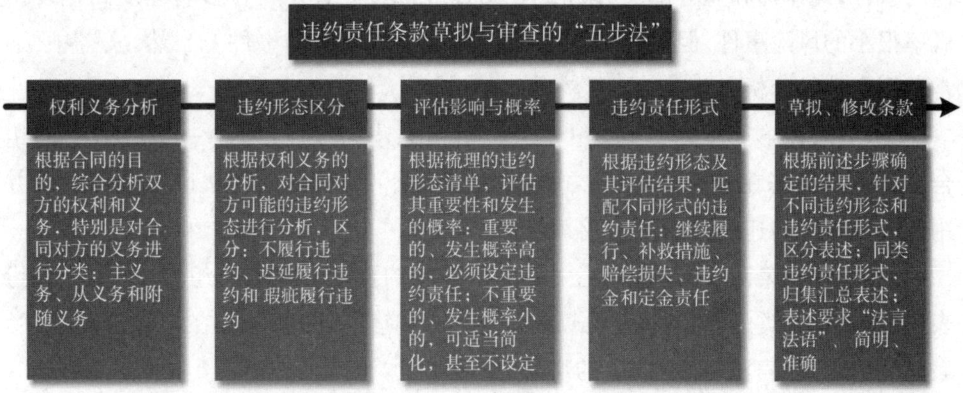

图14-6 违约责任条款草拟与审查的“五步法”

下面以股权并购交易为例,站在并购方的视角,笔者将上述“五步法”简要介绍如下:

第一步,合同权利义务的分析。站在并购方的视角,从并购目标公司获取控制权的目的出发,对并购双方的权利义务进行梳理分类,列明主要的权利义务、次要的权利和从义务以及附随义务等。例如,并购方的主要权利是获得无瑕疵的标的股权(出让方的主义务),而出让方的主要权利则是如期获得标的股权出让价款(并购方的主义务)。

需要特别提示的是,违约责任条款的拟定顺序,以笔者的经验和总结,一般放在合同条款较为靠后甚至是最后的顺序来草拟,目的是在合同所有描述各方权利义务的条款都基本草拟完备的情况下,再按照合同条款的先后顺序一一对应分析权利义务并进行分类,预留援引至违约责任条款的表述(仅保留条款序号待填列),以避免遗漏,反过来也可以再次复查这些条款是否存在遗漏、差错。

第二步,在第一步的基础之上,对交易中的权利义务进行分类,分析梳理出出让方可能存在的违约行为形态,并将它们分类为:不履行(不能履行、拒绝履行)、迟延履行和瑕疵履行。例如,如果出让方不交割标的股权(不能履行或拒绝履行)、迟延或逾期交割股权(迟延履行),均为根本性的违约行为。但迟延履行时间不长的(如不超过某个期限)的,可视为程度较轻的违约行为。例如,逾期不超过[60 天]的,乙方按照甲方已付款项的3‰/日向甲方支付逾期违约金;逾期超过[60 天]的,甲方有权解除合同。

第三步,在第二步的基础之上,对分类后的违约行为形态,采用风险评估的方法,从影响程度(高、中、低)和发生可能性(大、中、小)两个维度进行定性和/或定量分析,评估违约事件发生对并购方的影响。例如,针对出让方不交割标的股权的违约事件,经律师和业务部门、谈判小组的评估,属于对并购方影响程度高但发生概率很小的风险事件,但对整个并购项目则属于核心影响事件。当然,实务中,通常采用定性的分析方法。

第四步,在第三步的基础之上,匹配相应的违约责任形式(一个或多个的组合),并同时考虑在多违约责任形式组合的情形下,分析它们在法律上是否可以并用。确定最终的违约责任形式或其组合。

第五步,在第四步的基础之上,针对各种违约责任形式或其组合,分情况进行表述;若出现同类的违约责任形式或其组合的,应将其归集合并在一起进行描述。表述时力求"法言法语"和语言的准确、简洁明了。

从上述"五步法"可以看出,合同条款的约定其本质在于各方当事人之间风险的分配,而风险是影响程度(损害结果)与发生可能性(概率)相乘的结果(非常重要、重要、普通)。读者可能已经发现,这完全就是风险管理的一套工具方法在合同草拟和审查中的应用。的确是这样的,每一个并购项目,都可以完全描绘出一个风险图谱,并根据该图谱制定相应的风险管理策略,只不过应用在合同法领域,被用于风险分配而设定违约责任而已。

事实上,并非每个并购项目都需要按照上述"五步法"的程序完整地"走一遍",因为针对每种类型的并购项目,在总结实务经验的基础上,并购合同的模板或示范合同已经是在这样的步骤下设计和组织完备的,实际使用时,仅需要根据每个项目的不同,按照"五步法"的思路和程序进行局部的修订即可。实践中,应用"五步法"的一个可供参照的工作模板如下:

表 14－2　违约责任条款“五步法”分析工作表

类别	权利义务分析		违约形态分析		评估影响和概率			选择违约责任形式	违约责任条款表述［买方（甲方）/卖方（乙方）/目标公司（丙方）］
	并购方	出让方	描述	分类	影响程度（a）(1)	发生概率（b）(2)	评估结果（a×b）		
主要权利义务	取得标的股权	交割标的股权	出让方反悔不交割标的股权	不履行	高（10）	小（2）	非常重要（20）	继续履行/不履行违约金＋合同解除权	第X条　违约责任 X.1　双方不得任意终止合同，任何一方违约，都应当承担违约责任。 X.1.1　乙方提前终止合同的，甲方有权要求继续履行合同，也有权选择要求甲方支付违约金。甲方选择要求乙方支付违约金的，违约金标准为： X.1.2　…… X.2　乙方迟延履行本协议约定的任何义务、承诺和保证的，应每日按股权转让价格［万分之二］标准向甲方支付逾期违约金。 除逾期违约金外，乙方不履行本协议或迟延履行本协议约定的任何义务、承诺和保证超过［60］日的，经甲方宽限［30］日后，仍拒不补救或逾期不补救的，还应向甲方支付股权转让价款的［10%］作为违约金，丙方对此承担连带责任；同时，甲方有权单方解除本协议或有权要求继续履行本协议。 ……
			出让方逾期办理股权变更登记	迟延履行	高（7）	中（4）	非常重要（28）	继续履行＋逾期违约金	
			违反陈述和保证，标的股权存在权利瑕疵	瑕疵履行	高（7）	低（3）	非常重要（21）	采取补救措施＋违约金＋合同解除权	
			目标公司存在大量的或有负债	……	……	……	……	……	……

续表

<table>
<tr><th rowspan="2">类别</th><th colspan="2">权利义务分析</th><th colspan="2">违约形态分析</th><th colspan="3">评估影响和概率</th><th rowspan="2">选择违约责任形式</th><th rowspan="2">违约责任条款表述
[买方(甲方)/卖方(乙方)/目标公司(丙方)]</th></tr>
<tr><th>并购方</th><th>出让方</th><th>描述</th><th>分类</th><th>影响程度(a)</th><th>发生概率(b)</th><th>评估结果(a×b)</th></tr>
<tr><td rowspan="4">主要权利义务</td><td rowspan="3">支付股权价款</td><td rowspan="3">收取股权价款</td><td>不支付股权转让价款</td><td>不履行</td><td>高(7)</td><td>低(3)</td><td>非常重要(21)</td><td>继续履行/不履行违约金+合同解除权</td><td rowspan="2">X.6　甲方逾期向乙方支付股权转让价款的,应每日按逾期部分金融[万分之二]标准向乙方支付逾期违约金。
X.7　除第X.6款外,甲方不履行本协议或迟延履行本协议约定的任何义务、承诺和保证超过[60]日的,经乙方宽限[30]日后,仍拒不补救或逾期不补救的,还应向乙方支付股权转让对价的[5]%作为违约金;同时,乙方有权单方解除本协议或有权要求继续履行本协议。</td></tr>
<tr><td>逾期支付股权转让价款</td><td>迟延履行</td><td>高(7)</td><td>低(3)</td><td>非常重要(21)</td><td>继续履行+逾期违约金</td></tr>
<tr><td>不按约定方式支付股权转让价款</td><td>瑕疵履行</td><td>……</td><td>……</td><td>……</td><td>……</td><td>……</td></tr>
<tr><td>……</td><td>……</td><td>……</td><td>……</td><td>……</td><td>……</td><td>……</td><td>……</td><td>……</td></tr>
<tr><td rowspan="2">次要权利义务</td><td>收取印章、财务资料、证照等</td><td>交付印章、财务资料、证照等</td><td>不交付或不按期交付印章、财务资料、证照等</td><td>不履行/迟延履行</td><td>……</td><td>……</td><td>……</td><td>……</td><td>……</td></tr>
<tr><td>……</td><td>……</td><td>……</td><td>……</td><td>……</td><td>……</td><td>……</td><td>……</td><td>……</td></tr>
</table>

续表

类别	权利义务分析		违约形态分析		评估影响和概率			选择违约责任形式	违约责任条款表述［买方（甲方）/卖方（乙方）/目标公司（丙方）］
	并购方	出让方	描述	分类	影响程度（a）	发生概率（b）	评估结果（a×b）		
附随义务	保密	保密	收购方负有约定的保密义务	……	……	……	……	……	……
	通知	通知	双方相互负有通知义务	……	……	……	……	……	……
	协助	协助	收购方负有协助出让方办理股权等变更的义务	……	……	……	……	……	……

注：(1)定性分析时，影响程度划分为：高、中、低；定量分析时，影响程度划分为：低(1,2,3)，中(4,5,6)，高(7,8,9)

(2)定性分析时，发生概率划分为：大、中、小；定量分析时，影响程度划分为：小(1,2,3)，中(4,5,6)，大(7,8,9)

3. 违约责任条款的框架结构

一般而言,合同中专门的违约责任条款主要包括三个部分:违约赔偿责任、违约赔偿限制/豁免和其他违约救济。见图 14 - 7:

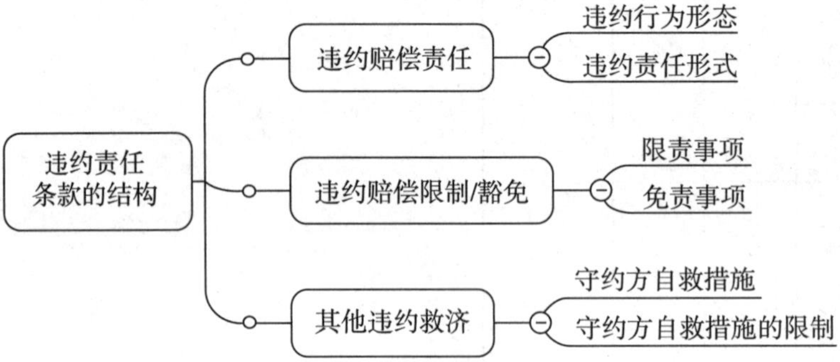

图 14 - 7　违约责任条款的框架结构

(1)违约赔偿责任的约定

实践中,由于具体交易和合同性质的不同,合同的违约责任条款也不尽相同,当然违约赔偿的项目也存在很大的差异,也不可能穷尽所有的违约行为和损失赔偿,合同起草者应尽量根据实际情况予以详细列举,对那些可能导致违约或因违约导致损失的情形进行详细说明,并且对其可能产生的后果予以明确。

赔偿损失的范围可由法律直接规定,或由双方约定。在法律没有特别规定和当事人没有另行约定的情况下,应按完全赔偿原则,赔偿全部损失,包括直接损失和间接损失。直接损失指财产上的直接减少。间接损失又称所失利益,指失去的可以预期取得的利益。可以获得的预期的利益,简称可得利益。可得的利益指利润,而不是营业额。可得利益的求偿需坚持客观确定性,即预期取得的利益不仅主观上是可能的,客观上还需要是确定的。因违约行为的发生,使此利益丧失,若无违约行为,这种利益按通常情形是必得的。赔偿损失的方式有三种:一是恢复原状,二是金钱赔偿,三是代物赔偿。恢复原状,指恢复到损害发生前的原状(如修理、修复,重作等)。违约后的恢复原状,实践中多显有困难,故举出金钱赔偿,其简便易行,是赔偿损失的主要方式。金钱赔偿时遇违约人资金困难,若违约人有其他财产,可以折抵相应金额。代物赔偿,即以其他财产替代赔偿。

就违约金条款而言,由于违约金的种类繁多,违约金条款可有概括性和具体性之分。概括性违约金条款,是指当事人对违约行为不作具体区分,概括约定凡违约即支付违约金。例如,如果一方违反本合同项下义务,则在不影响合同另一方根据本合同享有的权利的情况下,该违约方应对合同非违约方承担赔偿责任,赔偿非违约方因违约方的违约行为导致的可合理预见的任何损失。

如果一方违反本合同约定,给守约方造成损害的,应负责赔偿守约方的一切损失。

上述两个概括性的约定,即约定任何违约行为导致损失的,都可以依据本约定要求赔偿。表面看,这样的合同条款似乎没有什么问题,但在实践中这样的约定几乎没有任何意义,因为即使不写入合同,法律也有类似的规定。由于这样的约定太过宽泛,实践中守约方可能很难举证或违约方可能举证其不能合理地预见或应当预见这些损失。特别是在投资并购合同中,这样的违约赔偿条款是完全不足取的,正确的做法就是尽量进行详细地列举和说明。

具体性违约金条款,是指当事人针对不同的违约行为所约定的违约金,如不履行违约金、部分不履行违约金、迟延履行违约金等。当事人约定了违约金的,一方违约时,应当按照该约定支付违约金。如果约定的违约金低于实际损失的,当事人可以请求人民法院或者仲裁机构予以适当增加;约定的违约金过分高于实际损失的,当事人可以请求人民法院或者仲裁机构予以适当减少。如果当事人专门就迟延履行约定违约金的,该种违约金仅是违约方对其迟延履行所承担的违约责任,因此,违约方支付违约金后,还应当继续履行债务。至于违约金约定是否过高,可以适用《贯彻实施民法典会议纪要》第 11 条指导意见(详见后文)。另外,还可以参照适用《商品房买卖合同司法解释》(2020 年修正)第 12 条规定:“当事人以约定的违约金过高为由请求减少的,应当以违约金超过造成的损失 30% 为标准适当减少;当事人以约定的违约金低于造成的损失为由请求增加的,应当以违约造成的损失确定违约金数额。”

【例 14-7】[①]　对“约定的违约金超过造成损失的百分之三十”的理解与适用

【裁判摘要】

对于司法解释(《合同法司法解释(二)》第 29 条第 2 款)中“当事人约定的违约金超过造成损失的百分之三十”的规定应当全面、正确地理解。一方面,违约金约定是否过高应当根据案件具体情况,以实际损失为基础,兼顾合同的履行情况、当事人的过错程度以及预期利益等综合因素,根据公平原则和诚实信用原则综合

① 韶关市汇丰华南创展企业有限公司与广东省环境工程装备总公司广东省环境保护工程研究设计院合同纠纷案[最高人民法院(2011)民再申字第 84 号],载《最高人民法院公报》2011 年第 9 期(总第 179 期)。

予以判断,"百分之三十"并不是一成不变的固定标准;另一方面,前述规定解决的是认定违约金是否过高的标准,不是人民法院适当减少违约金的标准。因此,在审理案件中,既不能机械地将"当事人约定的违约金超过造成损失的百分之三十"的情形一概认定为《合同法》第114条第2款规定的"过分高于造成的损失",也不能在依法"适当减少违约金"数额时,机械地将违约金数额减少至实际损失的130%。

在上述案件中,最高人民法院针对原《合同法司法解释(二)》第29条第2款规定的"约定的违约金超过造成损失的百分之三十",明确了如下几个问题:首先,违约金金额只有超过损失额的30%,也就是达到损失额的130%以上,才有可能被认定为"过分高于"。其次,这个30%的标准"并不是一成不变的固定标准",并非一达到这一标准就一概定性为"过分高于"并予以调整,还需要"以实际损失为基础,兼顾合同的履行情况、当事人的过错程度以及预期利益等综合因素,根据公平原则和诚实信用原则综合予以判断"。最后,该司法解释规定的30%的标准,只是认定违约金是否过高的标准,不是人民法院适当减少违约金的标准。至于如何"适当减少违约金",不能机械地照搬这个标准进行调整。该判决对原《合同法司法解释(二)》的诠释,更多的是贯彻两个精神:一是不能机械适用法条,而应综合案件因素来全面判断;二是强调法官在此类案件中对自由裁量权的运用。尽管该案是旧法时代的案例,但30%的标准仍然可以参照适用。就此,《贯彻实施民法典会议纪要》第11条已经明确:

《民法典》第585条第2款规定的损失范围应当按照《民法典》第584条规定确定,包括合同履行后可以获得的利益,但不得超过违约一方订立合同时预见到或者应当预见到的因违约可能造成的损失。

当事人请求人民法院增加违约金的,增加后的违约金数额以不超过《民法典》第584条规定的损失为限。增加违约金以后,当事人又请求对方赔偿损失的,人民法院不予支持。

当事人请求人民法院减少违约金的,人民法院应当以《民法典》第584条规定的损失为基础,兼顾合同的履行情况、当事人的过错程度等综合因素,根据公平原则和诚信原则予以衡量,并作出裁判。约定的违约金超过根据《民法典》第584条规定确定的损失的30%的,一般可以认定为《民法典》第585条第2款规定的"过分高于造成的损失"。当事人主张约定的违约金过高请求予以适当减少的,应当承担举证责任;相对人主张违约金约定合理的,也应提供相应的证据。

再次强调的是,违约赔偿责任的约定或者说整个违约责任条款的拟定,笔者建议,应当在合同所有的权利和义务条款都已经基本拟定完毕后,再开始拟定,这是由违约责任形式必须要与违约行为相匹配的性质所决定的。

(2)违约赔偿责任的限额

实践中，签约方为了能够控制风险，通常会要求违约责任免责和限责，承担与自己所得相称的损失，这就是所谓的违约责任限额。违约责任限额条款其实是合同方在签订合同时，对合同风险的一种商业分配，其目的是保护自己不会因为违反某个合同而导致整个公司破产或遭受超过自己预期的损失，从而在合同中规定的免除自己责任或者限制自己责任的一种自我保护条款。实践中比较常见的能够免责事项包括：不可抗力的损失免责、间接损失免责。

【例14-8】　违约条款(责任上限)

示例1：任何情况下，一方对因本合同的履行或不履行所致的损失、损害或补偿索赔的责任累计总额不得超过人民币[　　]万元(¥[　　]万元)[但该方有违反保密义务或侵犯知识产权情形的除外]。

示例2：尽管本协议作出其他相反约定，但合同方在此明确同意，根据本协议针对卖方的所有诉请索赔，总的责任绝对不超过人民币[　　]万元。

既然责任限额规定是一种纯粹的商业风险分配，那么，这种责任限额就不可能是无限制的。事实上，从法律规定和实践来看，无外乎三种除外情形：重大的故意或过失；双方另有约定；法律、法规禁止。我国《民法典》第506条规定："合同中的下列免责条款无效：(一)造成对方人身伤害的；(二)因故意或者重大过失造成对方财产损失的。"为什么这样规定呢？因为这些行为是违反公序良俗的，是法律所要禁止的，限制和/或免除因这些行为而造成的责任既不符合商业规则的诚信和善意原则，也不符合法律精神。让我们来看责任免责的除外条款示例：

【例14-9】　违约条款(责任免责的除外)

本协议中的任何条款并未排除或限制各方的下列责任：

(1)由于一方的过失(包括其职员的疏忽)而导致的死亡、人身伤害或有形财产的损坏；

(2)一方雇员、代理商或分包商的欺诈或民事侵权或故意疏忽；

(3)虚假陈述；

(4)依照相关法律、法规不得限制或排除的其他责任。

(3)违约救济措施

合同一方或双方违约,可以采取很多补救措施,包括修理、重作、更换、催告、申请禁令等。需要注意的是,非违约方除了根据合同或法律向法院寻求救济之外,还可以采取自救方式,以防止损失的扩大。这些自救方式包括:解除合同、中止合同、拒收货物、拒绝付款、抵销以及其他一些自救措施。对于非违约方采取的自救措施,通常要对其采取这些措施予以适当的限制,否则违约方将可能承担难以预见和/或控制的风险。譬如,守约方可能自己接管或委托第三方接手部分合同工作或全部工作,或者导致产生大量的、不必要的支出和费用,这是需要特别关注的。实践中,一般是非违约方应首先向违约方发出一个违约通知,给予一个合理的补救期间,在合理的补救期间,非违约方不得采取诸如解除合同或要求第三方接管工作等自救措施;对于某些自救措施,可以要求在采取之前应当获得违约方同意或者在客观不能的情况下才可以实施这些自救措施。如下例:

【例 14-10】 违约条款——自救措施限制条款

X	违约责任
X.1	……
X.2	买方发现标的资产存在瑕疵,应在采取自救措施之前首先通知卖方并给予其一段合理时间予以弥补。
X.3	如果在质保期结束前出现瑕疵,则买方应在与卖方协商后并按照行业惯例亲自、委托第三方代表自己或要求卖方对标的资产进行额外的适当检查。
X.4	尽管有上述规定,但买方在提前获得卖方书面同意后,或已经给予卖方一个合理的机会对瑕疵或不达标(时间最低不少于30日)进行补救但卖方未补救,则买方有权在就此提前发出通知后,自己或由第三方代表自己维修或校正或替换,费用由卖方承担。
…	……

(五)违约责任条款审查的若干实务问题

除了上述内容之外,在实践中,违约责任条款审查中还存在一些法律实务问题值得我们关注。

1. 违约责任条款需"内容明确",具有可执行性

首先,合同内容应当明确。触发违约责任条款的适用必然是一方履行合同义务不符合合同约定。合同义务约定明确,是一方作出违约前评估责任承担以及判

断对方是否守约的重要因素。

违约责任条款应当具有可执行性是违约责任条款设计的主要原则之一，违约责任条款具有可执行性体现在合同义务内容明确、违约责任条款能得到法院的支持等上面，以此保障违约责任条款对合同双方的约束力。这意味着“合同权利、义务内容明确”是最起码的要求，这要求起草者或审核者对合同所属交易或者合作的模式、路径、流程、实务操作、行业情况应相当熟悉，对于各方应当履行的职责、义务应清楚明白。例如，在某股权并购协议中，涉及卖方对买方协助办理股权变更登记手续时，应提供相应的“有关资料”，但并未对有关资料进行详细阐述，或者未约定明确“有关资料”的程序和方式，后因约定的有关资料提供不及时和不完整、准确，导致股权变更迟迟办理不下来。因此，应尽量避免以“有关事项”“有关材料”等措辞笼统概括。

一个可供参考的案例是，在张某军与尹某民等房屋租赁合同纠纷二审民事判决书[北京市第一中级人民法院(2018)京01民终6774号]中，虽然涉案《租赁合同》第11条第8款约定益荣泰公司(出租人)负有向张某军(承租人)“及时提供办理营业执照所需的有关资料”的义务，但法院认为，营业执照的办理主体是实际经营人张某军，其应当告知益荣泰公司有关材料的具体内容，而张某军直至2018年2月8日才告知办理营业执照所需的有关资料为“建委出具的营业场所证明”，因此益荣泰公司因2018年2月8日前未提供“建委出具的营业场所证明等”不属于违反“及时提供办理营业执照所需的有关资料”之约定，由此不应对张某军无法办理营业执照承担违约责任。

2. 违约行为情形完备无遗漏

根据上文所述的“五步法”，其内含的一个根本的逻辑就是“违约行为 <—> 违约责任”相匹配，这意味着合同违约责任条款首先应确定完备的违约行为情形，对于非常重要和重要的违约行为必须匹配相应的违约责任形式，以基本可以做到违约行为情形范围完整、无遗漏。但当一方谈判地位较为强势时，容易会较多关注对方违约情形的设置，而忽略甚至故意省去对双方均有违约情形的相关考量或约定。由此，违约情形的遗漏可能造成违约责任条款的约束效力大打折扣，进而影响合同履行的预期判断。

3. 选择合适的违约责任形式

如前所述，违约责任的形式包括继续履行、采取补救措施、赔偿损失、违约金和定金责任，甚至还包括行使单方解除权等，选择合适的违约责任形式是设计、制定、审核或修改条款的最核心的内容之一。选择合适的违约责任形式是可执行性原则的要求。例如,发生"违约方不履行非金钱债务或者履行非金钱债务不符合约定"情形时,合同约定"继续履行"的,就需要考虑法律规定的违约责任的免责事由。例如,不能强制履行或者履行成本过高的事项。此类违约情形发生时,采用其他违约责任形式来约束更有效果。

选择合适的违约责任形式,还在于违约责任形式并非可以任意搭配同时适用。主要是涉及继续履行、违约金、赔偿损失、定金并用的问题。本章前文已经就此进行过专门的讨论,在此不再赘述。仅举一例来予以说明:

【例14-11】 违约行为与违约责任的选择和匹配

在某股权收购交易中,甲方(卖方)和乙方(买方)签署的股权收购协议中的违约责任条款摘录如下:

Y	违约责任
Y.1	本协议签订之后即应严格遵照履行,任何一方不完全履行本协议规定的义务或者单方面终止本协议的,守约方有权要求违约方承担违约责任,同时有权要求违约方继续履行本协议。
Y.2	乙方逾期支付本协议项下转让价款的,每天支付逾期额5‰的逾期付款违约金;逾期付款超过30天的,视为乙方根本违约,甲方有权解除本协议,并不再返还乙方已支付的款项。

评析:该股权并购协议中的违约责任条款约定得比较"概括"和"简略",主要存在如下一些问题:

(1)在违约情形方面。第Y.1款采用了概括性的描述"任何一方不完全履行本协议规定的义务或者单方面终止本协议的"来明确违约情形,这意味着涵盖了违反本合同项目所有义务的情形或者行使任意单方面解除权的情形;唯一能够看到的具体明确的违约情形的是,第Y.2款明确了乙方(买方)"逾期付款违约行为"。在此种情形下,乙方应支付"逾期履行违约金"(迟延履行违约金);逾期付款超过30天的,视为乙方根本违约,甲方(卖方)有权解除合同,并不再返还乙方已支付的款项。第Y.2款与第Y.1款之间如何衔接适用的问题,还需要结合两款规定来综合分析。

(2)在违约责任形式方面。除了第1点所述的"逾期履行违约金"以及甲方享有的合同解除权外,在第Y.1款中,采用的措辞是"任何一方不完全履行本协议规定的义务或者单方面终止本协议的",该措辞涵盖了两种违约行为:一个是"不完全履行",另一个是"不履行"。后面紧跟的具体的违约责任是"守约方有权要求违约方承担违约责任,同时有权要求违约方继续履行本协议"。从措辞中的"同时"可以发现这显然是一个违约责任形式的并用,但存在如下问题:

①前句中"承担违约责任"的问题。该措辞是如此的"概括",而违约责任条款仅仅有Y.1和Y.2两款,此处的"违约责任"在何处,审查者只能"遍寻"整个合同的条款,试图在相关权利义务条款中"侥幸"找到相关违约责任的直接约定,但令人失望的是什么都没有。故合同起草者在这里犯了一个很严重的错误就是:违约责任条款本身是用来明确违约责任的,但其自身的条款却又表述为"违约责任",这是一个"循环陷阱"。

②前后两句中"违约责任"和"继续履行"并用的问题。例如,此处的"违约责任"系指违约金的话,则与"继续履行"并用可能会存在问题,因为前句所述的"不完全履行本协议规定的义务或者单方面终止本协议的"可能属于"瑕疵履行"或"不履行",可能不能与继续履行并用,但第Y.2款约定的"逾期付款违约行为"除外。再如,此处的"违约责任"是定金的话,也显然不能与"继续履行"并用。

(3)第Y.1款和第Y.2款如何衔接适用的问题。例如,如果出现了乙方(买方)逾期付款的情形,将会涉及两个条款竞合适用的问题。在适用第Y.1款时,甲方(卖方)有权要求乙方承担违约责任,即援引第Y.2款的规定执行;同时,甲方还同时有权要求乙方继续履行本协议。此时,是否会与第Y.2款相冲突呢?结论是不冲突:因为,第Y.2款仅规定了"甲方有权解除本协议",甲方亦可选择不解除本协议(其是甲方的权利而非义务),此时回到第Y.1款中,仍然可以要求乙方继续履行本协议。尽管通过分析,这两款规定不存在冲突,但这也是合同拟定中需要关注的一个核心问题——避免条文前后冲突。

(4)第Y.2款"并不再返还乙方已支付的款项"约定可能存在问题。主要体现在:甲方可能主张该约定是乙方对其财产的放弃,属对其财产的自由处分;但乙方可能会抗辩,第Y.2款属于第Y条"违约责任"的一部分,而本条规定的是"违约责任",则第Y.2款的该约定应属于对乙方"逾期付款违约行为"的违约责任;甲方可能紧接着会主张该约定是一个"惩罚性违约金",姑且不论该约定是否构成惩罚性违约金,即便构成,乙方接下来也可能会主张"约定的违约金过分高于造成的损失",遂请求法院或者仲裁机构予以适当减少。因此,尽管这样的约定看似对卖方非常有利,但事实效果是否如此存在很大的不确定性,而且可能会导致买方的"反感",因为并购交易中的价款是巨大的,即使是分期付款,已支付的款项也可能是一个"天文数字",基本可以肯定会构成"约定的违约金过分高于造成的损失"。因此,一个折中的方案可能是修改为明确约定一个惩罚性的违约金,并甲方有权从乙方已支付款项中直接扣除。

4. 设定违约责任应考虑各方的履约能力

在合同违约责任条款设计、拟定和审核时,还应考虑各方的合同履约能力的影响。显然,评估各方的合同履约能力不但在签订合同时具有重要价值,而且在制定违约责任条款时,也具有重要影响。这是因为各方的合同履约能力不同可能导致条款的侧重点和针对性有所不同。

例如,在股权并购交易中,一般会采用分期付款的方式来安排股权转让价款的支付,但在拟定和审核这样的条款时,就需要考虑买方公司内部有关资金筹措能力、资金支付内部审批流程的要求的因素,对买方实际履约能力进行评估,以避免买方无法满足合同约定的支付时点足额支付价款的要求。再如,如果涉及卖方是境外投资者的,则还需要评估买方是否在规定时间内能够取得所需的国家外汇管理局及其各地分支机构批准并备案境外投资者转股所得资金汇出境内和外汇转股变更登记信息表等。因为通常情况下,这一要求可能被写入股权并购协议的"交割先决条件"中。

5. 考虑第三人对合同的影响

尽管依据《民法典》第465条第2款"依法成立的合同,仅对当事人具有法律约束力,但是法律另有规定的除外"之规定,合同原则上仅对合同双方当事人产生法律约束力,但这并不意味着合同条款的设定就不会涉及第三人,尤其是第三人的行为可能左右合同效力或者合同履行时,更要特别注意。实务中,需要考虑的第三人对合同的影响主要包括如下几个方面:第一,涉及有权机构事先审批或登记的情形,如经营者集中、外汇管制、外资、国资审批等;第二,合同的履行取决于第三人的同意;第三,由于第三人的原因,导致任何一方不能履行合同义务或者履行合同不符合约定等。

针对前两种情形,一般的处理方式是将它们放在"陈述和保证"以及"合同先决条件"中来进行处理,负有义务一方需要按照约定完成保证和成就合同生效的先决条件,并约定相应的违约责任。若无法完成的,依据《民法典》第502条第2款的"依照法律、行政法规的规定,合同应当办理批准等手续的,依照其规定。未办理批准等手续影响合同生效的,不影响合同中履行报批等义务条款以及相关条款的效力。应当办理申请批准等手续的当事人未履行义务的,对方可以请求其承担违反该义务的责任"则应承担相应的违约责任。类似地,原《外商投资司法解释(一)》(2020年修正》第1条规定:"当事人在外商投资企业设立、变更等过程中订立的合同,依法律、行政法规的规定应当经外商投资企业审批机关批准后才生效的,自批准之日起生效;未经批准的,人民法院应当认定该合同未生效。当事人请求确认该合同无效的,人民法院不予支持。前款所述合同因未经批准而被认定未生效的,不影响合同中当事人履行报批义务条款及因该报批义务而设定的相关条款的效力。”第5条规定:“外商投资企业股权转让合同成立后,转让方和外商投资企业不履行报批义务,经受让方催告后在合理的期限内仍未履行,受让方请求解除合同并由转让方返还其已支付的转让款、赔偿因未履行报批义务而造成的实际损失的,人民法院应予支持。”因此,在《民法典》生效施行之后,内外资在“报批条款”效力具有独立性上形成了一致。另外,如在股权并购交易中,出让方股东将其持有的股权转让给股东以外的第三人,先不考虑公司章程如何约定,《公司法》(2018年修正)第71第2款规定:“股东向股东以外的人转让股权,应当经其他股东过半数同意。……”如双方签订了股权并购协议,出让方的履约能力将受公司其他股东意愿的影响。因此,受让方在设计、制定违约责任条款时可以增加这方面的违约情形。

对于第三种情况,反映在合同违约责任条款中,实践中通常表现为两种条款的区分适用。参见如下两个条款:

条款一:因甲方原因,交付发生延期的,甲方应当赔偿乙方合同总金额的20%作为违约金。

条款二:除因乙方原因,交付发生延期的,甲方应当赔偿乙方合同总金额的20%作为违约金。

对比可以发现,两个条款的唯一区别在于“因甲方原因”和“除因乙方原因”。显然,后一条款对于甲方的约束力更大,因为“甲方原因+第三人原因”都属于适用范围,而“第三人原因”往往并不受甲方控制,显然前一条款仅包含“甲方原因”,对于甲方更为有利。

需要注意的是,《民法典》第593条(原《合同法》第121条)规定:“当事人一方因第三人的原因造成违约的,应当依法向对方承担违约责任。当事人一方和第三人之间的纠纷,依照法律规定或者按照约定处理。”这意味着,即便采用“因甲方原因”的措辞,也不能免除因第三方原因导致甲方不能履行合同义务或者履行合同不符合约定时,应向乙方承担的违约责任。但是违约责任没有合同约定时,司法实践对于违约责任的承担程度一般不具有惩罚性,甚至守约方为了能让违约赔偿金额弥补损失费用,还将承担遭受损失大小的举证责任,某种程度上,增加了守约方的负担。此外,通过违约责任条款的设计,还可以针对因“第三人原因”造成合同履行不能或者履行不符合约定的情形发生时,约定合同相关当事人应当如何应对以避免损失进一步扩大。例如,如何排除妨碍、如何履行通知义务、如何调整履约方案等。如此,可继续推进合同履行,切实保护合同当事人的合法利益。

6. 需协调各违约责任条款间的逻辑关系

如【例 14-11】所展示的那样,当违约责任条款自身的条款数量较多时,还需要注意这些条款之间的逻辑关系,以避免竞合适用时产生冲突或不协调。

首先,违约责任条款应当做到同一主体违约程度越大,对应的违约责任越大。看似理所当然,但是却很容易犯错,尤其是对于"各方履约能力"以及"行业风险"不能完全把握时,会对违约情形的违约程度有不正确或不恰当的认识。

其次,注意违约责任条款之间的逻辑关系还可以避免给违约方制造"为减轻责任承担而做出违约行为"的机会。例如,甲乙双方拟展开某项合作,甲方预判到乙方可能无法实现签订合同前的相关承诺而使得合同目的无法实现,针对这种情形,甲方在合同设计时加重该情形的违约责任,但忽视了其他同样可以造成合同目的无法实现时的违约责任的考虑,仅作了概括性的约定。当乙方无法兑现承诺又无法追究甲方责任时,乙方可能会故意做出责任较轻的违约行为来造成合同目的无法实现,以此来减轻自己的违约责任。

最后,注意违约责任条款之间的逻辑,可以避免己方在主张权利、追究对方违约责任时做出不利于己方利益的行为。例如,在股权转让合同违约责任条款中,同时作出了如下两款约定:

X.1　买方逾期支付本协议项下转让价款的,卖方有权单方面解除本协议。

X.2　买方逾期支付本协议项下转让价款的,每天支付逾期额5‰的逾期付款违约金;逾期付款超过30天,经卖方书面催告后3日内仍不履行的,视为买方根本违约,卖方有权单方面解除本协议。

上述条款存在的问题是,当买方迟延支付标的股权转让价款10日后,卖方是否有权直接解除租赁合同?如果仅约定了第X.1款的话,卖方行使约定解除权并无大碍,较大概率会得到法院的支持;但当上述两款约定同时存在时,则会给卖方行使权利带来困惑:当买方迟延支付价款时,卖方出于习惯给买方发出了书面催告,而催告后3日内,买方又支付了应付价款中的部分,那么,此时卖方是否有权行使解除权?依据第X.2条似乎也尚存争议,关键在于法院对于"仍不履行"的理解认定,通常的结果可能是认定为"全面、适当地履行"之义,但这毕竟带来了某些不确定性,因此,将使得卖方解除合同时存在一些疑惑,其原因就在于两个条款之间存在不协调。

7. 关注合同的从义务和附随义务

违约责任条款的设计、制定或审核还需关注合同(交易)流程,既要关注合同履行过程中的从义务和附随义务,还要关注合同结束后的后合同义务或附随义务。例如,有关的协力、通知、保护和保密义务等。例如,《民法典》第509条第2款规定:"当事人应当遵循诚信原则,根据合同的性质、目的和交易习惯履行通知、协助、保密等义务。"该款规定属于合同履行中的附随义务的明确规定。但是每个合同(交易)各有其特殊性,如履行期限、义务范围、责任承担、补救措施等,对于合同各方当事人应当履行的附随义务各有不同,只靠上述法律规定并不能完全满足每个合同履行的需要,这是合同拟定或者审查人员应当注意的。

8. 逾期违约金能否与解约违约金并用

在实践中,还存在合同同时约定了逾期违约金和解约违约金(亦称为解约金)的情形,此时两者能否并用在司法实践中也存在两派观点:

- 逾期违约金与解约违约金系同一违约行为所致,不应当重复主张,且解约违约金已足以弥补其损失。①
- 逾期违约金与解约违约金,属于不同阶段的违约行为导致的违约责任,违约行为不具有同一性,可同时适用逾期违约金和解约违约金。②

对于第一种观点,在成都雅驿空间酒店管理有限公司、陈某丽房屋租赁合同纠纷二审民事判决书[四川省成都市中级人民法院(2019)川01民终17284号]中,法院认为:

关于违约金,一审法院认为,违约金具有补偿和惩罚的双重性质,主要以补偿守约方的实际损失为主要功能……陈某丽、屈某杰主张的逾期付款违约金与解除合同违约金系同一违约行为所致,不应当重复主张,且解除合同违约金已足以弥补其损失,故一审法院对该项主张不予支持。二审法院认为一审法院根据雅驿酒店的请求对违约金的计算标准进行调减并无不妥,故对雅驿酒店的该项上诉请求,本院不予支持。

对于第二种观点,在林某青、包某欢等与贺某、贵州富强圣能源投资有限公司

---

① 参见成都雅驿空间酒店管理有限公司、陈某丽房屋租赁合同纠纷二审民事判决书[四川省成都市中级人民法院(2019)川01民终17284号],上海金圣马物流有限公司与上海远南国际货物运输代理有限公司、中回实业(上海)有限公司、叶某租赁合同纠纷案[上海市浦东新区人民法院(2016)沪0115民初60010号],成都金禾茂置业有限公司、郑某兴、黄某秀商品房销售合同纠纷一审民事判决书[四川省金堂县人民法院(2019)川0121民初2372号]。

② 参见林某青、包某欢等与贺某、贵州富强圣能源投资有限公司采矿权转让合同纠纷二审民事判决书[最高人民法院(2016)最高法民终250号],中建材供应链管理有限公司、广西城投实业有限公司买卖合同纠纷二审民事判决书[广西壮族自治区高级人民法院(2017)桂民终464号],福州市直房地产公司、东方古玩城公司、刘某光商品房买卖合同纠纷再审二审判决书[福建省高级人民法院(2015)闽民再终字第18号]。

采矿权转让合同纠纷二审民事判决书[最高人民法院(2016)最高法民终250号]中,最高人民法院认为:

关于利息和违约金2200万元的问题。林某青等三人认可该款项的性质为贺某返还已付4200万元合同价款的利息和解除采矿权转让合同的解约违约金。贺某认为上述约定的违约金过高,请求予以调整。一审法院认为,民事合同损害救济应当以补偿性为主,惩罚性为辅。当事人约定的返还4200万元的利息及解约违约金,不能过高,否则应予调整。对于利息,约定未超过本金年利率24%的部分可申请人民法院予以强制保护。对于违约金,需要讨论违约金请求权与损害赔偿请求权之间的关系问题。一审法院认为,违约金请求权与损害赔偿请求权可以因债务人违约而同时产生效力,如果二者针对的不是同一利益,当事人可以主张累加;如果指向同一利益,则不能主张累加,此为不得因损害赔偿而获利基本原则之应有之义。本案中,当事人在《债权债务清偿协议》中约定的损失赔偿已经基本弥补林某青等三人因解约而造成的全部损失,本案约定解约违约金实质亦是弥补林某青等三人因解约产生的损失,二者指向同一利益。根据《最高人民法院关于适用〈中华人民共和国合同法〉若干问题的解释(二)》第二十九条的规定,一审法院可以认定该解约违约金约定金额过高,应予调整。由于双方对利息金额与违约金金额约定并未分别明确具体金额,考虑林某青等三人除4200万元合同价款的利息损失外,其他因解除合同产生的损失基本已经得到赔偿,综合本案的实际情况,一审法院将该2200万元的利息和违约金统一调整为708万元。

在中建材供应链管理有限公司、广西城投实业有限公司买卖合同纠纷二审民事判决书[广西壮族自治区高级人民法院(2017)桂民终464号]中,法院认为:

关于城投公司向中建材公司主张的违约损失是否有事实和法律依据的问题。根据《矿石购销合同》中第8.2条、第8.3条以及第8.4条的约定,双方当事人约定了两种违约金:一是逾期违约金,如因买方未能在约定期限内支付合同货款,每逾期一天,应向卖方支付应付未付金额千分之三的违约金;如因卖方原因导致买方未能在约定期限内提货,每逾期一天,应向买方支付买方已付金额千分之三的违约金。二是解约违约金,即卖方逾期超过12天,买方有权拒收该批货物,如买方拒收货物,或因非买方原因无法履行该合同,卖方需在买方确定拒收或终止本合同5个工作日内以现金电汇方式归还买方已付货款并另行支付合同暂定总金额的3%的违约金;如以现金归还已付货款,需另支付合同暂定总金额1%的违约金。城投公司在一审中并未明确其主张违约金种类。在庭审中,经合议庭向城投公司释明,其表示一并主张合同约定的两种违约金。本院认为,就逾期违约金而言,中建材公司应依约于2015年3月2日前交货,但其未能按期交货,故应从2015年3月3日起开始支付约定的逾期违约金。至于计算逾期违约金的截止日期,双方并未明确约定。但双方约定逾期超过12天后买方城投公司有权拒收货物并终止合同,卖方中建材公司由此应承担相应的解约违约金。据此,城投公司有权决定是否以及何时行使合同解除权,但由于双方关于每天千分之三的逾期违约金标准较高,城投公司长期不积极主张自己的权利(从其有权拒收货物并终止合同之日起到其实际解除合同长达305天),期间既不催告对方履行也不行使解约权,若逾期违约金采取连续计算至城投公司实际解除合同之日(2016年1月6日)的方法,既不符合双方缔约的真实意愿,还会造成应支付违约金总额过分高于违约行为所造成的实际损失。因此,虽然城投公司可自主决定是否以及何时行使解约权,但其以消极行使权利的拖延时间来计算相应的逾期违约金数额,则属于滥用权利的行为。综上,城投公司以前述标准和方法所计算的违约金为基础,请求适度调低中建材公司赔偿的违约损失(以29975000元为基数,从2015年3月3日起计算,按年利率24%计至付清之日止),没有事实和法律依据。一审判决以民间借贷的相关法律规定作为计算违约责任的标准,属于适用法律错误,本院予以纠正。在双方当事人都要求降低违约金数额的情况下,以中建材公司违约造成的实际损失为基础,综合考量违约金的惩罚性功能、合同的履行情况、当事人的过错程度以及预期利益等因素,本院认定,中建材公司应承担的违约责任分为三个部分:一是逾期违约金,从2015年3月3日起计算至12天,为防止权利滥用,其不得在12天后继续主张每天千分之三的逾期违约金,故该部分的违约金数额为:买方已付金额29975000元×0.003/天×12天=1079100元。二是解约违约金,中建材公司应依据实际归还货款的不同方式(现金电汇或者现金)依约支付合同总金额的3%或1%的违约金,故该部分的违约金数额为:合同总金额29975000元×0.03=899250元或29975000元×0.01=299750元。三是酌定的实际损失,城投公司向中建材公司支付全部货款后,中建材公司逾期不交货且长期不归还货款,期间既不主动沟通请求延期交货也未向对方催告解除合同,致使城投公司因长期无法对该笔资金占有收益而遭受相应损失,此项损失客观存在,中建材公司对该损失具有主观过错,在城投公司并未提供证据证明其他实际损失的情况下,本院酌定实际损失计算标准为:以城投公司已付货款29975000元为基数,以中国人民银行同期贷款基准利率为标准,从双方约定交货期限届满且逾期12天后的2015年3月15日起计至付清之日止。

所谓的解约金,学说上概括为当事人为解除合同而支付之代价。[①] 与违约金旨在担保债务履行、强化债之效力不同,解约金的制度功能在于赋予当事人摆脱合同关系、弱化债之拘束。在实务中,首先要解决违约金与解约金的认定问题。对于解约金而言,其非由解除权人支付,而系解除权人的相对人支付,不构成解除权之代价,而是解除权人的相对人应承担的违约金。意定解除权之成立条件乃违约,而非金钱之支付。故此,认定某一金额条款是否构成解约金,不在于是否和解除权一并约定,而在于该笔金额应否由解除权人的相对人支付。

迟延履行的违约方亦得主动支付解约金行使意定解除权,此时非违约方既能获得解约金,也是迟延履行违约金的债权人。那么,债权人可否获得全部解约金和违约金呢? 于此涉及的标准,依然是避免债权人双重得利,亦即指向同一利益或同一部分利益的解约金和违约金不能并存。迟延履行违约金指向迟延履行造成的损害;解约金所指向的利益,应理解为因合同解除本身给相对人造成的信赖利益损失(如准备履约的费用)。因为利益指向不同,所以迟延履行违约金和解约金是并行不悖的。但需注意的是,此时违约方解除合同,说明其无继续履行的意图,非违约方尚可在迟延履行违约金之外,主张替代给付的损害赔偿。该请求权主要指向履行利益,而信赖利益乃履行利益之代价,替代给付之损害赔偿应扣除涵盖信赖利益的解约金,以免重复计算。同理,若前述例子中涉及主要涵盖履行利益的违约金,则亦应扣除解约金部分。[②]

笔者认为,合同的解除可以分为溯及既往的解除和不溯及既往的解除。学理上,继续性合同(如租赁合同、仓储合同、保管合同、承揽合同、供水供电合同等)的解除原则上无溯及力,非继续性合同的解除原则上有溯及力。因此,依据《民法典》第566条之规定,应根据“履行情况和合同性质”具体判定两者是否可以并用。例如,在商品房买卖合同纠纷中,开发商交房属于一次性履行合同。在开发商逾期交房的情况下,业主选择解除合同,则合同溯及既往地解除,意味着合同由始至终没有成立,合同在被解除时即恢复原状,因此开发商支付逾期交房违约金的基础并不存在。业主在解除合同、要求解约违约金的同时,不宜再继续要求开发商支付逾期交房违约金。而在房屋租赁合同纠纷中,占用房屋每日持续地产生租金,承租人拖欠租金的违约行为是持续性的。出租人主张解除房屋租赁合同的时候,承租人在此之前的确占用房屋并产生拖欠的租金,合同解除后没有办法恢复原状,此时房屋租赁合同的解除不发生溯及既往的效力。因此,承租人除支付解约违约金外,还应

① 参见孙森焱:《论违约金与解约金》,载《法令月刊》1996年第12期,第659页。
② 参见姚明斌:《违约金论》,中国法制出版社2018年版,第231－232页。

当支付逾期付款违约金，以赔偿出租人的损失。

9. 合同约定排除适用违约金调整条款的效力

基于实务中因损失难以举证等各种原因，特别是在合同违约金条款约定了较高的违约金数额时，通常还会约定排除适用违约金调整条款，即合同约定排除适用《民法典》第585条第2款（原《合同法》第114条第2款），例如，甲乙双方均同意放弃申请人民法院依《民法典》等法律法规、司法解释的规定对本协议所约定违约金、赔偿金予以调整的权利。

那么这样的特约效力如何呢？当事人还能否再请求法院调整违约金？我国法律并未有明确的规定。从审判实践来看，存在如下两种不同的观点：

- 排除适用民法关于违约金调整条款的约定，系当事人基于商业利益角度考量对民事权益的处分，为有效约定，当事人应自行承担相应风险。①
- 排除适用民法关于违约金调整条款的约定应以不违反公平原则、诚信原则为限，否则将因违背合同法的立法本意而无效，当事人仍可以请求人民法院调整违约金。②

对于第一种观点，在乐平华润置业有限公司、洪客隆百货投资（景德镇）有限公司租赁合同纠纷再审审查与审判监督民事裁定书［最高人民法院（2019）最高法民申3344号］中，有关案情如下：

---

① 参见乐平华润置业有限公司、洪客隆百货投资（景德镇）有限公司租赁合同纠纷再审审查与审判监督民事裁定书［最高人民法院（2019）最高法民申3344号］，成都无极电气有限公司诉重庆长安群力汽车配件有限公司买卖合同纠纷案［四川省成都市中级人民法院（2012）成民终字第5999号］，张某水与张某琴、蒋某明民间借贷纠纷一审民事判决书［广西壮族自治区南宁市青秀区人民法院（2014）青民一初字第1784号］，南京乔丰汽车工装技术开发有限公司与北汽银翔汽车有限公司合同纠纷一审民事判决书［重庆市合川区人民法院（2018）渝0117民初9463号］等。

② 参见大同市天力房地产开发有限责任公司与山西同至人商业管理有限公司、吴建功房屋租赁合同纠纷申诉、申请民事裁定书［最高人民法院（2016）最高法民申1780号］，重庆斯为美房地产开发有限公司与重庆优雅房地产开发有限公司合资、合作开发房地产合同纠纷二审民事判决书［重庆市高级人民法院（2019）渝民终2164号］，刘某田与甘某海、刘某、陈某武、新疆星湖湾房地产开发有限公司、新疆鄂尔多斯彦海房地产开发有限公司股权转让纠纷一审民事判决书［新疆维吾尔自治区高级人民法院（2014）新民二初字第65号］，北京亚榕机械设备有限公司等买卖合同纠纷二审民事判决书［北京市第三中级人民法院（2018）京03民终15131号］，深圳市前海中证城市发展管理有限公司与宁波爱尔妮集团有限公司、宁波鼎特投资有限公司股权转让纠纷一审民事判决书［浙江省宁波市中级人民法院（2017）浙02民初949号］，张某海与徐某萍、上海杰尚房地产经纪有限公司房屋买卖合同纠纷案［上海市浦东新区人民法院（2016）沪0115民初23156号］等。

2012年9月18日,乐平华润公司与洪客隆公司签订《房屋预租协议》约定:乐平华润公司在案涉地块修建物业出租给洪客隆公司开办超市;一方违约,对方无须就损失承担举证责任,也无论损失多少,违约金均按人民币五百万元定额计算,不以实际损失多寡为由进行调整。协议签订后,乐平华润公司对案涉地块进行了开发建设,并按洪客隆公司要求进行调整。2016年2月至3月,乐平华润公司多次发函至洪客隆公司,表示案涉物业已基本达到交付条件并要求验收交接。2016年8月,乐平华润公司致函洪客隆公司,正式提出解除和终止合同,并表示将追究对方违约责任。后双方因合同解除及违约责任承担问题诉至法院。

最高人民法院经审查认为,原审判决认定双方当事人放弃调整违约金的约定并不违反法律规定,具体分析如下:

首先,合同双方当事人放弃违约金调整的约定不违反法律的规定。从主观上看,双方当事人均是为了自身商业利益而从事本次交易活动,是在自愿平等的情形下签订《预租赁协议》和《租赁合同》。从客观上看,双方当事人签订的合同在内容上没有违反法律法规的强制性规定。

其次,合同双方当事人放弃调整违约金的约定属于当事人意思自治。双方当事人签订的《房屋预租协议》第三条第三款、第三条第四款以及《租赁合同》第十条第五款的约定已经明确放弃调整违约金。即无论损失是多少,违约金均按人民币500万元金额计算。根据《中华人民共和国合同法》第八条第一款之规定:“依法成立的合同,对当事人具有法律约束力。当事人应当按照约定履行自己的义务,不得擅自变更或者解除合同。”人民法院应尊重双方当事人在本案中预先放弃调整违约金的约定。

最后,原审未以租金价差确定违约金未违反《中华人民共和国合同法》第一百一十四条第二款的规定。本案双方当事人签订合同时的真实意思表示为,500万元违约金数额的确定是在保障双方当事人利益的前提下,违约方承担的最大范围且具有惩罚意义的赔偿数额,这是双方当事人基于商业利益角度的决定,应自行承担相应风险。同时,关于违约金的确定是否以“违约造成实际损害”为条件,可以由当事人约定。本案中,在双方对违约金已经有了明确约定的情况下,法院不变动违约金数额,并无不当。

在宋某萍、烟台银丰投资开发有限公司商品房预售合同纠纷二审民事判决书[山东省烟台市中级人民法院(2017)鲁06民终579号]中,法院认为:

本案争议的焦点问题是商品房预销售补充协议第十九条关于违约金调整的约定是否有效。首先,该补充协议中开头即载明了特别提示:为确保买方充分理解合同条款,卖方特别提示买方在签署前,详细阅读并充分理解本合同及补充协议,附件及前期物业服务管理合同、若有解释或说明要求,请买方在签约时向卖方提出,卖方将依法给予解释或说明……根据上述提示能够认定,被上诉人已采取合理的方式提请对方注意免除或者限制其责任的条款,并按照对方的要求,对该条款予以说明。其次,该补充协议第十九条约定违约金标准不得调整不仅仅是针对上诉人作出的限制,亦限制被上诉人对违约金数计算标准作出调整,该约定兼顾了公平与效率的原则,降低了双方当事人的交易成本及之后可能产生的诉讼成本,且没有违反法律的强制性规定,对双方均具有法律约束力。上诉人认为该约定无效的主张不成立,本院不予采信。上诉人要求按照其诉请的违约金标准计算本案逾期交房违约金的数额,没有法律依据,本院不予支持。

类似地,在南京乔丰汽车工装技术开发有限公司与北汽银翔汽车有限公司合同纠纷一审民事判决书[重庆市合川区人民法院(2018)渝0117民初9463号]中,法院认为:

原告认为合同约定的违约金不能弥补其损失,应按贷款利率上浮30%主张违约金,但因《模具采购合同》违约责任条款中载明原告已承诺自愿放弃调整违约金的权利,故本院对原告上调违约金的诉请不予支持,被告应按合同约定即以应付款项为基数,按中国人民银行同期存款利率向原告支付违约金。

对于第二种观点,在新疆鄂尔多斯彦海房地产开发有限公司股权转让纠纷一审民事判决书[新疆维吾尔自治区高级人民法院(2014)新民二初字第65号]中,新疆维吾尔自治区高级人民法院认为:

本案中,双方虽然在《补充协议》中约定"如乙方未能在承诺的2014年9月30日前清偿完毕剩余4000万元股权及不动产转让款的,或者期间拖延支付资金占用损失超过15日的,视为乙方根本违约,甲方已收取款项不予退还,乙方承诺按9700万元股权及不动产转让总价款的30%承担违约责任后,继续履行和清偿剩余股权及不动产转让款和期间的资金占用损失。上述承诺系乙方的真实意思表示,乙方保证放弃享有的有关抗辩和主张且不持任何异议"。但法律赋予当事人申请调整违约金的权利是为了防止以意思自治为由而放任当事人约定过分高或过分低的违约金,从而保护当事人的利益,避免利益失衡,因而当事人申请调整违约金的权利应不允许事先放弃,故双方之间关于放弃关于违约金抗辩的约定无效,甘某海仍有权依据法律规定以双方违约金约定过高为由要求调整违约金。

在重庆斯为美房地产开发有限公司与重庆优雅房地产开发有限公司合资、合作开发房地产合同纠纷二审民事判决书[重庆市高级人民法院(2019)渝民终2164

号]中,重庆市高级人民法院认为:

二、关于违约金标准是否应当予以调整的问题

《中华人民共和国合同法》第一百一十四条规定:“当事人可以约定一方违约时应当根据违约情况向对方支付一定数额的违约金,也可以约定因违约产生的损失赔偿额的计算方法。约定的违约金低于造成的损失的,当事人可以请求人民法院或者仲裁机构予以增加;约定的违约金过分高于造成的损失的,当事人可以请求人民法院或者仲裁机构予以适当减少。”我国法律规定的违约金以补偿为主、以惩罚为辅,违约金制度以赔偿非违约方的损失为主要功能,而不是旨在严厉惩罚违约方,使违约金制度成为一方获取暴利的工具。因此,当合同当事人约定的违约金标准过分高于一方实际遭受的损失时,即使合同约定不得调整,另一方仍有请求人民法院予以调整的权利,这才符合我国法律关于违约金制度的立法宗旨。在本案中,尽管双方明确约定协议约定的违约金金额系双方认真协商确定,违约金、赔偿金均不存在过高和过低的问题,但并不能因此而认定双方当事人均不能再对违约金进行调整,是否应当调整应当结合违约金标准是否明显高于一方的违约行为对另一方造成的损失情况予以判断。

斯为美房地产公司在本案中的违约行为主要体现在未将经开区开发公司支付的安置房回购款、退征地费转入公共账户,按照约定斯为美房地产公司应当承担实际发生金额3倍的违约责任,该条约定明显与优雅房地产公司因此而可能遭受的损失不相符。尽管优雅房地产公司在一审中仅主张支付实际发生金额1倍的违约金,但该违约金仍与优雅房地产公司可能遭受的损失不相符,斯为美房地产公司在二审中请求参照优雅房地产公司实际遭受的损失予以调整符合法律规定,本院予以支持。

类似地,在大同市天力房地产开发有限责任公司与山西同至人商业管理有限公司、吴某功房屋租赁合同纠纷申诉、申请民事裁定书[最高人民法院(2016)最高法民申1780号]中,最高人民法院认为:

天力公司申请再审称,违约金调整请求权应为合同当事人之民事实体权利,当事人放弃违约金调整请求权属于当事人的弃权处分行为,该放弃违约金调整请求权的约定并不必然违反公平原则。基于此,人民法院在当事人明确表示放弃违约金调整请求权的情形下,再据《合同法》第一百一十四条规定及《最高人民法院关于合同法司法解释(二)》第二十九条第二款之规定,对当事人约定的违约金予以调整就属于“适用法律确有错误”。据此,依据民事诉讼法第二百条第六项申请再审,请求再审改判支持其1亿元的违约金请求。

本院审查认为,天力公司的再审申请不符合法定再审事由。双方虽有关于不得调整违约金的约定,但违约金是对守约方因对方违约造成损失的补偿,不主要体现惩罚功能,故关于违约金不得调整的约定应以不违反公平原则为限。原判基于天力公司的合同履行行为也存在一定瑕疵,从平衡双方当事人利益的角度考虑,对违约金予以调整适用法律并无不当。

此外,在张某海与徐某萍、上海杰尚房地产经纪有限公司房屋买卖合同纠纷案[上海市浦东新区人民法院(2016)沪0115民初23156号]①中,法院认为:

系争房屋是动迁安置房,在一定期限内限制过户交易,买卖双方存在较大的交易风险,因此双方约定了畸高的违约金且双方均放弃请求人民法院调整违约金的权利。上述约定虽属双方当事人的真实意思,但是本案仍有必要分析双方预先约定放弃请求调整违约金的权利的效力。首先,合同自由和合同严守是合同法的基本原则,但是过度的合同自由可能导致最终结果的显失公平。在约定的违约金低于或过分高于损失,导致结果显失公平的情形下,赋予当事人请求进行调整的权利,正是体现了合同正义的精神,这也是合同法第一百一十四条第二款的立法本意。如果允许当事人以预先约定的方式放弃请求调整的权利,显然违背合同法的立法本意。其次,《最高人民法院关于适用〈中华人民共和国合同法〉若干问题的解释(二)》第二十七条规定,当事人通过反诉或者抗辩的方式,请求人民法院依照合同法第一百一十四条第二款的规定调整违约金的,人民法院应予支持。上述规定明确调整违约金以反诉或抗辩的形式提出。反诉、抗辩均属民事诉讼权利的范畴,诉讼权利不得由当事人以约定的方式任意处分,否则难以保障诉讼程序的安定性和严肃性。因此,本案双方约定放弃请求人民法院调整违约金的条款应属无效。鉴于,徐某萍在庭审中明确要求调整违约金,且双方约定的违约金以及原告自行调整后的违约金确实过分高于所造成的损失,本院根据房屋差价等损失为基础,兼顾合同的履行情况、当事人的过错程度以及预期利益等综合因素,根据公平原则和诚实信用原则予以衡量,酌情判决违约金的数额。

从上述审判实践来看,法院认为应尊重当事人意思自治,肯定事先排除适用违约金调整条款的特约的效力,但相对来说属于少数,主流的立场仍然倾向于以违背公平原则和诚信原则否定其效力。

对于上述两种司法裁判观点,笔者赞同第二种观点,即合同双方放弃违约金调整规则约定的效力不能一概而论,应根据合同的约定并结合案情分析是否显失公

---

① 类似的案例参见重庆强捷钢结构有限公司、饶某华与重庆展志实业有限公司买卖合同纠纷上诉案[重庆市第五中级人民法院(2015)渝五中法民终字第08283号]之一审部分。

平或违背诚信原则而定。最高人民法院《关于当前形势下审理民商事合同纠纷案件若干问题的指导意见》(法发〔2009〕40 号)第 6 条明确:“在当前企业经营状况普遍较为困难的情况下,对于违约金数额过分高于违约造成损失的,应当根据合同法规定的诚实信用原则、公平原则,坚持以补偿性为主、以惩罚性为辅的违约金性质,合理调整裁量幅度,切实防止以意思自治为由而完全放任当事人约定过高的违约金。”在实务中,若合同双方将违约责任约定为固定数额的违约金,应视为一种与违约过错程度及违约行为轻重无关系的单一的、惩罚性的违约责任。若这样的约定导致了显失公平的情况出现,则违背民法的基本立法精神,应属无效,否则若以有效为原则则可能导致合同强势方可以轻易架空《民法典》第 585 条第 2 款之规定,是故,反而应以否定事先之特约为原则,以酌情允许为例外;且按照(2016)沪 0115 民初 23156 号案中法院的思路,在诉讼程序法益上,也会剥夺当事人通过反诉或抗辩的形式提出对违约金调整的民事诉讼权利(尽管这一裁判理由值得商榷)。但是,法律亦应尊重平等民事主体之间的意思自治,司法不宜过度介入,只要不违背公平原则和诚信原则之限度,司法应予以尊重。

在实务中,对于合同当事人约定排除适用放弃违约金调整条款时,应着重考虑:一是排除适用的约定是否属于双方当事人真实意思的表示,是否存在显失公平或者违背诚信原则的情形;二是固定数额或按比例、倍数等过高数额的违约金的约定,是否约定为与违约行为及过错程度关联性不大的“惩罚性违约金”。若是,则可能会得到法院的认可。

总之,违约责任条款的根本意义在于“先小人、后君子”,只有这样才能充分、适当地保护合同当事人的合法利益,特别是在合同履行出现争议的情况下。

所以,实践中一定要摒弃不重视“违约责任条款”的态度,充分重视该条款的意义和作用,合理设计、制定违约责任条款,平衡各方当事人的利益和风险分配。

三、争议解决条款(狭义)

本章所称“争议解决条款(狭义)”,是指合同当事人约定通过调解、仲裁和诉讼手段解决合同争议的条款。在合同的争议解决中,主要通过三种方式进行:调解、仲裁和诉讼。实践中,最常见的方式是通过诉讼方式进行解决,但在商事活动中仲裁也扮演越来越重要的角色。

(一)商事仲裁条款

简单地讲,商事仲裁是争议双方在争议发生之前或者争议发生之后达成仲裁协议①,将争议自愿地交给仲裁机构作出裁决,双方有义务自觉履行该裁决的一种争议解决方式。就仲裁条款而言,其本身是否有效将直接决定合同各方能否进行仲裁。一个有效的仲裁条款应具备如下几个要素:

• 仲裁的意思表示。一般而言,合同双方在合同中约定了仲裁条款就意味着双方有仲裁的意思表示。

• 仲裁范围/事项。合同方在合同中约定的仲裁范围/事项。

• 明确的仲裁机构。如我国的中国国际经济贸易仲裁委员会(CIETAC)。

• 仲裁地、仲裁规则和仲裁语言。

• 仲裁效力。

其中,前三项是仲裁条款必备的要素[《仲裁法》(2017 年修正)第 16 条第 2 款],后两项要素可以在仲裁条款中约定。实务中,应该注意的是仲裁条款需要约定明确、具体、清晰。

1. 仲裁机构的确定

如前所述,仲裁协议有效的一个要件是有确定的、唯一的仲裁机构。就此而言,合同当事人应清晰地约定清楚仲裁机构。比如,如果合同约定由北京的仲裁机构仲裁,除非当事人另行达成协议,否则该条款无效,因为北京有三家仲裁机构:中国国际经济贸易仲裁委员会(CIETAC)、北京仲裁委员会和中国海事仲裁委员会。但《仲裁法司法解释》(2008 年调整)第 3 条至第 7 条规定适当放宽了对仲裁条款效力的条件,即对于合同方没有十分准确地或明确地说明是哪一家仲裁机构仲裁,但能够事后达成一致或者通过推定得出具体是哪个仲裁机构,则该仲裁条款仍然有效。具体规定为:

(1)仲裁协议约定的仲裁机构名称不准确,但能够确定具体的仲裁机构的,应当认定选定了仲裁机构。

例如,在系联软件(北京)有限公司、北京世盈合众数字技术有限公司计算机软件开发合同纠纷二审民事裁定书[最高人民法院(2019)最高法知民辖终 477 号]中,最高人民法院认为:

关于涉案协议约定的仲裁机构是否明确。判断合同仲裁条款所约定的仲裁机构是否因约定不明而应属无效时,应当尊重当事人的意思自治,以当事人的真实意

① 依据《仲裁法》(2017 年修正)第 16 条第 1 款的规定,仲裁协议包括合同中订立的仲裁条款和以其他书面方式在纠纷发生前或者纠纷发生后达成的请求仲裁的协议。依据《仲裁法司法解释》(2008 年调整)第 1 条规定,“其他书面形式”的仲裁协议,包括以合同书、信件和数据电文(包括电报、电传、传真、电子数据交换和电子邮件)等形式达成的请求仲裁的协议。

思表示为基础,客观分析当事人约定仲裁条款时的本意,并据此判断仲裁条款的效力。众所周知,北京市存在北京仲裁委员会、中国国际经济贸易仲裁委员会、中国海事仲裁委员会三家仲裁机构。其中,中国国际经济贸易仲裁委员会在协议签订过程中已经通过修改被排除。在剩余的北京仲裁委员会与中国海事仲裁委员会两家仲裁机构当中,虽然涉案协议第10条约定的"北京市仲裁委"与北京仲裁委员会的简称存在"市"字之差,但是根据当事人的真实意思能够确定唯一的仲裁机构应该是"北京仲裁委员会"。

(2)仲裁协议仅约定纠纷适用的仲裁规则的,视为未约定仲裁机构,但当事人达成补充协议或者按照约定的仲裁规则能够确定仲裁机构的除外。

(3)仲裁协议约定两个以上仲裁机构的,当事人可以协议选择其中的一个仲裁机构申请仲裁;当事人不能就仲裁机构选择达成一致的,仲裁协议无效。

(4)仲裁协议约定由某地的仲裁机构仲裁且该地仅有一个仲裁机构的,该仲裁机构视为约定的仲裁机构。该地有两个以上仲裁机构的,当事人可以协议选择其中的一个仲裁机构申请仲裁;当事人不能就仲裁机构选择达成一致的,仲裁协议无效。

此外,当事人约定争议可以向仲裁机构申请仲裁也可以向人民法院起诉的,仲裁协议无效。但一方向仲裁机构申请仲裁,另一方未在《仲裁法》第20条第2款规定期间内(在仲裁庭首次开庭①前,首次开庭是指答辩期满后人民法院组织的第一次开庭审理,不包括审前程序中的各项活动)提出异议的除外。

在实践中,仲裁协议经常约定"向(在)合同签署地(签订地)仲裁委员会仲裁",这样的仲裁条款是否有效,需要看根据"合同签署地(签订地)"是否可以指向唯一明确的仲裁机构。至于"合同签署地(签订地)"如何确定,则应依据《民法典》第492条"承诺生效的地点为合同成立的地点。采用数据电文形式订立合同的,收件人的主营业地为合同成立的地点;没有主营业地的,其住所地为合同成立的地点。当事人另有约定的,按照其约定"以及第493条"当事人采用合同书形式订立合同的,最后签名、盖章或者按指印的地点为合同成立的地点,但是当事人另有约定的除外"之规定,如果合同约定了签署(订)地,则以约定签署(订)地为合同签订地,并无争议;如双方未书面约定合同签订地,合同双方往往会就合同签订地在何处产生争议,由此还可能引发仲裁条款效力不定的问题。例如,在北京天富维祺科技发展有限公司与西安天鸿易达油田技术有限公司买卖合同纠纷民事裁定书[最

① 《仲裁法司法解释》(2008年调整)第14条规定:"仲裁法第二十六条规定的'首次开庭'是指答辩期满后人民法院组织的第一次开庭审理,不包括审前程序中的各项活动。"

高人民法院(2018)最高法民辖76号]中,最高人民法院认为:

关于双方当事人约定的仲裁协议效力问题。本案中,天富维祺公司与天鸿易达公司分别提交了一份2011年1月24日签订的《仪器采购合同》,两份合同在争议解决条款中均约定:协商不成时,向合同签订地仲裁机构提起仲裁,由仲裁机构按仲裁规则仲裁解决,仲裁裁决是终局的,对双方都有约束力;不服仲裁时,向合同签订地人民法院提起诉讼。可见,对双方当事人约定向合同签订地仲裁机构申请仲裁并无争议。但关于合同签订地,天富维祺公司提交的《仪器采购合同》上签订地点一栏为空白,其主张是在北京签订。而天鸿易达公司提交的《仪器采购合同》上签订地点一栏写着西安市,该公司当时的合同签订人刘某嵘虽在一审法院出庭证明合同是在北京签订,但天鸿易达公司对此不予认可。根据《最高人民法院关于民事诉讼证据若干规定》第七十三条:"双方当事人对同一事实分别举出相反的证据,但都没有足够的依据否定对方证据的,人民法院应当结合案件情况,判断一方提供证据的证明力是否明显大于另一方提供证据的证明力,并对证明力较大的证据予以确认"的规定,天鸿易达公司提交的《仪器采购合同》上"西安市"系手工书写,而天富维祺公司主张合同签订地在北京,且有对方签订该合同的人以证人证言予以佐证,该证明力大于天鸿易达公司证据的证明力,据此可以认定合同签订地在北京。鉴于北京仲裁机构并不唯一,当事人之后也未就仲裁机构达成一致,根据《最高人民法院关于适用〈中华人民共和国仲裁法〉若干问题的解释》第五条的规定,应认定仲裁协议无效,人民法院对本案有管辖权。

关于本案的管辖法院问题。本案系买卖合同纠纷,双方当事人并未约定明确的管辖法院,根据《中华人民共和国民事诉讼法》第二十三条的规定,应由被告住所地或者合同履行地人民法院管辖。天富维祺公司起诉要求天鸿易达公司支付货款,争议标的为给付货币,根据《最高人民法院关于适用〈中华人民共和国民事诉讼法〉的解释》第十八条的规定,接收货币一方所在地为合同履行地。接收货币一方天富维祺公司所在地在北京市,故北京市海淀区人民法院对本案有管辖权。其在先行受理的情况下将案件移送陕西省西安市未央区人民法院属于移送不当,应当予以纠正。

在上诉人西安鹏远重型电炉制造有限责任公司因与被上诉人河南开利空分设备集团有限公司承揽合同纠纷一案[河南省高级人民法院(2015)豫法民管字第00047号]中,法院认为:

在本案承揽合同纠纷一案中,上诉人西安鹏远重型电炉制造有限责任公司与被上诉人河南开利空分设备集团有限公司签订的《越南兴盛发项目设备订货合同》

中第17条第1款和第2款分别约定"经协商在60天内不能达成协议时,该争端应提交仲裁"、"仲裁应向合同签署地仲裁委员会申请",因本案合同签订地无法确定,根据《中华人民共和国仲裁法》第十八条规定:"仲裁协议对仲裁事项或者仲裁委员会没有约定或者约定不明确的,当事人可以补充协议;达不成补充协议的,仲裁协议无效。"故上述仲裁条款无效,人民法院对本案享有管辖权。本案系承揽合同纠纷,被上诉人河南开利空分设备集团有限公司为承揽方,本案承揽方加工行为地为开封市,根据《中华人民共和国民事诉讼法》第二十三条规定:"因合同纠纷提起的诉讼,由被告住所地或者合同履行地人民法院管辖。"以及最高人民法院《关于适用若干问题的意见》第20条规定"加工承揽合同,以加工行为地为合同履行地,但合同中对履行地有约定的除外。"故开封市中级人民法院依法对本案享有管辖权。综上,上诉人的上诉理由不成立,予以驳回。

实践中,当事人对合同签署地的约定五花八门,譬如合同签署地为"甲方办公室""某地级市""某县级市""某乡镇""某市某区"。根据《仲裁法》(2017年修正)第10条第1款的规定:"仲裁委员会可以在直辖市和省、自治区人民政府所在地的市设立,也可以根据需要在其他设区的市设立,不按行政区划层层设立。"显然,县级市、乡镇或某市某区是无法设立仲裁委员会的。因此,当合同签署地约定为县级市、乡镇、某市某区或其他不能设立仲裁委员会的行政区划时,合同签署地是否能向上一级扩大理解呢?这一问题,在司法实践中也存在不同观点:

- 支持扩大解释。① 其主要理由在于:一是应以"尽量使仲裁协议有效"作为原则,若扩大化理解合同签署地可以使仲裁协议有效的,则可以向上一级扩大理解合同签署地的行政区划;二是《仲裁法》(2017年修正)第10条第1款规定,仲裁委员会只能在设区的市级以上行政区划设立。若仲裁条款中仅约定了乡镇、县区仲裁委员会,应推定其本意应是在该乡镇、县区所属的设区的市一级的仲裁委员会仲裁,故可以扩大解释。

① 参见蒲城绿源房地产有限公司与陕西省蒲城县国土资源局建设用地使用权出让合同纠纷二审民事裁定书[最高人民法院(2015)民一终字第351号],艾能赛克机械设备(江苏)有限公司、江苏铁锚玻璃股份有限公司与艾能赛克机械设备(江苏)有限公司、江苏铁锚玻璃股份有限公司民事裁定书[江苏省南通市中级人民法院(2019)苏06民辖终129号],深圳市亿金城实业有限公司与惠州市富烨投资有限公司申请确认仲裁协议效力一审民事裁定书[广东省深圳市中级人民法院(2017)粤03民初1348]等。

• 反对扩大解释。[1] 其主要理由在于:《仲裁法》(2017年修正)第14条规定:"仲裁委员会独立于行政机关,与行政机关没有隶属关系。仲裁委员会之间也没有隶属关系。"仲裁机构不是按照行政区划层层设立,没有隶属关系;双方当事人没有明确约定时,不能扩大解释,否则会影响当事人的意思自治。

从上述审判实践可以看出,这一问题尚无定论,故此,为避免这样的争议,应将仲裁机构予以明确、清晰地约定。

还需要提请注意的是,实践中还存在另外一种更为模糊或更具争议的仲裁条款约定,即约定"向(在)合同签署(订)地仲裁"。那么,如何理解前述约定呢?从文义解释的角度,该措辞似乎有向"合同签署(订)地仲裁委员会"申请仲裁之意,也有在"合同签署(订)地"进行仲裁之意。前者可以认为是系争双方通过约定由"合同签署(订)地"的仲裁委员会管辖的方式,来锁定特定的仲裁委员会;后者可以认为是系争双方约定了仲裁地点,而并未就仲裁机构的选定达成一致。虽然这两者所表达的含义看似相近,但实质上却有所不同,不同的理解也将可能导致仲裁协议效力发生变化。

依据《仲裁法》(1994年)第18条规定:"仲裁协议对仲裁事项或者仲裁委员会没有约定或者约定不明确的,当事人可以补充协议;达不成补充协议的,仲裁协议无效。"换言之,仅在仲裁条款中约定地点("仲裁地"[2]),而未选定仲裁机构的仲裁条款无效。此后,在最高人民法院《关于仅选择仲裁地点而对仲裁机构没有约定的仲裁条款效力问题的函》(法函〔1997〕36号)(现行有效)中,最高人民法院明确函复:

本案合同仲裁条款中双方当事人仅约定仲裁地点,而对仲裁机构没有约定。发生纠纷后,双方当事人就仲裁机构达不成补充协议,应依据《仲裁法》第十八条之

---

① 参见福州市长乐区交通运输局、吉林省长城路桥建工有限责任公司建设工程施工合同纠纷二审民事裁定书[福建省高级人民法院(2020)闽民终1306号]、福建省永泰建筑工程公司与林功飞及福建省福德光电科技有限公司建设工程施工合同纠纷二审民事裁定书[福建省高级人民法院(2014)闽民终字第950号],中铁七局集团第一工程有限公司与广西丛欣实业有限公司、中铁七局一公司柳南I标项目部买卖合同纠纷一案[广西壮族自治区高级人民法院(2013)桂民申字第959号],北京天润和创科技股份有限公司与上海自动化仪表有限公司申请确认仲裁协议效力一审民事裁定书[北京市第三中级人民法院(2017)京03民特405号]等。

② 《仲裁法司法解释》(2008调整)第16条规定:"对涉外仲裁协议的效力审查,适用当事人约定的法律;当事人没有约定适用的法律但约定了仲裁地的,适用仲裁地法律;没有约定适用的法律也没有约定仲裁地或者仲裁地约定不明的,适用法院地法律。"故此,从国际商事仲裁的角度,仲裁地是确定准据法、承认、执行或撤销仲裁裁决的重要依据。但"仲裁地"与"仲裁机构所在地"属于两个独立的概念。

规定,认定本案所涉仲裁协议无效……

在最高人民法院《关于对唐山市博鳌煤业有限责任公司、盛美证券私人有限公司与青岛新永安实业有限公司买卖合同纠纷一案中仲裁条款效力问题的请示的复函》(民四他字〔2011〕第3号),最高人民法院又一次明确:

《澳大利亚焦煤销售合同》虽然约定以仲裁的方式解决合同争议,并约定了仲裁地点、认定仲裁条款效力的准据法以及解决合同争议的准据法,但未约定具体的仲裁机构。根据《中华人民共和国仲裁法》第十六条、第十八条的规定,有效的仲裁条款必须选定明确的仲裁机构。因此应当认定涉案仲裁条款无效……

据此,笔者倾向于认为,合同仅约定了"向(在)合同签署(订)地仲裁"不应理解为"向(在)合同签署(订)地仲裁机构仲裁",应属于对于仲裁机构未约定处理,仲裁条款无效。

2. 仲裁事项的确定

依据《仲裁法司法解释》(2008年调整)第2条规定,合同当事人在合同中概括地约定仲裁事项为合同争议的,基于合同成立、效力、变更、转让、履行、违约责任、解释、解除等产生的纠纷都可以认定为仲裁事项。因此,实务中类似于"因本合同引起、产生于本合同或与本合同有关的任何争议应该通过仲裁予以解决"这样的表述,对于确定仲裁事项方面是明确有效的。

3. 援引其他合同、文件仲裁条款的效力

依据《仲裁法司法解释》(2008年调整)第11条第1款规定,合同约定解决争议适用其他合同、文件中的有效仲裁条款的,发生合同争议时,当事人应当按照该仲裁条款提请仲裁。

在沈阳市公路建设开发总公司与秦皇岛市秦龙国际实业有限公司、中国黑龙江国际经济技术合作公司管辖裁定书[最高人民法院(2014)民四终字第43号]中,最高人民法院认为:

虽然黑龙江国际公司与蒙古国政府签订的合同书中约定有仲裁条款,但根据该仲裁条款的表述,其解决的是作为发包方的蒙古国政府与承包商之间的争议,并将争议区分为与蒙古/科威特承包商之间的争议和与外国承包商之间的争议。沈阳公路公司与黑龙江国际公司签订的《施工合同书》虽约定双方合同的组成文件中包括沈阳公路公司认可的黑龙江国际公司与蒙古国政府签订的合同书的所有条款,但本案纠纷是沈阳公路公司与黑龙江国际公司、秦皇岛秦龙公司之间的纠纷,并非与蒙古国政府之间的纠纷,不在上述仲裁条款约定的仲裁事项范围内。沈阳公路公司与黑龙江国际公司、秦皇岛秦龙公司之间没有就本案纠纷订有仲裁条款,事后也没有达成书面仲裁协议，一审法院根据《中华人民共和国民事诉讼法》第二百七十一条第二款的规定，认定沈阳公路公司向该院提起诉讼符合法律规定、秦皇岛秦龙公司提出将本案移送至蒙古国国际商会进行仲裁的理由不能成立，并无不当。

在本案中，尽管《仲裁法司法解释》（2008 年调整）第 11 条第 1 款有约定，合同约定解决争议适用其他合同、文件中的有效仲裁条款的，发生合同争议时，当事人应当按照该仲裁条款提请仲裁。但该款规定强调了"有效仲裁条款"，即其他合同、文件中的仲裁条款相对于本合同约定的争议是"有效的"，而如何判定有效，则仍然需要满足前述的"三要素"（仲裁的意思表示、仲裁范围/事项和仲裁机构），但在本案中，最高人民法院认为，虽然黑龙江国际公司与蒙古国政府签订的合同书中约定有仲裁条款，但该仲裁条款的仲裁事项仅涉及的是发包方（蒙古国政府）与总承包商（黑龙江国际公司）之间的争议，而不涉及总承包商（黑龙江国际公司）与分包商（沈阳公路公司）之间的争议，本案纠纷是沈阳公路公司与黑龙江国际公司、秦皇岛秦龙公司之间的纠纷，并非与蒙古国政府之间的纠纷，不在上述仲裁条款约定的仲裁事项范围内。从而不能适用《仲裁法司法解释》（2008 年调整）第 11 条第 1 款之规定。从本案可以看出，若合同当事人在合同中约定合同的争议适用其他合同、文件的仲裁条款的，除非该仲裁条款对本合同当事人具有效力，否则一般不发生仲裁条款并入的效果。

4. 不得进行商事仲裁的情形

依据《仲裁法》（2017 年修正）、《仲裁法司法解释》（2008 年调整）以及其他法律法规的规定，不得进行商事仲裁的情形主要包括：

- 婚姻、收养、监护、扶养、继承纠纷[《仲裁法》（2017 年修正）第 3 条]；
- 依法应当由行政机关处理的行政争议（《仲裁法》（2017 年修正）第 3 条）；
- 劳动争议（《仲裁法》（2017 年修正）第 77 条，《劳动争议调解仲裁法》第 2 条）；
- 农业集体经济组织内部的农业承包合同纠纷（《仲裁法》（2017 年修正）第 77 条、《农村土地承包经营纠纷调解仲裁法》第 2 条）；
- 行政合同争议，如具有行政性质的 PPP、公用事业特许经营合同争议[最高人民法院《关于审理行政协议案件若干问题的规定》（法释〔2019〕17 号）]。

此外，在实践中，非涉外合同选择境外仲裁机构无法律依据，主流观点认为无效。我国法律允许涉外民商事合同选择涉外仲裁机构，但未明确允许也未明确禁止当事人在非涉外合同中约定将纠纷提交境外仲裁机构仲裁。司法实践中，最高人民法院复函中以及各法院在司法判例认为如此选择境外仲裁机构的约定没有法律依据、违反司法主权原则,应属无效(尽管存在一些争议)。

在最高人民法院《关于北京朝来新生体育休闲有限公司申请承认大韩商事仲裁院作出的第 12113 - 0011 号、第 12112 - 0012 号仲裁裁决案件请示的复函》(〔2013〕民四他字第 64 号),最高人民法院明确:

本案的争议焦点是北京所望之信投资咨询有限公司(以下简称所望之信公司)与朝来公司签署的《合同书》中的仲裁条款是否有效。根据你院请示所述的事实,订立《合同书》的双方当事人均为中国法人,《合同书》内容是双方就朝来公司在中国境内的高尔夫球场进行股份转让及合作,所涉标的物在中国境内,合同亦在中国境内订立和履行。因此,《合同书》没有涉外民事关系的构成要素,不属于涉外合同。该合同以及所包含的仲裁条款之适用法律,无论当事人是否做出明示约定,均应确定为中国法律。根据《中华人民共和国民事诉讼法》第二百七十一条以及《中华人民共和国合同法》第一百二十八条第二款的规定,我国法律未授权当事人将不具有涉外因素的争议交由境外仲裁机构或者在我国境外临时仲裁,故本案当事人约定将争议提交大韩商事仲裁院仲裁的条款属无效协议,且该仲裁协议之效力瑕疵不能因当事人在仲裁程序中未提出异议而得到补正,仲裁庭对本案争议不享有管辖权。

在领先仿生医疗器械(上海)有限公司与爱耳时代医疗科技(北京)股份有限公司买卖合同纠纷审判监督民事裁定书[上海市高级人民法院(2018)沪民申 921 号]①中,法院认为:

根据我国相关法律规定,涉外经济贸易中发生的纠纷,当事人可以约定提交我国涉外仲裁机构或者其他仲裁机构仲裁。本案中,爱耳公司和领先公司系依据我国法律登记设立,经营地在中国境内,属于中国企业法人,因此本案在当事人主体上不存在涉外因素。按照系争《经销商协议》的约定,领先公司进口相关产品后向爱耳公司提供,再由爱耳公司在境内销售,故双方当事人的交易标的物不具有涉外因素,且双方当事人涉及的法律关系亦无涉外因素。在系争《经销商协议》实际履行期间,协议项下的部分产品在香港交付给爱耳公司的客户,但是该实际履行行为

---

① 类似认定无效的案例还包括:林德气体(厦门)有限公司、翔鹭石化股份有限公司等申请确认仲裁协议效力民事裁定书[福建省厦门市中级人民法院(2015)厦民认字第 155 号],北京朝来新生体育休闲有限公司申请承认和执行外国仲裁裁决案[北京市第二中级人民法院(2013)二中民特字第 10670 号、北京法院参阅案例第 14 号],李某与华夏人寿保险股份有限公司上海分公司追索劳动报酬纠纷审判监督民事裁定书[上海市高级人民法院(2019)沪民申 1951 号]。

并未改变双方当事人的基础法律关系，故二审法院认为本案纠纷不具备涉外因素，双方当事人约定提请涉外仲裁机构仲裁的条款应属无效，并裁定一审法院应予受理爱耳公司的起诉，具有事实和法律依据，并无不当。

5. 仲裁协议能否排除专属管辖的适用

实践中，还存在的一类争议问题是仲裁协议能否排除专属管辖[如《民事诉讼法司法解释》(2020年修正)第28条规定的农村土地承包经营合同纠纷、房屋租赁合同纠纷、建设工程施工合同纠纷、政策性房屋买卖合同纠纷]的适用。这一问题需要区分涉外民事案件和非涉外民事案件来分析。

对于涉外民事案件，《民事诉讼法司法解释》(2020年修正)第531条规定："涉外合同或者其他财产权益纠纷的当事人，可以书面协议选择被告住所地、合同履行地、合同签订地、原告住所地、标的物所在地、侵权行为地等与争议有实际联系地点的外国法院管辖。根据民事诉讼法第三十三条和第二百六十六条规定，属于中华人民共和国法院专属管辖的案件，当事人不得协议选择外国法院管辖，但协议选择仲裁的除外。"该条明确规定了涉外合同的当事人可以通过仲裁协议排除我国法院的专属管辖，但该条位于《民事诉讼法司法解释》(2020年修正)第22章涉外民事诉讼程序的特别规定部分，并不能直接适用于非涉外民事案件中。

对于非涉外民事案件，在司法实践中，最高人民法院认可了非涉外合同当事人有权选择仲裁而排除法院管辖(包括排除对专属管辖案件的管辖)的观点。例如，在辽宁同济置业有限公司、辽宁汇盛置业有限公司建设工程施工合同纠纷二审民事裁定书[最高人民法院(2017)最高法民辖终182号]中，最高人民法院认为：

中铁公司起诉所涉争议的三份合同……大市政施工合同，约定由中铁公司承包上述合同文件名称中所述项目的道路及排水工程(后续工程)的工程施工。争议解决第20.2条约定：因合同及合同有关事项发生的争议，按仲裁解决。(a)在满足下述任意一条件的情况下，任何一方可把争议提交位于北京的中国国际经济贸易仲裁委员会(CIETAC)按照提交仲裁时其届时有效的仲裁规则对该等争议作出最终及排他性的裁决。……《建设工程施工合同》也即上述A1地块施工合同……争议解决条款约定，当事人如产生争议向项目所在地人民法院起诉……《建设工程施工合同》也即上述A2地块施工合同……争议解决条款约定，当事人如产生争议向有管辖权的人民法院起诉。上述三份施工合同中，大市政施工合同中约定有仲裁条款。根据《中华人民共和国民事诉讼法》第一百二十四条、《最高人民法院关于适用〈中华人民共和国民事诉讼法〉的解释》第二百一十五条及《中华人民共和国仲裁法》第五条规定，当事人排他性选择仲裁裁决，则排除了法院对该民事纠纷的主管,除非仲裁条款或仲裁协议具有不成立、无效、失效、内容不明确无法执行等情形。案涉大市政施工合同中约定的仲裁条款系当事人真实意思表示,约定的仲裁机构具体明确,该仲裁条款合法有效。……虽然根据一审中铁公司提交的付款凭证显示,在履行中存在合并支付案涉三份施工合同工程进度款的情形,案涉三份施工合同纠纷一并处理更有利于查明事实,及时解决纠纷,但因仲裁和诉讼系法律明确规定的两种不同纠纷解决方式,当事人享有选择权。……案涉施工合同工程进度款合并支付的事实并不足以认定导致当事人在合同中约定的仲裁条款无法执行。同济公司、汇盛公司上诉提出的大市政施工合同纠纷不属于法院受案范围的主张有合同和法律依据,本院予以支持。一审法院对汇盛公司提出的本案不属于法院主管的异议不予支持,缺乏充分的事实和法律依据,应予以纠正。

上述案件为建设工程施工合同纠纷,依据《民事诉讼法司法解释》(2020 年修正)第 28 条第 2 款的规定,建设工程施工合同纠纷属不动产纠纷,属于《民事诉讼法》第 33 条规定的专属管辖案件。而最高人民法院支持了同济公司、汇盛公司上诉提出的因存在有效的仲裁条款所以大市政施工合同纠纷不属于法院受案范围的主张,在仲裁条款或仲裁协议不具有不成立、无效、失效、内容不明确无法执行等情形下,认可了非涉外合同当事人有权选择仲裁而排除法院管辖(包括排除对专属管辖案件的管辖)的观点。

笔者认为,仲裁与诉讼均是法律规定的解决争议的方式,在层级上应当是平等并列的。当事人基于意思自治,有权自由选择案件是仲裁或是诉讼(只可选择其一);而专属管辖属于特殊的诉讼管辖,具有排他性、强制性、优先性,但其仅限于属于法院管辖范围内的案件,并不适用于具有有效仲裁协议的案件当事人通过申请仲裁解决纠纷的情形。也就是说,一个案件应首先确定是由仲裁机构还是法院管辖,在法院管辖的前提下,才应优先适用专属管辖的规定。

6. 主从合同仲裁条款的相互效力

在实践中,略微复杂的问题是涉及主从合同仲裁条款的相互效力问题。例如,主合同与担保合同之间的仲裁条款是否相互具有约束力。从合同的仲裁条款不对主合同具有约束力不存在争议,实践中存在争议的是主合同的仲裁条款是否对从合同具有约束力。从司法实践来看,确立的基本原则是,主合同的仲裁条款对从合同不具有约束力;从合同的仲裁条款当然也对主合同不具有约束力。

在最高人民法院《关于玉林市中级人民法院报请对东迅投资有限公司涉外仲裁一案不予执行的请示的复函》[2006 年 9 月 13 日,(2006)民四他字第 24 号]中,最高人民法院函复明确:

……玉林市政府和路劲公司均不是合作合同的当事人,合作合同中的仲裁条款不能约束玉林市政府。玉林市政府提供的担保函中没有约定仲裁条款,玉林市政府与东迅公司之间亦未就他们之间的担保纠纷的解决达成仲裁协议。仲裁庭依据合作合同中的仲裁条款受理本案,就涉及玉林市政府的担保纠纷而言,仲裁裁决已经超出了仲裁协议的范围。

此外,在最高人民法院《关于成都优邦文具有限公司、王某建申请撤销深圳仲裁委员会(2011)深仲裁字第601号仲裁裁决一案的请示的复函》[(2013)民四他字第9号]中,最高人民法院还函复明确:

案涉担保合同没有约定仲裁条款,仲裁庭关于主合同有仲裁条款,担保合同作为从合同应当受到主合同中仲裁条款约束的意见缺乏法律依据。仲裁庭对没有约定仲裁条款的担保合同进行审理并作出裁决,担保人王某建申请撤销该仲裁裁决中涉及其作为担保人部分的裁项的理由成立。

在惠州侨兴电信工业有限公司、惠州侨兴电讯工业有限公司金融借款合同纠纷二审民事裁定书[最高人民法院(2017)最高法民辖终327号]中,最高人民法院认为:

关于上诉人提出本案应依照主合同的约定确定管辖法院的理由,《最高人民法院关于适用〈中华人民共和国担保法〉若干问题的解释》第一百二十九条明确的是,因主合同和担保合同发生的纠纷均属人民法院主管,以主合同的约定确定管辖法院。而本案主合同明确约定申请仲裁,排除了法院主管,故本案不适用《最高人民法院关于适用〈中华人民共和国担保法〉若干问题的解释》第一百二十九条的规定。据此,本案应根据《还款承诺书》和《担保函》约定的管辖条款确定管辖法院。

需要注意的是,《担保制度司法解释》第21条规定:"主合同或者担保合同约定了仲裁条款的,人民法院对约定仲裁条款的合同当事人之间的纠纷无管辖权。债权人一并起诉债务人和担保人的,应当根据主合同确定管辖法院。债权人依法可以单独起诉担保人且仅起诉担保人的,应当根据担保合同确定管辖法院。"

在汪某东、广东领益智造股份有限公司保证合同纠纷二审民事裁定书[最高人民法院(2019)最高法民辖终436号]中,最高人民法院认为:

本案中,领益智造公司与汪某东签订的《协议书》第五条明确约定:"协议履行过程中发生争议的,均可向本协议签订地东莞市黄江镇管辖法院起诉。"该约定不违反法律法规的强制性规定,原审法院认为本案应当由当事人约定的管辖法院管辖并无不妥。本案中领益智造公司仅起诉连带责任保证人,并不违反法律规定。汪某东上诉主张本案必须追加主债务人卓益公司、恒浩公司参加诉讼,并依照债权人与主债务人之间的合同约定将本案提交仲裁,或本案应由主债务人住所地法院管辖,没有事实和法律依据,本院不予支持。

从上述最高人民法院的司法意见和审判实践来看,最高人民法院对此问题的司法观点比较一致,即当事人在主合同中约定仲裁条款而在从合同中没有约定仲裁条款的,不能适用“从合同依据主合同确定案件管辖”的规则来确定从合同的案件管辖,从合同不受主合同中仲裁条款的约束。

还需要注意的是,在中航惠德风电工程有限公司与辽宁高科能源集团有限公司保证合同纠纷二审民事判决书[最高人民法院(2015)民二终字第125号]中,法院认为,主合同约定仲裁管辖但连带责任保证合同未约定,保证人被债权人起诉时有权以主债务争议未经仲裁为由进行抗辩,不属于人民法院审理范围。

最后,笔者以一个仲裁条款的示例来结束本部分的讨论。

【例14-12】 仲裁示范条款

X	仲裁
X.1	因本合同引起、产生于本合同或与本合同有关的任何争议应该通过仲裁予以解决。
X.2	仲裁应当交由[*仲裁机构名称*]在[*管辖地*]依据[*仲裁规则*]仲裁解决。
X.3	仲裁员应有[ ]名。甲方应选出[ ]名仲裁员,乙方亦应选出[ ]名仲裁员,[ ]名仲裁员应于发出或收到仲裁要求后的[ ]天内选出。第[ ]名仲裁员应由[仲裁机构名称]主席选出,该仲裁员既不应该是[甲方国家]公民,也不应该是[乙方国家]公民。如果在第一名仲裁员选出后的[ ]天内,一方不能任命一位同意出席仲裁的仲裁员,则有关任命应由[仲裁庭]主席作出。
X.4	仲裁裁决应是终局的,对合同各方均具有约束力,各方不得上诉,仲裁应对仲裁费用问题以及其他相关所有问题予以处理。
X.5	任何管辖权的法院均可就仲裁的裁决作出判决,或者可向该法院申请仲裁裁决的司法承认并发出执行令。

(二)诉讼管辖条款

在我国司法实践中,可能更常见的争议解决方式是诉讼方式。因此了解和熟悉有关诉讼管辖的法律规定是必要的。

1. 关于合同纠纷的管辖

首先,依据《民事诉讼法》(2017年修正)第23条规定:“因合同纠纷提起的诉讼,由被告住所地或者合同履行地人民法院管辖。”第34条规定:“合同或者其他财产权益纠纷的当事人可以书面协议选择被告住所地、合同履行地、合同签订地、原告住所地、标的物所在地等与争议有实际联系的地点的人民法院管辖,但不得违反本法对级别管辖和专属管辖的规定。"《民事诉讼法司法解释》(2020年修正)第18条规定:"合同约定履行地点的,以约定的履行地点为合同履行地。合同对履行地点没有约定或者约定不明确,争议标的为给付货币的,接收货币一方所在地为合同履行地;交付不动产的,不动产所在地为合同履行地;其他标的,履行义务一方所在地为合同履行地。即时结清的合同,交易行为地为合同履行地。合同没有实际履行,当事人双方住所地都不在合同约定的履行地的,由被告住所地人民法院管辖。"因此,合同当事人可以在书面合同中协议选择被告住所地、合同履行地、合同签订地、原告住所地、标的物所在地等"与争议有实际联系的地点"的人民法院管辖,但不得违背民事诉讼法对级别管辖和专属管辖的规定。例如,在本协议经甲乙双方签署以后及履行过程中,发生的任何争议应本着友好协商的精神解决,协商不成的任何一方有权向人民法院提起诉讼。诉讼由目标公司所在地人民法院管辖。

其次,《民事诉讼法》(2017年修正)第26条规定:"因公司设立、确认股东资格、分配利润、解散等纠纷提起的诉讼,由公司住所地人民法院管辖。"《民事诉讼法司法解释》(2020年修正)第22条规定:"因股东名册记载、请求变更公司登记、股东知情权、公司决议、公司合并、公司分立、公司减资、公司增资等纠纷提起的诉讼,依照民事诉讼法第二十六条规定确定管辖。"需要注意的是,在兰州万佳置业有限公司其他合同纠纷二审民事裁定书[最高人民法院(2014)民二终字第14号]中,最高人民法院认为:

关于民事诉讼法规定的有关公司诉讼的管辖条款是否属于专属管辖的问题。2012年8月31日第十一届全国人民代表大会常务委员会第二十八次会议通过了《关于修改〈中华人民共和国民事诉讼法〉的决定》,新修改的民事诉讼法第二十六条规定:"因公司设立、确认股东资格、分配利润、解散等纠纷提起的诉讼,由公司住所地人民法院管辖。"该条从立法体例上看,位于民事诉讼法第二章"管辖"的第二节"地域管辖部分"。该节第三十三条明确规定了专属管辖的情形,但不包括与公司有关的诉讼的情形。因此民事诉讼法第二十六条关于公司诉讼的规定应当理解为特殊地域管辖的规定而不是专属管辖。民事诉讼法所规定的特殊地域管辖条款并不排除当事人的协议管辖约定,当事人对于争议解决方式有约定的从其约定,无约定或者约定不具有可操作性的则依照该法律规定予以确定案件的管辖法院。一审裁定认定民事诉讼法第二十六条属于专属地域管辖条款并以此排除当事人有关争议解决方式的约定,属于适用法律错误。从王某辉、刘某的诉讼请求看,其请求判令被告及第三人继续履行股权转让行为,并不属于民事诉讼法第二十六条所规定的有关公司的诉讼,一审法院以此确定案件的管辖法院,属于适用法律错误,本院予以纠正。因当事人之间的协议管辖条款约定了发生纠纷应向甲方(刘某牧)、乙方(刘某琳)住所地有管辖权的人民法院起诉,王某辉、刘某放弃在刘某牧或者刘某琳的住所地选择具体的管辖法院,本院根据当事人住所地的实际情况,确定由上海市高级人民法院作为第一审法院审理本案。

再次,除上述有关诉讼管辖的一般性规定之外,还需要注意司法解释的一些特别规定。例如,《民事诉讼法司法解释》(2020 年修正)第 19 条规定:“财产租赁合同、融资租赁合同以租赁物使用地为合同履行地。合同对履行地有约定的,从其约定。”第 28 条规定:“民事诉讼法第三十三条第一项规定的不动产纠纷是指因不动产的权利确认、分割、相邻关系等引起的物权纠纷。农村土地承包经营合同纠纷、房屋租赁合同纠纷、建设工程施工合同纠纷、政策性房屋买卖合同纠纷,按照不动产纠纷确定管辖。不动产已登记的,以不动产登记簿记载的所在地为不动产所在地;不动产未登记的,以不动产实际所在地为不动产所在地。”

最后,依据《民事诉讼法》(2017 年修正)第 34 条的规定,当事人可以协议管辖合同纠纷,但不得违反本法对级别管辖和专属管辖的规定。也就是说,协议管辖不能违反级别管辖和专属管辖,否则无效。即便当事人在合同中约定的级别管辖无效,但并不影响地域管辖的效力。在安徽华地恒基房地产有限公司、亿阳信通股份有限公司企业借贷纠纷二审民事裁定书[最高人民法院(2018)最高法民辖终 110 号]中,最高人民法院认为:

首先,从合同约定的角度分析,虽然《借款合同》对级别管辖的约定无效,但不影响对地域管辖约定之效力。本案中,华地公司、亿阳集团公司与案外人北京银行股份有限公司(以下简称北京银行,系受托人)于 2016 年 9 月 26 日签订《委托贷款协议》,其中各方对管辖问题约定如下:“本协议各方之间发生的本协议项下或与之有关的任何争议,首先友好协商解决;协商不成的,应按以下约定解决:在受托人所在地的人民法院诉讼。”同日,华地公司与亿阳集团公司签订《借款合同》、与亿阳信通公司签订《最高额保证合同》,该两份合同在“争议解决”条款均约定,因合同争议协商不成,各方可向安徽省合肥市蜀山区人民法院起诉。另外,《借款合同》封面“重要提示”部分载明:“双方自愿签订本《借款合同》作为《委托贷款协议》的补充,本《借款合同》与《委托贷款协议》不一致的,以本《借款合同》为准”。由此可知,对于本案管辖问题的约定,应当以《借款合同》为准。但由于本案诉讼标的额为 2.1 亿余元,依据《最高人民法院关于调整高级人民法院和中级人民法院管辖第一审民商事案件标准的通知》第二条规定，基层人民法院对本案没有管辖权，因此《借款合同》、《最高额保证合同》中对于“向合肥市蜀山区法院起诉”的约定违反了《中华人民共和国民事诉讼法》关于级别管辖的规定，应属无效。但是，当事人对于地域管辖也即安徽省合肥市的约定并不因此而一并无效。关于地域管辖问题，《中华人民共和国民事诉讼法》第二十三条规定：“因合同纠纷提起的诉讼，由被告住所地或者合同履行地人民法院管辖。”关于借款合同履行地，《最高人民法院关于如何确定借款合同履行地问题的批复》（法复〔1993〕10 号）规定：“……贷款方与借款方所在地都是履行合同约定义务的地点。依照借款合同的约定，贷款方应先将借款划出，从而履行了贷款方所应承担的义务。因此，除当事人另有约定外，确定贷款方所在地为合同履行地。”具体到本案，贷款方为华地公司，因此华地公司选择向其住所地人民法院即安徽省高级人民法院提起诉讼，既符合双方《借款合同》的约定，亦符合前述法律规定。

其次，从与本案争议有实际联系地点的角度分析，本案为借款合同纠纷，与本案争议有实际联系的地点并不包括受托人北京银行所在地。《中华人民共和国民事诉讼法》第三十四条规定：“合同或者其他财产权益纠纷的当事人可以书面协议选择被告住所地、合同履行地、合同签订地、原告住所地、标的物所在地等与争议有实际联系的地点的人民法院管辖，但不得违反本法对级别管辖和专属管辖的规定。”该条规定为当事人在协议管辖时可以选择的人民法院作出了指引，即与争议有实际联系的地点的人民法院。而本案中，各方争议为亿阳集团公司是否对华地公司负有债务以及亿阳信通公司应否对此承担担保责任，《委托贷款协议》的当事人之一北京银行并未参与本案诉讼，因此北京银行所在地与本案纠纷并没有实际联系，北京市第三中级人民法院亦不属于与本案纠纷有实际联系地点的人民法院。一审法院裁定将本案移送至北京市第三中级人民法院审理缺乏事实和法律依据，本院予以纠正。

第三，从当事人法律关系主体的角度分析，亿阳信通公司在本案中系担保人，根据担保纠纷应当根据主合同借款纠纷确定管辖的原则，其应当尊重主合同当事人对于管辖法院的选择。本案中，华地公司系贷款人，亿阳集团公司系借款人，根据《最高人民法院关于适用〈中华人民共和国担保法〉若干问题的解释》第一百二十九条第一款规定，因主合同和担保合同发生纠纷提起诉讼的，应当根据主合同确定案件管辖，因此，亿阳信通公司与华地公司之间担保纠纷的管辖应当根据亿阳集团公司与华地公司借款纠纷的管辖来确定。亿阳集团公司在一审法院受理本案后并未就管辖权问题提出异议，视为认可一审法院的管辖权，此种情况下作为担保人的亿阳信通公司提出的管辖权异议,不应得到支持。

2. 主从合同纠纷管辖约定不一致的问题

实务中,若出现主从合同(主合同和补充协议)约定的法院管辖不一致的,如何确定争议案件的管辖。司法实践确定的一般原则是,根据主合同确定管辖。例如,在恒大地产集团有限公司、恒大地产集团天津有限公司与华侨城集团公司二审民事裁定书[最高人民法院(2013)民一终字第94号]中,最高人民法院认为:

关于能否以《委托贷款合同担保合同》约定的管辖条款确定本案管辖的问题。本案主合同《委托贷款合同》与从合同《委托贷款合同担保合同》约定的争议管辖地不相一致:《委托贷款合同》第十五条第十一项约定该合同争议解决方式是向深圳;《委托贷款合同担保合同》第六条则约定发生争议任何一方有权向该合同签订地人民法院提起诉讼,而该合同首页载明"本合同于天津市签署"。《最高人民法院关于适用〈中华人民共和国担保法〉若干问题的解释》第一百二十九条规定:"主合同和担保合同发生纠纷提起诉讼的,应当根据主合同确定案件管辖。担保人承担连带责任的担保合同发生纠纷,债权人向担保人主张权利的,应当由担保人住所地的法院管辖。主合同和担保合同选择管辖的法院不一致的,应当根据主合同确定案件管辖"。本案系华侨城公司基于《委托贷款合同》及《委托贷款合同担保合同》向债务人滨侨公司及保证人恒大集团公司与恒大天津公司主张借款及保证债权而引发的争议,并非仅因《委托贷款合同担保合同》向恒大集团公司与恒大天津公司主张保证责任而发生的纠纷,因此,无论《委托贷款合同担保合同》签订时间是否在《委托贷款合同》之后,其作为从合同关于管辖的约定均不能约束主合同《委托贷款合同》的当事人,亦不应视为系对《委托贷款合同》管辖约定的变更。在《委托贷款合同》及《委托贷款合同担保合同》管辖约定不一致的情况下,依法应当根据主合同《委托贷款合同》约定的管辖条款确定本案的管辖。

(三)仲裁、管辖条款的起草与审查

1. 商事仲裁或法院管辖的选择

就非涉外合同而言,选择商事仲裁或是法院管辖无疑都是可以,两者各有利弊,需要根据具体情况具体分析:

第一,若涉及如下因素时,通常会考虑选择商事仲裁管辖:有保密的需要,涉及技术秘密的合同(如技术秘密转让合同、技术开发合同等);涉及商业经营信息不愿披露的合同(如特许经营合同、股权转让合同等);合同一方或各方不希望彼此的争议被公开审理及法院判决文书公开披露,这可能影响商业声誉(如律师事务所与客户间的委托代理合同争议)。

第二,若各方对管辖法院的选择无法达成一致,可以考虑约定一个大家都能接受的仲裁机构。

第三,若预期未来可能采取相关的财产保全措施,则应优先考虑采用法院管辖,因为在仲裁程序中进行保全有所不便。

第四,若属于主从合同或者多份配套合同的情形,则选择仲裁时,应尽量保持所有合同仲裁机构的一致性,这是其一;其二,若多份合同中有的约定仲裁,有的未约定仲裁,也会带来是否都适用仲裁管辖的争议。故此,在这样的情况下,应斟酌考虑诉讼管辖。

2. 商事仲裁条款的起草与审查

如前文所述,商事仲裁条款最为核心的要点在于,应保证该条款的有效性,这也决定了其条款内容包括(前两项为必备要素):

- 应约定准确、具体的仲裁机构;
- 应约定适用仲裁的事项或范围;
- 可以考虑对适用的仲裁程序进行特别约定。

在此,仅对上述的第二项要素进行介绍,实务中基本都进行概括地描述,当然也可将合同的部分事项列入仲裁,部分事项不列入。在系联软件(北京)有限公司、北京世盈合众数字技术有限公司计算机软件开发合同纠纷二审民事裁定书[最高人民法院(2019)最高法知民辖终477号]①中,最高人民法院认为:

关于涉案协议是否存在或裁或诉相互矛盾的约定。世盈合众公司主张仲裁协议第7条约定与第10条仲裁条款冲突,属于仲裁法解释第七条规定的无效情形。系联软件公司则认为双方存在提请仲裁的真实意思表示,仲裁条款有效。本院认为,系联软件公司对合同的解释更具合理性。首先,从合同文义解释以及整体解释,第7条与第10条所要解决的问题并不冲突。涉案协议中的《最终用户订阅协议》系合同的总括性约定,共11个条款,从条文内容看,包括合同术语解释、许可内容、责任承担范围、协议终止程序、法律适用、协议转让、争议解决、送达等内容。根据涉案协议的上述条款框架,第7、第8条约定的内容为法律适用而非争议解决条款,明确为"争议"解决条款的仅为第10条。第7条前半句约定法律适用,后半句

---

① 类似案例还包括:四川斌达建筑工程有限公司、芦山县投资经营管理有限责任公司建设工程施工合同纠纷再审审查与审判监督民事裁定书[最高人民法院(2020)最高法民申15号],徐某娜与中国民生银行股份有限公司广州分行申请确认仲裁协议效力2015仲异4特别程序民事裁定书[广东省广州市中级人民法院(2015)穗中法仲异字第4号]。

"并且双方同意服从由在中国北京具有管辖权的法院的独家裁判"可解释为仅限于法律适用的争议解决条款。其次,认定仲裁条款是否无效须结合协议约定的争议内容、性质及当事人赋予不同条款的优先效力。仲裁意思表示真实既是仲裁条款有效的前提,也是认定仲裁条款有效的重要依据。当事人在协议中就不同的纠纷内容约定不同的争议解决方式的,不宜笼统地认定仲裁条款无效,而应结合具体的争议内容、性质及当事人赋予不同条款的优先效力进行认定。本案系世盈合众公司要求系联软件公司返还合同款项产生的纠纷,属于涉案协议第 10 条第 e、f 款约定的争议内容,且不涉及第 7 条法律适用争议,因此第 7 条的约定不影响本案纠纷提请仲裁。更重要的是,涉案协议第 10 条第 f 款明确约定"纵使本协议中有任何与此相反的规定,在协议双方因数据保护、隐私、拒不付款、保密信息或知识产权归属等问题发生争议时,双方均可在北京市仲裁委有管辖权的仲裁庭提起仲裁和寻求合理的补救办法"。可见,当事人在涉案协议中已明确赋予第 10 条第 f 款特定情形下的优先效力,即使协议其他条款有不同规定,对于特定内容和性质的争议例如数据保护隐私、拒不付款等争议仍可以提交仲裁。本案系就合同付款问题发生的争议,属于第 10 条第 f 款约定通过仲裁解决的争议范围。

因此,结合涉案协议的合同订立过程、条款约定、争议内容等,可以认定双方就涉案纠纷存在仲裁的真实意思表示,涉案仲裁条款并未违反仲裁法解释第七条规定之情形,涉案纠纷应当通过仲裁解决。原审法院关于涉案协议同时约定了仲裁和起诉两种纠纷解决机制,导致仲裁条款无效的认定存在错误,本院予以纠正。

在语言措辞上,实务中应避免"可以向××仲裁委员会提起仲裁"这样的描述,尽管审判实践中有判例认为"可以"一语仍然可以构成有效的仲裁约定,但为避免不必要的争议,尽量使用规范的语言,将管辖条款中的"可以"改为"应当"是有必要的。例如,在郑州市惠济区新城街道东赵村村民委员会与河南盛煌实业发展有限公司案[河南省郑州市中级人民法院(2009)郑民三初字第 756 号]中,法院认为:

申请人东赵村委会与被申请人盛煌公司均对 2003 年 9 月 15 日签订的《东赵.龙泽文源都市村庄合作改造协议书》真实性无异议,该协议第十四条约定:"在履行本协议中,如发生纠纷,双方应及时协商,如协商不成,任何一方可要求区政府进行调解,如解决不了,可向郑州仲裁委员会申请仲裁解决"。从双方当事人在合同约定的仲裁条款的内容上看,仲裁的意思表示是明确的,仲裁的事项没有超出法律规定的仲裁范围,而且有选定的仲裁机构,因此该仲裁条款是明确的、有效的。双方当事人在该条款中并没有约定可以通过诉讼的方式解决纠纷,仲裁条款中的"可以”主要用于主语,其含义是指“任何一方”都可以提起仲裁,而不是“既可以申请仲裁,也可以提起诉讼”,其不属于最高人民法院《关于适用〈中华人民共和国仲裁法〉若干问题的解释》第七条仲裁协议无效适用的条件。综上,双方当事人约定的仲裁条款有效。申请人东赵村委会申请的理由不成立,本院不予支持。

在天水华硕精细化工有限公司与甘肃九桓新材料有限公司申请确认仲裁协议效力一审民事裁定书[甘肃省天水市中级人民法院(2016)甘05民特1—1号]中,法院认为:

案涉《联合生产销售合同》第八条第一款约定:“合同签订后如有争议,应本着有利于本合同协议履行的原则协商解决,如协商不成,守约方可向当地仲裁委员会提起仲裁或向守约方人民法院提起诉讼。”

申请人华硕公司与被申请人九桓公司签订的两份合同均约定仲裁机构为“守约方”所在地的仲裁委员会,该约定是附条件的约定,即只有在一方违约的情况下,另一方作为守约方才能在其所在地的仲裁机构申请仲裁,而是否违约只有经实体审理后才能确认,故该情形属于仲裁协议约定的仲裁机构不明确,根据《中华人民共和国仲裁法》第十八条的规定,申请人华硕公司与被申请人九桓公司签订的合同中对仲裁协议的约定属于约定不明,且双方就该协议又没达成补充协议,为此,华硕公司请求确认其与九桓公司达成的仲裁条款无效的申请符合法律规定,本院予以确认。

一般认为,“或裁或审”条款中的仲裁条款无效,并不当然地导致其中的诉讼管辖协议无效,后者是否无效,仍需要结合其本身的约定来判断。本案中,争议解决条款中的诉讼管辖协议同样约定了“守约方”。对此,最高人民法院《关于金利公司与金海公司经济纠纷案件管辖问题的复函》(法函〔1995〕89号)明确:

金利公司与金海公司在再次补充协议中约定,“如甲、乙双方发生争议,由守约方所在地人民法院管辖。”该约定不符合《民事诉讼法》第二十五条的规定,应认定协议管辖的条款无效。本案应由被告所在地的人民法院管辖。

据此,本案争议解决条款中的协议管辖条款也应为无效,应当依照《民事诉讼法》(2017年修订)关于合同纠纷法定管辖的规定,确定本案的管辖法院。此外,江西省高级人民法院(2015)赣立终字第147号民事裁定书、江苏省高级人民法院(2014)苏商辖终字第0072号民事裁定书均认定此种协议管辖条款无效。

3. 法院管辖条款的起草与审查

首先,需要说明的是,合同在未选择仲裁管辖的情况下,法院管辖条款并非必需的,因为即便没有这一条款,仍然可以按照法律的相关规定确定管辖法院。此外,若在不约定管辖法院的情况下,管辖法院已能符合当事人意愿,则无须再添加管辖条款。

其次,如本书前述,如果合同首部已经明确约定了"合同签订地点",则在诉讼管辖条款中明确约定由合同签订地法院管辖即可,这样随着"合同签订地点"的自由选择,则可实现由特定地点法院管辖的目的。

再次,可以考虑采用"被告所在地"或"原告所在地"这样的管辖条款,这样显得公平一些,双方更有可能接受。同时根据哪一方更可能成为原告来判断选择哪一种方式更有利。例如,如果我方是买方,对方为卖方,则考虑到我方不会不付款,但对方很可能不交货或质量有问题,因此很有可能是我方为原告,则应该约定为原告所在地法院管辖。就此,最高人民法院有多份文件和判例①明确,在不违反其他约定管辖规定的情况下,约定"原告所在地法院管辖""向各自所在地的人民法院提起诉讼"等是有效的。此外,《民事诉讼法》(2017 年修正)第 34 条已经明确规定:"合同或者其他财产权益纠纷的当事人可以书面协议选择被告住所地、合同履行地、合同签订地、原告住所地、标的物所在地等与争议有实际联系的地点的人民法院管辖,但不得违反本法对级别管辖和专属管辖的规定。"

最后,若存在主从合同或者多份配套合同的,此时应尽量明确约定同一管辖法院,并可考虑援引关联合同的管辖约定。

【例 14-13】 诉讼管辖示范条款

因本合同引起的或与本合同有关的任何争议,由合同各方协商解决,也可由有关部门调解。协商或调解不成的,应向[××所在地/本合同签订地(××省××市××区)/合同履行地(××省××市××区)/原告所在地或被告所在地]有管辖权的人民法院起诉。

---

① 参见《最高人民法院关于岳阳通达制冷空调有限公司等四家公司之间的委托合同与港口装卸作业纠纷案件管辖权争议的处理意见》(法经〔1994〕158 号)、《最高人民法院关于伊春市乌马河区安全社会福利厂与胶州市联合板厂购销合同纠纷案件指定管辖的通知》(法经〔1994〕278 号)、《最高人民法院关于湖南省炎陵县大院农场与江西林港工艺品有限公司包销合同纠纷案指定管辖的通知》(法函〔1995〕86 号)、《最高人民法院关于 39583 部队施工办公室与高自强、佟希华购销汽车合同纠纷案件指定管辖的通知》(法函〔1995〕125 号)和《最高人民法院关于吴江市益佰纺织有限公司与龙口市玲楠服装有限责任公司买卖合同纠纷管辖争议案指定管辖的通知》(〔2005〕民立他字第 26 号),以及阿拉山口公司诉宁夏秦毅公司买卖合同纠纷管辖权异议案[最高人民法院(2005)民二终字第 94 号],载《最高人民法院公报》2005 年第 8 期。

(四)诉讼不停止履行条款

在实务中,合同当事人一旦涉及诉讼或仲裁时,往往都会不自觉地停止合同的履行,这样可能会导致合同当事人的期待利益落空,同时也可能会给当事人带来更大的损失。我国法律对此情形下,合同是否应继续履行的问题尚无明确规定,通常依据《民法典》第591条"当事人一方违约后,对方应当采取适当措施防止损失的扩大;没有采取适当措施致使损失扩大的,不得就扩大的损失请求赔偿。当事人因防止损失扩大而支出的合理费用,由违约方负担"之规定来进行主张。基于此,在法律没有明确规定的情况下,合同当事人可以根据私法自治、合同自由的原则,根据合同的目的和性质进行约定,对于诉讼是否停止合同履行的问题进行约定。例如条款:双方约定,在合同当事人之间或与第三人之间进行诉讼或仲裁的过程中,除法律法规或国家司法机关依职权要求中止双方有争议的事项以外,本合同约定的其他事项应当继续履行。

第五节 其他杂项条款

如前所述,本章所谓的"其他杂项条款"是指合同中那些不太好归类但又比较重要的条款。这些条款主要包括保密条款、禁止对外发布条款、禁止招揽对方雇员条款、反商业贿赂条款、通知条款以及非格式条款等。

一、保密条款

一般地,最初保密条款通常使用于重大的、需要保密的场合,如知识产权类合同、并购重组类合同、特许经营类合同、重大投融资合同等,但现在几乎已经成为绝大多数合同(交易)中的"标配"了。

鉴于本套书第2册第16章"保密协议(条款)起草、审查精要与实务"将专门对保密协议(条款)进行介绍,此处不再赘述。

二、禁止对外发布条款

合同方在谈判或合作接触过程中,有时会向外发布合同方之间进行合作的信息,以吸引投资或获得其他利益,但一方发布这种信息很可能涉及另一方的利益,而另一方基于商业考虑可能觉得此刻并非披露这些信息的最佳时机。因为大公司每一个意向性的动作都可能牵扯很广,这些信息的公布可能在股票市场上掀起巨浪,可能在战略上不利于与竞争对手展开竞争。但是,如果合同没有约定,对方要披露对方自己的信息,另一方也无权干预。为了避免这种情况的发生,合同方通常在谈判之初就要求对方对合作相关信息的对外发布进行某些限制。如下就是一个这样的例子:

【例14-14】 禁止对外发布示范条款

在本协议有效期内,未事先经另一方书面同意,一方不得就本协议正在开展或将要开展的活动相关事项对外公告或以新闻稿、通报、通函等任何形式的信息发布。

需要注意的是,如果对外发布信息是法律强制性要求的话,例如,证监会披露要求、上市公司管理规定要求、司法机关裁判要求等,则合同一方必须进行披露。此种情况下,另一方最好要求一方在披露之前在合理的时间内书面通知自己。

三、禁止招揽对方雇员条款

在投资并购合同、提供人力资源服务的合同,尤其是在涉及提供各种专业性很强的服务的合同中,经常会出现禁止招聘对方雇员条款。制定该条款的目的在于,防止公司辛苦培养的专业人才被其他公司挖走,同时也为了更好地保护自己的商业秘密。在该条款中,合同方通常会在时间、招揽客体、招揽主体和招揽方式等几个方面进行限制。参见下例:

【例14-15】 禁止招揽对方雇员示范条款

买方同意,直到本协议签署后第[3]年止,未经卖方书面同意不得雇用卖方的[与交易评估有关而(第一次)接触的]任何雇员(包括但不限于董事、管理人员)。

四、反商业贿赂条款

(一)商业贿赂的概念

所谓反商业贿赂条款,是指约定商业贿赂行为及后果的条款,目的是通过约定来禁止商业贿赂。商业贿赂的实质是一种不正当竞争行为,是指经营者以排斥竞争对手为目的,为争取交易机会,暗中给予交易对方有关人员和能够影响交易的其他相关人员以财物或其他好处的不正当竞争行为[参见《反不正当竞争法》(2019

年修正)第7条]。

(二)约定反商业贿赂条款的必要性

在实践中几乎所有的合同都可以加上反商业贿赂条款,尤其是采购、承揽、服务、建设工程、并购等合同,则有必要约定反商业贿赂条款。国有企业、政府采购中,也特别强调此类条款。另外,如果类似"长期合同"这种,下面业务人员负责下单、结算、验收等重要环节,直接影响价格、货款、质量等环节时,加上此类条款就更有必要了。

尽管《反不正当竞争法》(2019年修正)第17条规定:"经营者违反本法规定,给他人造成损害的,应当依法承担民事责任。经营者的合法权益受到不正当竞争行为损害的,可以向人民法院提起诉讼。因不正当竞争行为受到损害的经营者的赔偿数额,按照其因被侵权所受到的实际损失确定;实际损失难以计算的,按照侵权人因侵权所获得的利益确定。经营者恶意实施侵犯商业秘密行为,情节严重的,可以在按照上述方法确定数额的一倍以上五倍以下确定赔偿数额。赔偿数额还应当包括经营者为制止侵权行为所支付的合理开支。经营者违反本法第六条、第九条规定,权利人因被侵权所受到的实际损失、侵权人因侵权所获得的利益难以确定的,由人民法院根据侵权行为的情节判决给予权利人五百万元以下的赔偿。"但实践中,如果没有约定反商业贿赂条款,则很难通过民事诉讼途径去追究行贿一方的责任,也很难主张合同因商业贿赂无效或可解除。因此,我们可以通过反商业贿赂条款将商业贿赂行为界定为严重违约行为,同时也可以约定,一方违反商业贿赂条款,另一方可解除合同和主张违约金。

(三)反商业贿赂条款的内容

合同当事方为实现反商业贿赂的目的,可以采取两种方式:一是在主合同中单列"反商业贿赂"条款。这种情况一般在交易并不复杂、交易标的及价款较小时采用。二是单独签署"阳光协议"、"诚信合作协议"或"反商业贿赂协议书"(或类似名称)作为合同的附件。这种情况一般在交易比较复杂、交易标的及价款较大或者交易具有长期性、持续性时采用。

采用反商业贿赂条款的方式,相对就比较简单,一般也采用概述性的文字进行表述。例如,双方均不得向对方或对方经办人、工作人员或其他相关人员索要、收受、提供、给予合同约定外的任何利益,包括但不限于明扣、暗扣、现金、购物卡、实物、有价证券、旅游或其他非物质性利益等,否则构成重大违约。如该等利益属于行业惯例或通常做法,则须在本合同中明示,否则亦为重大违约。

当然,反商业贿赂条款亦可写得比较复杂和完备,如下就是一个较为详尽的反商业贿赂条款的示例:

【例14-16】 反商业贿赂示范条款

X	反商业贿赂
X.1	为维护甲乙双方的共同利益、企业形象和名誉,甲方人员不得以任何形式向乙方索贿;乙方不得采用任何手段向甲方人员行贿,以图获取任何不正当的商业利益。
X.2	上款所称索贿,是指甲方人员向乙方单位或个人索取财物或通过其他形式收受利益。上款所称行贿,是指乙方为销售或者供应产品而采用财务或者其他手段贿赂甲方人员的行为。乙方在账外暗中给予甲方人员回扣的,以行贿论处。乙方人员采用商业贿赂手段为乙方销售或者供应产品的行为,应当认定为乙方的行为。
X.3	双方一致同意双方人员的如下行为是应当禁止的商业贿赂行为: (1)甲方人员以任何方式向乙方索要或收受经济利益,包括但不限于:现金、回扣(不论是明扣还是暗扣)、佣金、购物卡、有价证券、礼品、实物、旅游或其他非物质性利益等; (2)甲方人员利用职务之便以任何方式从乙方处为自己或亲属谋取利益,包括但不限于:索取、收受乙方贿赂,接受超过标准的宴请或其他消费、娱乐活动邀请等; (3)甲方人员邀约、组织或参与乙方参加的任何形式的博彩活动,包括但不限于:牌局、麻将、抽奖活动、赌球等; (4)甲方人员与乙方建立社交上或非业务上的关系,或将亲属、朋友安排到乙方工作; (5)乙方及其人员主动或被动配合甲方人员实施本款第(1)至(4)项所禁止的任何一种行为。
X.4	乙方应积极配合甲方查处甲方人员的收受贿赂行为。乙方得知甲方人员有上述不正当行为的,须在[　]日内向甲方通报(投诉专线　　)并提供相关证据,经甲方查实后作出处理,并为乙方保密。乙方或其人员投诉举报甲方人员的任何不当行为,不会影响本协议的继续履行,并且甲方会将其作为优先合作的考虑因素。
X.5	乙方如违反本条任何一款规定的,均构成严重违约,甲方有权无条件中止合同或解除合同,并对乙方采取冻结应付账款等措施,并要求乙方承担违约金人民币[　]万元及本协议约定的其他违约责任,给甲方造成其他损失的,乙方仍负有全面赔偿义务。

需要说明的是,在上例中,反商业贿赂条款还同时约定了相应的违约金,以便于出现了违约情形时对违约责任的量化(否则实务中举证损失比较困难)。

(四)反商业贿赂条款的争议问题

在司法实践中,对反商业贿赂条款的争议主要集中在两个方面:一是反商业贿赂条款的效力;二是反商业贿赂条款能否约定违约金以及违约金能否得到支持。

对于第一个问题，争议集中在“反商业贿赂条款”是否属于单方不对等义务，以及是否构成格式条款而被认定为无效两个方面。

在深圳市创投奇创科技有限公司与深圳市海派特光伏科技有限公司商业贿赂不正当竞争纠纷二审民事判决书[广东省深圳市中级人民法院(2018)粤03民终10225号]中，法院认为(一审、二审部分涉及违约金是否过高的争议问题)：

海派特公司、创投奇创公司签订的《反商业贿赂协议书》系各方当事人真实意思表示，不违反法律、行政法规的强制性规定，合法有效，各方当事人均应严格履行各自义务。创投奇创公司辩称《反商业贿赂协议书》系格式合同，明显加重创投奇创公司责任。本院认为，商业贿赂对商业活动造成不良影响，应当制止，故对创投奇创公司的上述辩解意见不予采信。

关于违约金。《中华人民共和国反不正当竞争法》第二十条规定，经营者违反本法规定，给被侵害的经营者造成损害的，应当承担损害赔偿责任，被侵害的经营者的损失难以计算的，赔偿额为侵权人在侵权期间因侵权所获得的利润；并应当承担被侵害的经营者因调查该经营者侵害其合法权益的不正当竞争行为所支付的合理费用。被侵害的经营者的合法权益受到不正当竞争行为损害的，可以向人民法院提起诉讼。海派特公司、创投奇创公司双方的《反商业贿赂协议书》约定，双方一致同意双方人员的如下行为是应当禁止的商业贿赂或营私舞弊行为：海派特公司采购人员以任何方式向创投奇创公司索要或收受回扣、佣金、有价证券、礼品、实物等一切经济利益；创投奇创公司及其职员向海派特公司职员提供回扣、佣金、有价证券、礼品、实物等一切经济利益。创投奇创公司违反本协议约定的，海派特公司有权无条件终止与其一切商业合作关系，并根据情节承担十万元以上一百万元以下的违约金，给海派特公司造成其他损失的，创投奇创公司仍负有全面赔偿义务。海派特公司采购人员要求创投奇创公司给予其任何形式的不正当利益，创投奇创公司必须及时投诉，并提供相关证据给海派特公司，经海派特公司查实后作出处理，并为创投奇创公司保密。创投奇创公司为继续向海派特公司供货或争取更多订单，违反《反商业贿赂协议书》的上述约定，向海派特公司采购主管王某芳提供好处费161015.10元，依约应向海派特公司支付违约金。……

就“单方不对等义务”的抗辩而言，实务中“反商业贿赂条款”从形式上似乎表现为单务条款，但细分析之，可以发现其并非单务条款。所谓单务条款，是指一方当事人只享有权利而不承担义务，另一方当事人只承担义务而不享有权利的约定。而部分反商业贿赂条款尽管只书面禁止一方施行商业贿赂，但也隐含着禁止另一方接受商业贿赂的附随义务；何况，大多数反商业贿赂条款往往采取了“双向”的表述,即既禁止一方施行商业贿赂,又要求另一方不得收受商业贿赂,显然这样的条款是双务的(参见【例14-16】),进而也就不存在所谓的“单方不对等义务”的问题。

就“格式条款无效”的抗辩而言,因实务中“反商业贿赂条款”往往是一方提供给另一方的格式条款,因此在诉讼中,相对方往往会主张该条款为无效条款。依据《民法典》有关格式条款的规定(第496条至第498条),除了一般性的合同无效情形外,只有当“提供格式条款一方不合理地免除或者减轻其责任、加重对方责任、限制对方主要权利”或“提供格式条款一方排除对方主要权利”的情形下,格式条款才被认定为无效条款。但如上文所述,反商业贿赂条款并非“单方不对等义务”条款,一方面其不构成“免除或减轻其责任、加重对方责任”的情形;另一方面由于反商业贿赂条款体现的是“诚信原则”,是民法传统的附随义务的书面化,应对商业贿赂行为予以制止。因此其也不构成“排除对方主要权利”的情形。综合来看,反商业贿赂条款的格式性并不影响其效力。

在上述(2018)粤03民终10225号案中,法院就认定《反商业贿赂协议书》系各方当事人真实意思表示,不违反法律、行政法规的强制性规定,合法有效,各方当事人均应严格履行各自义务。且商业贿赂对商业活动造成了不良影响,应当制止,故法院并不支持对方提出的协议书系格式合同、明显加重其负担从而无效的抗辩意见。

对于第二个问题,司法实践显示,对反商业贿赂条款约定违约金几乎没有争议。例如,在上述(2018)粤03民终10225号案中,法院认定案涉《反商业贿赂协议书》合法有效。该协议书不仅约定了什么情形构成商业贿赂,还约定了守约方有权终止一切商业合作关系,并根据情节承担10万元以上100万元以下的违约金,给守约方造成其他损失的,违约方仍负有全面赔偿义务,并据此酌情判定了违约金。

由于实务中,反商业条款或协议书约定的违约金往往是固定的且数额较高,则该约定的违约金能否得到法院支持,实际涉及该违约金的性质以及能否调整的问题。就该违约金的性质而言,有观点认为其系“惩罚性违约金”,但从商业贿赂本身对相对方的影响来看,其有时体现为直接损失,也可能更多地体现为商业上的间接损失(商业声誉),而这种损失有可能是无法估量的或者是代价高昂的(如因声誉之贬低而丧失好的合作机会、侵蚀公司内部的管理文化和管理体系,并可能导致高昂的管理成本)。故从此意义上看,反商业贿赂条款约定的违约金可能兼具惩罚性违约金和补偿性违约金双重性质。为避免争议,在反商业贿赂条款拟定时,建议应明确违约金的性质为惩罚性违约金。

至于对违约金的调整,一般情况下,只有在约定的违约金过分高于或低于造成的实际损失时,根据公平原则要求,在当事人提出请求的情况下,法院才能行自由裁量权使之实现公平。调整违约金的法律依据就是《民法典》第585条第2款(原《合同法》第114条及原《合同法司法解释(二)》第29条),但这一规定是以"实际损失"为基础的裁量规则,可能并不完全适用于反商业贿赂条款。因为,按照"实际损失"计算的金额可能远远低于条款约定的金额,商业贿赂潜在的损失则是无法估量和计算的。此外,商业贿赂行为除了对合同相对方造成损害外,还对社会经济秩序造成了现实和潜在的损害,这种损害也是难以估量的。反商业贿赂条款高额违约金从一定意义上限制了合同当事人因商业贿赂行为而危害竞争秩序的可能,有较强的社会效益。因此,在法院运用违约金调整规则时,实际可以在一般性合同违约金调整规则(30%标准)基础之上酌情放宽,并考虑条款或协议约定的金额。例如,在上述(2018)粤03民终10225号案中,法院对违约金的调整裁判如下:

一审法院认为:关于违约金具体金额,海派特公司主张通过同类产品的前后采购差额对比,海派特公司采购创投奇创公司的产品比市场价格高出100万元,并提交差额明细表、海派特公司与创投奇创公司交易的订单、报价单、对账单、发票等;海派特公司与其他供应商同种产品交易的订单、报价单、发票、银行流水等予以佐证。原审法院认为,首先,海派特公司提交的差额明细表系其自行制作,创投奇创公司对其真实性亦不予确认,原审法院不予采信。其次,海派特公司主张的违约金系根据其提交的创投奇创公司供应电子元器件的单价与其他供应商的单价差额计算得出,但海派特公司提出的其他供应商单价均系单独摘取各供应商在供货期间该种型号电子元器件的最低价,并未按照同时期供应商的市场公允价格进行计算,证明力不足。例如,海派特公司在差额明细表中载明SMD0805100nF10%50VX7R型号物料创投奇创公司单价为0.016元,深圳市铭诚伟业科技有限公司的单价为0.01元,但海派特公司提交的其与深圳市美键达电子科技有限公司签订的采购订货合同中该型号物料单价为0.0165元,高于创投奇创公司的物料单价;海派特公司在差额明细表中载明SMD120610uF10%50VX5R型号物料创投奇创公司单价为0.016元,深圳市诺德光电科技有限公司的单价为0.15元,但海派特公司提交其与深圳市美键达电子科技有限公司签订的采购订货合同中该型号物料单价为0.0165元,高于创投奇创公司的物料单价。再次,根据市场交易行情,供应商因电子元器件的成本不同及供货期间存在价格波动,海派特公司以不同供应商对同一型号的物料在不同供货期存在价差主张其因此遭受损失100万元,与常理不符,原审法院不予采信。创投奇创公司违反《反商业贿赂协议书》的相关约定,利用商业贿赂使创投奇创公司获得不正当竞争优势,损害了海派特公司的利益,综合考量本案案情及市场行情,原审法院酌定创投奇创公司向海派特公司支付违约金20万元。

二审法院认为:上诉人创投奇创公司和被上诉人海派特公司自愿签订《反商业贿赂协议书》,系双方真实意思表示,并不违反法律、行政法规的强制性规定,双方当事人均应严格遵守。协议约定在构成商业贿赂的情况下,海派特公司有权要求创投奇创公司:"根据情节承担十万元以上一百万元以下的违约金"。虽然被上诉人海派特公司诉请了100万元的违约金,但没有确切证据支持,故一审法院在综合考量本案案情及市场行情,亦考虑到被上诉人为调查、诉讼所支付的合理费用,最后酌定创投奇创公司向海派特公司支付违约金20万元,合理合法,并无不当。上诉人创投奇创公司称金额过高,没有事实和法律依据,本院不予采纳。

五、通知条款

(一)通知条款的作用与意义

通知条款也称为联系方式条款,其在合同中扮演了非常重要的角色。通知条款的作用主要体现为如下两个方面:

一是让合同的另一方知晓合同履行进展情况或任何变化。譬如,变更合同、合同中止以及各种批准或合同方之间的交流等。为了避免"口说无凭"的局面,合同一般规定通知应当采取书面形式。

二是明确法律文书的送达方式、地址以及接收人等。依据最高人民法院《关于进一步推进案件繁简分流优化司法资源配置的若干意见》(法发〔2016〕21号)第3条"完善送达程序与送达方式"规定:"当事人在纠纷发生之前约定送达地址的,人民法院可以将该地址作为送达诉讼文书的确认地址。"最高人民法院《关于〈进一步加强民事送达工作的若干意见〉的通知》(法发〔2017〕19号)第8条规定:"当事人拒绝确认送达地址或以拒绝应诉、拒接电话、避而不见送达人员、搬离原住所等躲避、规避送达,人民法院不能或无法要求其确认送达地址的,可以分别以下列情形处理:(一)当事人在诉讼所涉及的合同、往来函件中对送达地址有明确约定的,以约定的地址为送达地址;……"根据上述文件的规定,当事人在合同中约定了送达地址,法院按照该地址送达诉讼文书,诉讼文书即使被退回,也视为已经送达。因此,当事人在相关合同中约定送达地址,并在合同中明示了相关法律后果的,当事人对送达条款均能够预见诉讼后产生的法律后果,该约定具有《送达地址确认书》的实质要件,具有相当于《送达地址确认书》的效力,即使相关诉讼文书在送达时被退回,也视为已经合法送达。①

(二)通知条款的起草和审查

对于通知条款的起草和审查,实务中应注意如下要点:

第一,通知条款适用的法律文件的范围。例如,与合同相关的各类通知、协议等文件以及就合同发生纠纷时相关文件和法律文书。

第二,双方信息的接收人、送达的地址及其变更等。尤其需要关注送达地址变更时,变更方书面通知的义务

第三,送达的方式及其法律后果(如送达日的确定)。例如,通过书面函件、传真、电子邮件、短信、微信、QQ以及数据电文等方式。尤其需要关注法律对非对话方式送达的法律规定(《民法典》第137条)。

第四,有关送达不能或拒绝签收或退回时的法律后果。例如,因地址变更而变更方并未尽到通知义务时,按原地址送达即视为送达;再如,若直接送达遇到拒绝签收或邮寄送达被退回时,以当面送达日或文书退回日视为送达之日。

下面是一个普通的通知条款示例:

【例14-17】 通知示范条款

X	通知
X.1	根据本协议发出的任何批准、证书、同意、决定、通知、索赔要求、法庭程序文件或其他通讯(在本条中合称「**通讯**」)应以中文撰写并以书面形式送达本条第[ ]指定当事人的地址及传真号码。
X.2	任何一方变更通讯接收人的地址或传真号码的,只有在该等变更通知按照本条款的规定向本协议所有其他方送达后的第二个「**营业日**」后方始生效,变更通知须特别注明是按照本协议进行变更的目的。

① 参见重庆市阿里巴巴小额贷款有限公司与陈某群小额借款合同纠纷一审民事判决书[杭州铁路运输法院(2017)浙8601民初943号](第一批涉互联网典型案例,现为杭州互联网法院),新乡市昱康置业有限公司、崔某君金融借款合同纠纷再审审查与审判监督民事裁定书[最高人民法院(2019)最高法民申3042号]。

续表

X.3	所有通讯应按照如下方式发出,并应按照下列发出方式对应的收取时间视为已经获收件人收到: 发出方式　视为收取的时间 一级本地平邮　寄出日期后的第二个营业日 传真方式　发送时 专人送递　收到时 空邮　寄出日期后的第五个营业日	
X.4	双方接收通讯的地址和传真号码,以及该通讯收信人的资料如下: 致卖方 地址:[　] 传真号码:[　] 收信人:[　] 致买方 地址:[　] 传真号码:[　] 收信人:[　]	

上面的通知条款仅仅是一个普通的简略通知条款,更为详尽和复杂的通知条款审查示例,请读者参阅本书第6章"合同条款的写作技能"之【例6-1】。

六、非格式条款

应该讲,"非格式条款"几乎存在于合同或协议由一方定制并提供给另一方重复的所有情形下,这基本上也属于企业集团制定合同示范文本所必须考虑的条款之一。其作用和意义在于,确认本合同或协议系经各方当事人协商而签订,而非法律所规定的格式条款或格式合同。例如,乙方确认:本合同系本方自愿签署,本合同所有内容均经双方充分协商,甲方已就所有与乙方有重大利害关系的条款进行了充分提示和说明,乙方已充分理解这些条款的含义。

有关格式条款的更多内容,请读者参阅本书第10章"合同订立的法律风险管控:疑难问题"之第七节。

第六节　合同解释、效力条款

本节所述的合同解释、效力条款,是指涉及用于合同解释相关的条款以及对合同效力的认定产生影响的条款。前者主要包括"全部合同条款""独立合同方关系/不构成代理关系条款""合同语言条款";后者主要包括"弃权及可分割性条款""法律效力条款"、"适用法律条款"、"生效和有效期条款"以及其他"合同签约份数条款”、“合同附件清单”。需要说明的是，部分条款实际作用和意义可能涉及两个方面，如“适用法律条款”也可用于合同解释之依据。

一、全部合同条款

（一）全部合同条款的作用与意义

“全部合同条款”亦称为“完整合同条款”，通常见于涉外合同中，这跟英美法系对合同的解释规则有关。在英美法系中，对合同的解释的一个基本规则是限于合同本身的“文义解释”，即当对合同履行中双方对合同的理解发生分歧时，任何合同签署前双方达成的口头或书面的材料都不得作为已经签署的合同的辅助理解。其原因在于，法官认为，对合同的解释应局限于已经签署的合同本身，而不会考虑合同签署前的某些资料。换言之，合同签署后，合同就与之前就此进行的所有谈判和文件无关了。在法官面前，合同签署前经双方签署的会议记录等不得作为证据予以采信。之所以如此考虑，还因为合同谈判时，各种资料可能浩瀚如海，有些甚至已经不存在了，将这些资料翻出来进行审查需要花费大量的人力和物力，而且对所有这些资料进行理解和甄别几乎是不可能完成的事情。需要注意的是，在司法实践中，某些案例也显示，法院会对合同签署之前达成的某些意见予以援引，为了避免这样的情况出现，通常在合同中增加全部合同条款，公司律师或法律顾问在审查合同时，尤其需要注意这一条款。

（二）全部合同条款的应用

全部合同条款一般包括本协议是全部且唯一的协议的一般描述，同时各方声明知悉这一事实，并且对排除的“合同前声明”进行明确约定。参见下例：

【例14－18】 全部合同条款示范

示范条款1：

本协议构成合同方就该有关事项达成的全部并且是唯一的协议，超越并区别于与该同一有关事项的任何其他协议、文件或合同前的声明。

合同各方都知道，同意签署本协议并没有依赖于合同前的声明。

示范条款2：

除非存在欺诈，任何一方无权对对方因关系到合同前的声明而提起诉讼，但本协议这样约定的除外。

本条款所指“合同前的声明”包括但不限于与本协议有关的任何性质的协议、承诺、陈述、保证、许诺、担保、安排或草案,书面与否概不例外,但本协议明确约定的除外。

上述的示范条款相对比较齐备,但在一般的合同中一个简单的如下条款就足够了:

除本协议明确规定外,合同各方同意,不存在任何没有在此明确规定的一方向另一方所作的陈述、保证或其他许诺。

在实践中,还需要注意的是,在约定“合同前的声明”时应考虑是否将本合同签订之前的所有声明都予以排除。例如,在合同签署前签订的谅解备忘录和保密协议,是否需要排除就需要斟酌,因为如果签署的合同没有包含某些保密条款的话,前者的保密条款就是需要保留的条款。

二、独立合同方关系/不构成代理关系条款

(一)独立合同方关系/不构成代理关系条款的作用与意义

独立合同方关系/不构成代理关系/不构成合伙关系条款,主要是指在合同中明确约定合同方之间无意通过签订本合同而在合同方之间建立一种代理关系或合伙关系。其原因在于,在某些国家法律下,如果合同方之间构成代理关系或合伙关系,则一方就应对合同中构成合伙人或代理人的另一方的行为承担责任甚至是连带责任。因此,为了防止合同另一方的债权人以合同一方因与另一方之间构成代理或合伙之理由而向合同一方主张承担责任,同时也可以避免在侵权案件中被要求承担连带责任,所以建立了这样一种关系。

(二)独立合同方关系/不构成代理关系条款的应用

这样的条款一般存在于英美法系的合同中(但在我国合同法律实务中也越来越常见),尤其是在合伙企业设立协议(适用《合伙企业法》)、合伙合同(适用《民法典》合同编典型合同分编第27章“合伙合同”)以及非合伙性联营企业合同中。因为,合伙企业的合伙人或合伙合同的当事人可能需要对其他合伙成员或其他合伙合同的当事人实施的行为承担责任,而非合伙性联营企业的成员通常仅就自身的行为承担责任,而并不承担其他成员实施的行为责任。参见下例:

【例14－19】 独立合同方关系/不构成代理关系条款

示例1：无论出于什么目的，本协议所作约定或根据本协议采取的任何行动都不构成或被视为构成合同方之间的合伙关系，或一方是另一方的代理人。

示例2：本协议中甲乙双方为各自独立的事业者，双方之间不存在任何(包括但不限于共同投资、合伙、代理、雇佣、承包)关系。

示例3：一方无权作为另一方的代理人，也无权约束另一方或以另一方的名义签订合同，或以任何方式或为了任何目的为另一方创设任何债务。

三、弃权及可分割性条款

此处所称的"弃权及可分割性条款"实际包括"弃权条款"和"可分割性条款"两部分。

所谓弃权条款主要是表明合同方在什么情况下放弃权利或者不视为放弃权利。一般来讲，该条款内容明确如下几点：

- 合同方延迟或怠于行使其合同权利并不使该方丧失该权利；
- 合同方放弃或行使了部分合同权利并不消灭其他权利；
- 合同方没有实施同时履行抗辩权，而是继续履行了自己的义务，并不表明该方放弃了要求对方履行义务或追索对方的权利；
- 合同中约定的权利仅仅是法律规定的权利的补充，而不是替代法律上规定的某些权利。

所谓"可分割性"，亦称为"条款独立性"，即该条款的目的是避免因合同中某个条款违反法律或无法执行或履行从而导致整个合同无效。在合同中约定这个条款的目的在于，条款无效是否导致合同整个无效不必通过法院的判决来认定，而只需要通过合同本身就能反映出来，合同当事人可以不必为此耗费大量的时间和金钱。另外，它也可以防止合同一方因为合同中某些极不重要的事项不合法或无法执行而逃避履行整个合同的义务。

【例14－20】 弃权及可分割性条款

X	弃权及可分割性
X.1	本协议的任何一方迟延或不行使本协议规定的权利、权力或补救措施的，不应视为对上述权利的放弃；

续表

X.2	单独或部分行使本协议规定的任何权利、权力或补救措施的,其根据本协议享有的其他权利或补救措施不受影响;
X.3	放弃任何法律或本协议规定的权利、权力或补救措施必须采用书面形式并经弃权方授权代表签字后方才生效;
X.4	如本协议的一条或以上条文在任何时候根据任何有关司法管辖区的法律被认定为违法、无效或不可强制执行或不能履行,本协议的其他条文在前述司法管辖区内仍然合法、有效、能够强制执行或履行。本协议在任何其他司法管辖区中的合法性、有效性及执行力在任何方面均不受影响。

需要注意的是,在司法实践中,若合同的目的条款或者核心条款无效,即便存在可分割性条款的约定,仍然可能导致合同整体无效。参见如下司法案例:

【例14-21】① 合同的目的条款或核心条款无效对合同整体效力的影响

【裁判要旨】

合同的目的条款或核心条款与合同其他条款具有不可分性和紧密的牵连关系,该条款无效导致合同目的无法实现的,其不能成为相对独立的合同无效部分,该条款无效应导致合同整体无效。

【最高人民法院审判】

关于委托理财协议的效力,虽然我国《合同法》第56条规定:"合同部分无效,不影响其他部分效力的,其他部分仍然有效",但在本案订有保底条款的委托理财合同中,保底条款与合同其他内容条款不具有可分性,其并非可以独立分离出来的合同部分,而是与合同其他部分存在紧密的牵连关系。就本案中委托理财协议之缔约目的而言,委托人青基会除期待委托资产本金的安全外,尚期待高达10%的固定收益回报率。因此可以说,若没有保底条款的存在,当事人双方尤其是委托人通常不会签订委托合同;在保底条款被确认无效后,委托人的缔约目的几乎丧失;若使合同其他部分继续有效并履行,不仅违背委托人的缔约目的,而且无履约意义,将导致极不公平合理之结果。有鉴于此,本院认为,保底条款应属本案中委托理财协议之目的条款或核心条款,不能成为相对独立的合同无效部分,保底条款无

---

① 参见亚洲证券有限责任公司与湖南省青少年发展基金会、长沙同舟资产管理有限公司委托理财合同纠纷案[最高人民法院(2009)民二终字第1号],载最高人民法院民事审判第二庭编:《最高人民法院商事审判裁判规范与案例指导》(第2卷)(2011年卷),法律出版社2011年版,第145-153页。

效应导致委托理财协议整体无效。

四、法律效力条款

(一)法律效力条款的作用与意义

一般而言,合同当事方签署合同并生效后,该合同就对他们产生拘束力,没有必要再对此强调对各方具有拘束力。但是,对于意向协议、谅解备忘录或者意向框架协议而言,如果各方并不需要它们发生法律效力的话,则应当特别加入"法律效力"条款,进行特别说明。

(二)法律效力条款的应用

以谅解备忘录来对法律效力条款进行说明。谅解备忘录通常并不具有任何法律约束力(某些特别声明的条款除外,譬如保密条款、法律适用条款等),这正是它与正式合同的区别所在。

【例14-22】 谅解备忘录的"法律效力"条款示例

由各方签署的本备忘录仅作为有关本项目的潜在合作方的当前意图的描述,不应被视为任何合同或具有法律约束力的协议,而应视为仅为磋商之目的而订立的有关本备忘录项下可能达成之合同的条款概述。除本备忘录第[ ]条和第[ ]条(含)至第[ ]条(含)之外,本备忘录不具有任何法律约束力或效果。除非相关的明确的协议已被签署并生效,否则对本备忘录的任何解释、注解或应被视为对被备忘录的任何解释、注解不得被视为本协议各方意图参与或进行本项目。

实务中,拟定和审查谅解备忘录(或意向协议)的法律效力条款通常需要考虑如下两个方面的因素:

• 哪些事项或内容不具有法律约束力:具体的权利和义务条款(尽管可能已经初步达成一致);下一阶段计划或需要采取的行动或安排(除非交易双方明确具有法律约束力的除外)。

• 哪些事项或内容具有法律约束力:法律效力条款;保密条款;独家谈判权(若有);提供有关文件或资料(视情况而定);法律适用及争议解决;语言;遵循诚实信用或无缔约过失原则。

上述要点通常是我们需要考虑的两个方面的因素,实务中还可能依据具体的情况考虑其他特定的事项或内容是否具有法律约束力。需要特别指明的是,谅解备忘录中的“法律效力”条款本身必须是具有法律约束力的条款。

五、适用法律条款

(一)适用法律条款的作用与意义

几乎每个合同在靠近结尾部分都会约定“适用法律”条款,指明该合同适用哪个国家或地区的法律、国际条约或国际惯例。适用法律条款是非常重要的条款,它不仅涉及合同效力、合同各方的权利义务,而且涉及合同争议的解决等。主要包括如下几点:

- 适用法律不同对合同效力的影响

合同签约方可能因适用法律不同而在民事行为能力认定上出现差异。各国法律对法人行为能力的不同规定可以直接使得整个合同因为主体不适格而无效。除此之外,合同成立的基本要素(比如,有关合同要约的生效、合同的成立、合同的撤销等),大陆法系和英美法系国家之间也存在较大的差异,在英美法系国家的法律生效的合同可能在大陆法系国家的法律下并不生效。

- 适用法律不同对合同各方权利义务的影响

各国法律在涉及合同各方权利义务的具体规定上也呈现出差异。譬如,英国法对所有权的转移和风险的转移就和中国法律存在差异。再如,在中国法下,合伙企业并不具有法人资格,而在意大利则被认为具有法人资格。

- 适用法律不同,可能导致在冲突法中所适用的法律出现差异

譬如,根据中国法律的规定,外国法人以其注册地国家的法律为其本国法。但根据韩国法律,商业公司的行为能力适用其营业地法。如果两个在英属维尔京群岛(BVI)注册但在韩国营业的公司签订合同时选择适用中国法,则这两个公司的行为能力就将适用 BVI 的法律,但如果选择适用韩国的法律,则这两家公司的行为能力就将适用韩国的法律。

- 适用法律不同,还可能影响合同方对争议的解决

因为各国法律对诉讼时效等有不同规定,从而也可能导致争议的解决存在差异。比如,英国法律规定,合同诉讼时效一般为 6 年,而中国法律规定一般为 3 年。

(二)适用法律条款的应用

在实务中,我们在拟定法律适用条款时,还需要注意,合同方可以选择适用不同法律,但这种选择并非都是任意性的,有时法律也对此进行了强制性的规定,不得适用其他法律。如《民法典》第 467 条:“本法或者其他法律没有明文规定的合

同,适用本编通则的规定,并可以参照适用本编或者其他法律最相类似合同的规定。在中华人民共和国境内履行的中外合资经营企业合同、中外合作经营企业合同、中外合作勘探开发自然资源合同,适用中华人民共和国法律。”因此,对于中外合资、中外合作经营企业合同等合同在中国境内履行的,必须适用中国法律。

【例14-23】　适用法律条款示例

- 本协议的订立、生效、实施和解释适用中华人民共和国法律。
- 本协议将受香港相关规定约束并据以诠释。
- 本协议的订立、履行、效力、解释及其他有关问题均适用中国法律。

六、合同语言条款

合同语言一般出现在涉外合同中,这时的合同一般采用两种或以上的语言书就。此时,就需要明确合同的解释以何种语言为准的问题(应注意核实其他语言版本也同时约定以这个语言版本为准)。例如,本协议以中英文两种语言书就。如果两种语言解释出现争议,以中文为准。

另外,除合同本身外,合同履行过程中,还可能产生一些通知、信函等,这些文件究竟使用哪种语言,又以何种语言为准呢?这也需要在合同中明确。例如,本协议涉及的所有通知、信函等应当以英文书就并随附其中文翻译件,并且通知或信函的接收人有权相信其准确性并依赖它。

除此之外,实务中涉外合同中还会涉及发票(凭据)等使用的语言和合同语言不一致的情形,这个时候合同方也应该在合同中予以约定。当然,并非任何时候都可以自由选择语言。譬如,按照我国《民法典》第467条的规定,如果成立中外合资企业,则中外合资企业合同应采用中文并适用中国法律。

七、生效和有效期条款

合同的生效和有效期条款是合同的一个非常重要的条款,因为合同约定的权利义务的享有或承担的起始日期都是以合同的生效日作为计算基准日,而以有效期条款来确定合同自然终止日。

(一)生效条款

依据《民法典》的相关规定,如果合同未约定生效日,一般争议也不会很大,通常会将合同签约方最后一个签章人签章日视为生效日,除非合同另有约定。在实

务中为避免不必要的争议,笔者建议在合同中应约定合同的生效日,主要的约定方法有如下两种:

(1)在定义条款就“生效日”进行定义。例如,本协议的生效日为[　　]年[　]月[　]日。

(2)在合同中直接单列一个生效和有效期条款。例如,除非依据本协议其他条款和条件而提前终止,本协议自[　　]年[　]月[　]日起生效,并于[　　]年[　]月[　]日终止。

本协议自双方签字或盖章之日起生效。

上述两种方式并无谁优谁劣,只在于实践中视具体情况而定。对于交易相对简单的合同或者确定生效日规则比较简单的情况下,可以考虑采用第(1)种方式,否则应当选择适用第2种方式。事实是,在实务中我们基本看到的也是第(2)种方式。但对于“本协议自双方签字或盖章之日起生效”的规定,依据《民法典》第490条第1款前句(原《合同法》第32条)“当事人采用合同书形式订立合同的,自当事人均签名、盖章或者按指印时合同成立”之规定,签字或者盖章,只需要具备了其中一种行为,就表明合同当事人确认了合同,就可以产生合同成立的效果。换言之,当事人在合同书上的签字或盖章的效力,是表明合同内容为当事人的真实意思表示,当事人据此享有合同权利、履行合同义务。同时,当事人在合同书上的签字或盖章,还具有使合同相对人确信交易对方,从而确定合同当事人的作用。在司法实践中也予以了认可,参见如下司法案例:

【例14-24】①　当事人仅在合同上盖章而没有签字的,不能因此认定合同无效

【裁判要旨】

合同一方仅在合同上加盖了公章而没有法定代表人或授权代理人签字,但根据我国《合同法》第32条的规定,签字或者盖章,合同均可发生法律效力,故合同并不因未同时具备签字和盖章的形式上的瑕疵而应当认定无效。

【最高人民法院审判】

关于展期合同存在形式瑕疵是否影响合同效力问题。尽管在个别展期合同中,合同一方仅加盖了公章而没有法定代表人或授权代理人签字,但根据我国《合

---

① 参见天津环球磁卡股份有限公司与甘肃兰州陇神药业有限责任公司借款合同纠纷上诉案[最高人民法院(2007)民二终字第14号],载最高人民法院民事审判第二庭编:《民商事审判指导与参考》(2009年第2集)(总第38集),人民法院出版社2009年版,第163-174页。

同法》第32条关于"当事人采用合同书形式订立合同的,自双方当事人签字或者盖章时合同成立"的规定,签字或者盖章,合同均可发生法律效力,且合同当事人对此并不持异议,而天津磁卡出具反担保函的时间是在展期合同签订并履行之后,其亦未对此提出异议,故展期合同并不因未同时具备签字和盖章的形式上的瑕疵而应当认定无效。同理,尽管在2002年的展期还款协议书上盖有陇神药业2003年才使用的公章,其不符合公章使用的规定,具有瑕疵,但由于该公章为同一主体的公章,且陇神药业与拱星墩支行、德昌公司对展期事实并无异议,该合同已实际履行,在签订反担保合同之时,该展期合同已签订,天津磁卡亦未提出异议,故该瑕疵亦不影响展期合同的效力。

还需要特别注意的是,实践中,如果有的合同约定的是"本协议自双方签字、盖章之日起生效",表示"签字"与"盖章"是并列关系,两者均具备才符合合同约定生效条件,如果合同一方或双方仅签字而没有盖章或者仅盖章而没有签字将会导致合同未生效的风险。参见如下司法案例:

【例14-25】[①] 对当事人协议中约定的"自双方签字、盖章之日起生效"内容的认定

【裁判要旨】

双方当事人在合同中约定,"自双方签字、盖章之日起生效"。"签字"与"盖章"中间使用的是顿号,其与《合同法》第32条"当事人采用合同书形式订立合同的,自双方当事人签字或者盖章时合同成立"规定的内容不相同。它的区别在于《合同法》在"签字"与"盖章"中间使用的是"或者",而双方当事人协议使用的是"顿号"。"或者"前后词语是选择关系,只要具备其中之一即可。而"顿号"前后两个词语系并列词语,表示签字与盖章是并列关系,两者均具备才符合约定条件。

【最高人民法院审判】

关于2004年10月26日宁波分行与顺风公司签订的《还款协议》的效力问题,最高人民法院认为宁波分行与顺风公司对还款协议的生效条件作出了特别的约定,即协议在双方当事人签字、盖章时生效。关于该协议中"签字、盖意"之间的顿号应如何理解,即签字与盖章应同时具备还是具备其一即可认定协议生效。认为

---

① 参见浙江顺风交通集团有限公司与深圳发展银行宁波分行借款合同纠纷上诉案(最高人民法院2006年8月4日判决),载最高人民法院民事审判第一庭编:《民事审判指导与参考》(2006年第3集)(总第27集),法律出版社2006年版,第221-227页。

双方当事人签订的协议中所表述的“签字、盖章”中的顿号,是并列词语之间的停顿,其前面的“签字”与后面的“盖章”系并列词组,它表示签字与盖章是并列关系,只有在签字与盖章均具备的条件下,该协议方可生效。双方当事人该项约定意思表示清楚、真实,应认定为有效。另从双方当事人签订的《还款协议》内容看,其专门设定了双方加盖公章与负责人签字栏目,在该协议中宁波分行既签署了负责人姓名也加盖了单位印章,而顺风公司仅有法定代表人签名未加盖单位印章。由于顺风公司未在《还款协议》上加盖单位印章,不具备双方约定的生效条件,因此,宁波分行依据该协议主张权利,事实依据不足,二审法院不予支持。一审判决认定《还款协议》已生效,并依照该协议约定的数额判决顺风公司返还贷款本金不妥,应予纠正。

实务中,我们还经常会遇到以某个事件或某些事件的发生或不发生作为合同生效的日期的情形——《民法典》所规定的附条件生效的合同,此时只有在所附条件成立时合同才生效,这就与合同生效的“先决条件”条款关联起来了。比如,本协议的生效日为本协议获得「商务部」批准之日;本协议的生效日为本协议「先决条件」成就之日。

实践中需要注意的是,尽管《民法典》第 502 条第 2 款前句(原《合同法》第 44 条第 2 款)规定:“依照法律、行政法规的规定,合同应当办理批准等手续的,依照其规定。”《民法典》第 158 条规定:“民事法律行为可以附条件,但是根据其性质不得附条件的除外。附生效条件的民事法律行为,自条件成就时生效。附解除条件的民事法律行为,自条件成就时失效。”第 159 条规定:“附条件的民事法律行为,当事人为自己的利益不正当地阻止条件成就的,视为条件已经成就;不正当地促成条件成就的,视为条件不成就。”(原《合同法》第 45 条)但如果当事人的约定并非法律、行政法规规定应当办理的批准手续,而负有进行批准义务的当事人怠于履行义务而使得合同的效力一直处于待定状态的,并不利于保护相对人的利益。司法实践对此进行了明确:

【例 14-26】① 约定以上级主管部门批准作为生效条件的合同效力认定

【裁判要旨】

双方当事人签订合同,约定以一方当事人的上级主管部门批准作为合同生效

① 参见中国信达资产管理公司兰州办事处与甘肃亚盛盐化工业(集团)有限责任公司借款合同纠纷案[最高人民法院(2006)民二终字第 159 号],载《最高人民法院公报》2007 年第 10 期(总第 132 期)。

条件的，该方当事人即负有及时报请其上级主管部门审批、促使合同生效的义务。如果该方当事人怠于履行上述约定义务，在合同业经双方当事人签字盖章成立，合同内容不违反法律禁止性规定、不损害他人利益且已部分履行的情况下，应当认定合同已经生效。

【最高人民法院审判】

《不良贷款债权转让协议》虽约定了信达总公司批准后生效的条件，但因批准协议是信达总公司与其分支机构信达兰州办内部的审批程序，且合同约定了信达兰州办单方促使合同生效的义务，故信达兰州办不得违反约定拖延报批甚至不报批来对抗合同的相对方，以使协议不发生法律效力。如果一方既未履行合同义务又以内部程序使得效力待定的合同未生效，而获得合同未生效后的更大利益，这将使得合同相对方处于不利境地。信达兰州办应积极向信达总公司提出申请，即使信达总公司没有批准，也应当及时通知亚盛集团。但是，从2003年12月签订协议到2005年10月提起诉讼长达近2年，信达兰州办是否向信达总公司报批、是否获得批准均没有通知亚盛集团。《不良贷款债权转让协议》是经过双方协商签订的，约定内容没有违反法律规定，也没有损害他人合法权益，并且亚盛集团为此又支付了200万元，部分履行了该协议。

综上，合同约定以一方内部因素为生效条件的，负有促使协议生效义务的一方未履行约定义务，在合同约定内容不违反法律禁止性规定和损害他人利益并经双方签字盖章成立，且已部分履行的前提下，则应当认定合同已经生效。信达兰州办关于《不良贷款债权转让协议》仅为一份意向性草签协议且未经过信达总公司批准，没有发生法律效力的上诉主张，因与事实和其应承担的义务要求不符，本院不予支持。

在实践中，还需要注意一类特别合同及其补充协议的效力问题。例如，我国原三资企业法规定，合资、合作企业合同应报请有权机关批准，以及转让合同的权利和义务时，亦应报请批准。在《民法典》时代以及外商投资施行负面清单制度以来，涉及负面清单禁止投资领域的投资合同应认定为无效；涉及负面清单限制投资领域的投资合同未经审批的未生效，但可以在法院作出生效裁判前予以补正后生效；不论如何，涉及负面清单的投资合同都不影响其独立报批条款的效力。[①] 此外，审批机构审批后的股权转让合同也并不必然有效，若存在法律法规规定无效或可撤

① 有关独立报批条款的更多内容，请读者参阅本书第10章“合同订立的法律风险管控：疑难问题”。

销情形的,仍然可认定无效或已依申请予以撤销。①

除了上述情形外,我们有时还会基于让某合同尽快生效或永不生效而约定特殊的合同生效条款。例如,中国的甲公司向澳大利亚的乙公司签订合同准备购买某铁矿资源,该铁矿对于中国甲公司目前的经营而言非常重要。因此,甲公司希望尽快获得该铁矿。但是,根据澳大利亚法律的规定,要求对收购铁矿进行审批。由于是否获得审批尚不确定,而且如果时间拖得太长的话,甲公司将损失惨重。鉴于此,甲公司希望乙公司尽快获得批准。为避免合同签订后其效力处于不确定的状态而拖得太久,从而使得甲公司无法从其他国家或地区收购类似的铁矿,甲公司可能就会在合同中约定,如果满足特定的条件的话,合同永不生效。比如,倘若乙方不能在本协议签署之日起[60]个工作日内获得有权审批机构合法有效的批准的话,本协议将永不生效。

(二)有效期条款

1. 有效期条款的意义与应用

本章前文已经介绍了合同的生效条款,但这仅仅解决了合同生效的起始日,并未解决合同的"关闭日"或结束日——这需要合同的有效期条款来解决。通常而言,合同有效期是指合同从生效到失效的一个期间,合同从某个时间节点开始生效,到某个时间节点失效。合同生效之前,对合同当事人没有约束力;合同失效之后,对合同当事人也没有约束力。若想对合同当事人产生约束力,只能在合同有效期内。

合同有效期条款对于合同管理也很重要。如果合同没有有效期,则某些合同将一直有效,永远无法关闭,权利义务也永远无法消亡。签约一方头上永远悬着一把"达摩克利斯"之剑。例如,在保密协议中,如果没有约定有效期,则视为该保密协议一直有效,信息接收方的保密义务则没有一个可预见穷尽的时间,明显对信息接收方不利。合同有效期的约定方式比较固定,通常包含如下几种:

(1)从生效日到某个具体日期。例如,本协议的生效日为[　　]年[　]月[　]日,直至被许可专利的有效期结束之日;本协议的有效期为[　　]年[　]月[　]日至[　　]年[　]月[　]日。

(2)生效日开始的一个固定期间。例如,本协议的有效期自「生效日」起[5]年。

① 有关外商投资合同效力的更多内容,请读者参阅本套书第2册第19章"外商投资合同起草、审查精要与实务"第2节。

(3)生效日开始的一个不确定期限。例如,本协议自本协议约定事项处理完毕之日终止;本协议自甲乙双方签字并盖章之日起生效,自双方均履行完协议约定的义务并无争议纠纷时失效。

(4)一方可以通过通知随时终止。例如,本协议应于[ ]年[ ]月[ ]日起生效,应一直有效至任何一方提前至少[ ]日通知另一方终止协议,在此情形下,协议应予[通知送达之日]终止;本协议自甲乙双方签字并盖章之日起生效,自生效日起长期有效,甲乙双方均有权提前[ ]日通知对方解除本合同。

2. 合同有效期条款的争议

学理界和实务界认为"合同有效期"条款的地位、作用以及必要性有待商榷,仍然存在一些争议。

有观点认为,一般情况下并不存在适用于"整个合同所有权利义务的有效期"。"整个合同有效期"的"合同有效期"条款是一个不恰当的表述,合同有效期条款无须存在,应该以具体权利义务的期限来代替。例如租赁合同,即为租赁期限;许可使用合同,即为许可期限;长期采购合同,即为采购期限(或价格有效期)。[①] 在此认识的基础上,将合同按照非持续性合同或一时性合同(如设备采购合同、一次性加工承揽合同等)和继续性合同(合伙协议、租赁合同、保管合同、仓储合同等)进行区分。对于一时性合同,显然只需要有具体的履行期限(交货期限、付款期限等)即可。在此类合同下,双方的权利义务往往还存在先后履行顺序、分阶段履行,难以找出一个主要权利义务的期限。这一类合同很明显并不需要一个"合同有效期"。对于继续性合同,以租赁合同为例,很明显其期限是"租赁期限"。需要注意的是,的确双方的主要权利义务都对应着"租赁期限",但也有部分义务是到租赁期限之后才发生(例如到期后退押金、迁出公司注册地址等),还有部分义务可能在租赁期限之前发生(预付租金、押金、免租期等),因此并不能说"租赁期限"就等于"合同有效期",更不能误以为"租赁期限开始之后,租赁合同才生效",那样租赁期限开始前的权利义务都将失去生效合同的依据,租赁期限开始前合同会处于一种有争议的、不确定的不生效状态。这显然不是双方的本意。实际上我们一般也不会见到租赁合同在租赁期限之外,另外约定一个"合同有效期"。既然如此,在其他类似的保管合同、仓储合同、知识产权许可类合同、合伙合同之中,也同样没有必要约定"合同有效期",而应该代之以具体权利义务的期限,例如保管期限、仓储期限、许可期限、合伙期限等。就算是合作合同,也可以约定"合作期间",并约定合作期

① 参见何力、常金光等:《合同起草审查指南:三观四步法》,法律出版社2021年版,第309－310页。

间内双方的权利义务,到期后的处理等。[①] 概言之,对于非持续性的合同(一时性合同),如买卖、承揽等,在约定了履行期限之外,另行约定合同有效期限,并无实益;对于持续性合同,如租赁、著作权许可、合伙等,均可以“租赁期间”“许可期限”“合伙期间”等方式约定,约定“合同有效期”亦无必要。

尽管上述观点确有其道理(尤其是某些服务合同或合作合同的情形下),但笔者认为仍有必要对此问题做进一步的深入探讨。“合同有效期”的概念来自于《民法典》第160条(原《合同法》第46条、原《民法总则》第160条)规定:“民事法律行为可以附期限,但是根据其性质不得附期限的除外。附生效期限的民事法律行为,自期限届至时生效。附终止期限的民事法律行为,自期限届满时失效。”[②]那么,该条中的“自期限届满时失效”如何理解呢?全国人大网对原《合同法》第46条的释义是“所谓附期限的合同,是指附有将来确定到来的期限作为合同的条款,并在该期限到来时合同的效力发生或者终止的合同……附期限合同中的附期限可分为生效期限和终止期限……终止期限是指以其到来使合同效力消灭的期限。附终止期限合同中的终止期限与附条件合同中的附解除条件的作用相当,故其又称为解除期限。本条规定,附生效期限的合同,自期限届至时生效。附终止期限的合同,自期限届满时失效”。[③] 在学理上,终止期限也称为解除期限或终期,是指决定民事法律行为的效力消灭的期限。于附终止期限的民事法律行为,在期限到来以前,民事法律行为继续有效,而在期限到来时,民事法律行为之效力消灭。例如,当事人在合同中约定,“本合同至某年某月某日终止”,该期限即为终止期限。附期限的民事法律行为中的所附期限,不同于民事法律行为的履行期限。履行期限是当事人对已生效民事法律行为的履行义务所施加的期限限制。此时,民事权利义务已经发生,只是由于履行期限尚未届至,当事人所负义务没有强制履行的效力。而对于附生效期限的民事法律行为而言,在期限到来前,民事法律行为并未生效,民事权

① 参见何力、常金光等:《合同起草审查指南:三观四步法》,法律出版社2021年版,第310-311页。

② 需要注意的是,《民法典》第470条(建议性、倡议性条款)对合同内容一般包括的条款使用的是“履行期限”,而并非“合同有效期限”。合同履行期限为合同中约定的权利义务的履行期限,一个合同中可以存在多个履行期限,但合同有效期只有一个。原《合同法》第12条规定亦是如此。

③ 参见全国人大网《中华人民共和国合同法释义》“总则第三章合同的效力”第四十六条:http://www.npc.gov.cn/npc/c2196/200011/69ac54df531f48609e318513ba387e67.shtml,2021年5月31日访问。

利义务尚未发生。①

据此,笔者认为,在非持续性合同(一时性合同)的场合,其约定的"履行期限"实质上可以理解为债法意义上单个债务的履行期限,某一债务的"履行期限"并不能完全涵盖合同项下所有债务的履行期限,而"合同有效期"条款的实益还在于使"整个合同的权利义务"终止、消灭或失效;在持续性合同的场合,其约定的"租赁期间""许可期限""合伙期间"要么可以理解为"履行期限"(如在租赁合同场合,很可能是合同生效后某段时间后"租赁期间"才开始),要么可以等同于"合同有效期限"。在合同到期终止或解除导致整个合同权利义务终止时,即便出现了某些交易或业务事项实际在合同有效期限之后才完成的,可以通过合同的结算和清理条款来予以解决,因为此时清算条款仍然有效(《民法典》第567条"合同的权利义务关系终止,不影响合同中结算和清理条款的效力")。

此外,在涉及违约责任和损害赔偿的场合,还涉及合同能否解除或终止、已交付标的或支付价款的返还(恢复原状)以及违约金(或利息)的起算时点的确定问题。就此问题,司法实践中尚存不同的认识。例如,在山西和美电力燃料有限公司与广东广弘国际贸易集团有限公司、山西煤炭运销集团长治长子有限公司、华电渠东发电有限公司、长治县益兴洗煤有限公司买卖合同纠纷二审民事判决书[广东省广州市中级人民法院(2016)粤01民终3208号]②中,法院认为:

对于和美公司主张要求解除其与广弘公司签订的《煤炭买卖合同》,因合同明确约定有效期自2012年9月1日至2013年8月31日止,故案涉合同因合同有效期届满而自然终止,无需原审法院再行以司法强制力判决解除。鉴于和美公司向广弘公司支付900万元煤炭预付款后,广弘公司未在合同有效期内依约向和美公司履行交付900万元煤炭的义务,广弘公司的行为已构成违约,和美公司据此主张要求广弘公司返还和美公司预付煤款900万元并支付逾期返还货款利息,合理合法,本院予以支持。案涉合同虽然约定广弘公司自2012年9月至12月每月应向

---

① 参见最高人民法院民法典贯彻实施工作领导小组主编:《中华人民共和国民法典总则编理解与适用(下)》,人民法院出版社2020年版,第801页。

② 认定合同有效期届满,合同权利义务终止,不得再主张解除的类似案例还包括:乐赚财富投资管理(上海)有限公司与上海狮睿文化传媒有限公司服务合同纠纷一审民事判决书[上海市浦东新区人民法院(2019)沪0115民初61509号],易某强、李某与岳阳楼区上好茶茶楼、刘某租赁合同纠纷二审民事判决书[湖南省岳阳市中级人民法院(2016)湘06民终780号],原告四川百事威体育用品有限公司诉被告绵阳市联沣商贸有限公司、颜某飞、李某彪合同纠纷一案一审民事判决书[四川省绵阳市游仙区人民法院(2015)游民初字第89号],蔡某猛与深圳市凤X城商业发展有限公司房屋租赁合同纠纷案[广东省深圳市宝安区人民法院(2011)深宝法民三初字第1174号]。

和美公司交付4万吨煤炭,但未对广弘公司迟延交付应承担何种违约责任进行约定,故逾期返还货款的利息自案涉合同有效期届满之次日即2013年9月1日开始起算为宜,按中国人民银行同期贷款基准利率的标准计算至判决限定支付之日止。

在北京三元生物科技发展有限公司与孟某华合同纠纷上诉案[北京市第一中级人民法院(2009)一中民终字第15806号]中,法院认为:

本案中,三元生物公司在经销合同有效期届满后,未能及时向孟某华退回剩余货款余额89243元,故其应当向孟某华赔偿因此造成的利息损失。因孟某华系为履行经销合同而向三元生物公司支付货款,且该合同的有效期截至2008年12月31日,故在双方并未约定具体退款时间的情况下,该院认为应自合同有效期届满的次日起开始计算孟某华的利息损失。关于利息损失的计算标准,孟某华主张按中国人民银行同期贷款利率计算,并无不当,该院予以支持。故三元生物公司应就其未及时返还货款余额的行为,向孟某华赔偿自2009年1月1日起至其实际付清货款余额之日止,按照中国人民银行同期贷款利率计算的利息损失。孟某华该部分诉讼请求,于法有据,该院予以支持。对于孟某华要求赔偿利息损失的其他诉讼请求,该院不予支持。

但在山西煤炭运销集团大同有限公司、武汉铁路中兴煤炭运销有限责任公司买卖合同纠纷二审民事判决书[湖北省武汉市中级人民法院(2017)鄂01民终3181号]①中,法院认为:

武汉煤炭运销公司没有提交证据,证明武汉煤炭运销公司早于2015年4月23日向大同新荣煤炭销售公司行使了合同解除权。虽然各方当事人签订的《煤炭买卖合同》约定了合同有效期截止到2014年12月31日。但是在法律的维度上,合同解除与合同有效期届满是两个概念。合同解除是指合同有效成立后,没有履行或完全履行前,当约定的或法定的解除条件具备时,因享有解除权一方的意思表示,使合同关系除法律另有规定者外溯及地消灭。合同解除之后,根据《中华人民

---

① 类似的案例还可参见东莞市华典世通不锈钢制品有限公司买卖合同纠纷二审民事判决书[湖南省长沙市中级人民法院(2020)湘01民终11943号]。在该案中,法院认为,在法律的维度上,合同解除与合同有效期届满是两个概念。合同有效期届满主要针对持续履行的合同,当合同有效期届满合同就停止继续履行,但是双方的合同权利义务并没有终止。合同解除是指合同有效成立后,没有履行或完全履行前,当约定的或法定的解除条件具备时,因享有解除权一方的意思表示,使合同关系除法律另有规定外有溯及力的消灭。本案中,双方的合同权利义务并未履行完毕,物会公司提出解除合同,并不违反法律规定。无论是解除合同,或是合同自然终止,均不影响合同结算和违约条款的效力。因此,本案二审的争议焦点为:本案的违约主体及违约责任如何承担。与武汉市中级人民法院认识有所差异的是,长沙市中级人民法院认为"双方的合同权利义务并未履行完毕,物会公司提出解除合同,并不违反法律规定"。

共和国合同法》第九十一条的规定,合同的权利义务终止。合同解除后,依据合同解除效力的性质,原债务关系并不消灭。大同新荣煤炭销售公司必须在合同解除后向武汉煤炭运销公司返还预付货款,该项义务的时间起点是合同解除之时。而合同有效期届满主要针对持续履行的合同,当合同有效期届满合同就停止继续履行,但是双方的合同权利义务并没有终止,也不当然的产生返还预付款的法律义务。对于本案中这种持续履行的合同,合同有效期届满之后,应当进行合同履行情况清算,才能确定大同新荣煤炭销售公司返还预付的数额,至此才能履行返还预付款的法律义务。从本案现有证据来看,2015年4月23日是合同双方对应当返还的预付款数额进行了确定的时间,此时才能履行返还预付款的法律义务。因此,本案中武汉煤炭运销公司主张大同新荣煤炭销售公司应当于合同有效期届满后的2015年1月1日向其返还预付款的主张没有法律依据,一审法院不予支持。一审法院认定,大同新荣煤炭销售公司应于2015年4月23日《煤炭买卖合同》解除后返还预付款。

从上述三个案例可以看出,法院对此的认识并不统一。广东省广州市中级人民法院、北京市第一中级人民法院认为,合同有效期届满,故双方之间的合同权利义务关系终止,产生合同终止的法律效果(与合同解除的法律效果相当),无须法院再行以司法强制力判决解除。此时,应于合同有效期届满之次日,履行返还之义务并于该日计算违约金或逾期返还之利息。而武汉市中级人民法院则认为,合同解除与合同有效期届满是两个概念。合同解除是指合同有效成立后,没有履行或完全履行前,当约定的或法定的解除条件具备时,因享有解除权一方的意思表示,使合同关系除法律另有规定外有溯及力的消灭。合同有效期届满主要针对持续履行的合同,当合同有效期届满合同就停止继续履行,但是双方的合同权利义务并没有终止,也不当然地产生返还预付款的法律义务,而只有在合同清算后,才能确定恢复原状的具体内容。笔者认为此观点值得商榷。理由在于,所谓"清算"只是对合同有效期内合同当事方所涉的权利义务关系进行清理、结算,具体作出清算行为的起算时点可以是合同有效期届满之次日,也可以是合同有效期届满后的一段时间后的某一日开始,但清算权利义务内容对应的期间只能是合同有效期,在合同没有明确约定的情况下,若一方负有向另一方返还款项的义务以及计算逾期返还利息的话,其法律义务的起算时点应当是合同有效期届满之次日,否则合同有效期届满日之次日至清算确定日期间的资金成本将无疑由守约方承担,这对守约方而言并不合理,显失公平。就此而言,特别是合同没有明确约定迟延履行的违约责任的情况下,可以用于明确违约方返还价款的法律义务及计算违约金或利息的起算时间。

3. 合同有效期条款的处理建议

合同关于期限的约定除了合同有效期外,还有履行期限,有的义务的履行可以约定具体履行期限,有的义务的履行无法约定具体履行期限,而且合同中诸多权利义务并非同时开始、同时结束。故此,在处理合同有效期条款时,通常可以考虑适用如下原则:

第一,尽量采用“合同生效条款 + 履行期限条款”的方式,来处理合同的效力期间问题,而不建议就整个合同权利义务的有效期间约定一个“合同有效期条款”。对于非持续性合同或一时性合同,合同义务的履行期限一般较短,原则上不需要约定合同有效期限。即使要约定也必须涵盖该期限,尤其是一方同意对履行期展期时,还需要对合同有效期同时展期,从实务角度就显得很有必要了;对于继续性合同,可以约定合同有效期。若约定的合同有效期无法覆盖所有合同义务的履行期限,则建议不采用合同有效期条款,而应具体明确履行期限(租赁期限、保管期限、保密期限、建设工程施工工期、质保期等)及其迟延履行的违约责任;也可以采取没有固定终止日的合同有效期条款的方式。例如,前述的“本协议自本协议约定事项处理完毕之日终止”。当然,如前所述,即便出现了超过合同有效期的情形,在学理上和法律规定上,仍然可以由清算条款来予以处理。

第二,若合同确实要采用有效期条款,则应尽量同时将合同的履行期限包含于合同有效期限内,但实务中有的合同义务的履行可以约定具体履行期限,有的合同义务的履行无法约定具体履行期限,此时,应采用第一点所述的不确定终止日的有效期条款。

第三,在“合同 + 订单/发货通知单”模式下,合同通常会约定一个“合同有效期”或者“合同期限”,在该期限内,买方有权随时向卖方下单,卖方应交付货物,按期据实计算。这样的期限实际应约定明确系双方可以进行采购的期限(发出订单/发货通知单的有效期间,而非送货或结算等其他义务的有效期间),而非整体合同权利义务的有效期限。例如,(1)甲方可以向乙方发出订单的期限(“下单期限”):[　　]年[　　]月[　　]日至[　　]年[　　]月[　　]日。(2)在下单期限届满前或届满后,双方可协商延期或变更。若下单期限届满后双方未延期的,则甲方有权不再根据本合同向乙方采购,乙方有权不再接受甲方根据本合同下达的订单。(3)下单期限届满后,如双方事实上仍发生采购或履行了订单的,则仍应按本合同约定结算及履行相关义务,双方另有约定除外。

事实上,可以发现这样的期限与通常意义上的“合同有效期”并无太大关联了,其实质就是一个具体的“合作期间”,当然也是合同的部分权利义务的履行期限

(需要注意的是,事实上这类期限到期后,货物的质保期可能还没有到期)。

第四,若合同采用了有效期条款,还需要考虑与合同生效期条款之间的衔接一致。实务中比较易犯的一个低级错误就是合同生效日和合同有效期开始日不一致,从而导致以哪一日期为准,难以定论。

八、合同签约份数条款

合同签约份数一般情况下不涉及合同各方的权利和义务,其通常的格式是“本合同[协议]一式[　]份,双方各执[　]份”。在拟定合同时,需要考虑实际需要多少份合同而确定。譬如,合同各方各自需要多少份,是否存在见证人或担保人,是否需要政府有权机关批准等,都将影响合同签约份数。

在单方法律行为的情况下,书面文件一份即可,自不待言。而对于合同或者决议行为,是否必须按照当事人人数形成相应份数?如果只有一份,是否符合法律上的要求,我国法律并未作出规定。在罗某辉特许经营合同纠纷案民事判决书[贵州省高级人民法院(2014)黔高民三终字第18号]中,法院认为:

至于合同签订在形式要件上存在瑕疵的问题,根据《合同法》第10条关于合同形式的规定,当事人订立合同,有书面形式、口头形式和其他形式。本案涉案协议签订的形式属于书面形式,尽管该合同未能形成一式二份,且是书写于原加盟合同书的背面,但这些形式的瑕疵并不属于法律规定的影响合同效力的要件。根据合同形式自由原则,上述瑕疵不能影响合同成立,也不能得出违背当事人真实意思的结论。

上述案例体现了司法实践中对此的态度,即在合同领域,只要双方真实签章(具有真实意思表示),仅有一份书面合同也同样具有法律效力。

此外,实务中,有时采用对签的方式订立合同。对于已经达成一致的合同书,双方各自签署以后交付给对方,即视为签署完毕。如果双方各自签署的文件内容相同,通常应视为合同成立。

九、合同附件条款

此处的“合同附件条款”,是指使合同尾部签字格式之后所附的合同附件成为合同不可分割一部分的条款。原因在于,从理论上讲,合同附件属于合同不可分割的一部分。但在实践中,有时候会因为附件很多、很长,如果签字格式放在附件后,则正文条款和签字格式之间相距太远,合同的紧凑性会受到破坏。所以采用合同附件条款(以及附件清单)来予以处理。例如:

本合同附件是合同的不可分割的组成部分,与合同具有同等法律效力:

(1)附件1:[附件1名称]

(2)附件2:[附件2名称]

……

为了证明以上内容,本合同各方在合同记载的日期签署本合同。

转让方:[　]公司	受让方:[　]公司
签名:________________	签名:________________
姓名:________________	姓名:________________
职务:________________	职务:________________

附件1:……

附件2:……

需要说明的是,在合同附件条款之后往往紧随着"合同附件清单",这一附件清单位于合同正文条款之后、合同尾部签署栏之前,以确保以上内容均经过合同当事方签章确认,具有法律约束力。

第15章 合同通用条款的审查:尾部与盖章

内容概览

作为合同审查人员的公司律师或法律顾问,在履行合同审查职责过程中,了解和掌握合同的基本结构和通常条款非常有必要。合同文本通用条款是除合同的标的、数量、质量、价款及付款方式、履行期限、方式和地点等实质权利义务条款之外的条款,这些条款具有制式化、格式化、语言标准化并带有通用性的特点。本章对合同尾部和印章进行介绍。本章包含如下内容:

- 合同签署栏
- 合同附件
- 合同的盖章

第一节 合同签署栏

一、合同签署栏的应用

合同的尾部是指合同正文部分结束后的所有内容,主要是指合同的签署栏。附件清单应摆放在合同的签署栏之前,以确保以上内容均经过合同当事方签章确认,具有法律约束力;合同的签署栏一般指合同当事方的签署部分,包括签约单位盖章及签约单位授权代表签字、签约时间、签约地点等,某些情形下也存在鉴证人和/或保证人签章。【例15-1】是一个略微复杂但很典型的签署格式。

【例15-1】 合同签署页格式范例

签署页格式范例	
鉴于,本协议已以契约形式由双方于页首所示日期签署,以兹为证。	
甲方(卖方):	
由[公司英文全称(若有)]	
[公司中文全称(若有)]	
的授权签字人[授权签字人姓名]	签字:__________
职务:[职务全称]	
签署、盖印及交付	(请加盖法团印章)
见证人:[见证人姓名]	签字:__________
乙方(买方):	
由[公司英文全称(若有)]	
[公司中文全称(若有)]	
的授权签字人[授权签字人姓名]	签字:__________
职务:[职务全称]	
签署、盖印及交付	(请加盖法团印章)
见证人:[见证人姓名]	签字:__________

解析:合同的签署格式并不仅仅是形式,其实还包含了一些注意事项。首先,应主要关注签字人的权利。签字人必须根据章程或董事会决议或其他方式的授权有权签字从而使得签字后的合同生效。视各国法律法规规定和合同格式要求不同而确定是否盖章,特别是法律适用条款选择国外法时更应该关注此事项。同时,我们还注意到上述格式的一个小的细节:左边打印了授权签字人的姓名和职务、见证人的姓名。为什么要这样呢?其实,这是为了明确签字人的身份,特别是签字人字体潦草时我们可以明确知道谁是签署人。

另外一个我们更常用的、更简洁的签字页示例如下:

甲方: (盖章) ____________________	乙方: (盖章) ____________________
法定代表人或委托代理人(签字) 统一社会信用代码: 税务登记号: 开户行: 银行帐号: 签约日期:	法定代表人或委托代理人(签字) 统一社会信用代码: 税务登记号: 开户行: 银行帐号: 签约日期:

二、合同签署栏的审查实务要点

实务中,在对合同签署栏进行审查时,应主要关注几个方面的问题:一是合同当事方签字盖章的问题;二是签署时间问题,尤其是涉及"倒签"合同的效力以及合同成立时间问题;三是合同其他签署规范性问题。有关印章的法律效力问题则专门放在本章第三节介绍。

(一)合同当事方签字盖章的问题

在审查合同当事方签字盖章时,应注意如下几个方面的审查要点:

(1)将签署栏的签章与合同生效条款的约定进行对比,以判断是否满足了合同生效所需的盖章和/或签字。

(2)合同是否进行了"骑缝"签章,以保证合同的完整性、连续性且不易被人为替换。

(3)在涉及签字人系授权代表时,还应同时审查合同附件中的授权书(若有)或单独的授权书是否恰当。

(4)若需同时签字和盖章的,应先签字(必要时可同时要求按指印),再在单位名称、签字上加盖印章,应避免先用印,而签字在上的情况。

除此之外,实务中还需注意涉及合同生效所需的签章要件的争议问题,具体介绍如下:

第一,实务中合同生效条款中有关签章生效的表述不严谨,引发了不少的争议。依据《民法典》第490条第1款前句的规定:"当事人采用合同书形式订立合同的,自当事人均签名、盖章或者按指印时合同成立。"因此,采用书面合同书形式订立合同时,除非当事人有特别约定,否则应在签字或盖章后生效。通常表述为"签章后生效"①"签

---

① 参见宁夏三友顺达化工有限公司与宁夏三友环保设备制造有限公司承揽合同纠纷申请再审民事裁定书[最高人民法院(2015)民申字第885号],在该案中,最高人民法院认为:就约定价款为128万元的《环保治理施工合同》是否成立并生效的问题,根据该合同约定,合同经双方当事人签章后生效,但并未明确要求合同生效需要同时具备当事人的签字、盖章。根据《合同法》第32条的规定,当事人采用合同书形式订立合同的,自双方当事人签字或者盖章时合同成立。公司法定代表人代表法人行使职权,其在合同上签字的行为,代表法人的意思表示,并不要求再加盖公司公章而使合同成立。

字盖章后生效"①,意指"盖章"或者"签字"满足其中之一合同即生效。但在实务中,经常存在诸如"签字、盖章后生效""签署后生效"的表述。这些表述在司法实践中引发了争议。如在浙江顺风交通集团有限公司与深圳发展银行宁波分行借款合同纠纷上诉案[最高人民法院(2005)民一终字第116号]②中,最高人民法院认为合同约定"自双方签字、盖章之日生效"是并列关系,即签字与盖章均应具备。但在中国铁路物资广州有限公司与何某战、湖南力邦物流有限公司等买卖合同纠纷、保证合同纠纷申请再审民事裁定书[最高人民法院(2014)民申字第1767号]一案中,最高人民法院却转变了立场,它认为合同约定"本合同有效期:经双方授权代表签字、盖章之日起生效,直至本合同项下担保债权全部清偿后失效"系选择关系,只需要双方当事人盖章或签字即可。

鉴于审判实践存在不同的认识,在实务中,若合同当事人的真意即是需要签字和盖章同时满足合同才生效的,则不宜采用"签字、盖章后生效"的表述,建议采用"签字且盖章后生效"或"签字并盖章后生效"③之类的表述。值得思考的是,《民法典》第490条第1款前句规定采用的措辞是"签名、盖章或者按指印",这样的措辞是否意味着未来最高人民法院在认定"签字、盖章后生效"这样的表述的真实意思时应将(2005)民一终字第116号案的立场向(2014)民申字第1767号案的立场转变?笔者认为还有待进一步观察。

第二,针对实务中"本协议自双方签署后生效"的表述,笔者认为,"签署"通常应作"签字、署名"理解,即合同在双方代表签字之日生效。但若合同当事人系法人或非法人组织的话,在合同签字栏并未有代表人签字或署名,却直接加盖了公章时,合同是否生效就存在争议了。故此,笔者也不建议在合同中使用带有争议的"签署"之类的词语。

---

① 参见北京大有克拉斯家具商城与中国机床总公司、北京牡丹园公寓有限公司进口代理合同纠纷再审民事裁定书[最高人民法院(2013)民申字第72号]。在该案中,协议约定"此协议双方签字盖章后生效",最高人民法院认为:关于《协议书》的真实性及其效力。根据一审期间司法鉴定结论,《协议书》上家具商城印章印文与工商档案材料中印章印文是同一枚印章盖印,家具商城对该鉴定结论予以认可。《协议书》上盖有家具商城真实的公章,虽无家具商城法定代表人或其委托代理人的签字,但足以表明《协议书》是家具商城的真实意思表示。《协议书》上虽只有机床公司法定代表人签字,而无机床公司的公章,但机床公司并不否认《协议书》的真实性。据此,一、二审判决认定《协议书》真实有效并无不当,家具商城否定《协议书》的真实性及其效力的再审申请理由不能成立。

② 本案的具体案情和裁判要旨参见本书第14章【例14-25】。

③ 参见太原市城区农村信用合作联社兴华街分社、山西郡宇房地产开发有限公司保证合同纠纷再审民事判决书[最高人民法院(2018)最高法民再94号]。

（二）合同签署时间与“倒签合同”问题

审查者应对合同签署时间进行关注。若合同首部对合同签署时间进行了约定，则应按照首部的时间进行签署，或者在技术上直接将合同签署栏的时间打印上去，以保持一致。

有关“倒签合同”问题，请读者参阅本书第10章“合同订立的法律风险管控：疑难问题”第十节“‘倒签合同’及其法律风险”。

（三）合同签署的其他规范性问题

实务中，涉及合同签署的其他规范性问题，主要包括：

第一，合同签章的位置若与前面的合同正文之间留有空白，通常应在正文结束之后表明“以下无合同正文”的字样，以防止恶意添加。此外，若合同设计的是单独的签署页的话，在该签署页的顶部应加上“此页无合同正文”等类似的字样。

第二，由于实务中很多合同签署人签名字体潦草、艺术化（未采用楷书或行楷字体），导致较难识别其名字，甚至根本无法识别其名字，导致是否是其本人签署的身份质疑。实务中，可以采取两种处理方式：一是在签署位置的左边打印授权签字人的姓名和职务，以便识别其身份，同时请其按指印，即采用“签名＋按指印”的方式处理。即使签字潦草无法辨认，但需要确定其身份时，可以对其笔迹、指印进行司法鉴定以确定签署人的真实性。二是请其按照规范且能识别的字体进行签名。

另外，在合同签署中若签署人并未签署本名，而签署的是艺名、别名或其他代签名时，合同效力如何认定呢？在杜某玲与吴某杰买卖合同纠纷案［广东省珠海市中级人民法院（2012）珠中法民二终字第110号］中，法院认为：我国现行法律并未限定当事人在合同书上的签字形式必须是签其正式姓名全名，对此，应遵从意思自治原则，由当事人自行决定。只要签字能够反映当事人的个人行为特征，能够识别当事人的身份，均应视为合法。原《合同法司法解释（二）》第5条规定：“当事人采用合同书形式订立合同的，应当签字或者盖章。当事人在合同书上摁手印的，人民法院应当认定其具有与签字或者盖章同等的法律效力。”该条规定对当事人在合同书上的签字形式作了规定，但是，当事人除了签署户籍登记载明的正式姓名全名或摁手印外，还有其他形式的签名，包括盖私章或签名章、画押、签署化名或名字的一部分等代签名或非典型签名方式。我国现行法律并未限定当事人在合同书上的签字形式必须是签其正式姓名全名，对此，应遵从意思自治原则，由当事人自行决定。只要签字能够反映当事人的个人行为特征，能够识别当事人的身份，均应视为合法。至于代签名或非典型签名是否为当事人本人所签,则属举证责任问题,与其效力无关。因此,当事人在合同书上使用了代签名或非典型签名的,如果从交易习惯、日常生活经验、案件具体情况等方面考察,能够认定确系当事人本人签署,则其代签名或非典型签名与签署正式姓名全名具有同等法律效力。当事人一方提出异议的,人民法院应当根据"谁主张、谁举证"的一般举证规则分配举证责任,必要时可以进行笔迹鉴定。①

第三,在合同签订过程中,经办人员应注意要求相关签署人,按照顺序,先签署姓名,再在其姓名上加盖印章。这样可以最大限度地防止利用空白签名、盖章文本或纸张来套印合同实施欺诈的情况,也可以避免朱墨时序被有意颠倒造成证据瑕疵的风险。

第四,合同的签署必须使用黑色签字笔或钢笔签署,不得使用铅笔、圆珠笔,内容填写必须完整,与相关营业执照、开户信息、身份信息、职务信息内容保持一致。

第二节　合 同 附 件

一、合同附件的概念与位置

合同附件,是指与合同有关并作为合同内容组成部分的其他书面标准、操作流程、规范等书面文件。合同附件本身的位置位于合同签署栏之后。

合同附件不是必须的,因具体的交易的不同,合同的附件各不相同。一般情况下,标的资产的清单(品牌、规格、单价、数量、质量等)、知识产权明细、不动产明细等可能是常见的附件之一。需要注意的是,从理论上讲,如果有附件,则应当将附件置于签字格式之前,以表明附件属于合同不可分割的一部分。但在实践中,有时候会因为附件很多,如果签字格式放在附件后,则正文条款和签字格式之间相距太远,合同的紧凑性会受到破坏。因此,合同往往采用在正文条款部分明确表明"附件是合同不可分割的一部分"并将附件清单置于合同签署栏之前来处理。这样,就可以将合同附件本身放在合同的签署栏之后,让正文条款和签署栏看起来不至于"脱节"。

此外,在合同附件条款中,应明确当主合同与附件及附件合同之间出现内容冲突时,适用的冲突解释规则。

---

① 参见崔拓寰:《本人签署的非典型签名与签正式姓名具有同等效力》,载最高人民法院机关刊:《人民司法》2013年第20期。

二、公司规章制度如何纳入合同附件

还需要注意的是,如果合同正文约定了将一方的内部规章管理制度作为执行标准或者考核标准,则最好将相关内部规章管理制度作为合同附件附在合同正文之后,如不方便把内部规章管理制度全文公开或不宜直接附在合同之后,那也应该要把内部规章管理制度中与合同相关的规定转化为合同内容进行签订。如果不把内部规章管理制度直接或间接转化成合同的一部分,则内部规章管理制度的相关规定无法对合同相对方产生约束力。

此外,在转换时还需要将涉及有关惩罚、罚款等带有行政处罚色彩的部分转换为合同的违约责任,即需要在违约责任条款部分配套相应的条款。

第三节　合同的盖章

法律实务中,涉及公司盖章而引起纠纷的问题主要包括:签约方未在签署处盖章;与公司签订的合同仅有签约单位授权代表签字无公司盖章;盖章不规范,盖的是没有经过授权成立的项目部、采购部、办事处、业务部门等部门的印章。因此,在合同审查时,一定要注意结尾签章处与合同开头当事人名称是否一致。对于授权代表,应当审核其授权委托权限或代理权限与交易内容是否相适,明确其与被代理方情况是否相符。合同主体为自然人的,还应核对其合法有效的身份证件、联系地址,以及是否具备从事相关交易所必需的资格等。实务中,还需要特别关注使用伪造、变造的公司印章签订的合同效力认定问题。

一、盖章行为的法律效力

《九民纪要》第 41 条【盖章行为的法律效力】规定如下:

司法实践中,有些公司有意刻制两套甚至多套公章,有的法定代表人或者代理人甚至私刻公章,订立合同时恶意加盖非备案的公章或者假公章,发生纠纷后法人以加盖的是假公章为由否定合同效力的情形并不鲜见。人民法院在审理案件时,应当主要审查签约人于盖章之时有无代表权或者代理权,从而根据代表或者代理的相关规则来确定合同的效力。

法定代表人或者其授权之人在合同上加盖法人公章的行为,表明其是以法人名义签订合同,除《公司法》第 16 条等法律对其职权有特别规定的情形外,应当由法人承担相应的法律后果。法人以法定代表人事后已无代表权、加盖的是假章、所

盖之章与备案公章不一致等为由否定合同效力的,人民法院不予支持。

代理人以被代理人名义签订合同,要取得合法授权。代理人取得合法授权后,以被代理人名义签订的合同,应当由被代理人承担责任。被代理人以代理人事后已无代理权、加盖的是假章、所盖之章与备案公章不一致等为由否定合同效力的,人民法院不予支持。

《九民纪要》第41条规定确立了盖章行为法律效力中的"看人不看章"的基本原则,即在合同书上加盖公司公章的法律意义在于,盖章之人所为的是职务行为,其是代表或代理公司作出意思表示。但章有真假之分,人也有有权无权之别,不可简单根据加盖公章这一事实就认定公章显示的公司就是合同当事人,关键要看盖章之人有无代表权或代理权。盖章之人为法定代表人或有权代理人的,即便其未在合同上盖章甚至盖的是假章,只要其在合同书上的签字是真实的,或能够证明该假章是其自己加盖或同意他人加盖的,仍应作为公司行为,由公司承担法律后果。盖章之人如无代表权或超越代理权的,则即便加盖的是真公章,该合同仍然可能会因为无权代表或无权代理而最终归于无效。① 笔者将上述规则总结如图15-1:

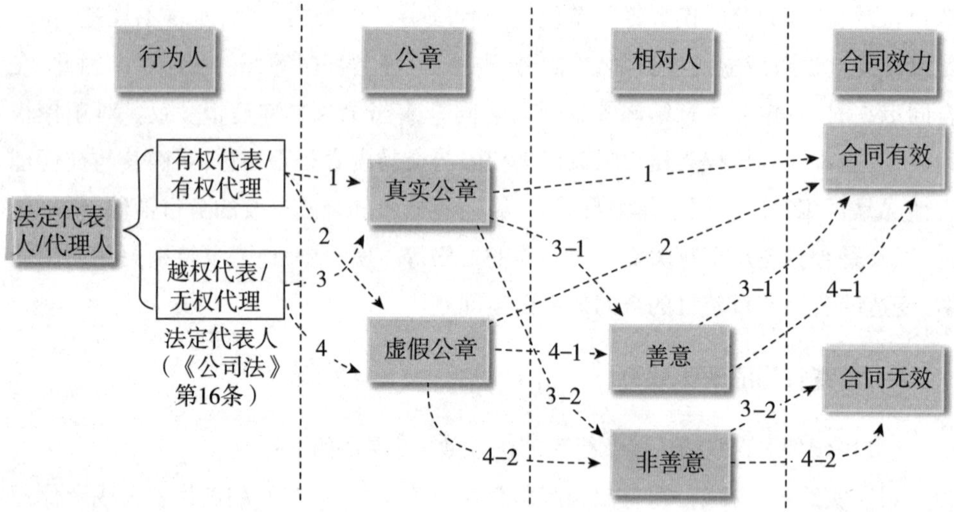

图15-1 盖章行为的法律效力

在《九民纪要》前的司法实践中,已经对使用伪造、变造的公司印章签订的合同效力认定问题作出了类似的认定。参见如下司法案例:

① 参见贺小荣主编:《最高人民法院民事审判第二庭法官会议纪要:追寻裁判背后的法理》,人民法院出版社2018年版,第310页。

【例15－2】[①] 使用伪造、变造的公司印章签订的合同效力认定

【裁判要旨】

有争议的合同文本经司法鉴定认定，一方当事人的签名系伪造，印章系变造，且经当事人举证和人民法院查证，均不能证明变造的印章为该当事人自己加盖或授意他人加盖，也不能证明该当事人有明知争议合同文本的存在而不予否认、或者在其他业务活动中使用过变造印章、或者明知他人使用变造印章而不予否认等情形，故不能认定或推定争议合同文本为该当事人真实意思的表示。

【最高人民法院审判】

盖章可以产生合同成立的效果。合同书上盖章的意义在于证明该合同书的内容是印章记载当事人的意思表示，此时合同书上的印模具有证据的作用。加盖真实印章的合同，其权利义务由该当事人承受。

本案讼争的《不可撤销担保书》，加盖的是以中基公司贸发部的印章变造后的中基公司印章，不是中基公司的正式印章，《不可撤销担保书》并不当然代表中基公司的意思，当然也不代表中基公司贸发部的意思。中基公司是否应当依据该《不可撤销担保书》承担担保责任，需要根据本案的相关事实综合判定。如果加盖变造印章的行为是中基公司本人所为，则该印章虽为变造，但仍能代表中基公司的意思表示，中基公司应当承担担保责任。但是，中基公司贸发部的印章在出具《不可撤销担保书》时为中益集团持有，建行浦东分行经办业务人员虽称《不可撤销担保书》是交给中基公司办公室主任章某忠，由该公司盖章，但在原审庭审过程中不能辨认章某忠，其所称的《不可撤销担保书》上的变造印章系由中基公司加盖的事实不能得到印证。因此，建行浦东分行所称《不可撤销担保书》加盖变造印章系中基公司所为没有证据佐证。经本院委托司法鉴定认定建行浦东分行《不可撤销担保书》上中基公司法定代表人签名系伪造、公章系由其他公章变造盖印形成的，且经当事人举证和本院查证均不能证明该变造的中基公司章系中基公司自己加盖或者授意他人加盖的，不能证明中基公司明知该担保书的存在而不作否认表示，也不能证明中基公司自己在其他业务活动中使用了该变造的中基公司章或者明知他人使用该变造的中基公司章而不作否认表示，《不可撤销担保书》上的签名和变造的中基公司印章均不能认定或者依法推定为中基公司真实意思表示，因此该《不可撤销担保

---

① 参见中国建设银行上海市浦东分行诉中国出口商品基地建设总公司等借款合同纠纷案[最高人民法院(2001)民二终字第155号]，载《最高人民法院公报》2004年第7期(总第93期)。

书》不成立,中基公司不应承担上海中益公司对建行浦东分行450万美元借款本息的担保责任。

【例15－3】[①] 私盖单位公章实施合同行为的效力认定

【裁判要旨】

签章人为单位负有管理公章职责的人,未经单位同意私盖公章实施担保行为,不属于盗盖公章的行为,担保权人对此已尽必要的注意义务,行为没有过错的,应认定签章人的行为构成表见代理。

【最高人民法院审判】

民主路支行依据在担保方项下盖有国投证券部公章和法定代表人名章的合同请求国投证券部承担保证责任,依据充分。国投证券部没有证据证明民主路支行与史某军恶意串通,没有证据证明民主路支行明知史某军私盖国投证券部的公章。民主路支行拿到国投证券部盖完公章的合同之后,派人到国投证券部进行了核实,合同上的公章及名章均系国投证券部的印鉴。民主路支行尽到了注意义务,行为没有过错。史某军是国投证券部的办公室主任,负责管理公章和法定代表人名章,史某军利用管理公章及法定代表人名章的便利,未经国投证券部同意,私自实施国投证券部的担保行为,是国投证券部内部管理问题,不属于盗盖公章的行为,国投证券部不能免责。其自身过错造成的损失,不能转移给无过错的一方。史某军所实施的行为已构成表见代理,故国投证券部应对史某军私盖公章的行为承担责任。

在《九民纪要》发布之后,在青海宏信混凝土有限公司、海天建设集团有限公司青海分公司民间借贷纠纷二审民事判决书[最高人民法院(2019)最高法民终1535号]中,最高人民法院认为:

关于青海宏信公司与海天青海分公司之间担保合同是否成立的问题。《合同法》第32条规定:"当事人采用合同书形式订立合同的,自双方当事人签字或者盖章时合同成立。"本案中,案涉《协议书》中有海天青海分公司负责人崔某辉签字并加盖海天青海分公司印章。虽然经鉴定案涉《协议书》中海天青海分公司的印章印文与备案印章印文不一致,但因同一公司刻制多枚印章的情形在日常交易中大量

① 武汉市商业银行民主路支行与中国经济开发信托投资公司武汉证券业务部、武汉四星旅业娱乐实业发展有限公司确认担保效力纠纷上诉案[最高人民法院(1999)民终字第52号],载最高人民法院民事审判第一庭编:《民事审判指导与参考》(2000年第2卷)(总第2卷),法律出版社2000年版,第281－285页。

存在,故不能仅以合同中加盖的印章印文与公司备案印章或常用业务印章印文不一致来否定公司行为的成立及其效力,而应当根据合同签订人盖章时是否有权代表或代理公司,或者交易相对人是否有合理理由相信其有权代表或代理公司进行相关民事行为来判断。本案中,崔某辉作为海天青海分公司时任负责人,其持海天青海分公司印章以海天青海分公司名义签订案涉《协议书》,足以令作为交易相对人的青海宏信公司相信其行为代表海天青海分公司,并基于对其身份的信任相信其加盖的海天青海分公司印章的真实性。而事实上,从海天集团公司单方委托鉴定时提供给鉴定机构的检材可以看出,海天青海分公司在其他业务活动中亦多次使用同一枚印章。因此,海天集团公司、海天青海分公司以案涉《协议书》中海天青海分公司印章印文与其备案印章印文不一致为由认为海天青海分公司并未作出为案涉债务提供担保的意思表示的主张不能成立。青海宏信公司与海天青海分公司在案涉《协议书》上签章时,双方当事人之间的担保合同关系成立。

依据前述《九民纪要》规定和判例,可以得出这样一个结论:依据"看人不看章"原则,合同有效与否,关键不在印章是否备案,也不在印章是否真实,而在于加盖印章的行为人有无代表权或代理权。即便合同上仅有法定代表人或代理人的签字,没有公司印章,只要能够证明法定代表人或代理人是以公司名义而非自身名义签订合同的(代表了公司的真实意思表示),就应当认定是公司行为,由公司承担法律后果。

二、自然人私章、个体工商户印章的法律效力

实务中,当合同当事方为自然人时,基于各种原因(如本人不在现场或者可能频繁签署各类文书需要用私章替代等),签署合同时会使用签署人的私章,因为私章并非像公司公章一样予以备案存档,难以验证其真伪,故不建议使用,在审查发现时应叫个人亲自签字并按指印。若合同当事方为法人时,但其使用的是财务专用章、发票专用章或采购专用章等签署合同,从风险控制的角度来看,应要求其重新加盖公章或合同专用章,即便从法律上讲,使用这些印章用于签署合同并非必然导致合同无效。

学理上对于自然人私章是否能够作为有效的签名方式曾有质疑,但我国司法实践对此并无疑义。在唐某与程某莉房屋买卖合同纠纷上诉案[最高人民法院(2012)民抗字第55号]中,最高人民法院认为:

涉案合同不涉及有效与无效的问题,而是是否成立的问题。在双方当事人就合同关系是否成立存在争议的情况下,根据法律规定,应由主张合同关系成立的一

方当事人承担举证责任,在"唐某"签名被证实并非唐某本人所签的情况下,程某莉不能证明"唐某"字样的私章为唐某本人所有并加盖时,应当承担举证不能的诉讼后果。行政裁定书认定的事实只能证明房管部门行政行为的合规性,并不能证明民事行为的成立,且多方面证据均证明唐某并未签订《房地产买卖合同》,唐某与程某莉之间没有就涉案房屋成立房屋买卖合同关系。据此最高人民法院判决程某莉向唐某返还房屋。

在该案中,最高人民法院阐述道:依法成立的法人或其他组织均有登记备案的公章,经登记备案的公章对外具有公示效力,所以,通常情况下,法人或者其他组织在对外签订合同时,采用盖章的形式。而自然人的私章没有登记备案的要求,对外不具有公示效力,在私章所代表的一方否认该私章为其所有时,主张合同关系成立的一方应当举证证明该枚私章为对方所有以及盖章的行为为对方所为或对方委托他人所为。

此外,在李某薇、张某民间借贷纠纷再审审查与审判监督民事裁定书[最高人民法院(2017)最高法民申1350号]中,最高人民法院认为:

案涉《担保承诺书》上加盖"李某薇"印章的效力。

关于举证责任分配的问题。根据原审查明的事实,案涉《担保承诺书》上盖有"李某薇"的印章,但并无"李某薇"的签名。张某在二审中为证明"李某薇"印章的真实性提交了静安公司《2011年度公司年检报告书》和《商品房买卖合同》两份证据,该两份证据上均盖有"李某薇"印章,上述印章从表面上看与《担保承诺书》上的"李某薇"印章为同一枚印章,因李某薇并未对是否为同一枚印章申请鉴定,该两份证据可以推定李某薇有"李某薇"私人印章,并在民事活动中使用该印章。因此,李某薇关于其没有印章,该印章系张某私刻或者伪造的理由与事实不符。张某为证明该印章的真实性及《担保承诺书》系李某薇的真实意思表示,还提交了与该承诺函中约定的房产对应的房产证原件。因此,张某对其主张已经完成了初步的举证责任。李某薇如认为该印章并非其所有且为其所盖,应提交相应证据予以证明。二审法院以此分配举证责任并无不当,李某薇关于二审法院违法适用举证责任倒置规则,属适用法律错误的理由不成立。

关于案涉《担保承诺书》上加盖"李某薇"印章的效力问题。李某薇主张该个人印章系伪造且《担保承诺书》并非为其所盖,李某薇应当对该主张承担举证责任,否则应承担举证不能的不利后果。在本案中,李某薇并未对该项主张尽到举证责任。首先,李某薇完全可以在二审中对《担保承诺书》上"李某薇"印章的真实性提出鉴定申请,进而证明《担保承诺书》中"李某薇"印章与静安公司《2011年度公司年检报告书》、《商品房买卖合同》中"李某薇"印章并非同一枚印章,但其未提出鉴定申请。其次,李某薇为否定《担保承诺书》系由其本人签订,提出以下主张:在《担保承诺书》加盖印章而未签名不符合订立合同的习惯;位于海南省海口市金宇路12号商品楼AB座的5套房屋于2013年7月4日才发证,不可能于2012年8月3日将该5套房屋的房产证交付给张某;其自2011年8月便定居北京,再未去过海南,不存在签订《担保承诺书》的可能性;其于2014年已刊登公告声明案涉房产证遗失,不是其将案涉房产证交付张某。本院认为,法律并未禁止自然人在民事活动中使用其个人印章订立合同,且实践中亦存在加盖个人印章订立合同的民事行为,故不能因《担保承诺书》上仅盖有"李某薇"印章,而否定《担保承诺书》并非由李某薇签订;《担保承诺书》约定提供担保的房屋系李某薇名下位于海南省海口市××伊甸园小区××号别墅,该房屋产权证上显示时间为2011年9月23日,李某薇关于其不可能于2012年8月3日将该房产证交付张某的主张不成立;即使李某薇自2011年8月便定居北京,但这并不必然推出其再也不会前往海南;李某薇于2014年刊登公告声明案涉房产证遗失,亦不能否认张某拥有房产证的事实。最后,李某薇在再审申请中称,其为静安公司挂名的法定代表人,对静安公司经营不知情,静安公司的印章均由其弟弟李某管理,其未刻制过私章,对张某和李某之间的借款不知情。因此,据其自述,也很难证明"李某薇"的印章为张某私刻或者伪造。综上,李某薇并未提交充分证据证明《担保承诺书》上"李某薇"印章系伪造并非为其加盖。而且退一步讲,即便并非其亲自所盖,在无证据证明张某所盖的情形下,该盖章行为有效,李某薇也应为该盖章行为承担责任。

故此,在参考上述两个案例裁判理由的基础上,一方面,合同签订过程中,接受对方使用个人私章并主张合同关系成立的一方,将面临较重的举证负担。如缺乏充分证据证明合同成立,进而无法通过合同签名确定对方当事人身份时,就会陷入交易落空、无法追究交易对方法律责任的困境,最终造成巨大的损失。另一方面,若私章指向的当事人主张该个人私章系伪造且合同并非为其所盖时,亦应对此主张承担举证责任,否则应承担举证不能的不利后果。可见,依据我国现行法的规定和司法实践的态度,自然人私章具有法律效力应无争议,证明上的困难则另当别论。

除了自然人私章外,实务中个体工商户的印章也经常被用于合同签署。应当指出的是,个体工商户对外进行意思表示时,其印章的作用应当与一般公司法人的公章有所区别,更应重视个人签字的作用。在陈某云、郑某喜保证合同纠纷再审审查与审判监督民事裁定书[浙江省高级人民法院(2016)浙民申1102号]中,法院

认为:

本案二审期间的主要争议焦点在于:陈某云在本案中是否要承担相应的民事责任。根据本案事实经过看,郑某喜在知道借款人章某春的浙北金店已转让给陈某云的情况下,要求章某春为案涉借款提供担保,而章某春提出由安吉递铺超然珠宝商行担保。郑某喜表示同意。关键是陈某云作为安吉递铺超然珠宝商行的经营者其是否同意为案涉借款提供担保,即担保合同是否成立。陈某云事先既未授权、事后也未追认章某春加盖"安吉递铺超然珠宝商行"印章为其债务提供担保,可见为案涉借款担保并非陈某云的真实意思表示,况且个体工商户的印章与法人印章的法律含义及其对外交易为意思表示的效果应该有所区分。法律行为之一般成立要件为当事人、意思表示及标的。法律行为之一般生效(有效)要件为当事人须有行为能力,意思表示须无瑕疵(意思表示须健全),标的须确定、可能、适法、正当。本案中陈某云事先既未授权、事后也未追认章某春加盖"安吉递铺超然珠宝商行"印章为其债务提供担保,为案涉借款担保并非陈某云的意思表示,本案担保合同无效。

本案再审认为:安吉递铺超然珠宝商行由陈某云登记注册,该商行的印章虽系章某春委托吴某伟刻制,且一直由吴某伟、章某春、章某来三人保管,直至2014年3月7日才交给陈某云,但这并不能免除陈某云的责任。据此,二审法院根据债权人、担保人的过错程度,结合借款人的实际状况,参照《最高人民法院关于适用〈中华人民共和国担保法〉若干问题的解释》第七条的规定,酌定陈某云对案涉借款本息的1/2承担民事责任,并无不当。至于章某春的行为是否涉嫌刑事犯罪,可由陈某云向有关公安机关报案,但并不影响本案保证案件的审理。

依据《民法典》第54条规定:"自然人从事工商业经营,经依法登记,为个体工商户。个体工商户可以起字号。"第56条规定:"个体工商户的债务,个人经营的,以个人财产承担;家庭经营的,以家庭财产承担;无法区分的,以家庭财产承担。"个体工商户是在法律允许的范围之内,依法经核准登记,从事工商业经营的自然人。《民事诉讼法司法解释》(2020年修正)第59条规定:"在诉讼中,个体工商户以营业执照上登记的经营者为当事人。有字号的,以营业执照上登记的字号为当事人,但应同时注明该字号经营者的基本信息。营业执照上登记的经营者与实际经营者不一致的,以登记的经营者和实际经营者为共同诉讼人。"故此,个体工商户的印章从法律含义来讲代表的是从事个体经营的自然人,其法律性质和对外意思表示类似于自然人私章,与经登记备案的法人印章对外具有公示效力有所不同。故此,该案中,在当事人陈某云事先既未授权、事后也未追认加盖的个体工商户印章的情况下,法院并未简单认可个体工商户印章的对外效力。

三、合同专用章、财务专用章等的法律效力

实践中,企业除了法人公章外,往往还雕刻了多种印章,如合同专用章、财务专用章、发票专用章、采购专用章、项目专用章、材料专用章、技术专用章,甚至一些内部职能部门用章,等等。那么,这些印章被用于对外签署合同、协议或其他文件时,其法律效力如何呢?

如合同专用章,顾名思义,是指公司专门在合同签署中使用的印章。在订立合同时加盖合同专用章,通常可以证明法人或其他非法人组织同意签订合同,并认可合同条款。而在合同上加盖其他专用章(如财务专用章、采购专用章等)则不能当然视为法人或者其他非法人组织同意订立合同及认可合同内容的意思表示,如财务专用章只能在特定的范围内(涉及财务税务等事项)代表法人或者其他非法人组织的意思表示,如出具加盖财务专用章的收款收据,可以认为是法人或者其他非法人组织的意思表示,但在采购合同上加盖财务专用章,则不能当然认定为法人或者其他非法人组织的意思表示。

在陈某兵与国本建设有限公司、中太建设集团股份有限公司民间借贷纠纷申请再审民事裁定书[最高人民法院(2014)民申字第1号]中,最高人民法院认为:

诉争《借款协议》是由出借人陈某兵与借款人眭某红、徐某签订,协议落款处借款人栏由眭某红、徐某签字并加盖中太公司项目部资料专用章。中太公司项目部资料专用章具有特定用途,仅用于开工报告、设计图纸会审记录等有关工程项目的资料上。尽管诉争借款用于涉案工程,但借款合同与建设工程施工合同是两个不同的合同关系,实际施工人对外借款不是对涉案项目建设工程施工合同的履行,《借款协议》也不属于工程项目资料,故在《借款协议》上加盖中太公司项目部资料专用章超越了该公章的使用范围,在未经中太公司追认的情况下,不能认定《借款协议》是中太公司的意思表示。再结合中太公司和国本公司未参与《借款协议》的签订、协议上未加盖国本公司公章以及出借人陈某兵对眭某红、徐某借用国本公司和中太公司的资质施工是明知的事实,应认定诉争借款是眭某红、徐某的个人债务,陈某兵要求中太公司和国本公司对诉争借款承担连带还款责任缺乏依据。

在该案中,最高人民法院认为,当事人在《借款协议》上加盖具有特定用途的公司项目资料专用章,超越了该专用章的适用范围,在未经公司追认的情况下,不能认定借款合同是公司的意思表示。笔者认为,法院之所以不认可超出印章特定用途盖章行为的效力,本质上并非印章本身代表了某种意思表示,而是因为盖章之人

缺乏代理权,且相对人并非善意相对人。若盖章之人确实有代理权的,即使超出印章的使用范围,亦不能认定合同无效。这样的精神实质与《九民纪要》第41条的精神保持一致。

显然,依据前述《九民纪要》第41条【盖章行为的法律效力】确立的"看人不看章"的基本原则,即便公司法定代表人在对外签订的合同中加盖的是其私刻的本公司合同专用章、财务专用章,也不影响其职务行为的成立和其公司对外责任的承担。因法定代表人以其身份从事的上述行为属于职务行为,代表了公司的意思表示,公司对此应依法承担相应民事责任。例如,在宁夏远洲矿业有限公司、陈某利合同纠纷再审审查与审判监督民事裁定书[最高人民法院(2020)最高法民申615号]中,最高人民法院认为:

本案中,案涉《土石方剥离工程承包协议书》和《承诺书》以远洲公司名义签订并加盖远洲公司的合同专用章,有时任法定代表人王某玲的签字,《收据》亦加盖远洲公司的财务专用章。基于王某玲法定代表人的身份,其本案中使用的合同专用章、财务专用章即使为私自刻制,也不影响其职务行为的成立和远洲公司对外责任的承担。二审据此认定,王某玲以远洲公司法定代表人的身份从事的上述行为为职务行为,远洲公司对此应承担相应民事责任,该认定并无不当,本院予以维持。

附录 本书主要参考文献

一、著作

1. 崔建远:《合同责任研究》,吉林大学出版社 1992 年版。

2. 胡康生主编:《中华人民共和国合同法释义》,法律出版社 1999 年版。

3. 曲洪宗:《债权与物权的契合:比较法视野中的所有权保留》,法律出版社 2000 年版。

4. 王泽鉴:《债法原理》,中国政法大学出版社 2001 年版。

5. 陈自强:《契约之成立与生效》,法律出版社 2002 年版。

6. 王泽鉴:《民法概要》,中国政法大学出版社 2003 年版。

7. 李永军:《合同法》,法律出版社 2010 年版。

8. 最高人民法院民事审判第二庭编:《最高人民法院商事审判裁判规范与案例指导》(第 2 卷)(2011 年卷),法律出版社 2011 年版。

9. 王利明:《合同法研究》(第 2 卷)(修订版),中国人民大学出版社 2011 年版。

10. 高云:《思维的笔迹(上):法律人成长之路》,法律出版社 2013 年版。

11. 王利明:《合同法研究》(第 1 卷),中国人民大学出版社 2015 年版。

12. 沈德咏主编,最高人民法院研究室编著:《最高人民法院关于合同法司法解释(二)理解与适用》,人民法院出版社 2015 年版。

13. 雷霆:《资本交易法律文书精要详解及实务指南》,法律出版社 2015 年版。

14. 最高人民法院民事审判第二庭编著:《最高人民法院关于公司法解释(三)、清算纪要理解与适用》,人民法院出版社 2016 年第 2 版。

15. 唐青林、李舒主编:《公司法司法解释四裁判综述及诉讼指南》,中国法制出版社 2017 年版。

16. 杜万华主编:《最高人民法院公司法司法解释(四)理解与适用》,人民法院出版社 2017 年版。

17. 梁慧星:《读条文　学民法》,人民法院出版社 2017 年版。

18. 王利明:《合同法研究》(第 4 卷),中国人民大学出版社 2018 年版。

19. 朱广新:《合同法总则研究》,中国人民大学出版社 2018 年版。

20. 韩世远:《合同法总论》(第 4 版),法律出版社 2018 年版。

21. 姚明斌:《违约金论》,中国法制出版社 2018 年版。

22. 贺小荣主编:《最高人民法院民事审判第二庭法官会议纪要:追寻裁判背后的法理》,人民法院出版社 2018 年版。

23. 最高人民法院民事审判第二庭编著:《〈全国法院民商事审判工作会议纪要〉理解与适用》,人民法院出版社 2019 年版。

24. 最高人民法院民法典贯彻实施工作领导小组主编:《中华人民共和国民法典总则编理解与适用》(上、下),人民法院出版社 2020 年版。

25. 最高人民法院民法典贯彻实施工作领导小组主编:《中华人民共和国民法典物权编理解与适用》(上、下),人民法院出版社 2020 年版。

26. 最高人民法院民法典贯彻实施工作领导小组主编:《中华人民共和国民法典合同编理解与适用》(一)至(四),人民法院出版社 2020 年版。

27. 黄薇主编:《中华人民共和国民法典合同编释义》,法律出版社 2020 年版。

28. 崔建远:《中国民法典释评:物权编》(上、下卷),中国人民大学出版社 2020 年版。

29. 王利明主编,朱虎副主编:《中国民法典释评:合同编 · 通则》,中国人民大学出版社 2020 年版。

30. 朱广新、谢鸿飞主编:《民法典评注:合同编 · 通则》(中国社会科学院法学研究所民法典研究丛书),中国法制出版社 2020 年版。

31. 王利明主编:《民法》(第 8 版),中国人民大学出版社 2020 年版。

32. 吴江水:《完美的合同:合同的基本原理及审查与修改》,北京大学出版社 2020 年版。

33. 王轶、高圣平、石佳友、朱虎、熊丙万、王叶刚:《中国民法典释评:合同编 · 典型合同》(上、下卷),中国人民大学出版社 2021 年版。

34. 何力、常金光等:《合同起草审查指南:三观四步法》,法律出版社 2021 年第 3 版。

二、文献

1. 梁慧星:《统一合同法:成功与不足》,载《中国法学》1999 年第 3 期。

2. 孙森焱:《论违约金与解约金》,载《法令月刊》1996 年第 12 期。

3. 王利明:《对〈合同法〉格式条款规定的评析》,载《政法论坛》1999 年第 6 期。

4. 朱岩:《格式条款的基本特征》,载《法学杂志》2005 年第 6 期。

5. 赵一平:《论账户质押中的法律问题》,载《人民司法》2005 年第 8 期。

6. 叶阳:《效力性规定在司法实践中的辨识》,载《人民法院报》2011 年 11 月 23 日。

7. 刘承韪:《预约合同层次论》,载《法学论坛》2013 年第 6 期。

8. 崔拓寰:《本人签署的非典型签名与签正式姓名具有同等效力》,载最高人民法院机关刊:《人民司法 · 案例》2013 年第 20 期。

9. 耿利航:《预约合同效力和违约救济的实证考察与应然路径》,载《法学研究》2016 年第 5 期。

10. 崔建远:《合同解释的对象及其确定》,载《华东政法大学学报》2018 年第 5 期。

11. 崔建远:《论格式条款的解释》,载《经贸法律评论》2019 年第 3 期。

12. 王轶:《民法典之"变"》,载《东方法学》2020 年第 4 期(民法典专刊)。

13. 王利明:《论民法典合同编发挥债法总则的功能》,载《法学论坛》2020 年 7 月第 4 期(第 35 卷,总第 190 期)。

14. 彭先伟 吴亚男:《〈民法典〉下的合同成立时间问题评析》,德恒研究,2020 年 8 月 17 日。

15. 卜庆峰、王夏(江苏省丰县人民法院):《合同视角下适用〈民法典〉时间效力问题》,载《审判研究》(2021 年 3 月 2 日)。

16. 最高人民法院民法典贯彻实施工作领导小组办公室(郭锋、陈龙业、贾玉慧、程立武):《〈最高人民法院关于适用《中华人民共和国民法典》时间效力的若干规定〉的理解与适用》,载《人民司法》2021 年第 10 期。